El mundo como voluntad y representación, 1

Arthur Schopenhauer

El mundo como voluntad y representación, 1

Traducción, introducción y notas
de Roberto R. Aramayo

Título original: *Die Welt als Wille und Vorstellung*

Primera edición: 2010
Decimocuarta reimpresión: mayo 2025

Diseño de colección: Estrada Design
Diseño de cubierta: Manuel Estrada

Reservados todos los derechos. El contenido de esta obra está protegido por la Ley, que establece penas de prisión y/o multas, además de las correspondientes indemnizaciones por daños y perjuicios, para quienes reprodujeren, plagiaren, distribuyeren o comunicaren públicamente, en todo o en parte, una obra literaria, artística o científica, o su transformación, interpretación o ejecución artística fijada en cualquier tipo de soporte o comunicada a través de cualquier medio, sin la preceptiva autorización.

© de la traducción, introducción y notas: Roberto Rodríguez Aramayo
© Alianza Editorial, S. A., Madrid, 2010, 2025
   Calle Valentín Beato, 21
   28037 Madrid
   www.alianzaeditorial.es

ISBN: 978-84-206-7407-0 (T.1)
ISBN: 978-84-206-9730-7 (O.C.)
Depósito legal: B. 28.457-2010
Composición: Grupo Anaya
Printed in Spain

Índice

11   Estudio introductorio. El «optimismo» del sueño eterno de una voluntad cósmica
11   1. Una obra de juventud y madurez (como la Capilla Sixtina)
18   2. Un único pensamiento, que no «pensamiento único»
23   3. Las tres fuentes principales de su filosofía: Buda, Platón y Kant
29   4. ¿Qué quiere decir Schopenhauer con el término «voluntad»?
33   5. Dejar de querer o el despertar del sueño de la vida
39   6. Algunos avatares biográficos que condicionaron su filosofía
47   7. Los prólogos inéditos elaborados para una hipotética segunda edición
57   8. Del influjo ejercido en autores como Wittgenstein, Nietzsche, Wagner, Freud, Borges y Thomas Mann
68   9. Sobre la presente versión castellana
71   Bibliografía
78   Tabla cronológica

El mundo como voluntad y representación
    Primer volumen
83   Cuatro libros, junto a un apéndice que contiene la *Crítica de la filosofía kantiana*
85   Prólogo a la primera edición

94	Prólogo a la segunda edición
109	Prólogo a la tercera edición

Libro Primero
111 El mundo como representación

Primera consideración. La representación sometida al principio de razón: el objeto de la experiencia y de la ciencia

113	§ 1.
116	§ 2.
118	§ 3.
120	§ 4.
128	§ 5.
135	§ 6.
145	§ 7.
159	§ 8.
165	§ 9.
182	§ 10.
184	§ 11.
187	§ 12.
195	§ 13.
199	§ 14.
210	§ 15.
231	§ 16.

Libro Segundo
243 El mundo como voluntad

Primera consideración. La objetividad de la voluntad

245	§ 17.
251	§ 18.
257	§ 19.
261	§ 20.
266	§ 21.

267	§ 22.
270	§ 23.
280	§ 24.
292	§ 25.
295	§ 26.
309	§ 27.
329	§ 28.
342	§ 29.

Libro Tercero
347 El mundo como representación
Segunda consideración. La representación al margen del principio de razón: la idea platónica: el objeto del arte

349	§ 30.
350	§ 31.
356	§ 32.
359	§ 33.
361	§ 34.
366	§ 35.
371	§ 36.
385	§ 37.
387	§ 38.
395	§ 39.
404	§ 40.
406	§ 41.
410	§ 42.
411	§ 43.
418	§ 44.
421	§ 45.
431	§ 46.
434	§ 47.
435	§ 48.
440	§ 49.

445	§ 50.
454	§ 51.
473	§ 52.

Libro Cuarto
491 El mundo como voluntad
 Segunda consideración. Afirmación y negación de la voluntad de vivir una vez alcanzado el autoconocimiento

493	§ 53.
498	§ 54.
515	§ 55.
546	§ 56.
550	§ 57.
563	§ 58.
569	§ 59.
573	§ 60.
581	§ 61.
584	§ 62.
609	§ 63.
618	§ 64.
621	§ 65.
633	§ 66.
644	§ 67.
648	§ 68.
679	§ 69.
685	§ 70.
695	§ 71.

Apéndice
701 Crítica de la filosofía kantiana

Estudio introductorio
El «optimismo» del sueño eterno de una voluntad cósmica

> *A su manera este libro es muchos libros, pero sobre todo es dos libros.*
>
> Cortázar, *Rayuela*

1. Una obra de juventud y madurez (como la Capilla Sixtina)

Estas palabras con que Julio Cortázar abre su novela *Rayuela* le vienen como anillo al dedo a la presente obra de Schopenhauer. Y ello por varias razones. La más obvia viene dada por su estructura, pues se trata de un libro compuesto por cuatro libros, o sea que no deja de ser «muchos libros», pero también es más que nada «dos libros», como explicita el propio título. Mientras los libros impares –el primero y el tercero– nos invitan a examinar *El mundo como representación,* los libros pares –el segundo y el cuarto– consideran *El mundo como voluntad.*

Además, en el «tablero de dirección» que Cortázar antepone a *Rayuela,* se nos dice que hay dos formas de leer esa novela. Una es hacerlo linealmente y terminar en el capítulo 56. La otra es más compleja y requiere ir saltando de un capítulo a otro, como si se tratara de ir completando rapsódicamente un puzle. Pues bien, Schopenhauer también hace algo parecido en su prólogo. Desde luego, cualquiera puede disponerse a leer su obra tal como se presenta, porque por algo la ha estructurado de tal modo y no de alguna otra manera. Sin embargo, no deja de dar múltiples indicaciones para no hacerlo exactamente así. Por de pronto, se recomienda leer dos veces la obra, la primera con mucha paciencia, «una paciencia generada por la confianza de que durante la segunda lectura mucho o todo se verá bajo una luz totalmente distinta» (p. ix)[1]. Esto evitará «agregar contradicciones precipitadas e imaginarias a lo mucho que contradice realmente las opiniones de la época y probablemente también las del propio lector, convirtiéndose así en una contradicción lo que sólo es un simple malentendido» (p. ix).

Pero antes de abrir la primera página hay bastante tarea por hacer. Para empezar, Schopenhauer estipula que se lea previamente su tesis doctoral, titulada *Sobre la cuádruple raíz del principio de razón suficiente: un tratado filosófico*[2], publicada en 1813. «Sin familiarizarse con esta introducción y propedéutica –nos advertirá en el prólogo a la primera edición de 1819– no es posible comprender cabalmente el presente escrito, y el contenido de aquel tratado será presupuesto aquí por doquier como si estuviera en este libro; además, si ese tratado no hubiera precedido hace ya varios años a este libro, más que anteponerlo como introducción, lo habría incorporado al primer libro, el cual ahora, al faltarle lo dicho en aquel tratado, muestra cierta imperfección por esa laguna que ha de ser suplida

---

1. Para referirme al texto traducido aquí me serviré de la paginación original, colocada en los márgenes de la presente traducción castellana y que se halla recogida en la edición de *Obras completas* preparada por Arthur Hübscher, *Sämtliche Werke,* Brockhaus, Wiesbaden, 1966.
2. Cfr. *De la cuádruple raíz del principio de razón suficiente* (traducción y prólogo de Leopoldo-Eulogio Palacios), Gredos, Madrid, 1981.

mediante la invocación de dicho tratado» (p. x). En este primer libro se constata todavía otra laguna, dado que su aversión a repetirse o copiarse a sí mismo le hace omitir el primer capítulo del ensayo *Sobre la visión y los colores,* aparecido en 1816, «que de lo contrario habría sido transcrito literalmente aquí; por lo tanto, también se presupondrá aquí el hallarse familiarizado con este opúsculo» (p. xi).

Las tareas van acumulándose, porque Schopenhauer señala una tercera condición para que la lectura de su obra resulte provechosa, cual es la de conocer los principales escritos kantianos, que serían en su opinión: la *Crítica de la razón pura,* los *Prolegómenos* y la *Crítica del discernimiento*[3], puesto que su propia filosofía parte de los eminentes logros kantianos, una vez depurada la doctrina kantiana de los graves errores que contiene. Para no interrumpir a cada paso su exposición con su polémica contra Kant, Schopenhauer condensó ésta en un prolijo apéndice, titulado justamente *Crítica de la filosofía kantiana,* con el que se cierra el presente volumen. «Debido a lo mucho que mi escrito presupone cierta familiaridad con la filosofía kantiana –señala en este mismo primer prólogo–, también presupone por lo tanto el hallarse familiarizado con ese apéndice, y de ahí que bajo este respecto sería aconsejable leer primero el apéndice, tanto más cuanto su contenido guar-

---

3. Para Schopenhauer estas tres obras contenían sustancialmente toda la filosofía kantiana, como señala en su carta del 21.12.1829, cuando se ofrece a traducirlas al inglés (cfr. A. Schopenhauer, *Gesammelte Briefe,* Bonn, 1987, p. 121). A su lado sólo cabría poner los *Principios metafísicos de la ciencia natural* y algunos pasajes de la *Crítica de la razón práctica*. Su propósito era ser el apóstol de Kant en Inglaterra, pero su oferta fue desestimada, para desgracia de los lectores anglosajones. Como se sabe, Schopenhauer sí tradujo en cambio al alemán el *Oráculo manual y arte de la prudencia* de Baltasar Gracián, aunque sólo se publicó póstumamente.

da una estrecha relación con el primer libro del presente escrito» (p. xii).

Así pues, tras estudiar su tesis doctoral, el primer capítulo del ensayo de 1816 sobre los colores[4] y los que él considera como principales escritos de Kant, los lectores deberían comenzar por el apéndice a la hora de leer *El mundo como voluntad y representación*. Finalmente, al que no quiera tomarse tantas molestias le aconseja utilizar su libro de muy otra manera, ya que siempre «puede rellenar un hueco en su biblioteca, donde hará bonito al estar esmeradamente encuadernado e incluso puede dejárselo a su instruida amiga encima del tocador o sobre la mesa del té» (p. xiv), salvo que quiera rentabilizar su inversión haciendo una reseña del mismo, siendo esto lo que preferiría con mucho el autor. En este prólogo a la primera edición, fechado en agosto de 1818 y que acabamos de glosar parcialmente aquí, Schopenhauer se permitía emplear este tono jocoso, al estar convencido de que su obra tendría un enorme impacto, sólo comparable al de los escritos kantianos. Aunque también era consciente de que la verdad tiene un singular destino y acaso le tocase aguardar pacientemente su hora, mientras en un primer momento bien pudiera verse «reprobada como paradoja y ser menospreciada como algo trivial» (p. xv).

---

4. En realidad lo escribió para impresionar a Goethe, pensando que mejoraba la *Teoría de los colores* publicada por éste. La correspondencia cruzada entre ambos a este respecto no tiene desperdicio; cfr. *Epistolario de Weimar* –ed. de Luis Fernando Moreno Claros–, Valdemar, Madrid, 1999, pp. 187-222. Valga un apunte de cómo Goethe despacha la cuestión: «Si llego a aquello en lo que usted difiere de mí, siento demasiado bien que soy ajeno a ese particular hasta tal punto que me parece difícil, más aún, me resulta imposible tener en cuenta una contradicción, superarla o acostumbrarme a ella; de ahí que no me permita tocar ese punto de discordia» (*ibid.*, p. 192).

Por otra parte, nos hallamos ante dos libros en más de un sentido. Pues este primer volumen que ahora tenemos entre las manos recibirá como complemento un segundo tomo varios años más tarde. La segunda edición tardaría en aparecer nada menos que un cuarto de siglo. En el prólogo de 1844, Schopenhauer se felicita porque, «tras veinticinco años, no encuentro nada sobre lo que retractarme y mis convicciones fundamentales se han acreditado cuando menos ante mí mismo» (p. xxi). Sin embargo, el tiempo transcurrido ha hecho cambiar el tono de su discurso y por eso «quise guardarme de deteriorar el trabajo de mis años mozos mediante la rebuscada crítica de la vejez» (p. xxii), razón por la cual decide mantener intacta su primera exposición, a la que añade breves adiciones aclaratorias, y redacta de nuevo toda la obra, ofreciendo cuatro nuevos libros como *Complementos* de los primeros. Tan sólo el apéndice del primer volumen, es decir, su *Crítica de la filosofía kantiana,* «contiene correcciones significativas y prolijas interpolaciones que no cabían en un libro complementario, tal como cada uno de los cuatro libros que exponen mi propia doctrina reciben en el segundo volumen» (pp. xxi-xxii).

Recurriendo a un símil que seguramente sería muy del gusto de Schopenhauer, cabría decir que los dos volúmenes de *El mundo como voluntad y representación* guardan entre sí una relación similar a la del techo y el mural de la Capilla Sixtina. Miguel Ángel sólo tenía treinta y tres años cuando ilustró magistralmente los principales pasajes del Génesis, mientras que ya había cumplido sesenta cuando termina su personal visión del Apocalipsis. Ciertamente, Miguel Ángel no hubiese podido pintar el mural del «Juicio Final» tres décadas antes, ni tampoco hubiera podido hacer en su atormentada madurez lo que fue su gran obra pictórica de una exultante pujanza juvenil, pero ambas obras resultan complementarias e integran esa historia sagrada que Miguel Ángel recrea en la célebre Capilla Sixtina. Cuando la he visitado de nuevo hace muy poco, yo tenía muy presentes estas reflexiones de Schopenhauer sobre los dos volúmenes que integran su propia obra: «Ambos tomos –nos dirá en el segundo prólogo– guardan una relación complementaria en el pleno sentido del término, al consistir dicha relación en que una edad del hombre es el complemento de la otra desde una perspectiva intelectual; por ello se descubrirá que no sólo cada tomo contiene cuanto no alberga el otro, sino también que los méritos del uno consisten justamente en lo que le falta al otro. En consecuencia, la primera mitad de mi obra aventaja a la otra en lo que sólo puede otorgar el fuego de la juventud y la energía de la primera concepción, en cambio ésta supera a aquélla por la madurez y la cabal elaboración de pensamientos que sólo aportan los frutos de una larga vida» (p. xxii).

Según esta premisa, no hubiera sido posible hacerlo de otro modo, y «por ello, aun cuando al lector le hubiera sido más grato disponer de toda mi obra en una sola pieza, en lugar de consistir en dos mitades que se remiten entre sí al ser utilizadas, para ello hubiera sido necesario que hubiera conseguido en una sola época de mi vida aquello que sólo es posible en dos, es decir, que yo hubiera poseído en una época de mi vida las propiedades que la naturaleza sólo otorga en dos épocas totalmente distintas» (p. xxiii). Así pues, los lectores deben aprestarse a degustar en este primer volumen el fruto de la juventud y aguardar un poco para complementarlo con los aderezos que sólo podía aportar la madurez. En 1859, sólo un año antes de morir, Schopenhauer publicará una tercera y definitiva edición que contará con 136 páginas adicionales. Esta última versión es la que se ofrece aquí. Como él mismo explica en el tercer prólogo, antes que un centenar de páginas podría haber añadido a esta tercera edición dos nuevos tomos, de no haber publicado entremedias *Parerga y Paralipómena* en 1851, pues «lo comprendido bajo este título consiste en adiciones a la exposición sistemática de mi obra y hubiera encontrado su lugar en estos volúmenes» (p. xxxi) de *El mundo como voluntad y representación*.

Andando el tiempo, las instrucciones para la lectura de su magna obra han ido engrosándose paulatinamente a cada nueva edición. Si la primera edición recomendaba empezar por su tesis doctoral, *Sobre la cuádruple raíz del principio de razón suficiente* (1813), utilizar como introducción el prolijo apéndice dedicado a su *Crítica de la filosofía kantiana* y echar un vistazo al primer capítulo de su tratado *Sobre la visión y los colores* (1816), en la segunda se remitirá constantemente a su ensayo *Sobre la voluntad en la naturaleza* (1836)[5] y a *Los dos problemas fundamentales de la ética* (1841)[6], en lo tocante al segundo y cuarto libros, respectivamente, mientras que la tercera dice complementarse a su vez con los dos tomos de *Parerga y Paralipómena* (1851)[7]. A

---

5. Cfr. *Sobre la voluntad en la naturaleza* (traducción de Miguel de Unamuno, con prólogo y notas de Santiago González Noriega), Alianza Editorial, Madrid, 1970 y ss.

6. Cfr. *Los dos problemas fundamentales de la ética* (traducción, introducción y notas de Pilar López de Santa María), Siglo XXI, Madrid, 1993. Aquí se recogen dos escritos académicos presentados a sendos concursos. El primero, *Sobre la libertad de la voluntad humana,* fue premiado por la Real Sociedad Noruega de las Ciencias en 1839. El segundo, *Sobre el fundamento de la moral,* no fue galardonado por la Real Sociedad Danesa de las Ciencias en 1840, pese a ser el único trabajo presentado.

7. En la bibliografía se recogen algunas traducciones parciales al castellano de dicha obra, de la que yo mismo he publicado una: *Los designios del destino,* Tecnos, Madrid, 1994.

este listado habría que añadir todavía sus *Lecciones de Berlín*[8] y sus *Fragmentos inéditos*[9].

«Quien pretenda trabar conocimiento con mi filosofía precisará leer todas y cada una de mis líneas –asegura Schopenhauer–, dado que no soy un emborronador de cuartillas o un fabricante de manuales, ni tampoco escribo por mor de los honorarios o persiguiendo el beneplácito de algún ministro; en una palabra, mi pluma no se halla bajo la influencia de ninguna meta personal; mi único afán es la verdad y por eso escribo, tal como lo hacían los antiguos, con el único propósito de legar mis pensamientos a quienes algún día sepan apreciarlos y encontrar en ellos materia de meditación.»[10]

2. Un único pensamiento, que no «pensamiento único»

Todo cuanto Schopenhauer escribía estaba destinado a desarrollar, ilustrar, explicitar, complementar, corroborar o precisar la cosmovisión filosófica que contenía *El mundo como voluntad y representación*. Por eso puede afirmarse que dicho texto no fue tan sólo su obra principal, sino más

---

8. Que yo sepa, en castellano sólo existe mi traducción del cuarto libro sobre la *Metafísica de las costumbres* (Debate, Madrid, 1993; Trotta, Madrid, 2001) y no hay ninguna de los restantes, a saber: *Teoría global del representar, pensar y conocer, Metafísica de la naturaleza* y *Metafísica de lo bello*. Sobre las vicisitudes de Schopenhauer como docente, cabe consultar el tercer capítulo de mi libro *Para leer a Schopenhauer* (Alianza Editorial, Madrid, 2001, pp. 77-81).
9. De los que yo mismo he publicado sendas antologías en *Escritos de juventud* (Pre-Textos, Valencia, 1999) y *Manuscritos berlineses* (Pre-Textos, Valencia, 1996). Cfr. el quinto capítulo de mi recién citado *Para leer a Schopenhauer*, pp. 121-128.
10. Cfr. *El mundo como voluntad y representación,* II, cap. 40, p. 527.

bien el único texto que, a lo largo de toda su vida, estuvo redactando sin descanso durante casi medio siglo, entre 1813 y 1859. Con ello pretendía comunicar un único pensamiento, tal como él mismo explicita en las primeras líneas de su obra capital. Por supuesto, este «único pensamiento» no debe ser confundido con el «pensamiento único» del que tanto se habla hoy en día, pues nada está más lejos de tal cosa que la riqueza del sistema filosófico schopenhaueriano. Desde luego, con ese «único pensamiento» Schopenhauer no alude a una ideología hegemónica, sino a la matriz de su cosmovisión filosófica, que se podría formular así: «el mundo entero es una mera representación del sujeto que lo conoce y, por otra parte, todo el universo es la manifestación de una voluntad primigenia».

Cuando nos habla de un único pensamiento se refiere al proceso creativo del auténtico filósofo: «Toda obra tiene su origen en un sola y feliz ocurrencia, y es sólo ésta la que proporciona la voluptuosidad de la concepción; sin embargo, el alumbramiento, la realización, no acontece, al menos para mí, sin sufrimiento. He aquí que entonces me planto ante mi propio espíritu como lo haría un juez implacable delante de un prisionero que yace en el potro del suplicio, y le obligo a que me responda hasta que ya no me queda ninguna pregunta por formular. Creo que únicamente a la carencia de esa honradez se deben la mayor parte de los errores y absurdos que tanto abundan en toda clase de teorías y filosofías. No se encuentra la verdad no porque no se la haya buscado, sino por la sencilla razón de que no se la buscó adecuadamente, y es que, en vez de hallarla a ella, se trató de reencontrar una opinión ya preconcebida, o cuando menos de no perjudicar una idea que se estimaba; con tal propósito había que dar rodeos e idear toda clase de subterfugios y utilizarlos contra los demás y también contra uno mismo. El valor de no guardarse ninguna pregunta en el corazón es lo que hace al filósofo. Éste tiene que asemejarse al Edipo de Sófocles, que, en busca de ilustración acerca de su terrible destino, no cesa de indagar aun cuando intuye que de las respuestas que reciba puede sobrevenirle lo más horrible. Mas la mayoría de los filósofos portan en su interior una Yocasta, la cual ruega a Edipo, en nombre de todos los dioses, que no siga inquiriendo, y como ceden ante ella, así le va a la filosofía siempre como le va»[11].

Ese único pensamiento será la semilla que fecunde todo un sistema filosófico, una metafísica de corte moral, según dejó escrito en sus *Escritos de juventud:* «Entre mis manos, o por mejor decir dentro de mi espíritu, va cobrando cuerpo una obra, una filosofía donde la ética y la metafísica serán *una sola cosa,* siendo así que hasta el momento se las disociaba tan erróneamente como al ser humano en alma y cuerpo. La obra crece, concretándose tan paulatina y lentamente como el niño dentro del seno materno; ignoro lo que se formará primero y lo que nacerá después, tal como sucede con el bebé dentro del cuerpo de su madre»[12]. Estas líneas datan de 1813, cuando Schopenhauer está comenzando a urdir con tan sólo veinticinco años la obra que aquí presentamos. Ésta finalmente constará, como ya sabemos, de cuatro partes, a saber: una propedéutica (que incluye una dianología, una lógica y una ontología), una filosofía de la naturaleza, una estética y una ética; o, dicho en otros términos, una teoría de la representación tanto intuitiva como abstracta, una metafísica de la naturaleza, una metafísica de lo bello y una metafísica de las costumbres, dado que «la *filosofía* en sentido estricto es *metafísica,* porque, lejos de li-

---

11. Cfr. la carta de Schopenhauer a Goethe del 11.11.1815, en *Epistolario de Weimar,* ed. cit., p. 195.
12. Cfr. *Escritos de juventud,* ed. cit., p. 33; HN I 55 (1813).

mitarse a describir lo existente y a examinar su conexión, lo concibe como un fenómeno en el cual se presenta una *cosa en sí,* un ser distinto al de su manifestación, que acredita mediante la interpretación y el comentario del fenómeno en su conjunto»[13].

En otro pasaje de sus *Manuscritos berlineses* compara su labor con la del filólogo que afronta un escrito cuyo alfabeto le resulta desconocido y conjetura el significado de las letras hasta establecer un código sintáctico que ordena la estructura global del texto. De igual modo, el filósofo genuino habrá de ofrecer una clave hermenéutica que sirva para interpretar todos los fenómenos del mundo y no suscite contradicciones entre los mismos. El desciframiento que oferta Schopenhauer se precia de proporcionar una explicación con validez universal y sin incoherencias: «Mi desciframiento –asegura– pone todos los fenómenos en conexión y concordancia, introduce unidad y orden en su laberíntico caos, constituyendo un ejemplo que simplemente funciona. La clave hallada para solventar un enigma no requiere una prueba sobre su acierto, pues ésta se muestra mediante todas aquellas afirmaciones que cuadran con dicho enigma. Basta con tomar a la voluntad y cotejar la idoneidad de todo aserto con esa clave; sin embargo, la voluntad y su capacidad hermenéutica se invocan muy raramente para descifrar el enigma del mundo»[14].

A Schopenhauer lo que le interesa en el fondo es explorar los confines del pensar, llegar hasta los últimos mojones del conocer y, a ser posible, echar un vistazo más allá de dichos límites. «Existe una frontera hasta la que puede abrirse paso el pensar y *hasta la cual* puede iluminar la no-

---

13. Cfr. *Manuscritos berlineses,* ed. cit., pp. 145-146; HN III 250-251 (1826).
14. Cfr. *ibid.,* pp. 115-116; HN III 157-158 (1822).

che de nuestra existencia, aun cuando el horizonte siga envuelto entre tinieblas. Este confín es alcanzado por mi teoría en esa voluntad de vivir que se afirma o niega por encima de su propio fenómeno. Pero pretender ir más lejos es, a mi juicio, tanto como querer volar sobrepasando la atmósfera»[15]. Lo que Schopenhauer nos propone se asemeja bastante a la pretensión acariciada por Wittgenstein al final de su *Tractatus* (1921), cuando se compara esta obra con una escalera cuyo destino es traspasar los límites mismos del lenguaje: «Mis proposiciones resultan esclarecedoras en tanto que quien me comprenda terminará por reconocerlas como carentes de sentido, una vez que las haya sobrepasado, saltando por encima de las mismas; debe, por decirlo así, arrojar la escalera después de haber subido por ella»[16]. La filosofía schopenhaueriana, al igual que los aforismos wittgensteinianos, quiere conducirnos un poco más allá del final de trayecto, allí donde nadie hubiera osado llegar antes, hasta ese límite aparentemente infranqueable «donde no cabe vislumbrar la solución del problema sino desde muy lejos y, cuando reflexionamos en torno a ella, nos precipitamos en un abismo de pensamientos»[17].

De ahí su fascinación por el misticismo, que también compartía con Wittgenstein. «Lo místico viene dado por el sentimiento del mundo como un todo limitado», sentencia Wittgenstein[18], para quien «lo místico no se cifra en *cómo* sea el mundo, sino en el simple hecho de *que* existe»[19]. Y eso es exactamente lo que pensaba Schopenhauer sobre su propia filosofía, tal como cabe leer en *El mundo como vo-*

---

15. Cfr. *El mundo como voluntad y representación,* II, cap. 47, p. 679.
16. Cfr. Wittgenstein, *Tractatus logico-philosophicus,* proposición 6.54.
17. Cfr. *El mundo como voluntad y representación,* II, cap. 47, p. 688.
18. Cfr. *Tractatus,* aforismo 6.45.
19. Cfr. *ibid.,* 6.44.

luntad y representación: «El principio de razón explica las conexiones entre los fenómenos, mas no a estos mismos. Por eso la filosofía no puede tratar de buscar una causa eficiente o una causa final del mundo en su conjunto; cuando menos la presente filosofía no intenta explicar en modo alguno *a partir de qué* o *para qué* existe el mundo, sino simplemente *lo que* es el mundo»[20].

3. Las tres fuentes principales de su filosofía: Buda, Platón y Kant

Tal como explica Schopenhauer en su *Crítica de la filosofía kantiana,* el denso apéndice que cierra este primer volumen, con su distinción entre la cosa en sí y el fenómeno Kant habría restaurado, desde una perspectiva original y señalando una nueva ruta de acceso a la misma, una verdad ya enunciada hace milenios por sendos mitos. Tanto el célebre mito platónico de la caverna como la doctrina capital de los *Vedas,* plasmada en el mítico velo de Maya, supondrían una formulación poética de aquello que la filosofía transcendental acertó a expresar en términos filosóficos[21]. Ya en fecha tan temprana como 1814, Schopenhauer identifica por primera vez la idea platónica y la cosa en sí kantiana con la voluntad. «La *idea* platónica, la *cosa en sí,* la *voluntad* (puesto que todo ello viene a ser lo mismo) constituyen algo *mágico,* con lo cual se describe algo que, sin ser una *fuerza natural* y no hallarse por tanto en los límites de ésta, ejerce sin embargo sobre la naturaleza un poder cuyo ímpetu es inagotable, ilimitado e imperece-

---

20. Cfr. *El mundo como voluntad y representación,* I, § 15, p. 98.
21. Cfr. *El mundo como voluntad y representación,* apéndice, I, pp. 496-497.

dero, por hallarse al margen del tiempo»[22]. Sólo dos años después establecerá esta otra equivalencia ternaria: «El *Maya* de los *Vedas,* "aquello que se halla en continuo devenir, mas nunca es", de Platón, y el "fenómeno" de Kant, son una y la misma cosa, este mundo en el que vivimos, somos nosotros mismos, en tanto que pertenecemos a dicho mundo»[23].

Entremedias nuestro autor ha entrado en contacto con una influencia que le marcaría decisivamente: traba conocimiento con algunas tradiciones escritas de la enseñanza esotérica brahmánica prebudista, gracias a la lectura de una versión de las *Upanisad* que acababa de publicarse por entonces, el *Oupnekhat* editado por Anquetil Duperon, quien había traducido al francés una versión latina de cierta traducción persa que se había hecho del original sánscrito. La decisiva influencia de dicho texto quedó registrada en estas líneas: «¡Cómo se siente a través del *Oupnekhat* el aliento del espíritu sagrado de los *Vedas!* ¡Qué repleta se halla cada línea de un significado preciso! ¡Y cómo se purifica el espíritu de todos los prejuicios judaicos que le han sido inculcados, así como de todo cuanto tenía esclavizada a la filosofía! Se trata de la lectura más gratificante y conmovedora que uno pueda hacer en este mundo; ha sido el consuelo de mi vida y lo será de mi muerte»[24].

Hacia 1820 Schopenhauer matizará que «la *voluntad,* tal como la reconocemos en nosotros, no es la *cosa en sí,* dado que la voluntad sólo emerge mediante actos volitivos particulares y sucesivos, los cuales caen bajo la forma del *tiempo* y por ello no pasan de ser un fenómeno. Sin embargo, este fenómeno supone la más clara manifestación de la cosa en

---

22. Cfr. *Escritos de juventud,* ed. cit., p. 63; HN I 187-188 (1814).
23. Cfr. *ibid.,* p. 111; HN I 380 (1816).
24. Cfr. *Parerga y Paralipómena,* § 184, II 329.

sí. En cada uno de los actos volitivos que afloran hasta la consciencia desde las profundidades de nuestro interior se verifica un tránsito, enteramente originario e inmediato, de la cosa en sí (que mora fuera del tiempo) hacia el fenómeno. Por eso me veo autorizado a decir que la esencia íntima de toda cosa es *voluntad* o, lo que viene a ser lo mismo, que la *voluntad* es la cosa en sí, apostillando que se trata únicamente de la mejor denominación posible»[25]. Muy poco después vuelve a reflexionar sobre la presunta contradicción de que la voluntad sea la cosa en sí y, sin embargo, nuestro conocimiento de dicha voluntad no exceda el ámbito fenoménico. La incoherencia se desvanece, al advertir que «el conocimiento íntimo que cada uno tiene respecto de su propia voluntad es el punto donde la cosa en sí ingresa con más claridad en el fenómeno y por ello ha de ser el intérprete de cualquier otro fenómeno»[26]. Pero, sin duda, el texto que refleja mejor su peculiar interpretación del concepto kantiano de cosa-en-sí se halla recogido en otro manuscrito fechado hacia 1833: «Yo he dado en llamar *cosa en sí* a la esencia íntima del mundo con arreglo a lo que nos resulta *más concienzudamente conocido:* la *voluntad;* ciertamente, nos hallamos ante una expresión subjetiva, que ha sido escogida en atención al *sujeto del conocimiento,* pero semejante deferencia no deja de ser esencial, puesto que se trata de comunicar *conocimiento.* Y por ello se muestra infinitamente más adecuada que si hubiera decidido denominarla *Brahm, Brahma,* alma cósmica o algo de idéntico tenor»[27].

Como vemos, Schopenhauer no escamotea las deudas intelectuales contraídas con Kant, Platón y el brahmanismo,

---

25. Cfr. *Manuscritos berlineses,* ed. cit., pp. 73-74; HN III 36-37 (1820).
26. Cfr. *ibid.,* p. 93; HN III 103 (1820).
27. Cfr. *Der handschriftliche Nachlaß* (hrsg. von Arthur Hübscher), Deutscher Taschenbuch Verlag, Múnich, 1985; HN IV.1, 143.

aun cuando tampoco desdeñe retener para sí el mérito de haber sabido encauzar, como nadie lo había hecho hasta entonces, el caudal filosófico que mana de tales fuentes. «Debo confesar que –anota en uno de sus manuscritos hacia 1816– no creo que mi doctrina hubiera podido nacer antes de que las *Upanisad,* Platón y Kant pudieran proyectar sus destellos al mismo tiempo sobre un espíritu humano»[28]: el suyo, claro está.

Además de a Kant y a Platón, Schopenhauer presta una enorme atención a «la India, la patria de la metafísica»[29], convencido como está de que «el influjo de la literatura sánscrita no tendrá una incidencia menor a la del renacimiento de la literatura griega en el siglo XV» (p. xii). Desde luego, la sabiduría oriental sí ejerció una gran influencia sobre su propio pensamiento[30], y Schopenhauer gustaba de trazar paralelismos con ella, como cuando afirma que «la doctrina esotérica de Buda coincide admirablemente con mi sistema, si bien la doctrina esotérica es del todo mitológica y resulta mucho menos interesante»[31]. A finales de 1832 señala lo siguiente: «creo, por muy paradójico que parezca, que algún día puede llegar a Europa un budismo más acrisolado»[32]. Sin duda, nuestro autor está pensando en la recepción que alguna vez se hará de su propio sistema filosófico, toda vez que, según recalca él mismo en más de una ocasión, su ética se revela «plenamente ortodoxa respecto a la religión universal de Buda»[33]. Y en un momento dado

---

28. Cfr. *Escritos de juventud,* ed. cit., p. 132; HN I 422 (1816).
29. Cfr. *Manuscritos berlineses,* ed. cit., p. 250; HN III 638 (1829).
30. Como pone de manifiesto la tesis doctoral, que yo mismo tuve ocasión de dirigir, publicada por Francisco Lapuerta, *Schopenhauer a la luz de las filosofías de Oriente,* Cims, Barcelona, 1997.
31. Cfr. *ibid.,* p. 159; HN III 305 (1826).
32. Cfr. HN IV.1, p. 127.
33. Cfr. *Sobre la voluntad en la naturaleza,* ed. cit., p. 197.

Schopenhauer evoca su adolescencia escribiendo estas líneas en uno de sus cuadernos: «cuando yo tenía diecisiete años, antes de aplicarme al estudio, me vi conmovido por las *calamidades de la vida,* igual que le ocurrió a Buda en su juventud, al descubrir la enfermedad, la vejez, el dolor y la muerte. A partir de la existencia humana se proclama el *destino del sufrimiento;* éste parece constituir el fin de la vida, como si el mundo fuera la obra de un diablo, pero dicho fin tampoco es el último, sino más bien un medio para conseguir por nosotros mismos el fin óptimo»[34].

Pero, entiéndase bien que Schopenhauer no pretende importar ningún elemento de la doctrina budista, sino que, cuando descubre una especie de armonía preestablecida entre ambos planteamientos, utiliza esa coincidencia para que su propia intuición filosófica quede corroborada por tan venerable ancestro. La reabsorción brahmánica en el espíritu originario y el nirvana budista vienen a coincidir cabalmente con su teoría sobre una voluntad que decide autosuprimirse al desterrar toda volición[35].

De Platón retendrá sobre todo su definición del término «idea», que tanto juego le da en su teoría estética. «Las ideas de Platón son enteramente intuitivas, como señala con tanta precisión la palabra que él eligió, que sólo podría traducirse como "evidencias" o "visualizaciones" intuitivas. Mas Kant se la apropió para designar aquello tan distante a toda posible intuición que incluso el pensamiento abstracto sólo puede alcanzar a medias. La palabra "idea", que Platón fue el primero en introducir, ha conservado siempre desde entonces, a través de veintidós siglos, el mismo significado en que Platón la utilizó, pues no sólo todos los filósofos de la Antigüedad, sino también todos los

---

34. Cfr. HN IV.1, pp. 96-97 (1832).
35. Cfr. HN I 412.

escolásticos, los padres de la iglesia y los teólogos del Medievo únicamente la utilizaron en ese significado platónico, o sea, en el sentido de la voz latina *exemplar* (prototipo). El hecho de que luego los ingleses y franceses se vieran inducidos por la pobreza de sus lenguajes a abusar del término es bastante penoso, pero carente de importancia. Pero no cabe justificar el uso impropio de la palabra *idea* por parte de Kant, mediante la suplantación de un nuevo significado enhebrado con el delgado hilo de no ser objeto de la experiencia, lo cual tiene algo en común con las ideas de Platón, mas también con toda posible quimera. Como el uso impropio de pocos años no cuenta frente a la autoridad de muchos siglos, yo he utilizado siempre la palabra en su antiguo y originario significado platónico.»[36]

Sin embargo, antes que ninguna otra cosa, Schopenhauer se ve a sí mismo como el único albacea legítimo de la gran herencia kantiana y presenta su filosofía como culminación de la empresa iniciada por Kant, según le reconoce incluso Antonio Machado, al aseverar que: «Schopenhauer crea una ingente metafísica que arranca también, y acaso más que ninguna otra, del kantismo»[37]. Sólo Schopenhauer habría sabido desarrollar cabalmente las premisas del maestro, al haber despejado la gran incógnita kantiana, esa «x» con que la cosa en sí, el transfondo del mundo fenoménico, quedaba designada dentro de la filosofía transcendental. La clave de bóveda que cierra el sistema schopenhaueriano, «el meollo y el punto capital de su sistema», se cifra en esa «verdad fundamental y paradójica de que la *cosa en sí,* que Kant oponía al *fenómeno,* llamado por mí *representación,* esa cosa en sí, considerada como incognoscible, ese sustra-

---

36. Cfr. *El mundo como voluntad y representación,* apéndice, I, p. 571.
37. Cfr. *Juan de Mairena* (edición de José María Valverde), Castalia, Madrid, 1982, p. 238.

to de todos los fenómenos y la naturaleza toda, no es más que aquello que, siéndonos conocido inmediatamente y muy familiar, hallamos en el interior de nuestro propio ser como *voluntad*»[38].

4. ¿Qué quiere decir Schopenhauer con el término «voluntad»?

Ha llegado el momento de aclarar un poco más este concepto clave del pensamiento schopenhaueriano. ¿Qué significa exactamente la palabra «voluntad» para Schopenhauer? Mi filosofía –nos dice– es como la Tebas de las cien puertas: uno puede acceder a ella desde cualquiera de los lados y a través de todos ellos tomar un camino directo para llegar al centro[39]. Otra cosa muy distinta es que la filosofía en general se asemeje más bien a un ovillo enredado del que cuelgan muchos hilos falsos, mientras que sólo hay uno capaz de llegar a desenredar esa madeja. Pues para Schopenhauer, la filosofía puede verse comparada con «un laberinto que presenta cien entradas por donde se accede a un sinfín de corredores, todos los cuales, tras entrelazar interminables y múltiples recodos, nos hacen regresar nuevamente al punto de partida, excepción hecha del único cuyas revueltas conducen realmente a ese centro en que se halla el ídolo. Una vez encontrado ese acceso, no se confunde uno de camino, pero a través de cualquier otro nunca se alcanzará la meta. En mi opinión, sólo hay una verdadera puerta de acceso a ese laberinto: la voluntad que mora dentro de nosotros mismos»[40].

---

38. Cfr. *Sobre la voluntad en la naturaleza,* ed. cit., introducción, p. 40.
39. Cfr. *Los dos problemas fundamentales de la ética,* ed. cit., prólogo, p. 4.
40. Cfr. *Esbozo de una historia de la doctrina sobre lo ideal y lo real,* § 12; en *Parerga y Paralipómena,* I, 67.

El único modo de no extraviarnos dentro del intrincado laberinto filosófico es acceder al mismo por la única puerta correcta, la cual no es otra que *la voluntad,* o sea, *el querer.* Según Schopenhauer, nuestra capacidad volitiva es aquello con lo que nos hallamos más familiarizados y sobre lo que disponemos de un conocimiento más directo. «Si miramos dentro de nosotros mismos –leemos en su tesis doctoral–, nos vemos siempre *queriendo.*»[41] Nuestro querer constituiría el primer dato de nuestra consciencia y el que se nos presenta con una mayor claridad, hasta el punto de servir como referente para dilucidar cualesquiera otros. «Como el sujeto del querer se da inmediatamente en la consciencia de uno mismo, no cabe definir o describir ulteriormente lo que sea el querer; antes bien, es el más inmediato de todos nuestros conocimientos e incluso el que, por su inmediatez, ha de arrojar alguna luz sobre todos los demás, que son muy mediatos.»[42] Por eso decide no buscar en otro lugar aquella esencia íntima que se manifestaría en todos y cada uno de los fenómenos del mundo.

Así pues, aquella incógnita que Kant denominó *cosa-en-sí* se ve despejada por Schopenhauer, quien en principio homologa ésta con *la voluntad humana,* si bien advierte que con ello sólo está utilizando la mejor de las denominaciones posibles, habida cuenta de que nuestro querer no cubre, ni mucho menos, el amplio espectro que abarca la voluntad en sentido lato, la cual comprendería, junto a las voliciones humanas, los apetitos animales y todas las fuerzas o energías inconscientes que animan al conjunto de la naturaleza. Lo descrito por el término *voluntad,* «que como una palabra mágica debe develarnos la esencia íntima de aquella

---

41. Cfr. *De la cuádruple raíz del principio de razón suficiente,* ed. cit., § 42, p. 206.
42. Cfr. *ibid.,* § 43, p. 206.

cosa en sí, no es en modo alguno una dimensión desconocida, algo alcanzado mediante silogismos, sino algo conocido inmediatamente y que nos es muy familiar, de suerte que sabemos lo que es la voluntad mejor que cualquier otra cosa, sea la que fuere; hasta ahora se subsumía el concepto de *voluntad* bajo el concepto de *fuerza;* en cambio, yo hago justo al revés, y quiero conocer cada fuerza implícita en la naturaleza pensada como voluntad»[43].

Ese sustrato común a todos los fenómenos es una suerte de pulsión volitiva inconsciente que Schopenhauer suele describir en varias ocasiones como un apremiante afán o una tendencia irresistible, que sólo guardaría con la voluntad humana un lejano parentesco. Sin embargo, como hemos visto, Schopenhauer prefiere denominarlo «voluntad», antes que «alma del mundo», precisamente para emparentarlo con aquello que conocemos mejor y poder acceder así a esa voluntad cósmica gracias al establecimiento de tal analogía. La esencia íntima de las cosas es comparada por Schopenhauer con una fortaleza que, al mostrarse inexpugnable ante los asedios externos, nos hace utilizar un secreto pasadizo subterráneo para penetrar en su interior; y este pasadizo nos es descubierto gracias al privilegiado e inmediato conocimiento que cualquiera de nosotros tiene con respecto a sus propias voliciones. «De hecho –añade–, nuestro *querer* es la única ocasión que tenemos para comprender desde su interior cualquier otro proceso cuya manifestación sea externa, por cuanto es lo único que nos consta *inmediatamente* y no es dado tan sólo en la representación como sucede con todo lo demás. Por consiguiente, tendríamos que aprender a comprender la naturaleza desde nosotros mismos, más que intentar comprendernos a partir de la naturaleza. Lo que nos es conocido inmediatamente

---

43. Cfr. *El mundo como voluntad y representación,* I, § 21, p. 133.

debe dar la explicación de cuanto sólo conocemos mediatamente, y no al revés. ¿O acaso comprende uno mejor el desplazamiento de una bola provocado por un golpe que su propio movimiento basado en cierto motivo?»[44]

Uno de sus fragmentos inéditos recurre al griego para subrayar las diferencias entre nuestra voluntad y la originaria: «Lo único primario y originario –escribe allí Schopenhauer– es la *voluntad,* la Θέλημα [la volición pulsional ciega e inconsciente propia del deseo], no la βούλησις [el proceso deliberativo que tiene conciencia de intentar cumplir con un designio]; la confusión de ambas, para las que sólo hay una palabra en alemán, induce a tergiversar mi doctrina. Θέλημα es la voluntad intrínseca o por antonomasia, la voluntad en general, tal como es percibida en el hombre y en el animal; pero βουλή es la voluntad reflexiva, el *consilium* (la deliberación), la voluntad conforme a una determinada elección»[45]. Según Schopenhauer, esta voluntad cósmica cuyo alias es Θέλημα suele abandonar durante un instante (lo que dura una vida por larga que sea) la eterna noche del inconsciente y despertar a la vida como una βούλησις individual, para retornar luego a su inconsciencia originaria tras ese penoso y efímero sueño; mientras dura este trance sus deseos no tienen fin y sus anhelos resultan inagotables, ya que cada demanda satisfecha engendra una nueva[46].

«El deseo colmado cede sin demora su puesto a uno nuevo: aquél es un engaño conocido y éste uno todavía por conocer. Ningún objeto del querer puede, una vez conseguido, procurar una satisfacción duradera, sino que siempre se asemeja tan sólo a la limosna echada al mendigo y que sus-

---

44. Cfr. *El mundo como voluntad y representación,* II, cap. 18, pp. 218-219.
45. Cfr. HN III 213-214 (1825).
46. Cfr. *El mundo como voluntad y representación,* II, cap. 46, p. 657.

tenta hoy su vida, para prolongar mañana el tormento. Por eso, mientras nuestra consciencia se vea colmada por nuestra voluntad, mientras estemos entregados al apremio de los deseos, con su continuo esperar y temer, mientras seamos el sujeto del querer, no habrá para nosotros dicha o calma duraderas. Si perseguimos o huimos, tememos la desgracia o anhelamos el goce, es igual en lo esencial: la preocupación por las continuas exigencias de la voluntad, cualquiera que sea su forma, colma y agita sin cesar la consciencia, sin reposo ni bienestar posibles. Así el sujeto del querer está girando continuamente sobre la rueda de Ixion, acarrea siempre agua al cedazo de las Danaides y se consume eternamente como Tántalo.»[47] De ahí que, situados en este contexto, la expresión «voluntad de vivir» supone un mero pleonasmo. «Como la voluntad es la cosa en sí, el contenido interno, lo esencial del mundo, y la vida es el mundo visible, el fenómeno, tan sólo el espejo de la voluntad; entonces la vida acompañará a la voluntad tan inseparablemente como al cuerpo le acompaña su sombra.»[48]

5. Dejar de querer o el despertar del sueño de la vida

Ahora bien, al igual que toda diástole tiene su sístole, también la voluntad puede trocar su incuestionable querencia por vivir en todo lo contrario y querer justamente no seguir queriendo[49], por muy paradójica que pueda parecer tal cosa. Lo que se deja de querer es la vida misma. Y a este viraje hacia la dirección opuesta lo llama Schopenhauer *el*

---

47. Cfr. *El mundo como voluntad y representación,* I, § 53, p. 231.
48. Cfr. *ibid.,* I, § 54, p. 324,
49. Cfr. *El dolor del mundo y el consuelo de la religión* (edición de Diego Sánchez Meca), Alderabán, Madrid, 1998, pp. 153-155; en *Parerga y Paralipómena,* II, § 161.

giro de la voluntad. Tras ese cambio radical uno «ya no quiere lo que ha querido durante toda su existencia y deja realmente de querer la vida, aunque originariamente no sea otra cosa que una manifestación de "la voluntad de vivir". Para que se produzca este giro uno debe percatarse de la global aflicción en que consiste la vida, penetrando así en el último misterio de la vida y el mundo, a saber, que sufrimiento y odio (vale decir el *mal físico* padecido y el *mal moral* perpetrado) son *como cosa en sí uno e idénticos,* aun cuando en el plano del fenómeno ambos aparezcan como sumamente heterogéneos e incluso antitéticos; la diferencias entre un torturador y el atormentado es meramente fenoménica, ya que ambos constituyen una unidad en sí»[50].

Todas esas diferencias que hay entre la víctima y su verdugo sólo imperan bajo el principio de individuación y por ello dentro del tiempo. Sin embargo, al descorrer lo que la sabiduría hindú apoda el velo de Maya, el espejismo de tales apariencias acaba esfumándose y se reconoce que todos los fenómenos del mundo no son sino una manifestación de una esencia común en donde todos ellos resultan idénticos. Ahí es donde nos conduce aquel sufrimiento que Schopenhauer consideró desde siempre como un medio instrumental para conducirnos a nuestro auténtico destino. «*Aquello que quiebra la voluntad* –escribía en 1816– es el *sufrimiento.* Sin embargo, el que dicho sufrimiento sea *sentido* o simplemente *percibido* marcará la diferencia entre que nuestra voluntad se quiebre o quede vuelta del revés. El espectáculo del sufrimiento, acompañado de una mirada que atraviesa el principio de individuación o la Maya, determina que la voluntad intente al mismo tiempo paliar ese sufrimiento y rehuir todo goce, haciendo que se aleje de sí misma. Pero aquel a quien tal *espectáculo* no le redima tendrá que aguar-

---

50. Cfr. *Escritos de juventud,* ed. cit., p. 90; HN I 330.

dar a *experimentar* su propio sufrimiento, que impone a la fuerza el conocimiento de la contradicción de la voluntad de vivir consigo misma.»[51]

Nada puede conseguir que la voluntad cese de querer nueva e incesantemente, pues ninguna satisfacción logra colmar completa y definitivamente aquella vasija rota de las Danaides a que se asemeja su inextinguible afán volitivo. Por ello no cabe fijar para ella ningún bien absoluto que no sea interino y el único bien supremo se cifra en esa plena negación de la voluntad que decide suprimirse a sí misma[52] por la vía del ascetismo, al decidir dejar de querer para librarse del sufrimiento que impera en el mundo.

Llegados a este punto Schopenhauer invocará la experiencia estética del goce de lo bello, para describir esa liberación del apremio de la voluntad, pues esa complacencia estética nos hace ingresar en un estado de pura contemplación, donde «quedamos exonerados por un instante de todo querer, esto es, de cualesquiera deseos y preocupaciones, como si nos libramos de nosotros mismos, y dejamos de ser el individuo que conoce al efecto de su constante querer, el correlato de la cosa singular para el que los objetos devienen motivos, sino que somos el eterno sujeto del conocer avolitivo, el correlato de la idea: y sabemos que estos instantes en los cuales quedamos liberados del acuciante apremio de la voluntad, como si emergiéramos de la etérea gravidez terrestre, son los más dichosos que conocemos. A partir de ahí podemos colegir cuán venturosa ha de ser la vida de un hombre cuya voluntad se vea apaciguada, no un solo instante, como en el goce sobre lo bello, sino para siempre y quede totalmente apagada hasta el último rescoldo que mantiene al cuerpo y se extinguirá con él. Un hombre semejante que,

---

51. Cfr. *Escritos de juventud,* p. 129; HN I 404.
52. Cfr. *El mundo como voluntad y representación,* I, § 65, p. 428.

tras muchas amargas luchas contra su propia naturaleza, ha terminado por salir completamente victorioso sólo sigue existiendo como puro sujeto cognoscente, como límpido espejo del mundo. Nada puede ya angustiarle ni conmoverlo, al haber cortado los miles de hilos del querer que nos mantienen unidos al mundo y nos desgarran bajo un dolor constante como deseo, temor, envidia o cólera. Tranquilo y risueño echa una mirada retrospectiva hacia los espejismos de este mundo que una vez también fueron capaces de mover y de apenar su ánimo, pero que ahora le son tan indiferentes como las piezas de ajedrez tras acabar el juego o como por la mañana los disfraces arrojados al suelo, cuyas figuras nos intrigaban y nos inquietaban en la noche del carnaval. La vida y sus formas todavía flotan ante él cual una aparición fugaz, al igual que en el duermevela de un ligero sueño matinal la realidad comienza a dejarse traslucir y cesa la ilusión del ensueño, de modo que la vida desaparece finalmente como este ensueño en un tránsito sin estridencias»[53].

Aplicando a su propia filosofía la disquisición kantiana entre fenómeno y noúmeno[54], Schopenhauer asegura que: «se puede considerar a todo ser humano desde dos puntos de vista contrapuestos; por un lado, es ese individuo, plagado de dolores y defectos, cuyo fugaz tránsito a través de su inicio y término dentro del tiempo es tan efímero como el sueño de una sombra; por otro, es también aquel ser originario e indestructible que se objetiva en todo cuanto existe y al que, en cuanto tal, le cabe decir, como a la imagen de Isis en Sais: "Yo soy todo lo que ha sido, es y será"»[55].

---

53. Cfr. *El mundo como voluntad y representación,* I, § 68, pp. 461-462; cfr. asimismo II, cap. 30, p. 423.
54. Cfr. Kant, *Crítica de la razón práctica* (edición de Roberto R. Aramayo), Alianza Editorial, Madrid, 2000, pp. 226 y ss.
55. Cfr. *El dolor del mundo y el consuelo de la religión,* ed. cit., p. 94; en *Parerga y Paralipómena,* II, § 140.

En la peculiar adaptación que Schopenhauer hace del planteamiento kantiano, mi voluntad individual no puede ser libre, al hallarse inmersa en la inexorable concatenación causal propia del tiempo; sin embargo, esa voluntad cósmica, que también soy, disfruta incluso de aseidad[56], pues únicamente a ella misma le debe tanto la existencia como su propia esencia. Sólo habría una manifestación inmediata de la libertad dentro del mundo fenoménico, y es que la voluntad se niegue a sí misma dejando de querer. «La libertad de la voluntad podría ser denominada "del *no querer*", pues dicha libertad no consiste sino en su capacidad para negar por entero la voluntad propia y su ley suprema es la de "tú no debes querer nada"; entonces ya no actúo como *quiero,* sino como *debo,* y esto anula el *querer.* Así, mi *propio yo* individual deja de actuar y se troca en el instrumento de una eterna e inefable ley.»[57]

Merced a este curioso imperativo categórico lograríamos despertar para siempre del sueño de la vida y regresar nuevamente al estado primigenio, abandonando la βούλησις para retornar a la Θέλημα universal. Cada vez que dormimos nuestra voluntad individual se difumina y queda transitoriamente disuelta en la voluntad cósmica, pues «en medio del *sueño* se ve suprimido el conocimiento, mas no así la voluntad, quien viene a expandirse durante la vigilia –diástole– y se contrae de nuevo mientras uno duerme –sístole»[58], tal como vimos antes que sucedía también con la vida y la muerte; «durante nuestro sueño la voluntad actúa conforme a su naturaleza esencial y originaria»[59].

---

56. Cfr. *El mundo como voluntad y representación,* II, cap. 25, pp. 364 y ss.
57. Cfr. HN II 349-350 (1811-1818).
58. Cfr. *Manuscritos berlineses,* ed. cit., p. 75; HN III 41 (1821).
59. Cfr. *ibid.,* p. 102; HN III 126 (1821).

Dentro de la cosmovisión schopenhaueriana, nuestra vida es como un breve sueño en medio de la extensa noche del tiempo infinito. ¿Acaso no es la vida entera un sueño?, se pregunta Schopenhauer; claro que sí, responde. «La *vida real* y los *sueños* son sendas páginas de un único libro. La presunta diferencia entre ambos estriba en que, cuando consultamos y leemos aquellas hojas ordenadamente según su paginación, entonces lo llamamos *vida real;* sin embargo, si entreabrimos ese libro al azar, una vez que han transcurrido las horas habituales de lectura (el día) y ha comenzado el tiempo de reposo, hojeando sin orden ni concierto algunas de sus páginas, entonces se trata de *sueños*. En ellos tan pronto nos encontramos con una hoja que ya habíamos leído en aquella lectura sistemática y correlativa como de repente topamos con alguna que todavía no conocíamos; pero siempre se trata del mismo libro. Por eso escribió Calderón que "la vida es un sueño".»[60]

La cuestión es entonces: ¿quién es el que la sueña? La voluntad cósmica, por supuesto. «Se trata de un gran sueño, que sueña ese Único ser, pero lo hace de tal modo que todos y cada uno de sus personajes sueñan con él.»[61] El sujeto del gran sueño de la vida no es otro que aquella voluntad originaria cuya manifestación somos. «Cada individuo, cada rostro humano y su transcurso vital no es más que un breve sueño más del espíritu infinito de la naturaleza, sólo es un efímero pentimento que dicha voluntad traza lúdicamente sobre su lienzo infinito, el espacio y el tiempo, y que sólo conserva un fugaz instante, antes de borrarlo para dejar sitio a otro.»[62] Con respecto a esa voluntad primigenia

---

60. Cfr. *Escritos de juventud,* ed. cit., p. 96; HN I 340 (1815-1916); cfr. asimismo *El mundo como voluntad y representación,* I, § 5, p. 21.
61. Cfr. *Los designios del destino,* ed. cit., p. 41.
62. Cfr. *El mundo como voluntad y representación,* I, § 58, p. 379.

nos ocurriría lo mismo que con las estrellas. El firmamento está plagado de constelaciones que sólo se hacen visibles cuando se oculta el sol, es decir, la estrella que tenemos más cerca; de igual modo, la existencia individual, merced al resplandor de la conciencia, nos impide ver esa voluntad cósmica en donde reside nuestra verdadera esencia. De ahí que nuestra muerte suponga un despertar del sueño de la vida. En este sentido, temer que todo desaparezca con la muerte sería tanto como si alguien, en medio de un sueño, pensara que pudiera haber un sueño sin soñarlo nadie. Tal como el sol sigue brillando después del ocaso, la esencia íntima, el en sí del mundo fenoménico, sigue imperturbable tras la muerte de sus manifestaciones individuales y la voluntad cósmica continúa soñando aquel sueño eterno[63].

6. Algunos avatares biográficos que condicionaron su filosofía

Quizá no sea pertinente trazar aquí una biografía de Schopenhauer, pero sí cabe aludir a ciertos pasajes o aspectos de su vida que posibilitaron y condicionaron enormemente su filosofía. Él mismo lo reconoce así, cuando a su tesis doctoral adjunta una nota curricular, donde señala entre otras cosas lo siguiente: «Nacido en Danzig, destinado durante mucho tiempo a otra profesión que no tenía nada que ver con el estudio académico y la sabiduría, pasé el tiempo de mi pubertad en distintos países de Europa, razón por la cual pude disfrutar de una educación muy liberal gracias al cambio variopinto de costumbres y regiones que se ofrecían a mi vista, los cuales, al tiempo que me distraían, servían tam-

---

63. Cfr. el capítulo 5 de mi libro *Para leer a Schopenhauer,* ed. cit., pp. 132 y ss.

bién para instruirme. Así pues, sucedió que, ya alcanzada la edad viril, mi afán innato por las ciencias –a pesar de que desde mi niñez se había hecho sentir lo suficiente– cobró tanta intensidad que me indujo a tomar la decisión de abandonar mi anterior modo de vida y mi anterior ocupación y consagrarme exclusivamente a los estudios»[64].

En efecto, su padre le había destinado a heredar la gestión del negocio familiar[65]. De hecho, le bautizó con el nombre de Arthur por su similitud fonética en diferentes lenguas europeas, a fin de que tuviera un patronímico cosmopolita y favorecer así su desenvolvimiento en el mundo del comercio. Sin embargo, él tenía muy otras inclinaciones: «Jamás existió alguien menos apto que yo para el desempeño de esta profesión. Mi naturaleza entera se rebelaba contra todo lo que tuviese que ver con los negocios; ensimismado constantemente con otras cosas, descuidaba del todo mis obligaciones; día tras día no pensaba más que en ganar tiempo para ocuparme de mis lecturas. Ocultaba en el despacho libros a los que me entregaba con enorme alborozo en cuanto nadie me vigilaba»[66].

---

64. Cfr. su carta del 24.9.1813 al decano de la facultad de filosofía de la Universidad de Jena, recogida en *Epistolario de Weimar,* ed. cit., pp. 159-160.
65. «Mi padre había decidido que habría de convertirme en un hábil comerciante y, a la vez, en un hombre de mundo y de costumbres refinadas. Con tal propósito, consideró absolutamente necesario que yo aprendiese a hablar francés a la perfección. Cuando en 1797 realizó un viaje de placer por Francia e Inglaterra, me llevó consigo. Yo tenía diez años. Tras visitar juntos París, nos trasladamos a El Havre, donde mi padre me dejó en casa de un cliente amigo suyo para que, en la medida de lo posible, consiguiera hacerme todo un francés. Este hombre bondadoso y amable se ocupó de mí como si de un segundo hijo se tratase, y cuidó de que se me educase junto al suyo, que era de mi misma edad. Ambos niños recibimos lecciones de preceptores privados que nos iniciaron en todas las materias y disciplinas adecuadas a nuestros años» (cfr. *Epistolario de Weimar,* pp. 247-248).
66. Cfr. *Epistolario de Weimar,* p. 252.

Preocupado por el hecho de que su primogénito terminara sin saber muy bien cómo ganarse la vida, el padre decidió que su hijo se confrontara consigo mismo mediante una ingeniosa estratagema, tal como nos relata el propio Schopenhauer: «Su innato respeto por la libertad le disuadió de imponerme su plan por la fuerza. Mas no tuvo reparos en recurrir a la astucia. Él sabía que yo estaba muy ansioso de ver mundo, y cuánto anhelaba visitar de nuevo a mi amigo francés. Por eso me notificó que la próxima primavera emprendería con su mujer un largo viaje de placer por buena parte de Europa y que yo podía tener ocasión de participar en ese soberbio periplo, recalando también en casa de mi amigo, con tal de que le prometiera que cuando volviésemos me consagraría por entero al oficio de comerciante; si por el contrario persistía en dedicarme al estudio, permanecería en Hamburgo aprendiendo latín. La elección quedaba en mis manos»[67].

Lejos de ser anecdótico, el asunto tiene un gran interés, toda vez que incidirá en su pensamiento filosófico. Schopenhauer no supo resistirse a la tentación y experimentó en carne propia algo que andando el tiempo teorizaría como un punto capital de su doctrina moral, a saber, que sólo nuestros actos dan fe de cuanto queremos realmente. Aunque podemos recrear nuestras motivaciones y decirnos a nosotros mismos que nuestros deseos apuntaban en otra dirección, en realidad el único notario de nuestras auténticas querencias es aquello que acabamos haciendo. Por lo tanto, el viaje comenzó a ser harto instructivo mucho antes de iniciarse. Naturalmente, durante los dos años que duró ese periplo europeo, Schopenhauer no pudo afianzar su anhelada formación académica, desplazándose continuamente de un

---

67. Cfr. *Gesammelte Briefe,* ed. cit., pp. 649-650; *Epistolario de Weimar,* pp. 249-250.

lugar a otro al visitar Holanda (la tierra de sus ancestros), Francia (donde quería ver a su amigo de la infancia), Inglaterra (país en el que a su padre le hubiese gustado hacerle nacer), Bélgica, Suiza, Austria y la propia Alemania. Sin embargo, a la hora de hacer balance incluso esto le parecería una gran ventaja más que un inconveniente. «Pues justamente durante aquellos años de pubertad, cuando el alma humana es más receptiva y se abre a toda suerte de impresiones, porque su intensa curiosidad exige trabar conocimiento con las cosas, contra lo que suele ocurrir, mi espíritu no se atiborró con palabras vanas ni exposiciones de aquello sobre lo que todavía no podía uno tener una comprensión cabal y concreta, lo cual viene a embotar la natural agudeza del entendimiento, sino que por el contrario, nutrido y adiestrado por la intuición directa de las cosas, aprendió a discernir el qué y el cómo del ser de las cosas, antes de que viera injertado en él manidas opiniones al respecto.»[68]

Sin pretenderlo y en contra de sus propios designios, Heinrich Floris Schopenhauer convirtió a su hijo en un sofisticado autodidacta que, además de poder leer en siete idiomas diferentes, era capaz de apreciar el arte y observar a sus congéneres con una enorme perspicacia, adquiriendo con ello un bagaje utilísimo para su reflexión filosófica. Sin embargo, sólo la extraña e inesperada muerte de su padre posibilitó que Schopenhauer pudiera cumplir con su vocación y encontrarse con su destino filosófico. Ésta es la otra circunstancia que me interesa resaltar aquí. Su padre falleció en 1805, muy probablemente a causa de un pintoresco suicidio, cuando Schopenhauer tiene diecisiete años, y da en escribir este pasaje que ya conocemos: «Cuando yo tenía diecisiete años, antes de aplicarme al estudio, me vi

---

68. Cfr. *Gesammelte Briefe,* p. 650; *Epistolario de Weimar,* p. 251.

conmovido por las *calamidades de la vida,* igual que le ocurrió a Buda en su juventud, cuando él descubrió la enfermedad, la vejez, el dolor y la muerte»[69]. A mi modo de ver, con ellas esta refiriéndose a la desoladora experiencia vital del suicidio de su padre. Después de todo, ese intenso sufrimiento le liberaba en cierto modo del compromiso adquirido con él, tal como luego su filosofía verá en el sufrimiento un instrumento para liberarnos de la tiranía del querer.

Al volver del maravilloso viaje por Europa, Schopenhauer se sintió esclavizado por su promesa. «Un profundo abatimiento me volvía indisciplinado y molesto para cuantos me rodeaban. Ahora tenía que vérmelas con un oficio que odiaba y con la más horrible de las servidumbres; cada vez me hallaba más convencido de que mi vida seguía un camino equivocado y que toda ella no era sino un gran error que yo creía irreparable. Un terrible golpe del destino vino a sumarse a mi desgraciada situación: el mejor de los padres me fue arrebatado por una muerte repentina y cruel. Aunque ya era dueño de mí mismo, por así decirlo, seguí ocupando mi puesto en la casa de comercio, porque mi conciencia me impedía contrariar las decisiones de mi padre inmediatamente después de su muerte.»[70] Semejante suplicio duró dos años hasta que Schopenhauer escribió a su madre y ésta le contestó en estos términos: «Sé muy bien qué significa vivir una vida que repele a nuestro fuero interno y me gustaría poder ahorrar esa desolación a mi querido hijo. ¡Ay, querido Arthur!, ¿por qué hubo de valer tan poco mi voz en aquel entonces, cuando lo que tú quieres ahora era ya mi más ardiente deseo? Con cuánta tenacidad luché por ponerlo en práctica hasta lograr imponerme, pese a

---

69. Cfr. HN IV.1, 96.
70. Cfr. *Epistolario de Weimar,* pp. 252-253.

todo lo que se me oponía en contra, y cuán atrozmente fuimos engañados ambos»[71].

Pero Schopenhauer nunca le agradeció esta comprensión a su madre. Las relaciones entre ambos fueron degradándose paulatinamente hasta desembocar en una irreversible ruptura. Ella no podía soportar el insufrible carácter de su hijo y éste le reprochaba que casi hubiera celebrado el quedarse viuda, circunstancia que le permitió dedicarse con cierto éxito a la literatura, una vez afincada en Weimar, donde su salón se preciaba de verse frecuentado por el mismo Goethe. Podría pensarse que su comunicación en el terreno intelectual fuese algo mejor, mas no fue así, porque la mutua incomprensión en ese ámbito era todavía mayor. Se cuenta que, al echar un vistazo a la tesis doctoral de su hijo, Johanna comentó al ver el título: «Debe de tratarse de un libro para boticarios», y Schopenhauer espetó entonces: «Mi obra será leída cuando no quede ningún rastro de tus escritos», a lo que la madre replicó: «Para entonces la primera edición de los tuyos estará todavía por darse a conocer»[72].

En cambio, Schopenhauer siempre manifestó una enorme veneración hacia su padre, como el único a quien agradecía «que desde mi más temprana edad se me iniciase en los más útiles conocimientos y también que después no me faltasen la libertad, el ocio y todos los medios necesarios para la consecución de la única actividad para la que yo me sentía destinado, la del estudio y la ciencia. En definitiva, más tarde, a una edad más avanzada, yo me beneficié, sin que tuviera que poner nada de mi parte, de lo que sólo muy pocos de mi condición y capacidades pueden disfrutar, esto

---

71. *Die Schopenhauers. Der Familien-Briefwechsel,* Haffmann, Zúrich, 1991, p. 164.
72. Cfr. R. Safranski, *Schopenhauer y los años salvajes de la filosofía,* Alianza Universidad, Madrid, 1991, p. 238.

es, del tiempo libre y de una existencia exenta de cuidados, ventajas que me permitieron consagrarme exclusivamente durante una serie de años a estudios que, financieramente hablando, eran absolutamente improductivos, pudiendo realizar investigaciones y meditaciones de la más diversa índole, sin que se me distrajera o molestara en lo más mínimo»[73]. Casi todo esto lo escribió en su currículum para solicitar un puesto como profesor en la universidad berlinesa, cuando sus rentas peligraron por una mala gestión de su banquero, a finales de 1819. Como acababa de publicar *El mundo como voluntad y representación,* se molestó en reescribir esta obra para sus alumnos, pero el fracaso no pudo ser más estrepitoso, pues puso sus clases a la misma hora que Hegel, y, mientras que el aula de éste se abarrotaba, la suya quedaba vacía, pese a lo cual siguió anunciando sus cursos durante varios años. Tras esta experiencia, se dedicó a ensalzar al filósofo de gabinete, como Spinoza o él mismo, al tiempo que denigraba sañudamente a quienes querían vivir *de* la filosofía, en lugar de vivir *para* la filosofía.

El desastre financiero no fue tan grave como creyó en un principio y Schopenhauer pudo vivir en todo momento de las rentas que le proporcionó la herencia paterna. De hecho, siempre se ufanó de tal independencia económica, congratulándose igualmente de no tener cargas familiares, pese a que no desdeñó los lances amorosos. A su querido amigo de la infancia, en cuya casa vivió dos años cuando era niño, le hará esta pintoresca semblanza de su vida: «Mi renta disminuida me basta todavía, viviendo como un muchacho en una habitación amueblada y cenando en un hostal, todo ello sin lujos, pero decentemente; tengo lo necesario y nada más. Agradezco a la suerte no tener mujer ni hijos: dos bastardos que tuve murieron jóvenes. He estado dos veces

---

73. Cfr. *Epistolario de Weimar,* pp. 245-246.

en Italia, en 1819 y 1823. En 1820 me hice profesor en la Universidad de Berlín, una especie de profesor honorario, pagado no por el gobierno, sino por los estudiantes. Pero sólo enseñé los seis primeros meses. Mis estudios han absorbido todo mi tiempo. Mi vida ha sido un estudio continuo, lo cual es su propia recompensa. Si hubiese amasado riquezas, éstas no me habrían sabido proteger de los fastidios de la vejez, pero he amasado conocimientos y he ganado interés por las grandes verdades para la filosofía. En 1831 el cólera asoló Berlín y me refugié aquí en Frankfurt. Desde hacía diez años tenía una relación secreta con una mujer a la que amaba mucho; ella me había prometido seguirme cuando abandonara Berlín, pero al llegar el momento faltó a su promesa; desde luego, tenía lazos familiares, mas no debía haberme prometido nada. Esto me apenó mucho, pero el tiempo hace su efecto poco a poco; sin embargo, ha sido el único ser al que me he sentido verdaderamente apegado: vencieron las circunstancias»[74].

No resulta extraño que Schopenhauer se muestre contrario a la monogamia en sus *Manuscritos berlineses,* donde aboga por unos acuerdos que tengan en cuenta los condicionamientos biológicos y los económicos. La monogamia iría en detrimento de la capacidad reproductiva del varón, así como del potencial sexual femenino. La mujer puede procurar placer a más de un hombre durante su lozanía, mientras que los varones pueden seguir procreando una vez extinguida la etapa fértil de su compañera. Por lo demás, casi nadie puede permitirse alimentar a más de una esposa y su correspondiente prole. ¿Cuál es la solución? Pues compartir con otro a una mujer y, pasados unos cuantos años, hacer entrar en esa comunidad triangular a otra

---

74. Cfr. la carta de Schopenhauer a Anthime Grégoire de Blésimaire del 10 de diciembre de 1836, en *Gesammelte Briefe,* p. 158.

jovencita. Esta bigamia compartida conllevaría en su opinión un sinfín de ventajas, tales como abaratar los costos de mantener una familia y el ayudarnos a superar unos celos con los que habríamos de familiarizarnos tarde o temprano[75].

7. Los prólogos inéditos elaborados para una hipotética segunda edición

Pero dejemos ya en paz al personaje y sus avatares biográficos, por curiosos que puedan resultar, y retornemos a la obra que aquí se presenta. El 23 de junio del año 1818 Schopenhauer escribió a Goethe para comunicarle que su libro aparecería en breve y confiarle así un secreto celosamente guardado, cual era el del título: «Mi obra –enfatiza Schopenhauer– es en cierto modo el fruto de mi vida. Pues no creo que nunca llegue a realizar algo mejor o de contenido más valioso; a mi modo de ver Helvetius lleva razón al decir que hacia los treinta, o como mucho hacia los treinta y cinco años, ya se ha suscitado en el hombre cuanto es capaz de pensar merced a la impronta del mundo y todo lo que procure más tarde siempre será tan sólo el desarrollo de tales pensamientos. Un destino propicio me proporcionó tanto la ociosidad como el impulso necesarios para servir pronto y fresco lo que alguno, como por ejemplo Kant, sólo pudo poner sobre la mesa marinado con el vinagre de la vejez, aun cuando era un fruto de la juventud. El título de la obra, que nadie salvo el editor conoce todavía, es *El mundo como voluntad y representación, cuatro libros y un apéndice que contiene una crítica de la filosofía kantiana*»[76].

---

75. Cfr. *Manuscritos berlineses*, pp. 118-120; HN III 161-162 (1822/1823).
76. Cfr. *Gesammelte Briefe*, p. 35.

Ciertamente, Schopenhauer estaba persuadido de que su libro debía representar un verdadero acontecimiento, habida cuenta de que, tal como le ha comentado tres meses antes a su futuro editor, su «obra constituye un *nuevo* sistema filosófico, que resulta novedoso en el más pleno sentido del término, al no ser una nueva exposición de algo que ya existiera, sino una nueva trabazón de pensamientos que resultan sumamente coherentes y que hasta el momento no habían aflorado en la cabeza de nadie. Albergo la firme convicción de que dicho libro, en donde he acometido la difícil empresa de hacer comprensibles a los demás tales ideas, llegará a ser la fuente y el pretexto de otros cien libros. Esta disertación –prosigue– se distancia tanto de la pomposa, huera y absurda palabrería de la nueva escuela filosófica como de la tosca y plana charlatanería del período anterior a Kant; mi exposición resulta sumamente clara y comprensible a la par que vigorosa y, si se me permite decirlo, no carente de belleza. Sólo quien tiene pensamientos auténticamente propios posee un estilo genuino. El valor que confiero a mi trabajo es muy grande, ya que lo considero como un fruto global de mi existencia»[77].

Tras este singular panegírico Schopenhauer procede a negociar los detalles de la edición, llegando a indicar el número de líneas que deberá tener cada página para calcular así los pliegos resultantes. Hay algo que se propone no admitir bajo ningún concepto, y es que la obra se divida en dos volúmenes. Además exige que se haga una tirada de ochocientos ejemplares y pide al editor que renuncie a cualquier derecho sobre una segunda edición, persuadido como estaba de que se agotaría en un abrir y cerrar de ojos. Pero, como ya sabemos, este pequeño parpadeo duraría

---

77. Cfr. la carta de Schopenhauer a F. A. Brockhaus del 18.3.1818; *Gesammelte Briefe*, p. 29.

nada menos que un cuarto de siglo. La primera edición de *El mundo como voluntad y representación* apareció en diciembre del año 1818, aun cuando en su pie de imprenta cupiera leer 1819. En contra de las expectativas iniciales del autor fue un rotundo fracaso comercial. A finales de abril del año 1835 Schopenhauer se permite preguntar al editor cómo van las ventas, a fin de saber cuántos volúmenes quedan todavía[78]. La respuesta es demoledora, pues Brockhaus le informa de que, «para sacar cuando menos algún mínimo provecho con el papel, he tenido que seguir destinando a la maculatura gran parte de los ejemplares disponibles»[79].

Entretanto Schopenhauer había redactado el borrador de varios prólogos y de dos dedicatorias para una posible segunda edición. Ya en 1821 nuestro autor calcula un intervalo de diez años: «Este prólogo está dirigido a los lectores de tiempos venideros, únicos en los que he pensado al componer mi obra: ¿pues de dónde hubiera tomado el aliento y la tenacidad para ello, si hubiese pensado en mis coetáneos? Manifestar lo que sigue a ese lector de un remoto porvenir constituye un placer del que no quiero privar a mi orgullo. Mi época me ha procurado un inmenso honor al guardar silencio acerca de mis escritos durante los diez primeros años transcurridos desde su publicación, demostrándose así lo poco que tenemos en común»[80]. En 1825 sigue con esa misma idea: «La primera edición apareció al final del año 1818. Como el público comenzó a leer el libro unos ocho años después, se hacía necesaria una segunda edición al décimo año. Me felicito por presenciar algo tan inesperado, toda vez que puedo enriquecerla con todas las adicio-

---

78. Cfr. *Gesammelte Briefe,* p. 141,
79. Cfr. *ibid.,* p. 523.
80. Cfr. *Manuscritos berlineses,* p. 84; HN III 88 (1821).

nes que he ido incorporando a mi obra en el transcurso de estos años en los cuales oficiaba como único lector suyo (pues los especialistas de las universidades no cuentan como lectores)»[81].

Por eso en 1827 suma dos años a la década: «Hace doce años, en la madurez, cuando todavía uno se halla inclinado a la comunicación, presenté al público una sucesión de pensamientos (un arrebato que no he vuelto a tener nunca desde entonces); no quisiera dejar pasar esta oportunidad, que me brinda una segunda impresión, sin enriquecer la obra ya publicada con adiciones aclaratorias que vienen a confirmar sus tesis, dotándola de toda la claridad y fundamentación de la que soy capaz. La mayor parte de estas adiciones han sido incorporadas bajo los epígrafes de "explicaciones", "comentarios", "ejemplos" y otras cosas por el estilo»[82]. Su tono se vuelve cada vez más irónico: «La tentación de presentar al público mis pensamientos no me ha vuelto a asaltar desde hace doce años, cuando este libro fue impreso por primera vez; tampoco la tengo ahora, y más valdría que abandonara el mundo en silencio, de no ser porque se me brinda una ocasión para rematar mi obra ya en circulación. Si aprovecho esta oportunidad de una segunda edición, para revisar mi obra y añadir prolijas adiciones, confieso con toda franqueza que ello se debe únicamente al cariño que profeso hacia las criaturas de mi espíritu, en cuya fisonomía percibo los rasgos de una vida tan larga como efímera es la del espíritu que las ha engendrado; por eso ahora que todavía estoy en condiciones para ello le doto con este ajuar, a fin de que se vea resguardada en la continuación de su largo viaje. Ésa es la razón de que no haya podido prestar una particular aten-

---

81. Cfr. *ibid.*, p. 134; HN III 198 (1825).
82. Cfr. *ibid.*, pp. 163-164; HN III 323-324 (1827).

ción a las momentáneas exigencias de mis honorables contemporáneos»[83].

Luego su ironía dejará paso a la crispación: «No he tenido muy presentes a los romos contemporáneos que me han tocado en suerte, sino que he vivido para la verdad y he meditado sobre mis asuntos al margen de toda cooperación externa, rematando así mi obra. Ésta quizá se haya beneficiado de semejante gestación, pues quien ama la verdad y conoce su disfrute no precisa de ningún aliento adicional; sin embargo, la intervención exterior, ya sea en contra o a favor, conduce muy fácilmente al error. Es difícil no tener para nada en cuenta –tal como se merece la mayor parte de las veces– la opinión de aquellos cuyo aplauso recabamos y entonces cobra ésta una influencia sobre nosotros que acaba por adulterar nuestras aspiraciones. Así pues, entrego ahora esta obra, con la cual doy por concluida mi vida, al transcurso del tiempo para que la lleve hasta unos cuantos curiosos capaces de pensar por su cuenta, por muy numeroso que sea el tropel que la descuide y que, cual simios, dedicarán las mismas muecas tanto a lo bueno como a lo malo, mientras elaboran el juguete de su corto día»[84].

Por otra parte, las dos dedicatorias están dirigidas a los manes de su padre, agradeciéndole que le procurase su tan preciada independencia económica. La primera data de 1828: «Al comerciante Heinrich Floris Schopenhauer: ¡Noble eximio espíritu!, al que debo todo, cuanto soy y cuanto haga. Tu sabia previsión me ha amparado y sostenido, no sólo durante la desamparada infancia y la irreflexiva juventud, sino también en la madurez y hasta el día de hoy. Pues, al colocar a un hijo como yo en el mundo, cuidaste de que pudiera desarrollarse como tal en un mundo como está

---

83. Cfr. *ibid.,* pp. 172-173; HN III 366 (1827).
84. Cfr. *ibid.,* pp. 238-239; HN III 523-524 (1828).

constituido éste. Habías caído en la cuenta de que podía no estar dotado para labrar la tierra o para emplear sus fuerzas en asegurarse la subsistencia gracias a un oficio mecánico; es como si hubieras previsto que tu hijo, el vástago de un orgulloso republicano como eras tú, no tendría el talento para competir por arrastrarse delante de ministros y consejeros, mendigando indigna y trabajosamente para conseguir un pedazo de pan o asegurarse la flatulenta mediocridad de adular y someterse al exultante séquito del chapucero charlatán. Por eso te consagro mi obra, la cual sólo podía darse bajo la sombra de tu protección y es por ello también obra *tuya,* y te doy las gracias proclamando a modo de epitafio que únicamente estoy en deuda contigo y con nadie más»[85].

La segunda fue redactada sólo un año después: «El hecho de que pudiera consagrar mi vida a la verdad, sin llegar a ser un mártir suyo; la circunstancia de que pudiese formarme, en el amplio sentido de la palabra, tal como era necesario para mi meta; el que haya podido permitirme dedicar toda mi vida al ansia de saber, de investigar, de cavilar, todo lo cual representa el mayor afán de mi naturaleza; el que no haya quedado arruinado ni haya vivido en la miseria, sino que haya podido subsistir en un mundo como es éste, así como en una época que pretende hacer pasar a los necios y a los oscurantistas bajo la máscara de filósofos; el que, en este mundo colmado de banalidades, no me haya hecho falta humillarme, para recibir el favor de los ricos y poderosos, cupiéndome suscribir estas líneas de tu venerado Voltaire: "para dos días que vivimos no vale la pena pasarlos arrastrándose ante miserables tunantes". Todo esto he de agradecértelo a ti, mi noble y difunto padre. A ti tan sólo y a nadie más. Y cuán lejos estás ahora de cualquier desquite por mi parte; por eso quiero darte las gracias emplazando pú-

---

85. Cfr. *ibid.,* pp. 180-181; HN III 356-358 (1828).

blicamente a quien frecuente mis pensamientos para que recuerde tu nombre y lo transmita tan lejos como le toque ir al mío»[86]. Sin embargo, Schopenhauer guardará para sí estos arrebatos de amor filial y no incluirá ninguna de ambas dedicatorias en la segunda edición, ni tampoco en la tercera.

Haciendo de la necesidad virtud, más adelante celebra cáusticamente que parte de la primera edición haya terminado convertida en maculatura, pues eso precipitará que aparezca una segunda edición durante su vida[87]. Puede que no le sorprendiera el desdén de sus coetáneos, pero es evidente que sí hería profundamente su vanidad. A partir de 1833 ya tiene claro que dicho prefacio presentaría las *consideraciones complementarias* o *suplementos*[88] del volumen publicado en 1819, tal como revela este pasaje de la versión del prólogo fechada en 1834: «En los cuatro libros de la obra misma presento sucesivamente al lector las cuatro fachadas capitales de mi edificio, pero en los complementos paseo con él alrededor del edificio, contemplándolo tanto por delante como desde atrás, para mostrar cómo se interconectan por doquier balcones y travesaños, a cuyo efecto de vez en cuando damos algunos pasos tanto hacia adelante como hacia atrás, y tan pronto dirigimos la mirada hacia arriba como hacia abajo»[89].

Sabedor de que la negociación con su editor no podía resultar nada sencilla, tras el estrepitoso fracaso comercial acarreado por la obra en su primera edición, Schopenhauer intenta presentarle de un modo atractivo los nuevos contenidos. El 7 de mayo del año 1843 Schopenhauer escribe a

---

86. Cfr. *ibid.,* p. 225; HN III 538 (1829).
87. Cfr. HN IV.1, pp. 13 y 150.
88. Cfr. HN VI.1, pp. 139, 145, 159, 162 y 175.
89. Cfr. HN VI.1, p. 180.

F. A. Brockhaus para proponerle publicar una segunda edición, más propiamente aumentada que corregida, de *El mundo como voluntad y representación*. «Este segundo tomo –recalca Schopenhauer– presenta significativas ventajas respecto del primero y supone para éste lo que una pintura terminada en relación con su esbozo. Pues le aventaja en esa profundidad y riqueza, tanto de ideas como de pensamientos, que sólo pueden ser el fruto de toda una vida consagrada al estudio y la reflexión. Es más, la transcendencia de aquel primer volumen sólo queda plenamente realzada gracias a éste. De otro lado, ahora también puedo expresarme sin ambages y mucho más libremente que hace veinticuatro años; en parte, porque los tiempos que corren toleran mejor ese talante y, en parte, porque tanto la edad alcanzada como mi sólida independencia, unidas a mi definitiva emancipación de la venalidad que impera en el ámbito universitario, me procuran un mayor aplomo.»[90] A renglón seguido expondrá su recurrente argumento de que las grandes obras, como la suya, siempre son ignoradas en un comienzo, pero que luego están llamadas a perdurar y suscitar el mayor interés.

Ahora bien, por si todo esto falla, Schopenhauer decide no reclamar en principio ningún tipo de compensación económica por el original y propone que sea el editor quien decida si debe o no pagarle algo por el trabajo de toda una vida. Brockhaus le responde que no puede aceptar ese alto riesgo, aun cuando no tenga que pagar derechos de autor, invocando el pésimo negocio que supuso la edición de 1819, de la que después del último lote destinado a maculatura en 1830 todavía quedan en el almacén cincuenta ejemplares, número suficiente para satisfacer una hipotética demanda que no acaba de darse. Otra cosa es que Schopen-

---

90. Cfr. *Gesammelte Briefe,* p. 195.

hauer esté dispuesto a predicar con el ejemplo y arriesgue su propio dinero, sufragando los gastos de impresión y enjugándolos después con los beneficios de las ventas. Incluso podrían compartir dichos gastos y repartirse luego las ganancias del siguiente modo: el beneficio de los primeros cien ejemplares irían para el editor, mientras que Schopenhauer obtendría los correspondientes a la segunda centena, y así sucesivamente[91].

Lejos de parecerle una contrapropuesta razonable o acorde con la excelencia del producto, Schopenhauer se declara indignado y replica que con la renuncia de sus honorarios «quería ofrecer un regalo muy valioso al público, mas nunca se le habría ocurrido tener que pagar encima por hacer ese regalo. Si no hay un editor que pueda correr con los gastos de mi obra, donde se compendia el trabajo de toda mi vida, ésta habrá de aguardar hasta que aparezca como una publicación póstuma, cuando arribe la generación que acogerá con fruición cada una de mis líneas»[92]. Finalmente Schopenhauer propone abaratar los costes y limitarse a publicar el segundo tomo, imprimiendo tantos ejemplares como se vendieron del primero, para que los compren quienes ya poseen aquél. «Por lo demás, este volumen puede ser leído y resulta provechoso por sí solo, ya que contiene la quintaesencia de cuantos pensamientos he levantado acta durante los últimos veinticuatro años y se halla dividido en cincuenta capítulos, cada uno de los cuales versa sobre un objeto filosófico propio, tratándolo de un modo que roza lo popular y se distancia sobremanera de cualquier jerga escolástica, por lo que resulta sumamente claro, vivaz y sugestivo, todo lo cual suscitará el deseo de leer el primer volumen y podría propiciar a la postre una segunda edición. De ha-

---

91. Cfr. *ibid.*, p. 536.
92. Cfr. *ibid.*, p. 196.

llarse Vd. aquí, me gustaría darle a leer (en mi casa, desde luego, pues no me desprendo del manuscrito debido al carácter novedoso que tiene su contenido) el capítulo sobre la *Metafísica del amor sexual;* apostaría que después no habría lugar para cavilación alguna por su parte.»[93]

Desde luego, no le faltaba confianza en el embrujo que podían suscitar algunos epígrafes de su obra, como es el caso del capítulo al que alude, pero su temor a verse plagiado le impedía mandar una copia. De ahí que termine apelando a los escasos comentarios laudatorios que tuvo la primera edición, entre los que destaca por su contundencia el del célebre literato Jean Paul: «El *mundo como voluntad y representación* de Schopenhauer es una obra filosófica genial, audaz, polifacética, colmada de ingenio y perspicacia, pero su desconsoladora e insondable profundidad le hace asemejarse a un melancólico lago noruego sin olas ni pájaros y sobre cuyas oscuras riberas flanqueadas por escarpados peñascos nunca brilla el sol, sino sólo el estrellado cielo diurno. Afortunadamente sólo me toca encomiar este libro y no suscribirlo»[94].

Sorprendentemente, su estrategia da resultado. La contestación se hizo esperar, pero el editor se aviene a publicar una segunda edición con arreglo a la primera propuesta, esto es, reimprimiendo la primera en un volumen aparte, donde sólo sufrirá cambios el apéndice sobre la filosofía kantiana. Schopenhauer introducirá estas interpolaciones mientras la imprenta se ocupa del segundo tomo, porque hay un punto en el que se muestra inflexible: ahora la edición ha de aparecer en dos volúmenes. En su opinión convendría hacer más ejemplares del segundo que del primero, pensando en los poseedores de la primera edición, unos

---

93. Cfr. *ibid.,* p. 197.
94. Cfr. *Über Arthur Schopenhauer,* Diogenes, Zúrich, 1977, p. 174.

doscientos cincuenta. Por ello entiende que se deberían imprimir setecientos cincuenta ejemplares del segundo tomo y quinientos del primero. Impone asimismo que la editorial renuncie a cualquier derecho sobre una hipotética tercera edición. Para no dejar ningún cabo suelto, se permite hacer sugerencias relativas a la tipografía y el formato, habiéndose de utilizar caracteres góticos. Tampoco deja de redactar una nota para el tipógrafo, indicándole que no se tome ninguna licencia en la transcripción del manuscrito, ya que, aun cuando el autor guarde con su impresor una relación similar a la mantenida por alma y cuerpo, resulta obvio que las decisiones deben ser tomadas por el alma, o sea, por él mismo, y que la otra parte ha de limitarse a obedecer literalmente sus instrucciones. Su celo por intervenir en todos los detalles logrará incluso rebajar, de seis a cinco táleros imperiales, el precio del ejemplar. Años más tarde, al negociar las condiciones de la tercera edición, todo será muy distinto. Schopenhauer exigirá tres federicos de oro por pliego, cobrando así por su trabajo de antaño, ya que las modificaciones introducidas no afectan sino a unos cuantos pliegos. Además, consigue pactar una tirada de dos mil doscientos cincuenta ejemplares.

8. Del influjo ejercido en autores como Wittgenstein, Nietzsche, Wagner, Freud, Borges y Thomas Mann

Antes vimos el aire de familia que ciertos planteamientos wittgensteinianos guardan con la filosofía schopenhaueriana. Sus afinidades están acreditadas por algún estudio monográfico[95] y, al parecer, *El mundo como voluntad y repre-*

---

95. Cfr. M. Micheletti, *Lo Schopenhaueriano di Wittgenstein,* Bolonia, 1967.

sentación fue leído por Wittgenstein a una edad muy temprana e impresionable[96], constituyendo una de sus pocas influencias filosóficas. Como Schopenhauer preveía, la posteridad habría de otorgarle los discípulos que no encontró entre sus contemporáneos. De hecho, Nietzsche llegó a consagrarle su tercera intempestiva con el título de *Schopenhauer como educador*. «Pertenezco –nos dice allí– a los lectores de Schopenhauer que, tras haber leído la primera de sus páginas, saben con certeza que leerán todas las páginas y que escucharán cada una de las palabras que haya dicho. Lo comprendí como si hubiera escrito para mí.»[97] En lo tocante a su estilo literario, Nietzsche lo encuentra sólo parangonable con el de Goethe: «La manera de expresarse Schopenhauer me recuerda a veces un poco a Goethe, pero en modo alguno a cualquier otro autor alemán. En efecto, Schopenhauer sabe expresar lo profundo con sencillez, lo conmovedor sin retórica y lo específicamente científico sin pedantería»[98].

El propio Goethe ponderó muy favorablemente la prosa de Schopenhauer, como éste supo a través de su hermana Adele: «Lo que [a Goethe] le gustó extraordinariamente del libro era la claridad de la exposición y la manera de escribir»[99]. Al parecer, la nuera de Goethe le contó también a Adele que éste leía *El mundo como voluntad y representación* con un afán e interés nunca vistos antes en él y que se proponía leerlo de cabo a rabo. Cuando menos, Goethe le

---

96. Cfr. B. Magee, *Schopenhauer,* Cátedra, Madrid, 1991; apéndice III «La influencia de Schopenhauer sobre Wittgenstein», p. 312.
97. Cfr. Nietzsche, *Schopenhauer como educador. Tercera consideración intempestiva* (trad., pról. y notas de Luis Fernando Moreno Claros), Valdemar, Madrid, 1999, p. 49.
98. Cfr. *ibid.,* pp. 148-149.
99. Cfr. la carta de Adele Schopenhauer a su hermano del 5.2.1819; en *Epistolario de Weimar,* p. 237.

hizo llegar a Schopenhauer una nota con los pasajes que más le habían interesado y Schopenhauer, en un momento dado del primer volumen, nos remite a ella para demostrar que Goethe le habría plagiado sin darse cuenta[100].

También Wagner confesó la honda impresión que le había causado su lectura. En diciembre de 1854 le dice a Liszt que: «Últimamente me he dedicado exclusivamente a un hombre que ha llegado como un regalo del cielo a mi soledad. Es Arthur Schopenhauer, el mayor filósofo desde Kant»[101]. Según reconoce Wagner en su biografía, *El mundo como voluntad y representación* le transmitió el estado de ánimo que inspiró *Tristán e Isolda*[102]. No es extraño que los músicos en general se interesen tanto por Schopenhauer, dado el singular tratamiento que éste hace de la música.

Para Schopenhauer, la música representa nada menos que una historia secreta de la voluntad, una crónica donde se narran sus deseos y anhelos más ocultos: «La melodía narra la historia de la voluntad iluminada por la reflexión, cuya impronta en la realidad es la serie de sus hechos; pero viene a decir más, narra su historia secreta, pinta cada agitación, cada anhelo, cada movimiento de la voluntad, todo aquello que la razón compendia bajo el amplio y negativo concepto de sentimiento y no puede asumir en sus abstracciones. Por eso también se ha dicho siempre que la música es el lenguaje del sentimiento y de la pasión, tal como las

---

100. Cfr. *El mundo como voluntad y representación,* I, § 54, 331 nota.
101. Cfr. B. Magee, *op. cit.,* apéndice IV «Schopenhauer y Wagner», p. 380.
102. Cfr. *ibid.* Sobre la relación entre Wagner y Schopenhauer cabe consultar los estudios de E. Sans, *Richard Wagner et la pensée schopenhauerienne,* París, 1969, y M. Cabada Castro: *Querer o no querer. El debate entre Schopenhauer, Feuerbach, Wagner y Nietzsche sobre el sentido de la vida humana,* Herder, Barcelona, 1994.

palabras son el lenguaje de la razón»[103]. A su modo de ver, la música puede ser comparada con «un lenguaje cabalmente universal, cuya elocuencia supera con mucho a los del mundo intuitivo»[104]. Trasladar a conceptos los registros musicales comportaría la mejor explicación del mundo, y por ello esa traducción constituiría la tarea de un genuino filosofar[105], como ya habría intentado la filosofía pitagórica[106]. «Al entregarse por entero a las impresiones de una sinfonía, uno ve desfilar ante sí todos los posibles procesos de la vida y el mundo.»[107] El júbilo y la melancolía, por ejemplo, encontrarían sus respectivos correlatos en el *allegro* y el *adagio*[108].

Como es natural, Freud no podía obviar que Schopenhauer era un pionero en ciertas cuestiones capitales para la teoría psicoanalítica: «Sólo un minoría entre los hombres se ha dado clara cuenta de la importancia decisiva que supone para la ciencia y para la vida la hipótesis de procesos psíquicos inconscientes. Pero nos apresuramos a añadir que no ha sido el psicoanálisis el primero en dar este paso. Podemos citar como precursores a renombrados filósofos, ante todo a Schopenhauer, el gran pensador cuya "voluntad" inconsciente puede equipararse a los instintos anímicos del psicoanálisis, y que atrajo la atención de los hombres con frases de inolvidable penetración sobre la importancia, desconocida aún, de sus impulsos sexuales»[109]. Otra cosa es

---

103. Cfr. *El mundo como voluntad y representación,* I, § 52, p. 306-307; cfr. HN III 5.
104. Cfr. HN III 322.
105. Cfr. *Escritos de juventud,* p. 69; HN I 217 (1814).
106. Cfr. *ibid.,* p. 133; HN I 458 (1817).
107. Cfr. *El mundo como voluntad y representación,* I, § 52, p. 310.
108. Cfr. *ibid.,* I 308.
109. Cfr. S. Freud, *Una dificultad del psicoanálisis* (1917), en *Obras completas* (traducción de Luis López-Ballesteros), Biblioteca Nueva, Madrid, 1972-1975; vol. VII, p. 2436.

que al pionero se le quiera ver como a una musa. Eso es algo a lo que Freud no parecía muy dispuesto, como apunta en su *Autobiografía*. «Las amplias coincidencias del psicoanálisis con la filosofía de Schopenhauer, el cual no sólo reconoció la primacía de la afectividad y la extraordinaria significación de la sexualidad, sino también el mecanismo de la represión, no pueden atribuirse a mi conocimiento de sus teorías, pues no he leído a Schopenhauer sino en una época muy avanzada ya de mi vida.»[110]

Freud prefiere declararse ignorante y confesar un déficit de lecturas, antes que renunciar a la gloria de atribuirse un descubrimiento. Saliendo al paso de las afirmaciones que señalan a Schopenhauer como una notable influencia de la teoría psicoanalítica, no dejará de admitir su parentesco intelectual, pero insistiendo en el hecho de que no conocía previamente su pensamiento y, por lo tanto, no le guió en unos descubrimientos que no desea compartir. «En la teoría de la represión mi labor fue por completo independiente. No sé de ninguna influencia susceptible de haberme aproximado a ella, y durante mucho tiempo creí que se trataba de una idea original, hasta que un día O. Rank nos señaló un pasaje de la obra de Schopenhauer *El mundo como voluntad y representación,* en el que se intenta hallar una explicación de la demencia. Lo que el filósofo de Danzig dice aquí sobre la resistencia opuesta a la aceptación de una realidad penosa coincide tan por completo con el contenido de mi concepto de la represión, que una vez más debo sólo a mi falta de lecturas el poder atribuirme un descubrimiento. No obstante, son muchos los que han leído el pasaje citado y nada han descubierto. Quizá me hubiese sucedido lo mismo si en mis jóvenes

---

110. Cfr. Freud, *Obras completas,* vol. VII, p. 2971.

años hubiera tenido más afición a la lectura de los autores filosóficos.»[111]

En 1933 fueron publicadas las *Nuevas lecciones introductorias al psicoanálisis*. Allí se refiere Freud por última vez a las posibles influencias de Schopenhauer y el tono utilizado revela muy claramente lo enojoso que le resultaba todo este asunto. «Diréis, quizá, encogiéndoos de hombros: Esto no es una ciencia natural, es filosofía "schopenhaueriana". ¿Y por qué un osado pensador no podría haber descubierto lo que luego confirmaría la investigación laboriosa y detallada? Además, todo se ha dicho alguna vez, y antes que Schopenhauer fueron muchos los que sostuvieron tesis análogas. Y por último, lo que nosotros decimos no coincide en absoluto con las teorías de Schopenhauer.»[112] El destinatario de la contundencia con que viene a expresar este último aserto no sería sino él mismo y, más concretamente, el autor de *Más allá del principio del placer,* quien trece años antes parecía opinar una cosa bien distinta: «Lo que desde luego no podemos ocultarnos es que hemos arribado inesperadamente al puerto de la filosofía de Schopenhauer, pensador para el cual la muerte es el "verdadero resultado" y, por tanto, el objeto de la vida y, en cambio, el instinto sexual la encarnación de la voluntad de vivir»[113].

Pero dejemos a Freud con su tan curiosa como delatadora obsesión por negar el evidente parentesco que cabe observar entre la filosofía de Schopenhauer y ciertas claves de la teoría psicoanalítica, para pasar a sus más devotos admiradores: los literatos. Sin duda, Schopenhauer ha reclutado a sus mejores comentaristas entre insignes escritores como

---

111. Cfr. Freud, *Historia del movimiento psicoanalítico,* en *Obras completas,* vol. V, p. 1900.
112. Cfr. Freud, *Obras completas,* vol. VIII, p. 3161.
113. Cfr. *ibid.,* vol. VII, p. 2533.

Borges y Pío Baroja, por ceñirnos únicamente a nuestro ámbito lingüístico. Ciertos pasajes de *Otras inquisiciones* o *El árbol de la ciencia* nos ayudan a entender el pensamiento schopenhaueriano mucho más que una documentada monografía de corte académico. Valga este pasaje borgiano como botón de muestra: «Si el mundo es el sueño de Alguien, si hay Alguien que ahora está soñándonos y que sueña la historia del universo, entonces la aniquilación de las religiones y de las artes, el incendio general de las bibliotecas, no importa mucho más que la destrucción de los muebles de un sueño. La mente que una vez los soñó volverá a soñarlos; mientras que la mente siga soñando, nada se habrá perdido. La convicción de esta verdad, que parece fantástica, hizo que Schopenhauer comparara la historia a un caleidoscopio en el que cambian las figuras, no los pedacitos de vidrio, a una eterna y confusa tragicomedia en que cambian los papeles y máscaras, pero no los actores»[114].

No en vano Borges confiesa haber aprendido alemán para poder leer a Schopenhauer, según declaró en una entrevista publicada por *Die Welt* el 25 de marzo del año 1975: «Para mí hay un escritor alemán al que prefiero a todos los demás: Schopenhauer. Sé que debería decir Goethe, pero Schopenhauer me interesa muchísimo más. De hecho estudié alemán –que aprendí sobre los versos de Heine– fundamental y específicamente para poder leer a Schopenhauer en su propia lengua». Además, en el epílogo a *El Hacedor*, Borges asegura que «pocas cosas me han ocurrido más dignas de memoria que el pensamiento de Schopenhauer»[115]. Y en su «otro poema a los dones» escribe: «Gracias quiero dar al divino Laberinto de los efectos y de las causas –en-

---

114. Cfr. J. L. Borges, *Obras completas,* Emecé Editores, Barcelona, 1989; *Otras inquisiciones,* vol. II, p. 57.
115. Cfr. *Obras completas,* vol. II, p. 232.

tre otras cosas– por Schopenhauer, que acaso descifró el universo»[116].

Tolstoi calificó a Schopenhauer «como el más brillante de los hombres» e incluso acarició la idea de traducir al ruso *El mundo como voluntad y representación,* aunque luego dedicara ese tiempo a escribir *Ana Karenina*[117]. Pero quizá sea Thomas Mann, quien jamás olvidó «aquella pequeña habitación en las afueras de Múnich en que, tendido sobre un sofá, yo leía durante días enteros *El mundo como voluntad y representación,* sorbiendo así el filtro mágico de esta metafísica, cuya esencia más profunda es el erotismo»[118]. Thomas Mann en su *Relato de mi vida* nos cuenta la imborrable impresión que le produjo Schopenhauer: «Con sus libros me ocurrió un poco lo que yo hice luego que le pasase a mi Thomas Buddenbrook con el volumen de Schopenhauer que descubre en el cajón de su jardín. Yo había comprado de ocasión, en casa de un librero, la edición de Brockhaus, y lo había hecho más bien por el gusto de poseer los libros que para estudiarlos; durante años aquellos volúmenes habían estado sin abrir en el anaquel. Pero llegó la hora en que me decidí a leerlos, y así leí día y noche, como, sin duda, sólo se lee una vez en la vida»[119].

---

116. Cfr. *El otro, el mismo;* en *Obras completas,* vol. II, p. 314. Ana Sierra ha rastreado la enorme influencia ejercida por Schopenhauer en Borges y a su libro deben acudir quienes estén interesados en esas concomitancias: *El mundo como voluntad y representación. Borges y Schopenhauer,* Scripta humanistica, Potomac (Maryland), 1997. Asimismo contamos con un solvente artículo escrito por Pilar López de Santa María: «Schopenhauer en la obra poética de Borges», en *Saber y Conciencia. Homenaje a Otto Saame,* Comares, Granada, 1995, pp. 167-180.
117. Cfr. B. Magee, *Schopenhauer;* apéndice VII «La influencia sobre algunos escritores», p. 406.
118. Cfr. Thomas Mann, *Schopenhauer, Nietzsche, Freud* (edición de Andrés Sánchez Pascual), Alianza Editorial, Madrid, 2008 (2000), p. 14.
119. Cfr. *ibid.,* p. 15.

En efecto, Mann transfirió a uno de sus personajes la honda impresión personal que a él mismo le había causado Schopenhauer: «Allí fue donde un día Thomas Buddenbrook pasó muchas horas sumido con creciente atención en la lectura de un libro que había ido a parar a sus manos más por casualidad que por deseo. Lo había encontrado en un recóndito anaquel de la biblioteca, detrás de vistosos volúmenes, y recordó que años atrás lo había comprado a precio de saldo, sin darle importancia. Era un libro bastante voluminoso. Se trataba del segundo tomo de un famoso tratado de metafísica. Lo había llevado consigo y ahora devoraba su contenido, página tras página. Una complacencia desconocida, inmensa y grata, le saturaba. Sentía la incomparable satisfacción de ver cómo un cerebro superior puede adueñarse de esa cosa tan fuerte, tan cruel, tan grotesca que es la vida. No lo comprendía por entero; algunos principios y tesis los encontraba oscuros, y su raciocinio, no avezado a semejantes lecturas, no podía seguir todos los razonamientos. Pero era precisamente aquel contraste de luz y tinieblas, vagos presentimientos y claridad repentina lo que mantenía en suspenso su respiración, y las horas deslizáronse sin que él levantara los ojos del libro. Al principio había saltado diversas páginas, avanzando con rapidez en busca del tema principal, y así, a la caza de lo que reputaba transcendente, apropiábase sólo de tales o cuales ideas que le interesaban. Luego detúvose en un extenso capítulo, que leyó de cabo a rabo con los labios oprimidos y las cejas fruncidas, serio, en una seriedad absoluta, sin que la más leve manifestación de vida apareciera en sus rígidas facciones. El título de aquel capítulo era: "Sobre la muerte y su relación con la indestructibilidad de nuestro ser en sí". Sentía todo su ser ensanchado de una manera inmensa, saturado de una pesada y oscura embriaguez. Su cerebro estaba envuelto en una niebla de algo nuevo, preñado de promesas que evocaba esperanzas y sentimientos amorosos. De pronto sintió como si aquellas sombras se rasgaran, como si el muro de la noche se abriese, descubriendo un panorama inconmensurablemente profundo y eterno, lleno de luz. ¡Individualidad! ¡Ciega, irreflexiva, deplorable erupción de una voluntad apremiante! ¡Mejor es que esa libertad flote libre sobre el seno de la noche inmensa y eterna, a que landiguezca en una cárcel, iluminada sólo por la llamita pálida y temblorosa del intelecto! Las mentirosas formas mentales del espacio, del tiempo y aun de la historia, eran cosas de las cuales se emancipaba su espíritu y dejaban de constituir un obstáculo para comprender la eternidad. Existía solamente un *eterno* presente, y aquella fuerza en él que amaba la vida, de la cual su persona no era otra cosa que una imperfecta expresión, aquella fuerza sabría hallar la puerta de acceso a *ese* presente»[120].

Por fortuna para todos nosotros, las lecturas del propio Schopenhauer no se limitaban a los ensayos filosóficos y sus fuentes de inspiración eran de toda clase. Todo cuanto cautivaba su atención era por eso mismo digno de verse recogido en sus reflexiones. Le daba igual que se tratara de grandes filósofos, dramaturgos, poetas o novelistas. Era tan devoto de Platón, Spinoza y ciertamente Kant como de Shakespeare, Lord Byron o Walter Scott. Por otra parte su cabeza nunca estaba inactiva. Ni siquiera durante sus viajes. Además del distinto carácter de las gentes con que traba conocimiento, cierto cuadro del palacio napolitano de Capodimonte o una inscripción conservada por azar en el burdel de Pompeya le prestarán idéntico servicio que algunas citas de sus admirados Goethe o Voltaire. Y qué decir de la música, esa musa que acaso inspiró sus más brillantes pági-

---

120. Cfr. Thomas Mann, *Los Buddenbrook,* Edhasa, Barcelona, 1997, pp. 650-654.

nas. La trama de una ópera mozartiana como *La flauta mágica* también se mostraba útil para hacerle pensar. Hasta la crónica de sucesos del *Times* londinense suponía una buena cantera para sus obras. Tras aprender castellano para leer en directo a Cervantes y Calderón, salió airoso de una difícil empresa: traducir el *Oráculo manual o arte de la prudencia* de Gracián. En este orden de cosas, cuánto debió de lamentar no conocer el sánscrito para desentrañar aquella sabiduría de Oriente que veía necesario importar a Europa. Con todo, su competencia lingüística era bastante holgada, y sus escritos están plagados de citas en inglés, francés, español, italiano, latín y griego. De hecho acarició la idea de traducir a Hume al alemán y a Goethe al francés, al igual que –como ya sabemos– también le hubiera encantado ser el traductor de Kant al inglés. Su radical ateísmo no le impidió fascinarse con el estudio comparado de las religiones, las cuales despertaban su curiosidad a la par que la mitología grecorromana o hindú. Los avances científicos le atraían tanto como la cábala y toda clase de fenómenos paranormales. Nada era desdeñable, salvo lo que provocase aburrimiento. El tedio era lo único que le horrorizaba y constituyó el único criterio que discriminaba sus variopintas lecturas. Pues todo es válido en el camino hacia la verdad, siempre y cuando no resulte aburrido. Su intención primordial era resolver los grandes misterios que desde siempre han asombrado a la humanidad. En cierta ocasión, Schopenhauer le comentó a Julius Frauenstädt que, cuando era joven, recién terminado *El mundo como voluntad y representación,* «quiso grabar sobre su sello una Esfinge precipitándose al abismo, por estar persuadido de que había logrado solventar los grandes enigmas del mundo»[121], haciendo

---

121. Cfr. A. Bossert, *Schopenhauer et ses disciples. D'Après ses conversations et sa correspondance,* Hachette, París, 1920, p. 28.

ver cómo la voluntad es lo único que nos permite comprenderlos cabalmente, al interpretar la conjunción del macrocosmos con el microcosmos.

9. Sobre la presente versión castellana

Con anterioridad sólo hubo una traducción al castellano realizada por Eduardo Ovejero y Mauri en la tercera década del siglo pasado[122]. Esta edición fue reimpresa en varias ocasiones por la editorial Porrúa[123], pero de una forma parcial, ya que sólo reproducía los cuatro libros del primer volumen y además no incluía su enjundioso apéndice. Sin embargo, dicho apéndice fue publicado por Pilar López de Santa María, en una versión castellana solvente que no he dejado de tener a la vista[124]. Ocasionalmente también he consultado la traducción francesa de A. Burdeau, revisada por R. Roos[125], que por cierto resulta bastante más fidedigna que la de Ovejero. El original alemán utilizado es la edición publicada por Arthur Hübscher[126].

---

122. Cfr. Arthur Schopenhauer, *El mundo como voluntad y representación* (traducido del alemán por Eduardo Ovejero), Aguilar, Madrid, s/a. La introducción del traductor está firmada en diciembre de 1927; en ella se nos informa de una traducción anterior publicada por La España Editorial y «debida a una docta pluma, pero desgraciadamente incompleta» (cfr. p. xv). Dicha traducción fue realizada por Antonio Zozaya y Edmundo González Blanco (entre 1896 y 1900), según señala Luis Fernando Moreno Claros, «Schopenhauer en España (Comentario bibliográfico)», en *Revista de Filosofía* 8 (1994), p. 209.
123. Con prólogo de E. Friedrich Sauer, Porrúa, México, 1983. Sólo fue reimpresa íntegramente por Biblioteca Nueva, Buenos Aires, 1943.
124. Cfr. Arthur Schopenhauer, *Crítica de la filosofía kantiana* (traducción, introducción y notas de Pilar López de Santa María), Trotta, Madrid, 2000.
125. Cfr. Schopenhauer, *Le monde comme volonté et comme representation* (traduite en français par A. Burdeau, revue et corrigée par Richard Roos), Presses Universitaires de France, París, 1966.
126. Cfr. Arthur Schopenhauer, *Sämtliche Werke* (Nach der ersten, von Julius Frauenstadt besorgten Gesamtausgabe neu bearbeitet und heraus-

Como es natural, mis notas han rentabilizado el aparato crítico de Hübscher y también he ilustrado las referencias a personajes mitológicos de la tradición grecorromana. Esto no era necesario en el siglo XIX, puesto que formaba parte del bagaje cultural de cualquier lector medianamente culto, pero sí puede serlo para los lectores del siglo XXI, más acostumbrados a solventar estas dudas mediante los buscadores de Internet. Asimismo me ha parecido conveniente explicitar las referencias de Schopenhauer a la sabiduría oriental, tanto india como china. Las notas del autor responden a un asterisco, mientras que las del traductor quedan consignadas mediante números arábigos. Al margen, se registra la paginación original de referencia, encerrada en un paréntesis triangular que constata mediante números romanos el volumen al cual corresponde. Debo señalar que todo el texto de la presente traducción está en castellano. Decidí traducir al español no sólo el alemán, sino las múltiples citas que Schopenhauer ofrecía en su idioma original (griego, latín, inglés, francés o italiano). Quien quiera cotejar las citas encontrará registrada siempre la fuente de que se toman.

Por último, para todo lo que la presente introducción se haya dejado en el tintero, remito a mi libro *Para leer a Schopenhauer*[127], así como a la sucinta bibliografía que sigue a

gegeben von Arthur Hübscher), Brockhaus, Wiesbaden, 1966 (vols. II y III). Esta edición fue luego publicada por Angelika Hübscher (la mujer de Arthur Hübscher) en la llamada *Zürcher Ausgabe. Werke in zehn Bänden,* Diogenes, Zúrich, 1977.
127. Cfr. Alianza Editorial, Madrid, 2001. Cfr. asimismo Roberto R. Aramayo, «Le paradoxal héritage de *l'Aufklärung* kantienne chez Schopenhauer», en Iwan d'Aprile et Thomas Gil (Hrsg.), *Transformationen der Vernunft. Aspekte der Wirkungsgeschichte der Aufklärung,* Werthan Verlag, Saarbrücken, 2008, pp. 25-38; «L'optimisme du rêve éternel d'une volonté cosmique chez Schopenhauer», en Christian Bonnet y Jean Salem (eds.), *La raison dévoilée (Études schopehaueriennes),* J. Vrin, París, pp. 15-26; y «La *Eudemonología* de Schopenhauer en su transfondo kantiano» (en vías de publicación).

continuación. Como en otras ocasiones, quiero agradecer a Paco Maseda[128] el haber suprimido no pocas erratas de mi original. Para terminar, no me resisto a transcribir esta maldición del propio Schopenhauer, sabiendo que recaerá sobre un servidor: «¡Maldigo a quien, al preparar futuras ediciones de mis obras, cambie a sabiendas algo en ellas, ya se trate de un período e incluso de una simple palabra, una sílaba, una letra o un signo de puntuación!»[129].

Roberto R. Aramayo

---

128. Mi entrañable compañero en el Instituto de Filosofía del CSIC y secretario de la revista *Isegoría* (http://isegoria.revistas.csic.es/index.php/isegoria), en la que yo ejerzo como codirector junto a Javier Muguerza.
129. Cfr. HN IV.1, 33 (1830).

Bibliografía

I. Ediciones originales de Arthur Schopenhauer

A) Obras completas

Arthur Schopenhauers sämtliche Werke (hrsg. von Paul Deussen), R. Piper, Múnich, 1911-1942 (16 vols.; los tomos VII, VIII y XII nunca fueron publicados).

Sämtliche Werke (nach der ersten, von Julius Frauenstädt besorgten Gesamtausgabe neu bearbeitet und herausgegeben von Arthur Hübscher), Brockhaus, Wiesbaden, 1966 (7 vols.).

Zürcher Ausgabe. Werke in zehn Bänden (Der Text folgt der historische-kritischen Ausgabe von Arthur Hübscher: 3. Auflage, Brockhaus, Wiesbaden, 1972; besorgten von Angelika Hübscher), Diogenes, Zúrich, 1977 (10 vols.).

B) Escritos inéditos

Der handschriftliche Nachlaß (hrsg. von Arthur Hübscher), Deutscher Taschenbuch Verlag, Múnich, 1985 (6 tomos en 5 vols.).

C) Lecciones

Philosophische Vorlesungen. Aus dem handschriftlichen Nachlaß (hrsg. von Volker Spierling), Piper, Múnich, 1984-1986 (4 vols.).

D) Correspondencia

Gesammelte Briefe (hrsg. von Arthur Hübscher), Bouvier, Bonn, 1987.

Die Schopenhuaers. Der Familien-Briefwechsel von Adele, Arthur, heinrich Floris und Johanna Schopenhauer (hrsg. von Ludger Lütkehaus), Haffmans, Zúrich, 1991.

E) Diarios de viaje

Die Reisetagebücher (hrsg. von Ludger Lütkehaus), Haffmans, Zúrich, 1987.

F) Conversaciones

Gespräche (hrsg. von Arthur Hübscher), Frommann-holzboog, Stuttgart-Bad Cannstatt, 1971.

G) Glosario

Schopenhauer-Register (hrsg. von Gustav Friedrich Wagner; neu hrsg. von Arthur Hübscher), Frommann-holzboog, Stuttgart-Bad Cannstatt, 1982.

II. Traducciones al castellano de sus escritos

A) Libros

De la cuádruple raíz del principio de razón suficiente (traducción y prólogo de Leopoldo-Eulogio Palacios), Gredos, Madrid, 1981.
El mundo como voluntad y representación (versión castellana de Eduardo Ovejero), Aguilar, Madrid, s/a. (el pról. está fechado en 1927).
El apéndice ha sido publicado aparte: *Crítica de la filosofía kantiana* (traducción, introducción y notas de Pilar López de Santa María), Trotta, Madrid, 2000.
Sobre la libertad de la voluntad (traducción de Eugenio Ímaz, edición de Ángel Gabilondo), Alianza Editorial, Madrid, 2007 (2000).
Sobre la voluntad en la naturaleza (traducción de Miguel de Unamuno, con prólogo y notas de Santiago González Noriega), Alianza Editorial, Madrid, 2009 (1.ª ed. 1970).
Los dos problemas fundamentales de la ética (traducción, introducción y notas de Pilar López de Santa María), Siglo XXI, Madrid, 1993.

B) Capítulos de *Parerga y Paralipómena*

Fragmentos sobre historia de la filosofía, recogido en *Respuestas filosóficas a la ética, a la ciencia y a la religión* (prólogo de Agustín Izquierdo, traducción de Edmundo González Blanco), Edaf, Madrid, 1996 (pp. 9-184).
Sobre la filosofía universitaria (edición a cargo de Francesc Jesús Hernández i Dobón), Natán, Valencia, 1989.
Especulación transcendente sobre los visos de intencionalidad en el destino del individuo, recogido en *Los designios del Destino: Dos opúsculos de «Parerga y Paralipómena»* (estudio preliminar, traducción y notas de Roberto Rodríguez Aramayo), Tecnos, Madrid, 1994.
Ensayo sobre la clarividencia y cuanto se relaciona con ello, en *Ensayo sobre las visiones de fantasmas* (traducción de Agustín Izquierdo), Valdemar, Madrid, 1998.

Bibliografía

Aforismos sobre el arte de vivir (edición de Franco Volpi), Alianza Editorial, Madrid, 2009. También en Valdemar: *Aforismos sobre el arte del buen vivir* (traducción, prólogo notas de Luis Fernando Moreno Claros), Madrid, 1998.
«Sobre filosofía y su método», «Sobre lógica y dialéctica» y «Pensamientos sobre el pensamiento en general y en todas sus relaciones», es decir, los tres primeros capítulos del segundo tomo (§§ 1-59), cabe localizarlos en *Respuestas filosóficas*, ed. cit., pp. 187 y ss.
«A propósito de la ética», esto es, el capítulo 8 (§§ 108-119), está recogido en *Los designios del destino*, ed. cit., pp. 47 y ss.
«Sobre la teoría de la indestructibilidad de nuestro verdadero ser por parte de la muerte», «Sobre la teoría de la nulidad de la existencia», «Sobre la teoría del dolor del mundo», «Sobre el suicidio», «Sobre la teoría de la afirmación y la negación de la voluntad de vivir» y «Sobre la religión», o sea, los capítulos 10, 11, 12, 13, 14 y 15 (§§ 134-182), se hallan en *El dolor del mundo y el consuelo de la religión* (estudio preliminar, traducción y notas de Diego Sánchez Meca), Aldebarán, Madrid, 1998.
«Metafísica de lo bello y estética», «Sobre juicio, crítica, aplauso y fama», «La erudición y los eruditos», «Pensar por sí mismo», «Sobre la lectura y los libros» y «Sobre el lenguaje y las palabras», a saber, los capítulos 19, 20, 21, 22, 24 y 25 (§§ 205-271 y 290-303a), podemos encontrarlos en *La lectura, los libros y otros ensayos* (prólogo de Agustín Izquierdo, traducción de Edmundo González Blanco salvo el cap. 24, debido a Miguel Urquiola), Edaf, Madrid, 1996.

C) Antologías

Obras (traducción de Eduardo Ovejero y Edmundo González Blanco), Buenos Aires, El Ateneo, 1951.
La estética del pesimismo. El mundo como voluntad y representación. Antología (edición a cargo de José-Francisco Yvars), Labor, Barcelona, 1976.
Schopenhauer. La abolición del egoísmo. Antología y crítica (selección y prólogo de Fernando Savater), Barcelona, Montesinos, 1986.
Antología (edición a cargo de Ana Isabel Rábade), Península, Barcelona,1989.
Schopenhauer en sus páginas (selección, prólogo y notas de Pedro Stepanenko), Fondo de Cultura Económica, México, 1991.
Parábolas, aforismos y comparaciones (edición de Andrés Sánchez Pascual), Edhasa, Barcelona. 1995.
El arte de insultar (edición de Franco Volpi) Alianza Editorial, Madrid, 2009 (2005).

D) Lecciones filosóficas

Metafísica de las costumbres (edición de Roberto Rodríguez Aramayo), Debate/CSIC, Madrid, 1993; reimp. en Trotta, Madrid, 2001.

E) Manuscritos inéditos

Manuscritos berlineses (selección, estudio introductorio, versión castellana y notas de Roberto R. Aramayo), Pre-Textos, Valencia, 1996.
Dialéctica erística (traducción y presentación de Luis Fernando Moreno Claros), Trotta, Madrid, 1997.
Escritos inéditos de juventud (selección, prólogo y versión castellana de Roberto R. Aramayo), Pre-Textos, Valencia, 1999.
El arte de ser feliz (edición de Franco Volpi y Angela Ackermann), Herder, Barcelona, 2000.

F) Correspondencia

Epistolario de Weimar (traducción, prólogo y notas de Luis Fernando Moreno Claros), Valdemar, Madrid, 1999.

III. Literatura secundaria

A) Biografías

Abendroth, Walter: *Arthur Schopenhauer in Selbstzeugnissen und Bilddokumenten,* Rowolht, Hamburgo, 1967.
Böhmer, Otto A.: *Vom jungen und von ganz jungen Schopenhauer,* Zúrich, 1987.
Borch, Hugo: *Das Testament Arthur Schopenhauers,* Wiesbaden, 1950.
Bossert, A.: *Schopenhauer et ses disciples. D'Après ses conversations et sa correspondance,* Hachette, París, 1920.
Grisebach, Eduard: *Schopenhauer. Geschichte seines Lebens,* Berlín, 1987; *Neue Beiträge zur Geschichte seines Lebens,* Berlín, 1905.
Gwinner, Wilhelm: *Arthur Schopenhauer aus persönnlichem Umgang dargestellet,* Leipzig, 1862 (Frankfurt a.M., 1987).
Hübscher, Arthur: *Arthur Schopenhauer. Ein Lebensbild,* Wiesbaden, 1949.
– *Schopenhauer. Biographie eines Weltbildes,* Stuttgart, 1967.
Hübscher, Angelika (Hrsg.), *Arthur Schopenhauer. Leben und Werk in Texten und Bildern,* Insel taschenbuch, Frankfurt a.M., 1989.
Schneider, Walter: *Schopenhauer. Eine Biographie,* Werner Dausien, Hanau, 1937.
Wallace, William: *Arthur Schopenhauer* (traducción de Joaquín Bochaca), Thor, Barcelona, 1988.

B) Exposiciones de conjunto

Aramayo, Roberto R.: *Para leer a Schopenhauer,* Alianza Editorial, Madrid, 2001.

Copleston, Frederick: *Arthur Schopenhauer. Philosopher of Pessimism,* Burns, Oates and Washburne, Londres, 1946.
Cresson, André: *Schopenhauer. Sa vie, son oeuvre. Avec un exposé de sa philosophie,* PUF, París, 1946.
Deussen, Paul: *Die Elemente der Metaphysik als Leitfaden zum Gebrauche bei Vorlesungen sowie zum Selbstudium zusammengestellt,* Aachen, 1877.
Didier, Raymond: *Schopenhuaer,* Seuil, París, 1995.
Dilthey, Wilhelm: *Arthur Schopenhauer,* Braunschweig, 1864.
Fischer, Kuno: *Schopenhauers Leben, Werke und Lehre,* Heidelberg, 1898.
Frauenstädt, Julius: *Briefe über die Schopenhauersche Philosophie,* Leipzig, 1854.
– *Neue Briefe über die Schopenhauersche Philosophie,* Leipzig, 1876.
Gardiner, Patrick: *Schopenhauer* (traducción de Ángela Saiz Sáez), Fondo de Cultura Económica, México, 1975.
Hamlym, D. W.: *The Arguments of the Philosophers,* Rourtledge and Kegan Paul, Londres, 1980.
Hasse, Heinrich: *Arthur Schopenhauer,* Múnich, 1926.
Hübscher, Arthur: *Denken gegen den Strom. Schopenhauer gestern-heute-morgen,* Bouvier, Bonn, 1973.
Kowalewsky, Arnold: *Arthur Schopenhauer und seine Weltanschauung,* Halle, 1908.
Magee, Bryan: *Schopenhauer* (traducción de Amaia Bárcena), Cátedra, Madrid, 1991.
Malter, Rudolf: *Der eine Gedanke. Hinführung zur philosophie Arthur Schopenhauers,* Darmstadt, 1988.
– *Arthur Schopenhauer. Transzendentalphilosophie und Metaphysik des Willens,* Fromman-holzboog, Stuttgart-Bad Canntatt, 1991.
Philonenko, Alexis: *Schopenhauer. Una filosofía de la tragedia* (traducción de Gemma Muñoz-Alonso, revisada por Inmaculada Córdoba Rodríguez), Anthropos, Barcelona, 1989.
Piclin, Michel: *Schopenhauer o lo trágico de la voluntad* (traducción de Ana María Menéndez), Edaf, Madrid, 1975.
Ribot, Th.: *La filosofía de Schopenhauer,* Salamanca, 1879.
Rosset, Clément: *Schopenhauer, philosophe de l'absurde,* PUF, París, 1967.
Ruyssen, Théodore: *Schopenhauer,* F. Alcan, París, 1911.
Safranski, Rüdiger: *Schopenhauer y los años salvajes de la filosofía* (traducción de José Planells Puchades), Alianza Universidad, Madrid, 1991.
Spierling, Volker: *Arthur Schopenhauer. Eine Einführung in Leben und Werk,* Reklam Verlag, Leipzig, 1998.

C) Schopenhauer en relación con otros autores

Cabada Castro, Manuel: *Querer o no querer. El debate entre Schopenhauer, Feuerbach, Wagner y Nietzsche sobre el sentido de la vida humana,* Herder, Barcelona, 1994.

Ehrlich, Walter: *Der Freiheitsbegriff bei Kant und Schopenhauer,* Berlín, 1920.
Foucher de Careil, Alexander: *Hegel y Schopenhauer* (traducción de Eduardo Ovejero), La España Moderna, Madrid, s/a.
Kelly, Michael: *Kant's Ethics and Schopenhauer's Criticism,* Londres, 1910.
Maceiras, Manuel: *Schopenhauer y Kierkegaard: sentimiento y pasión,* Cincel, Madrid, 1985.
Mann, Thomas: *Schopenhauer, Nietzsche, Freud* (traducción de Andrés Sánchez Pascual), Bruguera, Barcelona, 1984.
Mazzantini, Carlo: *L'etica di Kant e di Schopenhauer,* Tirrenia, Turín, 1965.
Micheletti, Mario: *Lo Schopenhaueriano di Wittgenstein,* Bolonia, 1967.
Sans, Édouard: *Richard Wagner et la pensée schopenhauerienne,* París, 1969.
Sierra, Ángela: *El mundo como voluntad y representación: Borges y Schopenhauer,* Scripta Humanistica, Potomac, 1997.
Simmel, Georg: *Schopenhauer y Nietzsche* (traducción de José R. Pérez-Bances), Francisco Beltrán Ed., Madrid, 1914.
Zange, E. M. Friedrich: *Über das Fundament der Ethik. Eine kritische Untersuchung über Kant's und Schopenhauer's Moralprinzip,* Leipzig, 1874.

D) Sobre distintas facetas de su pensamiento

Grave Tirado, Crescenciano: *Verdad y belleza. Un ensayo sobre ontología y estética,* UNAM, México, 2002.
Heinrich, Günter: *Über den Begriff der Vernunft bei Schopenhauer,* Peter Lang, Bern, 1989.
Horkheimer, Max: *Sociológica* (traducción de Víctor Sánchez de Zavala), Taurus, Madrid, 1971.
Lapuerta Amigo, Francisco: *Schopenhauer a la luz de las filosofías de Oriente,* CIMS, Barcelona, 1997.
Lehmann, Rudolf: *Schopenhauer, ein Beitrag zur Psychologie der Metaphysik,* Berlín, 1894.
López de Santa María, Pilar: «Schopenhauer en la obra poética de Borges», en *Saber y Conciencia. Homenaje a Otto Saame,* Comares, Granada, 1995, pp. 167-180.
Lukács, Georg: *El asalto a la razón. La trayectoria del irracionalismo desde Schelling hasta Hitler* (traducción de Wenceslao Roces), Grijalbo, Barcelona, 1978.
Michelena, Eduardo: *El confín de la representación. El alcalce del arte en A. Schopenhauer,* Cuadernos del Anuario Filosófico, Pamplona, 2001.
Moreno Claros, Luis Fernando: «Schopenhauer en España (comentario bibliográfico)», *Daimon. Revista de Filosofía* 8 (1994), pp. 202-232.
Nietzsche, Friedrich: *Schopenhauer como educador. Tercera consideración intempestiva* (traducción, prólogo y notas de Luis Fernando Moreno Claros), Valdemar, Madrid, 1999.

Puleo, Alicia: *Cómo leer a Schopenhauer,* Júcar, Madrid, 1991.
Rábade, Ana Isabel: *Conciencia y dolor. Schopenhauer y la crisis de la modernidad,* Trotta, Madrid, 1995.
Rzewusky, Stanislas: *L'optimisme de Schopenhauer,* F. Alcan, París, 1908.
Sacarano, Luigi: *Il problema morale nella filosofia di Arturo Schopenhauer,* Morano, Nápoles, 1934.
Savater, Fernando: «Schopenhauer», en V. Camps (ed.), *Historia de la ética* (vol. II), Crítica, Barcelona, 1990.
Smith, Alfred: *Die Wahrheit im Gewande der Lüge (Schopenhauers Religionsphilosophie),* Piper, Múnich, 1986.
Spierling, Volker (Hrsg.): *Materialien zu Schopenhauers «Die Welt als Wille und Vorstellung»,* Suhrkamp, Frankfurt, 1984.
Suances Marcos, Manuel: *Arthur Schopenhauer. Religión y metafísica de la voluntad,* Herder, Barcelona, 1989.
Tschoffen, Johann Michael: *Die Philosophie Arthur Schopenhauers in ihrer Relation zur Ethik,* Múnich, 1879.
Vecchioti, Icilio: *Qué ha dicho verdaderamente Schopenhauer* (traducción de Javier Abásolo), Doncel, Madrid, 1972.

E) Algunos volúmenes colectivos

Présences de Schopenhauer, Bernard Grasset, París, 1989.
Schopenhauer et la création littéraire en Europe, Méridoens Klincksieck, 1989.
Salaquarda, Jörg (Hrsg.): *Schopenhauer,* Wissenschaftliche Buchgesellschaft, Darmstadt, 1985.
Spierling, Volker (Hrsg): *Schopenhauer in Denken der Gegenwart,* Piper, Múnich, 1987.

Tabla cronológica

1788
El 22 de febrero nace Arthur Schopenhauer en la por entonces ciudad libre de Danzig, aun cuando estuvo a punto de nacer en Londres, circunstancia con la que su padre, Heinrich Floris Schopenhauer, un acomodado comerciante, había proyectado asegurar para su hijo las ventajas comportadas por la nacionalidad británica; de otro lado, había decidido escoger el nombre de «Arthur», y no cualquier otro, porque éste se pronunciaba de modo muy parecido en varias lenguas europeas. Su madre, Johanna Henriette Trosinier, alcanzaría cierta fama como escritora.

1793
La familia decide trasladarse a la ciudad hanseática de Hamburgo, al quedar Danzig bajo la soberanía del rey de Prusia.

1797
Tras el nacimiento de su hermana Adele, Schopenhauer parte hacia Le Havre, donde pasará dos años aprendiendo francés al cuidado de la familia de un colega paterno, trabando una gran amistad con Anthime Grégoire de Blésimaire.

1799
De nuevo en Hamburgo frecuenta la escuela privada que regenta el prestigioso pedagogo Runge.

1803
Su padre, que no quería quebrar la tradición familiar y no veía con buenos ojos la vocación de su hijo hacia el estudio (por la penuria económica que acarreaba), le pone ante una difícil elección. Podía ingresar en un instituto y preparar su acceso a la universidad, o bien emprender un viaje de dos años por Europa, bajo la condición de iniciar su aprendizaje como negociante a su regreso. La tentación resultó irresistible y Schopenhauer hace las maletas. Viaja con su familia hasta Holanda y luego a Inglaterra, en cuya capital es confiado durante medio año a la custodia de un religioso para familiarizarse con el idioma inglés. Más tarde marcharían a París, para pasar el invierno. Después de visitar Francia y Suiza, no dejaron de acercarse a Viena, Dresde, Berlín y Danzig.

Tabla cronológica

1805
De regreso a Hamburgo, intenta cumplir su promesa y prepararse para el comercio bajo la tutela de un influyente senador. El 20 de abril su padre aparece muerto en el canal al que daban los almacenes de la parte posterior de su casa. Todo hacía sospechar en un suicidio que no se podía reconocer públicamente. En su fuero interno Schopenhauer habría de responsabilizar del mismo a su madre.

1806
Ésta decide rehacer su vida y se instala en Weimar con Adele. Allí organiza un salón literario que habrá de frecuentar el propio Goethe.

1807
Desligado por su madre del compromiso adquirido con el padre, Schopenhauer se matricula en un instituto de Gotha, que habrá de abandonar a causa de un poema satírico. Aunque no vive con su familia, fija su residencia en Weimar, donde recibe clases particulares.

1809
Al alcanzar la mayoría de edad, recibe la parte que le corresponde de la herencia paterna, lo que le permitirá subsistir como rentista durante toda su vida. Se matricula en la Universidad de Gotinga como estudiante de medicina.

1810
Realiza estudios de filosofía con G. E. Schulze, quien le inicia en el estudio de Platón y Kant.

1811
En la flamante universidad berlinesa tiene como profesores a Fichte y Schleiermacher, cuyas clases le decepcionan enormemente.

1813
La guerra le aleja de Berlín y se refugia en Weimar, donde redacta su tesis doctoral *Sobre la cuádruple raíz del principio de razón suficiente*.

1814
Tras pelearse con su madre, se instala en Dresde, donde se irán gestando los materiales de *El mundo como voluntad y representación,* cuya redacción dará por terminada en marzo de 1818. Se doctora *in absentia* por la Universidad de Jena.

1816
Publica *Sobre la visión y los colores* ante la indiferencia de Goethe, de quien esperaba un caluroso laudo que nunca llegó.

Tabla cronológica

1818
En marzo ultima el manuscrito de su obra principal. Primer viaje a Italia, en que visita Venecia, Bolonia, Florencia y Roma.

1819
Ésta es la fecha que porta el pie de imprenta de la primera edición de *El mundo como voluntad y representación*. Prosigue su periplo por Italia, recalando en Nápoles, Venecia y Milán. Fallece, al poco tiempo de nacer, la hija concebida con una camarera en uno de sus diversos escarceos amorosos. Una crisis financiera de su banquero (que finalmente no tuvo serias consecuencias para él, aunque resultó algo más grave para su familia) le hace retornar a Alemania y pensar en dedicarse a la docencia. El 31 de diciembre tiene lugar su habilitación como profesor en la Universidad de Berlín, después de haber estudiado seriamente las candidaturas de Heidelberg y Gotinga.

1820
El 23 de marzo imparte su lección magistral, donde sale victorioso de una disputa con Hegel. En el semestre de verano imparte su primer y único curso, al que asisten muy pocos estudiantes por haber escogido el mismo horario del encumbrado profesor Hegel.

1821
Comienza su relación sentimental (que habría de durar toda esta década) con Carolina Richter, una joven corista de la ópera berlinesa que cuenta por entonces con diecinueve años y que portaba el apellido de su principal amante, Louis Medon, con quien llegó a tener un hijo; esto hizo que Schopenhauer no pudiera llevársela consigo cuando se trasladó a Frankfurt en 1831.

1822
Segundo viaje a Italia, en el que visita fundamentalmente Milán y Florencia.

1823
Pasa casi un año en Múnich, aquejado de distintas dolencias.

1824
Tras una estancia de reposo en Bad Ganstein, se instala en Dresde y planea traducir la *Historia de la religión natural* y los *Diálogos sobre la religión natural* de Hume, empresa que abandona por no encontrar editor.

1825
Vuelve a Berlín e intenta reanudar, sin éxito, su carrera como docente. Su regreso se vio motivado por un pleito que había provocado la incautación

de su fortuna; una costurera vecina suya le demandaba una pensión vitalicia (que le fue reconocida por los tribunales dos años más tarde) por las lesiones que se le habían causado en agosto de 1821, cuando Schopenhauer la «invitó» a desalojar el vestíbulo de la casa, porque aguardaba la visita de su amante y no deseaba tener testigos del encuentro.

1829
Al encontrarse con un artículo donde se constataba la necesidad de contar con buenas traducciones de Kant al inglés, reclama para sí el honor de ser «el apóstol de Kant en Inglaterra» y se ofrece para traducir sus obras más importantes al inglés, concretamente la primera y tercera *Críticas* junto a los *Prolegómenos;* sin embargo, su interlocutor no le propone sino revisar la traducción de la *Crítica de la razón pura* que él mismo está haciendo y que finalmente publicaría en solitario.

1830
Aparición de la versión latina de su tratado *Sobre la visión y los colores.*

1831
Merced a un sueño premonitorio del que deja constancia en uno de sus manuscritos, Schopenhauer abandona Berlín huyendo de la epidemia de cólera que acabaría con la vida de Hegel.

1832
Durante su estancia en Mannheim, realiza la traducción del *Oráculo manual y arte de la prudencia* de Gracián, trabajo para el que no encontrará editor (ya le había ofrecido el proyecto a Brockhaus en 1829) y sólo verá la luz póstumamente.

1833
Tras haber sopesado distintas posibilidades, fija su residencia definitiva en Frankfurt, donde vivirá el resto de su vida. Sus rutinas consisten en escribir a primera hora de la mañana y leer después hasta la hora de comer (para lo que frecuenta el restaurante del Hotel de Inglaterra), paseando después con su perro *Atma*. Por las noches asiste algunas veces a conciertos o representaciones teatrales.

1836
Publica *Sobre la voluntad en la naturaleza.*

1838
Fallece su madre, que le había desheredado expresamente por tercera vez.

1839
La Real Academia Noruega de las Ciencias premia su ensayo *En torno a la libertad de la voluntad humana.*

Tabla cronológica

1840
Su escrito *Acerca del fundamento de la moral* no resulta premiado por la Real Academia Danesa de las Ciencias, pese a ser el único presentado, a causa de su irrespetuosidad hacia los filósofos consagrados.

1841
Edita estos dos ensayos bajo el título de *Los dos problemas fundamentales de la ética*.

1844
Aparece la segunda edición de *El mundo como voluntad y representación*, obra que se ha enriquecido sustancialmente con un segundo volumen de «Complementos», quedando por lo tanto muy aumentada, mas no corregida.

1846
Segunda edición corregida de su tesis doctoral.

1849
Muere su hermana.

1851
Ven la luz los *Parerga y Paralipómena*.

1859
El mundo como voluntad y representación alcanza su tercera edición.

1860
Segunda edición de *Los dos problemas fundamentales de la ética*. La mañana del 21 de septiembre su ama de llaves lo encuentra reclinado en el brazo del sofá con un gesto apacible. Schopenhauer ha «despertado» del breve sueño de la vida.

El mundo como voluntad y representación

Primer volumen
Cuatro libros, junto a un apéndice que contiene la «Crítica de la filosofía kantiana»

¿Y si finalmente la naturaleza no se dejara sondear?

Goethe

Prólogo a la primera edición

Aquí me propongo indicar cómo ha de leerse este libro para que pueda ser comprendido. Lo que debe ser comunicado a través suyo es un único pensamiento. Sin embargo, a pesar del mayor empeño, no pude encontrar un camino más corto que este libro para comunicarlo. Tengo a ese pensamiento por aquello que se ha buscado durante largo tiempo bajo el nombre de filosofía y cuyo descubrimiento será considerado por los historiadores tan imposible como el de la piedra filosofal, aun cuando Plinio ya les dejó dicho lo siguiente: «¿Cuántas cosas juzgamos no poder hacer antes de que sean hechas?»[1].

Según la perspectiva desde donde sea considerado, el pensamiento que aquí se participa muestra lo que se ha solido llamar Metafísica, lo que se ha dado en llamar Ética y lo que se ha venido llamando Estética; y ciertamente también tendría que ser todo eso, si dicho pensamiento fuese aquello por lo que yo le tengo, tal como ya he reconocido.

---

1. Cfr. Plinio, *Historia natural,* 7, 1.

Un *sistema de pensamientos* tiene que tener una cohesión arquitectónica, o sea, una conexión en la que | una parte sostenga siempre a otra, pero ésta no se apoye también sobre aquélla y la piedra angular sostenga finalmente todas esas partes sin verse sostenida por ellas y el pináculo sea sostenido sin sostener nada. Por contra, *un único pensamiento,* por extenso que pueda ser, tiene que conservar la unidad más perfecta. Si al efecto de su transmisión se deja descomponer en partes, la cohesión de tales partes tiene que ser a su vez orgánica, es decir, una conexión donde cada parte sostenga el conjunto tal como ella se ve sostenida por éste, sin que ninguna parte sea la primera o la última, de suerte que aquel pensamiento global vaya clarificándose a través de cada parte y asimismo la más ínfima de sus partes no pueda ser cabalmente comprendida sin llegarse a entender antes el conjunto. Entretanto un libro ha de tener una primera y una última línea, y en esa medida siempre será muy diferente a un organismo, por muy similar a éste que pueda serlo su contenido; por consiguiente aquí estarán en contradicción materia y forma.

Bajo tales circunstancias va de suyo que, para adentrarse en el pensamiento expuesto aquí, no queda otro remedio que *leer dos veces este libro,* y por cierto la primera vez con mucha paciencia, la cual únicamente se obtiene aprestándose a creer que el principio casi presupone el fin y éste aquél, al igual que cada parte casi presupone la siguiente tal como ésta las anteriores. Digo «casi», pues esto no es del todo así en modo alguno, pese a haberme esforzado con toda escrupulosidad en hacer cuanto era posible para ir poniendo por delante aquello que menos aclarado quedaba por lo siguiente y en general aquello que podía contribuir mejor a evidenciarlo con una mayor claridad; e incluso podría haberse conseguido hasta cierto punto, si el lector no pensara según va leyendo tan sólo en lo dicho a cada momento –como es muy natural–, sino también en las posibles consecuencias de lo que se va diciendo, | pues de lo contrario pueden agregarse contradicciones precipitadas e imaginarias a lo mucho que contradice realmente las opiniones de la época y probablemente también las del propio lector, convirtiéndose así en una viva desaprobación lo que sólo es un simple malentendido, al no reconocerse que la ímproba claridad alcanzada en la exposición y la precisión de la expresión nunca deja lugar a dudas sobre el sentido inmediato de lo dicho, mas no puede expresar al mismo tiempo sus relaciones con todo lo demás. Por eso, como ya se ha dicho, la primera lectura requiere paciencia, una paciencia generada por la confianza de que durante la segunda lectura mucho o todo se verá bajo una luz totalmente distinta. El que aquí o allí se dé alguna repetición queda justificado por el empeño de hacer fácil y plenamente comprensible una materia muy ardua. La estructura orgánica y no concatenada del conjunto a veces hace necesario aludir dos veces a los mismos pasajes. Asimismo esta estructura y esa estrecha cohesión entre todas las partes no me han permitido la muy apreciable división en capítulos y parágrafos, sino que me han obligado a conformarme con cuatro secciones capitales, a modo de cuatro perspectivas del mismo pensamiento. En cada uno de estos cuatro libros hay que poner mucho cuidado en no perder de vista el pensamiento principal y el decurso de la exposición global, sin dejarnos cegar por los pormenores que son necesarios para tratarlo. Con ello queda explicitado el primer requisito, tan indispensable como los siguientes, para el lector desafecto (para ese filósofo que el lector no deja de ser).

El segundo requisito es que antes de leer este libro se lea la introducción al mismo, si bien ésta no se encuentra aquí, sino que ha aparecido hace cinco años bajo el | título *Sobre la cuádruple raíz del principio de razón suficiente: un tratado* *filosófico*². Sin familiarizarse con esta introducción y propedéutica no es posible comprender cabalmente el presente escrito y el contenido de aquel tratado será presupuesto aquí por doquier como si estuviera en este libro. Además, si ese tratado no hubiera precedido hace ya varios años a este libro, más que anteponerlo como introducción, lo habría incorporado al primer libro, el cual ahora, al faltarle lo dicho en aquel tratado, muestra cierta imperfección por esa laguna que ha de ser suplida mediante la invocación de dicho tratado. Mi aversión a copiarme a mí mismo o a transcribir afanosamente de nuevo con otras palabras lo ya dicho satisfactoriamente era tan grande que preferí este camino, pese a que ahora podría exponer mejor el contenido de aquel tratado, al depurarlo de ciertos conceptos que se remontan a mi gran afición del momento hacia la filosofía kantiana: categorías, sentido externo e interno, etc. De todos modos, esos conceptos sólo están ahí porque ni siquiera entonces me comprometí propiamente con ellos y suponen tan sólo un aspecto secundario totalmente ajeno a la cuestión principal, con lo que al familiarizarse con el presente escrito esos pasajes de aquel tratado se verán enmendados mentalmente por el propio lector. Pero sólo cuando el lector haya comprendido mediante dicho tratado lo que es y lo que significa el principio de razón, lo que abarca y no abarca su validez, y que este principio no es previo a todas las cosas, como si el mundo entero existiese a consecuencia del mismo y en conformidad con él, como si el mundo fuera un corolario de tal principio, siendo así que ese principio no es | sino la forma en que el objeto, sea del tipo que sea,

---

2. Schopenhauer nos remite aquí a su tesis doctoral, de la que contamos con una buena versión castellana: *De la cuádruple raíz del principio de razón suficiente* (traducción y prólogo de Leopoldo-Eulogio Palacios), Gredos, Madrid, 1981.

es conocido por el sujeto, en tanto que el sujeto es un individuo cognoscente; sólo entonces le será posible aceptar al lector el método de filosofar ensayado aquí por vez primera y que tanto se diferencia de los métodos filosóficos ensayados hasta el momento.

Ahora bien, esa misma aversión a copiarme literalmente, o también a decir por segunda vez exactamente lo mismo pero con otras palabras menos certeras que las escogidas mejor con anterioridad, ha dado lugar a una segunda laguna en el primer libro de este escrito, al haber omitido todo cuanto se halla en el primer capítulo de mi tratado *Sobre la visión y los colores*[3], que de lo contrario habría sido transcrito literalmente aquí. Por lo tanto, también se presupondrá aquí el hallarse familiarizado con este precoz opúsculo.

El tercer requisito que finalmente se impone al lector podía presuponerse tácitamente, pues no es otro que la familiaridad con el principal personaje aparecido en la filosofía desde hace dos siglos y que nos es tan próximo: me refiero a los escritos capitales de Kant. El efecto que producen esos escritos a quien le hablan realmente sólo lo encuentro comparable, como ya se ha dicho muy bien, con la operación de cataratas en un ciego y, si queremos proseguir con el símil, mi meta se caracterizaría por querer suministrar al que ha superado con éxito semejante operación unas gafas, para cuyo uso esa misma operación supone una condición imprescindible. Por consiguiente, yo parto en una gran medida de lo que ha conseguido el gran Kant; sin embargo, un riguroso estudio de sus escritos me ha hecho descubrir sig-

---

3. Esta obra fue publicada en 1816. Un año antes envió el manuscrito a Goethe, cuya *Teoría de los colores* (1810) había propiciado que Schopenhauer escribiera su propio ensayo. La sabrosa correspondencia cruzada entre ambos por este motivo está recogida en *Epistolario de Weimar* (traducción, prólogo y notas de Luis Fernando Moreno Claros), Valdemar, Madrid, 1999, pp. 187 y ss.

nificativos errores en los mismos, que yo había de poner aparte y presentar como reprobables, | para poder presuponer y aplicar cuanto su doctrina contiene de verdadero y eminente, una vez depurada de tales errores. Mas para no interrumpir y embrollar mi propia exposición con esta frecuente polémica contra Kant, la he derivado a un apéndice aparte. Debido a lo mucho que mi escrito presupone cierta familiaridad con la filosofía kantiana, también presupone por lo tanto el hallarse familiarizado con ese apéndice, y de ahí que bajo este respecto sería aconsejable leer primero el apéndice, tanto más cuanto su contenido guarda una estrecha relación con el primer libro del presente escrito. Por otra parte, la naturaleza de la cuestión hace inevitable que también el apéndice remita una y otra vez al escrito mismo, por lo que dicho apéndice ha de ser leído también dos veces, al igual que el cuerpo principal de la obra.

Así pues, la filosofía de *Kant* es la única cuyo conocimiento elemental queda presupuesto en lo aquí presentado. Pero si además el lector ha recalado en la escuela del divino *Platón,* estará mejor preparado y predispuesto para escucharme. Y si por añadidura fuera partícipe del beneficio de los *Vedas*[4], cuyo acceso nos ha sido franqueado por las *Upanisad,* entonces el lector estaría excelentemente preparado para escuchar lo que aquí le presento, pues a mis ojos las *Upanisad*[5] son el mayor privilegio que este siglo todavía jo-

---

4. En sánscrito esta palabra significa «saber», «ciencia» o «conocimiento». Los *Vedas* constituyen el conjunto de textos más antiguos de la literatura india y se les atribuye un origen sobrehumano.
5. Su significado etimológico es el de «sentarse *(sad)* abajo *(ni)* junto a *(upa)»,* o sea, sentarse a los pies de un maestro para recibir la doctrina secreta. Las *Upanisad* son los textos que contienen las conclusiones filosóficas derivadas de los *Vedas.* Estos antiguos tratados filosóficos indios fueron publicados en 1801 por Anquetil Duperron bajo el título de *Oupnekhat, i.e. secreto augurio;* al no conocer el sánscrito, Duperron hizo una versión latina de una traducción persa del texto hindú

ven exhibe sobre los precedentes, por cuanto yo presumo que el influjo de la literatura sánscrita no tendrá una incidencia menor a la del renacimiento de la literatura griega en el siglo XV. A este lector mi discurso no le resultará tan extraño o incluso hostil como a tantos otros; si no sonara pretencioso, yo podría afirmar que cada una | de las desperdigadas sentencias aforísticas que vierten las *Upanisad* se deja colegir cual corolario de mi pensamiento, aunque a la inversa mi pensamiento no se encuentre ya en modo alguno allí.

*

Pero la mayoría de los lectores se revuelven impacientes y dejan escapar el reproche reprimido desde hace un rato: ¿cómo puedo atreverme a presentar al público un libro bajo unos requisitos y condiciones de los cuales los dos primeros son tan arrogantes como impertinentes?, y ello en una época en que abundan tanto los pensamientos singulares que sólo en Alemania cada año la imprenta pone al alcance de todos tres mil obras sustanciosas, originales e indispensables, además de innumerables revistas o periódicos, en un tiempo en que no escasean los filósofos originales y profundos, cuyo número tan sólo en Alemania supera al de todos los siglos precedentes; ¿cómo podré abarcar tan vasta producción, se preguntará el indignado lector, si tengo que tomarme tantas molestias con un único libro?

Como no tengo nada que objetar ante tales reproches, sólo espero que estos lectores me agradezcan el haberles advertido a tiempo, para que no pierdan ni una hora con un libro cuya lectura pueda ser inútil sin satisfacer los requisitos estipulados y más vale que abandonen, máxime cuando

(cfr. Helmut von Glasenap, *La filosofía de los hindúes,* Barral, Barcelona, 1977, p. 24).

cabe apostar que no será de su agrado y que más bien sólo serán unos pocos | quienes encuentren provechoso su inhabitual modo de pensar. Pues, al margen de los rodeos y del esfuerzo que este libro exige al lector, formado en esta época cuyo saber casi alcanza la excelencia y lo paradójico se confunde con lo falso, ¿acaso podrá soportar el toparse en cada página con pensamientos que contradicen directamente cuanto ha establecido como verdadero de una vez por todas? Y entonces, cuán desagradablemente engañados se encontrarán algunos cuando no hallen aquí ningún discurso relativo a cuanto creen que habrían de encontrar, porque su modo de especular coincide con el de un gran filósofo que vive todavía[6], el cual ha escrito libros verdaderamente patéticos y sólo tiene la pequeña debilidad de considerar como pensamientos básicos e innatos del espíritu humano todo cuanto se ha aprendido y aprobado antes de los quince años. ¿Quién puede soportar todo esto? De ahí que mi consejo sólo sea de nuevo dejar a un lado este libro.

Pero temo que ni así lograré desembarazarme de ellos. Al leer este prólogo que le rechaza, el lector que haya comprado este libro con dinero en metálico se preguntará cómo resarcirse. Mi última tabla de salvación es recordarle que también cabe utilizar un libro de varias maneras sin leerlo. Este libro, como muchos otros, puede rellenar un hueco en su biblioteca, donde hará bonito al estar esmeradamente encuadernado. O también puede dejárselo a su instruida amiga encima del tocador o sobre la mesa del té. O finalmente puede incluso recensionarlo, siendo esto lo mejor de todo y lo que yo recomiendo muy especialmente. |

Y así, tras permitirme cierta chanza, a la cual siempre conviene hacer un sitio en esta equívoca vida por serio que pueda ser el trance en cuestión, entrego este libro con una

---

6. Schopenhauer se refiere aquí a F. H. Jacobi.

entrañable solemnidad, en la confianza de que tarde o temprano llegará a los únicos por quienes puede ser juzgado, y lo abandono además al destino que en cualquier conocimiento, tanto más cuanto más importante sea éste, le corresponde siempre a la verdad, la cual se resigna a una corta fiesta triunfal entre dos largos lapsos de tiempo en los que es reprobada como paradoja y menospreciada como trivial. A su autor también suele dispensársele este primer destino. Pero la vida es breve y la verdad llega lejos y perdura: digamos la verdad.

Dresde, agosto de 1818.

Prólogo a la segunda edición

No es a mis contemporáneos ni a mis compatriotas a quienes lego mi obra ahora consumada, sino a la humanidad, en la confianza de que no carecerá de valor para ella; no importa que sea reconocida tardíamente, pues tal es la suerte que conlleva lo bueno de cualquier índole. Pues sólo para la humanidad, y no para una generación apresurada que se mantiene ocupada con su ilusión del momento, mi cabeza, casi contra mi voluntad, ha consagrado permanentemente una larga vida a elaborar esta obra. De su valor no me puede hacer dudar la falta de interés mostrado en este tiempo atrás, porque en este lapso no he dejado de ver cómo lo falso, lo malo y lo absurdo* eran universalmente admirados y venerados; eso me hizo reflexionar sobre si quienes son capaces de reconocer lo genuino y lo justo podían escasear tanto como para pasarse veinte años buscándolos inútilmente alrededor de uno o si aquellos capaces de producir algo valioso podían ser tan pocos como para que su obra supusiera posteriormente una excepción | al carácter transito-

---

* La filosofía de Hegel.

rio de las cosas terrenas; pues el que no se pierda para la posteridad es una tonificante perspectiva a la que no puede renunciar quien se ha fijado una elevada meta. Aquel que se toma en serio y se dedica a una cosa que no comporta un provecho material no puede contar con la simpatía de los coetáneos. Entretanto le tocará ver más bien cómo la apariencia de esa misma cosa se hace valer en el mundo y disfruta de su momento; tal es el orden de las cosas. Pues hay que dedicarse a esa cosa por ella misma y de lo contrario no se puede tener éxito, porque cualquier designio amenaza la compresión. Tal como testimonia la historia de la literatura, toda obra valiosa necesita mucho tiempo para ser estimada, máxime cuando se trata de una obra cuyo género no pertenece al entretener, sino al instruir; y mientras tanto deslumbra lo falso. Pues coaligar una cosa con su mera apariencia es difícil, por no decir imposible. La maldición de este mundo de indigencia y menesterosidad es que todo ha de servir y contentar a esto: por ello en ese mundo un noble y sublime afán como el de sacar a la luz la verdad no puede prosperar sin estorbo y existir por sí mismo. Incluso si alguna vez puede hacerse valer y se generaliza un concepto apropiado, en seguida se apoderan de él los intereses materiales y los fines personales, para instrumentalizarlo o enmascararlo. Conforme a ello, una vez que Kant puso de nuevo en candelero a la filosofía, pronto hubo de convertirse ésta en instrumento de fines estatales por arriba y de fines personales por abajo; aunque, bien mirado, no era de ella, sino de su doble, de quien se valían para ello. Esto no debe extrañarnos, dado que la increíblemente inmensa mayoría de los hombres, en virtud de su naturaleza, no es capaz de tener ningún otro fin aparte de los fines materiales, ni tan siquiera puede concebir otro. | Por lo visto el afán por la verdad es demasiado alto y excéntrico como para esperar que todos, bueno, que muchos, en fin, que sólo unos cuantos se interesen sinceramente en él. Si alguna vez se ve, como por ejemplo sucede ahora en Alemania, una llamativa diligencia, un impulso generalizado por escribir y hablar sobre cuestiones filosóficas, cabe presuponer sobre seguro que el auténtico *primum mobile* [primer motor], el oculto resorte de tal movimiento, a pesar de todos los ademanes y aseveraciones solemnes, son únicamente fines reales, no ideales, que son intereses personales, corporativos, eclesiásticos y políticos, en una palabra, intereses materiales los que se tiene a la vista con ello y que por consiguiente son meros fines partidistas los que pone en tan acuciante movimiento las muchas plumas de esos presuntos filósofos; o sea, que son las miras interesadas y no el interés por mirar lo que guía a estos alborotadores, siendo en definitiva la verdad lo último en lo que se piensa. Ésta no encuentra partidarios; antes bien, en medio de semejante barullo filosófico, la verdad puede recorrer su camino tan silenciosa e inadvertidamente como en la noche invernal del más tenebroso siglo acogotado por el más rígido credo eclesiástico, cuando sólo se comunicaba a unos pocos adeptos como una doctrina esotérica o se confiaba únicamente al pergamino. Yo diría incluso que ninguna época puede ser más adversa a la filosofía que aquella en que se abusa de ella como instrumento político por un lado o se la utiliza desdeñosamente como medio de subsistencia por el otro. ¿O acaso se cree que en medio de tal afán y semejante barullo puede hacerse patente esa verdad a la que nadie atiende? La verdad no es una puta que se arroje al cuello de quienes no tienen ganas de ella; más bien es una beldad tan esquiva que incluso quien sacrifica todo por ella tampoco puede estar seguro de obtener sus favores. |

Ahora los gobiernos convierten a la filosofía en un medio de sus fines políticos y, por otra parte, los eruditos ven en las cátedras de filosofía una actividad profesional como cualquier otra con la que alimentarse, por lo que acuden en masa declarando su buena intención, esto es, el propósito de servir a esos fines. Y mantienen su palabra: su guía no es la verdad ni la claridad, ni Platón, ni Aristóteles, sino los fines a los que se les ha encargado servir y a los que también convertirán de inmediato en el criterio de la verdad, de lo valioso, de lo que se ha de tener o no en cuenta. Lo que no se corresponda con ello, aunque sea lo más importante y extraordinario en su especialidad, se ve condenado o, allí donde esto parece delicado, se ahoga sometiéndolo a una unánime ignorancia. Basta ver ese unísono fervor contra el panteísmo: ¿habrá alguien tan necio como para creer que tal empeño tiene lugar por convicción? ¿Cómo no iba a degenerar en sofística una filosofía convertida en un medio para ganarse el pan? Como esto es inevitable y desde siempre ha valido la regla del «yo canto al son de quien como el pan», entre los antiguos el ganar dinero con la filosofía fue el rasgo característico de los sofistas. Pero, además, en este mundo no cabe aguardar sino que cunda por doquier la mediocridad, al ser esto lo único que cabe exigir y obtener por dinero, por lo cual también aquí hay que contentarse con esto. Por ello vemos a esta cara mediocridad esforzarse sobremanera en todas las universidades alemanas para actualizar una filosofía todavía inexistente por sus propios recursos según una pauta conforme al patrón y el objetivo prescritos; un espectáculo del que sería cruel burlarse.

Mientras desde hace ya largo tiempo la filosofía había de servir como medio a fines públicos por un lado y privados por el otro, sin verme estorbado por ello yo he ido tras el tiro de mis pensamientos desde hace más de treinta años, animado por un impulso instintivo | que no me permitía hacer otra cosa y respaldado por la confianza de que una verdad pensada para iluminar lo oculto será captada en algún momento por algún otro espíritu pensativo, a quien le interesará, alegrará y consolará: aquí se habla para alguien así, al igual que ciertos espíritus afines nos han hablado a nosotros y han sido nuestro consuelo en esta monótona vida. Pero en las meditaciones filosóficas hay algo muy extraño: sólo lo que uno ha examinado e indagado minuciosamente redunda luego asimismo en el bien de los demás, mas no así aquello que ya originariamente quedó determinado en pro de los demás. Lo primero se deja reconocer en seguida por el carácter de su sinceridad, porque nadie intenta engañarse a sí mismo ni se sirve a sí mismo nueces vacías; por ello se omite todo sofisticar y toda fruslería verbal, a consecuencia de lo cual cada frase escrita resarce al momento del esfuerzo de leerlo. Por tal motivo mis escritos llevan en la frente con tanta claridad la impronta de la sinceridad y de la franqueza que ya merced a ello contrastan muy vivamente con las publicaciones de los tres célebres sofistas del período postkantiano; en mí se encuentra siempre el punto de vista de la *reflexión,* esto es, del sentido racional y de la comunicación sincera, nunca el punto de vista de la *inspiración,* llamada intuición intelectual o también pensamiento absoluto, cuya denominación correcta sería sin embargo la de fanfarronería y charlatanería. Trabajando con este espíritu y, al ver cómo se prestigiaba lo falso y lo malo, profesando suma veneración a la fanfarronería* y a la charlatanería**, hace tiempo que renuncié al aplauso de mis contemporáneos. Resulta imposible codiciar el aplauso de sus coetáneos para quien ha visto ensalzar durante veinte años a un Hegel, ese Calibán[7] espiritual, como el mayor de los filósofos, gritando tan fuerte que sus ecos resonaron por toda Europa. | Esta

---

* Fichte y Schelling.
** Hegel.
7. Probable deformación del término *cannibal* (caníbal). En *La tempestad* de Shakespeare Calibán es un espíritu fantástico, monstruoso y colérico, que representa el espíritu del mal.

generación no puede seguir adjudicando coronas honoríficas: su aplauso se ha prostituido y su censura no significa nada. Que digo esto en serio se desprende del hecho de que, si hubiese tenido en cuenta el aplauso de mis coetáneos, habría tachado veinte pasajes que contradicen por completo todas sus opiniones y en parte habrían de resultarles chocantes. Pero me consumiría sacrificar una sola sílaba en aras de ese aplauso. Mi guía ha sido por entero la verdad; en pos de ella sólo me cabía aspirar a mi propio aplauso, apartándome totalmente de una época en profundo declive con respecto a los más elevados esfuerzos intelectuales y de una literatura nacional desmoralizada –salvo contadas excepciones– en la que ha alcanzado su apogeo el arte de asociar palabras huecas con una intención abyecta. Yo jamás podré sustraerme a los errores y flaquezas necesariamente inherentes a mi naturaleza, al igual que ellos a los suyos, pero no los acrecentaré mediante indignas componendas.

Respecto a esta segunda edición, me alegro en primer lugar de que, tras veinticinco años, no encuentro nada sobre lo que retractarme y de que mis convicciones fundamentales se hayan acreditado cuando menos ante mí mismo. Las modificaciones del primer volumen, que contiene únicamente el texto de la primera edición, no afectan para nada a lo esencial, sino que conciernen a cosas accesorias y la mayoría consisten en breves adiciones aclaratorias intercaladas de vez en cuando. Sólo la crítica de la filosofía kantiana contiene correcciones significativas y prolijas interpolaciones que no cabían en un libro complementario, | tal como cada uno de los cuatro libros que exponen mi propia doctrina reciben en el segundo volumen. Para ellos he optado por esta última forma de incremento y mejora, porque desde su redacción han transcurrido veinticinco años y en el tono de mi discurso ha experimentado un cambio tan notable que no permitía fundir en un todo el contenido del segundo volumen con el del primero, sin que dicha fusión no perjudicase a ambas partes. De ahí que brinde dos trabajos separados, e incluso con frecuencia no he cambiado nada en la primera exposición allí donde ahora yo me expresaría de muy otro modo, porque quise guardarme de deteriorar el trabajo de mis años mozos mediante la rebuscada crítica de la vejez. Lo que haya de ser corregido en este sentido quedará convenientemente reformulado por sí mismo en el espíritu del lector con la ayuda del segundo volumen. Ambos tomos guardan una relación complementaria en el pleno sentido del término, al consistir dicha relación en que una edad del hombre es el complemento de la otra desde una perspectiva intelectual; por ello se descubrirá que no sólo cada tomo contiene cuanto no alberga el otro, sino también que los méritos del uno consisten justamente en lo que le falta al otro. En consecuencia, la primera mitad de mi obra aventaja a la otra en lo que sólo puede otorgar el fuego de la juventud y la energía de la primera concepción; en cambio ésta supera a aquélla por la madurez y la cabal elaboración de pensamientos que sólo aportan los frutos de una larga vida y su laboriosidad. Pues, cuando tuve la fuerza de captar originariamente el pensamiento fundamental de mi sistema, siguiéndolo en sus cuatro ramificaciones para retornar luego desde ellas a la unidad de su tronco y exponer claramente el conjunto, | todavía no estaba en disposición de elaborar todas las partes del sistema con la integridad, minuciosidad y detenimiento que sólo se alcanzan gracias a una meditación de muchos años, como la que se requiere para comprobarlo y ejemplificarlo con innumerables hechos, respaldarlo mediante los testimonios más diversos e iluminarlo desde todos los ángulos, para luego contrastar audazmente los distintos aspectos, separar las múltiples materias y ordenar la exposición. Por ello, aun cuando al lector le hubiera sido más grato disponer de toda

Prólogo a la segunda edición

mi obra en una sola pieza, en lugar de consistir en dos mitades que se remiten entre sí al ser utilizadas, para ello hubiera sido necesario que hubiera conseguido en una sola época de mi vida aquello que sólo es posible en dos, es decir, que yo hubiera poseído en una época de mi vida las propiedades que la naturaleza sólo otorga en dos épocas totalmente distintas. La necesidad de entregar mi obra en dos mitades mutuamente complementarias puede compararse con el hecho de que sea imposible fabricar un objetivo acromático a partir de una sola pieza, puesto que hacen falta una lente convexa de *Crown* y una lente cóncava de *Flint,* cuya conjunción procura el efecto proyectado. Por otra parte, el lector encontrará una compensación de la incomodidad de utilizar dos tomos al mismo tiempo en la variedad y recreo que conlleva el tratamiento del mismo objeto por parte de la misma cabeza y con el mismo espíritu pero en épocas muy diferentes. A aquel que todavía no se halle familiarizado con mi filosofía le resultará aconsejable leer con detenimiento el primer volumen, sin consultar los complementos, y utilizar éstos en una segunda lectura; pues de lo contrario le sería muy difícil captar el sistema en su trabazón, | cosa que sólo hace el primer tomo, mientras que en el segundo se fundamentan y desarrollan cabalmente las teorías principales. Incluso el que no se decidiese a hacer una segunda lectura del primer volumen hará mejor en leer el segundo aparte después del primero y en la sucesión de sus capítulos, aun cuando sueltos no tengan conexión entre sí, ya que sus lagunas se verán rellenadas por el recuerdo del primer tomo, una vez que lo haya comprendido bien; por lo demás encontrará por doquier la referencia a los correspondientes pasajes del primer volumen, donde a tal efecto en la segunda edición he provisto con parágrafos numerados a los apartados señalados mediante simples líneas divisorias en la primera edición.

xxiv

Repito aquí lo que ya expliqué en el prólogo a la primera edición, a saber: que mi filosofía parte de la kantiana y por eso presupone un conocimiento sólido de ésta. Pues la doctrina de Kant provoca en cualquier cabeza que la haya captado un cambio fundamental, el cual es tan enorme que puede equivaler a un renacimiento espiritual. Sólo ella es capaz de eliminar realmente el realismo debido a la determinación originaria del intelecto y que le es innato, algo que no alcanzaron ni Berkeley ni Malebranche, pues éstos se atuvieron demasiado a lo universal, mientras que Kant va a lo particular y ciertamente de un modo que no conoce ni modelo ni copia, de un modo tan idiosincrásico que tiene un efecto inmediato en el espíritu, a consecuencia del cual éste sufre un desengaño radical y en adelante divisa todas las cosas bajo otra luz. Sólo gracias a esto el lector se tornará más susceptible a las positivas explicaciones que yo he de dar. En cambio, quien no domine la teoría kantiana, por mucho que quiera hacer lo contrario, queda sumido en un estado de inocencia, por decirlo así, | en ese realismo natural e infantil en el que todos hemos nacido y que nos hace aptos para todas las posibilidades, salvo para la filosofía. Por consiguiente, alguien así se comporta con quien sí haya comprendido a Kant como un menor de edad con alguien emancipado. Que esta verdad suene paradójica hoy en día, lo que no hubiera sido el caso en los primeros treinta años posteriores a la aparición de la crítica de la razón, se debe a que desde entonces ha crecido una generación que propiamente no conoce a Kant, salvo todo lo más por una fugaz e impaciente lectura o un informe de segunda mano, y esto a su vez porque dicha generación, a consecuencia de una mala directiva, ha desperdiciado su tiempo con los filosofemas más corrientes, o sea, con las incompetentes cabezas o los farsantes sofistas que se le recomiendan irresponsablemente. De ahí la perplejidad ante tales conceptos y en general la inefable tosca torpeza que a través de la envoltura del preciosismo y la pretenciosidad brilla en los propios ensayos filosóficos de la generación así educada. Pero quien presuma que podría aprender a conocer la filosofía de Kant por la exposición de otros está sumido en un pernicioso error. Antes bien, tengo que prevenir seriamente contra tales exposiciones, sobre todo contra las de los tiempos más recientes: en estos últimos años me he encontrado en los escritos de Hegel con exposiciones de la filosofía kantiana que son fabulosamente increíbles. ¿Cómo habían de ser aptas para seguir las profundas investigaciones de Kant esas cabezas dislocadas y marchitadas en su mocedad por los absurdos del hegelianismo? Se han acostumbrado desde temprano a tomar por pensamientos filosóficos la más hueca palabrería, los más pobres sofismas por ingeniosa agudeza y los más necios disparates por dialéctica, quedando sus cabezas desorganizadas por delirantes agrupamientos de palabras con los cuales el espíritu se martiriza inútilmente para pensar algo. | Para ellos no vale ninguna crítica de la razón ni filosofía alguna, pues precisan una *medicina mentis* [una medicina para la mente] como catarsis, algo así como un cursillo de sentido común, para ver luego si cabe hablar de filosofía entre ellos. Así pues, no se busque inútilmente la doctrina kantiana en otro lugar que en las propias obras de Kant; éstas en cambio resultan siempre instructivas, incluso allí donde se equivoca o comete un error. A consecuencia de su originalidad vale decir de Kant en grado sumo lo que vale decir estrictamente de todos los filósofos genuinos: sólo se puede aprender a conocerlos a partir de sus propios escritos, no por los comentarios de otros. Pues los pensamientos de esos espíritus extraordinarios no pueden soportar la filtración a través de una cabeza corriente. Nacidos detrás de frentes anchas, altas y hermosamente arqueadas, bajo las cuales brillan ojos resplandecientes, esos pensamientos pierden toda su fuerza y su vida, hasta dejar de parecerse a sí mismos, cuando se trasladan a la estrecha morada con ínfima techumbre de ese cráneo angosto, rechoncho y panzón cuya abúlica mirada parece estar siempre al acecho de un fin personal. Y hasta puede decirse que este tipo de cabezas actúan como espejos ondulados en los cuales todo se disloca, pierde la proporción de su belleza y refleja una caricatura grotesca. Los pensamientos filosóficos sólo pueden recibirse de sus propios autores; por eso el que se sienta impulsado hacia la filosofía tiene que buscar sus doctrinas inmortales en el apacible templo de sus obras. El principal capítulo de cada uno de esos filósofos auténticos procurará cien veces más comprensión de su doctrina que las rastreras y bizcas exposiciones del mismo realizadas cotidianamente por cabezas profundamente desconcertadas por la filosofía de moda o por sus propios sentimientos. | Pero es asombroso ver cómo el público queda prendado preferentemente por esas exposiciones de segunda mano. En esto parece operar de hecho una afinidad electiva, en virtud de la cual la naturaleza vulgar se siente atraída hacia su igual e incluso prefiere escuchar de su igual lo que ha dicho un gran espíritu. Quizá esto se deba al principio del sistema de la enseñanza recíproca, según el cual los niños aprenden mejor de sus iguales.

*

Ahora unas palabras para los profesores de filosofía. Siempre he admirado la sagacidad, el refinado y certero tino con que reconocieron a mi filosofía, desde el preciso instante de su aparición, como algo enteramente heterogéneo e incluso peligroso para su propio afán o, para decirlo popularmente, como algo que no encaja entre sus baratijas, así como la segura y sagaz política en virtud de la cual hallaron un preciso

procedimiento frente a ella, la perfecta unanimidad con la que lo pusieron en práctica y finalmente la perseverancia con que permanecieron fieles al mismo. Este proceder, que además se recomienda por su sencilla viabilidad, consiste, como es sabido –según la maliciosa expresión de Goethe [en *Tag-und Jahresheften* (1821)]–, en ignorar y segregar, que enuncia la ocultación de lo importante y lo significativo. La importancia de este silencioso medio quedó realzada por el alboroto con que los corifeos iban festejando cualquier parto espiritual de los conjurados en contra y que obligaban al público a desviar la mirada hacia los ostentosos ademanes con los cuales saludaban esos nacimientos. ¿Quién podría desconocer la utilidad práctica de este proceder? ¿Qué puede oponerse al *primum vivere, deinde philosophari* [primero vivir, después filosofar]? | Esos señores xxviii
quieren vivir, y quieren vivir, desde luego, de la *filosofía;* a *ésta* se han encomendado con mujer e hijos, atreviéndose a ello pese al verso de Petrarca: *povera e nuda vai filosofia* [pobre y desnuda vas, ¡oh filosofía! (*Il Canzonieri,* I, 7)]. Pero mi filosofía no es en absoluto algo de lo que se pueda vivir. Le faltan los requisitos indispensables para una cátedra bien remunerada, pues ante todo carece de una teología especulativa que –a pesar del fastidioso Kant con su crítica de la razón– debe o ha de ser el tema principal de toda filosofía, aun cuando su misión sea hablar sin parar de lo que nada puede saberse en absoluto; mi filosofía no estatuye ni por asomo esa fábula tan perspicazmente inventada por los profesores de filosofía y que se ha vuelto imprescindible para ellos, esa fábula de una razón que conoce, intuye y percibe tan inmediata como absolutamente con la cual embaucan desde el inicio a sus lectores, para luego conducirlos del modo más confortable del mundo, como si fueran en una calesa tirada por cuatro caballos, hacia el dominio allende la posibilidad de toda experiencia que fue vedado para

siempre por Kant para nuestro conocimiento, para conducirlos allí donde entonces se revelan inmediatamente los dogmas fundamentales del moderno y optimista cristianismo judaizante, quedando hermosamente ordenados. ¿Qué le importa mi cavilosa filosofía, que carece de estos requisitos esenciales y que no da de comer —cuya estrella polar es únicamente la verdad, la desnuda, irremunerada, poco amistosa y a menudo perseguida verdad hacia la que marca derechamente su rumbo sin mirar a derecha o izquierda—, qué le importa —decía— esa *alma mater* a la buena y lucrativa filosofía universitaria, lastrada con cien propósitos y mil miramientos, cuya ruta barloventea cautelosamente al tener a la vista el miedo al Señor, la voluntad del ministerio, | los preceptos de la iglesia local, los deseos del editor, la afluencia de los estudiantes, el buen compañerismo de los colegas, la marcha cotidiana de la política, la momentánea orientación del público y no sé cuántas cosas más? ¿O qué tiene en común mi silenciosa y rigurosa investigación de la verdad con las disputas de las cátedras y los bancos de las escuelas cuyos móviles internos son permanentemente fines personales? Más bien se trata de dos tipos de filosofía radicalmente heterogéneas. Por eso tampoco se da conmigo ningún compromiso ni camaradería alguna, lo que no trae cuenta a nadie salvo a quien no busque sino la verdad; por lo tanto, no pertenezco a ninguno de los partidos filosóficos a la moda, ya que todos ellos persiguen sus designios y yo sólo puedo brindar meras comprensiones que no se compadecen con tales designios por no amoldarse a ninguno. Para que mi propia filosofía fuese objeto de una cátedra habrían de venir tiempos totalmente distintos. ¡Sería algo muy hermoso que una filosofía de la cual no se puede vivir se airease a la luz y gozase de una atención generalizada! Pero todos se aúnan como un solo hombre para evitar eso. Disputar y rebatir no es un juego tan sencillo; esto supondría un recurso arriesgado, porque con ello se atraería la atención del público hacia mi filosofía y entonces el lector de mis escritos podría perder el gusto por las elucubraciones de los profesores de filosofía. Pues el que ha saboreado lo serio deja de tener paladar para las tediosas bromas de mal gusto. Así pues, el sistema de la conspiración del silencio es el único acertado, por lo que sólo puedo aconsejar persistir en él y seguir así tanto tiempo como funcione, es decir, hasta que la ignorancia sea apartada del ignorar; siempre habrá tiempo para que las cosas cambien y tomen otra dirección. Entretanto cualquiera es muy dueño de arrancar aquí o allá alguna plumilla para su propio uso, ya que la profusión de pensamientos brilla por su ausencia en estos lares. Así el sistema del silenciar e ignorar puede durar todavía un buen rato, cuando menos el lapso de tiempo en que yo siga con vida; con lo cual ya se ha ganado mucho. En el ínterin, cuando por azar alguna voz indiscreta se haga oír un poco acá o acullá, pronto se verá acallada por las grandilocuentes conferencias de los profesores que saben hablar al público de todas las cosas con graves ademanes. Sin embargo, les aconsejo que cierren aún más las filas en torno a la unanimidad de su proceder y vigilen especialmente a los jóvenes, que a veces son terriblemente indiscretos. Pues ni siquiera yo puedo garantizar que tan elogiado proceder se mantenga por siempre y no me hago responsable de su desenlace final. Resulta, eso sí, apropiado para guiar en su conjunto a un público tan bueno como dócil. Aunque en todas las épocas suele encumbrarse a los Gorgias y a los Hippias, llegando a convertirse en regla lo absurdo, y parece imposible que a través del coro de los embaucadores y los embaucados se abra paso la voz de un individuo, pese a ello la obras auténticas siempre acaban por tener tan silenciosa como lentamente un efecto peculiarmente poderoso y como por un milagro se elevan por encima del alboroto al igual que un globo aerostático, el cual desde la densa atmósfera se eleva hasta regiones más puras en donde, una vez que ha llegado allí, se sostiene sin que nadie sea capaz de hacerlo descender.

Escrito en Frankfurt a. M. en febrero de 1844.

Prólogo a la tercera edición

Lo verdadero y lo genuino conquistarían más fácilmente un lugar en el mundo, si quienes son incapaces de producirlos no se conjuraran para impedírselo. Esta circunstancia ha impedido y retardado mucho, cuando no asfixiado, que lo bueno llegase al mundo. La consecuencia de esto ha sido en mi caso que, aunque tenía treinta años cuando apareció la primera edición de esta obra, no viera esta tercera hasta cumplir los setenta y dos años. Sin embargo, me consuelan estas palabras de Petrarca: «Si quien corre durante todo el día llega a su destino al anochecer, queda satisfecho» [Petrarca, *De vera sapientia,* diálogo I]. También yo he llegado a mi destino finalmente y tengo la satisfacción, al final de mi vida, de ver el inicio de mi vigencia, con la esperanza de que, conforme a una antigua regla, será tanto más duradera por haber comenzado tan tardíamente.

En esta tercera edición el lector no echará en falta nada de lo que contenía la segunda, sino que verá incrementado su contenido, dado que las adiciones incorporadas comprenden 136 páginas más que la segunda con una impresión similar.

Siete años después de la aparición de la segunda edición publiqué *Parerga y Paralipómena*. Lo comprendido bajo este título consiste en adiciones a la exposición sistemática de mi filosofía y hubiera encontrado su lugar en estos volúmenes; pero hube de colocarlos donde pude, porque dudaba mucho de llegar a ver esta tercera edición. En el segundo tomo se encuentran estos *Parerga* y se reconocen con facilidad en los títulos de los capítulos.

Frankfurt a. M. en septiembre de 1859.

Libro Primero
El mundo como representación

Primera consideración
La representación sometida al principio de razón: el objeto de la experiencia y de la ciencia

¡Abandona la infancia, amigo mío, despiértate![1]

Jean-Jacques Rousseau

---

1. Cfr. Jean-Jacques Rousseau, *La nueva Eloísa* V, 1.

§ 1.

«El mundo es mi representación»: ésta es la verdad válida para cada ser que vive y conoce, aunque tan sólo el hombre pueda llegar a ella en la consciencia reflexiva y abstracta, tal como lo hace realmente al asumir la reflexión filosófica. Entonces le resulta claro y cierto que no conoce sol o tierra algunos, sino que sólo es un ojo lo que ve un sol, siempre es una mano la que siente una tierra; que el mundo que le circunda sólo existe como representación, o sea, siempre en relación a un otro que se lo representa y que es él mismo. Si alguna verdad puede ser expresada a priori es ésta, pues ella es el enunciado de aquella forma de toda experiencia posible e imaginable, la forma más general que todas las otras, más que el tiempo, el espacio y la causalidad, dado que todas éstas presuponen ya aquélla y si cada una de estas formas, que hemos conocido como otras tantas figuras particulares del principio de razón, sólo vale para una clase particular de representaciones, en cambio la descomposición en sujeto y objeto es la forma común de todas esas clases, es la única forma bajo la cual una representación, sea del tipo que fuere, es abstracta o intuitiva, pura o empírica, sólo posible y pensable. Ninguna verdad es por tanto más cierta, tan independiente de todas las demás y menos necesitada de una prueba que ésta, a saber, que todo lo que existe para el conocimiento, el mundo entero por tanto, | sólo es objeto en relación con el sujeto, intuición del que intuye, en una palabra, representación. Naturalmente esto vale tanto para el presente como para el pasado y el futuro, para lo más lejano y lo cercano, pues vale para el tiempo y el espacio mismos, en donde todo esto se da por separado. Todo cuanto pertenece y puede pertenecer al mundo está inevitablemente implicado con este hallarse condicionado por el sujeto y sólo existe para el sujeto. El mundo es representación.

Esta verdad no es nueva en modo alguno. Ya está presente en las consideraciones escépticas de las que partió Descartes, si bien fue Berkeley el primero que la expresó resueltamente, conquistándose con ello un mérito inmortal para la filosofía, aun cuando el resto de su doctrina no pueda sostenerse. El primer error de Kant consistió en descuidar este principio, tal como se desarrolla en el apéndice. En cambio, cuán temprano fue conocida esta verdad fundamental por los sabios de la India, al aparecer como el principio fundamental que la filosofía vedanta atribuye a Vyasa[2], tal como lo documenta W. Jones en su último tratado *Sobre la filosofía de los asiáticos:* «El dogma fundamental de la escuela vedanta no consistía en negar la existencia de la materia, o sea, su solidez, la impenetrabilidad y extensión (pues negar eso sería absurdo), sino en corregir la noción popular de la misma, aduciendo que no es esencialmente independiente de la percepción mental, dado que

---

2. Este vocablo sánscrito significa «compilador» y es el sobrenombre del autor de los *Vedas*.

existencia y perceptibilidad son términos intercambiables» *(Asiatic researches,* vol. IV, p. 164). Estas palabras expresan satisfactoriamente la compatibilidad de la realidad empírica con la idealidad transcendental.

Así pues, en este primer libro sólo consideramos el mundo desde la citada vertiente, o sea, en cuanto es representación. Que | esta consideración, sin perjuicio de su verdad, es sin embargo parcial y está suscitada por una abstracción arbitraria, se lo hace saber a cualquiera la íntima resistencia con que asume el mundo como su mera representación, asunción a la que por otra parte no puede sustraerse de ningún modo. Pero la parcialidad de esta consideración será cumplimentada en el siguiente libro por una verdad cuya certeza no es tan inmediata como aquella de que partimos aquí y a la que sólo puede conducir una investigación más profunda, una abstracción más difícil, la desunión de lo diferente y la unión de lo idéntico, mediante una verdad muy grave que no es de temer, pero sí da que pensar, a saber, esta verdad que también él puede y tiene que decir: «El mundo es mi voluntad».

Pero hasta entonces, o sea, en este primer libro, es preciso considerar sin más aquella vertiente del mundo de la cual partimos, la vertiente gnoseológica, y en virtud de ello considerar sin resistencia todos los objetos existentes, incluido el propio cuerpo (como veremos a continuación) tan sólo como representación, llamándoles mera representación. Aquello que se abstrae aquí, tal como espero que luego llegue a ser una certidumbre para cualquiera, no es sino la *voluntad,* en cuanto aquello que constituye la otra vertiente del mundo, pues éste es por un lado enteramente *representación* y por el otro enteramente *voluntad*. Una realidad que no fuera ninguna de estas dos vertientes, sino un objeto en sí (como acabó siendo por desgracia la cosa en sí de Kant), supone una ensoñación absurda y su conjetura es un fuego fatuo para la filosofía.

§ 2.

Aquello que lo conoce todo y no es conocido por nadie es el *sujeto*. Él es el sostén del mundo, la condición sempiternamente presupuesta de cuanto se manifiesta, de todo objeto. Pues cuanto existe está ahí sólo para el sujeto. Cada cual se descubre a sí mismo como este sujeto en tanto que conoce, no en tanto que es objeto de conocimiento. Sin embargo, su cuerpo ya es un objeto al que, desde esta perspectiva, llamamos representación. Pues el cuerpo es objeto entre | objetos y está sometido a las leyes de los objetos, aunque sea un objeto inmediato*. Como cualquier otro objeto de la intuición, el cuerpo se halla en las formas de todo conocer, tiempo y espacio, mediante las cuales se da la pluralidad. Pero el sujeto, lo que conoce y nunca es conocido, no se halla también en esas formas, sino que antes bien se ve siempre presupuesto por ellas mismas y, por tanto, no le incumben ni la pluralidad ni su opuesto, la unidad. Jamás lo conocemos, sino que justamente es lo que conoce allí donde se da conocimiento.

Así pues, el mundo como representación, único aspecto que consideramos aquí, tiene dos mitades esenciales, necesarias e inseparables. Una es el *objeto,* cuya forma es el espacio y el tiempo, y a través de dicha forma la pluralidad. Pero la otra mitad, el sujeto, no se halla en el espacio y el tiempo, pues esa mitad está entera e indivisa en cada ser que tiene representaciones; de ahí que uno solo de tales sujetos complete con el objeto el mundo en cuanto representación tan cabalmente como cualquier otro de los millones de sujetos existentes y, al desaparecer cada uno de tales sujetos, desaparece también entonces el mundo en cuanto representación. Estas mitades son inseparables incluso para el pensa-

---

* Cfr. *Sobre el principio de razón,* segunda edición, § 22.

miento, pues cada una de las dos sólo tiene significado y existencia por y para la otra, coexistiendo y desapareciendo con ella. Se delimitan inmediatamente, y allí donde comienza el objeto cesa el sujeto. La comunión de tales límites se muestra en que las formas esenciales y por ello generales de todo objeto, que son espacio, tiempo y causalidad, también pueden ser encontradas y cabalmente reconocidas a partir del sujeto, sin el conocimiento del objeto mismo, es decir, que con el lenguaje de Kant dichas formas se hallan a priori en nuestra consciencia. Haber descubierto esto es un mérito capital y enorme de Kant. Yo añado que el principio de razón es la expresión común para todas esas formas del objeto sobre las cuales cobramos consciencia a priori y que, por ello, todo cuanto sabemos puramente a priori no es sino el contenido de aquel principio y lo que se sigue de éste, viniendo a quedar expresado en tal principio todo nuestro conocimiento a priori. En mi tratado sobre el principio de razón he mostrado con detalle cómo cualquier | objeto posible se halla sometido a tal principio, es decir, guarda una relación necesaria con otros objetos, por un lado en cuanto determinado y por el otro en cuanto determinante; esto equivale a que la existencia global de todos los objetos, en tanto que son objetos, representaciones y nada más, se reduce por completo a esa necesaria relación suya entre sí y sólo consiste en ella, por lo que es plenamente relativa; en seguida volveremos sobre esto. He mostrado además que, conforme a las clases en que se subdividen los objetos según su posibilidad, aquella relación necesaria que el principio de razón expresa en general aparece bajo otras figuras y con ello se acredita a su vez la correcta división de aquellas clases. Aquí doy constantemente por supuesto que el lector conoce y tiene presente lo dicho en aquel tratado; pues de no haber estado ya dicho allí, hubiera sido necesario encontrarle aquí su lugar.

§ 3.

La principal diferencia entre todas nuestras representaciones es la diferenciación entre representaciones intuitivas y representaciones abstractas. Las últimas constituyen tan sólo *una* clase de representaciones, los conceptos; y sobre la faz de la tierra los conceptos son patrimonio exclusivo del hombre, cuya facultad para fraguarlos le distingue de todos los animales y es llamada desde antaño *razón**. Más adelante consideraremos por sí mismas estas representaciones abstractas, pero en primer lugar hablaremos exclusivamente de la *representación intuitiva*. Ésta abarca todo el mundo visible o la experiencia completa, junto a sus condiciones de posibilidad. Como ya se ha dicho, es un importantísimo descubrimiento de Kant el que justamente estas condiciones, esas formas de la experiencia, o sea, lo más general en su percepción, lo que pertenece de igual modo a todas sus manifestaciones, tiempo y espacio, no sólo pueda ser pensado en abstracto por sí mismo y al margen de su contenido, sino que también pueda ser intuido inmediatamente, y que esta intuición no sea algo así como un fantasma prestado por la repetición de la experiencia, sino algo tan independiente de la experiencia que más bien es ésta quien ha de ser pensada como dependiente de aquella intuición, dado que las propiedades del espacio y el tiempo, tal como la intuición las reconoce a priori, valen para toda experiencia posible como leyes conforme a las cuales ha de tener lugar ésta. Por tal motivo, en mi tratado sobre el principio de razón he considerado el espacio y el tiempo, en tanto que son intuidos de modo puro y sin contenido alguno, como una

---

* Sólo Kant ha confundido este concepto de razón; para ver en qué sentido lo hace remito al apéndice y al § 6 de mi obra *Problemas fundamentales de la ética. Fundamentación de la moral*.

clase de representaciones especial e independiente. Esta modalidad relativa a esas formas generales de la intuición también fue descubierta por Kant, y el hecho de que sean intuibles por sí e independientemente de la experiencia, reconociéndose como la legalidad global de dicha experiencia, es de suma importancia porque sobre ella descansa la infalibilidad de las matemáticas; mas no es una propiedad menos digna de atención que el principio de razón, el cual en cuanto ley de la causalidad y la motivación determina la experiencia al igual que en cuanto ley para establecer juicios determina el pensar, se presente aquí bajo una figura totalmente peculiar a la que he dado el nombre de *razón del ser*, la cual es en el tiempo la sucesión de sus momentos y es en el espacio la situación de sus partes que se codeterminan recíprocamente hasta el infinito.

Aquel a quien con ese tratado introductorio le haya quedado clara la perfecta identidad del contenido del principio de razón en la diversidad de sus formas se convencerá también de cuán importante es para la comprensión de su esencia más íntima el conocimiento de la más simple de sus estructuras, a la que hemos identificado con el *tiempo*. Dentro del tiempo cada instante sólo es tal en cuanto haya aniquilado al momento que le precede, a su padre, para verse aniquilado él mismo a su vez con igual premura; pasado y futuro (sin tener en cuenta las consecuencia de su contenido) son tan vanos como un sueño, pero el presente sólo es la frontera inextensa y sin duración entre ambos; igualmente reconoceremos esta misma nulidad en todas las otras formas del principio de razón y comprenderemos que, como el tiempo, también el espacio y todo cuanto está simultáneamente en el espacio-tiempo, o sea, todo lo que se debe a causas o motivos, tiene tan sólo una existencia | relativa, teniendo únicamente una existencia relativa por y para algún otro congénere. Lo esencial de este punto de vista es muy antiguo; Heráclito lamentó desde tal perspectiva el eterno flujo de las cosas; Platón denigró su objeto como lo que deviene por siempre, pero nunca es; Spinoza lo llamó simples accidentes de la única sustancia que era y permanecía; Kant contrapuso lo conocido como mero fenómeno a la cosa en sí; finalmente la antiquísima sabiduría de los indios dice: «*Maya*[3], el velo de la ilusión, es quien cubre los ojos del mortal y le hace ver un mundo del cual no puede decirse lo que es ni tampoco lo que no es; pues Maya se asemeja al sueño, se asemeja a ese resplandor del sol sobre la arena que hace al caminante tomarla desde lejos por agua o a esa cuerda arrastrada por el suelo que el caminante confunde con una serpiente». (Estos símiles se repiten en innumerables pasajes de los *Vedas* y los *Purana*.[4]) Pero aquello a lo que aluden todos ellos y de lo cual hablan no es sino lo que estamos considerando justamente ahora: el mundo como representación, sometido al principio de razón.

§ 4.

Quien llega a conocer la configuración del principio de razón, que aparece como tal en el tiempo puro y sobre la que descansa toda cuenta o cálculo, conoce igualmente con ello la esencia global del tiempo. El tiempo no es nada más que esa figura del principio de razón y no posee ninguna otra propiedad. La sucesión es la forma del principio de razón

---

3. «Maya» designa el mundo fenoménico y siempre cambiante, la «ilusión» o el «engaño» que una mente no iluminada ve como la única realidad.
4. Etimológicamente *Purana* significa «antigua narración», y se trata de una colección de poemas épicos donde se recogen las leyendas de los dioses. Contienen los relatos mitológicos de la religión hindú y se presentan como un diálogo mantenido entre un maestro iluminado y su discípulo, en el cual se insertan intervenciones de otros personajes.

en el tiempo; la sucesión es la esencia global del tiempo. Quien además conoce al principio de razón tal como impera en la simple intuición pura del espacio agota con ello la esencia global del espacio pues éste no es otra cosa que la posibilidad de la recíproca determinación de sus partes entre sí, a la que se denomina *ubicación*. El examen detallado de ésta y la reducción a conceptos abstractos de los resultados obtenidos, para una aplicación más cómoda, constituyen el contenido de toda la geometría. Así quien conoce aquella configuración del principio de razón, que rige el contenido de tales formas | (del tiempo y del espacio) y su perceptibilidad, o sea, la materia, conoce por tanto la ley de la causalidad, viniendo a comprender con ello la esencia global de la materia en cuanto tal, pues ésta no es sino causalidad, siendo esto algo que puede ser comprendido inmediatamente por cualquiera en cuanto lo medite. Su ser es su obrar, y ni siquiera es posible pensar ningún otro ser de la materia. Sólo en cuanto activa llena ésta el espacio y colma el tiempo; su acción sobre el objeto inmediato (que es la materia misma) condiciona la intuición, en donde únicamente existe dicha materia; la consecuencia de la acción de cada objeto material sobre otro sólo se conoce en tanto que este último actúa ahora sobre el objeto inmediato de un modo distinto a como lo hacía anteriormente, y en esto consiste tal consecuencia. Causa y efecto constituyen por tanto la esencia global de la materia: su ser y su obrar. (A este respecto remito al § 21 de mi tratado *Sobre el principio de razón*). Por eso al conjunto de todo lo material se le llama en alemán con sumo acierto *realidad efectiva* (Wirklichkeit),* una palabra mucho más significativa que «realidad» *(Realität)* a secas.

---

* «Es asombrosa la adecuación de las palabras para ciertas cosas y los antiguos usan el lenguaje muchas veces del modo más certero» (Séneca, *Epíst.* 81).

Aquello sobre lo que actúa es a su vez siempre materia: su ser y su esencia consisten por entero únicamente en la variación conforme a leyes que *una* parte de ella produce sobre otra parte suya y, por consiguiente, es enteramente relativa, con arreglo a una relación que sólo vale dentro de sus límites, exactamente como el tiempo y como el espacio.

Sin embargo, el tiempo y el espacio se dejan representar intuitivamente cada cual por sí mismo al margen de la materia; mas ésta no se deja representar sin ellos. La forma, que es inseparable de la materia, presupone ya el *espacio*, y el obrar de dicha materia, en el que consiste toda su existencia, atañe siempre a una variación, o sea, a una determinación del *tiempo*. Pero tiempo y espacio no son presupuestos aisladamente por la materia, cuya esencia queda constituida por la unión de ambos, dado que, como ya se ha señalado, dicha esencia consiste en el obrar, o sea, en la causalidad. Todos los innumerables fenómenos y estados imaginables podrían coexistir en el espacio infinito sin constreñirse o también podrían sucederse unos a otros en el tiempo infinito sin perturbarse; de ahí que, en ese caso, no se precisaría en modo alguno una relación necesaria de los unos para con los otros y una regla | que los determine conforme a ella, ni tampoco sería aplicable una sola vez: con lo cual entonces, ante toda coexistencia en el espacio y cualquier cambio en el tiempo, mientras cada una de ambas formas mantuviese su persistencia y su decurso sin conexión con la otra, no habría en absoluto causalidad alguna y, como ésta constituye la esencia propia de la materia, tampoco habría ninguna materia. Ahora bien, la ley de causalidad sólo cobra sentido y se vuelve necesaria por el hecho de que la esencia de la variación no consiste en el mero cambio de los estados en sí, sino más bien en el hecho de que en *el mismo* lugar del espacio haya ahora *un* estado y después *otro*, así como que en *uno* y el mismo instante del tiempo se dé *aquí* este estado y *allí* aquél: sólo esta mutua delimitación del tiempo y del espacio hace cobrar sentido y torna necesaria una regla según la cual ha de discurrir la variación. Lo que se ve determinado por la ley de causalidad no es, por tanto, la sucesión de los estados en el tiempo sin más, sino esa sucesión con respecto a un espacio determinado, y no se determina la existencia de los estados en un espacio determinado, sino en ese lugar para con un tiempo determinado. La variación, esto es, el cambio suscitado por la ley causal, atañe por tanto en cada caso a una determinada parte del espacio y a una determinada parte del tiempo *simultánea* y conjuntamente. En consecuencia la causalidad une al espacio con el tiempo. Pero nosotros hemos descubierto que la esencia global de la materia consiste en el obrar, o sea, en la causalidad; por consiguiente, en la materia han de hallarse también reunidos el espacio y el tiempo, esto es, la materia ha de portar en sí simultáneamente las propiedades del espacio y las del tiempo, por muy divergentes que sean ambas, y lo que en cada una de los dos es imposible de por sí ha de reunirlo en sí la materia, o sea, la inconstante huida del tiempo con la rígida e inalterable persistencia del espacio, recibiendo de ambos la divisibilidad hasta el infinito. De acuerdo con esto descubrimos que la materia es quien da lugar a la *simultaneidad,* la cual no podía darse ni tan sólo en el tiempo, que desconoce la coexistencia, ni tan sólo en el espacio, que desconoce el antes, el después o el ahora. Sin embargo, la simultaneidad de varios estados es lo que constituye propiamente la esencia de la realidad efectiva, pues a través de la simultaneidad se posibilita la *duración,* la cual sólo se deja conocer en el cambio de lo que coexiste con lo | perdurable, pero asimismo sólo por medio de lo perdurable en el cambio cobra ésta el carácter de la *variación,* esto es, de la transformación de la cualidad y la forma junto a la permanencia de la *sustancia,* es decir, de la *ma-*

teria*. Si estuviera tan sólo en el espacio, el mundo sería fijo e inmóvil y no se daría ninguna sucesión, ninguna variación ni tampoco acción alguna, pero al suprimirse la acción se suprime igualmente la representación de la materia. A su vez en el tiempo todo sería fugaz; no habría ninguna permanencia ni coexistencia y por ello no se daría ninguna simultaneidad ni por tanto tampoco materia alguna. Sólo gracias a la unión del tiempo y el espacio se origina la materia, esto es, la posibilidad de la simultaneidad y merced a ello de la duración, mediante la cual se posibilita a su vez la permanencia de la sustancia en medio de la variación de estados**. Al tener su esencia en la unión del tiempo y del espacio, la materia lleva generalmente la impronta de ambos. La materia manifiesta su origen espacial en parte por la forma, que es inseparable de ella, pero sobre todo (dado que el cambio es tan sólo propio del tiempo, pero en éste no hay nada que perdure de suyo) por su permanencia (sustancia), cuya certeza a priori ha de inferirse por ello absoluta y enteramente a partir del espacio***; pero su origen temporal se pone de manifiesto en la cualidad (accidente), sin la cual no aparece jamás y que siempre es causalidad, el actuar sobre otra materia, o sea, variación (un concepto cronológico). Sin embargo, la legalidad de dicho actuar se refiere siempre al tiempo y al espacio simultáneamente, y sólo cobra sentido gracias a ello. La única determinación a que se refiere la legislación de la causalidad es lo que ha de verificarse para un estado en *ese tiempo* y *ese lugar*. A esta inferencia de las determinaciones básicas de la materia a partir

---

* En el apéndice se concluye que la materia y la sustancia son una sola cosa.
** Esto hace ver también cuán fundamentada está la explicación kantiana, al definir la materia como «lo que se mueve en el espacio», toda vez que el movimiento no consiste sino en la unión del espacio y el tiempo.
*** Y no del conocimiento relativo al tiempo, como pretende Kant y está expuesto en el apéndice.

de las formas de nuestro conocimiento, de las cuales somos conscientes a priori, se debe el que conozcamos a priori ciertas propiedades suyas como la de llenar el espacio, la impenetrabilidad, | la eficiencia, la extensión, la divisibilidad hasta el infinito, la permanencia, la indestructibilidad y por último la movilidad; por contra, la gravedad, pese a no admitir excepciones, sí ha de achacarse al conocimiento a posteriori, aunque Kant la presente como cognoscible a priori en los *Principios metafísicos de la ciencia de la naturaleza* (cfr. p. 71 de la primera edición).

Mas, tal como el objeto en general sólo existe para el sujeto, en cuanto representación suya, cada clase particular de representaciones sólo existe para una peculiar determinación dentro del sujeto, a la que se ha dado en llamar «facultad de conocer». Al correlato subjetivo del tiempo y el espacio, en cuanto formas vacías, Kant lo ha denominado «sensibilidad pura», y cabe conservar esa expresión, al ser Kant quien abrió ese camino, aun cuando no sea rigurosamente exacta, toda vez que la sensibilidad presupone ya la materia. El correlato subjetivo de la materia o de la causalidad, pues ambas son una sola cosa, es el *entendimiento,* el cual no es nada más que eso. La única función del entendimiento es conocer la causalidad, pero esa única capacidad es enorme y abarca un amplio ámbito de muy diversa aplicación, pese a la inequívoca identidad de todas sus manifestaciones. En cambio toda causalidad, por tanto toda materia y por ende toda la realidad efectiva, sólo existe para el entendimiento, por el entendimiento y en el entendimiento. La primera manifestación del entendimiento, la más simple y la que siempre está presente, es la intuición del mundo real, y ésta es el conocimiento de la causa a partir del efecto, por lo que toda intuición es intelectual. Sin embargo, dicha intuición nunca podría verificarse, si no se conociera inmediatamente algún efecto que sirva como punto de partida.

Este efecto tiene lugar sobre los cuerpos animales. En tanto que éstos son los *objetos inmediatos* del sujeto, la intuición de todos los demás objetos se ve mediatizada por ellos. Las variaciones que experimenta cada cuerpo animal son conocidas inmediatamente, o sea, son sentidas y tan pronto como ese efecto es referido a su causa surge la intuición de dicha causa como un *objeto*. Esta relación no es una conclusión sacada de conceptos abstractos y no tiene lugar arbitrariamente merced a la reflexión, sino de un modo inmediato, necesario y seguro. Es el modo de conocer propio del *entendimiento puro,* sin el cual nunca se daría intuición alguna; de lo contrario sólo restaría una aletargada consciencia vegetativa sobre las variaciones del | objeto inmediato, que se sucederían mutuamente sin sentido, si no tuviesen un significado para la voluntad como lo tienen por ejemplo el dolor y el placer. Pero tal como la llegada del sol hace aparecer el mundo visible, el entendimiento transforma de repente en intuición esa aletargada e insignificante sensación gracias a su única y simple función. Aquello que siente el ojo, el oído o la mano no es intuición, sino simples datos. Sólo cuando el entendimiento se remonta del efecto hacia la causa aparece el mundo desplegado como intuición en el espacio, variando según la forma y permaneciendo a través del tiempo según la materia, ya que el entendimiento une espacio y tiempo en la representación *materia,* como equivalente de actividad. Este mundo como representación sólo existe para el entendimiento, al igual que sólo existe por el entendimiento. En el primer capítulo de mi tratado *Sobre la visión y los colores* he explicado cómo a partir de los datos que suministran los sentidos el entendimiento crea la intuición, cómo el niño aprende a intuir al comparar las impresiones que los sentidos reciben del mismo objeto y cómo esto viene a explicar muchos fenómenos sensoriales: la visión simple con dos ojos, la visión doble en el estrabismo o ante objetos colocados uno tras otro a desigual distancia que son captados a la vez por el ojo y la ilusión que provoca cualquier variación repentina en los órganos sensoriales. Pero este importante asunto ha sido tratado con mayor detalle y profundidad en el § 21 de la segunda edición de mi tratado *Sobre el principio de razón*. Todo lo dicho allí tendría que verse necesariamente transcrito aquí, pero como tengo tanta aversión a copiarme a mí mismo como a plagiar a otros, ni tampoco estoy en situación de exponerlo mejor de como lo hice allí, en vez de repetirlo, remito allí al lector y me limito a presuponerlo como algo conocido.

El aprendizaje de la visión por parte de los niños y de los ciegos de nacimiento que son operados, la visión simple de lo percibido por duplicado con los dos ojos, la visión doble o el tacto doble cuando los órganos sensoriales sufren una dislocación de su lugar habitual, la manifestación al derecho de los objetos, mientras que su imagen está invertida en el ojo, | la transposición a los objetos externos de los colores, la cual sólo es una función interna o una división polarizadora de la actividad del ojo, y finalmente también el estereoscopio: todo esto supone pruebas firmes e irrefutables de que toda *intuición* no es sólo sensual, sino también intelectual, esto es, puro *conocimiento por parte del entendimiento de la causa a partir del efecto* y, por consiguiente, presupone la ley de causalidad, de cuyo conocimiento depende toda intuición y por ende toda experiencia según su primera e íntegra posibilidad, sin que a la inversa el conocimiento de la ley causal dependa de la experiencia, como pretendía el escepticismo de Hume, que se ve refutado aquí por vez primera. Pues la independencia del conocimiento de la causalidad respecto de toda experiencia, es decir, su apriorídad, sólo puede ser probada demostrando la dependencia que toda experiencia tiene respecto de dicho conocimiento y a su vez esto sólo puede verificarse al comprobarse, en la forma indicada aquí y referida en los lugares ya citados, que el conocimiento de la causalidad está ya entrañado por la intuición en general, en cuyo ámbito se da toda experiencia, y que, por tanto, ese conocimiento es plenamente a priori con respecto a la experiencia, al verse presupuesto como condición por ésta, en lugar de lo contrario; mas esto no puede ser demostrado del modo en que lo intenta Kant y que ha sido criticado por mí en el § 23 del tratado *Sobre el principio de razón*.

§ 5.

Suele cometerse un gran error al creer que, como la intuición está mediada por el conocimiento de la causalidad, la relación entre sujeto y objeto consiste en la de causa y efecto, cuando más bien esa relación sólo tiene lugar entre el objeto inmediato y el mediatizado, por tanto siempre entre dos objetos. En este falso supuesto se basa precisamente la necia polémica sobre la realidad del mundo externo, en la que se enfrentan el dogmatismo y el escepticismo, presentándose el primero unas veces como realismo y otras como idealismo. El realismo coloca el objeto como causa y su efecto en el sujeto. El idealismo fichteano convierte al objeto en efecto del sujeto. Pero como –conviene insistir hasta la saciedad en ello– entre sujeto y objeto no tiene lugar ninguna relación conforme al principio de razón, tampoco ha podido probarse ninguna de estas dos afirmaciones dogmáticas y el escepticismo ha arremetido victoriosamente contra ambas. Dado que la ley de causalidad precede, como condición, a la intuición y a la experiencia, por eso no puede ser estudiada a partir de ellas (tal como pensó Hume); así objeto y sujeto preceden, como condición primera, a todo conocimiento y por ello también al principio de razón en general, ya que éste sólo es la forma de todo objeto, la manera y el modo de su aparición en todos los casos; pero el objeto presupone ya siempre al sujeto, por lo que entre ambos no puede haber una relación de fundamento y consecuencia. Mi tratado *Sobre el principio de razón* consigue mostrar justamente el contenido de tal principio como la forma esencial de todo objeto, esto es, como el modo y la manera generales de toda existencia objetual, como algo que corresponde al objeto en cuanto tal; pero en cuanto tal el objeto presupone por doquier al sujeto como su correlato necesario y por tanto éste queda siempre fuera del ámbito de validez del principio de razón. La polémica sobre la realidad del mundo externo estriba en ampliar erróneamente también al sujeto la validez del principio de razón y al partir de tamaña tergiversación dicha polémica nunca pudo comprenderse a sí misma. Por un lado, el dogmatismo realista, al considerar la representación como efecto del objeto, quiere separar ambos, representación y objeto, que son justamente una sola cosa, y admitir una causa de la representación totalmente distinta, un objeto en sí, independiente del sujeto, algo del todo impensable, ya que en cuanto objeto presupone siempre a su vez al sujeto y queda por ello bajo su representación. Bajo ese mismo falso supuesto el escepticismo sostiene en contra del dogmatismo que en la representación sólo se tiene siempre el efecto, nunca la causa, y por tanto jamás se conoce el *ser*, sino tan sólo el *obrar* de los objetos; pero si éste no pudiera tener ninguna semejanza con aquél, estaría admitiéndose algo totalmente falso, toda vez que la ley de causalidad se adquiriría a partir de la experiencia, cuya realidad debe descansar a su vez sobre dicha ley. Tanto al dogmatismo como al escepticismo | hay que informarles de lo siguiente: primero que objeto y representación son lo mismo, luego que el *ser* de los objetos intuitivos es justamente su *obrar,* consistiendo en éste la realidad efectiva de la cosa, y finalmente que reclamar para el objeto una existencia ajena a la representación del sujeto, demandando un ser de la cosa efectiva distinta de su efecto, no tiene ningún sentido y es una contradicción; que por eso el conocimiento del modo de obrar de un objeto intuido lo agota también a él mismo, en tanto que es objeto, o sea, representación, puesto que al margen de eso no queda nada en él para el conocimiento. Así pues, el mundo intuido en el espacio y el tiempo, que se revela como pura causalidad, es perfectamente real y es lo que se da para ello, dándose enteramente y sin reservas como representación, al cohesionarse según la ley de causalidad. Ésta es su realidad empírica. Pero por otra parte toda causalidad sólo está en el entendimiento y para el entendimiento, todo ese mundo totalmente efectivo, o sea, que actúa, está siempre condicionado como tal por el entendimiento y sin él no es nada. Mas no sólo por esto, sino porque en general ningún objeto se deja pensar sin contradicción al margen del sujeto, hemos de rechazar absolutamente esa realidad del mundo externo que el dogmático explica como independiente del sujeto. Todo el mundo de los objetos es y sigue siendo representación, y justamente por eso está eternamente condicionado por el sujeto, es decir, posee una idealidad transcendental. Mas no por ello es mentira ni ilusión; el mundo se da como lo que es, como representación y ciertamente como una serie de representaciones cuyo lazo común es el principio de razón. El mundo en cuanto tal resulta comprensible para el sano entendimiento, incluso según su significación más íntima, y le habla con un lenguaje perfectamente claro. Sólo a una mente embrollada por las sutilezas se le puede ocurrir polemizar sobre su realidad, lo cual sucede siempre por una aplicación incorrecta del principio de razón, que ciertamente vincula entre sí a todas las representaciones, sean del tipo que fueren, mas nunca a éstas con el sujeto o con algo que no sea sujeto ni objeto, sino un simple fundamento del objeto; algo inconcebible, porque sólo los objetos pueden ser ese fundamento y serlo siempre a su vez de objetos. Si se estudia con más detenimiento el | origen de esta cuestión relativa a la realidad del mundo externo se descubre que, además de esa errónea aplicación del principio de razón a lo que queda fuera de su dominio, se añade una peculiar confusión de sus formas y aquella forma que dicho principio tiene con respecto a los conceptos o representaciones abstractas se transfiere a las representaciones intuitivas, a los objetos reales, demandando a éstos un fundamento del conocer, cuando no pueden tener sino un fundamento del devenir. Sobre las representaciones abstractas, que asocian conceptos a juicios, el principio de razón impera de tal manera que cada una de ellas posee su valor, su validez, su plena existencia, llamada aquí *verdad,* única y exclusivamente merced a la relación del juicio con algo que no es él, su principio de conocimiento, al que por tanto siempre ha de reducirse. En cambio sobre los objetos reales, las representaciones intuitivas, el principio de razón no impera como principio de razón del *conocer,* sino del *devenir,* como ley de causalidad; cada uno de tales objetos le ha saldado ya su deuda por haber llegado a ser, es decir, por haberse generado como efecto de una causa; la exigencia de un principio de conocimiento no tiene aquí por tanto validez ni sentido algunos, al pertenecer a una clase de objetos totalmente distinta. Por eso el mundo intuitivo, siempre que se permanezca dentro de él, no suscita en el espectador ningún escrúpulo ni duda alguna, al no concitarse aquí el error ni la verdad, que se ven desterrados al ámbito de lo abstracto y de la reflexión. Mas aquí el mundo se brinda francamente al sentido y al entendimiento, entregándose con una ingenua verdad como lo que es a la representación intuitiva, la cual se despliega con arreglo a la trabazón de la causalidad.

Tal como hemos considerado hasta el momento la cuestión relativa a la realidad del mundo externo, ésta siempre partía de una tergiversación de la misma que llegaba hasta el desvarío de la razón y en ese sentido dicha cuestión sólo podía resolverse esclareciendo su contenido. Este problema tenía que solventarse estudiando la esencia global del principio de razón, la relación entre objeto y sujeto, así como la índole específica de la intuición sensible, al no tener | ninguna otra significación. Ahora bien, esa cuestión tiene todavía otro origen completamente distinto al indicado hasta ahora y que era puramente especulativo; se trata de un origen propiamente empírico, aun cuando se siga planteando bajo un prisma especulativo y con esta significación tiene un sentido mucho más comprensible que con la primera; se trata de lo siguiente: tenemos sueños, ¿acaso no es toda la vida un sueño? O más precisamente: ¿hay algún criterio fiable para diferenciar entre sueño y realidad, entre fantasmas y objetos reales? Pretender que la intuición soñada tiene menor vivacidad y claridad que la intuición real no merece atención alguna, pues todavía no hay nadie que las haya tenido juntas a las dos para compararlas, sino que sólo puede compararse el *recuerdo* del sueño con la realidad presente. Kant solucionaba así la cuestión: «La conexión de las representaciones entre sí conforme a la ley de causalidad diferencia la vida del sueño». Pero también en el sueño se conecta todo según el principio de razón bajo todas sus formas y esta conexión se rompe entre la vida y el sueño o de un sueño a otro. La respuesta de Kant sólo puede formularse del siguiente modo: el *largo* sueño (la vida) está siempre interconectado conforme al principio de razón, mas no con los sueños *cortos;* aunque cada uno de éstos tiene dentro de sí la misma conexión, entre ellos y el largo sueño de la vida el puente se interrumpe, y por eso cabe diferenciarlos. Sin embargo, dirimir conforme a este criterio si algo se ha soñado o ha ocurrido sería muy difícil y con frecuencia resultaría sencillamente imposible, pues de ningún modo estamos en situación de recorrer la cadena causal, eslabón por eslabón, entre cada acontecimiento vivido y el instante presente, mas no por ello los consideramos como soñados. Por ello en la vida real no suele emplearse este tipo de indagación para distinguir el sueño de la realidad. El único criterio seguro para diferenciar el sueño de la realidad no es de hecho otro que el criterio totalmente empírico del despertar, por medio del cual la conexión causal entre los acontecimientos soñados y los de la vida en vigilia se interrumpe tan explícita como | palpablemente. La observación que Hobbes hace en el capítulo 2 del *Leviatán* aporta un excelente ejemplo a este respecto: tras haberlos tenido solemos tomar fácilmente por realidad a los sueños, indeliberadamente, cuando hemos dormido vestidos, pero sobre todo cuando a ello se añade que alguna empresa o algún proyecto invade todos nuestros pensamientos y nos preocupa dentro del sueño tanto como en la vigilia; en esos casos el despertar se percibe en tan escasa medida como el adormecer y el sueño fluye conjuntamente con la realidad hasta confundirse con ella. Entonces sólo subsiste la aplicación del criterio kantiano; sin embargo, si como suele ocurrir con frecuencia, no cabe constatar en absoluto la conexión causal o su ausencia, entonces ha de quedar siempre sin resolver si un suceso se soñó o si ocurrió realmente. Aquí se revela de hecho el estrecho parentesco entre la vida y el sueño; tampoco debería avergonzarnos admitir este parentesco, toda vez que ya se ha visto reconocido y proclamado por las mentes de mayor ingenio. Los *Vedas* y *Puranas* no conocen mejor comparación que la del sueño, que utilizan tan profusamente, para el conocimiento global del mundo real, al que dan en llamar «Velo de Maya». Platón reitera con frecuencia que los hombres viven en sueños y que úni-

20

camente el filósofo se esfuerza por mantenerse despierto. Píndaro dice que «el hombre es la sombra de un sueño» [*Pítica* 8, V 135]; Sófocles dice: «Veo que, mientras vivimos, no somos otra cosa que espectros y una sombra fugaz» [*Áyax,* V 125]. El gran Shakespeare dejó escrito lo siguiente: «Somos del mismo material / con que se tejen los sueños y nuestra corta vida / se ve rematada por el dormir» [*La tempestad,* acto IV, escena 1]. | Finalmente Calderón se hallaba tan hondamente impresionado por esta perspectiva que intentó expresarla en un drama de corte metafísico titulado *La vida es sueño.*

Tras citar a estos poetas, se me permitirá recurrir a una metáfora. La vida y los sueños son hojas de uno y el mismo libro. Leerlo de corrido equivale a la vida real. Pero algunas veces, cuando acaban las horas de lectura (el día) y llega el tiempo de reposo, seguimos hojeando ese libro sin orden ni concierto, abriéndolo al azar por una u otra de sus páginas; con frecuencia se trata de una página ya leída y en otras ocasiones de una página desconocida, pero siempre son páginas de uno y el mismo libro. Así, una página aislada no guarda trabazón alguna con una lectura consecuente de principio a fin, mas no por ello queda muy a la zaga de ésta, si se piensa que también el conjunto de la lectura consecutiva comienza y acaba de improviso, con lo cual cabe considerarla como una sola página un tanto más extensa.

Así pues, aunque los sueños individuales estén separados de la vida real porque no se insertan en la conexión de la experiencia que atraviesa continuamente la vida y el despertar marca esa diferencia, con todo esa conexión de la experiencia pertenece a la vida real como una forma suya y el sueño ha de exhibir por contra también una trabazón dentro de sí. Si adoptamos un punto de vista externo al sueño y a la vida, no se halla una diferencia esencial entre ambos y se impone acordar con los poetas que la vida es un largo sueño.

Si desde este origen empírico, plenamente consistente por sí mismo, retornamos ahora al origen especulativo de la cuestión concerniente a la realidad del mundo externo, entonces habremos descubierto que éste se basa ante todo en una errónea aplicación del principio de razón, también entre sujeto y objeto, así como en la confusión de sus formas, al trasladar el principio de razón del conocimiento hacia el ámbito donde impera el principio de razón del devenir; ahora bien, difícilmente hubiera podido preocupar tan prolongadamente a los filósofos aquella cuestión, si ésta careciera por completo de cualquier contenido verdadero | y no escondiera en el fondo algún pensamiento y sentido cabal como su auténtico origen, suponiendo así que, al buscar su expresión en la reflexión, fue trastocándose con formas y cuestiones incomprensibles de suyo. Tal es desde luego mi opinión; no se ha sabido encontrar una expresión adecuada para el sentido medular de esa cuestión, que yo quiero reformular así: «¿Qué es este mundo intuitivo al margen de ser mi representación? ¿Acaso es este mundo, del que soy consciente sólo una vez y ciertamente como representación, justamente como mi propio cuerpo, del cual soy doblemente consciente, por un lado como *representación* y por el otro como *voluntad?*». La respuesta afirmativa a esta pregunta y su explicación constituirán el contenido del segundo libro, y las conclusiones que se deriven de ella ocuparán el resto de este escrito.

§ 6.

Entretanto, en este primer libro, consideraremos por ahora todo tan sólo como representación, como objeto para el sujeto y al igual que a todos los demás objetos reales también veremos al propio cuerpo, a partir del cual cada uno de nosotros intuye el mundo, simplemente desde una perspectiva gnoseológica, con lo cual sólo será para nosotros una representación. Ciertamente, la conciencia de cada cual, que ya se sublevó contra la explicación de tomar a los demás objetos por meras representaciones, se resiste todavía más cuando es el propio cuerpo lo que debe ser simplemente una representación; esto se debe a que cada cual conoce inmediatamente la cosa en sí al revelarse ésta como su propio cuerpo, mientras que sólo es conocida mediatamente cuando se objetiva en los demás objetos de la intuición. Sólo el curso de nuestra indagación hace necesaria esta abstracción, esta consideración unilateral, esta brutal separación de lo que se halla esencialmente integrado; por eso aquella resistencia ha de verse provisionalmente reprimida y apaciguada ante la expectativa de que las consideraciones ulteriores complementen la parcialidad de las presentes con miras al conocimiento cabal de la esencia del mundo.

El cuerpo nos es aquí por tanto un objeto inmediato, esto es, aquella representación que constituye el punto de partida del conocimiento | del sujeto, puesto que él mismo precede, con sus variaciones inmediatamente conocidas, a la aplicación de la ley de causalidad y suministra a ésta los primeros datos. La esencia de la materia, como se ha indicado, consiste en su obrar. Hay efecto y causa, pero sólo para el entendimiento, que no es sino su correlato subjetivo. Pero el entendimiento nunca podría lograr aplicación alguna, si no hubiese además algo distinto de lo que partir. Tal cosa es la mera sensación sensible, la consciencia inmediata de las variaciones del cuerpo, en virtud de la cual dicho cuerpo es un objeto inmediato. Por consiguiente, la posibilidad de la cognoscibilidad del mundo intuitivo la encontramos en estas dos condiciones: la primera es, *si la expresamos objetivamente,* la capacidad de los cuerpos materiales para actuar sobre otros produciendo variaciones mutuas, ya que sin esta propiedad genérica de cualquier cuerpo material no sería posible intuición alguna ni siquiera mediante la sensibilidad de los cuerpos animales; pero si queremos *expresar subjetivamente* esta primera condición diremos que es ante todo el entendimiento el que hace posible la intuición, pues ésta sólo procede de él y sólo para él vale la ley de causalidad, la posibilidad de efecto y causa, y sólo para él y por él existe el mundo intuitivo. La segunda condición, sin embargo, es la sensibilidad de los cuerpos animales, o la propiedad de ciertos cuerpos para ser objetos inmediatos del sujeto. Las simples variaciones que los órganos sensoriales padecen por la influencia externa que les es específica han de llamarse representaciones, en tanto que tal influencia no provoca dolor ni placer, esto es, no tienen una significación inmediata para la voluntad y pese a ello son percibidas, por lo que sólo existen para el *conocimiento;* y en este sentido sigo que el cuerpo, al ser *conocido* inmediatamente, es un *objeto inmediato*. Ahora bien, el concepto de objeto no ha de tomarse aquí en su sentido más estricto, pues merced a ese conocimiento inmediato del cuerpo, que precede a la aplicación del entendimiento y es la mera sensación sensible, no comparece el cuerpo mismo propiamente como *objeto,* sino los cuerpos materiales que actúan sobre él, pues todo conocimiento de un auténtico objeto, o sea, de una representación intuitiva en el espacio, sólo es tal por y para el entendimiento, por tanto no antes, | sino después de su aplicación. Por eso el cuerpo es conocido como auténtico objeto, esto es, como representación intuitiva en el espacio, al igual que todos los demás objetos, sólo mediatamente, merced a la aplicación de la ley de causalidad al influjo de una de sus partes sobre las otras, es decir, cuando el ojo ve al cuerpo o la mano lo palpa. Por consiguiente, la forma del propio cuerpo no nos es conocida a través del mero sentimiento común, sino tan sólo por el conocimiento, sólo en

24

la representación, esto es, que sólo en el cerebro se presenta el propio cuerpo como algo extenso, estructurado y orgánico. Un ciego de nacimiento adquiere esta representación mediante los datos que le da el tacto; un ciego sin manos nunca aprendería nada sobre su figura o a lo sumo la inferiría y reconstruiría a partir de la actuación de otros cuerpos materiales sobre él. Así pues, cuando llamamos al cuerpo objeto inmediato, ha de entenderse con esta restricción.

Por lo demás, conforme a lo dicho, todos los cuerpos animales son objetos inmediatos, es decir, puntos de partida de la intuición del mundo para el sujeto que lo conoce todo y que justamente por eso nunca es conocido. El *conocer,* con ese movimiento que él mismo condiciona mediante los motivos, es por ello el auténtico *carácter de la animalidad,* tal como el movimiento por impulsos es el carácter de las plantas, aun cuando lo inorgánico no tiene otro movimiento salvo el operado por las causas en sentido estricto. Todo esto ha sido examinado con detalle en el § 20 de la segunda edición de mi tratado *Sobre el principio de razón,* en el capítulo III de la primera parte de mi tratado *Sobre ética*[5] y en el § 1 de mi tratado *Sobre la visión y los colores;* por tanto remito al lector a esos pasajes.

De lo dicho se deduce que todos los animales tienen entendimiento, incluso los más imperfectos, pues todos ellos conocen objetos y este conocimiento determina su movimiento. El entendimiento es el mismo en todos los animales

---

5. Se refiere a *Los dos problemas fundamentales de la ética* (traducción, introducción y notas de Pilar López de Santa María), Siglo XXI, Madrid, 1993. Esta obra contiene dos escritos. El primero, titulado *En torno a la libertad de la voluntad humana* (el aludido aquí), fue premiado por la Real Academia Noruega de las Ciencias en 1839. El segundo, *Acerca del fundamento de la moral,* fue desestimado por la Real Academia Danesa de las Ciencias en 1840, pese a ser el único presentado. En 1841, dos años antes de la segunda edición de *El mundo como voluntad y representación,* Schopenhauer los publicará conjuntamente.

y en todos los hombres, pues en todos tiene la misma forma elemental: conocimiento de la causalidad, transición del efecto a la causa y de la causa al efecto, y nada más. Pero los grados de su agudeza y la extensión de sus esferas cognoscitivas son sumamente distintas, al hallarse escalonadas de manera muy diversa, desde el grado ínfimo, que sólo conoce la relación causal entre el objeto inmediato y | los mediatos, y que resulta suficiente para intuir en el espacio como objeto a la causa del influjo que padece el cuerpo por ese tránsito, hasta los grados más elevados del conocimiento de la conexión casual de los objetos inmediatos entre sí, que llega a comprender la compleja concatenación de causas y efectos en la naturaleza. Pues esta comprensión le corresponde al entendimiento y no a la razón, cuyos conceptos abstractos sólo pueden servir para asumir, fijar y relacionar lo comprendido inmediatamente, no para producir la comprensión misma. Cada una de las fuerzas y leyes de la naturaleza, cada caso en que éstas se manifiesten, ha de ser primero inmediatamente conocido por el entendimiento, tiene que ser captado intuitivamente antes de poder entrar en abstracto en la consciencia reflexiva de la razón. Una captación inmediata e intuitiva del entendimiento fue el descubrimiento de la ley de gravitación llevado a cabo por Robert Hook, ley a la que se reducen tantos y tan grandes fenómenos, tal como luego acreditaron los cálculos de Newton; del mismo tipo fue también el descubrimiento por parte de Lavoisier del oxígeno y de su importante papel en la naturaleza; o el descubrimiento de Goethe sobre la génesis de los colores físicos. Todos esos grandes descubrimientos no son sino un remontarse correcta e inmediatamente del efecto hacia la causa, al que pronto le sigue el conocimiento de la identidad de la fuerza natural que se manifiesta en todas las causas del mismo tipo; y esta comprensión global es una exteriorización de la misma y única función del entendimiento, que sólo se distingue por el grado, mediante la cual también un animal intuye la causa que opera sobre su cuerpo como un objeto dentro del espacio. De ahí que todos esos grandes descubrimientos, al igual que la intuición y cualquier exteriorización del entendimiento, suponen una comprensión inmediata y en cuanto tal la obra del instante, un caer en la cuenta, una ocurrencia, no el producto de largas cadenas de conclusiones en abstracto; estas últimas sirven en cambio para fijar el conocimiento inmediato del entendimiento de cara a la razón, consignándolo en sus conceptos abstractos, esto es, para clarificarlo y colocarlo en situación de interpretarlo y darle un significado para los demás. Esa agudeza del entendimiento al captar las relaciones causales de los objetos conocidos mediatamente no sólo encuentra su aplicación | en la ciencia natural (cuyos descubrimientos globales hemos de agradecerle), sino también en la vida práctica, donde se denomina *prudencia,* ya que en la primera aplicación se la suele llamar ingeniosidad, penetración y sagacidad; en sentido estricto *prudencia* designa exclusivamente el entendimiento que se pone al servicio de la voluntad. Sin embargo, las lindes de estos conceptos nunca pueden trazarse nítidamente, ya que es una e idéntica función del mismo entendimiento activo en todo animal al intuir los objetos dentro del espacio, función que en su mayor agudeza indaga correctamente la causa desconocida del efecto dado en los fenómenos naturales y proporciona a la razón el material para pensar reglas generales como leyes de la naturaleza; otras veces inventa complejas e ingeniosas máquinas aplicando causas conocidas a efectos proyectados; y otras, aplicada a la motivación, o bien cala y frustra las maquinaciones e intrigas más sutiles, o bien hasta ordena convenientemente los motivos y los hombres que son susceptibles a ello, para moverlos a su antojo, cual si fueran máquinas accionadas por palancas y ruedas, dirigiéndolos así hacia sus propios fines. La falta de entendimiento se denomina en sentido estricto *estupidez* y equivale a la *torpeza al aplicar la ley de causalidad,* la ineptitud para captar inmediatamente las concatenaciones de causa y efecto, de motivo y acción. Un estúpido no ve la conexión de los efectos naturales, ni cuando esta conexión salta a la vista de suyo, ni tampoco cuando ha sido encauzada intencionalmente y se utiliza cual una máquina; por eso cree de buen grado en la magia y los milagros. Un estúpido no advierte que distintas personas, aparentemente independientes entre sí, actúan de hecho en connivencia, razón por la cual es presa fácil para las intrigas y las mistificaciones; no advierte los motivos encubiertos de lo que le aconsejan o de los juicios que oye, etc. Pero siempre le falta lo mismo: agudeza, prontitud, facilidad al aplicar la ley de causalidad, esto es, la fuerza del entendimiento. En este sentido, el mayor y más instructivo ejemplo de estupidez que se me ha presentado jamás fue un muchacho totalmente imbécil, que tenía unos once años y estaba en un manicomio; desde luego, | tenía razón, puesto que hablaba y escuchaba, pero su entendimiento no podía igualarse al de muchos animales; tan pronto como yo aparecía se quedaba embobado mirando una lente que yo llevaba colgada del cuello, en la que se reflejaban las ventanas del cuarto y la copa del árbol situado tras ellas; esto le producía tanto asombro y alegría que no se cansaba de mirarlo con estupefacción, al no comprender la causalidad inmediata del reflejo.

Tal como los grados de ingenio del entendimiento difieren mucho entre los hombres, todavía difieren mucho más entre las distintas especies animales. En todas, incluso aquellas que se aproximan a las plantas, se da entendimiento suficiente como para pasar del efecto en el objeto inmediato al interpretado como causa, por tanto, a la intuición, a la aprehensión de un objeto, pues esto es justamente lo que los convierte en animales, al darles la posibilidad de moverse con arreglo a motivos y con ello la posibilidad de buscar o cuando menos aprovechar el sustento, mientras que las plantas sólo se mueven por estímulos, a cuyo efecto inmediato han de aguardar o por el contrario perecer, sin poder perseguirlos o adoptarlos. En los animales más perfectos admiramos su enorme sagacidad, tal como sucede con los perros, elefantes, simios y zorros cuya astucia ha descrito tan magistralmente Buffon. En estos animales sumamente astutos podemos calibrar de cuánto es capaz el entendimiento sin auxilio de la razón, esto es, del conocimiento abstracto mediante conceptos, algo que no podemos conocer en nosotros mismos, donde el entendimiento y la razón se respaldan mutuamente. Por eso nos encontramos tan a menudo con que las muestras del entendimiento animal tan pronto superan como defraudan nuestras expectativas. Por una parte, nos sorprende la sagacidad de aquel elefante que, tras haber cruzado muchos puentes en su periplo por Europa, se negó a atravesar uno sobre el que veía pasar la comitiva de hombres y caballos, al parecerle demasiado endeble para soportar su peso; por otro lado, también nos sorprendemos de que los astutos orangutanes no mantengan, añadiendo leña, el fuego que se encuentran y con el que se calientan, una prueba de que esto requiere una reflexión a la que no puede llegarse sin | conceptos abstractos. Que el concepto de causa y efecto, en cuanto forma general del entendimiento, mora también a priori en los animales queda certificado por el hecho de que dicha forma supone para ellos, al igual que para nosotros, la condición previa de todo conocimiento intuitivo del mundo externo; pero si se quiere acreditar esto con un ejemplo más concreto, observemos por ejemplo cómo un perrillo casi recién nacido no se atreve a saltar desde una mesa, por mucho que le apetezca hacerlo, al prever el efecto del peso de su cuerpo sin conocer por experiencia este caso en particular. De todos modos, tenemos que ser cuidadosos al enjuiciar el entendimiento de los animales y no atribuirle lo que sea expresión del instinto, una propiedad tan distinta del entendimiento como de la razón, pero que suele operar muy análogamente a la actividad conjunta de ambos. No es ésta una cuestión que corresponda tratar aquí, sino que encontrará su lugar al examinar la armonía o la llamada teleología de la naturaleza en el segundo libro y además le queda expresamente dedicado el capítulo 27 de los *Complementos*.

La falta de *entendimiento* se denomina *estupidez;* la deficiencia en aplicar la *razón* a lo práctico la reconoceremos luego como *necedad;* la carencia de *discernimiento* como *simpleza;* y por último la merma parcial o total de la *memoria* como *demencia*. De todo ello se tratará en su momento. Lo conocido correctamente por medio de la razón es *verdad,* o sea, un juicio abstracto con razón suficiente (cfr. §§ 29 y ss. del tratado *Sobre el principio de razón);* lo conocido correctamente por el *entendimiento* se denomina *realidad,* esto es, el tránsito más certero del efecto en el objeto inmediato hacia su causa. La *verdad* se contrapone al *error* como engaño de la *razón* y la *realidad* a la *ilusión* en cuanto engaño del entendimiento. Cabe consultar un examen más detallado de todo esto en el primer capítulo de mi tratado *Sobre la visión y los colores*. La *ilusión* sobreviene cuando uno y el mismo efecto puede verse originado por dos causas totalmente distintas, una de las cuales actúa con suma frecuencia, mientras que la otra lo hace muy raramente; entonces el entendimiento, que no tiene ningún dato para distinguir qué causa actúa aquí, dado que el efecto es idéntico, presupone siempre la causa habitual y, como su | actividad no es reflexiva ni discursiva, sino directa e inmediata, nos presenta esa falsa causa como un objeto intuido, el cual constituye justamente aquella falsa ilusión. En los lugares ya mencionados he mostrado cómo se originan la doble visión y el doble tacto, cuando los órganos sensoriales son llevados a una posición inhabitual, aportando con ello una prueba irrefutable de que la intuición sólo existe por el entendimiento y para el entendimiento. Ejemplos de semejante ilusión o engaño del entendimiento lo dan, además del palo sumergido en el agua y que parece quebrado, las imágenes de los espejos esféricos, que parecen convexas al acercarse y cóncavas al alejarse; también el que la luna parezca de mayor tamaño en el horizonte que en el cenit, lo cual no es un fenómeno óptico, puesto que, tal como prueba el micrómetro, el ojo capta la luna en el cenit incluso en un ángulo de visión algo mayor que en el horizonte, siendo el entendimiento quien, a causa del débil resplandor de la luna y de todas las estrellas en el horizonte, conjetura un mayor alejamiento suyo, al estimar estos astros como objetos terrestres conforme a la perspectiva de la atmósfera y por eso considera a la luna mucho mayor en el horizonte que en el cenit, a la vez que la bóveda celeste le parece más extensa y en el horizonte, como si estuviese achatada. Esta misma estimación falsamente aplicada según la perspectiva de la atmósfera nos hace tener por mucho más cercanas de lo que están y en detrimento de su altitud montañas muy altas, cuya cumbre sólo nos resulta visible en la más pura y diáfana atmósfera, como v.g. el Mont Blanc visto desde Salenche. Y todas estas apariencias engañosas se nos presentan en esa intuición más inmediata que no es dada de lado por ningún razonamiento de la razón; el error, o sea, un juicio desprovisto de razón suficiente, sólo puede evitarse al contraponerle un juicio verdadero, v.g. conocer en abstracto que la causa del débil resplandor de la luna y las estrellas no es una mayor distancia, sino el nebuloso vaho del horizonte; sin embargo, la ilusión sigue imperando en todos los casos aducidos a pesar de cualquier conocimiento abstracto, porque el entendimiento se halla totalmente separado de la razón, en cuanto ésta es una capacidad cognoscitiva añadida únicamente al hombre, y en todo caso el entendimiento también es de suyo irracional en el hombre. La | razón sólo 30 puede *saber,* mientras que al entendimiento libre de su influjo tan sólo le queda la intuición.

§ 7.

Con respecto a la consideración global que hemos hecho hasta el momento nos queda por observar lo siguiente. En ella no hemos partido del objeto ni del sujeto, sino de la *representación,* la cual entraña y presupone ambos términos, dado que la descomposición en objeto y sujeto supone su forma primera, la más general y esencial. Por eso hemos examinado primero esta forma en cuanto tal y luego (aunque remitiéndonos aquí al tratado preliminar por lo que atañe a las cuestiones principales) las otras formas subordinadas a ella: tiempo, espacio y causalidad, que únicamente corresponden al *objeto;* sin embargo, como estas formas son esenciales al objeto *en cuanto tal* y éste es esencial a su vez para el sujeto *en cuanto tal,* dichas formas también pueden ser encontradas a partir del sujeto, esto es, pueden ser conocidas a priori y en tanto que se ponderan los límites comunes de ambos. Con todo, cabe reducir todas esas formas a una expresión común, al principio de razón, tal como se ha mostrado con cierto detalle en el tratado introductorio.

Esta manera de proceder diferencia total y absolutamente nuestro modo de ver de todas las filosofías ensayadas con anterioridad, las cuales partían o del objeto o del sujeto e intentaban explicar al uno a partir del otro con arreglo al principio de razón, a cuyo dominio sustraemos nosotros en cambio la relación entre objeto y sujeto, dejándole sólo el objeto. Podría considerarse como no incluida bajo la citada oposición a esa filosofía de la identidad que ha nacido en nuestros días y se ha vuelto universalmente conocida, por cuanto dicha filosofía no establece como primer y auténtico punto de partida ni al objeto ni al sujeto, sino a un tercer término, el absoluto cognoscible mediante una intuición de la razón, el cual no es ni objeto ni sujeto, sino la identificación de ambos. Aunque yo, al carecer totalmente de toda intuición racional, no me atreveré a meter baza en el citado asunto de la venerable identidad y el absoluto, tengo que observar pese a todo, basándome tan sólo en esos protocolos que quienes intuyen racionalmente | nos han brindado a todos, incluso a los profanos, que dicha filosofía no está exenta de los dos errores cometidos por la oposición expuesta con anterioridad; tal filosofía, pese a que la identidad entre sujeto y objeto no es cognoscible, sino sólo intuible intelectualmente o experimentable mediante la propia inmersión en ella, no evita aquellos dos errores contrapuestos, sino que más bien se limita a reunirlos dentro de ella, al descomponerse ella misma en dos disciplinas, cuales son el idealismo transcendental, esa doctrina fichteana del Yo en que con arreglo al principio de razón el objeto se deja engendrar o hilar por el sujeto, y en segundo lugar la filosofía de la naturaleza, la cual permite hacer devenir paulatinamente al sujeto a partir del objeto aplicando un método que se llama construcción, método del que no tengo nada muy claro, pero sí lo suficiente para saber que su progresión es acorde al principio de razón en diversas formas. Renuncio a la profunda sabiduría que entraña esa construcción, habida cuenta de que, al estarme totalmente negada la intuición racional, aquellas exposiciones que presuponen ésta han de ser para mí como un libro con siete sellos; esto llega hasta el extremo de que, aunque resulte raro reconocerlo, ante esas doctrinas de profunda sabiduría siempre me ha parecido que sólo escuchaba unas patrañas espantosas y por añadidura sumamente aburridas.

Los sistemas que parten del objeto tuvieron siempre al mundo intuitivo y su orden como problema, pero sin embargo el objeto que toman como punto de partida no siempre es ese mundo o su elemento fundamental, la materia; antes bien cabe hacer una división de tales sistemas con arreglo a las cuatro clases de objetos posibles establecidas en el tratado introductorio. Así cabe decir que de la primera de esas clases, o del mundo real, han partido Tales y los jonios, Demócrito, Epicuro, Giordano Bruno y los materialistas franceses. De la segunda, o del concepto abstracto, Spinoza (que parte del concepto de sustancia meramente abstracto y que sólo existe en su definición) y anteriormente los eleatas. De la tercera clase, o sea, del tiempo y, por consiguiente, de los números, los pitagóricos y la filosofía china del *I-Ching*[6]. Por último de la cuarta clase, esto es, el acto volitivo motivado por el conocimiento, los escolásticos, que enseñan una creación a partir de la nada | mediante el acto volitivo de una esencia personal externa al mundo.

El proceder objetivo es el más consecuente y el que lleva más lejos, cuando se presenta como el más auténtico materialismo. Éste coloca la materia, así como con ella el tiempo y el espacio, como consistentes sin más y salta por encima

---

6. El *I-Ching* («Libro de los Cambios o de las Mutaciones») es la única obra filosófica que sobrevivió a la quema de los libros canónicos ordenada por el primer emperador histórico chino en el 213 a. C. Sus ideas esenciales proceden del confucionismo, aunque incorpora también tradiciones taoístas. Este *Libro de las Mutaciones* se basa en la representación de dos energías polares que mediante su actividad crean todas las cosas. Esas energías fueron designadas en un principio como lo claro y lo oscuro, pero recibieron luego los nombres de yin y yang. Cfr. *Diccionario de la sabiduría oriental* (Paidós, Barcelona, 1993).

de la relación con el sujeto, en la cual es donde únicamente existe todo esto. Además el materialismo adopta la ley de causalidad como hilo conductor con el quiere progresar, tomándolo como un orden de cosas consistente de suyo, una verdad eterna, y, por consiguiente, saltando por encima del entendimiento, lo único en lo que y para lo que existe la causalidad. El materialismo intenta encontrar el primer y más sencillo estado de la materia, para desplegar luego a partir de él todos los demás, ascendiendo del mero mecanismo al quimismo, a la polaridad, a la vegetación, a la animalidad y, supuesto que esto se consiguiera, el último eslabón de la cadena sería la sensibilidad animal, el conocer, que por consiguiente se presentaría ahora como una mera modificación de la materia, un estado de ésta originado por la causalidad. De haber seguido hasta aquí al materialismo con representaciones intuitivas, una vez llegados con él a su cumbre, experimentaríamos un súbito arrebato de la eterna risa de los dioses olímpicos, al percatarnos de repente, como despertando de un sueño, de que su postrer e ímprobo resultado, el conocer, ya estaba presupuesto como condición indispensable desde el primer punto de partida, la simple materia, y que ciertamente nos habríamos imaginado pensar la materia con el materialismo, si bien de hecho no habríamos pensado sino al sujeto que se representa la materia, al ojo que la ve, a la mano que la siente, al entendimiento que la conoce. Así se revela inesperadamente la enorme petición de principio, al mostrarse repentinamente el último eslabón como aquel asidero al cual se colgó ya el primero, descubriéndose que la cadena es un círculo y el materialista se parece al barón de Münchhausen, el cual, montando a caballo dentro del agua, sacó a flote al caballo con sus piernas tirando hacia arriba de su cabello. El absurdo fundamental del materialismo consiste en que parte de lo *objetivo* y adopta algo *objetivo* como último fundamento explicativo, bien sea éste la *materia* en abstracto tal como sólo es pensada o la materia dada empíricamente y ya fusionada con la forma, la *sustancia material,* algo así como los elementos químicos junto a sus combinaciones. El materialismo toma esto como algo que existe en sí de modo absoluto, para inferir desde ahí a la naturaleza orgánica y a la postre al sujeto cognoscente, explicándolos cabalmente merced a ello; mientras que a decir verdad todo lo objetivo ya está en cuanto tal condicionado de múltiples modos por el sujeto cognoscente con las formas de su conocer y, al presuponer éstas, desaparece por entero cuando se hace abstracción del sujeto. Así pues, el materialismo es el intento de explicarnos lo inmediatamente dado por lo dado mediatamente. Todo lo objetivo, extenso, activo, o sea, todo lo material que el materialismo considera un fundamento tan sólido de sus explicaciones como para no desear sino una reducción a ello (sobre todo si al final acaba en acción y reacción), todo eso –digo– es algo dado de una manera sumamente mediata y condicionada, con lo cual sólo existe de un modo relativo, al haber pasado por la maquinaria y fabricación del cerebro e ingresado en sus formas de tiempo, espacio y causalidad, en virtud de lo cual se presenta ante todo como algo extenso en el espacio y activo en el tiempo. A partir de lo dado de tal manera el materialismo quiere explicar incluso lo dado inmediatamente, la representación (en la que se da todo eso), y al final explicar hasta la voluntad, cuando más bien es a partir de la voluntad desde donde en verdad han de explicarse todas esas fuerzas primordiales cuyas manifestaciones están reguladas por el hilo conductor de la causalidad. Al aserto de que el conocer es una modificación de la materia siempre se contrapone con igual derecho lo contrario, o sea, que toda materia sólo es una modificación del conocimiento del sujeto en cuanto representación suya. Sin embargo, en el fondo la meta y la idea de toda ciencia natural es un materialismo cabalmente verificado. El que aquí reconozcamos al materialismo como algo manifiestamente imposible lo confirma otra verdad derivada de nuestro examen, a saber, que toda ciencia en sentido estricto, por la que yo entiendo el conocimiento sistemático con el hilo conductor del principio de razón, nunca puede alcanzar una última meta ni tampoco puede proporcionar una explicación plenamente satisfactoria, | porque jamás atañe a la esencia más íntima del mundo ni nunca puede ir más allá de la representación, sino que más bien en el fondo sólo enseña a conocer la relación de una representación con otra.

Cualquier ciencia parte siempre de dos datos capitales. Uno de ellos es el principio de razón, en alguna de sus formas, en cuanto órgano; el otro es su objeto particular, en cuanto problema. Así por ejemplo, la geometría tiene al espacio como problema y a la razón de ser en el espacio como órgano; la aritmética tiene al tiempo como problema y a la razón de ser en el tiempo como órgano; la lógica tiene las relaciones de los conceptos en cuanto tales como problema y la razón del conocer como órgano; la historia tiene al conjunto de los hechos acaecidos de los hombres como problema y a ley de la motivación como órgano; la ciencia natural tiene a la materia como problema y a la ley de causalidad como órgano: su meta y fin es servirse del hilo conductor de la causalidad para reducir todos los posibles estados de la materia a otro y finalmente a uno, derivando a su vez unos de otros y finalmente de uno solo. Por eso en las ciencias de la naturaleza se contraponen dos estados como extremos: el estado de la materia en que ella es el objeto menos inmediato del sujeto y el estado de la materia en que ella es el objeto más inmediato del sujeto, esto es, la materia más inerte y tosca, el elemento primordial por un lado, y el organismo humano por el otro. La ciencia natural estudia el primer estado en cuanto química y el segundo en cuanto fisiología. Pero hasta ahora ambos extremos siguen siendo inaccesibles y sólo se ha conseguido algo entre ambos. Y las perspectivas son bastante descorazonadoras. El químico, bajo la hipótesis de que la división cualitativa de la materia no llegará hasta el infinito tal como ocurre con la cuantitativa, intenta disminuir cada vez más el número de sus elementos primordiales, que por ahora rondan todavía los sesenta y, aunque hubiesen llegado hasta dos, querrían reducirlos a uno. Pues la ley de la homogeneidad conduce a la hipótesis de un primer estado químico de la materia que precedió a los demás y es el único que corresponde a la materia, dado que todos los demás no son esenciales a la materia en cuanto tal, sino sólo formas casuales, cualidades. Por otra parte no se comprende cómo este primer estado pudo experimentar alguna variación química sin que un segundo estado actuara sobre él, concitándose en la química esa misma | perplejidad con que Epicuro se encontró en la mecánica, cuando hubo de precisar cómo un primer átomo abandonó la dirección originaria de su movimiento; esta contradicción, que se desarrolla enteramente por sí misma y no cabe evitar ni solventar, podría ser erigida propiamente como una *antinomia* química, pues tal como se da en el primero de los dos extremos de la ciencia natural buscados, también se nos mostrará en el segundo el equivalente que le corresponde. Hay muy pocas esperanzas de alcanzar este otro extremo de la ciencia natural, pues cada vez se ve con más claridad que lo químico no puede reducirse nunca a lo mecánico, ni lo orgánico a lo químico o a lo eléctrico. Pero quienes hoy en día acepten de nuevo ese viejo error no tardarán en abandonarlo a hurtadillas silenciosa y avergonzadamente como sus predecesores. Esto se tratará con detalle en el siguiente libro. Las dificultades mencionadas aquí de paso se contraponen a la ciencia natural en su propio dominio. Tomada como filosofía sería

35

por añadidura materialismo, y, como hemos visto, éste lleva ya desde su nacimiento la muerte en el corazón, dado que obvia al sujeto y a las formas del conocer, los cuales están sin embargo ya presupuestos tanto en esa tosca materia de la que quiere partir como en el organismo al que quiere llegar. Pues «no hay objeto sin sujeto» es el principio que hace imposible de una vez por todas cualquier materialismo. Soles y planetas sin ojo que los vea y un entendimiento que los conozca se dejan ciertamente expresar con palabras, pero estas palabras son para la representación un hierro de madera. No obstante, por otra parte, la ley de causalidad, así como el examen e investigación de la naturaleza que le siguen, nos conduce necesariamente a la segura conjetura de que, a lo largo del tiempo, cada estado de la materia cuya organización es más compleja ha seguido a un estado más tosco, a saber, que los animales han existido antes que los hombres, los peces antes que los animales terrestres, las plantas antes que estos últimos y lo inorgánico antes de lo orgánico; que por consiguiente una larga serie de variaciones ha traspasado la masa originaria antes de que pudiera abrirse el primer ojo. Y sin embargo la existencia del mundo entero seguirá dependiendo siempre de este primer ojo que se abrió, aun cuando fuera de un insecto, | en cuanto necesaria mediación del conocimiento, pues sin éste no puede pensarse nada, pensándose todo únicamente para y en el conocimiento, dado que el mundo es sin más representación y en cuanto tal precisa del sujeto cognoscente como soporte de su existencia; sin duda esa larga sucesión temporal, plagada de innumerables variaciones mediante las cuales la materia ascendió de forma en forma hasta llegar finalmente al primer animal cognoscente, todo ese tiempo mismo sólo resulta pensable en la identidad de una consciencia, cuya sucesión de representaciones, cuya forma de conocimiento es ese tiempo, al margen de lo cual el tiempo pierde por ello toda significación y no es nada. Así, por un lado, vemos necesariamente cómo la existencia del mundo depende de la primera entidad cognoscente, al margen de lo imperfecta que pueda ser ésta; de otro lado, vemos con igual necesidad cómo este primer animal cognoscente depende de una larga cadena de causas y efectos que le precede, y de la que él mismo es un pequeño eslabón. Estas dos perspectivas contradictorias, hacia cada una de las cuales nos vemos llevados con igual necesidad, podría denominarse a su vez una *antinomia* de nuestra capacidad cognoscitiva y cabría establecerla como el equivalente de la encontrada en el primer extremo de la ciencia natural; mientras que la cuádruple antinomia kantiana se acreditará como una fantasmagoría infundada en el apéndice del presente escrito sobre la crítica a la filosofía de Kant. La contradicción necesariamente evidenciada aquí encuentra sin embargo su solución en el hecho de que, para decirlo en términos kantianos, el tiempo, el espacio y la causalidad no incumben a la cosa en sí, sino únicamente a su fenómeno, cuya forma son; lo cual quiere decir en mi lenguaje que el mundo objetivo, el mundo como representación, no es la única cara del mundo, sino tan sólo por decirlo así la cara externa del mundo, el cual tiene todavía otra cara entera y absolutamente distinta que es su esencia más íntima, su núcleo, la cosa en sí; en los siguientes libros la examinaremos denominándola, con arreglo a la más inmediata de sus objetivaciones, voluntad. Pero el mundo como representación, el único que examinamos aquí, empieza sin duda al abrirse el primer ojo, sin cuya mediación no puede haber conocimiento y por tanto tampoco podía existir con anterioridad. Mas sin ese ojo, esto es, al margen del conocimiento, no hubo tampoco ningún antes ni tiempo alguno. Por eso el tiempo carece de comienzo y todo comienzo está en él, al ser la forma más general de la cognoscibilidad, en la que se insertan todos los fenómenos por medio del vínculo de la causalidad, y junto al primer conocimiento se da también dicha forma (el tiempo) con su total infinitud por ambos lados, mientras el fenómeno que colma este primer presente ha de ser conocido al mismo tiempo como enlazado causalmente y dependiente de una serie de fenómenos que se prolonga infinitamente hacia el pasado, siendo así que este mismo pasado está tan condicionado por este primer presente como a la inversa éste por aquél; de suerte que, al igual que ese primer presente, también el pasado del que proviene depende del sujeto cognoscente y sin éste no es nada, si bien la necesidad conlleva que ese primer presente no se presente como primero, o sea, sin tener ningún pasado como madre y como comienzo del tiempo, sino como una secuela del pasado según la razón de ser en el tiempo y así también el fenómeno que lo colma se presenta como efecto de los estados previos que colmaron aquel pasado según la ley de causalidad. A quien simpatice con las interpretaciones mitológicas le gustará considerar como descripción del momento señalado aquí, el ingreso del tiempo sin comienzo, al nacimiento de Crono[7], el más joven de los Titanes, con el cual, al castrar a su padre, cesan los toscos engendros del cielo y la tierra, entrando en escena la estirpe de los dioses y los hombres.

Esta exposición, a la cual hemos llegado siguiendo el sistema filosófico más consecuente que parte del objeto, el

---

7. Los Titanes eran hijos de Urano y Gea, o sea, del cielo y de la tierra. Crono era el benjamín de tal estirpe. Aconsejado por su madre, castró al padre y liberó a sus hermanos, dado que Urano los había confinado en las entrañas de Gea. Casado luego con su hermana Rea, Crono decidió ir engullendo a sus propios hijos, al habérsele vaticinado que su destino era verse suplantado por ellos. Al nacer Zeus, Rea entregó a su esposo una piedra en su lugar. Cuando se hizo mayor, Zeus también liberó a sus hermanos mayores (Hestia, Deméter, Hera, Hades y Poseidón), haciendo que su padre Crono los vomitase junto a la piedra engullida en su lugar. Los romanos identificaron a Crono con Saturno.

materialismo, sirve al mismo tiempo para poner de relieve la mutua dependencia entre sujeto y objeto, junto a su irrevocable oposición; tal conocimiento lleva a buscar la esencia más íntima del mundo, la cosa en sí, no ya en uno de aquellos dos elementos de la representación, sino más bien en algo enteramente distinto a la representación, que no esté afectado por esa oposición originaria, consustancial e irresoluble.

A este partir del objeto, para derivar al sujeto a partir de éste, se contrapone el partir del sujeto, | que quiere sacar desde éste el objeto. Lo primero ha sido moneda corriente en la filosofía hasta el momento; en cambio, de lo segundo estrictamente sólo se encuentra un único ejemplo y ciertamente uno muy reciente, la pseudofilosofía de Fichte, de la cual ha de observarse que su doctrina tenía escaso valor y contenido interno a este respecto e incluso en general era tan sólo una fantasmagoría que, expuesta con el ademán de la más honda seriedad, tono solemne y ardorosa vivacidad, y defendida con elocuente polémica frente a débiles adversarios, pudo brillar y pareció ser algo. Pero a éste, como a todos los filósofos similares que se acomodan a las circunstancias, le faltó por completo la auténtica seriedad que, inabordable por cualquier influjo externo, mantiene fija la mirada en su meta, la verdad. El filósofo siempre llega a ser tal mediante una perplejidad de la que intenta zafarse y que es ese «asombrarse» de Platón que él denomina «un sentimiento muy filosófico» *(Teeteto* 155 d). Pero si algo diferencia a los filósofos inauténticos de los auténticos es que a estos últimos esa perplejidad se la suscita el propio espectáculo del mundo, mientras que a los primeros les viene dada por un libro o por un sistema previo; éste fue también el caso de Fichte, al haberse puesto a filosofar simplemente sobre la cosa en sí de Kant y sin ésta es harto probable que se hubiese dedicado a muy otras cosas con mucho más éxito, a la vista de su notable talento retórico. Sin embargo, si hubiera profundizado algo más en el sentido del libro que le hizo filósofo, la *Crítica de la razón pura,* habría comprendido que su teoría capital, atendiendo más al espíritu que a la letra, es la siguiente: que el principio de razón no es, como quiere toda filosofía escolástica, una verdad eterna, es decir, que no proyecta una validez incondicionada, al margen y por encima del mundo entero, sino sólo una relativa y condicionada que únicamente tiene validez en el fenómeno, pudiendo presentarse como el nexo necesario del espacio o el tiempo, o como causalidad, o como ley del principio de conocimiento; que por ello la esencia íntima del mundo, la cosa en sí, jamás puede ser hallada con su hilo conductor, pues todo a lo que éste conduce siempre es a su vez dependiente y relativo, mero fenómeno y no cosa en sí; que además no concierne en absoluto al sujeto, | sino que sólo es la forma de los objetos, los cuales justamente por eso no son cosas en sí, de suerte que con el objeto ya existe al instante el sujeto y con éste aquél; por tanto ni el objeto se añade al sujeto ni éste a aquél como el efecto a su causa. Pero Fichte no ha reparado en nada de todo esto y lo único interesante para él era la cuestión del *partir del sujeto,* por la que Kant había optado para mostrar como falso el anterior partir del objeto, al que con ello se le había convertido en cosa en sí. Sin embargo, Fichte tomó este partir del sujeto por aquello de lo que se trataba y se figuró, al modo de cualquier imitador, que si él superaba a Kant en este punto, también sería superior a él, repitiendo en esta dirección los errores en que había incurrido hasta entonces el dogmatismo en la dirección opuesta y que dieron lugar a la crítica de Kant; de suerte que en lo principal no se había cambiado nada y los viejos errores fundamentales, que asumían una relación causal entre objeto y sujeto, quedaron como antes, con lo cual el principio de contradicción conservó como antaño una validez incondicionada y la cosa en sí fue trasladada ahora al sujeto del conocer, en vez de trasladarse al objeto como hasta entonces, pero la plena relatividad de ambos, la cual indica que la cosa en sí o esencia íntima del mundo ni ha de buscarse en ellos, sino fuera de esta o aquella otra instancia que sólo existen de modo relativo, seguía siendo tan desconocida como antes. Igual que sin Kant no hubiera existido en absoluto, el principio de razón es en Fichte lo mismo que fue entre todos los escolásticos, una verdad eterna. Al igual que sobre los dioses de la Antigüedad imperaba el eterno destino, así imperaban sobre el dios de los escolásticos esas verdades eternas, es decir, las verdades metafísicas, matemáticas y metalógicas, y en algunos también la validez de la ley moral. Sólo estas verdades no dependían de nada, mientras que por su necesidad existían tanto Dios como el mundo. Con arreglo a este principio de razón, como semejante verdad eterna, el yo es en Fichte el fundamento del mundo o del no-yo, del objeto, el cual es justamente su corolario, su chapucería. Por eso Fichte se guardó muy bien de revisar o controlar la forma de aquel principio, con cuyo hilo conductor | Fichte se permite hacer salir el no-yo a partir del yo, como de la araña sale su tela; yo entiendo que se trata del principio de razón del ser en el espacio, pues sólo en referencia a éste cobran alguna especie de sentido y significación aquellas insoportables deducciones relativas al modo en que el yo produce y fabrica a partir de sí el no-yo, deducciones que constituyen el contenido del libro más absurdo y por ello simplemente más aburrido que se haya escrito jamás. Esta filosofía fichteana ni siquiera sería digna de mención, de no resultarnos interesante tan sólo como tardía antítesis del antiquísimo materialismo, que es el más consecuente al partir del objeto, tal como la filosofía fichteana lo es al partir del sujeto. Tal como el materialismo pasó por alto que con el objeto más simple ya había supuesto en ese mismo instante también al sujeto, Fichte pasó por alto no sólo que con el sujeto (como quiera que guste apodarlo) había supuesto también al objeto, dado que ningún sujeto es pensable sin él, sino asimismo que toda deducción a priori y en general toda demostración se sustenta sobre una necesidad, pero cualquier necesidad se sustenta únicamente y por entero sobre el principio de razón, toda vez que el ser necesario y el derivarse de razones dadas son conceptos intercambiables*; Fichte pasó por alto que el principio de razón no es sino la forma general del objeto en cuanto tal, con lo cual presupone ya al objeto, si bien no tiene validez antes o al margen de éste, pues sólo puede producirlo y originarlo en conformidad con su legislación. Así pues, en líneas generales, el partir del sujeto comparte con el partir del objeto expuesto anteriormente el mismo error de admitir de antemano lo que pretende deducir, a saber, el necesario correlato de su punto de partida.

Nuestro proceder se diferencia por completo de estas dos equivocaciones contrapuestas, al no partir del objeto ni del sujeto, sino de la *representación,* como el primer hecho de la consciencia, cuya primera forma más esencial es la descomposición en objeto y sujeto, y la forma del objeto es a su vez el principio de razón en sus diversas figuras, cada una de las cuales domina tanto su propia clase de | representaciones que, como se ha mostrado, con el conocimiento de esa figura se conoce también la esencia de la clase en su conjunto, al no ser ésta (en cuanto representación) sino esa figura misma; así el tiempo mismo no es sino la razón de ser en él, o sea, la sucesión; el espacio no es sino la razón de ser en él, o sea, la situación; la materia no es otra cosa que causalidad; el concepto (como se mostrará a continuación) no es más que la relación con el fundamento del conocimiento. Esta

---

* Cfr. el § 49 de *La cuádruple raíz del principio de razón.*

relatividad total y sin excepción del mundo como representación, tanto con arreglo a su forma más general (sujeto y objeto) como con arreglo a la forma subordinada a esa forma genérica (principio de razón), nos remite –como ya se ha dicho– a buscar la esencia más íntima del mundo en una cara del mismo totalmente otra y *absolutamente distinta de la representación,* tal como el siguiente libro hará constar en un hecho tan inmediato para cualquier ser vivo.

Pero antes todavía tenemos que considerar aquella clase de representaciones, la cual es únicamente propia del hombre, cuyo material es el *concepto* y cuyo correlato subjetivo es la *razón,* tal como lo eran de las representaciones consideradas hasta ahora la sensibilidad y el entendimiento, que también se atribuyen a cualquier animal*.

§ 8.

Tal como pasamos de la luz directa del sol a la luz refleja y prestada de la luna, pasamos de la representación intuitiva e inmediata, que se sustenta y garantiza por sí misma, a la reflexión, a los conceptos abstractos y discursivos de la razón, los cuales sólo poseen contenido a partir de aquel conocimiento intuitivo y en relación con él. Mientras nos mantenemos en la pura intuición todo es claro, firme y cierto. Ahí no se dan preguntas, dudas ni equívocos; no se quiere ni se puede ir más allá, en la intuición uno tiene sosiego y satisfacción con el presente. La intuición se basta a sí misma; por eso lo que emana de ella y le sigue siendo fiel, como la genuina obra de arte, nunca puede ser falso ni desmentido por el tiempo, puesto que no brinda una opinión,

---

* A estos primeros siete parágrafos les corresponden los cuatro primeros capítulos del primer libro de los *Complementos.*

sino la cosa misma. Pero con el conocimiento abstracto, con la razón, se incorporan en lo teórico la duda y el error, así como en lo práctico la inquietud y el arrepentimiento. Si en la representación intuitiva deforma la verdad por un momento, en la representación abstracta el *error* puede imperar durante milenios, uncir a su férreo yugo a pueblos enteros, estrangular las más nobles emociones de la humanidad e incluso puede hacer encadenar a quien no se deja embaucar por medio de sus engañados esclavos. El error es el enemigo contra quien las mentes más sabias de todas las épocas han mantenido una lucha desigual y sólo cuanto le han arrebatado se ha convertido en patrimonio de la humanidad. De ahí que sea bueno llamar la atención sobre él desde ahora mismo, al pisar el suelo sobre el que se extiende su dominio. Aunque se ha solido decir que se debe ir en pos de la verdad, también allí donde no alcanzamos a ver ninguna utilidad a partir de ella, dado que dicha utilidad puede ser indirecta y aparecer donde no se la espera, yo me conformo con pasarme aquí al otro lado, de suerte que uno debe esforzarse también por descubrir y extirpar todo error, también allí donde no cabe prever perjuicio alguno por su parte, dado que también éste puede ser indirecto y aparecer alguna vez donde no se le aguarda, toda vez que cada error conlleva un veneno en su interior. Si es la mente y el conocimiento lo que convierte al hombre en señor de la tierra, entonces no hay errores inofensivos, ni mucho menos errores venerables o sacrosantos. Y, para consuelo de quienes dedican su vida y energías, de cualquier modo y a la menor ocasión, a la noble y tan ardua lucha contra el error, no puedo dejar de añadir aquí que, mientras no comparezca la verdad, el error puede propasarse con su juego durante la noche, como los búhos y los murciélagos, pero antes cabe esperar que los búhos y los murciélagos hagan retroceder al sol hacia el oriente, espantándolo, que la verdad conocida y expresada cabalmente con toda claridad sea de nuevo suprimida, para que el antiguo error ocupe otra vez tranquilamente su espacioso lugar. Tal es la fuerza de la verdad, cuya victoria es | ardua e ímproba, pero que una vez obtenida ya no se le puede arrebatar.

Además de las representaciones consideradas hasta el momento y que, con arreglo a su estructura, se dejan reducir a tiempo, espacio y materia, cuando reparamos en el objeto, o se dejan reducir a la sensibilidad pura y al entendimiento (esto es, al conocimiento de la causalidad), cuando reparamos en el sujeto, se ha incorporado únicamente al hombre, entre todos los habitantes de la tierra, otra potencia cognoscitiva, ha aflorado una consciencia enteramente nueva a la que muy atinadamente y con irreprochable exactitud se la llama *reflexión*. Pues de hecho es un reflejo derivado de aquel conocimiento intuitivo, si bien ha adoptado una naturaleza y una índole radicalmente distintas a las de aquel, cuyas formas desconoce, siendo así que también el principio de razón, el cual impera sobre cualquier objeto, cobra aquí una figura por completo diferente. Esta nueva y altamente potenciada consciencia, este reflejo abstracto de todo lo intuitivo en el contraintuitivo concepto de la razón, es lo único que confiere al hombre esa reflexión que diferencia su consciencia de la del animal y merced a la cual todo su paso por la vida tiene lugar de un modo tan distinto al de sus hermanos irracionales. A quien aventaja por igual en poder y en sufrimiento. Los animales viven únicamente en el presente; el hombre vive simultáneamente en el futuro y en el pasado. Ellos satisfacen la necesidad del momento; él vela por su futuro e incluso por un tiempo que no puede vivir a través de los preparativos más artificiosos. Ellos están relegados enteramente a la impresión del instante, al efecto del motivo intuitivo; a él lo determinan conceptos abstractos con independencia del presente. Por eso el hombre ejecuta proyectos premeditados o actúa según máximas, sin atender a su entorno y a las azarosas impresiones del momento. Por eso puede, por ejemplo, dictar con serenidad los artificiosos preparativos de su propia muerte, disimular hasta volverse impenetrable o llevarse con él su secreto a la tumba y, finalmente, posee una verdadera opción entre varios motivos, pues sólo en abstracto pueden tales motivos, presentes conjuntamente en la consciencia, llevar consigo el conocimiento de que el uno excluya al otro y confrontar su respectivo poder sobre la voluntad; entonces el motivo que prevalece, al ser lo que | decide, es la deliberada decisión de la voluntad y se proclama como un signo certero de su índole. En cambio al animal lo determina la impresión del momento; sólo el temor ante la violencia del presente puede domesticar sus apetitos, hasta que ese temor se vuelve finalmente hábito y como tal viene a determinarlo en lo sucesivo; en esto consiste el adiestramiento. El animal siente y percibe; el hombre además *piensa* y *sabe;* ambos *quieren*. El animal comunica sus sensaciones y su estado de ánimo mediante gestos y sonidos; el hombre participa al otro sus pensamientos mediante el lenguaje, o bien los falsea por medio del lenguaje. El lenguaje es el primer fruto y el instrumento necesario de su razón; por eso en griego e italiano «lenguaje» y «razón» se designan con la misma palabra: *logos, il discorso.* «Razón» (*Vernunft* en alemán) viene de «escuchar» (*vernehmen* en alemán), que no es sinónimo de «oír», sino que significa el percatarse de los pensamientos comunicados mediante palabras. Sólo gracias a la ayuda del lenguaje lleva a cabo la razón sus principales rendimientos, cuales son el obrar al unísono de varios individuos, la cooperación metódica de muchos miles, la civilización o el Estado; además de la ciencia, la conservación de la experiencia previa, el compendio de lo común en un concepto, la transmisión de la verdad, la divulgación del error, el pensamiento y la poesía, los dogmas y las supersticiones. El animal sólo aprende a conocer la muerte al morir; el hombre se aproxima conscientemente a su muerte a todas horas y algunas veces esto le dificulta la vida incluido al que no ha conocido a lo largo de ella este carácter de constante aniquilación. A ello se debe principalmente que el hombre posea filosofías y religiones, si bien es incierto que lo que más estimamos con toda justicia y por encima de todo en su comportamiento, la honestidad espontánea y la nobleza de la intención, hayan sido jamás el fruto de filosofía o religión algunas. Los únicos engendros cuya paternidad les corresponde a ambas con total seguridad, como producciones de la razón en esa andadura, son las más extravagantes y fabulosas opiniones de los filósofos de distintas escuelas, así como las más peregrinas y en ocasiones también crueles prácticas de los sacerdotes de diversas religiones.

Todas las épocas y todos los pueblos han sospechado unánimemente que tan variopintas y abundantes | manifestaciones proceden de un principio común, de aquella peculiar potencia mental con que el hombre aventaja al animal y que se ha denominado *razón*, *logos* (en griego), *ratio* (en latín). Todos los hombres conocen muy bien las manifestaciones de esta capacidad para reconocer y decir lo que es racional, lo que es irracional, dónde la razón entra en colisión con otras aptitudes y propiedades del hombre, y finalmente lo que debido a su carencia nunca se puede esperar ni siquiera del animal más astuto. Los filósofos de todos los tiempos también hablan al unísono en su conjunto con ese conocimiento universal de la razón y recalcan además algunas de sus manifestaciones especialmente importantes, como el dominio de los afectos y las pasiones, el talento para hacer deducciones y establecer principios universales que son ciertos antes de toda experiencia, etc. Sin embargo, todas sus explicaciones relativas a la auténtica esencia de la razón son precarias, imprecisas, dispersas, sin continuidad ni punto de convergencia, recalcándose a veces una de tales manifestaciones y en ocasiones otra, por lo que con frecuencia divergen entre sí. A esto se añade que muchos filósofos parten de la oposición entre razón y revelación, siendo así que esta última es totalmente ajena a la filosofía y sólo sirve para incrementar el desconcierto. Es extremadamente chocante que hasta ahora ningún filósofo haya reducido todas aquellas manifestaciones de la razón estrictamente a una sencilla función, que fuera reconocible en todas ellas, a partir de la cual cupiera explicarlas todas y constituyera por consiguiente la auténtica esencia íntima de la razón. A decir verdad, el insigne Locke señalaba muy correctamente a los conceptos abstractos universales como el carácter que diferencia al hombre del animal, en su *Ensayo sobre el conocimiento humano* (libro II, cap. 11, §§ 10 y 11), y Leibniz suscribió esta cabal definición en sus *Nuevos ensayos sobre el entendimiento humano* (libro II, cap. 11, §§ 10 y 11). Ahora bien, cuando Locke (en el libro IV, cap. 17, §§ 2 y 3) llega a la auténtica explicación de la razón, pierde de vista aquel sencillo carácter primordial suyo y se extravía también en una especificación precaria, imprecisa e incompleta de fragmentarias y derivadas manifestaciones de la razón; también | Leibniz, en el correspondiente pasaje de su obra, procede de igual modo, sólo que con mayor confusión y falta de claridad. En el apéndice trato con detalle lo mucho que Kant ha enmarañado y adulterado el concepto relativo a la esencia de la razón. Pero quien se moleste en revisar la gran cantidad de escritos filosóficos que han aparecido a este respecto a partir de Kant reconocerá que, tal como los errores de los príncipes son expiados por pueblos enteros, las equivocaciones de las grandes mentes extienden su nocivo influjo sobre generaciones enteras a veces durante siglos, creciendo y propagándose hasta degenerar finalmente en monstruosidades; todo esto se debe a que, como dice Berkeley: «Pocos hombres piensan, pero todos quieren albergar opiniones»* *(Tres diálogos entre Hilas y Filoneo,* 2)⁸.

§ 9.

Los conceptos configuran una clase singular de representaciones totalmente diferentes a las representaciones examinadas hasta el momento y que sólo se hallan en la mente del hombre. Por eso nunca podemos alcanzar un conocimiento intuitivo y propiamente evidente de su esencia, sino tan sólo un conocimiento | abstracto y discursivo. Así pues, sería absurdo pedir que los conceptos se acreditaran en la experiencia, en tanto que entendemos por ésta el mundo real externo, el cual es justamente una representación intuitiva, o que fueran llevados ante la fantasía, igual que los objetos intuitivos ante los ojos. Los conceptos sólo pueden pensarse, no se dejan intuir, y sólo los efectos que origina el hombre merced a ellos son objetos de la propia experiencia. Tales efectos son el lenguaje, el obrar deliberadamente conforme a un plan y la ciencia; así como todo cuanto resulta luego de todo ello. Obviamente el habla, en cuanto objeto de la experiencia externa, no es sino un telégrafo muy perfeccionado que transmite signos arbitrarios con la mayor celeridad y la más refinada matización. Mas, ¿qué significan estos signos? ¿Cómo se verifica su interpretación? ¿Acaso, mientras el otro habla, traducimos

47

---

* Conviene confrontar este parágrafo con los §§ 26 y 27 de la segunda edición de mi tratado *Sobre el principio de razón.*
8. Cfr. Berkeley, *Tres diálogos entre Hilas y Filoneo,* Londres, 1784, vol. I, p. 160.

instantáneamente su discurso en imágenes de la fantasía que revolotean en nosotros con la rapidez de un rayo y se agitan, se engarzan, se transforman y se dibujan según afluyen las palabras conforme a sus inflexiones gramaticales? ¡Menudo tumulto habría entonces en nuestra cabeza mientras escuchamos una perorata o leemos un libro! En modo alguno sucede así. El sentido del discurso es percibido inmediatamente, captándose con exactitud y precisión, sin que por lo regular se entremezclen imágenes de la fantasía. Es la razón quien habla a la razón, ciñéndose a su dominio, y lo que transmite y recibe son conceptos abstractos, representaciones contraintuitivas formadas de una vez para siempre y que, pese a su número relativamente escaso, sin embargo abarcan, contienen y representan a todos los innumerables objetos del mundo real. Sólo esto explica que jamás un animal pueda hablar y escuchar, aunque comparta con nosotros los órganos del lenguaje y asimismo las representaciones intuitivas, mas como las palabras describen aquella clase de representaciones totalmente singulares, cuyo correlato subjetivo es la razón, no tienen para el animal sentido ni significación algunos. Así el lenguaje, como cualquier otro fenómeno que atribuimos a la razón y como todo lo que diferencia al hombre del animal, ha de ser explicado mediante eso que es su única y sencilla fuente: los conceptos, las representaciones abstractas, contraintuitivas y universales, no individualizadas dentro del tiempo y el espacio. | Sólo en casos aislados pasamos de los conceptos a la intuición y nos formamos imágenes de la fantasía como *representantes* intuitivos *de los conceptos,* para los que sin embargo nunca resultan adecuados. Estos casos son examinados con detenimiento en el § 28 del tratado *Sobre el principio de razón,* por lo que no quiero repetir aquí lo mismo; lo dicho allí se puede comparar con lo que dice Hume en el duodécimo de sus *Ensayos filo-*

sóficos (p. 244) y lo que dice Herder en la *Metacrítica* (parte I, p. 274)[9], un libro por lo demás bastante malo. La idea platónica, la cual se torna posible por la unión de fantasía y razón, constituye la cuestión principal del tercer libro del presente escrito.

Así pues, aunque los conceptos son radicalmente distintos de las representaciones intuitivas, guardan sin embargo una relación necesaria con éstas, sin las cuales ellos no serían nada, relación que por consiguiente constituye toda su esencia y existencia. La reflexión es necesariamente una copia, una reproducción del mundo intuitivo original, aunque sea una copia de índole enteramente propia con un material por completo heterogéneo. Por eso cuadra muy bien llamar a los conceptos representaciones de representaciones. El principio de razón tiene aquí igualmente una figura propia y como aquélla, bajo la cual rige en una clase de representaciones, también constituye y agota propiamente siempre la esencia global de esa clase, en tanto que son representaciones, de suerte que, como hemos visto, el tiempo es enteramente sucesión y nada más, el espacio es enteramente situación y nada más, la materia es enteramente causalidad y nada más; así también la esencia global de los conceptos, o la clase de las representaciones abstractas, consiste únicamente en la relación que expresa en ellos el principio de razón; y como ésta es la relación con el principio de conocimiento, entonces la representación abstracta tiene su esencia global única y exclusivamente en su relación con otra representación, la cual es su principio de conocimiento. Ahora bien, éste puede ser a su vez, en primer lugar, un concepto o representación abstracta y a su vez éste sólo puede tener un principio abstracto de conocimiento; pero esto no

---

9. El título completo es *Entendimiento y experiencia. Una metacrítica a la Crítica de la razón pura.* Leipzig, 1799.

es así hasta el infinito, sino que, a la postre, la serie de principios de conocimiento ha de concluir con un concepto que tenga su fundamento en el conocimiento intuitivo. Pues el mundo de la reflexión descansa por entero sobre el mundo intuitivo, en cuanto éste es su principio de conocimiento. Así pues, la clase de las representaciones abstractas se diferencia de las otras porque en éstas el principio de razón demanda siempre tan sólo una relación con otra representación de *la misma* clase, mientras que en las representaciones abstractas se demanda por último una relación con una representación de *otra* clase.

Como se ha indicado, aquellos conceptos que no remiten directamente al conocimiento intuitivo, sino sólo por la mediación de otro u otros conceptos, se denominan preferentemente *abstractos,* y en cambio aquellos que clavan directamente su raíz en el conocimiento intuitivo se llaman *concretos*. Pero esta última denominación sólo es aplicable figuradamente a los conceptos que se designan con ella, dado que también éstos son siempre representaciones abstractas y en modo alguno representaciones intuitivas. Esas denominaciones sólo se deben a una consciencia muy poco clara de la diferencia aludida con ellas, si bien podemos dejarlas tal cual con la interpretación dada aquí. Ejemplos del primer tipo, o sea, *abstractos* en sentido eminente, son conceptos tales como «relación», «virtud», «indagación», «comienzo», etc. Ejemplos del segundo tipo, o impropiamente denominados *concretos,* son los conceptos de «hombre», «piedra», «caballo», etc. Si el símil no fuera tan alegórico y por ello resultase algo jocoso, podría compararse a los segundos con la planta baja y a los primeros con los pisos superiores del edificio de la reflexión*.

---

* Cfr. capítulos 5 y 6 del segundo volumen.

El que un concepto conciba mucho, es decir, que caigan bajo él muchas representaciones intuitivas o incluso también abstractas en la relación con el principio de conocimiento y por tanto sean pensadas gracias a él, no es, como se ha solido señalar, una propiedad esencial suya, sino sólo una propiedad secundaria y derivada, la cual no tiene que darse siempre de hecho, aunque subsista esa posibilidad. Esa propiedad emana del hecho de que el concepto sea representación de una representación, esto es, que debe toda su esencia a la relación con otra representación; pero como el concepto no es esta representación misma e incluso ésta suele pertenecer a una clase de representaciones totalmente distinta, | cual es la intuitiva, entonces dicha representación puede tener determinaciones temporales, espaciales y de otro orden, así como muchas relaciones en general que no pueden copensarse dentro del concepto, por lo que varias representaciones con diferencias insustanciales puedan ser pensadas gracias al mismo concepto, esto es, verse subsumidas bajo él. Ahora bien, este valer para varias cosas no es una propiedad esencial del concepto, sino tan sólo una propiedad accidental. Pueden darse conceptos mediante los cuales sólo puede ser pensado un único objeto real y que pese a ello son abstractos y universales, mas en modo alguno representaciones individuales e intuitivas, como por ejemplo el concepto que alguien tiene de una determinada ciudad y que simplemente conoce por la geografía; aunque merced a ello sólo pueda pensarse una ciudad, serían posibles varias ciudades distintas en algunos aspectos para todas las cuales cuadraría ese concepto. Así pues, un concepto no tiene universalidad porque sea abstraído de varios objetos, sino justo al revés porque la universalidad, o sea, la indeterminación de lo particular, le es consustancial en cuanto representación abstracta de la razón, pudiendo ser pensadas cosas distintas gracias al mismo concepto.

De lo dicho resulta que todo concepto, justamente porque es una representación abstracta, contraintuitiva e indeterminada, posee lo que se llama contorno o esfera de acción, incluso en el caso de que sólo se dé un único objeto real que le corresponda. Ahora bien, nos encontramos con que la esfera de cada concepto tiene algo en común con las esferas de los demás, o sea, que parcialmente se piensa en él lo mismo que en aquellos otros y en éstos a su vez se piensa parcialmente lo mismo que en el primero, si bien, cuando son conceptos realmente distintos, aquel o al menos uno de los dos tiene algo que no tiene el otro; en esta relación se halla todo sujeto con su predicado. Reconocer esta relación se llama *juzgar*. La presentación de tales esferas mediante figuras espaciales es una idea muy feliz. El primero que la tuvo fue Gottfried Ploucquet[10], sirviéndose para ello de cuadrados; tras él, Lambert se sirvió de simples líneas, colocando unas bajo las otras; Euler fue el primero en llevarlo a cabo cabalmente con círculos. Yo no sabría indicar sobre qué descansa en última instancia esta analogía tan exacta entre las relaciones de los conceptos y las figuras | espaciales. Entretanto supone un factor muy favorable para la lógica el que todas las relaciones de los conceptos, incluso con arreglo a su posibilidad, o sea, a priori, puedan presentarse intuitivamente mediante tales figuras del siguiente modo:

1) Las esferas de dos conceptos son enteramente iguales, v.g., el concepto de «necesidad» y el de «la consecuencia de una razón dada»; asimismo el de «rumiantes» y «bisulcos» [de pezuñas partidas]; al igual que el de «vertebrados» y «de sangre roja» (si bien algo podría pretextarse en contra a causa de los anélidos [gusanos cilíndricos]); se trata de

---

10. Gottfried Ploucquet (1716-1790), filósofo alemán de la escuela wolfiana, patentó una anotación algebraica de razonamientos a la que llamó «cálculo lógico».

conceptos intercambiables. Los presenta un único círculo que denota tanto al uno como al otro.

2) La esfera de un concepto incluye por completo la de algún otro:

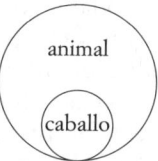

3) Una esfera incluye dos o más que se excluyen y al mismo tiempo colman la esfera:

4) Dos esferas incluyen cada cual una parte de la otra:

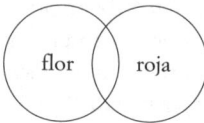

5) Dos esferas están en una tercera que sin embargo no colman:

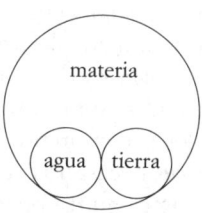

Este último caso vale para todos los conceptos cuyas esferas no tengan directamente algo en común, dado que siempre un tercer concepto, si bien más amplio, incluirá a ambos. Todas las combinaciones de conceptos pueden reducirse a estos casos, así como toda la teoría de los juicios, cuya conversión, contraposición, reciprocidad y disyunción (esta última con arreglo a la tercera figura) pueden deducirse a partir de ellos; e igualmente las propiedades de los juicios, sobre las que Kant sustentó las presuntas categorías del entendimiento, a excepción de la forma hipotética, que ya no es una unión de meros conceptos, sino de juicios; con la excepción asimismo de la modalidad, sobre la cual, así como sobre toda propiedad de los juicios que sustente a las categorías, se rinden cuentas en el apéndice. Sobre las citadas combinaciones posibles de conceptos sólo queda por observar que también pueden combinarse entre sí en muchas ocasiones, v.g., la cuarta figura con la segunda. Sólo cuando una esfera, que incluye a otra total o parcialmente, es incluida a su vez total o parcialmente por una tercera, entonces éstas presentan conjuntamente el silogismo de la primera figura, es decir, aquel enlace de juicios por el cual se conoce que un concepto contenido total o parcialmente en otro también está en un tercero que a su vez contiene a éste; o también a la inversa, la negación, cuya presentación icónica naturalmente sólo puede consistir en que dos esferas vinculadas no se hallen en una tercera. Al implicarse muchas esferas de este modo surgen así largas cadenas de silogismos.

| Este esquematismo de los conceptos, que ya he expuesto suficientemente en varios manuales, puede ponerse como base de la teoría de los juicios y de toda la silogística, por lo que la exposición de ambas será muy fácil y sencilla. Pues todas sus reglas se dejan comprender, deducir y explicar por su origen. Mas no es necesario cargar a la memoria con esto, toda vez que la lógica nunca puede tener una utilidad

práctica para la filosofía, sino sólo un interés teórico. Pues si bien se dice que la lógica se relaciona con el pensamiento racional como el contrapunto con la música y también, aunque con menos tino, como la ética se relaciona con la virtud o la estética con el arte, a la contra reparamos en que nadie se ha hecho artista gracias al estudio de la estética, ni tampoco se ha forjado ningún carácter noble por el estudio de la ética, que mucho antes de Rameau se componía música tan correcta como hermosa, ni tampoco se necesita estar familiarizado con el contrapunto para advertir una disarmonía, y mucho menos se necesita saber lógica para no dejarse engañar por sofismas. Sin embargo, se convendrá que, aun cuando el contrapunto no es de gran utilidad para enjuiciar una composición musical, sí lo es en cambio para ejecutarla; hasta la estética e incluso la ética, si bien en un grado mucho menor, podrían tener su propia utilidad para la ejecución, si bien principalmente de un modo negativo, y por consiguiente tampoco cabe despojarlas de todo valor práctico; pero a la lógica no se la puede ponderar tanto. La lógica es simplemente el saber abstracto de aquello que cada cual sabe en concreto. Por eso, al igual que no se la necesita para disentir de un falso razonamiento, tampoco se invocan sus reglas como auxilio para hacer un razonamiento correcto e incluso el lógico más erudito las deja por completo a un lado en su pensamiento efectivo. Esto se explica por lo siguiente. Toda ciencia consiste en un sistema de verdades universales y por consiguiente abstractas, leyes y reglas con respecto a algún tipo de objetos. El caso particular que luego tiene lugar bajo esas leyes queda determinado siempre según ese saber universal, el cual vale de una vez por todas, porque tal aplicación de lo universal es infinitamente más fácil que indagar desde el principio por sí mismo el caso particular encontrado, | ya que una vez alcanzado el conocimiento abstracto universal siempre está más a mano que la indagación empírica de lo particular. Mas con la lógica sucede justo al revés. La lógica es el saber universal del modo de proceder de la razón expresado en forma de reglas, conocido por la introspección de la razón y la abstracción de todo contenido. Mas ese modo de proceder es para la razón tan necesario como consustancial y, por tanto, no se apartará de él en ningún caso, tan pronto como se confíe a sí misma. Por eso es más fácil y seguro dejarle proceder conforme a su esencia en cada caso particular que colocarle delante el saber abstraído por ese proceder, bajo la figura de una ley ajena dada desde fuera. Es más fácil, porque, aun cuando en todas las demás ciencias nos queda más cerca la regla universal que la indagación del caso particular únicamente por sí mismo, bien al contrario, en el uso de la razón su necesario proceder en el caso dado siempre nos queda más cerca que la regla universal abstraída por tal proceder, pues lo que piensa en nosotros es esa razón misma. Es más seguro, porque puede darse mucho más fácilmente un error en ese saber abstracto, o en su aplicación, que un proceder de la razón que contravenga su esencia, a su naturaleza. A ello se debe la singularidad de que, si en otras ciencias la verdad del caso particular se comprueba en la regla, en la lógica por el contrario la regla siempre tiene que ser comprobada en el caso particular; y hasta el lógico más ejercitado, cuando observa que en un caso particular concluye algo distinto a lo enunciado como regla, siempre buscará un error en la regla antes que en la conclusión realmente efectuada por él mismo. Querer hacer un uso práctico de la lógica significaría, por tanto, querer deducir con inefables penalidades a partir de reglas universales aquello de lo cual nos hacemos cargo inmediatamente y con la mayor certeza en lo particular; esto sería tanto como si se quisiera pedir consejo a la mecánica antes de hacer cualquier movimiento o a la fisiología al ir a hacer la digestión; y quien aprende lógica con fines prácticos se asemeja al que quiere adiestrar a un castor en la elaboración de su vivienda. No obstante, pese a que carezca de utilidad práctica, la lógica tiene que conservarse porque tiene interés filosófico, | en cuanto conocimiento especial de la organización y actividad de la razón. Como disciplina cerrada, consistente en sí misma, consumada de suyo, esmerada y cabalmente segura se hace acreedora de ser tratada científicamente por sí sola e independientemente de cualquier otra disciplina, así como de que se la estudie en las universidades; pero cobra su auténtico valor en conexión con el conjunto de la filosofía, al examinar el conocer y ciertamente el conocimiento racional o abstracto. Conforme a lo cual su exposición no debería tener tanto la forma de una ciencia orientada a lo práctico, ni contener simplemente nudas reglas para trasiego de juicios, conclusiones, etc., sino quedar orientada más bien a que se conozca la esencia de la razón y del concepto, así como a examinar minuciosamente el principio de razón del conocer; pues la lógica es una mera paráfrasis de tal principio y estrictamente sólo para el caso en que el principio que confiere verdad a los juicios no es empírico o metafísico, sino lógico o metalógico. Por ello junto al principio de razón del conocer han de ejecutarse los tres restantes principios del pensar, o juicios de la verdad metalógica, que tan estrecho parentesco guardan con él y a partir de los cuales se desarrolla progresivamente toda la técnica de la razón. La esencia del propio pensar, esto es, del juicio y del silogismo, ha de presentarse con arreglo al modo indicado antes a partir de la combinación de las esferas conceptuales, conforme al esquema espacial y deducir a partir de éste, constructivamente, todas las reglas del juicio y del silogismo. El único uso práctico que puede hacerse de la lógica es que, al disputar, uno demuestre al adversario no tanto sus conclusiones inexactas cuanto sus sofismas intencionados, llamándolos por su nombre técnico. Postergar la orientación práctica y poner el acento en la contextualización de la lógica dentro del conjunto de la filosofía, como uno de sus capítulos, no debería hacer su conocimiento aún más raro de lo que ya lo es ahora, pues hoy en día quien no quiera seguir siendo inculto en las cuestiones capitales y no quiera contarse entre la ignorante muchedumbre sumida en la estupidez tiene que haber estudiado filosofía especulativa; y esto es así porque este decimonoveno siglo es un siglo filosófico; con lo cual no significa que este siglo esté en posesión de la filosofía o que la filosofía impere en él, sino más bien que está maduro para la filosofía y por eso está menesteroso de ella; esto es un signo de una elevada educación e incluso un punto firme en la escala cultural de los tiempos*.

Por poca utilidad práctica que pueda tener la lógica, no puede negarse sin embargo que fue inventada con miras prácticas. Su origen me lo explico del siguiente modo. Cuando entre los eleáticos, los megáricos y los sofistas fue desarrollándose cada vez más el placer por disputar y paulatinamente se convirtió casi en una manía, el desconcierto sembrado por casi todas las disputas tuvo que imponer muy pronto la necesidad de un procedimiento metódico, para cuya guía hubo de buscarse una dialéctica científica. Lo primero que hubo de advertirse fue que las dos partes en liza tenían que ponerse de acuerdo sobre algún principio al cual referir los puntos de la controversia mientras disputaban. El comienzo del procedimiento metódico consistió en que se enunciaron formalmente como tales esos principios comúnmente reconocidos, colocándolos en la cúspide de la indagación. Pero en un comienzo estos principios sólo concernían al material de la indagación. Pronto se cayó en la cuenta de que también en el modo y manera como uno se remitía a la

---

* Cfr. los capítulos 9 y 10 del segundo volumen.

verdad comúnmente reconocida, intentando deducir de ella sus afirmaciones, eran seguidas ciertas formas y leyes sobre las cuales, aun sin mediar un acuerdo previo, nunca se discrepaba, con lo cual se vio que tales formas y leyes habían de ser la singular quintaesencia subyacente al decurso de la propia razón. Aunque esto nunca fue materia de duda o desacuerdo, a alguna cabeza sistemática hasta la pedantería se le ocurrió la idea de que parecería convenientemente bello y sería la culminación del método dialéctico, si lo formal de cualquier disputar, este procedimiento siempre regular de la razón misma, fuera también enunciado en principios abstractos, los cuales se situarían en la cúspide de la indagación, al igual que aquellos principios comúnmente reconocidos concernientes a lo material de la indagación, como | el firme canon del propio disputar, canon al que habría que remitirse invocándolo continuamente. De este modo, lo que hasta entonces se había seguido merced a un acuerdo tácito, o se había puesto en práctica instintivamente, se quiso reconocer conscientemente como ley al enunciarlo formalmente, descubriéndose paulatinamente expresiones más o menos perfectas para los principios lógicos, como el principio de contradicción, el de razón suficiente, el del terco excluso, el *dictum de omni et nullo* [lo dicho de todo vale también de cada uno] y luego las reglas especiales de la silogística, como v.g. *ex meris particularibus aut negativis nihil sequitur* [de lo meramente particular o premisas negativas nada se sigue], *a rationato ad rationem non valet consequentia* [la conclusión de la consecuencia no vale como razón], etc. Pero que esto sólo se llevó a cabo lenta e ímprobamente y que antes de Aristóteles todo seguía estando en un estadio muy imperfecto lo advertimos en parte por el modo torpe y prolijo con que son sacadas a la luz las verdades lógicas en varios diálogos platónicos, pero aún mejor en el relato de Sexto Empírico sobre las disputas de los megáricos en torno a las leyes lógicas más fáciles y sencillas y su laborioso modo de clarificarlas (Sexto Empírico, *Contra los matemáticos,* libro VIII, pp. 112 y ss.). Sin embargo Aristóteles compendió, ordenó y corrigió lo encontrado, llevándolo hasta un incomparable nivel de perfección. Si se considera el modo como el transcurso de la cultura griega había preparado y motivado el trabajo de Aristóteles, se estará poco inclinado a creer esa mención de algunos autores persas que Jones nos transmite muy seducido por ella, según la cual Calístenes habría encontrado entre los hindúes una lógica totalmente elaborada y se la habría enviado a su tío Aristóteles *(Investigaciones asiáticas,* vol. IV, p. 163). Se comprende fácilmente que en la lúgubre Edad Media el espíritu de los escolásticos, cuya manía por disputar al carecer de todo conocimiento real se consumía en fórmulas y palabras, dispensara una calurosa acogida a la lógica aristotélica e incluso fuese aprovechada con avidez su mutilación árabe hasta convertirla en el epicentro de todo saber. Pese a que su prestigio ha ido mermando desde entonces, la lógica ha mantenido hasta nuestra época el crédito de constituir una ciencia consistente, práctica y sumamente necesaria; incluso en nuestros días la filosofía | kantiana, que tomó propiamente de la lógica su piedra angular, ha vuelto a suscitar un nuevo interés por ella, que en este sentido, es decir, como medio para conocer la esencia de la razón, también se merece sin duda alguna.

Los silogismos rigurosamente correctos se realizan al atender minuciosamente a la relación de las esferas conceptuales, de suerte que sólo cuando una esfera está totalmente contenida en otra y a su vez ésta se halla totalmente contenida en una tercera, también la tercera se reconoce como enteramente contenida en la tercera; en cambio, *el arte de la persuasión* consiste en que uno someta las relaciones de las esferas conceptuales sólo a un examen superficial y entonces las determine sesgadamente según sus propósitos, consistiendo principalmente por ello en que, cuando la esfera de un concepto examinado sólo está parcialmente en otra, pero también parcialmente en una totalmente distinta, se la señala como si estuviera totalmente en la primera, o totalmente en la segunda, según el propósito del orador. Por ejemplo, si se habla de la pasión, se la puede subsumir discrecionalmente bajo el concepto de fuerza mayor, del agente más poderoso del mundo, o bien bajo el concepto de sinrazón y a éste bajo el de impotencia, de debilidad. Este mismo proceder puede proseguir y aplicarse de nuevo a cada concepto al que nos conduzca el discurso. Las esferas de un concepto suelen dividirse casi siempre en algunas otras, cada una de las cuales contiene una parte del dominio de la primera en el suyo propio, pero éste también abarca algo más aparte de eso; de estas últimas esferas sólo cabe considerar una, aquella bajo la cual se quiere subsumir el primer concepto, mientras se hace caso omiso de las demás, o se las mantiene ocultas. En este artificio conceptual descansan propiamente todas las artes de la persuasión y los sofismas más sutiles, pues los sofismas lógicos, como *mentiens, velatus, cornutus*[11] y otros por el estilo, son obviamente demasiado burdos para ser aplicados realmente. Como no me consta que hasta el momento se haya reducido la esencia de toda sofística y de la persuasión a este último fundamento de su posibilidad o se haya demostrado esta última en la singular índole de los conceptos, esto es, en el modo de conocer de la razón, yo quiero –dado que la exposición me ha llevado a ello– ejemplificar la cuestión, por fácil de comprender que sea, por medio de un esquema en el cuadro subsiguiente, | el cual debe mostrar cómo las esferas conceptuales van implicándose mutuamente y con ello dar al arbitrio margen de ma-

---

11. «Mentiroso», «encubierto» y «cornudo» son nombres de silogismos del megárico Eubulides.

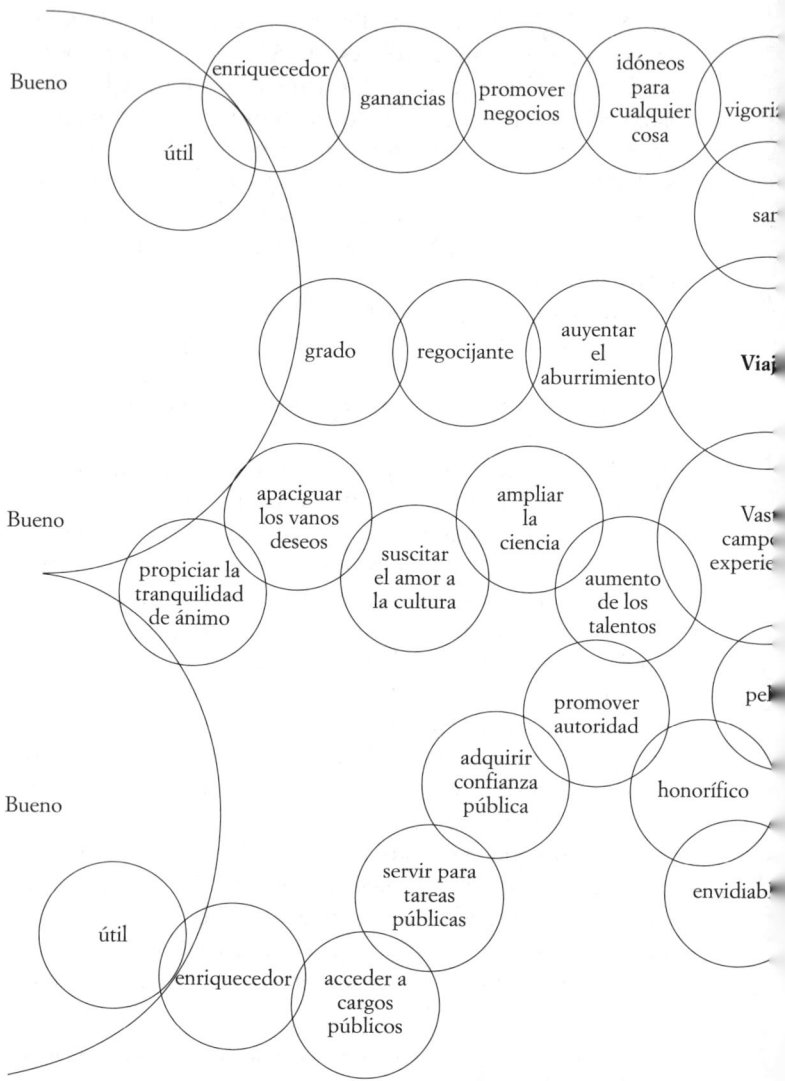

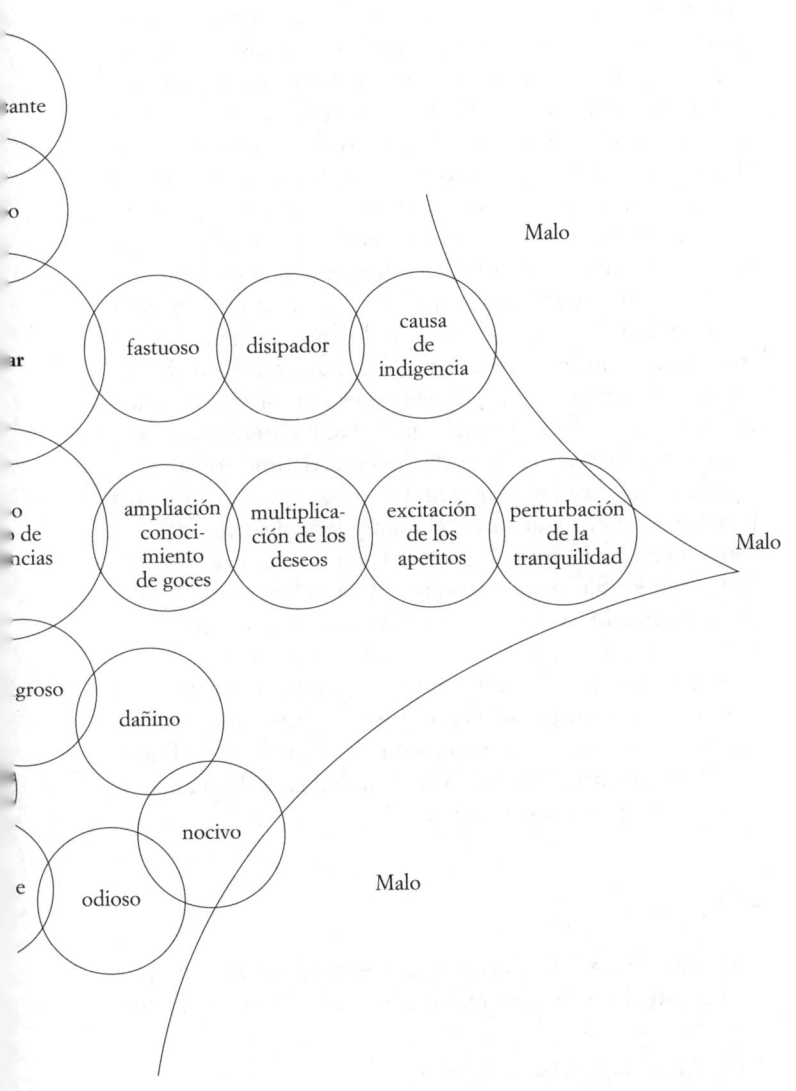

niobra para pasar de cada concepto a este o aquel otro. No quisiera que merced a este cuadro uno quedase inducido a conceder a esta pequeña ejemplificación ocasional más importancia de la que pueda tener con arreglo a su naturaleza. He escogido como ejemplo ilustrativo el concepto de *viajar*. Su esfera implica el dominio de otras cuatro, a cada una de las cuales puede pasar discrecionalmente el orador persuasivo; éstas implican a su vez otras esferas, algunas de las cuales implican simultáneamente dos o más, a través de las que el orador persuasivo toma arbitrariamente su camino, siempre como si éste fuera el único, arribando finalmente al bien o al mal de acuerdo con su propósito. Lo único que ha de hacerse, al recorrer las esferas, es mantener siempre la dirección desde el centro (el concepto primordial dado) hacia la periferia, sin volver atrás. El revestimiento de una sofística tal puede ser el discurso consecutivo, o bien la estricta forma silogística, según lo aconseje el punto débil del oyente. En el fondo la mayoría de las argumentaciones científicas, y especialmente las filosóficas, no son de una índole muy distinta; de lo contrario, cómo sería posible que tantas argumentaciones, en diferentes épocas, no sólo hayan sido asumidas erróneamente (pues el error mismo tiene otro origen), sino demostradas y probadas, descubriéndose luego que eran radicalmente falsas, como por ejemplo la filosofía de Leibniz y Wolff, la astronomía ptolemaica, la química de Stahl, la teoría newtoniana de los colores, etc.*

§ 10.

Por todo ello cada vez se nos impone más la cuestión relativa a cómo alcanzar la *certeza* o cómo establecer los *juicios*,

---

* Cfr. el capítulo 11 del segundo volumen.

aquello en que consiste el *saber* y la ciencia, a lo cual, junto al lenguaje y al obrar reflexivo, elogiamos como el tercer gran privilegio suministrado por la razón.

La razón es de naturaleza femenina: sólo puede dar a luz después de haber sido preñada. Por sí misma no tiene nada más que las formas hueras de su operar. No hay ningún otro conocimiento racional | perfectamente puro salvo los cuatro principios que he atribuido a la verdad metalógica, o sea, los principios de identidad, de contradicción, de tercero excluso y de razón suficiente del conocimiento. Pues incluso el resto de la lógica deja de ser un conocimiento racional perfectamente puro, al presuponer las relaciones y combinaciones de las esferas de los conceptos; mas los conceptos en general son posteriores a previas representaciones intuitivas y toda su esencia consiste en la relación con estas últimas, que por consiguiente se ve presupuesta por los conceptos. Como esta presuposición no abarca el contenido determinado de los conceptos, sino sólo su existencia genérica, la lógica sí puede, tomada en su conjunto, valer como una ciencia racional pura. En todas las demás ciencias la razón ha obtenido su contenido a partir de las representaciones intuitivas; en la matemática a partir de las relaciones de espacio y tiempo comprendidas intuitivamente con anterioridad a cualquier experiencia; en las ciencias naturales puras, es decir, en lo que sabemos antes de toda experiencia sobre el curso de la naturaleza, el contenido de la ciencia proviene del entendimiento puro, esto es, a partir del conocimiento a priori de la ley de causalidad y de su enlace con aquellas intuiciones puras del espacio y del tiempo. En todas las otras ciencias todo lo que no viene prestado de lo ya citado pertenece a la experiencia. *Saber* significa, en general, poseer en la mente el poder de reproducir arbitrariamente juicios tales que tengan su razón suficiente de conocer en algo ajeno a ello, o sea, que sean *verdaderos*. Por

60

tanto, el conocimiento abstracto es lo único que es un saber; por eso el saber está condicionado por la razón, y hablando con propiedad no podemos decir de los animales que *saben* algo, por más que posean conocimiento intuitivo y por éste también recuerdos e incluso fantasía, como demuestran además sus sueños. Nosotros les atribuimos «consciencia» *(Bewustsein* en alemán), cuyo concepto, aunque la palabra esté tomada de «saber» *(wissen)*, coincide con la del «representar» en general, sea éste del tipo que fuere. Por eso también les atribuimos a las plantas vida, mas no consciencia. *Saber* es, por tanto, la consciencia abstracta, el fijar en conceptos de la razón lo que se ha conocido en general de otro modo. |

§ 11.

En este sentido lo auténticamente opuesto al *saber* es el *sentimiento,* que por ello hemos de sacar aquí a colación. El concepto que designa la palabra *sentimiento* sólo tiene un contenido *negativo,* cual es el de que algo que está presente en la consciencia *no es un concepto o conocimiento abstracto de la razón;* todo lo demás, sea lo que fuere, cae bajo el concepto de *sentimiento,* cuya esfera desmesuradamente vasta abarca por ello las cosas más heterogéneas, cuya coincidencia nos parece inexplicable hasta reparar en que sólo tienen en común el rasgo negativo de *no ser conceptos abstractos.* Pues los más diversos e incluso antagónicos elementos conviven pacíficamente el uno junto al otro en ese concepto, v.g., el sentimiento religioso, el sentimiento de la voluptuosidad, el sentimiento moral, el sentimiento corporal como sentido del tacto, como dolor, como sentimiento hacia los colores, hacia los acordes y su armonía y desarmonía, el sentimiento del odio, del horror, de la autosatisfacción, del honor, de la vergüenza, de la justicia, de la injusticia, el sentimiento de la verdad, el sentimiento estético, el sentimiento de la fuerza, de la debilidad, de la salud, de la amistad, del amor, etc. Entre ellos no hay nada en común, salvo el rasgo negativo de que no constituyen un conocimiento abstracto de la razón; pero esto se vuelve aún más sorprendente, cuando incluso el conocimiento intuitivo a priori de las relaciones espaciales y para colmo el conocimiento del entendimiento puro son llevados bajo este concepto o, en general, cuando de todo conocimiento, de toda verdad, de los que sólo se es consciente intuitivamente, pero que todavía no se han expedido en conceptos abstractos, se dice que uno los *siente*. A este respecto y a título aclaratorio quiero aportar algunos ejemplos sacados de libros recientes, porque suponen chocantes ilustraciones de mi explicación. Recuerdo haber leído en la introducción a una traducción alemana de Euclides[12] que a los debutantes en materia de geometría se les debería hacer dibujar las figuras, antes de avanzar en su demostración, porque entonces ya *sentirían* de antemano la verdad geométrica antes de que la demostración les aportara un cabal conocimiento de la misma. Igualmente en la *Crítica de la teoría moral* de Schleiermacher se habla del | sentimiento lógico y del sentimiento matemático (p. 339), así como del sentimiento de la igualdad o la heterogeneidad entre dos fórmulas (p. 342)[13]; en la *Historia de la filosofía* de Tennemann (vol. I, p. 361)[14] se lee: «*Sentía* que los sofismas no

---

12. En su biblioteca Schopenhauer tenía esta edición alemana de Euclides: *Elementos*, traducido del griego al alemán por Johann Friedrich Lorenz, Halle, 1809.
13. En los anaqueles de su biblioteca Schopenhauer tenía esta edición de F. Schleiermacher, *Miscelánea de escritos filosóficos*, 1838.
14. La edición del manual de Wilhelm Gottlieb Tennemann que poseía Schopenhauer era ésta: *Compendio de la historia de la filosofía para la docencia universitaria*, Leipzig, 1812.

eran correctos, pero sin embargo no podía descubrir el error». Mientras no se considere este concepto de *sentimiento* desde el punto de vista adecuado y no se reconozca ese rasgo negativo como lo único que le es consustancial, dicho concepto, a causa de la sobredimensionada extensión de su esfera y de su ínfimo contenido, daría pie a tergiversaciones y polémicas. Como en alemán tenemos una palabra prácticamente sinónima, la de *sensación,* cabría servirse de ella para referirnos al sentimiento corporal como una subespecie. El origen de que el concepto de sentimiento resulte tan desproporcionado frente a cualquier otro se debe sin duda a lo siguiente. Todos los conceptos, y sólo son conceptos los designados por palabras, sólo existen para la razón y sólo provienen de ella; por tanto con ellos uno se coloca en un punto de vista unilateral. Mas desde esta perspectiva lo próximo parece obvio y es establecido positivamente; lo lejano fluye conjuntamente y pronto es atendido tan sólo negativamente; así cualquier nación llama a las otras «extranjeras», los griegos llamaban a los demás «bárbaros», los ingleses a todo lo que no es Inglaterra o no es inglés «continente» y «continental», los creyentes llaman a los que no lo son «herejes» o «infieles», el noble llama a todos los demás «plebeyos», el estudiante llama a los otros «burgueses», y así sucesivamente. Esta misma estrechez de miras, que podemos tildar de burda ignorancia basada en el orgullo, por extraño que suene se debe a la propia razón, al abarcar ésta bajo un solo concepto de *sentimiento* toda modificación de la consciencia que no pertenece inmediatamente a *su* modo de representación, es decir, que no es un *concepto abstracto.* Como su propio proceder no se le clarificaba por medio del autoconocimiento, hasta ahora la razón ha tenido que expiar esto a través de tergiversaciones y extravíos en su propio dominio, llegando a establecer una facultad especial del sentimiento y a construir toda una teoría al respecto. |

§ 12.

El *saber,* cuyo término opuesto y contradictorio es el concepto de sentimiento que acabamos de sacar a colación, es –como ya se ha dicho– todo conocimiento abstracto o conocimiento de la razón. Ahora bien, como a su vez la razón sólo convierte en conocimiento lo que ha recibido anteriormente de otro modo, en realidad no aumenta el caudal de nuestro conocer, sino que simplemente le da otra forma. Lo que fuera conocido intuitivamente en concreto, ella lo viene a reconocer abstracta y universalmente. Pero esto es incomparablemente más importante de lo que parece a primera vista expresándolo así. Pues toda preservación cierta, toda comunicación, así como toda aplicación certera y extensa del conocimiento sobre lo práctico, depende de que tal conocimiento se haya convertido en un saber o conocimiento abstracto. El conocimiento intuitivo siempre vale únicamente para un caso concreto, llega sólo a lo más cercano y se queda siempre ahí, porque la sensibilidad y el entendimiento sólo pueden asir *un* objeto al tiempo. Cualquier actividad prolongada, coordinada, planificada, tiene que partir por ello de principios, o sea, de un saber abstracto, y ha de verse guiada conforme a ellos. Así por ejemplo, el conocimiento que tiene el entendimiento de la relación entre causa y efecto es de suyo mucho más perfecto, profundo y exhaustivo de lo que quepa pensarse al respecto en abstracto; sólo el entendimiento conoce intuitiva, inmediata y perfectamente el tipo de efecto de una palanca, de una polea, de un engranaje, el asentamiento de una bóveda sobre sí misma y otras cosas por el estilo. Mas a causa de la mencionada propiedad del conocimiento intuitivo, el ceñirse a lo inmediatamente actual, el mero entendimiento no basta para construir máquinas y edificios; antes bien ahí ha de comparecer la razón, para colocar conceptos abstractos en el lugar de las intuiciones y tomarlos como un criterio del obrar que se corona con el éxito si esos conceptos son los adecuados. De igual modo en la intuición pura reconocemos perfectamente la esencia y la regularidad de una parábola, de una hipérbole y de una espiral; sin embargo, para aplicar certeramente a la realidad ese conocimiento, primero tuvo que volverse un saber abstracto, con lo que sin duda mermó su intuitividad, pero ganó la seguridad y precisión del saber abstracto. Así pues, el | cálculo diferencial no amplía propiamente en modo alguno nuestro conocimiento de las curvas, al no contener nada más que la simple intuición pura de las mismas, pero sí modifica el modo de conocimiento, al transformar el conocimiento intuitivo en un abstracto, y esto tiene unas consecuencias sumamente fecundas de cara a su aplicación. Pero todavía queda por tratar una singularidad de nuestra capacidad cognoscitiva que no podía advertirse cabalmente antes de haber distinguido con claridad entre conocimiento intuitivo y abstracto. Dicha singularidad estriba en que la relación del espacio no puede verse transferida inmediatamente y en cuanto tal a los conceptos abstractos, sino que sólo son aptas para ello las magnitudes temporales, o sea, los números. Únicamente los números pueden ser expresados en conceptos abstractos que concuerdan exactamente con ellos, mas no así las magnitudes espaciales. El concepto de mil se diferencia cabalmente del de diez, tal como ambas magnitudes temporales se diferencian en la intuición; con mil pensamos un determinado múltiplo de diez y podemos descomponerlo discrecionalmente de cara a la intuición en el tiempo, esto es, podemos contarlo. Pero entre el concepto abstracto de una milla y de un pie, sin una representación intuitiva de ambos y sin el auxilio del número, no se da en absoluto ninguna diferencia exacta que concuerde con esas magnitudes mismas. En ambos casos sólo se piensa una magnitud espacial en general y, para diferenciar ambas suficientemente, o bien ha de recurrirse a la intuición espacial, con lo cual se abandona el dominio del conocimiento abstracto, o bien tiene que pensarse la diferencia en *números*. Así pues, si queremos tener un conocimiento abstracto de las relaciones temporales, primero hemos de transferirlas a relaciones temporales, esto es, a números; por eso es la aritmética, y no la geometría, la teoría general de las magnitudes y la geometría tiene que traducirse en aritmética, si quiere ser comunicable, precisa y aplicable a lo práctico. Ciertamente una relación espacial en cuanto tal también se deja pensar en abstracto, v.g. «el seno crece proporcionalmente al ángulo», pero si ha de indicarse la magnitud de esa relación se precisa del número. Esta necesidad de que el espacio, con sus tres dimensiones, haya de traducirse en tiempo, el cual sólo tiene una dimensión, si se quiere tener un conocimiento abstracto (es decir, un *saber* y no una simple intuición) de sus relaciones, es lo que hace tan difíciles las matemáticas. Esto resulta muy obvio cuando comparamos la intuición de las curvas con su cálculo analítico o las tablas de logaritmos de las funciones trigonométricas con la intuición de las relaciones variables entre los elementos del triángulo que son expresadas por esos logaritmos; aquello que la intuición capta a primera vista, a saber, cómo el coseno disminuye al aumentar el seno, cómo el coseno de un ángulo es el seno del otro, la relación inversamente proporcional entre la disminución y el aumento de ambos ángulos, etc., ¡qué ingente sarta de números!, ¡qué ímprobo cálculo se precisa para formular eso mismo en abstracto!, ¡cómo hemos de torturar –por decirlo así– al tiempo con su *única* dimensión para restituir las tres dimensiones del tiempo! Pero esto era necesario si, al efecto de la aplicación, queríamos reformular las relaciones del espacio en conceptos abstractos; dichas relaciones no podían disolverse directamente en dichos conceptos, sino a través de la mediación de la magnitud puramente temporal, el número, como lo único que se adapta inmediatamente al concepto abstracto. Es digno de atención el que, tal como el espacio resulta muy apto para la intuición y, por medio de sus tres dimensiones permite abarcar con facilidad relaciones muy complicadas, se sustrae en cambio al concepto abstracto; y a la inversa el tiempo se acomoda fácilmente a los conceptos abstractos, mientras que por el contrario se presta muy poco a la intuición; nuestra intuición de los números en su elemento singular, el tiempo sin el suplemento del espacio, apenas llega hasta diez; más allá de eso tan sólo tenemos conceptos abstractos, y no un conocimiento intuitivo de los números; en cambio asociamos con cada cifra y con todo signo algebraico conceptos abstractos muy precisos.

Junto a ello cabe observar aquí que muchas mentes sólo encuentran una plena satisfacción en lo conocido intuitivamente. Lo que buscan es la causa y el efecto del ser presentado en el espacio; una demostración euclidiana o una solución aritmética de problemas espaciales no les dice nada. En cambio otras mentes | reclaman conceptos abstractos que sólo son idóneos para ser aplicados y comunicados; tienen paciencia y memoria para las proposiciones abstractas, las fórmulas, las demostraciones con largas cadenas de silogismos y los cálculos, cuyos signos hacen las veces de complejísimas abstracciones. Las segundas buscan certeza, las primeras evidencia. La diferencia es significativa.

El saber, el conocimiento abstracto, posee su mayor valor en la comunicabilidad, así como en la posibilidad de verse fijado y conservado; sólo por ello se vuelve tan inestimable para la práctica. Cualquiera puede tener en el entendimiento sólo un conocimiento inmediatamente intuitivo de la conexión causal de las variaciones y movimientos de los cuerpos naturales y hallarse plenamente satisfecho con él, pero sólo será capaz de comunicar ese conocimiento tras haberlo fijado en conceptos. Incluso para la práctica basta un conocimiento del primer tipo, siempre que también lo ejecute totalmente a solas y siempre que la acción se ejecute mientras todavía permanece vivo ese conocimiento intuitivo; mas no cuando precisa un apoyo ajeno o si el obrar propio sólo puede tener lugar en distintos momentos y precisa por ello de un plan deliberado. Así por ejemplo, un jugador de billar experimentado puede poseer un conocimiento cabal de las leyes relativas al choque de los cuerpos elásticos entre sí sólo en el entendimiento, sólo para la intuición inmediata, y con ello le basta perfectamente; en cambio el mecánico científico sólo posee un saber intrínseco de esas leyes, o sea, un conocimiento abstracto de ellas. Incluso para construir máquinas ese conocimiento intelectual meramente intuitivo basta, cuando el inventor de la máquina también lo pone en práctica por su cuenta, tal como solemos ver a menudo en esos artesanos de gran talento y ayunos de toda ciencia; en cambio, tan pronto como son necesarios varios hombres y una actividad coordinada por parte de los mismos que tenga lugar en diferentes momentos para ejecutar una operación mecánica, acabar una máquina o construir un edificio, el que dirige la acción ha de haber trazado el plan en abstracto y sólo mediante el concurso de la razón se posibilita esa actividad combinada. Es curioso que en el primer tipo de actividad, donde uno solo ha de ejecutar algo en una acción ininterrumpida, el saber, la aplicación de la razón y la razón pueden incluso llegar a suponer un estorbo con mucha frecuencia, como por ejemplo cuando se juega al billar, en la esgrima, al afinar un instrumento, al cantar y otras cosas por el estilo; aquí el conocimiento intuitivo ha de guiar inmediatamente la actividad y el paso por la reflexión torna insegura esa actividad, puesto que divide la atención y desconcierta al hombre. Por eso los salvajes y los hombres toscos, que están muy poco acostumbrados a pensar, realizan ciertos ejercicios corporales, luchan con animales, disparan certeramente sus flechas, etc., con una seguridad y rapidez que jamás logra el europeo reflexivo, justamente porque su reflexión le hace vacilar y titubear; pues este último intenta encontrar el lugar exacto o el momento justo a igual distancia e intervalo de dos extremos falsos, mientras que el hombre natural los encuentra inmediatamente sin el rodeo de la reflexión. Asimismo no me sirve saber indicar en abstracto, en minutos y segundos, el ángulo en que debo sujetar mi navaja de afeitar, si no lo conozco intuitivamente, o sea, si no la agarro por el mango. De igual modo resulta perturbador aplicar la razón a la comprensión de la fisionomía, comprensión que ha de darse inmediatamente por parte del entendimiento, pues tal como se dice la expresión, el significado de los rasgos, sólo se deja *sentir* y no se acomoda a los conceptos abstractos. Cada hombre posee de un modo inmediatamente intuitivo su fisiognómica y «patognómica», si bien alguno conoce con más claridad que otro esa *signatura rerum*[15]. Pero una fisiognomía en abstracto no se presta a ser enseñada o aprendida, porque aquí los matices son tan sutiles que el concepto no puede bajar hasta ellos; de ahí que el saber abstracto se relacione con esos matices como lo hace un mosaico con un cuadro de Van der Werft o de Denner, pues por fino que sea el mosaico siempre queda pese a todo las junturas de sus fragmentos y no es posible la difuminada transición de una tinta a la otra; así también los conceptos, con su rigidez y brusca delimitación, por muy sutilmente que se los quiera fraccionar mediante una definición más precisa, siguen siendo incapaces de alcanzar las sutiles mo-

---

15. *Signatura rerum [El carácter distintivo de las cosas]* es el título de una obra de Jakob Böhme, fechada en 1622.

dificaciones de lo intuitivo, a las que atañe justamente esa fisiognómica tomada aquí como ejemplo*. |

Esa índole de los conceptos que los asemeja a los fragmentos del mosaico, y merced a la cual la intuición siempre sigue siendo su asíntota, supone asimismo la razón del porqué no se consigue nada bueno con ellos en el arte. Si el cantante o el virtuoso quisiera dirigir su interpretación por medio de la reflexión, la dejarían sin vida. Lo mismo vale decir del compositor, del pintor e incluso del poeta, pues el concepto siempre resulta infructuoso para el arte, donde el concepto sólo puede guiar la técnica; el ámbito del concepto es la ciencia. En el tercer libro examinaremos con más detalle por qué todo arte genuino emana del conocimiento intuitivo y nunca del concepto. También en lo referente a los modales, al encanto personal en el trato social, el concepto sólo sirve negativamente para contener los arrebatos del egoísmo y de la bestialidad, de modo que la cortesía supone su obra más encomiable; pero los modales atractivos, amenos y seductores, lo afectuoso y afable, no puede provenir del concepto, porque de lo contrario «uno siente el propósito y se disgusta»[16].

---

* Por ello soy de la opinión de que la fisiognómica no puede avanzar con seguridad sino estableciendo algunas reglas enteramente universales; v.g.: lo intelectual ha de leerse en la frente y los ojos, lo ético y las expresiones de la voluntad en la boca y en la parte inferior del rostro; la frente y los ojos se explican mutuamente y cada uno de los dos sólo se comprende a medias sin ver al otro; el genio nunca se da sin una frente elevada, ancha y hermosamente arqueada, aun cuando ésta se dé muy a menudo sin aquél; a partir de un aspecto ingenioso cabe concluir el ingenio con tanta mayor seguridad cuanto más feo sea el rostro y a partir de un aspecto estúpido cabe colegir la estupidez con tanta mayor seguridad cuanto más hermoso sea el rostro; porque la hermosura, en cuanto conforma un tipo humano, ya comporta de suyo y en sí la expresión de una claridad espiritual, y la fealdad procede justamente al contrario, etc.

16. Cfr. Goethe, *Tasso* II, 1.

Toda hipocresía es obra de la reflexión, pero ese disimulo no puede sostenerse eterna e ininterrumpidamente; «nadie puede llevar una máscara por mucho tiempo», dice Séneca en su libro *Sobre la clemencia*[17]; por añadidura la mayoría de las veces se le reconoce y pierde su efecto. Ciertamente, ante los perentorios apremios de la vida, cuando se precisan decisiones prontas, un comportamiento audaz o una intervención rápida y firme, la razón es necesaria, pero puede fácilmente echarlo todo a perder, si se sobrepone al hallazgo que se ha captado inmediatamente de un modo puramente intuitivo, al tiempo que perturba e impide la aprehensión de lo correcto y comporta indecisión. |

Tampoco la virtud y la santidad proceden de la reflexión, sino de las entrañas de la voluntad y su relación con el conocimiento. Si bien esta discusión pertenece a otro lugar totalmente distinto de este escrito, sólo quiero advertir aquí que los dogmas relativos a lo ético pueden ser idénticos en la razón de todas las naciones, pero el obrar de cada individuo es diferente y también a la inversa el obrar acontece, como suele decirse, con arreglo a los *sentimientos,* es decir, no sólo conforme a conceptos, o sea, según el contenido ético. Los dogmas entretienen a la razón ociosa y, a la postre, el obrar sigue su curso independientemente de ellos, la mayor parte de las veces no según máximas abstractas, sino según máximas no enunciadas cuya expresión es el propio hombre por entero. De ahí que, por diferentes que sean también los dogmas religiosos de los pueblos, en todos ellos la buena acción se acompaña de un inefable contento y la mala de un inmenso espanto; a ese contento no le afecta escarnio alguno y del espanto no nos libra ninguna absolución del confesor. Con todo, a renglón seguido, no se puede negar que en la realización de una andadura virtuosa hace

---

17. Séneca, *Sobre la clemencia* I, I, 6.

falta aplicar la razón, sólo que ésta no es la fuente de aquélla, sino que su función es una función subalterna, a saber: conservar las decisiones adoptadas, la demostración de las máximas para oponerse a la debilidad del momento y a obrar consecuentemente. La misma función que la razón cumple también a la postre en el arte, donde no tiene autoridad alguna en lo referente a la cuestión principal, pero respalda la ejecución, justamente porque el genio no está disponible a cada momento, si bien la obra debe consumarse en todas sus partes y redondearse como un todo*.

§ 13.

Todas estas consideraciones relativas tanto a la utilidad como al perjuicio de aplicar la razón deben servir para aclarar que, aun cuando el saber abstracto sea el reflejo de la representación intuitiva y se basa en ella, en modo alguno resulta tan congruente con ella como para que pueda suplirla | por doquier, sino que más bien nunca se corresponde del todo con dicha representación; por eso, como hemos visto, aunque muchos de los quehaceres humanos sólo puedan tener lugar por medio del auxilio de la razón y del comportamiento deliberado, algunos se culminan mejor sin su concurso. Justamente esa incongruencia entre el conocimiento intuitivo y el abstracto, merced a la cual éste se asemeja a aquél sólo como el mosaico a la pintura, es también el motivo de un fenómeno muy curioso que, al igual que la razón, es privativo de la naturaleza humana y del que los intentos por explicarlo se han mostrado insuficientes hasta la fecha; me refiero a la *risa*. A causa de su origen no podemos absolvernos de dilucidar aquí este asunto, aunque demore

---

* Cfr. el capítulo 7 del segundo libro.

de nuevo nuestro hilo discursivo. La *risa* no se debe sino a la repentina percepción de una incongruencia entre un concepto y los objetos reales que habían sido pensados en algún tipo de relación gracias a dicho concepto, de suerte que la risa sólo es la expresión de tal incongruencia. Con frecuencia la risa comparece porque dos o más objetos reales son pensados por *un* concepto que les transfiere su identidad, siendo así que su diversidad salta a la vista sobradamente y que el concepto sólo casa parcialmente con tales objetos. Sin embargo, muy a menudo se trata de un único objeto real, cuya incongruencia con el concepto bajo el que por un lado se había subsumido correctamente se hace notar de repente. Cuanto más correcta es por un lado la subsunción de tales realidades bajo el concepto, así como cuanto mayor y más estridente es su inadaptación para con él, tanto más intenso es el efecto de lo risible que se corresponde con tal contraste. Así pues, la risa surge con ocasión de una subsunción paradójica y por ello inesperada, dando igual que se dé mediante palabras o hechos. Ésta es una breve pero correcta explicación de lo risible.

No me detendré aquí a contar anécdotas y a poner ejemplos para ilustrar mi explicación, pues es tan sencilla y clara que no los precisa, además de que le vale como testimonio todo cuanto de risible recuerde el lector. Sin embargo, nuestra explicación se ve simultáneamente corroborada y explicitada por la división de lo risible | en dos tipos, un desdoblamiento al que se debe tal explicación. O bien han precedido en el conocimiento dos o más objetos reales muy distintos, representaciones intuitivas, y se los ha identificado arbitrariamente por la unidad de un concepto que abarca ambos; y este tipo de lo risible se denomina *ingenio*. O bien, a la inversa, el concepto se da primero en el conocimiento y de él se pasa a la realidad y al incidir sobre ella, al obrar; objetos que por lo demás son radicalmente distintos, pero que son pensados todos ellos en ese concepto, son ahora vistos y tratados de igual modo, hasta que su gran heterogeneidad aparece para sorpresa y asombro del agente; a este tipo de lo risible se le llama *locura*. Así pues, todo lo risible o es una ocurrencia jocosa o es una chifladura, según se pase de la discrepancia de los objetos a la identidad del concepto, o a la inversa; lo primero siempre es arbitrario, mientras que lo segundo es involuntario e impuesto desde fuera. Investir aparentemente este punto de partida y enmascarar el ingenio como locura es el arte del bufón o del payaso; éste, bien consciente de la diversidad de los objetos, los fusiona con disimulado ingenio bajo un concepto del cual parte para descubrir luego en la diversidad de los objetos aquella sorpresa que él mismo ha preparado. De esta breve pero suficiente teoría de lo risible se infiere que, dejando a un lado el caso de los humoristas circenses, el ingenio ha de mostrarse siempre en palabras, mientras que la locura suele hacerlo en acciones, aunque también en palabras, como cuando formula su proyecto en vez de ejecutarlo realmente, o se expresa en meros juicios y opiniones.

En la locura se inscribe también la *pedantería*. Ésta se debe a que uno tiene poca confianza en su propio entendimiento y por eso no quiere confiarle el reconocer inmediatamente lo correcto en cada caso particular, por lo que se le pone entera y absolutamente bajo la tutela de la razón, de la cual quiere uno servirse para todo, partiendo siempre de conceptos, reglas o máximas universales y ateniéndose exactamente a ellas, en la vida, en el arte y en la buena conducta ética. De ahí el apego propio de la | pedantería a la forma, a los ademanes, a la expresión y a la palabra, que en ella ocupan el lugar sustantivo de las cosas. En la pedantería se deja ver en seguida la incongruencia del concepto para con la realidad, cómo aquél nunca desciende a lo particular y cómo su universalidad y rígida precisión nunca pueden ajustarse exactamente a los sutiles matices y múltiples modificaciones de la realidad. Por eso el pedante casi siempre se queda demasiado corto en la vida y se muestra imprudente, banal e inepto; en el arte, para el que el concepto es estéril, el pedante produce engendros sin vida, torpes y amanerados. Hasta en sentido ético el proyecto de obrar correcta o noblemente no puede ser ejecutado en general según máximas abstractas, porque en muchos casos la índole infinitamente matizada y sutil de las circunstancias hace necesaria una opción por lo correcto que proviene directamente del carácter, toda vez que la aplicación de máximas meramente abstractas arroja por un lado resultados falsos, porque sólo se adaptan a medias, y por otro lado ni siquiera son ejecutables, en tanto que son ajenas al carácter individual del agente y dicho carácter nunca se deja desmentir por completo; de ahí las inconsecuencias que se derivan de tal aplicación. No podemos absolver por completo a Kant del reproche de alentar la pedantería moral, al haber cifrado la condición del valor moral de una acción en que ésta tenga lugar por máximas abstractas puramente racionales y sin inclinación o arrebato momentáneo algunos; este reproche se lo atribuye también el sentido del epigrama de Schiller titulado *Escrúpulo de conciencia*. Cuando, particularmente en los asuntos políticos, se habla de doctrinarios, teóricos, eruditos, etc., se está pensando en los pedantes, esto es, en gente que conoce muy bien las cosas en abstracto, pero no en concreto. La abstracción consiste en alejarse de los detalles más nimios, pero justamente esto es lo que cuenta sobremanera en lo práctico.

Para cumplimentar esta teoría hay que mencionar todavía un falso tipo de ingenio, el juego de palabras *(calembourg, pun)*, al que también se puede sumar la ambigüedad *(l'équivoque)* y cuyo uso principal es lo obsceno (la indecencia). Tal como el ingenio constriñe dos objetos reales muy distintos bajo un concepto, el juego de palabras brinda, sirviéndose del azar, dos conceptos diferentes bajo una palabra; surge de nuevo | el mismo contraste, pero mucho más insípido y superficial, ya que no resulta de la esencia de las cosas, sino del azar de la denominación. En el ingenio se da la identidad en el concepto y la diversidad en la realidad, pero en el juego de palabras la diversidad está en los conceptos y la identidad en la realidad, como el contexto al que pertenece. Sería sólo un símil algo rebuscado decir que el juego de palabras se relaciona con el ingenio al igual que la hipérbole del cono superior invertido con la del inferior. Sin embargo, el malentendido de la palabra, o el *quid pro quo,* es el retruécano involuntario y se relaciona con éste justamente como la locura con el ingenio; por eso el duro de oído también ha de dar con frecuencia tanto material para la risa como el loco y los malos comediógrafos utilizan el malentendido en vez del ingenio para hacer reír.

Aquí sólo he considerado la risa desde un aspecto psíquico; en lo que atañe al aspecto físico remito a lo que indico al respecto en *Parerga* (vol. II, cap. 6 § 96)*.

§ 14.

Tras todas estas variopintas consideraciones, a través de las cuales espero haber clarificado la diferencia y la relación entre el modo de conocimiento de la razón, el saber, el concepto, por un lado, y el conocimiento inmediato en la intuición puramente sensible, matemática, y la comprensión por medio del entendimiento, por el otro, el examen de esa curiosa relación entre nuestros modos de conocimiento nos

---

* Cfr. asimismo el capítulo 8 del segundo volumen de *El mundo como voluntad y representación.*

condujo casi inevitablemente a las digresiones sobre el sentimiento y la risa; ahora retorno al debate relativo a la ciencia, en cuanto ésta supone junto al lenguaje y el obrar con reflexión el tercer privilegio que la razón otorga al hombre. El examen genérico de la ciencia que nos compete aquí se referirá a su forma, a la fundamentación de sus juicios y finalmente a su contenido.

Hemos visto que, a excepción del fundamento de la lógica pura, todo saber en general no tiene su origen en la razón misma, sino que una vez obtenido de otro lado como conocimiento intuitivo es depositado en ella, convirtiéndose con ello en un modo de conocimiento completamente distinto, cual es el abstracto. Todo *saber*, esto es, el conocimiento elevado hasta la consciencia en abstracto, se relaciona con la *ciencia* propiamente dicha como una fracción con el todo. Cada hombre ha adquirido por medio de la experiencia, mediante el examen de los pormenores que se le van presentando, un saber en torno a muchas cosas, pero sólo quien realice la tarea de alcanzar un conocimiento cabal sobre algún tipo de objetos tiende a la ciencia. Únicamente a través del concepto puede discriminar ese tipo de objetos; por eso en la cima de cada ciencia se coloca un concepto merced al cual se piensa la parte a partir del conjunto de todas las cosas, parte de la que la ciencia promete un conocimiento cabal en abstracto; por ejemplo el concepto de las relaciones espaciales, o el de la interacción de los cuerpos inorgánicos, o el de la índole de las plantas y de los animales, o el de las variaciones de la superficie del globo terráqueo, o el de las variaciones del género humano en su conjunto, o el de la estructura del lenguaje, etc. Si la ciencia quisiera conseguir el conocimiento de su objeto indagando individualmente todas las cosas pensadas por el concepto hasta conocer poco a poco el todo, entonces por un lado no bastaría la memoria humana y por el otro no se alcanzaría la certeza de plenitud. De ahí que utilice esa peculiaridad, discutida anteriormente, de las esferas conceptuales de incluirse unas a otras y se encamine principalmente hacia las esferas más alejadas, que se hallan dentro del concepto de su objeto en general; al determinar las relaciones de tales esferas entre sí, la ciencia también determina en general todo lo pensado en dichas esferas y, mediante la selección de esferas conceptuales cada vez más restringidas, puede ir determinándose con más precisión y exactitud. Merced a ello se hace posible que una ciencia abarque por entero a su objeto. Este camino, que la lleva hacia el conocimiento, o sea, de lo universal hacia lo particular, la diferencia del saber común; de ahí que la forma sistemática sea un distintivo esencial y característico de la ciencia. El enlace de las esferas conceptuales | más universales de cada ciencia, esto es, el conocimiento de sus principios supremos, supone una condición indispensable de su aprendizaje; cuán lejos se quiera ir desde estos principios a los más particulares es algo discrecional y no incrementa la profundidad, sino el contorno de la erudición. El número de los principios supremos, a los que se hallan subordinados todos los demás, es muy distinto en las diversas ciencias, de suerte que en unas se da una mayor subordinación y en otras más coordinación; en este sentido las primeras cautivan más al discernimiento y las segundas a la memoria. Los escolásticos* ya sabían que, como la conclusión exige dos premisas, ninguna ciencia puede partir de un principio supremo que no se derive ulteriormente, sino que ha de tener varios y cuando menos dos. Las ciencias clasificatorias por antonomasia: la zoología, la botánica, así como también la física y la química, en tanto que reducen cualquier efecto inorgánico a unas pocas fuerzas elementales, albergan la mayor subordinación; en cambio la

---

* Cfr. Suárez, *Disputaciones metafísicas,* disp. III, sec. 3, tít. 3.

historia no tiene propiamente ninguna, dado que lo universal consiste para ella en la panorámica de los períodos principales, a partir de los cuales sin embargo no cabe deducir los acontecimientos particulares, que sólo se subordinan a esos períodos conforme al tiempo y quedan coordinados con arreglo al concepto; de ahí que la historia, hablando con propiedad, sea desde luego un saber, mas no una ciencia. En las matemáticas, según el planteamiento de Euclides, los axiomas son los únicos principios supremos indemostrables y todas las demostraciones se subordinan estrictamente a ellos de manera escalonada; no obstante, este planteamiento no es consustancial a las matemáticas y, de hecho, cada teorema implica a su vez una nueva construcción espacial que en sí es independiente de la precedente y que en realidad también puede ser conocida al margen de ellas, por sí misma, en la pura intuición del espacio, en la cual incluso la construcción más intrincada es tan evidente de inmediato como el axioma; a esto volveremos luego. Entretanto cada principio matemático sigue siendo una verdad universal que vale para innumerables casos particulares, resultándole también esencial un decurso gradual de las proposiciones simples a las más complejas, las cuales se reducen a las primeras; así pues, las matemáticas son una ciencia en cualquier sentido. La | perfección de una ciencia en cuanto tal, es decir, con arreglo a la forma, consiste en que haya la mayor subordinación y la menor coordinación posibles entre las proposiciones. El talento científico en general supondría, por consiguiente, la habilidad de subordinar las esferas conceptuales conforme a sus distintas determinaciones, con lo cual, tal como recomienda Platón reiteradamente, la ciencia no constituye tan sólo un universal bajo el que se coloca inmediatamente una incalculable multiplicidad junto a otra, sino que el conocimiento desciende paulatinamente de lo más universal hacia lo particular mediante conceptos in-

termedios y divisiones realizadas conforme a determinaciones cada vez más minuciosas. En términos kantianos esto significa satisfacer por igual a la ley de la homogeneidad y a la de la especificación. Pero precisamente porque esto constituye la auténtica perfección científica, de ello se infiere que el fin de la ciencia no es la mayor certidumbre, ya que ésta la puede obtener también el conocimiento más puntual, sino que dicho fin consiste en facilitar el saber a través de su forma y dar con ello la posibilidad de completar ese saber. Por eso es una opinión tan extendida como confusa el que la cientificidad del conocimiento consiste en la mayor certeza, e igualmente falsa es la afirmación subsiguiente de que sólo la matemática y la lógica serían ciencias en sentido estricto, porque sólo en ellas, a causa de su total aprioridad, reside la irrefutable certeza del conocimiento. No se les puede negar este último privilegio, sólo que ello no les concede ninguna pretensión particular de cientificidad, al no cifrarse ésta en la seguridad, sino en la forma sistemática del conocimiento fundada en el descenso gradual de lo universal hacia lo particular. Este camino del conocimiento, característico de las ciencias, que va de lo universal hacia lo particular, conlleva que en ella casi todo se sustente mediante la deducción de proposiciones previamente dadas, o sea, por medio de demostraciones, y esto da pie al antiguo error de que únicamente lo demostrado es cabalmente verdadero y que cada verdad precisa de una demostración, cuando más bien al contrario toda demostración requiere una verdad indemostrable que respalde a la postre sus demostraciones; de ahí que una verdad establecida sin más resulte preferible a la establecida mediante una demostración, | tal como el 77
agua del manantial resulta preferible a la del acueducto. La intuición, ya sea ésta pura y a priori, como aquella en que se sustentan las matemáticas, ya sea empírica y a posteriori, como aquella en que se sustentan todas las otras ciencias, es

la fuente de toda verdad y la base de cualquier ciencia. (Tan sólo cabe exceptuar a la lógica, la cual se basa en el conocimiento no intuitivo, pero sí inmediato, que la razón tiene de sus propias leyes.) No son los juicios demostrados, ni sus demostraciones, sino aquellos juicios inspirados directamente en la intuición y se basan sobre ella, en vez de sobre cualquier prueba, los que son como el sol en el cosmos, pues de ellos emana toda luz, iluminados por la cual alumbran a su vez los otros. Fundamentar la verdad de esos primeros juicios inmediatamente a partir de la intuición, extrayendo esa comprensión básica de la ciencia a partir de la incalculable masa de las cosas reales, ésa es la tarea del *discernimiento,* el cual es la capacidad de transferir correcta y exactamente al conocimiento abstracto lo conocido intuitivamente, oficiando como intermediario entre el entendimiento y la razón. Sólo cuando la fuerza de esta capacidad descuelle en un individuo y sobrepase la medida habitual puede hacer avanzar realmente las ciencias: pero sólo aquel que posee una sana razón es capaz de inferir unas proposiciones a partir de otras, de demostrar y de concluir. En cambio fijar y depositar lo conocido intuitivamente en conceptos adecuados para la reflexión, de tal manera que por un lado lo común a muchos objetos reales sea pensado mediante un concepto, mientras que por el otro su disparidad sea pensada mediante muchos conceptos y, por tanto, lo dispar es reconocido y pensado como dispar, pese a una coincidencia parcial, mientras que a su vez lo idéntico es reconocido y pensado como idéntico, pese a una disparidad parcial, siempre conforme al fin y la consideración que predomine a cada momento, todo eso es lo que hace el *discernimiento.* La falta del cual denota *simpleza.* El simple ignora, ya la disparidad parcial o relativa de una consideración idéntica, ya la identidad de la disparidad relativa o parcial. Además a esta glosa explicativa del discernimiento se le puede aplicar la división que Kant hace del mismo en discernimiento reflexionante y subsuntivo, según pase de los objetos intuitivos al concepto o de éste a aquéllos, mediando siempre en ambos casos | entre el conocimiento intuitivo del entendimiento y el conocimiento reflexivo de la razón. No puede haber ninguna verdad que se obtenga única e incondicionalmente por medio de silogismos; antes bien la necesidad de asentar una verdad simplemente por medio de silogismos es siempre relativa y subjetiva. Como cualquier demostración es un silogismo, para una nueva verdad no hay que comenzar por buscar una demostración, sino una evidencia inmediata, y, sólo cuando falta ésta, se ha de establecer provisionalmente una demostración. Ninguna ciencia puede ser demostrable de un extremo al otro, al igual que ningún edificio puede asentarse en el aire; todas sus demostraciones han de reducirse a algo intuitivo y por ello indemostrable. Pues el mundo de la reflexión en su conjunto descansa y radica en el mundo intuitivo. Toda *evidencia* última, o sea, originaria, es *intuitiva,* como ya denota la propia palabra. Tal evidencia, o bien se basa en una intuición empírica, o bien en la intuición a priori de las condiciones de una experiencia posible; en ambos casos suministra un conocimiento inmanente, no transcendente. Cualquier concepto obtiene su valor y su existencia únicamente en relación a una representación intuitiva, por muy mediatizada que pueda ser dicha relación; lo que vale para los conceptos vale también para los juicios compuestos por ellos y para todas las ciencias. Por eso tiene que ser posible de algún modo reconocer también inmediatamente, sin demostraciones y silogismos, cualquier verdad que se halle mediante silogismos y se transmita mediante demostraciones. Esto resulta extremadamente difícil en algunas proposiciones matemáticas muy complejas, a las que únicamente se llega mediante una cadena de silogismos, como por ejemplo el cálculo de las cuerdas y las tangentes de cualquier arco, obtenido mediante silogismos a partir de la teoría de Pitágoras; pero tampoco una verdad tal puede descansar esencial ni únicamente sobre proposiciones abstractas, y las relaciones espaciales que le subyacen también tendrían que poder patentizarse para la intuición pura a priori, de modo que su enunciado abstracto quede inmediatamente fundado. Pero de las demostraciones matemáticas se hablará con más detalle a continuación.

Se suele hablar con mucho boato de las ciencias que descansan sin excepción sobre silogismos correctos a partir de seguras premisas y que por ello serían incontestablemente verdaderas. Ahora bien, mediante una cadena puramente lógica de silogismos, por muy verdaderas que sean las premisas, nunca obtendremos sino una aclaración expositiva de aquello que ya está dispuesto en las premisas; por tanto, sólo se expondrá *explícitamente* lo que ya se comprendía *implícitamente*. Ahora bien, con esas ciencias tan ensalzadas uno suele referirse especialmente a las matemáticas y sobre todo a la astronomía. La seguridad de esta última proviene de que a su base le viene dada a priori, o sea, infaliblemente, la intuición del espacio, si bien toda relación espacial se sigue una de otra con una necesidad (razón de ser) que suministra certeza a priori y por eso se deja deducir una de otra con total seguridad. A estas determinaciones matemáticas sólo se añade una única fuerza natural, la gravedad, que opera exactamente en relación a las masas y al cuadrado de la distancia, asegurando finalmente a priori, porque se sigue a partir de la causalidad, la ley de la inercia, junto al dato empírico del movimiento impreso de una vez por todas a cada una de esas masas. Esto constituye todo el material de la astronomía que, tanto merced a su sencillez como a su seguridad, conduce a resultados firmes y muy interesantes en virtud de la magnitud e importancia de los objetos. Por ejemplo, si conozco la masa de un planeta y la distancia de su satélite con respecto a él, entonces puedo deducir con seguridad el período de revolución de éste, según la segunda ley de Kepler; pero la razón de esta ley es que, a esa distancia, sólo esta velocidad atrae al satélite hacia el planeta, al mismo tiempo que lo aleja del precipitarse sobre él. Así pues, sólo sobre semejante principio geométrico, o sea, por medio de una intuición a priori y aplicando por añadidura una ley natural, cabe llegar lejos con los silogismos, porque éstos se asemejan aquí a meros puentes desde una intelección intuitiva hacia la otra, mas no sucede así con los simples y puros silogismos, por un camino exclusivamente lógico. El origen de estas primeras verdades astronómicas fundamentales es propiamente la inducción, o sea, la recopilación de lo dado con muchas intuiciones en un juicio cabal establecido inmediatamente; a partir de éste se forman luego hipótesis cuya confirmación a través de la experiencia, en cuanto inducción tendente a la integridad, brinda la demostración para aquel primer juicio. Así por ejemplo, el aparente movimiento de los planetas es | conocido empíricamente; tras muchas falsas hipótesis sobre la conexión espacial de este movimiento (órbita planetaria), se halló finalmente la correcta, luego las leyes que sigue ese movimiento (las keplerianas) y por último también sus causas (la gravitación universal); el reconocimiento de la coincidencia entre todos los casos dados con el conjunto de las hipótesis y sus consecuencias, por vía inductiva, proporcionó a dichas hipótesis una consumada certeza. El descubrimiento de las hipótesis fue cosa del discernimiento, que interpretó correctamente los hechos dados y los expresó conforme a ello; pero la inducción, o sea, la intuición múltiple, confirma su verdad. Sin embargo, esta verdad también podría establecerse inmediatamente, por medio de una única intuición empírica, tan pronto como pudiéramos recorrer sin trabas el espacio sideral y tuviésemos unos ojos telescópicos. Por consiguiente, tampoco aquí son los silogismos la única y esencial fuente del conocimiento, sino que en realidad suponen siempre sólo un recurso.

Por último, para exponer un tercer ejemplo heterogéneo, queremos observar que tampoco las verdades motejadas de metafísicas, es decir, aquellas que Kant formula en los *Principios metafísicos de la ciencia de la naturaleza,* deben su evidencia a las demostraciones. Reconocemos inmediatamente lo cierto a priori, del que cobramos consciencia con la mayor necesidad en cuanto forma de todo conocimiento. Así por ejemplo, el que la materia persista, o sea, que no pueda nacer ni perecer, es algo que sabemos inmediatamente como verdad negativa; pues nuestra intuición pura del espacio y el tiempo da la posibilidad del movimiento; el entendimiento da, en la ley de causalidad, la posibilidad del cambio de la forma y la cualidad; pero carecemos de formas para representarnos un nacimiento o una desaparición de la materia. Por ello esa verdad ha sido evidente para cualquiera en todo tiempo y por doquier, sin que nunca se haya dudado en serio de ella; algo que no podría ser así, si su fundamento cognoscitivo no fuese otro que la ardua demostración kantiana cogida con alfileres. Además (como concluyo en el apéndice) yo he hallado falsa la demostración de Kant y, según se ha mostrado anteriormente, la persistencia de la materia no se deriva de la participación del tiempo, sino de la participación que el tiempo tiene en la posibilidad de la experiencia. El auténtico fundamento de todas las verdades llamadas metafísicas | en este sentido, o sea, las expresiones abstractas de las formas necesarias y universales del conocer, no puede estar a su vez en proposiciones abstractas, sino sólo en la consciencia inmediata de las formas del representar que se da a conocer a priori mediante testimonios apodícticos inmunes a toda refutación. Si pese a todo se quiere allegar una demostración de tales verdades metafísicas, ésta sólo puede consistir en que la verdad a demostrar ya está parcialmente contenida o presupuesta en alguna verdad indubitable; así he demostrado, v.g., que toda intuición empírica entraña ya la aplicación de la ley de causalidad, cuyo conocimiento es condición de toda experiencia y por ello no puede ser dada ni estar condicionada por dicha experiencia, como sostuvo Hume. Las demostraciones valen más para quienes quieren disputar que para quienes quieren aprender. Aquéllos niegan con obstinación la evidencia establecida de inmediato; sólo la verdad puede ser consecuente desde todos los ángulos; por eso ha de mostrárseles que cuanto aceptan bajo *una* forma y de modo mediato es lo que niegan bajo otra forma e inmediatamente, mostrándoles por tanto la conexión lógicamente necesaria entre lo negado y lo concedido.

Además, la forma científica, o sea, la subordinación de todo lo particular bajo un universal y así sucesivamente, también conlleva que la verdad de muchas proposiciones sólo se establezca lógicamente, a saber, mediante la dependencia respecto de otras proposiciones, esto es, mediante silogismos que se presentan simultáneamente como demostraciones. Mas nunca debe olvidarse que esa forma sólo es un medio para facilitar el conocimiento, pero no un medio para una mayor certeza. Resulta más fácil conocer la índole del animal por la especie a que pertenece, remontándose luego al *genus,* a la familia, al orden y a la clase, que examinar cada animal dado de por sí; pero la verdad de todas las preposiciones deducidas mediante silogismos siempre es condicionada y a la postre depende de alguna verdad que no descansa sobre silogismos, sino sobre la intuición. Si esta última verdad estuviese siempre tan a mano como lo está la mediatizada por un silogismo, sería absolutamente preferible. Pues toda deducción a partir de conceptos, a causa de los múltiples encadenamientos de las esferas mostrados más arriba y de la oscilante determinación | de su contenido, está expuesta a muchos engaños, de los cuales son ejemplos muchas demostraciones de falsas teorías y sofismas de todo tipo. Los silogismos son plenamente ciertos conforme a la forma, pero son harto inseguros merced a su materia: los conceptos; porque por un lado las esferas conceptuales no suelen estar suficientemente determinadas y por el otro se entrecruzan tan variopintamente que una esfera está contenida parcialmente en muchas otras, cupiendo pasar arbitrariamente desde ella a la una o ir a la otra desde ésta, y así sucesivamente, como ya vimos. O con otras palabras: el *terminus minor* [el concepto subalterno] y también el *medius* [intermedio] siempre pueden estar subordinados a conceptos diferentes, a partir de los cuales se escoge discrecionalmente el *terminus maior* [concepto general] y el *medius,* dando así lugar a diversas conclusiones. Por consiguiente, la evidencia inmediata siempre resulta preferible a la verdad demostrada, y sólo hay que admitir ésta cuando aquélla sea demasiado alambicada, mas no cuando la evidencia directa se halla tan próxima o incluso más próxima que la demostración. Por eso vimos antes que de hecho en la lógica, donde el conocimiento inmediato nos queda más próximo en cada caso que el conocimiento deducido científicamente, siempre guiamos nuestro pensar conforme al conocimiento inmediato de las leyes del pensar sin servirnos de la lógica*.

§ 15.

Si ahora, con nuestra convicción de que la intuición es la primera fuente de toda evidencia, de suerte que la relación inmediata o mediata con ella es la única verdad absoluta y

---

* Cfr. el capítulo 12 del segundo volumen.

el camino más próximo a ésta es el más seguro, dado que la mediación a través de conceptos expone a muchos engaños, si con esta convicción –digo– nos dirigimos hacia las matemáticas, tal como fueron establecidas por Euclides en cuanto ciencia y han perdurado en su conjunto hasta la fecha, entonces no podemos dejar de encontrar extraño e incluso erróneo el camino que siguen. Nosotros reclamamos la reducción de toda fundamentación lógica a una intuitiva; en cambio las matemáticas se han empeñado con un gran esfuerzo por rechazar a propósito la evidencia intuitiva que les es característica y tan cercana, para sustituirla por una evidencia lógica. A nuestro parecer, esto es como si alguien se rompiera las piernas para caminar con muletas o como cuando el príncipe, en *El triunfo de la sensibilidad* [de Goethe], rehúye la hermosura de la naturaleza real para deleitarse con un decorado teatral que la emula. He de remitir aquí a lo que he dicho en el capítulo sexto del tratado *Sobre el principio de razón* y que lo presupongo actualmente fresco en la memoria del lector; de suerte que aquí enlazo con ello mis observaciones, sin exponer nuevamente la diferencia entre la simple razón del conocimiento de una verdad matemática, que puede ser dada lógicamente, y la razón de ser, la cual es esa conexión inmediata que sólo se reconoce intuitivamente de las partes del espacio y el tiempo, cuya comprensión es lo único que confiere una satisfacción auténtica y un conocimiento profundo, mientras que la simple razón del conocimiento se queda en la superficie y puede brindar ciertamente un saber relativo a *que* es así, mas no a *por qué* es así. Euclides siguió este último camino con manifiesto perjuicio para la ciencia. Pues, por ejemplo, debía mostrarse justo al principio de una vez para siempre cómo se determinan recíprocamente dentro del triángulo los ángulos y los lados, siendo los unos causa y efecto de los otros, con arreglo a la forma que el principio de razón tiene en el mero espacio y que allí, al igual que por doquier, hace necesario que una cosa sea como es, porque otra totalmente distinta de ella es tal como es; en vez de proporcionar una comprensión sustancial de la esencia del triángulo, fija sin ilación alguna ciertos principios escogidos arbitrariamente sobre el triángulo y proporciona una razón lógica del conocimiento de los mismos mediante una ardua demostración guiada lógicamente conforme al principio de contradicción. En vez de un conocimiento exhaustivo de esas relaciones espaciales, con ello sólo se obtienen algunos resultados que se transmiten discrecionalmente a partir de tales relaciones, como en el caso de alguien a quien se le mostrasen los diferentes efectos de una máquina artificial, pero se le escatimaran su conexión y mecanismo internos. Por medio del principio de contradicción nos vemos obligados a admitir que todo cuanto Euclides demostró es así, pero sin saber *por qué* es así. Por ello casi se tiene la desagradable sensación que prosigue a un juego de prestidigitación, y de hecho la mayoría de las demostraciones euclidianas se asemejan a tal prestidigitación. La verdad se introduce casi siempre por la puerta trasera, al resultar accidentalmente de alguna circunstancia colateral. Con frecuencia una demostración por reducción al absurdo cierra una tras otra todas las puertas y sólo deja una vía de acceso. A veces se trazan líneas sin que uno sepa por qué, tal como ocurre en el teorema de Pitágoras; luego se comprueba que eran zalagardas prestas a cerrarse inopinadamente y que cautivan el asentimiento del aprendiz, quien ahora ha de admitir con asombro lo que le sigue resultando totalmente inconcebible conforme a su coherencia interna y, por mucho que pueda estudiar detenidamente a todo Euclides, seguirá sin captar las leyes de las relaciones espaciales, limitándose a aprender de memoria algunos resultados de tales leyes. Este conocimiento propiamente empírico y acientífico se asemeja al médico que conoce la enfermedad y el remedio contra ella, mas no la conexión entre ambos términos. Pero todo esto es la consecuencia de rechazar como extravagante un modo de argumentación y evidencia característico de un tipo de conocimiento, canjeándolo violentamente por otro ajeno a su esencia. Con todo, el modo como ha llevado a cabo esto Euclides merece por lo demás la admiración que se le ha profesado durante tantos siglos, llegándose al extremo de que su tratamiento de las matemáticas se proclamó como modelo de cualquier exposición científica, conforme al cual se procuraba modelar todas las demás ciencias, aunque luego se desistiese de ello, sin saberse muy bien por qué. A nuestros ojos ese método de Euclides para las matemáticas sólo puede aparecer sin embargo como un absurdo harto ingenioso. Ahora bien, la razón de cualquier gran error establecido intencionada y metódicamente, al que se le dispensa un asentimiento universal, se deja verificar en la filosofía que dominó su época, al margen de que concierna a la vida o a la ciencia. Los eleatas fueron los primeros en descubrir la diferencia y el antagonismo entre lo intuido (φαινόμενον) y lo pensado (νοούμενον)*, aplicando esta distinción | tanto a sus filosofemas como también a sus sofismas. Luego les siguieron los megáricos, los dialécticos, los sofistas, los neoacadémicos y los escépticos; éstos repararon en la ilusión, o sea, en el engaño de los sentidos o más bien en el engaño del entendimiento al conmutar sus datos por la intuición, la cual a menudo nos permite ver cosas cuya realidad niega con seguridad la razón, como por ejemplo el bastón quebrado dentro del agua y otras cosas por el estilo. Al reconocerse que la intuición sensible no es incondicionalmente fiable, se concluyó precipitadamente que sólo el

---

* No nos referiremos aquí al abuso que hace Kant de estas expresiones griegas y que es criticado en el apéndice.

pensamiento lógico y racional establece la verdad; si bien Platón (en el *Parménides),* los megáricos, Pirrón y los neoacadémicos mostraron mediante ejemplos (tal como más adelante haría Sexto Empírico) cómo también por otro lado los silogismos y los conceptos conducen a errores, produciendo paralogismos y sofismas, que surgen con mucha más facilidad y son mucho más difíciles de resolver que la ilusión en la intuición sensible. Mientras ese racionalismo embrionario iba cobrando supremacía en contra del empirismo, Euclides elaboró las matemáticas con arreglo al mismo y únicamente los axiomas se asentaban forzosamente sobre la evidencia intuitiva (φαινόμενον), haciéndolo el resto sobre silogismos (νοούμενον). Su método predominó durante siglos y así hubo de seguir hasta que se diferenció la pura intuición a priori de la intuición empírica. A decir verdad, Proclo, el comentarista de Euclides, habría conocido cabalmente esa diferencia, según testimonia el comentario que Kepler tradujo al latín en su libro *De harmonia mundi.* Si bien Proclo no le concedió suficiente importancia a la cuestión, que, al presentarla tan incidentalmente, pasó inadvertida y no transcendió. Al menos hasta dos mil años después con la doctrina de Kant, que tantos cambios estaba destinada a producir en el conjunto del saber, del pensamiento y la marcha de los pueblos europeos, sin excluir a las matemáticas. Pues sólo tras haber aprendido de este gran genio que las intuiciones del espacio y el tiempo son totalmente distintas de las empíricas y son enteramente independientes de cualquier impresión sobre los sentidos, a los que condicionan sin verse condicionadas por ellos, es decir, que son a priori y que por ello no están expuestas al engaño de los sentidos, sólo ahora podemos comprender que el tratamiento lógico al cual Euclides sometió a las matemáticas es una cautela | estéril, una muleta para piernas sanas, comparable al excursionista nocturno que confundiera con un torrente el camino luminoso y firme, ascendiendo dificultosamente junto al camino por un terreno escabroso, contento de tropezarse sólo en algunos tramos con el presunto torrente. Sólo ahora podemos mantener con seguridad que, cuanto se nos proclama como necesario en la intuición de una figura no proviene de la figura dibujada acaso muy chapuceramente sobre el papel, ni tampoco del concepto abstracto que pensamos al mismo tiempo, sino inmediatamente de la forma de todo conocimiento de la cual somos conscientes a priori; dicha forma es por doquier el principio de razón, que aquí es el espacio, como forma de la intuición, o sea, el principio de razón del ser, cuya evidencia y validez son tan grandes e inmediatas como las del principio de razón del conocimiento, es decir, la certeza lógica. Por tanto, para confiar en esta última, no necesitamos ni tampoco nos cabe abandonar el ámbito propio de las matemáticas, para compulsarlo en un ámbito totalmente ajeno cual es el de los conceptos. Al ceñirnos a ese terreno específico de las matemáticas, obtenemos la enorme ventaja de que en ellas el saber relativo a que algo es así se identifica con el saber por qué lo es; en cambio, el método euclideo disocia por completo ambos saberes y permite conocer el primero, mas no el segundo. Pero Aristóteles en su *Analítica posterior* (I, 27) dice lo siguiente: «El saber que nos dice al mismo tiempo que algo es y por qué lo es resulta más preciso y eximio que aquel otro que enseña por separado el qué y por qué». En la física sólo nos damos por contentos cuando el conocimiento de que algo es así se concita con el de por qué lo es. Que el mercurio suba hasta 28 grados en el tubo de Torricelli es un saber sin valor, si no se añade también que el mercurio se mantiene así por el contrapeso de la atmósfera. Sin embargo, ¿acaso debe bastarnos en las matemáticas la *cualidad oculta* del círculo, a saber, que los segmentos de cada dos cuerdas que se cortan en él vienen a formar dos rectángulos iguales? Que esto sucede, lo demuestra sin duda Euclides en la proposición 35 del tercer libro, pero falta saber el porqué. Asimismo el teorema de Pitágoras nos hace conocer | una *qualitas occulta* del triángulo rectángulo, de cuyo porqué nos aleja la zancuda y artera demostración de Euclides, mientras que la sencilla figura adjunta nos brinda de un vistazo mucha mayor comprensión que aquella prueba sobre la cuestión y una firme convicción interna sobre la dependencia de aquella propiedad del ángulo recto:

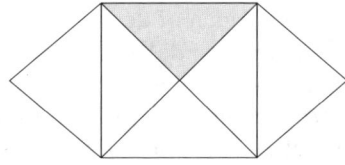

También en el caso de los catetos desiguales ha de llegarse a una convicción intuitiva similar, como en general ante cualquier verdad geométrica posible, justamente porque su descubrimiento surgió siempre de una necesidad intuida y sólo después se ideó la demostración correspondiente. En general para exponer las matemáticas haría votos por el método analítico, en vez de por el sintético que ha utilizado Euclides. Sin duda alguna, en las verdades matemáticas complejas esto planteará enormes dificultades, que sin embargo no serán irremontables. En Alemania ya se ha comenzado a variar la exposición de las matemáticas y se sigue cada vez más ese camino analítico. El más resuelto en este punto ha sido el señor Kosack, profesor de matemáticas y física en el Instituto de Nordhausen, al añadir en el programa relativo al examen del 6 de abril de 1852 un pormenorizado intento de tratar la geometría conforme a mis principios fundamentales.

Para mejorar el método de las matemáticas se requiere ante todo abandonar el prejuicio de que la verdad demostrada posea alguna ventaja sobre la verdad conocida intuitivamente o que la verdad lógica, que depende del principio de contradicción, tiene alguna ventaja sobre la verdad metafísica, que es evidente de inmediato y a la que pertenece también la intuición pura del espacio. |

Lo más cierto e inexplicable es el contenido del principio de razón. Pues éste, en sus diferentes formas, designa la forma universal de todas nuestras representaciones y todos nuestros conocimientos. Cualquier explicación supone una reducción a este principio, una comprobación en cada caso particular de la conexión de las representaciones expresada genéricamente merced a tal principio. Se trata del principio de toda explicación y por ello él mismo no es susceptible de una explicación, ni tampoco la necesita, ya que cualquier explicación lo presupone y sólo adquiere significado gracias a él. Pero ninguna de sus formas tiene preferencia sobre las otras; es igualmente cierto e indemostrable como principio de razón del ser, del devenir, del obrar o del conocer. La relación de causa y efecto es necesaria tanto en una como en otra de sus formas, al suponer el origen y el único significado del concepto de necesidad. No hay ninguna otra necesidad que la del efecto cuando la causa está dada y no hay ninguna causa que no conlleve la necesidad del efecto. Por tanto, con tanta seguridad como la consecuencia fluye expresada en la conclusión a partir de la razón cognoscitiva dada en las premisas, asimismo condiciona la razón de ser en el espacio su efecto dentro del espacio; al conocer intuitivamente la relación entre ambos términos, esta certeza es tan grande como cualquier certeza lógica. Todo teorema geométrico expresa esta relación tal como lo hace cada uno de los doce axiomas; el teorema es una verdad metafísica y en cuanto tal es tan inmediatamente cierta como el propio principio de contradic-

88

ción, el cual es una verdad metalógica y el principio universal de toda argumentación lógica. Quien niegue la necesidad intuitiva de las relaciones espaciales expresadas en un teorema puede negar con el mismo derecho los axiomas y la consecuencia de la conclusión a partir de las premisas e incluso el propio principio de contradicción; pues todo ello son relaciones igualmente indemostrables, inmediatamente evidentes y reconocibles a priori. Por ello, querer deducir la necesidad reconocible intuitivamente de las relaciones espaciales mediante una argumentación lógica a partir del principio de contradicción equivaldría a que alguien quisiera otorgar como feudo un territorio a su | legítimo propietario. Pero esto es lo que ha hecho Euclides. Por fuerza ha de hacer descansar sus axiomas sobre la evidencia inmediata; todas las verdades geométricas resultantes se demuestran lógicamente, a saber, bajo la presuposición de aquellos axiomas, a partir de la concordancia con las hipótesis planteadas en el teorema o con un teorema previo, o bien a partir de la contradicción entre lo contrario al teorema y las hipótesis, los axiomas, los teoremas anteriores o consigo misma. Sin embargo, los axiomas mismos no poseen más evidencia inmediata que cualquier otro teorema geométrico, sino sólo una mayor sencillez por mor de su menor contenido.

Cuando se interroga a un delincuente, se levanta acta de sus declaraciones, para enjuiciar su veracidad a partir de su concordancia. Pero esto supone un simple recurso de urgencia, con el que no cabe darse por satisfecho, si se puede indagar de suyo la veracidad de cada una de sus declaraciones; máxime cuando el delincuente podría mentir de un modo consecuente desde un principio. Sin embargo, conforme a ese primer método examinó Euclides el espacio. Desde luego, con él partía de la correcta presuposición de que la naturaleza en general y, por tanto, también su forma fundamental, el espacio, tienen que ser consecuentes y por ello, como las partes del espacio mantienen entre sí una relación de causa y efecto, ninguna determinación espacial singularizada puede ser sino como es, sin estar en contradicción con todas las demás. Pero esto significa un rodeo muy penoso e insatisfactorio, que prefiere el conocimiento mediato al inmediato, e igualmente cierto, un rodeo que por añadidura disocia, para gran perjuicio de la ciencia, el conocimiento relativo a lo *que* algo es de *por qué* lo es y que, por último, escatima por completo al aprendiz la comprensión de las leyes del espacio y le desacostumbra a examinar genuinamente la razón y la coherencia íntima de las cosas, aleccionándole a trocar éste por un saber histórico que se contenta con saber *que* algo es así. La tan continuamente ensalzada ingeniosidad de este método no consiste sino en que el alumno se ejercite en sacar conclusiones, o sea, en aplicar el principio de contradicción, pero aguzando particularmente su memoria para retener todos esos datos y cotejar su concordancia. |

Por lo demás, resulta notable que este método de demostración sólo se haya aplicado a la geometría y no a la aritmética; antes bien en la aritmética la verdad sólo se evidencia realmente merced a la intuición, que aquí consiste en simples números. Como la intuición de los números se da en el *tiempo únicamente* y por eso no puede ser representada por ningún esquema sensible, como la figura geométrica, en la aritmética se elimina la sospecha de que la intuición sea sólo empírica, sospecha que sólo ha podido llevar a la geometría el tipo de demostración lógica. Como el tiempo sólo tiene una dimensión, contar es la única operación aritmética, a la que se reducen todas las demás; y este contar no es sino una intuición a priori, que no se tiene ningún reparo en invocar aquí, y a través de la cual viene a quedar acreditado todo lo demás: cualquier cálculo, cualquier ecuación. Así por ejemplo, no se demuestra que $\frac{(7+9) \times 8 - 2}{3} = 42$, sino que se remite a la intuición pura en el tiempo, el contar, convirtiendo por tanto en axioma toda proposición individual. En lugar de las demostraciones que colman la geometría, el contenido global de la aritmética y el álgebra es un simple método para abreviar el contar. Nuestra intuición inmediata de contar en el tiempo no llega, como se apuntó con anterioridad, sino hasta diez; más allá un concepto abstracto del número, fijado merced a una palabra, tiene que hacer las veces de la intuición, que por ello no se ve consumada realmente, sino sólo designada con toda precisión. Sin embargo, gracias al importante recurso de la ordenación numérica, que permite representar siempre las cifras más grandes mediante las pequeñas, se hace posible una evidencia intuitiva de cada cálculo, incluso allí donde se recurre tanto a la abstracción que, no sólo las cifras, sino magnitudes indeterminadas y operaciones enteras se piensan sólo en abstracto, quedando indicadas en este sentido, como sería el caso de $\sqrt{r-i}$, de modo que no se hacen efectivas, sino que sólo se alude a ellas.

Con el mismo derecho e idéntica seguridad que en la aritmética también podría establecerse en la geometría la verdad únicamente por medio de una pura intuición a priori. De hecho, siempre es esa necesidad reconocida intuitivamente conforme al | principio de razón del ser la que confiere su gran evidencia a la geometría y sobre la cual descansa en la consciencia de cada cual la certeza de sus proposiciones; en modo alguno lo es la demostración lógica que da tan grandes zancadas, siempre ajena a la cuestión, que por lo general se olvida muy pronto, sin perjuicio de la convicción, y que podría suprimirse del todo sin que la evidencia de la geometría mermara por ello, dado que dicha evidencia es enteramente independiente de aquella demostración y ésta sólo demuestra aquello de lo que uno estaba plenamente convencido por otro tipo de conocimiento; esa demostración se asemeja a un soldado cobarde, que apuñalase a un enemigo ya abatido por otro y se vanagloriase de haberlo eliminado él*.

Espero que, con arreglo a todo esto, no quepa ninguna duda de que la evidencia de las matemáticas, que ha sido modelo y símbolo de toda evidencia, no radica esencialmente en las demostraciones, sino en la intuición inmediata, la cual es aquí, al igual que por doquier, la última razón y fuente de toda verdad. Sin embargo, la intuición que subyace como fundamento a las matemáticas posee una gran ventaja sobre todas las demás, o sea, sobre las intuiciones empíricas. Esta ventaja reside en ser a priori, es decir, independiente de la experiencia, que sólo se da parcial y sucesivamente; todo se halla igualmente próximo a ella y se puede partir discrecionalmente de la causa o del efecto. Esto le confiere una cabal infalibilidad debido a que en ella el efecto se conoce a partir de la causa, único conocimiento que posee necesidad; así por ejemplo, la igualdad de los lados se conoce | como establecida merced a la igualdad de los ángulos; en cambio toda intuición empírica y la mayor parte de cualquier experiencia sólo van por el contrario del efecto hacia la causa, un modo de conocimiento que no es infalible, ya que la necesidad únicamente atañe al efecto en cuanto está dada la causa, mas no al conocimiento de la causa a partir del efecto, pues

---

* Spinoza, que se precia de proceder siempre *more geometrico* [al modo geométrico], hizo realmente esto mucho más de lo que él mismo suponía. Pues intenta demostrar independientemente de todo conocimiento lógico cuanto para él resultaba cierto y estaba constituido a partir de una captación inmediata e intuitiva de la esencia del mundo. Desde luego, alcanza el resultado propuesto y cierto de antemano, pero sólo porque toma como punto de partida conceptos arbitrariamente automanufacturados *(substantia* [sustancia], *causa sui* [causa de sí mismo]) y en la demostración se permitía todas las arbitrariedades que son holgadamente propiciadas por las ulteriores esferas conceptuales. Lo verdadero y más eximio de su doctrina también es en él totalmente independiente de las demostraciones, al igual que en la geometría. Remito aquí al capítulo 13 del segundo volumen.

el mismo efecto puede tener su origen en diferentes causas. Este último tipo de conocimiento no pasa de ser una mera inducción, esto es, a partir de muchos efectos que denotan una causa se acaba por asumir ésta como cierta; mas como los casos nunca pueden darse conjuntamente, tampoco la verdad es aquí nunca incondicionalmente cierta. Sin embargo, este tipo de verdad es lo único que obtiene cualquier conocimiento mediante la intuición sensible y la mayor parte de la experiencia. La afección de un sentido ocasiona una conclusión intelectual desde el efecto hacia la causa; mas como la conclusión desde lo motivado al motivo nunca es segura, entonces es posible y a menudo efectiva la falsa ilusión en cuanto engaño de los sentidos, tal como se expuso antes. Sólo cuando varios de los cinco sentidos o todos ellos reciben afecciones que denotan una misma causa, se reduce en extremo la posibilidad de la ilusión, aunque dicha posibilidad no desaparezca del todo, pues en ciertos casos, como por ejemplo mediante monedas falsas, se embauca al conjunto de la sensibilidad. En el mismo caso se halla todo conocimiento empírico y por consiguiente todas las ciencias de la naturaleza, a excepción de su parte pura (o metafísica, según Kant). También aquí se conocen las causas a partir de los efectos; de ahí que toda la teoría de la naturaleza descanse sobre hipótesis que con frecuencia son falsas y paulatinamente van dejando su lugar a otras más certeras. Sólo en los experimentos realizados intencionalmente va el conocimiento desde la causa hacia el efecto, o sea, por el camino seguro, pero incluso estos experimentos sólo se asumen a consecuencia de hipótesis. Por eso ninguna rama de las ciencias naturales, como v.g. la física, la astronomía o la fisiología, pudieron ser inventadas de una sola vez, como sí pudieron serlo las matemáticas o la lógica, sino que precisaron y precisan del conjunto de experiencias comparadas en el transcurso de muchos siglos. Sólo la múltiple comparación empírica trae la inducción sobre la que descansa la hipótesis y que, al acercarse a la exhaustividad, ocupa para la praxis el lugar de la certeza y para la hipótesis su origen se estima tan escasamente desfavorable como aplicar a la geometría la inconmensurabilidad | de las líneas rectas y curvas o el que no se alcance la plena exactitud del logaritmo en la aritmética, pues tal como nos aproximamos infinitamente a la cuadratura del círculo y al logaritmo mediante infinitas fracciones de exactitud, así también mediante la experiencia múltiple logramos que la inducción, o sea, el conocimiento de la causa a partir de los efectos, se aproxime a la evidencia matemática, esto es, al conocimiento de los efectos a partir de las causas, una aproximación que desde luego no es infinita, pero sí suficiente para reducir la posibilidad del engaño hasta el punto de poder despreciarla. Mas esa posibilidad sigue existiendo; así por ejemplo, una conclusión inductiva es también la que va de innumerables casos hacia todos ellos, es decir, propiamente hacia la causa desconocida de la que todos dependen. ¿Qué conclusión de este tipo parece más segura que el que todos los hombres tengan el corazón en el lado izquierdo? Sin embargo, pese a ser sumamente raras, hay excepciones, hombres cuyo corazón está en el lado derecho. La intuición sensible y la ciencia empírica poseen por tanto el mismo tipo de evidencia. La ventaja que las matemáticas, las ciencias naturales puras y la lógica tienen sobre ellas como conocimientos a priori radica en que lo formal de los conocimientos sobre los que se funda cualquier aprioridad es dado total y simultáneamente, por lo que aquí siempre se puede ir desde la causa hacia el efecto, mientras que allí la mayor parte de las veces sólo se puede ir del efecto a la causa. Por lo demás, la ley de causalidad, o el principio de razón del devenir que guía el conocimiento empírico, es en sí tan segura como aquellas otras formas del principio de razón que siguen a priori las ciencias mencionadas más arriba.

Las demostraciones lógicas a partir de conceptos, o silogismos, poseen, al igual que el conocimiento de la intuición a priori, la ventaja de ir desde la causa hacia los efectos, con lo cual son en sí, es decir, de acuerdo con su forma, infalibles. Esto ha contribuido sobremanera a otorgar un enorme crédito a las demostraciones en general. Pero esta infalibilidad suya es únicamente relativa; dichas demostraciones simplemente se subsumen bajo los principios superiores de la ciencia, pero son éstos los que contienen todo el capital de verdad de las ciencias, sin que a su vez puedan ser demostrados tales principios, sino que han de sustentarse sobre la intuición, la cual en aquellas pocas ciencias llamadas a priori es una intuición pura, mas en las otras siempre es empírica y sólo se eleva hasta lo universal | mediante la inducción. Por tanto, si también en las ciencias empíricas lo particular se demuestra a partir de lo universal, entonces a su vez lo universal sólo obtiene su verdad desde lo particular, constituyendo únicamente un almacén de provisiones recolectadas y no un terreno autoproductivo.

Baste con todo esto por lo que atañe a la fundamentación de la verdad. Acerca del origen y la posibilidad del *error* se han ensayado muchas explicaciones desde los análisis metafóricos de Platón, como el palomar de donde se coge la paloma equivocada, etc. *(Teeteto,* pp. 167 y ss.)[18]. La explicación vaga e indeterminada de Kant sobre el origen del error valiéndose de la imagen del movimiento diagonal se encuentra en la *Crítica de la razón pura* (en la p. 294 de la primera edición y en la 350 de la quinta). Como la verdad es la referencia de un juicio a su fundamento cognoscitivo, evidentemente

---

18. Schopenhauer cita por la edición conocida como Bipontina, que tenía en su biblioteca y cuyos doce volúmenes aparecieron entre 1781 y 1787; cfr. A. Schopenhauer, *Der handschriftliche Nachlaß* (hrsg. von A. Hübscher), dtv, Múnich, 1985, vol. V *(Randschriften zu Büchern),* pp. 126-127.

supone un problema cómo quien juzga puede creer tener realmente tal fundamento y sin embargo no tenerlo, es decir, cómo es posible el error, el engaño de la razón. Encuentro esta posibilidad completamente análoga a la de la ilusión o el engaño del entendimiento, que fueron explicadas anteriormente. Mi opinión es (y esto hace que esta explicación tenga justamente aquí su lugar) *que todo error es una conclusión del efecto a la causa,* conclusión que ciertamente resulta válida allí donde se sabe que el efecto puede tener aquella causa y ninguna otra, mas no en cualquier otro caso. Quien se equivoca o bien supone para el efecto una causa que aquel no puede tener en absoluto, con lo cual muestra entonces alguna deficiencia efectiva del entendimiento, esto es, en la aptitud del conocimiento inmediato de la conexión entre causa y efecto, o bien, lo que suele suceder con mucha mayor frecuencia, determina para el efecto una causa ciertamente posible, pero añade a la premisa de su conclusión desde el efecto hacia la causa que dicho efecto resulta siempre sólo de la causa indicada por él, algo que sólo podría justificar una inducción exhaustiva, si bien él presupone tal deducción sin haberla verificado; ese *siempre* es un concepto demasiado amplio, en cuyo lugar sólo cabe decir *algunas veces* o *la mayoría de las veces,* con lo cual la conclusión resultaría problemática y en cuanto tal no sería errónea. El que quien yerra proceda de este modo se debe o bien a precipitación, o bien a un conocimiento limitado de la posibilidad en virtud del cual ignora | la necesidad de la inducción a realizar. Así pues, el error es enteramente análogo a la ilusión. Ambos son conclusiones que van del efecto a la causa; la ilusión siempre se verifica conforme a la ley de causalidad y por parte del entendimiento, o sea, inmediatamente en la intuición misma; el error conforme a todas las formas del principio de razón y por parte de la razón, o sea, en el propio pensar, si bien con mucha más frecuencia lo haga según la ley de causalidad, como testimonian los tres ejemplos siguientes, que pueden considerarse como tipos o representantes de tres clases de errores: 1) La ilusión sensorial (engaño del entendimiento) ocasiona el error (engaño de la razón), v.g., cuando uno contempla una pintura con efecto de altorrelieve y lo toma realmente por tal; esto sucede merced a una conclusión de la siguiente premisa: «Si el gris oscuro pasa en algunos puntos a través de todos los matices hasta el blanco, entonces la causa es *siempre* la luz que incide desigualmente sobre los realces y las cavidades», *ergo* 2) «Si falta dinero en mi caja, la causa es *siempre* que mi empleado tiene una copia de la llave», *ergo* 3) «Si la imagen del sol refractada por el prisma, esto es, movida hacia arriba o hacia abajo, aparece ahora apaisada y coloreada en vez de redonda y blanca, entonces la causa es de una vez por todas que se han introducido rayos luminosos homogéneos diversamente coloreados y al mismo tiempo diferentemente refrangibles, los cuales al verse separados por su distinta refrangibilidad muestran ahora una imagen apaisada y al mismo tiempo variopinta», *ergo, bibamus!* [así pues, ¡bebamos!]. Cualquier error ha de reducirse a una conclusión semejante hecha a partir de una premisa hipotética, a menudo sólo falsamente generalizada, que resulta de la asunción de una causa como efecto; salvo los errores de cálculo, que no son propiamente errores, sino simples fallos; la operación que indican los conceptos numéricos no es ejecutada en la intuición pura, el contar, sino que se la sustituye por otra.

Lo que atañe al *contenido* de las ciencias en general es propiamente la relación de los fenómenos del mundo entre sí, con arreglo al principio de razón y al hilo conductor del porqué que únicamente cobra significado y validez gracias a tal principio. La comprobación de esa relación se llama *explicación*. Ésta nunca puede ir más allá y sólo muestra que dos representaciones | guardan una mutua relación bajo la forma del principio de razón imperante en la clase a la cual pertenecen. Si logra llegar hasta ahí, entonces no puede seguir preguntándose por el porqué, pues la relación comprobada es aquella que no puede verse representada absolutamente de ningún otro modo, es decir, se trata de la forma de todo conocimiento. Por eso no se pregunta por qué 2 + 2 es = 4, o por qué la igualdad de los ángulos en un triángulo determina la igualdad de los lados, o por qué a partir de la verdad de las premisas resulta obvia la verdad de la conclusión. Toda explicación que se retrotrae a una relación tal de la cual no puede requerirse ningún porqué ulterior conserva una cualidad oculta asumida, mas a esta clase pertenece toda fuerza originaria de la naturaleza. Cualquier explicación de las ciencias naturales aboca finalmente a una cualidad oculta y por tanto a una total oscuridad; por eso se deja sin explicar la esencia íntima de una piedra, al igual que la del hombre; tan poco puede rendir cuentas del peso, de la cohesión, de las propiedades químicas, etc., que manifiesta la piedra como del conocer y el obrar del hombre. Así por ejemplo el peso es una cualidad oculta, pues puede ser abstraída y no procede por tanto de la forma del conocer como algo necesario; en cambio, esto es lo que ocurre con la ley de la inercia, en cuanto algo que se sigue de la ley de causalidad; de ahí que reducirla a la misma suponga una explicación totalmente insuficiente. Hay dos cosas que son absolutamente inexplicables, es decir, que no se reducen a la relación que expresa el principio de razón; la primera es el propio principio de razón bajo sus cuatro formas, porque él es el principio de toda explicación, aquello en relación a lo cual la explicación cobra únicamente significado; la segunda es aquello que no puede ser alcanzado por ese principio, a partir de lo cual procede lo originario en todos los fenómenos, es la cosa en sí, cuyo conocimiento no está en absoluto sometido al principio de razón. Esto último ha de quedar aquí sin comprender, pues sólo puede tornarse comprensible gracias al siguiente libro, en el que se retomará de nuevo esta consideración de los posibles rendimientos de las ciencias. Pero allí donde la ciencia de la naturaleza, valga decir cualquier ciencia, abandona las cosas, | pues no sólo su explicación de las mismas, sino incluso el principio de dicha explicación, el principio de razón, no sobrepasa este punto, viene la filosofía a retomarlas propiamente y a considerarlas de un modo completamente distinto. En el § 51 del tratado *Sobre el principio de razón* he mostrado cómo en las diversas ciencias oficia como hilo conductor capital una u otra forma de ese principio; de hecho acaso con arreglo a ello cabría hacer la más atinada clasificación de las ciencias. Sin embargo, toda explicación dada según ese hilo conductor es siempre, como ya se ha dicho, sólo relativa; explica las cosas en relación a otras, pero deja siempre sin explicar algo que ya presupone. Esto es lo que ocurre, por ejemplo, en las matemáticas con el espacio y el tiempo; en la mecánica, la física y la química con la materia, las cualidades, las fuerzas originarias o las leyes naturales; en la botánica y la zoología con la diversidad de las especies y la vida misma; en la historia con el género humano y todas sus singularidades relativas al pensar o al querer: en todas con el principio de razón en su forma aplicable a cada caso. La filosofía tiene la peculiaridad de no dar nada por sabido, sino que todo es extraño para ella en igual medida y todo supone un problema, no sólo la relación de los fenómenos, sino también esta misma relación e incluso el propio principio de razón, al que otras ciencias se contentan en reducirlo todo, pero merced a cuya reducción la filosofía no ganaría nada, dado que un miembro de la serie es para ella tan extraño como el otro; además también ese tipo de conexión misma supone un problema para la filosofía, y ello tanto antes como después de mostrar dicho enlace. Pues, como he dicho, eso que presuponen las ciencias, colocándolo como fundamento y límite de sus explicaciones, constituye justamente el auténtico problema de la filosofía, en tanto que ella comienza allí donde acaban las ciencias. Las demostraciones no pueden ser su fundamento, pues éstas deducen principios desconocidos de los conocidos, pero para ella todo es igualmente desconocido y extraño. No puede haber ningún principio cuya consecuencia fuera el mundo con todos sus fenómenos; por eso una filosofía no se deja deducir, como quería Spinoza, demostrándose | *ex firmis principiis* [a partir de sólidos principios]. La filosofía es también el saber más universal, cuyos principios fundamentales no pueden ser conclusiones de algún otro saber aún más universal. El principio de contradicción establece simplemente la concordancia de los conceptos, pero no suministra los conceptos mismos. El principio de razón explica las conexiones de los fenómenos, mas no a estos mismos; por eso la filosofía no puede intentar perseguir una *causa efficiens* [causa eficiente] o una *causa finalis* [causa final] del mundo entero. Cuando menos la filosofía actual no intenta explicar en modo alguno *a partir de qué* o *para qué* existe el mundo, sino simplemente *lo que* es el mundo. Pero el porqué está aquí subordinado al qué, pues ya pertenece al mundo, al ser lo único a través de lo cual surge la forma de su fenómeno, el principio de razón, y sólo en esta medida posee significado y validez. Ciertamente podría decirse que cada cual conoce sin la menor ayuda *lo que* es el mundo, toda vez que él mismo es el sujeto del conocimiento, cuya representación es el mundo; y esto también sería verdad. Mas este conocimiento es intuitivo y concreto; la tarea de la filosofía es interpretar en abstracto este conocimiento, elevando a un saber perdurable la intuición sucesiva e inconstante y en general todo cuanto el amplio concepto de *sentimiento* abarca y describe como un saber no abstracto ni claro. Así pues, la filosofía tiene que ser un testimonio *in abstracto* de la esencia del mundo entero, tanto del conjunto como de todas las partes. Ahora bien, para no perderse entre un infinito lote de juicios particulares, tiene que servirse de la abstracción y pensar todo lo particular en términos universales, pensando a su vez también sus diferencias en términos universales; de ahí que por un lado disociará y por el otro asociará, para entregar al saber toda la variedad del mundo en general, conforme a su esencia, compendiado en unos pocos conceptos abstractos. Sin embargo, a través de esos conceptos, en que la filosofía fija la esencia del mundo, ha de conocerse tanto lo universal como también lo particular por entero y, por tanto, el conocimiento de ambos tiene que vincularse del modo más preciso; de ahí que la aptitud para la filosofía consista, tal como estipuló Platón, en reconocer lo uno en lo múltiple y lo múltiple en lo uno. La filosofía será por consiguiente una suma de juicios muy universales, cuyo fundamento cognoscitivo es inmediatamente el mundo mismo en su totalidad, sin la menor exclusión: | pues abarca todo cuanto se halla en la consciencia humana; la filosofía será *una cabal repetición, algo así como un reflejo del mundo en conceptos abstractos,* que sólo es posible mediante la fusión de lo esencialmente idéntico en un concepto y la separación de lo diverso en otro. Ésta es la tarea que ya Bacon encomendó a la filosofía, al afirmar: «La verdadera filosofía es aquella que reproduce los testimonios del mundo con la mayor fidelidad, como si los tomase al dictado, ella no es otra cosa que el trasunto y el reflejo del mundo, sin añadir nada en absoluto, sino que se limita únicamente a repetir y reproducir» *(Sobre el incremento de las ciencias,* libro 2, cap. 13 [primer ejemplo]). Sin embargo, nosotros tomamos esto en un sentido mucho más amplio de lo que pudo pensar Bacon en su momento.

La concordancia que todas las facetas y partes del mundo tienen entre sí, justamente por pertenecer a un todo, también ha de volver a encontrarse en ese trasunto abstracto del mundo. Por consiguiente, en esa suma de juicios el uno podría deducirse hasta cierto punto del otro y a la inversa. Pero lo primero es que tales juicios existan de antemano como inmediatamente establecidos y fundados merced al conocimiento del mundo en concreto, tanto más cuanto toda fundamentación inmediata es más segura que la mediata; su mutua armonía, en virtud de la cual confluyen incluso en la unidad de *un* pensamiento, y que resulta de la armonía y unidad del propio mundo intuitivo, no ha de ser utilizada por ello como lo primero de cara a su fundamentación, sino sólo adicionalmente como confirmación de su verdad. Esta tarea misma sólo puede verse perfectamente clarificada mediante su solución*.

§ 16.

Tras este examen global de la razón como una peculiar capacidad cognoscitiva propia únicamente del hombre, así como de las prestaciones y fenómenos característicos a que dicha razón da lugar, ahora sólo me resta hablar | de la razón en la medida en que guía las acciones de los hombres, consideración desde la que se le puede llamar *práctica*. Ahora bien, la mayor parte de lo que correspondía decir aquí ha encontrado su lugar en otro lugar, cual es el apéndice de la presente obra, donde se cuestiona la existencia de lo que Kant dio en llamar «razón práctica», que él (desde luego muy confortablemente) presenta como la fuente inmediata de toda virtud y como la sede de un *deber* absoluto (esto es, caído del cielo). Algún tiempo después, en *Los problemas fundamentales de la ética,* procuré una morosa y

---

* Cfr. el capítulo 17 del segundo volumen.

sólida refutación de este principio kantiano de la moral. Por eso aquí sólo diré algo sobre el influjo real de la razón, en el verdadero sentido de esta palabra, sobre el obrar. Ya al comienzo de nuestro examen de la razón hemos observado en general cuánto se diferencian el hacer y la conducta del hombre de los del animal, así como que esta diferencia ha de ser vista únicamente como consecuencia de la presencia de conceptos abstractos en la consciencia. El influjo de ésta sobre todo nuestro existir es tan radical y significativo que en cierto modo nos coloca con respecto a los animales en la misma relación que los animales capaces de ver guardan con los que carecen de ojos (ciertas larvas, gusanos y zoófitos); los últimos conocen sólo por el tacto lo que les está inmediatamente presente en el espacio; en cambio los que ven conocen un amplio círculo de proximidad y lejanía. De igual modo la ausencia de la razón ciñe a los animales a las representaciones intuitivas que les sean inmediatamente presentes en el tiempo, esto es, a los objetos reales; nosotros por contra y en virtud del conocimiento en abstracto abarcamos, junto al angosto presente real, todo el pasado y el futuro, además del ancho reino de la posibilidad; oteamos libremente la vida en todas sus facetas, más allá del presente y de la realidad efectiva. Así pues, lo que es el ojo en el espacio y para el conocimiento sensible lo es en cierta medida la razón en el tiempo y para el conocimiento interior. Sin embargo, tal como la visibilidad de los objetos posee su valor y significado por el hecho de proclamar la perceptibilidad de los mismos, el valor del conocimiento abstracto radica siempre e íntegramente en su relación con lo intuitivo. De ahí que también el hombre natural conceda siempre mucho más valor a lo | conocido intuitiva e inmediatamente que a los conceptos abstractos, a lo simplemente pensado, prefiriendo el conocimiento empírico al lógico. Pero todo lo contrario sienten quienes viven más en las palabras que en los hechos, quienes han visto más en los papeles y los libros que en el mundo real, y que en su mayor degeneración se vuelven tan pedantes como librescos. ¡Sólo eso torna comprensible que Leibniz junto a Wolff y todos sus sucesores pudieran desvariar tanto, tras el precedente de Duns Scoto, como para explicar que el conocimiento intuitivo es tan sólo un conocimiento abstracto confuso! En honor a Spinoza he de mencionar que, bien al contrario, su correcto sentido ha explicado que todos los conceptos banales deben su origen a la confusión de lo conocido intuitivamente *(Ética* II, prop. 40, escolio 1). Esta trastocada opinión hace que en las matemáticas se desestime su evidencia característica, para hacer valer únicamente la evidencia lógica, así como que en general cualquier conocimiento no abstracto sea concebido y menospreciado bajo el amplio nombre de «sentimiento»; hasta que finalmente la ética kantiana declaró sin valor ni mérito algunos, catalogándolo como un mero sentimiento y arrebato, al puro obrar justo y provechoso que, ante el conocimiento inmediato de las circunstancias, guía por simpatía a la buena voluntad, y quiso reconocer valor moral sólo al obrar originado por máximas abstractas.

El polifacético panorama global de la vida que el hombre posee merced a la razón, anteponiéndole al animal, también es comparable con un plano geométrico, incoloro y abstracto y reducido de su transcurso vital. El hombre procede con respecto al animal como el navegante que conoce exactamente su ruta y sabe en todo momento cuál es su situación en el mar, gracias a su carta de navegación, el compás y el cuadrante, con respecto a la ignorante tripulación que sólo ve las olas y el cielo. Por eso es tan curioso y admirable cómo el hombre, junto a su vida en concreto, siempre lleva una segunda vida en abstracto. En la primera queda a merced de todas las tormentas de la realidad efectiva y al influjo del presente, habiendo de esforzarse, sufrir y morir igual que el animal. Pero su vida en abstracto, tal como se presenta ante su sentido reflexivo racional, es el tranquilo reflejo de la primera y del mundo en que vive, es aquel reducido plano recién mencionado. Aquí, en | el ámbito de la meditación sosegada, se le aparece frío, descolorido y extraño a primera vista lo que allí le poseía por entero y le movía con vehemencia; aquí es mero espectador y observador. En este abandonarse a la reflexión se asemeja a un actor que ha interpretado su papel y que, hasta que le toca entrar de nuevo en escena, toma asiento entre los espectadores, desde donde contempla serenamente lo que siempre puede anticiparse y que serían los preparativos de su propia muerte (en la pieza teatral), si bien luego, al volver a incorporarse al escenario, hace y padece como tiene que hacerlo. La serenidad humana que resulta de esta doble vida es muy diferente de la irreflexión animal; con dicha serenidad alguien, tras haberlo meditado previamente, haber adoptado una resolución o haber reconocido una necesidad, soporta resignadamente o consuma con sangre fría lo más importante para él, con frecuencia lo más horrendo: el suicidio, el suplicio, arriesgadas empresas de todo tipo y en general cosas contra las que se subleva enteramente su naturaleza animal. Entonces vemos en qué medida la razón se vuelve dueña de la naturaleza animal y le grita al fuerte: «Tienes en verdad un corazón de hierro!» *(Ilíada* 24, 521). Aquí, puede decirse realmente, se manifiesta la razón *prácticamente;* por tanto, allí donde la conducta está guiada por la razón, donde los motivos son conceptos abstractos, donde lo determinante no son las singulares representaciones intuitivas ni la impresión del momento que dirige al animal, allí se muestra la *razón práctica*. Pero que esto es totalmente distinto e independiente del valor ético, que el obrar racional y el obrar virtuoso son dos cosas diferentes por completo, que la razón se encuentra unida tanto a una gran bondad como a una gran maldad y que presta eficazmente su concurso tanto a la una como a la otra, que la razón está igualmente preparada para servir tanto a la realización consecuente y metódica del designio noble como del perverso, de las máximas prudentes como de las incomprensibles, que conlleva su naturaleza femenina, receptora y conservadora, mas no autocreadora; todo esto lo he desarrollado ampliamente e ilustrado con ejemplos en el apéndice. Lo dicho allí encontraría aquí su auténtico lugar, mas a causa de la polémica contra | la presunta razón práctica de Kant, hubo de ser trasladado al citado apéndice, al que por ello remito aquí a su vez.

El desarrollo más perfecto de la *razón práctica* en el auténtico y genuino sentido de la palabra, la cumbre más alta a la que puede llegar el hombre gracias al mero uso de su razón y que muestra más diáfanamente su diferencia del animal, es presentado como idea en la *sabiduría estoica*. Pues la ética estoica no es originaria ni esencialmente una doctrina de la virtud, sino una simple indicación para la vida racional, cuyo objetivo y meta es la dicha gracias al sosiego del espíritu. La conducta virtuosa comparece en ella sólo *per accidens* [accidentalmente] por decirlo así, como medio, no como fin. Por eso la ética estoica, conforme a su esencia global y su punto de vista, es radicalmente distinta de los sistemas éticos que exigen de inmediato la virtud, como las doctrinas de los *Vedas*, de Platón, del cristianismo y de Kant. El fin de la ética estoica es la dicha: «Todas las virtudes tienen como objetivo a la felicidad», se dice en la presentación de la Stoa hecha por Estobeo *(Ecl.,* libro II, cap. 7, pp. 114 y 138)[19]. No obstante, la ética estoica especifica que la dicha únicamente se

---

19. Schopenhauer nos remite a esta edición: Johannes Estobeo, *Extractos de física y ética,* Göttingen, 1792.

puede encontrar con seguridad en la paz interior y en el sosiego del ánimo *(ataraxia)*, y a su vez esta imperturbabilidad sólo se alcanza por medio de la virtud; no es otro el significado de la expresión relativa a que «la virtud es el bien supremo». Si paulatinamente se ha ido olvidando el fin en aras del medio y se recomienda la virtud para un interés totalmente distinto, en cuanto que traiciona el de la propia felicidad al contradecirlo nítidamente, ésta es una de las inconsecuencias merced a las cuales en cualquier sistema la verdad inmediatamente conocida o, como suele decirse, la verdad sentida nos devuelve al camino correcto, reprimiendo los silogismos. Esto se ve claramente por ejemplo en la ética de Spinoza, quien a partir del egoísta *suun utile quaerere* [buscar el propio provecho] deduce una doctrina de la virtud pura mediante obvios sofismas *(Ética* IV, prop. 20). Tal como yo he captado el espíritu de la ética estoica, su origen radica en la idea de si la razón, ese gran privilegio del hombre que tanto le aligera la vida de sus cargas indirectamente gracias al obrar planificado y lo que de él se desprende, no sería también capaz de sustraerle directamente, o sea, a través del mero conocimiento, | de los sufrimientos y tormentos de todo tipo que colman la vida, ya fuera de golpe y por completo o casi en su totalidad. No parecía compadecerse con ese privilegio de la razón el hecho de que el ser dotado de ella y que gracias a la misma capta y otea una infinidad de cosas y estados quedase sin embargo a merced de tan intensos dolores, de tan enorme angustia y sufrimiento como los que provocan el impetuoso ardor del anhelo y de la fobia por mor del presente y los incidentes que pueden albergar los pocos años de una vida tan corta, efímera e incierta, con lo cual se dio en creer que un pertinente uso de la razón habría de elevar al hombre por encima de todo eso y que podría hacerle invulnerable. Por eso dijo Antístenes: «Uno ha de procurarse o bien entendimiento, o bien una soga» *(Plut.*

de stoic. repugn., cap. 14)[20], es decir, la vida está tan plagada de calamidades y fastidios que, o bien se remontan desmintiéndolos con el pensamiento, o bien se ha de abandonar la vida. Se comprendió que la privación y el sufrimiento no provienen directamente del no-tener, sino del querer-tener y no tenerlo; se comprendió que este querer-tener es la condición bajo la cual el no-tener se torna privación y genera dolor. «No es la pobreza lo que dispensa dolor, sino la codicia» (Epicteto, fragmento 25)[21]. Además la experiencia enseña que sólo la esperanza y las pretensiones alumbran y nutren el deseo; de ahí que no nos desazonen y atormenten los muchos e inevitables males comunes a todos ni tampoco los bienes inalcanzables, sino únicamente los bienes más o menos insignificantes que son accesibles al hombre y que puede dejar pasar; lo que es absoluta o relativamente inalcanzable o inevitable nos deja totalmente impasibles; por eso los males con que una vez transigió nuestra individualidad o los bienes que han de quedarles necesariamente negados son considerados con indiferencia y con arreglo a esta característica humana cualquier deseo está pronto a extinguirse y por tanto no puede seguir generando dolor, si no lo alimenta esperanza alguna. Todo esto hizo patente que toda felicidad pivota sobre la relación entre nuestras pretensiones y | lo que conseguimos; da igual cuán grandes o pequeñas sean ambas magnitudes de esa relación y la relación puede establecerse tanto por la disminución de la primera magnitud como por el incremento de la segunda, de suerte que todo sufrimiento emana propiamente de la desproporción entre lo que reclamamos y aguardamos con aquello que nos es dado, despro-

---

20. Cfr. Plutarco, *Sobre la repugnancia de los estoicos,* cap. 14; 1039 F.
21. Cfr. Epicteto, *Manual,* cap. V; Schopenhauer utilizaba una edición aparecida en 1800 y cuyo título era *Los monumentos filosóficos de Epicteto,* si bien en 1833 adquirió una edición del *Manual* publicada en Cambridge en 1655.

porción que obviamente sólo está en el conocimiento* y que podría verse suprimida gracias a una mejor comprensión. Por eso dijo Crisipo que «uno debe vivir teniendo un conocimiento apropiado de la marcha de las cosas en el mundo» (Estobeo, *Ecl.*, libro II, cap. 7, p. 134). Pues con frecuencia un hombre pierde la serenidad al verse golpeado por el infortunio, o se enoja, o se desalienta, demostrando con ello que encuentra las cosas muy distintas a como las esperaba y que por consiguiente se hallaba sumido en el error, no conocía el mundo ni la vida, no sabía cómo la naturaleza inerte por azar y la naturaleza animada por fines antagónicos e incluso por maldad desbaratan a cada paso la voluntad del individuo; así pues, o bien no ha utilizado su voluntad para adquirir un saber universal sobre esta estructuración de la vida, o bien le falta discernimiento cuando no reconoce en singular lo que sabe en general y por eso se sorprende y pierde su serenidad**. De igual modo toda alegría intensa es un error, un delirio, porque ningún deseo alcanzado puede satisfacernos duraderamente y porque asimismo cualquier posesión y toda dicha sólo son prestadas por el azar por un tiempo indeterminado, pudiendo por ello sernos arrebatadas de nuevo a la hora siguiente. Sin embargo, el dolor radica en la desaparición de tal delirio; ambos surgen de un conocimiento erróneo y por eso tanto el júbilo como el dolor están siempre ausentes en el sabio y ningún acontecimiento altera su *ataraxia* [imperturbabilidad].

Con arreglo a este espíritu y fin de la Stoa, Epicteto empieza con algo a lo que retorna continuamente como núcleo

---

* «Todos los disgustos se deben al juicio y a la opinión» (Cicerón, *Tusculanas*, lib. 4, 7). «No son las cosas mismas lo que desazona a los hombres, sino la opinión sobre ellas» (Epicteto, *Manual*, cap. 5).
** «Ésta es la causa de todo mal para los hombres: que no saben aplicar los conceptos universales a los casos concretos» (Epicteto, *Disertaciones*, III, 26 [IV, I, 42]).

de su sabiduría: que se debe meditar y diferenciar sobre lo que depende de nosotros y lo que no, para no contar con esto último; con ello uno se mantendrá auténticamente libre de cualquier dolor, sufrimiento y angustia. Mas lo único que depende de nosotros es la voluntad; y aquí se da un paulatino tránsito hacia la doctrina de la virtud, al observarse que, tal como el mundo externo que no depende de nosotros determina la dicha y la desdicha, el contento o descontento con nosotros mismos nace de la voluntad interna. Pero luego se cuestionó si las denominaciones de *bonum* y *malum* [bueno y malo] debían atribuirse al primer binomio o al segundo. Esto era propiamente algo arbitrario y discrecional que no afectaba en nada al asunto. Sin embargo, los estoicos no dejaban de discutir sobre ello con los peripatéticos y los epicúreos, entreteniéndose con la improcedente comparación entre dos magnitudes plenamente inconmensurables y los paradójicos enunciados antagónicos que resultaban de ello y se arrojaban mutuamente. Cicerón en sus *Paradojas* suministra un interesante compendio de las del bando estoico.

Zenón, el fundador, parecer haber tomado originariamente una senda completamente distinta. El punto de partida para él era éste: para conseguir el bien supremo, esto es, la felicidad a través del sosiego del ánimo, debe vivirse de acuerdo consigo mismo: «vivir armoniosamente es vivir con arreglo a un principio propio y en concordancia consigo mismo» (Estobeo, *Eclogae,* libro II, cap. 7, p. 132); «La virtud consiste en la concordancia de la forma de pensar consigo misma durante toda la vida» *(ibid.,* p. 104). Pero esto sólo era posible si uno determinaba *racionalmente,* según conceptos, y no según impresiones o humores cambiantes; mas como sólo las máximas de nuestro obrar, y no el éxito o las circunstancias externas, están bajo nuestro poder, para poder ser consecuentes en todo momento, | uno ha de atenerse a esas máximas y no convertir en fines al éxito o las circunstancias; con lo cual se introducía otra vez la teoría de la virtud.

Pero ya a los sucesores inmediatos de Zenón les pareció demasiado formal y sin contenido su principio moral: vivir congruentemente. Por eso le confirieron contenido material con la siguiente adición: «vivir en conformidad con la naturaleza», adición que como relata Estobeo *(ibid.)* fue hecha en primer lugar por Cleantes, cuestión que dio mucho de sí por la vasta esfera del concepto y la indefinición de la expresión. Pues Cleantes aludía a la naturaleza global en general, mientras que Crisipo pensaba en la peculiar naturaleza humana *(Diog. Laert.* 7, 89). A renglón seguido lo único adecuado a esta última naturaleza debía ser la virtud, tal como la satisfacción de los impulsos animales se adecua a las naturalezas de los animales, con lo cual se volvía de nuevo a la teoría de la virtud y a todo trance la ética debía verse sustentada por la física. Pues los estoicos tendían siempre hacia la unidad del principio, razón por la cual tampoco Dios y el mundo eran para ellos dos cosas diferentes.

Tomada en su conjunto la ética estoica es, de hecho, un ensayo muy estimable y digno de atención por aplicar el gran privilegio del hombre, la razón, a un fin tan importante como saludable, cual es el de elevarle por encima de los sufrimientos y los dolores en que se halla inmersa la vida merced a esta receta: «cuán suavemente puede transcurrir la vida / sin dejarse atormentar por un anhelo eternamente insatisfecho / ni tampoco por el temor o la esperanza depositados en cosas poco útiles» (Horacio, *Epistulae* I, 18, 97); y hacerle partícipe con ello en sumo grado de la dignidad que le corresponde como ser racional en oposición al animal, dignidad de la que sin duda puede hablarse en este sentido y no en otro. Esta visión mía de la ética estoica comporta –y por eso su exposición resultaba pertinente aquí– lo que la *razón* es y puede conseguir. Pero ese fin es a tal punto alcanzable en cierto grado por medio del uso de la razón y gracias a una ética simplemente racional, como también muestra la experiencia, que esos caracteres puramente racionales llamados comúnmente filósofos prácticos (muy atinadamente, porque al igual que el filósofo | en sentido estricto, esto es, el teórico traslada la vida al concepto, los filósofos prácticos trasladan el concepto a la vida) son por cierto los más dichosos; pese a ello dista mucho de alcanzarse cierta perfección en este sentido y que la razón correctamente utilizada pueda despojarnos realmente de todo pesar y sufrimiento conduciéndonos a la felicidad. Más bien se da una cabal contradicción en ese querer vivir sin padecer que conlleva la expresión usual de «vida bienaventurada»; esto lo comprenderá muy claramente quien siga hasta el final mi exposición. Esta contradicción se revela también ya en esa ética de la propia razón pura, cuando el estoico se ve obligado a intercalar en su receta para una vida bienaventurada (pues a eso es a lo que se reduce siempre su ética) una recomendación al suicidio (tal como entre los lujosos adornos y enseres de los déspotas orientales nunca falta un suntuoso frasquito con veneno) para el caso en que los sufrimientos del cuerpo, que no se dejen eliminar mediante sentencias y silogismos filosóficos, resulten predominantes e incurables, desvaneciéndose así su único fin, la felicidad, y no quedando nada para sustraerse al dolor salvo la muerte, que ha de asumirse con indiferencia como cualquier otro medicamento. Aquí se revela un marcado contraste entre la ética estoica y todas las éticas mencionadas anteriormente que hacen de la virtud el fin en sí e inmediato, aunque lleve anejas las más arduas penalidades, y no quieren que uno ponga término a la vida para evadirse del dolor, si bien ninguna de ellas sabría expresar el auténtico motivo para reprobar el suicidio, aun cuando rebusquen toda clase de argumentos especiosos; en el cuarto libro se dará esa razón en el contexto de nuestro examen. Pero el manifiesto contraste recién mencionado ratifica la sustancial diferencia en lo tocante al principio fundamental entre la ética estoica, que propiamente sólo es un peculiar eudemonismo, y las citadas doctrinas, aunque ambas coincidan a menudo en los resultados y tengan una aparente afinidad. Sin embargo, la citada contradicción interna que afecta a la ética estoica, incluso en su pensamiento primordial, también se deja ver por añadidura en el hecho de que su ideal, el sabio estoico, en su propia forma de presentarlo, nunca pudo cobrar vida o | una veracidad poética íntima, sino que siempre se le presenta como un rígido maniquí hecho de madera con el cual no se puede emprender nada, habida cuenta de que él mismo no sabe hacia dónde encaminarse con su sabiduría, cuyo sosiego, contento y felicidad contradicen directamente la esencia de la humanidad y nos impiden hacernos una representación intuitiva de todo ello. ¡Cuán enteramente distintos aparecen, colocados a su lado, esos abnegados penitentes que renuncian voluntariamente al mundo y que la sabiduría ha sabido producir de hecho, o ese Redentor del cristianismo, esa eximia figura, repleta de honda vida y de tan grande veracidad poética como suprema transcendencia, que pese a todo se presenta ante nosotros con perfecta virtud, santidad y eminencia en el estado del supremo sufrimiento*.

---

* Cfr. el capítulo 16 del segundo volumen.

Libro Segundo
El mundo como voluntad

Primera consideración
La objetividad de la voluntad

> *Habita en nosotros, no en los avernos ni en las estrellas del cielo: todo esto lo hace el espíritu que bulle dentro de nosotros.*[1]

---

1. Cfr. Henricus Cornelius Agrippa von Nettesheim, *Epístolas,* V, 14; *Obras completas,* Lyon, 1535). Schopenhauer toma la cita de Johann Beaumont, *Tratado histórico-fisiológico y teológico de los espíritus, manifestaciones, brujerías y otras magias,* Halle, 1721, p. 281.

§ 17.

En el primer libro hemos considerado la representación sólo en cuanto tal, o sea, sólo con arreglo a la forma general. A decir verdad, en lo que atañe a la representación abstracta, el concepto, también nos hemos familiarizado con su contenido, en la medida en que únicamente posee concepto y significado mediante su referencia a la representación intuitiva, sin la cual carecería de contenido y valor algunos. Así pues, al fijar nuestra atención sobre la representación intuitiva, pretendemos conocer también su contenido, sus determinaciones más concretas y las formas que nos presenta. Nos esforzaremos especialmente por aclarar su auténtico significado, que de lo contrario sólo sería sentido y en virtud del cual esas imágenes no desfilan ante nosotros de un modo totalmente ajeno e indiferente –como tendría que ser al margen de ello–, sino que nos interpelan directamente, son comprendidas y suscitan un interés que cautiva todo nuestro ser.

Echemos un vistazo a las matemáticas, la ciencia natural y la filosofía, albergando la esperanza de que cada una de ellas nos brinde una parte de la deseada aclaración. Ahora bien, en primer lugar descubrimos que la filosofía es un monstruo con muchas cabezas, cada una de las cuales habla un lenguaje diferente. A decir verdad, sobre el punto suscitado aquí, el significado de toda representación intuitiva, no todos discrepan entre sí, ya que, a excepción de los escépticos y los idealistas, | los demás confluyen bastante en lo sustantivo, al hablar de un *objeto* que subyacería como *fundamento* a la representación y que se diferencia esencialmente de ella, pese a asemejársele absolutamente como dos gotas de agua. Pero esto no nos es de gran ayuda, puesto que no sabemos diferenciar tal objeto de la representación, sino que nos encontramos con que ambos son sólo una y la misma cosa, dado que cualquier objeto presupone sempiternamente un sujeto y por eso es una representación, al igual que hemos conocido la existencia del objeto como perteneciente a la forma más universal de la representación, que no es justamente sino la desmembración en objeto y sujeto. Por lo demás el principio de razón al que nos referimos aquí sólo supone para nosotros la norma de la representación, o sea, el enlace conforme a leyes de una representación con alguna otra, mas no el enlace de la serie completa, ya sea finita o infinita, de representaciones con algo que no sería en modo alguno una representación y por lo tanto no puede ser representable en absoluto. Pero de los escépticos e idealistas ya se ha hablado con anterioridad, al exponer la disputa relativa a la realidad del mundo externo.

Si ahora buscamos en las matemáticas el conocimiento más detallado que deseamos de aquella representación intuitiva, que sólo nos es conocida de un modo totalmente genérico con arreglo a la mera forma, las matemáticas sólo nos hablarán de esa representación en tanto que colman el espacio y el tiempo, esto es, en la medida en que son magnitudes. Las matemáticas nos darán con toda precisión la frecuencia y el tamaño, pero sólo de un modo relativo, es decir, comparando una representación con otra, y desde luego sólo en la parcial consideración de la magnitud; con lo cual tampoco será ésta la información primordial que andamos buscando.

Si contemplamos finalmente el vasto ámbito de las ciencias naturales, fraccionado en muchos campos, podemos distinguir en primer lugar dos apartados capitales. O bien la descripción de las formas, que yo denomino *morfología,* o bien la explicación de los cambios, que yo llamo *etiología.* La primera considera las formas permanentes; la segunda, la materia cambiante conforme a las leyes de su tránsito desde una forma hacia la otra. La primera es lo que se ha dado en llamar, si bien impropiamente, | «historia natural» en todo su contorno; en cuanto botánica y zoología dicha historia natural nos enseña especialmente a conocer las diferentes formas orgánicas y por ello firmemente determinadas, las cuales permanecen en medio del incesante cambio de los individuos y constituyen en gran parte el contenido de la representación intuitiva; dichas formas son clasificadas, separadas, reunidas y ordenadas según sistemas naturales y artificiales por esas ciencias, colocándolas bajo conceptos que hacen posible un cuadro de conjunto y un conocimiento de todas ellas. Además también se acredita una analogía de infinitos matices que atraviesa todas ellas tanto en el conjunto como en las partes (*unité de plan* [un plan unitario]), en virtud de la cual se asemejan a múltiples variaciones sobre un tema que no está dado. El tránsito de la materia a esas formas, esto es, el surgimiento de los individuos, supone un capítulo primordial de la consideración, ya que todo individuo procede de otro semejante a él por generación, la cual se ha sustraído hasta el momento a un conocimiento claro, al ser por doquier igual de misteriosa; mas lo poco que se sabe a este respecto encuentra su lugar en la fisiología, que ya pertenece a la ciencia natural etiológica. A ésta tiende también ya la mineralogía que conforme a la cuestión primordial se inscribe en la morfología, sobre todo allí donde se torna geología. Propias de la etiología son todas las ramas de la ciencia natural cuya cuestión primordial sea el conocimiento de la causa y el efecto; éstas enseñan cómo, conforme a una regla infalible, a *un* estado de la materia le sigue necesariamente otro determinado, cómo una determinada transformación determina, condiciona y produce otra, a lo cual se le llama *explicación*. Aquí nos encontramos principalmente con la mecánica, la física, la química y la biología.

Pero si nos abandonamos a su enseñanza descubrimos en seguida que ni la etiología ni la morfología nos brindan la información que buscamos primordialmente. La morfología nos presenta innumerables e infinitamente múltiples formas emparentadas por un inequívoco aire de familia, las cuales suponen para nosotros representaciones que nos siguen siendo eternamente ajenas por esa vía y, cuando son examinadas simplemente así, se nos antojan jeroglíficos indescifrables. En cambio la etiología nos enseña que, según la ley de causa y efecto, este determinado estado de la materia produce otro, explicándolo y haciéndolo suyo con ello. No obstante, en el fondo sólo consta el orden regular conforme al cual ingresan los estados dentro del espacio y el tiempo, enseñando para todos los casos qué fenómeno ha de incorporarse necesariamente a este tiempo en este lugar; así pues determina el emplazamiento de los fenómenos en el tiempo y en el espacio según una ley cuyo contenido ha enseñado la experiencia, pero de cuya forma y necesidad somos conscientes independientemente de la experiencia. Sin embargo, a través de todo ello no conseguimos obtener la menor aclaración sobre la esencia íntima de cada uno de tales fenómenos; esta esencia íntima se denomina *fuerza de la naturaleza* y radica fuera del dominio de la explicación etiológica, la cual denomina *ley de la naturaleza* a la inalterable constancia con que tiene lugar la manifestación de una fuerza semejante, con tanta frecuencia como se den las condiciones conocidas para ello. Esta ley natural, estas condiciones, este tener lugar con respecto a un determinado lugar en un tiempo preciso constituyen sin embargo todo lo que se sabe y todo lo que se puede saber. La fuerza misma que se manifiesta, la esencia íntima de los fenómenos que tienen lugar conforme a estas leyes, sigue suponiendo siempre un misterio para esa explicación etiológica, algo enteramente extraño y desconocido tanto ante el fenómeno más simple como ante el más complicado. Pues, aun cuando hasta el momento la etiología haya alcanzado su fin con una mayor perfección en la mecánica y mucho menor en la fisiología, la fuerza en virtud de la cual cae a tierra una piedra o un cuerpo impele a otro, conforme a su esencia íntima, no nos resulta menos extraña y misteriosa que aquella fuerza que produce el movimiento y el crecimiento de un animal. La mecánica presupone la materia, la gravedad, la impenetrabilidad, la transmisión del movimiento mediante un choque, la dureza, etc., como algo insondable y las denomina fuerzas de la naturaleza, llamando ley natural a su necesaria y regular manifestación bajo ciertas condiciones, y sólo después comienza su explicación, la cual consiste en precisar fielmente y con una exactitud matemática cómo, dónde y cuándo se manifiesta cada fuerza, retrotrayendo a una de esas fuerzas el fenómeno que se le presente. Eso mismo hacen la física, la química y la fisiología en sus respectivos ámbitos, si bien presuponen mucho más y consiguen bastante menos. Por consiguiente la más perfecta explicación etiológica del conjunto de la naturaleza nunca pasaría de ser sino | un inventario de fuerzas inexplicables, así como una segura indicación de las reglas según las cuales los fenómenos de dichas fuerzas tienen lugar dentro del tiempo y el espacio, se suceden o se hacen sitio unos a otros; pero la esencia íntima de las fuerzas que así se manifiestan habría de quedar siempre sin explicar, dado que la ley a la cual sigue no llega hasta ahí y se detiene en el fenómeno y su ordenación. Esta explicación etiológica sería comparable al corte de un mármol, el cual muestra múltiples vetas unas junto a otras, mas no permite conocer el curso de esas vetas por el interior del mármol hasta la superficie. O, si se me permite un símil más jocoso por lo chocante que resulta, ante la cabal etiología del conjunto de la naturaleza al investigador filosófico habría de ocurrirle como a quien, sin saber cómo, se viera inmerso en un grupo totalmente desconocido para él, cuyos miembros fueran presentándose sucesivamente como amigo y pariente el uno del otro, hasta conocerlos lo bastante; pero él mismo, mientras aseguraba alegrarse de trabar conocimiento con cada uno de los que le presentaban, se preguntaba calladamente: «¿Pero cómo demonios he venido a parar con toda esta gente?».

Así pues, tampoco la etiología puede aclararnos jamás esos fenómenos que nosotros sólo conocemos como nuestras manifestaciones. Pues tras todas esas explicaciones suyas esos fenómenos siguen siendo meras representaciones cuyo significado no comprendemos y nos resulta totalmente ajeno. El enlace causal proporciona simplemente la regla y el orden relativo de su ingreso en el espacio y el tiempo, pero no nos enseña a conocer más de cerca lo que tiene lugar. Además la propia ley de causalidad sólo tiene validez para representaciones, para objetos de una determinada clase, bajo cuya presuposición cobra únicamente significado dicha ley; así pues, ésta, al igual que esos objetos mismos, existe siempre sólo en relación con el sujeto y por lo tanto de modo condicionado; por lo cual se la conoce tanto si se parte del sujeto, esto es, a priori, como cuando se parte del objeto, es decir, a posteriori, tal como nos ha enseñado Kant.

Lo que ahora nos incita a investigar es justamente que no nos basta saber que tenemos representaciones, que son tales y cuales, y que se conectan según esas y aquellas leyes, cuya expresión universal es siempre el principio de razón. Queremos averiguar el significado de esas representaciones, preguntándonos si este mundo no es más que representación, en cuyo caso habría de pasar fugazmente ante nosotros como un sueño insustancial o un espejismo fantasmagórico sin merecer nuestra atención, o si más bien es algo distinto aparte de aquello, y qué es entonces. Es igualmente cierto que lo cuestionado ha de ser algo totalmente diferente de la representación y radicalmente distinto con arreglo a toda su esencia, por lo que también ha de ser plenamente ajeno a sus formas y a sus leyes; de ahí que, partiendo de la representación, no puede llegarse a ello siguiendo el hilo conductor de esas leyes que sólo enlazan entre sí objetos, representaciones, y que son las formas del principio de razón.

Aquí ya vemos que nunca se llegará a la esencia de las cosas *desde fuera;* como quiera que se haga jamás se obtendrán sino imágenes y nombres. Así uno se asemeja a quien circunda un castillo buscando en vano una entrada y se hiciera por de pronto una idea general sobre las fachadas. Y sin embargo éste es el camino que han tomado todos los filósofos anteriores a mí.

§ 18.

De hecho, si el investigador no fuera otra cosa que puro sujeto cognoscente (alada cabeza de ángel sin cuerpo), el significado de indagar el mundo que se halla frente a mí exclusivamente como representación, o el tránsito desde ella, en cuanto simple representación del sujeto cognoscente, a lo que el mundo pueda ser aparte de esto, no serían hallados jamás. Pero el propio investigador tiene sus raíces en ese mundo, encontrándose en él como *individuo,* esto es, su conocer, el cual es el portador que condiciona al mundo entero como representación, está sin embargo mediatizado por un cuerpo cuyas afecciones, como se ha mostrado, suponen para el entendimiento el punto de partida de la intuición de ese mundo. Este cuerpo es para el puro sujeto cognoscente en cuanto tal una representación como cualquier otra; los movimientos, las acciones de dicho cuerpo son conocidos por ese sujeto exactamente igual que los cambios de todos los | demás objetos intuitivos, y le resultarían igual de extraños e incomprensibles, si su significado no le fuera descifrado de un modo totalmente distinto. De lo contrario vería que sus acciones resultan de motivos dados con la constancia de una ley natural, al igual que los cambios de otros objetos de causas, estímulos y motivos. Pero no entendería el influjo de los motivos más de cerca, sino como el enlace de aquel otro efecto que se le aparece con su causa. A su antojo llamaría una fuerza, una cualidad o un carácter a la esencia íntima, que le es incomprensible, de esas exteriorizaciones y acciones de su cuerpo, mas con ello no avanzaría mucho en su comprensión. Pero esto no es así; antes bien, al sujeto del conocimiento que aparece como individuo le es dada la palabra del enigma, y esa palabra es la de *voluntad.* Ésta y sólo ésta le da la clave de su propio fenómeno, le revela el significado, le muestra el mecanismo interno de su esencia, de su conducta, de sus movimientos. Al sujeto del conocimiento, que por su identidad con el cuerpo se presenta como individuo, le es dado este cuerpo de dos modos totalmente diferentes: en primer lugar como representación en la intuición del intelecto, en cuanto objeto entre objetos, y sometido a las leyes de éstos; pero también al mismo tiempo de muy otra manera, a saber, como aquello inmediatamente conocido que describe la palabra *voluntad*. Cualquier acto genuino de su voluntad es simultánea e inevitablemente un movimiento de su cuerpo; él no puede querer realmente ese acto sin percibir al mismo tiempo que aparece como un movimiento del cuerpo. El acto volitivo y la acción corporal no son dos estados diferentes conocidos objetivamente que enlacen el vínculo de la causalidad, ni se hallan en la relación de causa y efecto, sino que son una y la misma cosa, sólo que dada de dos maneras completamente distintas: una de modo enteramente inmediato y otra en la intuición para el entendimiento. La acción del cuerpo no es sino el acto de la voluntad objetivado, esto es, colocado en la intuición. Ulteriormente se nos mostrará que esto vale de cada movimiento del cuerpo, no sólo de los basados en motivos, sino también de los involuntarios que resultan de meros estímulos, e incluso que el cuerpo entero no es sino la voluntad objetivada, | o sea, convertida en representación; todo lo cual se hará patente y se clarificará en lo sucesivo. De ahí que al cuerpo, al cual en el libro precedente y en el tratado *Sobre el principio de razón* denominé el *objeto inmediato,* con arreglo al punto de vista unilateral adoptado allí, lo llamaré ahora desde una perspectiva distinta la *objetivación de la voluntad.* Por eso también cabe decir en cierto sentido que la voluntad es el conocimiento a priori del cuerpo y el cuerpo el conocimiento a posteriori de la voluntad. Las resoluciones de la voluntad que se refieren al futuro son simples reflexiones de la razón sobre lo que se querrá algún día, no auténticos actos volitivos: sólo la ejecución sella la decisión, que hasta entonces sigue siendo sólo apenas un mudable propósito y sólo existe en la razón, en abstracto. Tan sólo en la reflexión se diferencian el querer y el hacer; en la realidad son una sola cosa. Todo acto auténtico, genuino, inmediato de la voluntad es también automáticamente un acto manifiesto del cuerpo; y en correspondencia con ello por otra parte cualquier influencia sobre el cuerpo lo es también automática e inmediatamente sobre la voluntad; en cuanto tal se denomina dolor cuando repugna a la voluntad; comodidad, voluptuosidad cuando está de acuerdo con ella. Las gradaciones de ambos son muy diferentes. Pero resulta enteramente inapropiado calificar de representaciones al dolor y a la voluptuosidad, pues no lo son en modo alguno, sino que son afecciones inmediatas de la voluntad en su fenómeno, el cuerpo: un momentáneo querer o no querer forzado por la impresión que éste padece. Considerables directamente como meras representaciones y por ello a exceptuar de lo dicho son sólo unas pocas impresiones sobre el cuerpo, que no incitan a la voluntad y son la única vía a través de la cual el cuerpo es objeto inmediato del conocer, dado que como intuición en el entendimiento ya es objeto mediato, al igual que todo lo demás. Me refiero aquí a las afecciones de los sentidos objetivos: la vista, el oído y el tacto, si bien sólo en la medida en que estos órganos sean afectados del modo natural que les es propio y característico, el cual es una extremadamente débil excitación de la amplificada y específicamente modificada sensibilidad de esas partes, de suerte que no afecte a la voluntad; sino que sin verse perturbada por ninguna excitación suya | suministra al entendimiento los datos a partir de los cuales deviene la intuición. Sin embargo, cualquier otra afección más fuerte o de otro tipo de esos órganos sensoriales es dolorosa, es decir, se opone a la voluntad a cuya objetivación pertenecen. El nerviosismo se manifiesta en que las impresiones, las cuales deberían tener simplemente el grado de intensidad que bastase para constituir los datos de cara al entendimiento, alcanzan un grado más alto en el cual mueven a la voluntad, es decir, suscitan dolor o sensación de bienestar, aunque con más frecuencia un dolor parcialmente sordo e insignificante, por lo que un sonido especial y una luz intensa no sólo se dejan sentir dolorosamente, sino que en general dan pie a un enfermizo estado de ánimo hipocondríaco que no se deja reconocer claramente. Además, la identidad del cuerpo y la voluntad también se muestran, entre otras cosas, en el hecho de que cada movimiento vehemente y desmesurado de la voluntad, esto es, cualquier afecto, estremece inmediatamente al cuerpo y a su mecanismo interno, perturbando el curso de sus funciones vitales. Esto se encuentra especialmente desarrollado en mi obra *Sobre la voluntad en la naturaleza* (p. 27 de la segunda edición).

Por último, el conocimiento que tengo de mi voluntad, aunque inmediato, no puede disociarse del de mi cuerpo. Yo no conozco mi voluntad en su conjunto, como una unidad, ni perfectamente conforme a su esencia, sino que únicamente la conozco en sus actos individuales, por tanto en el tiempo, que es la forma del fenómeno de mi cuerpo, como lo es de todo objeto; por eso el cuerpo es condición del conocimiento de mi voluntad. A esta voluntad no puedo por consiguiente representármela sin mi cuerpo. En el tratado *Sobre el principio de razón* es presentada la voluntad, o más bien el sujeto del querer, como una clase particular de representaciones u objetos; ahora bien, ya vimos allí mismo que este objeto coincidía con el sujeto, es decir, cesaba de ser objeto; allí denominábamos a esa coincidencia el milagro *katt'exochen* [por antonomasia]; en cierto modo todo el presente escrito es la explicación de esto. En la medida en que conozco mi voluntad como un objeto la conozco en cuanto cuerpo; pero entonces retorno a la primera clase de representaciones establecida en aquel tratado, esto es, a los objetos reales. En lo sucesivo | iremos comprendiendo mejor que esa primera clase de representaciones sólo encuentra su solución y su desciframiento en la cuarta clase establecida allí, la cual deja de confrontarse propiamente como objeto con el sujeto, y que, con arreglo a ello, hemos de aprender a comprender, a partir de la ley de la motivación imperante en la cuarta clase, la esencia íntima de la ley de causalidad que tiene validez en la primera y lo que ocurre conforme a dicha ley.

Esta identidad de la voluntad y del cuerpo que ahora se presenta provisionalmente sólo puede acreditarse, como sucede aquí ciertamente por vez primera, y debe suceder cada vez más en lo sucesivo, partiendo de la consciencia inmediata, o sea, del conocimiento en concreto, y ascendiendo al saber de la razón o transfiriéndolo al conocimiento en abstracto; en cambio, con arreglo a su naturaleza no puede demostrarse nunca, es decir, no puede deducirse como conocimiento indirecto a partir de otro inmediato, justamente porque él mismo es el más inmediato y, si no lo captamos y fijamos como tal, aguardaremos en vano a volver a obtenerlo indirectamente como conocimiento derivado. Es un conocimiento enteramente peculiar cuya verdad, precisamente por eso, no puede ser llevada propiamente bajo ninguna de las cuatro rúbricas en que yo he dividido la verdad en el § 29 del tratado *Sobre el principio de razón,* a saber, lógica, empírica, transcendental y metalógica; pues no es, como todas aquellas, la referencia de una representación abstracta a otra representación, o a la forma necesaria de la representación intuitiva o abstracta, sino que es la referencia de un juicio a la relación que una representación intuitiva, el cuerpo, tiene con algo que no es representación, sino *toto genere* [radicalmente] diferente: la voluntad. Por eso me gustaría destacar esta verdad por encima de todas las demás y denominarla *katt'exochen* [por antonomasia]. Su expresión puede tener giros muy diversos y decirse: «mi cuerpo y mi voluntad son una sola cosa» o «mi cuerpo es la *objetivación* de mi voluntad»; o bien | «al margen de que mi cuerpo sea mi representación, no deja de ser tan sólo mi voluntad», etc.*

§ 19.

Si en el primer libro –de mala gana en el fondo– dábamos por hecho que el propio cuerpo era una simple representación del sujeto cognoscente, al igual que los restantes objetos de este mundo intuitivo, ahora nos queda claro que, en la consciencia de cada cual, la representación del propio cuerpo se diferencia de todas las otras, por lo demás enteramente iguales a ésta, en lo siguiente: el cuerpo se presenta a la consciencia de un modo radicalmente distinto que se designa con la palabra *voluntad* y precisamente este doble conocimiento que tenemos del propio cuerpo nos informa sobre sí mismo, sobre su hacer o moverse por motivos, así como también sobre su padecer debido a influencias externas, en una palabra, nos informa no sobre lo que es en cuanto representación, sino amén de eso, o sea, sobre lo que es *en sí,* una información que no tenemos directamente sobre la esencia, el hacer y el padecer de todos los demás objetos reales.

El sujeto cognoscente, debido justamente a esta peculiar relación con un cuerpo que para él, considerado al margen de dicha relación, no deja de ser una representación como las demás, es un *individuo*. Mas la relación en virtud de la cual el sujeto cognoscente es un *individuo* se da sólo entre él y una sola entre todas sus representaciones, respecto de la cual tiene consciencia no sólo como una simple representación, sino que al mismo tiempo de un modo radicalmente distinto, o sea, en cuanto una voluntad. Pero si hace abs-

---

* Cfr. el capítulo 18 del segundo volumen.

tracción de esa peculiar relación, de ese doble y enteramente heterogéneo conocimiento de lo uno y lo idéntico, entonces esa unidad, el cuerpo, es una representación como todas las demás; así pues, para orientarse a este respecto, el sujeto cognoscente ha de asumir o bien que lo distintivo de esa singular representación radica en que su conocimiento sólo mantiene esa doble relación con respecto a dicha representación y sólo en este *único* objeto intuitivo se le franquea su comprensión de dos maneras al mismo tiempo, mas ello no se debe a una diferencia entre este objeto y todos los demás, sino sólo a una diferencia de la relación mantenida por su conocimiento con este único objeto; o bien ha de asumir también que este objeto es esencialmente distinto de todos los demás, el único entre todos ellos que es al mismo tiempo voluntad y representación, mientras que el resto son en cambio mera representación, simples fantasmas, y por lo tanto su cuerpo es el único individuo real en el mundo, esto es, la única manifestación de la voluntad y el único objeto inmediato del sujeto. Que los demás objetos, considerados como simple *representación,* son iguales a su cuerpo y como éste llenan el espacio (en cuanto este mismo sólo está disponible como representación), y también actúan como él dentro del espacio, es algo ciertamente demostrable por la ley de causalidad, cierta a priori para las representaciones, que no admite efecto sin causa; pero, dejando aparte que a partir del efecto sólo cabe deducir una causa en general y no una similar, con ello seguimos estando en el ámbito de la mera representación, único para el que vale la ley de causalidad y más allá del cual no puede llevarnos dicha ley. Pero, como ya se dijo en el libro precedente, el auténtico sentido de la pregunta sobre la realidad del mundo externo es si los objetos conocidos por el individuo sólo como representación son sin embargo, como su propio cuerpo, manifestaciones de una voluntad; negar esto es el parecer del *egoísmo teórico,* el cual toma por fantasmas todos los fenómenos salvo a su propio cuerpo, tal como el egoísmo práctico hace exactamente lo mismo en sentido práctico, al considerar y tratar sólo a la propia persona como algo real, mientras que considera y trata al resto como simples fantasmas. El egoísmo teórico nunca es rebatible mediante pruebas, si bien en la filosofía no ha sido utilizado formalmente sino como un sofisma escéptico, esto es, como una ilusión. En cambio como convicción seria únicamente puede hallarse en los manicomios y, por lo tanto, frente a ella no se precisa tanto una prueba como un tratamiento. Por ello dejaremos de tenerlo en cuenta, considerándolo únicamente como el último baluarte del escepticismo, que siempre es polémico. | Nuestro conocimiento invariablemente vinculado a la individualidad y a la limitación implícita en ella comporta necesariamente que cada cual pueda *ser* sólo uno, pero en cambio pueda *conocer* todo lo demás, siendo esta limitación la que genera la necesidad de la filosofía; nosotros, que gracias a la filosofía nos esforzamos por ampliar las fronteras de nuestro conocimiento, contemplamos el argumento escéptico del egoísmo teórico expuesto aquí como una fortaleza fronteriza que fuera inexpugnable, pero cuya guarnición tampoco pudiese abandonarla, con lo cual cabe pasar por delante y dejarla atrás sin peligro.

Una vez convertido en evidencia ese doble conocimiento, dado de dos maneras plenamente heterogéneas, que tenemos de la esencia y el hacer de nuestro propio cuerpo, lo utilizaremos a continuación como una clave para la esencia de cualquier fenómeno inscrito en la naturaleza y enjuiciaremos a cualquier objeto que no sea nuestro propio cuerpo no de esa doble manera, sino tan sólo como representaciones dadas a nuestra consciencia justamente por analogía con ese cuerpo y por ello asumimos que tal como dichos objetos son por un lado representación al igual que ese cuerpo, homologándose así con él, también son por otro lado, si se deja al margen su existencia como representación del sujeto, aquello que sigue permaneciendo conforme a su esencia íntima y ha de ser lo mismo que llamamos en nosotros *voluntad*. Pues, ¿qué otro tipo de existencia o realidad deberíamos atribuir al resto del mundo corpóreo y de dónde cabe tomar los elementos que lo componen? Al margen de la voluntad y la representación no hay nada que nos sea conocido ni nos resulte pensable. Si queremos atribuir al mundo corpóreo, que sólo se halla inmediatamente en nuestra representación, la mayor realidad que nos es conocida, hemos de conferirle la realidad que para cada cual tiene su propio cuerpo, pues ello es lo más real para cada uno de nosotros. Pero si analizamos la realidad de ese cuerpo y de sus acciones, al margen de que se halla en nuestra representación, no encontramos ahí nada más que la voluntad, con lo cual se agota su propia realidad. En ninguna otra parte podemos hallar alguna otra realidad para atribuírsela al mundo corpóreo. Así pues, si el mundo corpóreo debe ser algo más que nuestra mera representación, entonces hemos de afirmar que, al margen | de la representación, o sea, en sí y según su esencia más íntima, es aquello que hallamos inmediatamente en nosotros mismos como voluntad. Digo, conforme a su esencia más íntima; pero antes de nada hemos de aprender a conocer más de cerca esa esencia de la voluntad, para saber distinguirla de lo que no pertenece propiamente a ella misma, sino a su fenómeno, que tantas gradaciones tiene. A esta gradación corresponde, v.g., el hallarse acompañado de conocimiento y el verse determinado condicionalmente a través de él por motivos; como veremos a continuación esto no pertenece a su esencia, sino simplemente a su más clara manifestación como animal y ser humano. Por eso, si yo afirmo que la fuerza que arrastra una piedra hacia la tierra es, conforme a su esencia, o sea, en sí y al margen de toda representación, voluntad, a este aserto no se le imputará la demente opinión de que la piedra se mueve conforme a un motivo conocido, porque en el hombre aparece así la voluntad*. Pero ahora queremos examinar con más detalle y claridad, fundamentándolo y desarrollándolo en toda su extensión**, lo que se ha expuesto hasta aquí de un modo provisional y genérico.

§ 20.

Como esencia en sí del propio cuerpo, como aquello que este cuerpo es, al margen de que sea representación en cuanto objeto de la intuición, da cuenta ante todo –como ya se ha dicho– la *voluntad* en los movimientos voluntarios de ese cuerpo, en la medida en que éstos no son sino la visibilidad de los singulares actos volitivos, con los cuales esos movimientos acontecen inmediata y cabalmente, como siendo una y la misma cosa con ellos, diferenciándose tan sólo por la forma de cognoscibilidad a que han accedido al convertirse en representación.

Pero estos actos de la voluntad tienen siempre una razón ajena, en los motivos. Con todo, dichos motivos nunca determinan sino lo que yo quiero en *este* tiempo, en *este* lugar y bajo *estas* circunstancias, mas no el hecho de que yo quie-

---

* No coincidimos en modo alguno con Bacon de Verulamio, cuando sostiene (*Sobre el aumento de las ciencias,* libro 4 hacia el final) que todos los movimientos mecánicos y físicos de los cuerpos tienen lugar tras una percepción previa en esos cuerpos, si bien una censura de la verdad también da pie a este falso aserto. Otro tanto ocurre con la afirmación de Kepler, en su tratado *Sobre el planeta Marte,* relativa a que los planetas habrían de tener conocimiento para trazar tan correctamente sus órbitas elípticas y acompasar la velocidad de su movimiento, de manera que los triángulos de la superficie de su órbita sean continuamente proporcionales al tiempo en que recorren su base.

** Remito aquí al capítulo 19 del segundo volumen.

ra en general, ni tampoco lo *que* yo quiera en general, esto es, las máximas que caracterizan mi querer global. Por eso la esencia de mi querer no puede ser explicada mediante los motivos, sino que éstos determinan simplemente su expresión en un momento dado, son simplemente la ocasión en que se muestra mi voluntad; en cambio, esta misma cae fuera del ámbito de la ley de motivación; sólo su fenómeno está determinado por esa motivación en cada momento. Únicamente presuponiendo mi carácter empírico supone el motivo una razón explicativa suficiente de mi conducta, pero si hago abstracción de mi carácter y pregunto entonces por qué quiero yo en general esto y no aquello, entonces no cabe ninguna respuesta posible al respecto, ya que justamente sólo la *manifestación* de mi voluntad se halla sometida al principio de razón, mas no la voluntad misma, que en esa medida ha de tildarse como una *sinrazón*. Aquí doy por conocidas por una parte la teoría kantiana sobre el carácter empírico y el carácter inteligible, así como también mi controversia con ella contenida en *Los problemas fundamentales de la ética* (pp. 48-58 y 178 ss. de la primera edición); por otra parte habremos de tratar todo esto con más detalle en el libro cuarto. Por ahora sólo me interesa observar que la explicación de un fenómeno por el otro, o sea, aquí del hecho por el motivo, no contraviene en absoluto que su esencia en sí sea voluntad y que ella misma no tenga fundamento alguno, dado que el principio de razón en todas sus configuraciones es una mera forma del conocimiento y su validez abarca por lo tanto simplemente a la representación, al fenómeno o visibilidad de la voluntad, mas no a la voluntad misma que se hace visible.

Ahora bien, si cada acción de mi cuerpo es la manifestación de un acto volitivo en el que, ante unos motivos dados, mi voluntad misma expresa a su vez en general y globalmente, o sea, expresa mi carácter, entonces también la condición y el requisito indispensables de esa acción tienen que ser manifestación de la voluntad, pues su | manifestación no puede depender de algo que no fuera inmediatamente y únicamente por ella, o sea, que sólo fuese azaroso para la voluntad, con lo cual su propio aparecer sólo sería casual; pero aquella condición es el propio cuerpo en su conjunto. Este cuerpo mismo ha de ser ya, por lo tanto, manifestación de la voluntad y ha de comportarse con respecto a mi voluntad en su conjunto, esto es, con respecto a mi carácter inteligible, cuya manifestación en el tiempo es mi carácter empírico, tal como la acción individual del cuerpo se comporta con respecto al acto individual de la voluntad. Así pues, el cuerpo en su integridad no ha de ser otra cosa que mi voluntad hecha visible, tiene que ser mi voluntad misma, en tanto que ésta es objeto intuitivo, una representación de la primera clase. Para confirmar esto cabe aducir que cualquier incidencia sobre mi cuerpo también afecta simultánea e inmediatamente a mi voluntad, y en este sentido el placer o el dolor significa en un grado inferior sensación grata o ingrata, así como también a la inversa cualquier movimiento vehemente de la voluntad, o sea la pasión y el afecto, estremece al cuerpo y perturba el curso de sus funciones. A decir verdad, y aunque sea de un modo muy imperfecto, también cabe dar cuenta del surgimiento, y algo mejor del desarrollo y la conservación, de mi cuerpo desde un punto de vista etiológico, pues en ello consiste la fisiología, si bien ésta explica su tema tal como los motivos explican el obrar. Por ello, en tan escasa medida como la fundamentación de la acción individual merced al motivo y la necesaria consecuencia de la primera a partir del segundo cuestiona que la acción en general, y con arreglo a su esencia, sólo sea la manifestación de una voluntad carente de fundamento en sí misma, igualmente la explicación fisiológica de las funciones del cuerpo tampoco perjudica a la verdad filosófica de que la existencia global de este cuerpo y la serie completa de sus funciones sólo sean la objetivación de aquella voluntad, que se manifiesta en las acciones externas de ese mismo cuerpo en consonancia con los motivos. A pesar de que la fisiología intente reducir esas acciones externas, los movimientos inmediatamente arbitrarios, a causas implícitas al organismo, explicando por ejemplo el movimiento de los músculos a partir de una afluencia de secreciones («como la contracción de una cuerda que se humedece», dice Reil en su *Archivo de fisiología,* vol. 6, p. 153), y suponiendo que se llegase a fundamentar realmente una explicación de este tipo, | esto nunca suprimiría la verdad inmediatamente cierta de que todo movimiento arbitrario *(functiones animales* [las funciones animales]) es la manifestación de un acto volitivo. Igualmente la explicación fisiológica de la vida vegetativa *(functiones naturales, vitales* [las funciones naturales y vitales]), por mucho que se desarrolle, tampoco puede suprimir la verdad relativa a que toda esa misma vida animal en desarrollo es manifestación de la voluntad. En general, como se hizo ver con anterioridad, cualquier explicación etiológica no puede indicar sino el lugar necesariamente determinado dentro del tiempo y el espacio de un fenómeno individual, su necesaria entrada en ese preciso lugar conforme a una regla fija; en cambio la esencia íntima de cualquier fenómeno sigue sin quedar fundamentada por esa vía, aun cuando tal esencia se ve presupuesta por toda explicación etiológica, que se refiere a ella simplemente con los nombres de «fuerza» o «ley de la naturaleza» y, cuando se trata de acciones, con los apodos de «carácter» o «voluntad». Así pues, aunque cada acción individual, bajo el presupuesto de un determinado carácter, resulte necesariamente de un motivo dado y aun cuando el crecimiento, el proceso de nutrición y el conjunto de los cambios del cuerpo animal se sigan necesariamente de ciertas causas preponderantes (estímulos), sin embargo la serie global de las acciones y por consiguiente también cada una de ellas e incluso también la condición de las mismas, así como el propio cuerpo que las antepone y el proceso merced al cual subsiste, no son otra cosa que la manifestación de la voluntad, lo que la hace patente, la *objetivación de la voluntad*. Sobre esto descansa la perfecta adecuación del cuerpo humano y animal con la voluntad humana y animal en general, adecuación similar, pero ampliamente superior, a aquella que posee una herramienta elaborada adrede con la voluntad de quien la ha confeccionado y por ello aparece como finalidad, esto es, la explicabilidad teleológica del cuerpo. Por ello las partes del cuerpo han de corresponderse perfectamente con los principales anhelos a través de los cuales se manifiesta la voluntad y tienen que ser la expresión visible de los mismos: los dientes, la garganta y las tripas son el hambre objetivada; los genitales el instinto sexual objetivado; las manos prensiles, los pies ligeros se corresponden con el afán ya más mediato de la voluntad que presentan. Tal como a la genérica forma humana le corresponde genérica voluntad humana, a la voluntad | modificada individualmente le corresponde el carácter del individuo, la corporeidad individual, que por ello resulta tan característica y expresiva en todas sus partes. Es muy interesante que ya Parménides se refiriese a esto en los siguientes versos citados por Aristóteles (*Metafísica* III, 5): «Tal como cada cual posee miembros flexibles, así mora también la mente en los hombres, pues lo mismo es el espíritu y la naturaleza de los miembros humanos, en todos y cada uno, porque en cada cual lo que predomina es el pensamiento»*.

---

* Cfr. el capítulo 20 del segundo volumen, así como también los epígrafes «Fisiología» y «Anatomía comparada» en mi escrito *Sobre la voluntad en la naturaleza,* donde lo que aquí sólo queda apuntado es expuesto con toda solidez.

§ 21.

Merced a estas consideraciones se vuelve abstracto, o sea, claro y seguro, el conocimiento que cada cual posee inmediatamente en concreto, esto es, como sentimiento, a saber, que la cosa en sí de su propio fenómeno, el cual se le presenta como representación tanto mediante sus acciones cuanto mediante el sustrato estable de éstas (su cuerpo), es su *voluntad,* la cual constituye lo más inmediato de su consciencia, si bien como tal no encaja cabalmente en la forma de la representación donde se contraponen sujeto y objeto, dándose a conocer al contrario de un modo inmediato en donde el sujeto no se diferencia claramente del objeto, aun cuando al individuo tampoco le resulte reconocible en bloque, sino tan sólo en sus actos individuales; quien conmigo haya cobrado esta convicción verá como se convierte por sí misma en la clave para conocer la esencia más íntima del conjunto de la naturaleza, al transferirse ahora también a cualquier fenómeno que no le sea dado, como el suyo propio, en un conocimiento inmediato junto al mediato, sino simplemente en este último de una manera parcial tan sólo como *representación.* No sólo reconocerá aquella voluntad idéntica como su esencia más íntima en esos fenómenos enteramente similares al suyo propio, en hombres y animales, sino que, al proseguir esta reflexión, terminará por reconocerla también en la fuerza que incita y vegeta en la planta, en la fuerza que hace cristalizar al cristal, en la que orienta hacia el polo norte una aguja imantada, en aquella cuya descarga eléctrica brota del contacto de metales heterogéneos, en aquella que por afinidades electivas de ciertos materiales parece separar y reunir cual fobia o filia e incluso, por último, en la gravedad que se aplica tan impetuosamente en toda materia, atrayendo la piedra hacia la tierra y la tierra hacia el sol; todo esto se tiene por diferente sólo en el fenómeno, pero ha de reconocerse como algo idéntico conforme a su esencia íntima, como aquello que le es conocido de inmediato mejor y con mayor familiaridad que cualquier otra cosa, eso que, allí donde sobresale más claramente, se llama *voluntad*. Este uso de la reflexión es lo único que nos permite dejar de seguir estando apegados al fenómeno y nos transporta hacia la *cosa en sí*. Fenómeno significa representación y nada más; toda representación, sea del tipo que sea, todo *objeto* es *fenómeno*. Pero *cosa en sí* es únicamente la *voluntad;* en cuanto tal no es por ello representación, sino algo radicalmente distinto de ella; es aquello de lo cual toda representación, todo objeto, es la manifestación, la visibilidad, la *objetivación*. Es lo más íntimo, el núcleo de todo lo individual e igualmente del conjunto; se manifiesta en cada fuerza de la naturaleza que actúa ciegamente y también se manifiesta en el obrar reflexivo del hombre; mas la enorme diferencia entre ambas cosas atañe únicamente al grado de la manifestación, no a la esencia de lo que se manifiesta.

§ 22.

Esta *cosa en sí* (queremos retener la expresión kantiana como fórmula consagrada), que como tal nunca es objeto justamente porque todo objeto es su simple manifestación y no ella misma, si pese a todo debiera pensarse objetivamente, tendría que tomar prestado el nombre y el concepto de un | objeto, de algo dado objetivamente de alguna manera, por consiguiente de uno de sus fenómenos; pero éste, para servir de esclarecimiento, no podría ser sino el más perfecto entre todos sus fenómenos, esto es, el más nítido, el más desarrollado e iluminado inmediatamente por el conocer, mas todo eso lo es la *voluntad* del hombre. Con todo, ha de observarse que aquí usamos por supuesto sólo una *denominatio a potiori* [el mejor de los nombres posibles], merced a la cual el concepto de voluntad recibe una mayor extensión de la que tenía hasta el momento. El conocimiento de lo idéntico en diferentes fenómenos y de la diversidad en lo similar supone justamente una condición para la filosofía, tal como Platón advierte con frecuencia. Pero hasta ahora no se había reconocido la identidad esencial de cada fuerza que se aplica y actúa en la naturaleza con la voluntad, y por eso los múltiples fenómenos que sólo son diversas especies del mismo género no habían sido tenidos por tales, sino considerados heterogéneos, con lo cual tampoco podía haber ninguna palabra para referirse al concepto de ese género. Por eso nombro al género según la especie más eximia, cuyo conocimiento inmediato nos queda más próximo y nos conduce al conocimiento mediato de todas las demás especies. Quien no fuera capaz de consumar la ampliación del concepto requerida aquí, sino que con la palabra *voluntad* quisiera seguir comprendiendo tan sólo a esa especie designada con ella hasta ahora, o sea, a la voluntad que se manifiesta bajo los auspicios de la razón dejándose guiar por el conocer y exclusivamente conforme a motivos tan sólo abstractos, quedaría sumido en una perpleja incomprensión, pues como ya he dicho esta voluntad sólo es la más nítida manifestación de aquella voluntad. Ahora habríamos de separar limpiamente con el pensamiento la esencia más íntima de este fenómeno que nos es inmediatamente conocido, trasladándola a todos los fenómenos más débiles e imprecisos de la misma esencia, consumando con ello la requerida ampliación del concepto de voluntad. Pero me malinterpretaría en sentido contrario quien creyera que es indiferente designar esa esencia en sí de todo fenómeno mediante la palabra «voluntad» o mediante cualquier otra. Esto sería así si esa cosa en sí fuese algo cuya existencia simplemente *concluimos* y reconocemos sólo indirectamente en | abstracto, pues entonces se la podría llamar como uno quisiera: el nombre figuraría como un simple signo de una dimensión desconocida. Pero la palabra *voluntad,* que como una palabra mágica debe develarnos la esencia íntima de aquella cosa en la naturaleza, no es en modo alguno una dimensión desconocida, algo alcanzado mediante silogismos, sino algo conocido inmediatamente y que nos es muy familiar, de suerte que sabemos y comprendemos que la voluntad es mejor que cualquier otra cosa, sea la que fuere. Hasta ahora se subsumía el concepto de *voluntad* bajo el concepto de *fuerza;* en cambio yo hago justo al revés y quiero conocer cada fuerza implícita en la naturaleza pensada como voluntad. No se crea que esto es una discusión terminológica estéril o indiferente; más bien se trata de algo de suma significación e importancia. Pues bajo el concepto de *fuerza,* como bajo todos los demás, subyace como fundamento el conocimiento intuitivo del mundo objeto, esto es, el fenómeno, la representación, y a partir de ahí se origina dicho concepto. Éste hace abstracción del ámbito donde impera la causa y el efecto, o sea, el de la representación intuitiva, y significa justamente el ser causa de la causa, en el punto donde deja de ser etiológicamente explicable, sino que constituye el presupuesto necesario de toda explicación etiológica. En cambio el concepto de *voluntad* es el único, entre todos los posibles, que *no* tiene su origen en el fenómeno, *ni* en la mera representación intuitiva, sino que proviene del fuero interno, emana de la consciencia más inmediata de cada cual, en la que éste reconoce a su propio individuo y simultáneamente a sí mismo, conforme a su esencia, inmediatamente, al margen de cualquier forma e incluso sin distinguir entre sujeto y objeto, ya que aquí convergen lo cognoscente y lo conocido. Al reducir el concepto de *fuerza* al de *voluntad,* reducimos de hecho algo desconocido a algo infinitamente más conocido e incluso a lo único que nos resulta conocido de inmediato realmente y por entero, logrando así ampliar sobremanera nuestro conocimiento. En cambio al subsumir, como sucedía hasta ahora, el concepto de *voluntad* bajo el concepto de *fuerza,* renunciamos al único conocimiento inmediato que tenemos sobre la esencia íntima del mundo, sumergiéndolo en un concepto abstraído del fenómeno, con lo cual nunca podríamos ir más allá del fenómeno. |

§ 23.

La *voluntad* como cosa en sí es por completo diferente de su fenómeno y plenamente libre de todas sus formas, en las que sólo ingresa al manifestarse; de ahí que dichas formas sólo conciernan a su *objetivación* y sean ajenas a ella misma. Incluso la forma más universal de toda representación, la del objeto para un sujeto, no le atañe; mucho menos le conciernen las formas que se subordinan a esta forma genérica, que globalmente tienen su expresión colectiva en el principio de razón, al que pertenecen también el tiempo y el espacio y, por consiguiente, también la pluralidad que sólo existe y se torna posible por ellos. En este último sentido, tomando una expresión propia de la antigua escolástica, llamaré al tiempo y al espacio el *principium individuationis* [el principio de individuación, el fundamento existencial de la individualidad], en el que invito a reparar de una vez por todas. Pues tiempo y espacio son únicamente aquello en virtud de lo cual lo igual y único conforme a la esencia y al concepto aparece como pluralidad conjunta y sucesivamente; tiempo y espacio constituyen por consiguiente el *principium individuationis,* el objeto de tantas cavilaciones y disputas de los escolásticos que se hallan recogidas en

Suárez *(Disputaciones metafísicas* 5, sección 3). Con arreglo a lo dicho, la voluntad en cuanto cosa en sí está fuera del ámbito del principio de razón bajo todas sus formas y, por consiguiente, carece absolutamente de transfondo alguno, aunque cada una de sus manifestaciones esté sometida al principio de razón; además está libre de toda *pluralidad,* aunque sus manifestaciones dentro del tiempo y el espacio sean incalculables; ella misma es una, aunque no como es uno un objeto cuya unidad sólo se reconoce en contraste con la posible pluralidad, ni tampoco como es uno un concepto que sólo se debe a la abstracción de la pluralidad, sino que la voluntad es una como aquello que mora fuera del tiempo y el espacio, ajeno al *principio de individuación,* esto es, a la posibilidad de la pluralidad. Sólo si todo esto nos queda plenamente nítido gracias a la siguiente consideración de los fenómenos y de las diversas manifestaciones de la voluntad, comprenderemos cabalmente el sentido de la teoría kantiana respecto a que tiempo, espacio y causalidad no incumben a la cosa en sí, sino que sólo son formas del conocer.

La sinrazón de la voluntad se ha reconocido también realmente | allí donde se manifiesta más nítidamente como voluntad del hombre y se la califica de libre e independiente. Sobre la sinrazón de la voluntad misma también se ha pasado por alto la necesidad a que se halla sometido su fenómeno por doquier y se han dado por libres los hechos que no lo son, ya que cada acción individual se sigue con la más estricta necesidad del efecto del motivo sobre el carácter. Como ya se ha dicho, toda necesidad no es otra cosa que una relación de causa y efecto. El principio de razón es la forma genérica de todo fenómeno, y el hombre ha de hallarse sometido a él en su hacer como cualquier otro fenómeno. Pero como en la autoconsciencia se reconoce inmediatamente y en sí a la voluntad, entonces también reside en esa consciencia la consciencia de la libertad. Ahora bien, se pasa por alto que el individuo, la persona, no es la voluntad como cosa en sí, sino un *fenómeno* de la voluntad, determinado ya en cuanto tal e inmerso en la forma del fenómeno, el principio de razón. A ello se debe el curioso hecho de que cada cual se tenga a priori por enteramente libre también en sus acciones individuales, creyendo que podría iniciar a cada momento una conducta distinta, lo cual equivaldría a convertirse en algún otro. Sólo a posteriori, a través de la experiencia, descubre con asombro que no es libre, sino que se halla sometido a la necesidad, de suerte que no modifica su hacer pese a todos los designios y reflexiones, y desde el comienzo hasta el final de su vida ha de hacer efectivo un carácter idéntico con el cual él mismo está disconforme, teniendo por decirlo así que interpretar hasta el final el papel recibido. No puedo proseguir aquí este examen, dado que al tratarse de una consideración ética pertenece a otro lugar del presente escrito. Entretanto sólo quiero señalar aquí que el *fenómeno* de la voluntad en sí y sin fundamento sí se halla sometido en cuanto tal a la ley de la necesidad, para que la necesidad con que resultan los fenómenos de la naturaleza no nos impida reconocer en ellos a las manifestaciones de la voluntad.

Hasta ahora sólo se han tomado por fenómenos de la voluntad aquellos cambios que no tienen como fundamento sino un motivo, o sea, una representación; de ahí que en la naturaleza únicamente se atribuyese una voluntad al hombre y en todo caso al animal, | porque sin duda alguna, como ya he señalado en otro lugar, el conocer, el representar supone el genuino y exclusivo carácter de la animalidad. Ahora bien, en el instinto y en los impulsos artísticos de los animales vemos que la voluntad actúa también allí donde no la guía conocimiento alguno*. Aquí no ha de tomarse

---

* De esto trata especialmente el capítulo 27 del segundo volumen.

para nada en cuenta que los animales tienen representaciones y conocimiento, pues el fin en pro del cual trabajan como si fuera un motivo conocido permanece completamente ignoto para ellos; por eso su obrar acontece aquí sin motivo, no está guiado por la representación y nos muestra muy claramente cómo la voluntad también es activa sin conocimiento alguno. El pájaro que acaba de cumplir un año no tiene ninguna representación de los huevos para los cuales construye un nido; ni la joven araña de la presa para la que teje una tela; ni la hormiga-león de la hormiga para la cual excava por primera vez una cavidad; la larva del ciervo-volante mordisquea el orificio de la madera en donde tendrá lugar su metamorfosis y ese agujero abultará el doble si se trata de un escarabajo macho que si se trata de un ejemplar hembra, para hacer sitio en el primer caso a los cuernos de los que todavía no tiene representación alguna. En esta conducta de esos animales resulta obvio que, al igual que en el resto de sus actuaciones, la voluntad está activa; pero se trata de una actividad ciega que ciertamente se ve acompañada de conocimiento, mas no está guiada por él. Si hemos conseguido comprender que la representación como motivo no es una condición necesaria y esencial de la actividad de la voluntad, entonces reconoceremos con más facilidad estas actividades en casos en los que resulta menos evidente y, por ejemplo, no imputaremos la casa del caracol a una voluntad ajena a la suya propia pero guiada por el conocimiento, tal como la casa que edificamos nosotros mismos tampoco existe por una voluntad ajena a la nuestra propia; sino que reconoceremos ambas casas como obras de la voluntad que se objetiva en ambos fenómenos, voluntad que actúa en nosotros conforme a motivos, pero en el caracol opera todavía de un modo ciego cual una configuración externa. También en nosotros actúa muchas veces esa misma voluntad ciega: en todas las funciones de nuestro cuerpo que no guía ningún conocimiento, en todos sus procesos vitales y vegetativos, | como digestión, circulación sanguínea, secreción, crecimiento o reproducción. No sólo las acciones del cuerpo, sino él mismo, como se ha constatado con anterioridad, es de todo punto fenómeno de la voluntad, voluntad objetivada, voluntad concreta; por eso todo lo que le pasa ha de ocurrir por voluntad, aunque aquí esta voluntad no esté guiada por el conocimiento, ni esté determinada conforme a motivos, sino que opere ciegamente según causas llamadas en este caso *estímulos.*

Yo llamo *causa,* en el sentido estricto del término, a aquel estado de la materia que, al originar con necesidad algún otro, experimenta un cambio tan grande como el que ocasiona, lo cual queda expresado por la regla de «la igualdad entre acción y reacción». Por añadidura, en la causa por antonomasia el efecto crece en exacta proporción a la causa y por tanto la reacción también; así que, una vez conocido el efecto, cabe medir y calcular el grado del efecto a partir del grado de intensidad de la causa, y viceversa. Las causas llamadas propiamente tales actúan en todos los fenómenos de la mecánica, la química, etc., en resumen, en todos los cambios de los cuerpos inorgánicos. En cambio llamo *estímulo* a aquella causa que ella misma no experimenta ninguna reacción adecuada a su efecto y cuya intensidad no corre paralela al grado de intensidad del efecto, el cual por ello no puede medirse conforme a la de tal causa; antes bien un pequeño aumento del estímulo puede ocasionar un gran aumento en el efecto, o también a la inversa suprimir por entero el efecto previo, etc. Todo efecto sobre cuerpos orgánicos en cuanto tales es de este tipo; así pues, todos los cambios específicamente orgánicos y vegetativos en los animales se deben a estímulos y no a meras causas. Pero el estímulo, como en general cualquier causa e igualmente el motivo, nunca determina sino el comienzo de la exteriorización de cada fuerza en el tiempo y el espacio, no la esencia íntima de la fuerza misma que se exterioriza, esencia que, con arreglo a nuestra precedente deducción, nosotros reconocemos como voluntad y a la que por ello atribuimos tanto los cambios conscientes como los inconscientes del cuerpo. El estímulo entraña el medio que posibilita la transición entre el motivo, | que es la causalidad tamizada por el entendimiento, y la causa en sentido estricto. En los casos particulares el estímulo tan pronto está junto al motivo como más cerca de la causa, pero diferenciándose siempre de ambos; así por ejemplo el ascenso de la savia en las plantas obedece a un estímulo y no puede explicarse conforme a las leyes de la hidráulica o las de los tubos capilares. En cambio los movimientos de la *Hedysarum girans* y de la *Mimosa pudica,* aunque tengan lugar por meros estímulos, son ya muy similares a los que obedecen a motivos y casi parecen querer consumar ese tránsito. La contracción de las pupilas al aumentar la luz obedece a un estímulo, pero se encamina hacia un movimiento motivado; ello tiene lugar porque la luz demasiado fuerte dañaría la retina y, para evitarlo, contraemos las pupilas. Lo que da lugar a la erección es un motivo, al tratarse de una representación, pero actúa con la necesidad de un estímulo, esto es, no se le puede oponer resistencia, sino que uno ha de apartarlo para hacerlo ineficaz. Otro tanto sucede con los objetos nauseabundos que dan ganas de vomitar. Hemos contemplado igualmente el instinto de los animales como un término intermedio, de un tipo totalmente distinto, entre el movimiento debido al estímulo y el obrar conforme a un motivo conocido. Se intenta considerar a la respiración como otro término intermedio de este tipo, discutiéndose si pertenece a los movimientos voluntarios o los involuntarios, o sea, si resulta de un motivo o de un estímulo, para luego explicarlo como algo intermedio entre ambos. Marshall Hall *(Sobre*

138

las enfermedades del sistema nervioso, § § 239 y ss.) explica la respiración como una función mixta, pues se halla parcialmente bajo el influjo de los nervios del cerebro (voluntarios) y en parte bajo el influjo de los nervios de la médula espinal (involuntarios). Sin embargo, finalmente hemos de contarla entre los actos volitivos debidos a un motivo, y a que otros motivos, esto es, simples representaciones, pueden determinar a la voluntad a retardarla o acelerarla y parece que, como cualquier otra acción voluntaria, uno pudiese interrumpirla enteramente y optar por asfixiarse. De hecho esto podría darse también | tan pronto como algún otro motivo determinase a la voluntad con tanta fuerza que predominase sobre la perentoria menesterosidad del aire. Conforme a uno de tales motivos debe de haber puesto realmente fin a su vida de este modo Diógenes (Diógenes Laercio, VI, 76). También los negros deben haber hecho esto (F. B. Osiander, *Sobre el suicidio,* pp. 170-180). Tendríamos con ello un contundente ejemplo del influjo de los motivos abstractos, o sea, de la preponderancia del querer propiamente racional sobre el meramente animal. En pro de la determinación al menos parcial de la respiración por parte de la actividad del cerebro habla el hecho de que el ácido cianhídrico resulta mortal porque entumece el cerebro y detiene indirectamente la respiración, pero si ésta se mantiene artificialmente hasta que desaparece ese aturdimiento del cerebro entonces no sobreviene la muerte. Al mismo tiempo, la respiración nos brinda incidentalmente aquí el ejemplo más evidente de que los motivos actúan con una necesidad tan grande como la de los estímulos y meras causas en sentido estricto, mostrándonos igualmente que sólo pueden ser desactivados por motivos contrapuestos, como la presión mediante la contrapresión, pues al respirar la ilusión de poder dejar de hacerlo es desigualmente más débil que en otros movimientos debidos a motivos; porque el motivo es ahí muy perentorio además de próximo, y su satisfacción muy sencilla a causa de la diligencia de los músculos que la consuman, el hecho de que no se le oponga nada por regla general y en conjunto se ve amparado por el hábito más antiguo del individuo. Y propiamente todos los motivos operan con idéntica necesidad. Saber que los movimientos ocasionados por motivos comparten la necesidad con los movimientos ocasionados por estímulos nos hace comprender más fácilmente que cuanto tiene lugar con toda regularidad en el cuerpo orgánico por mor del estímulo es sin embargo voluntad conforme a su esencia íntima, algo que ciertamente no en sí, pero sí en todas sus manifestaciones, se halla sometido al principio de razón, esto es, a la necesidad*. Así pues, no nos detendremos en reconocer como manifestaciones de la voluntad a los animales, junto a su existencia global, | corporeidad y organización, sino que trasladaremos este conocimiento de la esencia en sí de las cosas, el único que nos es dado inmediatamente, también a las plantas, cuyos movimientos obedecen en su conjunto a estímulos, por cuanto sólo la ausencia de conocimiento y del movimiento condicionado por éste a base de motivos constituye la diferencia esencial entre animales y plantas. Por tanto, lo que para la representación aparece como planta o mera vegetación, como una ciega fuerza impulsora, lo abordaremos como voluntad conforme a su esencia en sí, reconociéndola como lo que constituye la base de nuestro propio fenómeno, tal como se expresa en nuestra conducta y en la existencia global de nuestro cuerpo mismo.

140

---

* Este conocimiento se verifica cabalmente en mi obra premiada *Sobre la libertad de la voluntad* (pp. 30-44 de *Los dos problemas fundamentales de la ética),* donde se analiza con detalle la relación entre *causa, estímulo* y *motivo*.

Sólo nos queda dar el último paso, extender nuestro punto de vista a todas esas fuerzas que operan en la naturaleza según leyes universales e inmutables y con arreglo a las cuales se producen los movimientos de todos los cuerpos que, al no tener órganos, carecen de sensibilidad para el estímulo y de conocimiento para el motivo. Así pues, habríamos de colocar la clave para comprender la esencia en sí de las cosas, que sólo nos puede suministrar el conocimiento inmediato de nuestra propia esencia, también en los fenómenos del mundo inorgánico, tan sumamente distante de nosotros. Si lo examinamos con una mirada escudriñadora, cuando vemos el ímpetu vehemente e irresistible con que se precipitan las aguas de una cascada, la tenacidad con que la aguja imantada se orienta siempre hacia el polo norte, la impaciencia con que el hierro vuela hacia el imán, la impetuosidad con que los polos eléctricos tienden a reconciliarse y que, exactamente como los deseos humanos, queda intensificada por los obstáculos; cuando vemos al cristal cristalizarse rápida y súbitamente con tanta regularidad en su configuración, se nos revela como un resuelto afán por expandirse en varias direcciones que sólo se ve retenido por la solidificación; cuando observamos la selección con que los cuerpos puestos en libertad por el estado líquido y sustraídos a los lazos de la rigidez se buscan y rehúyen, se juntan y separan; cuando sentimos inmediatamente cómo un lastre al que nuestro cuerpo impide tender hacia la masa terrestre | presiona y oprime sin cesar a dicho cuerpo persiguiendo su único empeño; entonces no nos acarrea un gran esfuerzo de imaginación volver a reconocer nuestra propia esencia incluso desde tan enorme distancia, pues eso mismo es lo que persigue sus fines en nosotros bajo la luz del conocimiento, aun cuando aquí, entre los más débiles de sus fenómenos, sólo tiende a ello de un modo ciego, sordo, parcial y, sin embargo, inmutable, porque por doquier es una y la misma cosa; tal como el crepúsculo del amanecer comparte el nombre de luz solar con los destellos del pleno mediodía, también aquí ha de portar como allí el nombre de *voluntad,* el cual designa aquello que es el ser en sí de cada cosa dentro del mundo y el único núcleo de cualquier fenómeno.

Sin embargo, el distanciamiento, la aparente diversidad plena entre los fenómenos de la naturaleza orgánica y la voluntad que nosotros percibimos como lo más íntimo de nuestro propia esencia, se debe especialmente al contraste entre la precisa regularidad en uno de los tipos de fenómeno y la arbitrariedad aparentemente irregular en el otro. Pues en los hombres sobresale poderosamente la individualidad; cada cual posee un carácter propio; de ahí que tampoco el mismo motivo tiene igual fuerza para todos y mil circunstancias accesorias que tienen espacio en la amplia esfera cognoscitiva del individuo, pero que permanecen desconocidas para otros, modifican su efecto; por eso la acción no se deja determinar de antemano únicamente a partir del motivo, al faltar el otro factor, el exacto conocimiento del carácter individual y del conocimiento que le acompaña. En cambio los fenómenos de las fuerzas naturales exhiben aquí el otro extremo; operan según leyes universales, sin divergencia, sin individualidad, conforme a circunstancias manifiestamente expuestas que se someten a la más precisa predeterminación, y la misma fuerza de la naturaleza se exterioriza exactamente del mismo modo en los millones de manifestaciones suyas. Para dilucidar este punto, para corroborar la identidad de una voluntad *única* e indivisible en todos esos fenómenos suyos tan variopintos, hemos de comenzar por examinar la relación que la voluntad como cosa en sí tiene con su fenómeno, esto es, la relación que guarda el mundo como voluntad con el mundo como representación, merced a lo cual se nos franqueará el mejor camino para una investigación más profunda del objeto | global que se trata en este segundo libro*.

§ 24.

Del gran Kant hemos aprendido que espacio, tiempo y causalidad, conforme a su plena regularidad y a la posibilidad de todas sus formas, están presentes en nuestra consciencia independientemente de los objetos que aparecen en ellas y que constituyen su contenido, o en otras palabras, que pueden encontrarse tanto si se parte del sujeto como si se parte del objeto; por eso se les puede llamar con igual justeza modos de intuición del sujeto o modalidades del objeto, *en tanto que sea objeto* (en Kant: fenómeno), *esto es, representación*. También cabe considerar esas formas como los límites indivisibles entre objeto y sujeto; de ahí que todo objeto tenga que aparecer en ellas, pero el sujeto también las posea y abarque cabalmente al margen de los objetos que aparezcan. Ahora bien, si los objetos que aparecen en estas formas no deben ser fantasmas vacíos, sino que han de poseer una significación, entonces habrán de referirse a algo, ser la expresión de algo que no sea a su vez objeto como ellos mismos, representación, algo sólo presente de un modo relativo a un sujeto, sino a algo que exista sin esa dependencia de lo se opone a él y a sus formas como condición esencial, es decir, algo que no sea una *representación*, sino una *cosa en sí*. Esto nos hace preguntarnos: ¿Son esas representaciones,

---

* Remito aquí al capítulo 23 del segundo volumen, así como al capítulo dedicado a la «Fisiología de las plantas» en mi libro *Sobre la voluntad en la naturaleza;* para el núcleo de mi metafísica resulta sumamente importante el capítulo de esa misma obra que se titula «Astronomía física».

esos objetos, algo más al margen y aparte de ser representaciones u objetos del sujeto? Y ¿qué serían entonces en este sentido? ¿Qué es ese otro lado radicalmente diferente de la representación? ¿Qué es la cosa en sí? *La voluntad,* ha sido nuestra respuesta, pero ahora la dejo a un lado. | 143

Kant también ha establecido correctamente lo que es la cosa en sí, así como que tiempo, espacio y causalidad (que después nosotros hemos reconocido como formas del principio de razón y a éste como expresión genérica de las formas del fenómeno) no podían ser determinaciones de la cosa en sí, sino que sólo podían incumbirle una vez transformada en representación y sólo en esa medida, es decir, que únicamente pertenecerían a su fenómeno, mas no a ella misma. Pues como el sujeto las reconoce y construye cabalmente por sí mismo, independientemente de todo objeto, habrían de agregarse al *ser de la representación* en cuanto tal, no a lo que se convierte en representación. Tienen que ser la forma de la representación como tal, mas no propiedades de lo que dicha forma ha asumido. Tienen que darse con la simple oposición de sujeto y objeto (no en el concepto, sino de hecho) y limitarse a ser la determinación más cercana de la forma del conocimiento en general, cuya determinación más genérica es esa oposición misma. Lo que en el fenómeno, en el objeto, se ve condicionado a su vez por tiempo, espacio y causalidad, al sólo poder quedar representado por su mediación, o sea, la *pluralidad,* mediante la coexistencia y la sucesión, el *cambio* y la *duración,* mediante la ley de causalidad, y la materia, sólo representable bajo el presupuesto de la causalidad, así como a su vez todo cuanto es representable por medio de ésta; todo esto en su conjunto no es esencialmente propio de *aquello que* aparece, *lo que* se ha integrado en la forma de representación, sino que sólo depende de esta forma misma. Pero a la inversa aquello que en el fenómeno *no* está condicionado por tiempo, espacio y causalidad, ni ha de reducirse a ellos, así como tampoco verse explicado conforme a ellos, será exactamente aquello que se revela de inmediato en cuanto se manifiesta, la cosa en sí. De acuerdo con esto la cognoscibilidad más perfecta, esto es, la mayor claridad, evidencia y exhaustiva profundización corresponden necesariamente a lo que es propio del conocimiento *en cuanto tal,* o sea, a la *forma* del conocimiento; mas no a lo que en sí *no* es representación, *ni* objeto, sino que sólo es cognoscible por su ingreso en esas formas, esto es, se ha convertido en representación, en objeto. Por tanto, sólo esto, lo único que depende del llegar a ser conocido, del ser representación en general y en cuanto tal (no de aquello que deviene conocido y se convierte en | representación), que por ello le corresponde sin diferenciación a todo cuanto es conocido, que justamente por eso se lo encuentra tanto si se parte del sujeto como si se parte del objeto. Sólo esto podrá procurar sin miramientos un conocimiento suficientemente claro y plenamente exhaustivo hasta el último poso. Pero esto no consiste sino en las formas de todo fenómeno de las que somos conscientes a priori y que se dejan expresar colectivamente como principio de razón, del cual el tiempo, el espacio y la causalidad son formas que se refieren al conocimiento intuitivo (con el que nos las habremos exclusivamente aquí). Sobre ellas únicamente se fundan el conjunto de las matemáticas puras y las ciencias naturales puras a priori. Por eso tan sólo en estas ciencias no encuentra el conocimiento oscuridad alguna ni tropieza con lo insondable (lo infundado, esto es, la voluntad), con lo que no puede seguir deduciéndose; en este sentido también Kant, como ya se ha dicho, quiso llamar ciencias a estos conocimientos, junto a la lógica, no ya de modo preeminente, sino con exclusividad. Pero, por otra parte, esos conocimientos no nos muestran sino simples correspondencias, las relaciones de una representación con otras, forma sin contenido alguno. Cada contenido que reciben, cada fenómeno que llena esa forma contiene ya algo no reconocible cabalmente conforme a su esencia íntegra, algo que ya no resulta plenamente explicable en absoluto mediante otra cosa, o sea, algo infundado, merced a lo cual el conocimiento merma automáticamente en evidencia y se pierde la diafanidad perfecta. Mas esto que se sustrae a ser examinado a fondo es justamente la cosa en sí, aquello que no es esencialmente representación ni objeto del conocimiento, sino que sólo se vuelve cognoscible al ingresar en esas formas. La forma le es originariamente ajena y nunca puede unificarse con ella ni reducirse a la mera forma y, como ésta es el principio de razón, por tanto la cosa en sí nunca puede ser cabalmente *penetrada*. Si gracias a la forma las matemáticas nos dan un conocimiento exhaustivo de lo que en los fenómenos es dimensión, situación, número, en una palabra, relación espacio-temporal, si toda etiología nos procura cabalmente las condiciones regulares bajo las cuales los fenómenos, con todas sus determinaciones, se incorporan al espacio y el tiempo, con todo esto no nos enseña, sin embargo, sino el porqué un fenómeno determinado ha de mostrarse justamente | aquí y ahora; con su ayuda jamás nos internamos en la esencia íntima de las cosas, quedando siempre algo sobre lo que no cabe aventurar explicación alguna, sino que siempre se ve presupuesto, a saber, las fuerzas de la naturaleza, el determinado modo de actuar de las cosas, la cualidad, el carácter de cualquier fenómeno, lo infundado, lo que no depende de la forma del fenómeno, del principio de razón, aquello ajeno en sí a esta forma, pero que sin embargo se ha incorporado a ella y ahora sobresale según sus leyes, ley que justamente sólo determina ese sobresalir, no *lo que* sobresale, sólo el cómo, no el qué del fenómeno, sólo la forma, no el contenido. La mecánica, la física y la química enseñan las reglas y leyes conforme a

145

las cuales actúan las fuerzas de impenetrabilidad, gravedad, rigidez, fluidez, cohesión, elasticidad, calor, luz, afinidades electivas, magnetismo, electricidad, etc., esto es, la ley, la regla que observan estas fuerzas cada vez que ingresan en el tiempo y el espacio; pero las fuerzas mismas siguen siendo, como quiera que sea, *qualitates occultae* [cualidades ocultas]. Pues es justamente la cosa en sí lo que, cuando se manifiesta, presenta esos fenómenos, completamente distintos de ella misma, ciertamente en su manifestación al principio de razón, como plenamente sometidos a la forma de la representación, pero en sí mismos nunca se reducen a esta forma y por eso no pueden ser explicados etiológicamente hasta el final, ni jamás se dejan penetrar cabalmente; desde luego es plenamente concebible en tanto que haya adoptado esa forma, es decir, en la medida en que sea fenómeno; pero conforme a su esencia íntima no puede ser explicado en lo más mínimo mediante esa inteligibilidad. Por eso cuanta mayor necesidad comporta un conocimiento, cuanto mayor es en él aquello que no se deja pensar ni representar de otra manera –como v.g. las relaciones espaciales–, tanto más claro y satisfactorio resulta por ello; cuanto menos contenido objetivamente puro tenga dicho conocimiento o cuanta menos realidad auténtica sea dada en él, y al revés, cuanto más haya de darse en él como concebido de un modo puramente azaroso, cuanto más imponga como dado sólo empíricamente, tanto más de genuinamente objetivo y verdaderamente real hay en tal conocimiento, pero al mismo tiempo también tanto más inexplicable, esto es, no deducible a partir de otro conocimiento. |

Sin duda, en todas las épocas una etiología ignorante de su objetivo se ha esforzado por reducir toda vida orgánica al quimismo o a la electricidad, por reducir a su vez todo quimismo, o sea, cualidad, al mecanismo (efecto por la forma del átomo), pero luego a éste en parte al objeto de la foronomía [teoría de las leyes del movimiento], esto es, conciliar tiempo y espacio por la posibilidad del movimiento, en parte al de la mera geometría, es decir, la situación en el espacio (más o menos como se construye con justeza la merma de un efecto según el cuadrado de la distancia y la teoría de la palanca de una manera puramente geométrica); por último la geometría se deja disolver en la aritmética, que a causa de la unidad de la dimensión es la forma del principio de razón más clara, apreciable y penetrable hasta el final. Ejemplos de los métodos señalados aquí son el átomo de Demócrito, el torbellino de Descartes, la física mecánica de Lesage [George Louis], quien hacia finales del siglo pasado intentó explicar tanto las afinidades químicas como también la gravitación mecánica por medio del choque y la presión, tal como se desprende del *Lucrecio newtoniano;* también tiende a ello la forma y la mezcla de Reil[2] como causa de la vida animal; enteramente de este tipo es por último el tosco materialismo que se está desenterrando justo ahora –a mediados del siglo XIX– y que por ignorancia se cree original, materialismo que, bajo la estúpida negación de la fuerza vital, pretende explicar los fenómenos de la vida a partir de fuerzas físicas y químicas, pero a éstas las hace surgir a su vez del actuar mecánico de la naturaleza –de la situación, forma y movimiento de átomos imaginarios– y así quiere reducir todas las fuerzas de la naturaleza al choque y contragolpe, que son algo así como su «cosa en sí». Con arreglo a esto incluso la luz debe ser la vibración mecánica o hasta la ondulación de un imaginario éter postulado para este fin, el cual, llegado el caso, tamborilea sobre la retina, donde se darían v.g. 483 billones de redobles

---

2. Johann Christian Reil era el editor de los *Archivos de fisiología,* que Schopenhauer cita con frecuencia tanto en sus obras publicadas como en sus escritos inéditos.

por segundo para el rojo y 787 billones para el violeta, etc.; los daltónicos serían entonces aquellos que no saben contar los redobles, ¿no es verdad? Tales teorías inauditas, mecánicas a lo Demócrito, burdas y verdaderamente grumosas son enteramente dignas de la gente que, cincuenta años después de la aparición de la teoría goethiana sobre los colores, cree todavía en la luz homogénea de Newton y no | se avergüenza de decirlo. Ya se enterarán de que lo que se le disculpa al niño (a Demócrito) no se le deja pasar al adulto. Algún día podrían acabar ignominiosamente, pero entonces cada uno de ellos se iría de puntillas y haría como si no hubiese estado en ésas. Luego volveremos a hablar de esta falsa reducción de las fuerzas naturales originarias entre sí; por ahora basta con esto. Si la ley del materialismo fuese factible, entonces todo se vería explicado y penetrado, reduciéndose en último término a un ejemplo de cálculo que sería el sanctasanctórum en el templo de la sabiduría al cual habría arribado felizmente por fin el principio de razón. Sin embargo, desaparecería cualquier contenido del fenómeno y sólo quedaría la mera forma: *lo que* se manifiesta quedaría reducido al *cómo* se manifiesta y este *cómo* sería también lo reconocible a priori, algo enteramente dependiente del sujeto y que sólo existe para él, un mero fantasma, representación y forma de la representación; con lo cual no se podría preguntar por ninguna cosa en sí. Por consiguiente, suponiendo que esto fuese así, el mundo entero sería deducido realmente a partir del sujeto y de hecho se conseguiría lo que Fichte quiso *aparentar* conseguir mediante su patraña. Mas no es así; lo que se ha instaurado con ello son fantasías, sofisterías y castillos en el aire, no una ciencia. Se ha conseguido, y este logro procuraba cada vez un auténtico progreso, reducir los muchos y múltiples fenómenos inscritos en la naturaleza a ciertas fuerzas originarias; varias fuerzas y cualidades que se tenían por diversas al principio se han deducido unas de otras (por ejemplo el magnetismo de la electricidad), disminuyendo así su número; la etiología alcanzará su objetivo cuando haya reconocido y establecido como tales todas las fuerzas originarias de la naturaleza y haya estipulado sus modos de actuación, esto es, las reglas según las cuales, con el hilo conductor de la causalidad, se dan sus fenómenos en el espacio y el tiempo y determinan recíprocamente su lugar; pero siempre quedarán fuerzas originarias, siempre restará cual residuo insoluble un contenido del fenómeno que no puede reducirse a su forma y por lo tanto no resulta explicable a partir de alguna otra cosa según el principio de razón. Pues en cada cosa inmersa en la naturaleza hay algo de lo cual no puede darse fundamento alguno, | no es posible ninguna explicación y no cabe buscar ninguna causa: se trata del modo específico de su actuar, es decir, de la índole de su existir, su esencia. A decir verdad, de cada efecto individual de la cosa cabe hacer constar una causa, a partir de la cual se sigue que tal cosa habría de actuar justamente aquí y ahora; mas nunca cabe constatar una causa de que actúa en general y lo haga justamente así. Si dicha cosa no tiene ninguna otra propiedad, al tratarse por ejemplo de un átomo, cuando menos muestra ese algo insondable como peso e impenetrabilidad. Pero este algo, afirmo, es para ese átomo lo que al hombre su *voluntad,* y al igual que ésta, según su esencia íntima, no está sometido a la explicación y en sí se identifica con esa voluntad. Probablemente quepa constatar para cualquier expresión de la voluntad, para cada acto individual suyo en este tiempo y en este lugar, un motivo del cual hubiera de seguirse necesariamente bajo el presupuesto del carácter del hombre. Pero no puede señalarse ninguna razón de que él tenga ese carácter, de que quiera en general, de que entre varios motivos justamente éste y ningún otro mueva su voluntad o sencillamente de que la mueva algún motivo. Lo que para el hombre supone su carácter inescrutable, presupuesto en toda explicación de sus hechos a partir de motivos, es justamente lo que supone para cada cuerpo inorgánico su cualidad esencial, el modo de su operar, cuyas expresiones se ven suscitadas por un influjo externo, mientras que por el contrario dicha cualidad esencial no se ve determinada por nada externo y por lo tanto tampoco resulta explicable; sus manifestaciones individuales, lo único merced a lo cual se torna visible, se hallan sometidas al principio de razón, pero ella misma carece de fundamento. Ya los escolásticos habían reconocido correctamente esto en lo esencial, designándolo como *forma substancialis* [forma sustancial] (cfr. Suárez, *Disputaciones metafísicas,* disp. XV, sección 1).

Supone un error tan abultado como habitual creer que los fenómenos más frecuentes, genéricos y sencillos serían los que mejor comprendemos, pero más bien sólo son aquellos a cuyo aspecto nos hemos acostumbrado tanto como a nuestra ignorancia sobre ellos. Nos resulta igualmente inexplicable que una piedra caiga hacia el suelo como que un animal se mueva. Como he señalado anteriormente, se ha creído que partiendo de las fuerzas universales de la naturaleza (v.g.: gravitación, cohesión, impenetrabilidad) se explicarían a partir de ellas las que actúan más raramente y sólo bajo circunstancias combinadas (v.g.: cualidad química, electricidad, magnetismo), con lo cual a partir de ésta se comprendería finalmente a su vez el organismo y la vida del animal, e incluso el conocer y el querer del hombre. Uno se acomoda tácitamente a partir de probas *qualitates occultas* [cualidades ocultas], de cuya dilucidación se desiste por entero, dado que se proyectaba construir sobre ellas y no ahondar en las mismas. Algo así no puede salir bien, como ya se ha dicho. Pero aparte de esto, tales construcciones se sustentaban siempre en el aire. ¿De qué sirven las explicaciones que al final se reducen a algo tan desconocido como era el primer problema? ¿Acaso se comprende a la postre algo más sobre la esencia íntima de aquellas fuerzas universales de la naturaleza que de la esencia íntima de un animal? ¿No queda lo uno tan inexplorado como lo otro? Es inescrutable porque carece de fundamento, porque es el contenido, el qué del fenómeno, lo que nunca se reduce a su forma, al cómo, al principio de razón. Pero nosotros, que no nos proponemos hacer aquí etiología, sino filosofía, esto es, un conocimiento no relativo, sino incondicionado de la esencia del mundo, tomamos el camino opuesto y partimos de aquello que nos es inmediato, lo que nos resulta más cabalmente conocido y nos inspira mayor confianza por sernos más próximo, para comprender aquello que nos es conocido sólo de lejos, parcial e indirectamente; y a partir del fenómeno más poderoso, significativo y evidente queremos aprender a conocer los que son más imperfectos y débiles. De entre todas las cosas, a excepción de mi propio cuerpo, me resulta conocido un *único* flanco, el de la representación: su esencia íntima me sigue resultando inaccesible y supone un recóndito secreto, aun cuando conozca todas las causas que originan sus cambios. Sólo a partir de la comparación de lo que pasa dentro de mí cuando mi cuerpo ejecuta una acción al moverme un motivo, lo cual supone la esencia íntima de mis propios cambios determinados por razones externas, puedo llegar a penetrar en la índole y el modo como aquellos cuerpos inanimados se modifican por mor de las causas, y comprender así lo que sea su esencia más íntima, de cuyo manifestarse el conocimiento de las causas sólo me procura la simple regla de su ingreso en el tiempo y el espacio, y nada más que eso. Yo puedo lograr esto porque mi cuerpo es el único objeto del cual no conozco simplemente *un* flanco, el de la representación, sino | también el segundo, que se llama *voluntad*. Así pues, en vez de creer que comprendería mejor mi propia organización, o sea, mi conocer y

150

querer, y mi movimiento debido a motivos, si yo pudiera limitarme a reducirlos al movimiento debido a causas, merced a la electricidad, el quimismo o el mecanismo; bien al contrario, en tanto que yo intento hacer filosofía y no etiología, tengo que aprender a conocer los movimientos más sencillos y comunes del cuerpo inorgánico, que veo surgir de causas, ante todo según su esencia íntima a partir de mi propio movimiento debido a motivos y reconocer todas las fuerzas inescrutables, que se exteriorizan en todos los cuerpos de la naturaleza, como idénticas según la índole con aquello que en mí es voluntad y diferenciarla de ésta sólo conforme al grado. Esto significa que la cuarta clase de representaciones establecida en mi tratado sobre el principio de razón ha de servirme como clave para comprender la esencia íntima de la primera clase y a partir de la ley de la motivación tengo que aprender a comprender la ley de causalidad según su propio significado interno.

Spinoza dice *(Epíst.* 62) que la piedra que vuela por el aire merced a un golpe, si tuviera consciencia, creería volar por su propia voluntad. Yo sólo quiero añadir que la piedra tendría razón. El golpe es para ella lo que para mí el motivo, y lo que en ella aparece como cohesión, peso e inercia en el estado dado, conforme a su esencia íntima, es lo mismo que yo reconozco en mí como voluntad, y, si también se diera conocimiento en ella, también lo reconocería como voluntad. Spinoza, en ese pasaje, había fijado su atención en la necesidad con que la piedra vuela y, con razón, quiere trasladarla a la necesidad del acto volitivo individual de una persona. Yo en cambio contemplo la esencia íntima, la cual otorga significado y validez a toda necesidad real (es decir, efecto de una causa), como presupuesto suyo, llamándose carácter en el hombre y cualidad en la piedra, si bien es lo mismo en ambos casos y allí donde se la reconoce inmediatamente se llama *voluntad,* lo cual posee en la piedra el grado más débil y en el hombre el grado más fuerte de visibilidad, de objetivación. Esto que en el ímpetu de todas las cosas es idéntico a nuestro querer lo ha reconocido incluso el santo Agustín con un sentimiento certero | y no puedo dejar de transcribir su ingenua formulación del asunto en cuestión: «Si fuéramos animales, amaríamos la vida carnal y lo que corresponde a su sensualidad, nos daríamos por satisfechos con ese bien y no querríamos nada más si nos fuera bien con él. Igualmente, si fuéramos árboles, no tendríamos sensación alguna ni pretenderíamos nada por el movimiento; sin embargo, *apeteceríamos* ser más fecundos o dar más frutos. Si fuéramos piedras, u olas, o viento, o llamas o algo similar, sin consciencia ni vida, no nos faltaría con todo un *apetito* relativo al lugar y al orden que nos correspondiera. Pues en la gravitación se expresan por decirlo así los *amores* de los cuerpos inanimados, que tienden hacia abajo por su peso o hacia arriba por su ligereza; ya que los cuerpos se ven impulsados por su peso como el ánimo por el *amor*» (*La ciudad de Dios* XI, 28).

También merece observarse que ya Euler comprendió que la esencia de la gravitación había de reducirse finalmente a una «inclinación y a un apetito» característico de los cuerpos (en su carta 68 a la princesa)[3]. Esto le hacía poco amigo del concepto de gravitación, tal como se presenta en Newton, e inclinarse a intentar modificarlo conforme a la anterior teoría cartesiana, derivando la gravitación del choque del éter con los cuerpos, como algo que resultaría más adecuado y «más racional para quienes aman los principios claros y comprensibles». Quiere ver desterrada de la física a la atracción como *qualitas occulta*. Esto sólo se compadece con la cosmovisión de una naturaleza muer-

---

3. Schopenhauer se refiere a esta obra de Leonhard Euler: *Cartas a una princesa alemana sobre diversos temas de física y filosofía*, Leipzig, 1773.

ta, como correlato del alma inmaterial, que predominaba en tiempos de Euler; ahora bien, con respecto a la verdad fundamental establecida por mí y que ya vislumbrara de lejos antaño esta sutil cabeza, resulta curioso cómo se apresuró a dar marcha atrás a tiempo y, en su miedo por ver peligrar todos los tópicos de aquel entonces, buscó amparo en los antiguos y depuestos absurdos.

§ 25.

Sabemos que la *pluralidad* en general está condicionada necesariamente por el tiempo y el espacio y sólo resulta pensable dentro de los mismos, a los que bajo este respecto nosotros les denominamos *principio de individuación*. Sin embargo, hemos reconocido al tiempo y al espacio como formas del principio de razón, en el cual se expresa todo nuestro conocimiento a priori, si bien –como se analizó con anterioridad– justo en cuanto tal sólo incumbe a la cognoscibilidad de las cosas, no a ellas mismas, o sea, que sólo es nuestra forma de conocimiento, no propiedad de la cosa en sí, que como tal está libre de toda forma cognoscitiva, incluso de la más universal, la de ser objeto para el sujeto, es decir, que es algo entera y absolutamente distinto de la representación. Esta cosa en sí, como creo haber evidenciado plausible y suficientemente, es *la voluntad;* ésta, en cuanto tal y vista aparte de su fenómeno, reside fuera del tiempo y el espacio sin conocer por ello pluralidad alguna, por lo que consiguientemente es *una;* desde luego, como ya se ha dicho, no es una como lo es un individuo o un concepto, sino como algo ajeno al *principio de individuación,* a la condición de posibilidad de la pluralidad. La pluralidad de las cosas en el espacio y el tiempo, que constituyen en conjunto su *objetivación,* no le atañe y por eso la objetividad permanece indivisible, al margen de la pluralidad. No es como si hubiera una parte más pequeña de la voluntad en la piedra y una mayor en el hombre, pues la relación entre la parte y el todo pertenece exclusivamente al espacio y deja de tener sentido tan pronto como uno se aparta de esta forma de intuición; e igualmente el más y el menos sólo concierne al fenómeno, esto es, a la visibilidad, a la objetivación; de ésta se da un grado más alto en la planta que en la piedra y en el animal se da un grado más alto de objetivación que en la planta; sí, su aparición en la visibilidad, su objetivación, tiene tan infinitas graduaciones como las que hay entre el más débil crepúsculo y la más clara luz del sol. Luego volveremos a retomar el examen de estos grados de visibilidad que pertenecen a su objetivación, al trasunto de su esencia. Pero aun menos de lo que le incumben inmediatamente a la voluntad misma las graduaciones de su objetivación, le atañe la pluralidad de los fenómenos a estos diversos niveles, esto es, el lote de individuos de cada forma o la expresión individual de cada fuerza; como esta pluralidad está inmediatamente condicionada por el tiempo y el espacio, la voluntad misma nunca entra en ella. | La voluntad se revela con tanta plenitud e intensidad igualmente en *un* roble como en millones de robles; su número, su multiplicación en el espacio y el tiempo no tiene ningún significado con respecto a ella, sino sólo con respecto a la pluralidad de individuos que se conocen e incluso se multiplican y se dispersan en el espacio y el tiempo, cuya pluralidad sin embargo no le incumbe a la voluntad misma, sino sólo a su manifestación. Por eso se podría afirmar también que si, *per impossibile* [mediante algún imposible], una única esencia, aun cuando fuese la más ínfima, quedase totalmente aniquilada, el mundo entero habría de eclipsarse con ella. Con este sentimiento dice el gran místico Angelus Silesius: «Sé que, sin mí, Dios no puede vivir ni un santiamén: si yo desapareciera, él habría de abandonar

153

por fuerza su espíritu»[4]. Se ha intentado acercar de muchas maneras la inconmensurable magnitud del universo a la inteligencia de cada cual, dándose con ello pie a consideraciones edificantes sobre la relativa menudencia de la tierra y del hombre, así como en contraposición a esto sobre la grandeza de la mente albergada por este hombre tan pequeño, que puede descifrar, concebir e incluso medir esa magnitud cósmica y otras cosas por el estilo. ¡Felicidades! Sin embargo, al considerar la inconmensurabilidad del mundo, lo más importante para mí es que la esencia en sí, cuya manifestación es el mundo –sea lo que fuere dicha esencia–, no puede tener su auténtica mismidad de tal suerte distendida y desmembrada en el espacio ilimitado, sino que esta extensión infinita pertenece por entero únicamente a su fenómeno, mientras que por el contrario la esencia misma está presente completa e indivisiblemente en cada cosa de la naturaleza, en cada ser vivo; justamente por eso no se pierde nada, cuando uno se planta ante un individuo, y tampoco se obtiene la verdadera sabiduría tomando las medidas del mundo sin confines o, lo que resultaría más conveniente, atravesando personalmente el espacio infinito, sino más bien investigando por entero a algún individuo, al intentar aprender a conocer y comprender perfectamente su verdadera esencia propia.

En consecuencia, lo que será objeto de un examen detallado en el próximo libro se le ha impuesto ya de suyo a cualquier discípulo de Platón, a saber, que esos diversos niveles de objetivación de la voluntad expresados en individuos sin cuento en cuanto inaccesibles prototipos de és-

---

4. Cfr. *El paseante querubínico* I, 8. La edición de Johannes Angelus Silesius manejada por Schopenhauer era ésta: *El paseante querubínico, o el sentido y la rima espirituales que conducen a la contemplación divina*, Múnich, 1827.

tos o en cuanto formas eternas de las cosas no se hallan inmersos ellos mismos en el tiempo y el espacio, el medio de los individuos, sino que permanecen fijos sin someterse a cambio alguno, persistiendo siempre sin devenir jamás, mientras que los individuos nacen y desaparecen, devienen constantemente y nunca persisten; yo afirmo que estos *niveles de objetivación de la voluntad* no son sino las *ideas de Platón*. Menciono esto aquí para poder utilizar en lo sucesivo la palabra *idea* en este sentido, que en mi filosofía ha de entenderse en el genuino y originario sentido que le confirió Platón y en modo alguno ha de verse contaminado por las abstractas producciones de la dogmatizante razón escolástica, para cuya designación Kant abusó tan inoportuna como ilegítimamente del término acuñado y tan sumamente bien utilizado por Platón. Así pues, yo entiendo por *idea* cada *nivel de objetivación de la voluntad* determinado y fijo, en la medida en que es cosa en sí y por ello algo ajeno a la pluralidad, niveles que pese a todo se mantienen para las cosas individuales como formas eternas o prototipos suyos. Diógenes Laercio (III, 12) nos brinda la formulación más concisa y concluyente de ese célebre dogma platónico: «Platón enseña que las ideas están en la naturaleza como prototipos, mientras que las demás cosas sólo se asemejan a ellas y son copias suyas». En lo sucesivo no volveré a mentar este abuso kantiano; cuanto es preciso decir a ese respecto ha quedado dicho en el apéndice.

§ 26.

Las fuerzas más universales de la naturaleza se presentan como los niveles más ínfimos de objetivación de la voluntad; por una parte dichas fuerzas aparecen sin excepción en cada materia como gravedad e impenetrabilidad, mientras que por otra se reparten entre la materia existente en general, de suerte que algunas predominan específicamente sobre esta o aquella materia, cuando no sobre varias, como rigidez, fluidez, elasticidad, electricidad, magnetismo, | propiedades químicas y cualidades de todo tipo. Estas manifestaciones de la voluntad, al igual que el hacer del hombre, son en sí tan infundadas como el carácter del hombre, y sólo sus fenómenos individuales se hallan sometidos al principio de razón, al igual que las acciones del hombre, si bien ellas mismas en cambio nunca pueden significar ni causa ni efecto algunos, al tratarse de las condiciones previas y presupuestas de toda causa y efecto, a través de las cuales se despliega y revela su propia esencia. Por eso resulta incomprensible preguntar por una causa de la gravedad o de la electricidad, al ser fuerzas originarias cuyas exteriorizaciones se comportan ciertamente según causa y efecto, dado que cada manifestación suya tiene una causa, la cual es a su vez un fenómeno individual y determina que aquí esa fuerza haya de exteriorizarse y aparecer en el tiempo y el espacio, pero en modo alguno la fuerza misma es efecto de una causa ni tampoco causa de un efecto. De ahí que resulte falso decir: «La gravedad es la causa de que caiga la piedra»; aquí la causa es más bien la cercanía de la tierra, al atraer ésta a la piedra. Si se suprime la tierra, la piedra no caerá, aunque persista la gravedad. La fuerza misma se halla completamente al margen de la cadena de causas y efectos, la cual presupone el tiempo, en tanto que sólo tiene significado con respecto a éste; pero la fuerza misma también está fuera del tiempo. El cambio individual tiene siempre por causa otro cambio igualmente particular, mas no la fuerza cuya manifestación es dicho cambio. Pues lo que confiere eficacia a una causa, por innumerables veces que ésta pueda tener lugar, es una fuerza natural carente de fundamento en cuanto tal, es decir, que se halla enteramente al margen de la cadena de causas y en general está fuera del ámbito del principio de razón, conociéndosela filosóficamente como objetivación inmediata de la voluntad, la cual es el «en-sí» del conjunto de la naturaleza; sin embargo, en la etiología –física en este caso– se acredita como fuerza originaria, o sea, como *qualitas occulta* [cualidad oculta].

En los grados superiores de la objetivación de la voluntad vemos destacarse significativamente la individualidad, especialmente entre los hombres, como una enorme diversidad de caracteres individuales, esto es, como una personalidad consumada que viene a expresarse exteriormente a través | de los marcados rasgos de la fisionomía individual, que abarca el conjunto de la corporeidad. Ningún animal posee esa individualidad en un grado tan lato; tan sólo los animales superiores tienen algún viso de ella, sobre lo cual predomina por completo el carácter de la especie y por ello se da en una medida muy escasa la fisionomía individual. Cuanto más se desciende, tanto más desaparece cualquier traza del carácter individual en el carácter genérico de la especie, cuya fisionomía es la única que resta. Si se conoce el carácter psicológico de la especie, se sabe exactamente lo que se puede esperar del individuo; por contra, en la especie humana cada individuo pide ser estudiado y explorado por sí mismo, resultando muy difícil el predeterminar de antemano con cierta seguridad su comportamiento a causa del disimulo que sólo la razón posibilita. Probablemente con esta diferencia del género humano respecto de todos los demás se halla conectado el hecho de que las circunvoluciones del cerebro, que en los pájaros faltan por completo y en los roedores son todavía muy débiles, son incluso en los animales superiores más simétricas en ambos lados y más constantes en cada individuo del mismo género que

156

entre los hombres*. Además ha de considerarse como un fenómeno de ese carácter individual que diferencia propiamente a los hombres de todos los animales el hecho de que, mientras en los animales el instinto sexual busca su satisfacción sin una selección apreciable, esta selección es tan apremiante que llega a convertirse en una violenta pasión y ciertamente de un modo instintivo e independiente de toda reflexión. Así pues, mientras que cada hombre ha de ser visto como una manifestación peculiarmente determinada y caracterizada de la voluntad, e incluso en cierto modo como una auténtica idea, entre los animales ese carácter individual brilla por su ausencia en el conjunto, en tanto que sólo la especie posee una significación característica y su traza va desapareciendo cuanto más nos distanciemos del hombre, hasta que finalmente las plantas no tienen ninguna otra especificidad individual salvo las que | puedan explicarse perfectamente a partir de influjos externos favorables o desfavorables del suelo, el clima u otras contingencias; así desaparece completamente por último toda individualidad en el reino inorgánico de la naturaleza. Sólo al cristal puede considerársele todavía en cierta medida como individuo, al ser una unidad que tiende hacia determinadas direcciones y que se ve capturada por la solidificación, la cual hace que persista la impronta de esa tendencia; al mismo tiempo es un agregado ligado por una idea a partir de su forma nuclear, tal como el árbol es un agregado formado a partir de la fibra individual que se presenta y se repite en la nervadura de la hoja, en cada hoja, en cada rama y en cierta medida cabe considerar cada una de tales cosas como una planta

---

* Cfr. Wenzel, *Sobre la estructura cerebral del hombre y de los animales,* 1812, cap. 3; Cuvier, *Lecciones de anatomía comparada,* 1799, 9, arts. 4 y 5; Vizconde d'Azyr, *Historia de la Academia de las Ciencias de París,* 1783, pp. 470 y 483.

propia que se nutre parasitariamente de la más grande, de suerte que el árbol es, al igual que el cristal, una agregación sistemática de pequeñas plantas, si bien sólo el conjunto suponga una cabal exposición de una idea indivisible, o sea, de ese determinado nivel de objetivación de la voluntad. Pero los individuos de la misma especie de cristales no pueden tener otras diferencias que las originadas por contingencias externas, e incluso cada especie puede cristalizar discrecionalmente en cristales grandes o pequeños. Mas el individuo como tal, esto es, con las trazas de un carácter individual, no se encuentra en la naturaleza inorgánica. Todos sus fenómenos son exteriorizaciones de fuerzas naturales universales, es decir, de esos niveles de objetivación de la voluntad que no se objetivan (como en la naturaleza orgánica) por la mediación de la diversidad de las individualidades que expresan parcialmente el conjunto de la idea, sino que sólo se presentan por entero y sin irregularidad alguna en la especie y ésta a su vez en cada fenómeno individual. Pues el tiempo, el espacio, la pluralidad y el condicionamiento por causas no pertenecen a la voluntad, ni tampoco a la idea (del nivel de objetivación de la voluntad), sino sólo a los fenómenos individuales de ésta; en todos los millones de fenómenos de una fuerza natural, como v.g. la gravedad o la electricidad, la voluntad ha de presentarse en cuanto tal exactamente de la misma manera y sólo las circunstancias externas pueden modificar el fenómeno. Esta unidad de su esencia en todos sus fenómenos, esta invariable constancia de su aparición acorde con el hilo conductor de la causalidad tan pronto como se den las condiciones para ello se llama una *ley natural.* | Una vez conocida por la experiencia una ley así, cabe determinar de antemano y calcular exactamente el fenómeno de la fuerza natural cuyo carácter se expresa y deposita en dicha ley. Esta regularidad de los fenómenos de los niveles inferiores de la objetivación de la voluntad es justamente lo que les confiere un aspecto tan distinto al de los fenómenos de esa misma voluntad en los niveles más altos o nítidos de su objetivación, en los animales y en los hombres; pero su comportamiento en función de la aparición más fuerte o más débil del carácter individual, el verse movido por motivos que, al situarse en el conocimiento, a menudo permanecen ocultos al espectador, han hecho ignorar hasta ahora lo idéntico de la esencia íntima de ambos tipos de fenómenos.

Cuando se parte del conocimiento de lo particular y no del de la idea, la infabilidad de las leyes naturales contiene algo sorprendente y a veces atroz. Uno podría asombrarse de que la naturaleza no olvide sus leyes ni tan siquiera una vez, de suerte que por ejemplo, al combinarse ciertos elementos bajo determinadas condiciones, tenga lugar conforme a una ley natural un compuesto químico, un desprendimiento de gases o una combustión; ahora bien, si se concitan las condiciones, ya sea mediante nuestros preparativos o simplemente por azar (donde la puntualidad a través de lo inesperado resulta tanto más sorprendente), el fenómeno en cuestión acontece de inmediato y sin tardanza hoy tan bien como hace mil años. Ese portento lo experimentamos con toda viveza ante los raros fenómenos resultantes de una compleja combinación entre las circunstancias pronosticadas, como cuando por ejemplo, al tocarse alternativamente y con una humedad acidificada ciertos metales, las láminas de plata colocadas entre las extremidades de esa concatenación se deshagan súbitamente desprendiendo una verde llamarada o que bajo ciertas condiciones el duro diamante se transmute en ácido carbónico. Lo que nos sorprende entonces es la ubicuidad cuasiespiritual de las fuerzas naturales y observamos aquí lo que ya no sucede en los fenómenos cotidianos, a saber, cómo la conexión entre causa y efecto resulta realmente tan misteriosa como la que se imagina entre un conjuro mágico y | el espíritu que parece invocarse necesariamente gracias a él. En cambio, si estamos imbuidos en el conocimiento filosófico relativo a que una fuerza natural es un determinado nivel de objetivación de la voluntad, esto es, de aquello que reconocemos también como nuestra esencia más íntima, y sabemos que esta voluntad en sí misma, al ser diferente de su manifestación y sus formas, reside al margen del tiempo y el espacio, con lo cual la pluralidad condicionada por dichas formas no le incumbe a esa voluntad ni tampoco inmediatamente al nivel de su objetivación, es decir, a la idea, sino sólo a los fenómenos de ésta, pero la ley de causalidad sólo tiene significado en relación con el tiempo y el espacio, en cuanto ubica en éstos los múltiples fenómenos de las diversas ideas en que se manifiesta la voluntad, regulando el orden en que han de presentarse, si –decía– hemos asimilado el sentido intrínseco a la gran teoría kantiana de que espacio, tiempo y causalidad no atañen a la cosa en sí, sino sólo al fenómeno, al ser únicamente formas de nuestro conocimiento y no modalidades de la cosa en sí, entonces comprenderemos que aquel asombro ante la regularidad y puntualidad del obrar de una fuerza natural, ante la perfecta igualdad de sus millones de fenómenos, ante la infalibilidad de su comparecencia, es comparable de hecho al asombro de un niño o de un salvaje que, al contemplar por primera vez una flor a través de un cristal con muchas facetas, se asombra ante la perfecta igualdad de las innumerables flores que ve y se pone a contar cada una de sus hojas por separado.

Así pues, cada fuerza universal y originaria de la naturaleza no es en su esencia íntima sino la objetivación de la voluntad en un nivel inferior, y nosotros denominamos a cada uno de tales niveles una *idea* eterna, en el sentido de Platón. Pero la *ley natural* es la relación de la idea con la forma de su fenómeno. Esta forma es tiempo, espacio y causalidad, las cuales mantienen entre sí una conexión y una relación tan necesarias como indisolubles. A través del tiempo y el espacio la idea se reproduce en un sinnúmero de fenómenos, pero el orden según el cual éstos aparecen en esas formas de la multiplicidad está firmemente determinado por la ley de causalidad, la cual constituye por decirlo así la norma de los puntos divisorios | de aquellos fenómenos de diversas ideas, conforme a la cual se reparten en ellos tiempo, espacio y materia. Esta norma se refiere por ello a la identidad del conjunto de la materia existente, la cual es el sustrato global de esos distintos fenómenos. Si éstos no quedasen remitidos a esa materia común cuya posesión han de repartirse, no se precisaría una ley para determinar sus pretensiones; todos ellos podrían colmar simultánea y contiguamente el espacio infinito a través de un tiempo indefinido. Por lo tanto, sólo porque todos esos fenómenos de las ideas eternas quedan remitidos a una y la misma materia, ha de haber una regla de su ingreso y salida, pues de lo contrario no dejarían sitio alguno para los otros. La ley de causalidad está esencialmente vinculada con la persistencia de la materia; ambas cobran recíprocamente significado la una de la otra, comportándose a su vez igualmente con ellas el espacio y el tiempo. Pues el tiempo es la mera posibilidad de determinaciones contrapuestas en la misma materia, y el tiempo es la mera posibilidad de la persistencia de la misma materia bajo cualesquiera determinaciones contrapuestas. Por eso en el anterior libro explicábamos la materia como la unión de tiempo y espacio, unión que se muestra como mudanza de los accidentes en el persistir de la materia, respecto de lo cual la causalidad o el devenir constituye la posibilidad genérica. Por eso decíamos también que la materia es por entero causalidad. Explicábamos el entendimiento como el correlato subjetivo de la causalidad y decíamos que la materia (o sea, el mundo en su totalidad como representación) existe sólo para el entendimiento, el cual es condición y portador del mundo, en cuanto correlato necesario suyo. Todo esto sólo es un recordatorio incidental de lo abordado en el primer libro. El examen de la concordancia interna de ambos libros es un requisito para su cabal comprensión: aquello que en el mundo real está indisociablemente unido como dos caras suyas, voluntad y representación, queda separado por estos dos libros para reconocer tanto más claramente a cada uno por su lado.

Acaso no resulte superfluo aclarar algo más mediante un ejemplo: cómo la ley de causalidad sólo tiene significado con respecto al tiempo, el espacio y esa materia que consiste en la unión de ambos, en tanto que dicha ley determina las lindes conforme a las cuales los fenómenos de las fuerzas naturales se reparten la posesión de la materia, mientras las propias fuerzas originarias de la naturaleza, en cuanto objetivaciones inmediatas de la voluntad, la cual como cosa en sí no está sometida al principio de razón, subsisten al margen de esas formas en cuyo seno únicamente tiene significado y validez toda explicación etiológica y justamente por ello nunca puede llevar hasta la esencia íntima de la naturaleza. Imaginemos a tal efecto algo así como una máquina construida conforme a leyes de la mecánica. Unas pesas de hierro propician mediante su peso el comienzo del movimiento; unas ruedas de cobre resisten gracias a su rigidez, chocan entre sí y se elevan mutuamente, alzando la palanca en virtud de su impenetrabilidad, etc. Peso, rigidez e impenetrabilidad son aquí las fuerzas originarias e inexplicadas; la mecánica simplemente nos brinda las condiciones bajo las cuales se ponen de relieve, así como la índole en que se exteriorizan y el modo como dominan una determinada materia en un determinado tiempo y lugar. Si ahora un poderoso imán actuase sobre el hierro de las pesas y pudiera doblegar la gravedad, cesaría el movimiento de la máquina y la materia se convertiría al instante en el escenario de una fuerza natural enteramente distinta, el magnetismo, respecto de la cual la explicación etiológica no aporta sino las condiciones de su aparición. O coloquemos luego las láminas de cobre de esa máquina sobre unas planchas de cinc interponiendo un líquido acidificado; de inmediato la misma materia de la máquina se abandonará a otra fuerza originaria, el galvanismo, que ahora la dominaría conforme a sus leyes al revelarse en ella mediante sus fenómenos, acerca de los que la etiología tampoco puede suministrar sino las circunstancias bajo las que se muestran y las leyes conforme a que lo hacen. Si ahora elevamos la temperatura y agregamos oxígeno puro, la máquina se quema; es decir, que de nuevo una fuerza natural completamente distinta, el quimismo, posee en este momento y en este lugar una pretensión irrecusable sobre esa materia, revelándose en ella como idea, como un determinado nivel de la objetivación de la voluntad. La cal metálica resultante se une ahora con un ácido y se origina una sal que cristaliza en los cristales; éstos son el fenómeno de otra idea que de suyo es enteramente insondable, mientras la aparición de su fenómeno depende de aquellas condiciones que la etiología sabe proporcionar. Los cristales se descomponen, se mezclan con otros elementos y de ello surge una vegetación, una nueva manifestación de la voluntad; así cabe perseguir hasta el infinito a la persistente materia y ver cómo esta o aquella fuerza de la naturaleza conquista un derecho sobre la materia que viene a ejercer indefectiblemente para ponerse de relieve y revelar su esencia. La determinación de este derecho, así como del punto en el tiempo y el espacio donde resulta válido, la suministra la ley de causalidad, pero sólo hasta donde alcanza la explicación sustentada en dicha ley. La fuerza misma es manifestación de la voluntad y en cuanto tal no se halla sometida a las formas del principio de razón, es decir, carece de fundamento. Tal fuerza reside fuera de todo tiempo, es omnipresente y, por decirlo así, parece aguardar de continuo y con impaciencia el advenimiento de las circunstancias bajo las cuales ella puede aparecer y adueñarse de una determinada materia eliminando a las fuerzas que la dominaban hasta entonces. El tiempo existe tan sólo para su fenómeno y carece de significado para ella misma: las fuerzas químicas dormitan durante milenios en una materia hasta que las libera el contacto con los reactivos, apareciendo entonces; pero el tiempo sólo existe para ese fenómeno, no para las fuerzas mismas. Durante milenios dormita el galvanismo en el cobre y en el cinc, coexistiendo tranquilamente junto a la plata, la cual se disolverá en llamas tan pronto como estos tres elementos entren en contacto bajo las condiciones requeridas para ello. Incluso en el reino orgánico vemos a una semilla conservar adormecida durante tres milenios la fuerza que sobresale como planta al darse las circunstancias propicias*. |

---

* El 16 de septiembre de 1840 en el Instituto científico-literario de Londres, al impartir una conferencia sobre antigüedades egipcias, el señor Pettigrew mostró unos granos de trigo encontrados por sir G. Wilkinson en una tumba de Tebas, el mismo lugar donde hubieron de ser depositados treinta siglos antes. Fueron hallados en una vasija sellada herméticamente. Al sembrar doce granos obtuvo una planta que alcanzó cinco pies de altura y cuyas semillas estaban ahora perfectamente maduras (cfr. el *Times* del 21 de septiembre de 1840). En la Sociedad médico-botánica de Londres, en el año 1830, el señor Haulton cultivó una raíz bulbosa hallada en la mano de una momia egipcia | que acaso fuera colocada allí por un motivo religioso y que tenía cuando menos 2.000 años. La había plantado en una maceta donde en seguida creció y verdeció (cfr. el *Medical Journal* de 1830, cit. en el *Journal of the Royal Institution of Great-Britain* de octubre de 1830). «En el jardín del señor Grimstone, del herbario de Jighgate en Londres, hay ahora una planta de guisantes llena de frutos procedente de un guisante que el señor Pettigrew y los funcionarios del Museo Británico cogieron de una vasija que se había encontrado anteriormente en un sarcófago egipcio, donde fue colocado hace 2.844 años» (cfr. *Times* del 16 de agosto de 1844). Los sapos hallados vivos en piedras calcáreas hacen

Si gracias a este examen claramente establecido de la diferencia entre fuerza natural y todos sus fenómenos hemos comprendido que cada fuerza natural es la voluntad misma en un determinado nivel de su objetivación, así como que la pluralidad atañe únicamente a los fenómenos, a través del espacio y el tiempo, y la ley de causalidad no es sino la determinación del lugar ocupado por los fenómenos individuales dentro del espacio-tiempo, entonces reconoceremos también la perfecta verdad y el profundo sentido de la teoría de Malebranche sobre las causas ocasionales *(causes ocasionelles)*. Merece la pena comparar esta teoría suya, tal como él la expone en las *Recherches de la verité [La búsqueda de la verdad]*, sobre todo en el tercer capítulo de la segunda parte del sexto libro y en las aclaraciones *(éclaircissements)* añadidas a este capítulo[5], con mi presente exposición, percibiendo la perfecta coincidencia de ambas doctrinas en medio de tan enorme diversidad del hilo discursivo. Sí, tengo que admirarme de cómo Malebranche, totalmente sumido en los dogmas positivos que su época le imponía irresistiblemente, alcanzase tan correcta y afortunadamente la verdad, sabiendo conciliarla con dichos dogmas o al menos con su lenguaje, a pesar de hacerlo bajo el lastre de tales apegos.

Pues el poder de la verdad es increíblemente grande y de una perseverancia indescriptible. Hallamos sus reiteradas huellas en todos los dogmas, incluso en los más estrafalarios

---

suponer que incluso la vida animal es susceptible de semejante suspensión durante milenios, cuando se la introduce en ella por medio de la hibernación y se consigue tal suspensión gracias a circunstancias especiales.

5. La edición de Nicolás Malebranche manejada por Schopenhauer era ésta: *Sobre la búsqueda de la verdad, donde se trata de la naturaleza del espíritu y del hombre, así como del uso que debe hacer para evitar el error en las ciencias; 4.ª edición revisada y aumentada con muchas aclaraciones*, Ámsterdam, 1688.

y absurdos, | de las diferentes épocas y países, desde luego con frecuencia en una peculiar compañía o en una singular mezcolanza, pero siempre reconocible. Luego la verdad se asemeja a una planta que germinara bajo un montón de piedras, pero pese a todo trepase hacia la luz, abriéndose paso con muchos rodeos y combaduras, desfigurada, pálida, marchita, pero pese a ello en pos de la luz.

Malebranche lleva razón sin duda alguna: cada causa natural es sólo una causa ocasional, la cual da ocasión al fenómeno de aquella única e indivisible voluntad que es el «en-sí» de todas las cosas y cuya estratificada objetivación constituye todo el mundo visible. Sólo el aparecer, el hacerse visible en este lugar de este tiempo se ve propiciado por la causa y depende de ella en esta medida, mas no la totalidad del fenómeno ni su esencia íntima; ésta es la voluntad misma, sobre la que no encuentra aplicación alguna el principio de razón, al ser una sinrazón. Ninguna cosa en el mundo posee sin más y en términos generales una causa de su existencia, sino sólo una causa por la cual existe justamente aquí y precisamente ahora. El porqué una piedra muestre unas veces gravedad y otras rigidez, electricidad o propiedades químicas depende de causas, de influencias externas, y ha de explicarse a partir de ellas; pero esas propiedades mismas, o sea, su esencia global, que consiste en ellas y se expresa de todos esos modos dados, el hecho de que una piedra sea como es o de que exista en general es algo sin fundamento, dado que sólo es el tornarse visible de la abisal voluntad. Por lo tanto, toda causa es causa ocasional. Así lo hemos encontrado en la naturaleza desprovista de conocimiento; pero también es justamente allí donde ya no hay causas y estímulos, sino motivos que determinan el advenimiento de los fenómenos, o sea, en el comportamiento de los animales y de los hombres. Pues tanto aquí como allí es una y la misma voluntad la que se manifiesta, sumamente diversa en los grados de su manifestación, múltiplemente reproducida en los fenómenos y sometida con respecto a ellos al principio de razón, si bien en sí es libre de todo eso. Los motivos no determinan el carácter del hombre, sino sólo la manifestación de ese carácter, o sea, los actos; la forma externa de su transcurso vital, no de su significación y contenido íntimos; éstos proceden del carácter, el cual es la inmediata | manifestación de la voluntad, carente de fundamento. El porqué uno sea malo y el otro bueno no depende de los motivos e influencias externas como las enseñanzas o los sermones, resultando en este sentido inexplicable sin más. Pero si un malvado muestra su maldad en mezquinas injusticias, tímidas maquinaciones y nimias infamias que ejercita en el estrecho círculo de su entorno o si en cuanto conquistador oprime pueblos, sume en la desesperación a un mundo y derrama la sangre de millones, todo esto es la forma externa de su fenómeno, lo insustancial del mismo y depende de las circunstancias en que le coloque el destino, del entorno, de los influjos externos y de los motivos, pero el que su resolución se deba a esos motivos nunca la hace explicable por ellos, pues tal resolución proviene de la voluntad cuya manifestación es este hombre. De ello trataremos en el libro cuarto. El modo y la manera en que el carácter despliega sus propiedades son enteramente comparables al cómo cada cuerpo de la naturaleza acognoscitiva muestra las suyas. El agua sigue siendo agua, con las propiedades que le son inherentes, pero si su orilla reluce como un tranquilo lago o si se abate espumeante sobre las rocas, o si se eleva artificialmente como un chorro, esto es algo que depende de causas externas; lo uno le es tan natural como lo otro, pero según sean las circunstancias mostrará lo uno o lo otro, está igualmente preparada para todo, pero revelando en cada caso su carácter y permaneciendo siempre fiel sólo a éste. Así se revelará también cada carácter humano bajo cualesquiera circunstancias, pero los fenómenos que surjan de ahí serán conformes a las circunstancias.

§ 27.

Si a partir de todas las consideraciones previas sobre las fuerzas de la naturaleza y sus fenómenos nos ha quedado claro cuán lejos puede llegar la explicación causal y dónde ha de detenerse si no quiere caer en el necio anhelo de reducir el contenido de todos los fenómenos a su mera forma, con lo que al final no restaría sino la forma, entonces podemos determinar también en términos generales lo que es exigible a toda etiología. Ésta | ha de rastrear las causas de todos los fenómenos inmersos en la naturaleza, esto es, las circunstancias bajo las cuales tienen lugar siempre; pero entonces ha de reducir los fenómenos configurados bajo múltiples circunstancias a lo que opera en todo fenómeno y queda presupuesto en la causa, a las fuerzas originarias de la naturaleza, diferenciando correctamente si una diversidad del fenómeno se debe a una diversidad de la fuerza o sólo a la diversidad de las circunstancias bajo las cuales se exterioriza dicha fuerza, cuidándose mucho igualmente de tomar por fenómeno de diversas fuerzas lo que es exteriorización de una y la misma fuerza simplemente bajo distintas circunstancias o cuidándose, por el contrario, de tomar por exteriorización de una fuerza lo que originariamente pertenece a diversas fuerzas. Esto le concierne directamente al discernimiento; por eso hay tan pocos hombres capaces de ampliar la comprensión en la física, aunque todos puedan ampliar la experiencia, puesto que la desidia y la ignorancia les hacen invocar demasiado pronto a las fuerza originarias; esto se muestra con una exageración similar a la ironía en las entidades y esencialidades de los escolásticos.

166

Lo último que me propondría sería propiciar un retorno a estas categorías escolásticas. En vez de suministrar una explicación, cabe invocar en tan escasa medida la objetivación de la voluntad como la fuerza creadora de Dios. Pues la física reclama causas, mas la voluntad nunca es tal; su relación con el fenómeno no se compadece en absoluto con el principio de razón, si bien lo que la voluntad es en sí existe por otra parte como representación, esto es, como fenómeno, y en cuanto tal cumple con las leyes que constituyen la forma del fenómeno; así por ejemplo cada movimiento, aun cuando siempre sea una manifestación de la voluntad, ha de tener una causa a partir de la cual resulte explicable en un determinado tiempo y lugar, es decir, no en términos generales conforme a su esencia íntima, sino como fenómeno *individual*. Esta causa es mecánica en la piedra y es un motivo en el movimiento del hombre, pero nunca brilla por su ausencia. En cambio lo universal, la esencia común a todos los fenómenos de un tipo determinado, aquello sin cuya presuposición la explicación a partir de causas no tendría sentido ni significado algunos, es la fuerza natural genérica que en física ha de seguir siendo una *qualitas occulta* [cualidad oculta], justamente porque aquí la explicación | etiológica llega a su término y comienza la explicación metafísica. Sin embargo, la cadena de causas y efectos no se quiebra jamás por una fuerza originaria a la que uno habría de remitirse, retrotrayéndose a ésta como primer eslabón suyo; sino que el eslabón más próximo de la cadena, al igual que el más remoto, presupone ya la fuerza originaria, y de lo contrario no podría explicar nada. Una serie de causas y efectos puede ser el fenómeno de las fuerzas más dispares, cuyo sucesivo advenimiento a la visibilidad se ve guiado por ella, como he ilustrado anteriormente con el ejemplo de una máquina metálica; pero la variedad de estas fuerzas originarias, no derivables unas de otras, no interrumpe en modo alguno la unidad de esa cadena de causas y la conexión entre todos sus eslabones. La etiología de la naturaleza y la filosofía de la naturaleza no se perjudican mutuamente, sino que caminan juntas contemplando el mismo objeto desde puntos de vista diferentes. La etiología da cuenta de las causas que originan necesariamente el único fenómeno a explicar y muestra, como sustrato de todas sus explicaciones, las fuerzas universales que están activas en todas estas causas y efectos, determinando exactamente estas fuerzas, su número, sus diferencias y luego todos los efectos en los cuales aparece diversamente cada fuerza conforme a las distintas circunstancias y siempre con arreglo a su peculiar carácter, algo que la etiología desarrolla según una regla infalible denominada *ley de la naturaleza*. Tan pronto como la física consiguiera consumar todo esto desde cualquier punto de vista llegaría a su perfección, pues entonces no habría ninguna fuerza desconocida en la naturaleza inorgánica ni tampoco se daría efecto alguno que no se pudiera comprobar como fenómeno de una de esas fuerzas bajo determinadas circunstancias conforme a una ley natural. Con todo, una fuerza natural no deja de ser simplemente la regla de la naturaleza en que se ha reparado y según la cual, bajo determinadas circunstancias, la naturaleza se comporta siempre en cuanto comparecen dichas circunstancias; de ahí que por supuesto la ley natural pueda definirse como un hecho enunciado en términos generales, *un fait généralisé* [un hecho generalizado], con lo cual una exhaustiva explicación de todas las leyes naturales sólo sería un completo registro de hechos. El examen de la naturaleza en su conjunto se ve coronado por la *morfología,* que enumera, compara y ordena | todas las formas permanentes de la naturaleza orgánica; sobre la causa del advenimiento de la esencia individual la morfología tiene poco que decir, pues dicha causa es en todos esos casos la procreación, cuya teoría va por su lado, y en raras ocasiones la *generatio aequivoca* [abiogénesis o generación espontánea]. Pero a esta última pertenece también, estrictamente, la manera en que todos los niveles inferiores de la objetivación de la voluntad, o sea, los fenómenos físicos y químicos, aparecen individualmente, y las condiciones de esta aparición constituyen justamente la tarea de la etiología. En cambio la filosofía considera por doquier, y por lo tanto también en la naturaleza, lo universal; su objeto aquí son las propias fuerzas originarias, reconociendo en ellas los distintos niveles de objetivación de la voluntad, que es la esencia íntima, el «en-sí» de ese mundo que la filosofía, cuando prescinde de la voluntad, explica como mera representación del sujeto. Pero si la etiología, en lugar de preparar el terreno a la filosofía y procurarle testimonios que aplicar a su teoría, se imagina más bien que su objetivo consiste en negar todas las fuerzas originarias salvo *una,* la más universal –v.g. la impenetrabilidad–, a la que se figura comprender como fundamento para luego reducir forzosamente a ella todas las otras, entonces se sustrae a sus propios principios y sólo puede proporcionar error en vez de verdad. El contenido de la naturaleza queda suprimido por la forma, atribuyéndose todo a las circunstancias en liza y nada a la esencia íntima de las cosas. Si realmente se tuviera éxito por ese camino, como ya se ha dicho, a la postre un cálculo ejemplar solventaría el enigma del mundo. Pero si se va por este camino, como ya se ha mencionado, todo efecto fisiológico debe reducirse a la forma y a la mezcla, o sea, por ejemplo a la electricidad, y ésta a su vez al quimismo, el cual debe reducirse a su vez al mecanismo. Este último fue, por ejemplo, el error de Descartes y de todos los atomistas, quienes reducían el movimiento de los cuerpos cósmicos al choque de un fluido y las cualidades a la conexión y a la forma de los átomos, afanándose por explicar todas las manifestaciones de la naturaleza como simples fenómenos de la impenetrabilidad y la cohesión. Si bien se abandonó este punto de vista, en nuestros días vuelven a hacer lo mismo los fisiólogos eléctricos, químicos y mecánicos, que se obstinan en querer explicar la vida entera y | todas las funciones del organismo a partir de la «forma y mezcla» de sus componentes esenciales. Que el objetivo de la explicación fisiológica es reducir la vida orgánica a las fuerzas universales examinadas por la física se enuncia todavía en el *Archivo de fisiología* de Meckel (1820, vol. 5, p. 185). También Lamarck en su *Filosofía zoológica* (vol. 2, cap. 3)[6] explica la vida como un simple efecto del calor y la electricidad: «Lo calórico y la materia eléctrica bastan para componer conjuntamente esta causa esencial de la vida» (p. 16). Con arreglo a ello el calor y la electricidad constituirían la cosa en sí y el mundo animal y vegetal su fenómeno. El absurdo de esta opinión resulta muy llamativo en las páginas 306 y siguientes de dicha obra. Es notorio que últimamente todas esas opiniones vertidas con tanta frecuencia vuelven a presentarse con renovada osadía. Bien mirado, en el fondo presuponen que el organismo sólo sería un agregado de fenómenos de fuerzas físicas, químicas y mecánicas que, reunidas casualmente, convierten al organismo en un juego natural sin mayor significado. De acuerdo con ello, el organismo de un animal o de un hombre no sería, considerado filosóficamente, la presentación de una idea propia, o sea, la objetividad inmediata de la voluntad en un nivel superior, sino que en él sólo aparecerían esas ideas que se objetivan a la voluntad en la electricidad, el quimismo y el mecanismo; el organismo entonces se vería insuflado por un encuentro de esas fuerzas tan fortuito

---

6. Schopenhauer cita esta obra de Jean-Baptiste-Pierre-Antonie Monet de Lamarck: *Historia natural de los animales invertebrados*, París, 1815-1822 (7 vols.).

como las figuras de hombres y animales conformadas por nubes o estalactitas, sin tener mayor interés en sí. Veamos en qué medida esa aplicación al organismo de explicaciones físicas y químicas podría ser de utilidad dentro de ciertos límites; al hacerlo, expondré que la fuerza vital utiliza y emplea las fuerzas inorgánicas de la naturaleza, aunque desde luego no consista en ellas, tal como el herrero no se reduce al martillo y al yunque. De ahí que tampoco pueda explicarse nunca la sumamente simple vida vegetal a partir de tales fuerzas, como por ejemplo la capilaridad y la endósmosis, ni mucho menos la vida animal. | La siguiente consideración nos allanará el camino para esa deliberación bastante ardua.

Con arreglo a lo dicho, ciertamente las ciencias naturales cometen un error al querer reducir los niveles superiores de la objetivación de la voluntad a los inferiores, ya que desconocer o negar fuerzas naturales originarias y existentes por sí mimas es tan erróneo como la infundada aceptación de fuerzas peculiares allí donde simplemente tiene lugar un tipo particular de fenómeno ya conocido. Por ello dice con justicia Kant que resulta absurdo esperar a un «Newton de la hierba»[7], esto es, a alguien que reduzca la hierba a fenómenos de fuerzas físicas y químicas cuya causal concretiza-

---

7. El pasaje de la tercera *Crítica* kantiana (1790) al que alude Schopenhauer es el siguiente: «Es totalmente cierto que ni por asomo podemos llegar a conocer suficientemente los seres organizados y su posibilidad interna según principios meramente mecánicos de la naturaleza, ni mucho menos acertar a explicárnoslos; y esto es tan cierto como para poder decir sin vacilación alguna que para el hombre resulta absurdo siquiera concebir semejante proyecto o esperar que alguna vez pueda surgir un Newton capaz de hacer comprensible tan siquiera la producción de un hierbajo con arreglo a leyes ordenadas sin propósito alguno; bien al contrario esta comprensión ha de serle negada sin más a los hombres» *(K.U.* § 75, Ak. V 400). La traducción es mía, puesto que he preparado una nueva edición castellana del texto kantiano bajo el título de *Crítica del discernimiento,* en vez de *Crítica del juicio* (Morente) o *Crítica de la facultad de juzgar* (Oyarzun).

ción, o sea, un mero capricho de la naturaleza, sería esa hierba en la cual no aparecería ninguna idea específica, es decir, que la voluntad no se revelaría inmediatamente en un nivel más elevado y peculiar, sino sólo como en los fenómenos de la naturaleza inorgánica y casualmente en esa forma. Los escolásticos, que en modo alguno hubiesen admitido nada similar, hubieran dicho que supondría negar por completo la *forma substantialis* [forma esencial] rebajando ésta a mera *forma accidentalis* [forma accidental]. Pues la *forma substantialis* de Aristóteles designa exactamente lo que yo llamo el grado de objetivación de la voluntad en una cosa. Mas por otra parte no ha de obviarse que en todas las ideas, esto es, en todas las fuerzas de la naturaleza inorgánica y en todas las formas de la naturaleza orgánica, es *una y la misma voluntad* la que se revela, es decir, la que pasa a la forma de la representación, a la *objetivación*. Por eso su unidad ha de darse a conocer mediante un parentesco interno entre todos sus fenómenos. Dicha unidad se revela en los niveles más altos de su objetivación, donde el fenómeno resulta más claro, o sea, en los reinos vegetal y animal, a través de la analogía universal que atraviesa todas las formas, gracias al tipo fundamental que se halla en todos los fenómenos; este tipo fundamental constituye el principio conductor del eximio sistema zoológico inaugurado por los franceses en este siglo y se acredita del modo más cabal en la anatomía comparativa como «la unidad de plan y la uniformidad del elemento anatómico». Dar con este principio ha supuesto también la principal ocupación o al menos la más ilustre aspiración | de los filósofos de la naturaleza de la escuela schellingiana, que tienen cierto mérito, aun cuando en muchos casos su caza de analogías en la naturaleza degenera en meros alardes de ingenio. Sin embargo han comprobado con justicia ese parentesco genérico y ese aire de familia también en la naturaleza inorgánica, por ejemplo entre la electricidad y el magnetismo, cuya identidad se constató después, entre la atracción química y la gravedad, etc. Nos han hecho reparar sobre todo en que la *polaridad,* o sea, el desdoblamiento de una fuerza en dos actividades cualitativamente diferentes, contrapuestas y tendentes a la reunificación, lo cual se revela también la mayoría de las veces espacialmente mediante una disgregación hacia direcciones opuestas, es un tipo fundamental de casi todos los fenómenos de la naturaleza, desde el imán y el cristal hasta el hombre. Con todo en China este conocimiento era de uso corriente desde tiempos muy remotos en la teoría de la oposición entre el *yin* y el *yang*[8]. Como todas las cosas del mundo son la objetivación de una y la misma voluntad, siendo por consiguiente idénticas conforme a la esencia íntima, no sólo ha de darse aquella manifiesta analogía entre ellas y mostrarse ya en cada cosa menos perfecta la huella, el indicio y el esbozo de la contigua cosa más perfecta, sino que, como todas esas formas sólo pertenecen al mundo en cuanto *representación,* también cabe admitir que ya en las formas más genéricas de la representación, en la propia estructura básica del mundo fenoménico, o sea, en el espacio y el tiempo, cabe descubrir y comprobar el tipo fundamental, el indicio, el esbozo de todo cuanto llena las formas. A este respecto parece haberse dado un oscuro conocimiento que dio pie a la cábala y toda la filosofía matemática de los pitagóricos, así como al *Y-king*[9] de los chinos; y también en

---

8. La interacción de este par de energías polares produciría la totalidad del universo. En sus orígenes el concepto de *yin* se refiere a la vertiente norte de una montaña, fría y nublada, mientras el *yang* se asocia con la vertiente sur, calurosa y soleada. El *yin* denota lo femenino, pasivo y receptivo, siendo sus símbolos la luna y el agua; el *yang* significa lo masculino, activo y creativo, simbolizado por el sol y el fuego.

9. También transcrito como *I-Ching* e *I-Ging,* el «Libro del Cambio o de las Mutaciones», donde se describe oracularmente la interacción de las dos fuerzas polares del *yin* y el *yang,* recogidas por la sabiduría china.

la escuela schellingiana encontramos, entre sus múltiples empeños por sacar a la luz la analogía entre todos los fenómenos de la naturaleza, también algunos intentos, si bien desafortunados, por derivar leyes naturales a partir de las simples leyes del espacio y el tiempo. Entretanto no se puede saber cuánto queda para que una mente genial realice ambas aspiraciones.

Aunque nunca debe perderse de vista la diferencia entre fenómeno y cosa en sí, y por ello jamás cabe confundir la identidad de la voluntad objetivada en todas las ideas (pues su objetivación tiene determinados niveles) con una identidad de las propias ideas singulares en que aparece dicha voluntad, y por ejemplo jamás quepa reducir la atracción química o eléctrica a la atracción por la gravedad, aun cuando se reconozca su analogía interna y las primeras puedan ser consideradas como potencias más elevadas de esta segunda, de igual modo la analogía interna de la contextura de todo animal tampoco autoriza a mezclar e identificar las especies y explicar verbigracia las más perfectas como variedades de las más imperfectas; aunque por lo tanto a la postre tampoco las funciones fisiológicas puedan reducirse jamás a procesos químicos o físicos, sin embargo como justificación de este proceder dentro de ciertos límites sí cabe admitir con mucha verosimilitud lo siguiente.

Cuando entre los fenómenos de la voluntad, en los niveles inferiores de su objetivación, o sea, en lo inorgánico, varios entran en conflicto mutuo, al pretender cada uno de ellos adueñarse de la materia existente con el hilo conductor de la causalidad, de este conflicto se desprende el fenómeno de una idea más elevada que vence a todas las precedentes más imperfectas, si bien retiene su esencia de un modo subordinado, al incorporar en sí un análogo de las mismas; tal proceso sólo resulta concebible a partir de la identidad de la voluntad que se manifiesta y de su tendencia hacia una objetivación cada vez más elevada. De ahí que, por ejemplo, veamos en la solidificación de los huesos un manifiesto análogo de la cristalización, como la que originariamente impera en la cal, aunque la osificación nunca sea reducible a la cristalización. Esta analogía se muestra más débilmente en la solidificación de la carne. Así, también la mezcla de humores en los cuerpos animales y la secreción es un análogo de la mezcla y precipitación químicas e incluso las leyes de estas últimas siguen actuando en lo primero, si bien subordinadas y muy modificadas, al verse subyugadas por una idea más elevada; por eso simples fuerzas químicas al margen del organismo nunca suministrarán tales humores, sino que «la química lo llama *enchereisin naturae* [manipulación de la naturaleza], burlándose de sí misma sin saber cómo» [Goethe, *Fausto* I, 1940]. | A partir de esta victoria sobre ideas u objetivaciones inferiores de la voluntad resulta una idea más perfecta, precisamente por incorporar dentro de sí un potencial análogo de cada una de las vencidas, la cual conquista un carácter enteramente nuevo: la voluntad se objetiva de una manera más clara, surgiendo originariamente mediante generación espontánea y luego por asimilación del germen existente la savia orgánica, las plantas, el animal y el hombre. Por lo tanto, del conflicto de los fenómenos inferiores surgen los superiores, que van devorando a los anteriores, pero convirtiendo en realidad la tendencia de todos hacia un grado más alto. Con arreglo a lo cual impera aquí esta ley: «La serpiente no puede convertirse en dragón sin devorar a otra serpiente» [Bacon, *Sermones fideles* 38, *De fortuna*].

Quisiera que la claridad expositiva me haya permitido superar la oscuridad inherente al tema de estos pensamientos; sólo cuento con que el propio examen del lector ha de ayudarme a no verme incomprendido o tergiversado. Con arreglo al punto de vista expuesto cabrá comprobar en el organismo las huellas de los efectos químicos y físicos, mas nunca se lo podrá explicar a partir de ellos, porque no es en modo alguno un fenómeno debido a la conjunción operativa de tales fuerzas, o sea, un fenómeno producido casualmente, sino una idea más elevada que ha sometido a las inferiores por medio de una *subyugante asimilación;* pues esa voluntad *única* que se objetiva en todas las ideas, al tender a la más alta objetivación posible, abandona aquí los niveles inferiores de su fenómeno, tras un conflicto entre los mismos, para manifestarse tanto más poderosa en un nivel superior. No hay victoria sin lucha: al no poder aparecer la idea, u objetivación de la voluntad, superior sino sojuzgando a las inferiores, aquélla padece la resistencia de éstas, las cuales, aunque hayan sido reducidas a la servidumbre, siguen tendiendo a conseguir exteriorizar su esencia cabal e independientemente. Tal como el imán que ha levantado un hierro mantiene una incesante lucha con la gravedad, la cual en cuanto objetivación inferior de la voluntad posee un derecho originario sobre la materia de ese hierro, continua lucha en la que el imán incluso se fortalece, por decirlo así, toda vez que esa resistencia le estimula a un mayor esfuerzo; de igual modo cualquier fenómeno, también | la manifestación de la voluntad que se presenta en el organismo humano, mantiene una ininterrumpida lucha contra las muchas fuerzas físicas y químicas que, como ideas inferiores, poseen un derecho más veterano sobre esa materia. Por eso baja el brazo que uno ha mantenido levantado un rato sojuzgando a la gravedad; por eso el placentero sentimiento de salud, el cual expresa la victoria del organismo consciente de sí sobre las leyes físicas y químicas que originariamente dominan los humores del cuerpo, se quiebra con tanta frecuencia y siempre se ve flanqueado por una cierta desazón, mayor o menor, resultante de la resistencia de esas fuerzas, con lo cual la parte vegetativa de nuestra vida queda constantemente ligada con un tenue sufrimiento. De ahí que también la digestión deprima todas las funciones animales, ya que absorbe la fuerza vital por entero para sojuzgar mediante asimilación a las fuerzas químicas de la naturaleza. De ahí por tanto el lastre de la vida, la necesidad de dormir y a la postre de la muerte, dado que finalmente, al verse favorecidas por las circunstancias, esas fuerzas naturales, sojuzgadas por un organismo ahora exhausto merced a la continua victoria, conquistan de nuevo esa misma materia que se les había arrebatado, consiguiendo la exhibición sin trabas de su esencia. Por eso puede también decirse que cada organismo sólo presenta la idea cuyo trasunto es tras retirar la parte de sus fuerzas empleadas en sojuzgar a las ideas inferiores que le disputan la materia. Esto parece haberlo tenido muy presente Jakob Böhme cuando en algún lugar dice que todos los cuerpos de los hombres y animales e incluso todas las plantas estarían propiamente medio muertos. Según le sea dado al organismo un menor o mayor éxito en sojuzgar esas fuerzas naturales que expresan los niveles más profundos de objetivación de la voluntad, se convertirá en la expresión más o menos perfecta de su idea, es decir, se acercará o alejará del *ideal* al que incumbe la belleza en su género.

Así en la naturaleza vemos por doquier conflicto, lucha y alternancia en la victoria, reconociendo en todo ello ulteriormente y con mayor claridad la consustancial discordia de la voluntad consigo misma. Cada nivel de objetivación de la voluntad le disputa a los otros la materia, el espacio y el tiempo. La persistente materia ha de cambiar constantemente de forma, mientras que los fenómenos mecánicos, físicos, químicos u orgánicos, aprestándose ávidamente a sobresalir, se arrebatan mutuamente la materia, toda vez que cada cual quiere poner de manifiesto su idea. A lo largo y ancho del conjunto de la naturaleza cabe rastrear este conflicto, que a su vez sólo consiste en esto: «Pues si la discordia no fuese inherente a las cosas, entonces todo sería uno, tal como dijo Empédocles» (Aristóteles, *Metafísica* 2, 5 [en realidad es 2, 4; 1000 b, 1]); este conflicto mismo sólo es la revelación de la discordia consigo misma que es consustancial a la voluntad. Esta lucha universal alcanza la mayor visibilidad en el mundo animal, que tiene al mundo vegetal como alimento suyo y en donde a su vez cada animal se vuelve presa y alimento de algún otro, esto es, la materia en que se presenta su idea ha de retirarse de la escena para dar paso a otra idea, dado que cualquier animal sólo puede alcanzar su existencia mediante la continua eliminación de una existencia ajena; así que para vivir la voluntad se consume sin excepción a sí misma y es su propio alimento bajo diferentes formas, hasta que finalmente el género humano, al sojuzgar a todos los demás, contempla la naturaleza como algo fabricado por ser utilizado por él, y en su propia especie, como veremos en el libro cuarto, se pone de manifiesto con la más pavorosa claridad esa lucha, esa autodiscordia de la voluntad, haciendo bueno el *homo hominis lupus* [el hombre es un lobo para el hombre][10]. Entretanto iremos reconociendo la misma lucha, el mismo sojuzgamiento, en los niveles inferiores de objetivación de la voluntad. Muchos insectos (especialmente los inceumónidos) depositan sus huevos en la piel e incluso en el cuerpo de las larvas de otros insectos, cuya lenta destrucción es la primera obra de la empolladura que sale del huevo. El joven pólipo que sale del viejo como una rama y luego se separa de él, mientras todavía fijado al mismo lucha ya con él para arrebatarle la presa que se presenta, de suerte que el uno se la arrebata al otro de la boca (Trembley, *Polipodia* II, p. 110, y III, p. 165). El ejemplo más llamativo a este respecto lo suministra

---

10. Cfr. Plauto, *Asnario* 2, 495.

la hormiga-bulldog en Australia; cuando se la corta, comienza una lucha entre la parte de la cabeza y la parte de la cola; la primera apresa a la segunda con su dentadura y ésta se defiende | intrépidamente pinchando a aquélla; la lucha dura una media hora, hasta que mueren o son arrastradas por otras hormigas. Este proceso siempre tiene lugar (tomado de una carta de Howitt, en el *Weekl. Journal,* impresa en el *Messenger* de Galinari del 17 de noviembre de 1755). En las orillas del Missouri de vez en cuando se ve a un robusto roble tan encadenado y atado, desde el tronco hasta todas las ramas, por una colosal viña virgen, que acaba por secarse como si le estrangulara[11]. Esto mismo se muestra incluso en los niveles más ínfimos, como v.g. allí donde por asimilación orgánica el agua y el carbón se transforman en savia vegetal, o las plantas y el pan en sangre, e igualmente dondequiera que restringiéndose las fuerzas químicas a un modo de actuación subordinado tiene lugar una secreción animal; y también en la naturaleza inorgánica cuando, por ejemplo, al ir a cristalizar los cristales tropiezan, se entrecruzan y se estorban mutuamente, de tal modo que no pueden mostrar la forma pura separada por cristalización y cada drusa o incrustación es el reflejo de semejante conflicto de la voluntad en ese nivel ínfimo de su objetivación; o bien cuando un imán fuerza al hierro con el magnetismo para exhibir también aquí su idea; o bien cuando el galvanismo vence las afinidades electivas, descompone las conexiones más firmes y suprime las leyes químicas de tal suerte que el ácido de una sal disuelta en un polo negativo ha de ir al polo positivo sin unirse con los álcalis a través de los cuales se desplaza ni enrojecer tan siquiera el papel tornasol que encuentra a su paso. A gran escala se muestra en

---

11. Este pasaje se inspira en Washington Irving; cfr. *Bracebridgehall,* vol. I, p. 118.

la relación mantenida entre un astro central y su planeta, pues éste, si bien tiene una dependencia distinta, siempre opone resistencia, al igual que las fuerzas químicas en el organismo; de ahí proviene la constante tensión entre fuerza centrípeta y fuerza centrífuga que mantiene en movimiento al universo, siendo ella misma una expresión de esa universal lucha consustancial al fenómeno de la voluntad que examinamos aquí. Pues cada cuerpo ha de ser visto como fenómeno de una voluntad, pero la voluntad se presenta necesariamente como una tendencia; así el estado originario de cualquier astro conglobado en una esfera no puede ser el reposo, sino el movimiento, la tendencia hacia delante en el espacio infinito sin descanso ni objetivo algunos. A esta tendencia no se le opone la | ley de la inercia ni tampoco la ley de causalidad, ya que, como según esa primera ley, la materia como tal es indiferente al reposo y al movimiento, tanto el movimiento como el reposo pueden ser su estado originario; de ahí que, si encontramos la materia en movimiento, tan poco autorizados estamos a presuponer que a éste le ha precedido un estado de reposo y a preguntar por la causa del comienzo del movimiento como, al contrario, si encontrásemos la materia en reposo, a presuponer un movimiento anterior al reposo y a preguntarnos por la causa de su cese. Por eso no hay que buscar un primer impulso para la fuerza centrífuga, sino que ésta es en los planetas, según la hipótesis de Kant y Laplace, el residuo de la rotación originaria de aquel astro central del que los planetas se han separado por contracción. Pero el movimiento es consustancial a ese astro central; éste sigue rotando al tiempo que vuela hacia el espacio infinito, o acaso circula alrededor de un astro central mayor e invisible. Este parecer coincide plenamente con la conjetura de los astrónomos acerca de un sol central, así como con el retroceso advertido en todo nuestro sistema solar y acaso también de toda la cons-

177

telación estelar a la que pertenece nuestro sol, de lo cual hay que deducir finalmente un retroceso generalizado de todas las estrellas fijas junto con el sol central, algo que sin duda pierde todo significado en el espacio infinito (pues en el espacio absoluto el movimiento no se diferencia del reposo) y todo ello, como ya lo era inmediatamente la tendencia y el vuelo sin objetivo, es expresión de esa inanidad, de esa falta de un fin último que, al concluir este libro, habremos de reconocer a la tendencia de la voluntad en todos sus fenómenos; también justamente por ello el espacio y el tiempo infinitos habían de ser las formas más generales y esenciales de su manifestación global, como quiera que ésta existe para expresar toda su esencia. Finalmente esa lucha que venimos examinando de todos los fenómenos de la voluntad entre sí podemos reconocerla de nuevo incluso en la mera materia considerada como tal, en tanto que la esencia de su fenómeno queda correctamente expresada por Kant como fuerza de atracción y repulsión; así que su existencia se reduce a una lucha de fuerzas con tendencias opuestas. Si hacemos abstracción de toda la diversidad química de la materia, o si nos retrotraemos en la cadena de causas y efectos hasta donde no haya ninguna diferencia química, entonces sólo resta la simple materia, el mundo conglobado en una esfera cuya vida, esto es, la objetivación de la voluntad, la constituye ahora esa lucha entre la fuerza de atracción y la fuerza de repulsión: la primera, en cuanto gravedad, presiona desde todas partes hacia el centro, mientras que la segunda, en cuanto impenetrabilidad, se resiste a ella mediante rigidez o elasticidad; esta continua presión y resistencia puede considerarse como la objetivación de la voluntad en los niveles más bajos, siendo así que su carácter queda ya expresado ahí.

Así pues, aquí, en el nivel más bajo, vemos presentarse a la voluntad como un ciego afán, un sordo y oscuro impulso, que dista mucho de poder ser reconocido inmediatamente. Es el tipo más sencillo y débil de su objetivación. Como tal ciego afán e inconsciente tendencia aparece en toda la naturaleza inorgánica, en todas las fuerzas originarias cuyas leyes rebuscan y aprenden a conocer la física y la química; cada una de esas fuerzas se nos presenta en millones de fenómenos totalmente homogéneos y regulares que no indican traza alguna de un carácter individual, sino que simplemente se ven multiplicados por el tiempo y el espacio, esto es, por el *principio de individuación,* como una imagen queda multiplicada por las facetas de una copa de cristal.

Ganando en claridad según asciende de nivel su objetivación la voluntad actúa también en el reino vegetal, donde el vínculo de sus fenómenos ya no son propiamente las causas, sino los estímulos, si bien sigue siendo plenamente inconsciente en cuanto oscura fuerza motriz, y por último también opera en la parte vegetativa del fenómeno animal, en la producción y configuración de cada animal, así como en el mantenimiento de su economía interna, donde sólo simples estímulos siguen determinando su fenómeno. Los niveles de objetivación de la voluntad van elevándose cada vez más hasta alcanzar un punto donde el individuo que presenta la idea ya no puede obtener por el simple movimiento del estímulo el alimento a asimilar; porque al estímulo hay que aguardarlo, pero aquí el alimento está especialmente determinado y en la creciente multiplicidad de los fenómenos | la aglomeración y el barullo se han hecho tan grandes que los fenómenos acaban por estorbarse mutuamente, con lo cual el azar de que el individuo aguardase su alimento a verse movido por el mero estímulo sería demasiado desfavorable. Por eso el alimento ha de ser buscado y seleccionado a partir del momento en que el animal abandona el huevo o el seno materno en donde vegetaba inconscientemente. Por eso se hace aquí necesario el movimiento por motivos y, a causa de

179

éste, el conocimiento que sobreviene como un remedio exigido en este nivel de objetivación de la voluntad, como una maquinaria indispensable para el mantenimiento del individuo y la propagación de la especie. El conocimiento aparece, representado por el cerebro o un ganglio más grande, tal como cualquier otra tendencia o determinación de la voluntad que se objetiva se ve representada por un órgano, esto es, se presenta como un órgano para la representación*. Sólo al sobrevenir este remedio, esta maquinaria, surge de golpe el *mundo como representación* con todas sus formas, objeto y sujeto, tiempo, espacio, pluralidad y causalidad. El mundo esgrime ahora su segundo flanco. Lo que hasta entonces era mera *voluntad* ahora es simultáneamente *representación,* objeto del sujeto cognoscente. La voluntad, que hasta aquí seguía su impulso a oscuras con suma seguridad e infalibilidad, ha encendido en este nivel una luz como un medio que sería necesario para suprimir la desventaja derivada de la densidad y compleja índole de sus fenómenos más consumados. La seguridad y regularidad hasta ahora infalibles con las que la voluntad actuaba en la naturaleza vegetativa y meramente inorgánica estribaban en el hecho de que sólo era activa en su esencia originaria, como ciego afán, sin ayuda, pero también sin el estorbo de un segundo mundo completamente distinto, el mundo como representación, que sólo es el trasunto de su propia esencia, pero cuya naturaleza es totalmente otra y ahora interviene en la conexión de sus fenómenos. Por ello cesa su infalible seguridad. Los animales quedan ya expuestos a la ilusión, | al engaño. Al poseer solamente representaciones intuitivas, y no conceptos ni reflexión, están ligados al presente y no pueden aten-

---

* Cfr. el capítulo 22 del segundo tomo, así como también mi escrito *Sobre la voluntad en la naturaleza* (pp. 54 y ss. y 70-79 de la primera edición; pp. 46 y ss. y 63-72 de la segunda).

der al futuro. Parece como si este conocimiento irracional no bastase a sus fines en todos los casos y a veces se viera precisado por decirlo así de una ayuda suplementaria. Pues se nos brinda el muy curioso fenómeno de que el obrar ciego de la voluntad y el obrar iluminado del conocimiento, en dos tipos de fenómenos, invaden mutuamente sus respectivos dominios de un modo sumamente sorprendente. Por un lado, en medio del comportamiento de los animales guiado por el conocimiento intuitivo y sus motivos, nos encontramos con alguno desprovisto de éste, sumido por tanto en la necesidad de la voluntad que opera ciegamente, y en los impulsos mecánicos guiados por ningún motivo ni conocimiento alguno, aparentan que llevan a cabo sus obras por motivos abstractos y racionales. El caso opuesto a éste es aquel donde la luz del conocimiento penetra en el taller de la voluntad que actúa ciegamente e ilumina las funciones vegetativas del organismo humano: la clarividencia del hipnotismo. Finalmente, allí donde la voluntad ha logrado el más alto nivel de su objetivación, ya no basta el conocimiento del entendimiento que ha surgido en los animales, al que los sentidos procuran los datos y en el que se produce la mera intuición ligada al presente; ese ser complejo, polifacético, flexible, sumamente menesteroso y sometido a incontables descalabros que es el hombre, para poder salir airoso, había de verse iluminado por un doble conocimiento, una potencia más elevada del conocimiento intuitivo había de anteponerse a éste, precisando por decirlo así de una reflexión de dicho conocimiento intuitivo: la razón como capacidad de conceptos abstractos. Con ésta llegó la reflexión, al albergar una panorámica del futuro y del pasado, y como corolario suyo la meditación, la cautela, la aptitud de obrar premeditadamente con independencia del presente y por último también una consciencia cabalmente más clara de las propias decisiones de la voluntad en cuanto tales. Con el mero conocimiento intuitivo sobrevino la posibilidad de la ilusión y del engaño, al suprimirse la anterior infalibilidad en el inconsciente impulso de la voluntad, con lo cual hubieron de venir en su ayuda el instinto y el impulso mecánico, como expresiones de la voluntad inconsciente | entre medias y por debajo de las guiadas por el conocimiento; con el advenimiento de la razón esa seguridad e infalibilidad de las expresiones de la voluntad (las cuales en el otro extremo, en la naturaleza inorgánica, aparecen incluso con una estricta regularidad) se pierden casi por completo; el instinto retrocede plenamente y la reflexión, que ahora ha de suplir todo, alumbra (como se concluyó en el primer libro) vacilación e inseguridad; se vuelve posible el error, que en muchos casos impide la adecuada objetivación de la voluntad mediante hechos. Pues, aun cuando la voluntad ya ha tomado en el carácter su determinada e inmodificable dirección, que se corresponde con el querer mismo y tiene lugar infaliblemente con ocasión de los motivos, el error puede adulterar sus expresiones, al hacer confluir motivos ilusorios con los reales y suprimir éstos*; así ocurre por ejemplo cuando la superstición introduce motivos imaginarios que constriñen a los hombres y les hacen actuar justamente al revés del modo como su voluntad exteriorizaría bajo las presentes circunstancias: Agamenón sacrifica a su hija[12]; un avaro prodiga limosnas, por puro egoísmo, con la esperanza de que algún día se le restituya por centuplicado, etc.

---

* Por eso los escolásticos decían con toda razón: «La causa final no mueve según su esencia real, sino según su esencia conocida» (cfr. Francisco Suárez, *Disputaciones metafísicas,* disp. 23, secciones 7 y 8).
12. Como es bien sabido, cuando la flota griega comandada por Agamenón se dispone a partir para Troya, un adivino impone sacrificar a su hija Ifigenia para que los vientos cambien y sean favorables a la expedición. Agamenón la manda llamar con el pretexto de casarla con Aquiles, aun cuando su propósito es ceder a los augurios.

Así pues, el conocimiento en general, tanto el racional como el meramente intuitivo, tiene su origen en la voluntad misma y pertenece a la esencia de los niveles más altos de su objetivación como una simple maquinaria, un medio para la conservación del individuo y de la especie, al igual que cualquier órgano del cuerpo. Abocado desde un principio al servicio de la voluntad para ejecutar sus fines, sigue sirviéndola por entero prácticamente sin excepción, tal como sucede en todos los animales y en casi todos los hombres. Sin embargo, en el tercer libro veremos cómo en algunos hombres el conocimiento puede sustraerse a esta servidumbre, sacudirse su yugo y subsistir puramente por sí mismo libre de todos los fines del querer, como un simple espejo más nítido del mundo de donde procedería el arte; por último, en el cuarto libro veremos cómo merced a este tipo de conocimiento, cuando repercute en la voluntad, puede tener lugar la | anulación de uno mismo, esto es, la resignación, que es la última meta, la esencia más íntima de toda virtud y santidad, así como la salvación del mundo.

§ 28.

Hemos considerado la gran multiplicidad y diversidad de los fenómenos en que se objetiva la voluntad; también hemos visto la infinita e implacable lucha que éstos mantienen entre sí. Sin embargo, con arreglo a todo los que hemos venido exponiendo hasta el momento, la voluntad misma, como cosa en sí, no se concibe de ningún modo en esa pluralidad y cambio. La diversidad de las ideas (platónicas), es decir, los escalonamientos de la objetivación, el lote de individuos en que se presenta cada una de tales ideas, la lucha de las formas por la materia, todo esto no le atañe, sino que sólo es el modo y la manera de su objetivación, y sólo tiene una relación inmediata con la voluntad a través de dicha objetivación, en virtud de lo cual pertenece a la expresión de su esencia de cara a la representación. Al igual que una linterna mágica muestra muchas y múltiples imágenes, pero sólo es una y la misma llama la que les concede visibilidad a todas ellas, así en todos los múltiples fenómenos que colman el mundo conjuntamente o se suprimen mutuamente en cuanto sucesos sólo *una voluntad* es lo aparente, cuya visibilidad u objetivación es todo eso, y dicha voluntad permanece inmóvil en medio de ese cambio; únicamente la voluntad es la cosa en sí, mientras que todo objeto es manifestación o fenómeno, por decirlo en términos kantianos. Si bien la voluntad encuentra en el hombre, como idea (platónica), su objetivación más nítida y perfecta, pese a todo ésta no podría expresar por sí sola su esencia. Para revelar la significación que le corresponde a la idea del hombre no le cabe presentarse sola y sin ilación, sino que ha de verse acompañada por la escala gradual que desciende a través de todas las configuraciones de los animales y del reino vegetal hasta lo inorgánico, puesto que todo ello se complementa para una más cabal objetivación de la voluntad; la idea del hombre presupone todo eso, tal como la floración del árbol presupone las hojas, las ramas, el tronco y las raíces: forman una pirámide cuyo vértice es el hombre. Si uno gusta | de las comparaciones, también puede decirse que su fenómeno acompaña al del hombre tan necesariamente como la luz plena se ve acompañada por las paulatinas graduaciones de toda penumbra y a través de la cual se pierde en la oscuridad, o también se los puede llamar la repercusión del hombre y decir que los animales y las plantas son la tercera y la quinta notas descendientes del hombre y el reino inorgánico la octava inferior. Pero la íntegra verdad de esta última metáfora sólo nos quedará clara en el siguiente libro, cuando intentemos sondear la honda transcendencia de la música y se nos muestre cómo a la melodía que progresa encadenando ágilmente tonos altos hay que verla, en cierto sentido, como representando el encadenamiento que la reflexión infunde a la vida y a los anhelos del hombre, mientras en cambio los inconexos acompañamientos y el torpe bajo, de los cuales se desprende la armonía necesaria para consumar la música, reflejan la restante naturaleza animal y la naturaleza inconsciente. Pero hablaremos de ello en su lugar oportuno, donde no sonará tan paradójico. Pero esa *necesidad interna* del escalonamiento de sus fenómenos, que es inseparable de la adecuada objetivación de la voluntad, también la encontramos en el conjunto de dichos fenómenos expresada por una *necesidad externa,* a saber, por aquella en virtud de la cual el hombre tiene necesidad de los animales para su conservación, éstos gradualmente unos de otros y también de las plantas, que a su vez tienen necesidad del suelo, del agua, de los elementos químicos y de sus combinaciones, de los planetas, del sol, de la rotación y de la traslación en torno a éste, de la oblicuidad de la eclíptica, etc. En definitiva todo resulta del hecho de que la voluntad ha de alimentarse a sí misma, porque no hay nada al margen de ella y se trata de una voluntad hambrienta. De ahí la caza, la angustia y el sufrimiento.

Así como el conocimiento de la unidad de la voluntad, como cosa en sí, en la infinita diversidad y multiplicidad de los fenómenos, es lo único que verdaderamente explica esa magnífica e inequívoca analogía de todas las producciones de la naturaleza, ese aire de familia que cabe considerar como variaciones del mismo tema –el cual no viene dado–; de igual modo, gracias al conocimiento claro y profundo de esa | armonía, de esa trabazón esencial de todas las partes del mundo, de esa necesidad de su escalonamiento que acabamos de considerar, se nos revela una verdadera y satisfactoria penetración en la esencia íntima y en el significado de la innegable *finalidad* de todos los productos orgánicos de la naturaleza, que incluso presuponemos a priori en su examen y enjuiciamiento.

Esta *finalidad* tiene una doble condición: por un lado es *interna,* esto es, una concordancia tan ordenada de todas las partes de un organismo que su conservación y la de su especie se deben a ella, por lo que se presenta como fin de esa estructuración. Pero por otro lado la finalidad es *externa,* o sea, una relación de la naturaleza inorgánica con la orgánica en general, o también de unas partes de la naturaleza orgánicas con otras, lo que posibilita la conservación del conjunto de la naturaleza orgánica o también de especies singulares de animales, y por eso sale al encuentro de nuestro enjuiciamiento como un medio para este fin.

La *finalidad interna* se incardina en el contexto de nuestro examen del siguiente modo. Si, con arreglo a lo que precede, toda la diversidad de las formas en la naturaleza y toda la pluralidad de los individuos no conciernen a la voluntad, sino a su objetivación y a la forma de ésta, se sigue necesariamente que la voluntad es indivisible y está presente por entero en cada fenómeno, aunque los grados de su objetivación, las ideas (platónicas), sean muy distintos. Para captarlo más fácilmente, podemos considerar estas distintas ideas como actos volitivos singulares y simples en sí en los que se viene a expresar más o menos su esencia, pero los individuos son a su vez fenómenos de las ideas, y por tanto de esos actos, en el tiempo, el espacio y la pluralidad. Ahora bien, en los niveles inferiores de la objetivación un acto semejante (o una idea) también conserva su unidad en el fenómeno, mientras que para aparecer en los niveles más altos precisa de toda una serie de estados y desarrollos en el tiempo y sólo la conjunción de todos ellos consuma la expresión de su esencia. Así, por ejemplo, la idea que revela en algo una fuerza universal de la naturaleza siempre tiene tan sólo una expresión simple, aun cuando ésta se presente diversamente en consonancia con las relaciones externas, pues de lo contrario tampoco podría verificarse su identidad en absoluto, siendo así que se constata al separar la mera diversidad debida a las relaciones externas. Así el cristal sólo posee *una* manifestación vital, su cristalización, que posee su expresión plenamente suficiente y exhaustiva en esa forma solidificada, el cadáver de esa vida momentánea. Sin embargo, ya la planta no expresa de una vez la idea de la cual es fenómeno, sino en una sucesión de los desarrollos de sus órganos, en el tiempo. El animal no desarrolla su organismo de igual modo en una sucesión de formas muy diversas (metamorfosis), sino que esta forma misma, aunque sea la objetivación de la voluntad en este nivel, no resulta suficiente para la cabal presentación de su idea y más bien ésta se completa mediante las acciones del animal, en las cuales se expresa su carácter empírico, que es el mismo de toda la especie, y éste constituye la cabal revelación de la idea, presuponiéndose ese determinado organismo como condición fundamental. En el hombre el carácter empírico ya es algo peculiar en cada individuo (e incluso, tal como veremos en el libro cuarto, llega hasta la total supresión del carácter de la especie a través de la autoabolición de todo querer). Lo que se conoce como carácter empírico, gracias al necesario desarrollo en el tiempo y al fraccionamiento en acciones individuales condicionado por ello, cuando se hace abstracción de esa forma temporal constituye el *carácter inteligible,* según la expresión de Kant, quien, al constatar esta distinción y aplicarla a la relación entre libertad y necesidad, esto es, propiamente a la relación entre la voluntad como cosa en sí y su fenómeno en el tiempo, muestra de una manera particularmente brillante su mérito inmortal*. Así pues, el carácter inteligible coincide con la idea o más propiamente con el acto originario de la voluntad que se revela en él, en la medida en que no sólo el carácter empírico de cada hombre, sino también el de cada especie animal, el de cada especie vegetal e incluso el de cada fuerza originaria de la naturaleza inorgánica, hay que verlo como manifestación de un carácter inteligible, es decir, del acto de una voluntad indivisible y que se halla fuera del tiempo. Incidentalmente quisiera hacer reparar en la ingenuidad con que cualquier planta expresa y expone todo su carácter a través de la mera forma, poniendo de manifiesto todo su ser y su querer, debiéndose a ello que las fisionomías de las plantas sean tan interesantes; mientras que para conocer al animal conforme a su idea basta con observar su comportamiento y sus impulsos, al hombre hay que escudriñarlo y ponerlo a prueba, ya que la razón le hace en alto grado capaz de disimular. Por eso el animal es mucho más ingenuo que la planta, al igual que la planta es más ingenua que el animal. En el animal vemos la voluntad de vivir más desnuda, por así decirlo, que en el hombre, en el que dicha voluntad se reviste de tanto conocimiento y además queda encubierta por la capacidad de simulación que su verdadera esencia sólo se pone de manifiesto casi tan casual como esporádicamente. Totalmente desnuda, pero también mucho más débil, se muestra en las plantas como mero apremio ciego a la existencia sin fin ni meta algunos. Pues la planta reve-

---

* Cfr. *Crítica de la razón pura,* «Disolución de la idea cosmológica de la totalidad en la derivación de los acontecimientos cósmicos a partir de sus causas» (B 560-586); y *Crítica de la razón práctica* (A 169-179) [en este segundo caso no puedo dejar de remitir a mi propia edición castellana: Alianza Editorial, Madrid, 2000, pp. 193-202].

la toda su esencia a primera vista y con una perfecta inocencia que no le hace sufrir por llevar bien patentes en su cúspide los genitales, que en todos los animales vienen a ocupar el sitio más escondido. Esta inocencia de la planta descansa en su inconsciencia; la culpa no radica en el querer, sino en el querer con conocimiento. Cada planta nos habla ante todo de su terruño, del clima y de la naturaleza del suelo del que procede. Por ello incluso alguien poco versado reconoce fácilmente si se trata de una planta exótica originaria de una zona tropical o templada y si crece en el agua, en los pantanos, en las montañas o en el bosque. Pero además cada planta expresa la especial voluntad de su especie y dice algo que no cabe expresar en ningún otro lenguaje. Mas apliquemos ahora lo dicho a la consideración teleológica de los organismos, en la medida en que atañe a su finalidad interna. Si en la naturaleza inorgánica la idea a considerar por doquier como un único acto volitivo se revela también sólo en una única | expresión que siempre es igual y por ello se puede decir que aquí el carácter empírico participa inmediatamente de la unidad del carácter inteligible, como si coincidiera con él, por eso mismo no puede mostrarse aquí ninguna felicidad interna; en cambio, si todos los organismos presentan su idea merced a una sucesión de desarrollos que está condicionada por una multiplicidad de diversas partes contiguas, entonces la suma de las expresiones de su carácter empírico suponen en conjunto la expresión del carácter inteligible; esta necesaria coexistencia de las partes y la necesaria sucesión del desarrollo no anulan la unidad de la idea que se manifiesta, no suprimen la unidad del acto volitivo que se expresa; antes bien esa unidad encuentra su expresión en la necesaria relación y el necesario encadenamiento de esas partes y desarrollos entre sí conforme a la ley de causalidad. Pues la voluntad única e indivisible y por ello enteramente coincidente consigo misma es la que se revela tanto en la idea íntegra como en un acto; así su fenómeno, aunque se fragmente en una diversidad de partes y estados, ha de volver a mostrar esa unidad en la coincidencia de tales partes y estados; esto sucede gracias a una necesaria relación y dependencia de todas las partes entre sí, por medio de lo cual se restablece también en el fenómeno la unidad de la idea. En consecuencia, reconocemos esas distintas partes y funciones del organismo alternativamente como medio y fin unas de otras, pero al propio organismo lo reconocemos como el fin último de todo ello. Por consiguiente, tanto la fragmentación de la idea simple en sí en la pluralidad de partes y estados, por un lado, como el restablecimiento de su unidad por el necesario vínculo de esas partes y funciones –merced a lo cual son causa y efecto, o sea, medio y fin, unas de otras–, por el otro, no son algo peculiarmente consustancial a la voluntad que se manifiesta en cuanto tal, a la cosa en sí, sino sólo a su fenómeno en el espacio, tiempo y causalidad (probas formas del principio de razón, de la forma del fenómeno). Pertenecen al mundo como representación, no al mundo como voluntad; pertenecen al modo y manera como la voluntad se hace objeto, es decir, representación, en este nivel de su objetivación. Quien haya penetrado en el sentido de esta discusión, acaso algo difícil, comprenderá ahora propiamente la teoría kantiana según la cual tanto la finalidad de lo orgánico como asimismo la regularidad de lo inorgánico son introducidas en la naturaleza por nuestro entendimiento, por lo que ambas incumben sólo al fenómeno, no a la cosa en sí. El asombro mencionado anteriormente sobre la infalible constancia de la regularidad de la naturaleza inorgánica es en lo esencial idéntico al experimentado con la finalidad de la naturaleza orgánica, pues en ambos casos sólo nos sorprende el espectáculo de la unidad originaria de la idea, la cual había adoptado de cara al fenómeno la forma de la pluralidad y la diversidad*.

Según la división establecida más arriba, el segundo tipo de finalidad concierne a lo *externo,* al no mostrarse en la economía interior del organismo, sino en el sostén y ayuda que los organismos reciben del exterior, tanto de la naturaleza inorgánica como unos de otros; esta finalidad encuentra su explicación asimismo en la discusión recién expuesta, puesto que, al ser el mundo entero con todos sus fenómenos la objetivación de una voluntad indivisible, la idea que se relaciona con todas las demás es como la armonía de las voces singulares y por ello esa unidad de la voluntad tiene que mostrarse también en la concordancia de todos sus fenómenos entre sí. Ahora bien, podemos clarificar esta comprensión si nos acercamos a los fenómenos de esa finalidad y concordancia externas de las distintas partes de la naturaleza entre sí, cuya discusión también arrojará cierta luz al mismo tiempo sobre la precedente. Pero lo mejor será recurrir a la siguiente analogía.

El carácter de cada hombre singular, en la medida en que es concebido individualmente y no con respecto al de la especie, puede ser considerado como una idea particular que correspondería a un peculiar acto de objetivación de la voluntad. Este acto mismo sería entonces su carácter inteligible, pero su carácter empírico | sería su fenómeno. El carácter empírico está completamente determinado por el carácter inteligible, el cual carece de fundamento, esto es, la voluntad como cosa en sí no está sometida al principio de razón (a la forma del fenómeno). En el transcurso de una vida el carácter empírico ha de suministrar el retrato del carácter inteligible y no puede hacerlo sino como exija la esen-

---

* Cfr. *Sobre la voluntad de la naturaleza,* al final del epígrafe titulado «Anatomía comparativa».

cia de éste. Ahora bien, esta determinación sólo se refiere a lo esencial, no a lo insustancial que conforme a ello aparece en el curso de la vida. A lo insustancial pertenece la determinación más próxima de los acontecimientos y de las acciones, que son el material con que se muestra el carácter empírico. Los acontecimientos y las acciones se ven determinados por las circunstancias, que aportan motivos ante los cuales reacciona el carácter conforme a su naturaleza, y como pueden ser muy diferentes, con arreglo a su influjo habrán de orientarse las formas externas del fenómeno del carácter empírico, o sea, la determinada configuración fáctica o histórica del transcurso vital. Esta configuración puede resultar muy variopinta, aun cuando lo esencial de ese fenómeno, su contenido, siga siendo el mismo; así, por ejemplo, es insustancial si uno juega por nueces o por coronas; lo esencial es que uno haga trampas al jugar o proceda honestamente; esto queda determinado por el carácter inteligible, aquello, por el influjo externo. Tal como el mismo tema puede presentarse en cien variaciones, así el mismo carácter puede presentarse en cien cursos vitales muy diferentes. Por muy variado que pueda ser el influjo y como quiera que le vaya al carácter empírico al exteriorizarse en el curso de la vida, con todo ha de objetivar fielmente al carácter inteligible mientras acomoda su objetivación al material de las circunstancias fácticas con que se encuentra. Hemos de admitir algo análogo a ese influjo de las circunstancias externas sobre el curso de la vida determinado en lo esencial por el carácter, si queremos imaginar cómo la voluntad, en el acto originario de su objetivación, determina las distintas ideas en que se objetiva, esto es, las diferentes formas de los seres naturales de todo tipo en que distribuye su objetivación y que por ello necesariamente han de tener una relación mutua en el fenómeno. Hemos de admitir que entre todos esos fenómenos de la *única* voluntad tuvo lugar | un mutuo ajuste y una adaptación generalizada, en donde –como pronto veremos con mayor claridad– ha de omitirse toda determinación temporal, dado que la idea mora fuera del tiempo. Según esto cada fenómeno habría de amoldarse a los entornos en que aconteció y a su vez éstos habrían de amoldarse a él, aun cuando ocupa un lugar mucho más tardío en el tiempo; y por doquier vemos este *consensus naturae* [consenso de la naturaleza]. Por eso cada planta está adaptada a su suelo y a su clima, cada animal a su elemento y a la presa que debe tornarse su alimento, salvaguardándose de alguna manera y hasta cierto punto frente a su depredador natural; el ojo se adapta a la luz y a su refrangilidad, el pulmón y la sangre al aire, la vejiga natatoria al agua, el ojo de la foca al cambio de su medio, las celdas acuosas en el estómago del camello a la sequedad de los desiertos africanos, la vela del nautilo al viento que debe impulsar su navícula, y así hacia abajo hasta las finalidades externas más especiales y sorprendentes*. Pero aquí hay que hacer abstracción de todas las relaciones temporales, toda vez que éstas sólo atañen al fenómeno de la idea, no a la idea misma. Por consiguiente, ese tipo de explicación también hay que utilizarlo retroactivamente y no limitarse a conjeturar que cada especie se acomoda a las circunstancias con que se encuentra, sino que estas circunstancias previas en el tiempo tuvieron en cuenta a los seres todavía por llegar. Pues es una y la misma voluntad la que se objetiva en el mundo entero; ella no conoce tiempo alguno, porque esta forma del principio de razón no le incumbe a ella ni a su objetivación originaria, las ideas, sino sólo al modo y manera como éstas son conocidas por individuo que son efímeros ellos mismos, esto es, los fenómenos de las ideas. De ahí que para nuestra presente consideración el modo como la obje-

---

* Cfr. el epígrafe titulado «Anatomía comparativa» en *Sobre la voluntad de la naturaleza.*

tivación de la voluntad se distribuye en ideas según un orden cronológico carece por entero de significado alguno y las ideas cuyos *fenómenos,* conforme a la ley de causalidad a la que se hallan sometidos en cuanto tales, han ingresado antes en el orden cronológico no tienen por ello | ningún privilegio sobre aquellas ideas cuyo fenómeno tiene lugar después; antes bien, éstas son justamente las más perfectas objetivaciones de la voluntad, a las cuales han de acomodarse las más tempranas tanto como aquéllas a éstas. Así pues, el curso de los planetas, la inclinación de la eclíptica, la rotación de la tierra, la distribución de la tierra firme y del mar, la atmósfera, la luz, el calor y todos los fenómenos similares que son en la naturaleza lo que el bajo continuo en la armonía se adaptan llenos de presentimientos a las venideras especies de seres vivos cuyo soporte y sostén habrán de ser. De este modo el suelo se avino a ser el sustento de las plantas, éstas el alimento de los animales y éstos la comida de otros animales, al igual que a la inversa todos estos lo eran de aquéllos. Todas las partes de la naturaleza se ajustan entre sí porque es *una* voluntad lo que se manifiesta en todas ellas, aunque el orden cronológico sea enteramente ajeno a su originaria y única *objetivación adecuada* (esta expresión quedará explicada en el siguiente libro), las ideas. Aun ahora, en que las especies sólo se conservan y han dejado de originarse, vemos a veces una previsión de la naturaleza que abarca el porvenir como si se abstrayera propiamente del orden cronológico, acomodándose lo que ya existe a lo que todavía está por llegar. Así el pájaro construye el nido para las crías que todavía no conoce; el castor erige una construcción cuyo fin le es desconocido; la hormiga, el hámster, la abeja hacen acopio de provisiones para un invierno que no conocen; la araña y la hormiga-león elaboran trampas, como con una meditada astucia, para la futura presa que desconocen; los insectos depositan sus huevos allí donde la futura empolladura encontrará alimento en el futuro. En la floración, cuando la flor femenina de la *Vallisneria spiralis* desarrolla las espirales de sus varas por las cuales se había mantenido hasta entonces en el fondo del agua y asciende gracias a ello hasta la superficie, exactamente entonces la flor masculina sale de la corta varilla donde había crecido en el fondo del agua y, con el sacrificio de su vida, alcanza la superficie, donde nadando en derredor busca a la flor femenina, la cual tras la fecundación contrae sus espirales para retornar al fondo, | en donde se forma el fruto*. Una vez más también he de recordar aquí a la larva del ciervo-volante masculino, que de cara a su metamorfosis mordisquea en la madera un agujero el doble de grande que la hembra, a fin de ganar espacio para los futuros cuernos. Pues tal como el instinto es un obrar similar al obrar con arreglo a un concepto, aunque carezca enteramente de fin alguno, toda configuración de la naturaleza es similar a la debida a un concepto, aun cuando no lo tenga en absoluto. Pues en la teleología externa de la naturaleza, al igual que en la interna, lo que hemos de pensar como medio y fin sólo es el *fenómeno de la unidad de una voluntad coincidente consigo misma* que para nuestro entendimiento se ha disuelto en el espacio y el tiempo.

Ahora bien, la mutua adaptación y el acomodarse recíprocamente que surgen de esta unidad no pueden anular, sin embargo, el antagonismo interno que aparece en la lucha universal de la naturaleza expuesta más arriba y que es consustancial a la voluntad. Esa armonía sólo llega a posibilitar la *permanencia* del mundo y de su esencia, que sin ella habrían desaparecido hace largo tiempo. De ahí que tal armonía sólo abarque la permanencia de la especie y de las condiciones genéricas de la vida, mas no las del individuo.

---

* Cfr. Chatin, «Sobre la Valisneria spiralis», en *Cuentas rendidas de la Academia de Ciencias,* núm. 13 (1855).

Conforme a ello, si en virtud de esa armonía y acomodación, las *especies* en lo orgánico y las *fuerzas universales de la naturaleza* en lo inorgánico coexisten e incluso se apoyan recíprocamente, se muestra en cambio el antagonismo interno de la voluntad objetivada mediante todas esas ideas en la incesante guerra de exterminio de los *individuos* de esa especie y en la continua lucha de los *fenómenos* de esas fuerzas naturales entre sí, como se explicitó anteriormente. La palestra y el objeto de esta lucha es la materia, que aspiran a arrebatarse mutuamente unos a otros, así como también el espacio y el tiempo, cuya unión por medio de la forma de la causalidad es propiamente la materia, tal como quedó expuesto en el primer libro*. |

§ 29.

Concluyo aquí el segundo apartado de mi exposición, con la esperanza de que, al tratarse de participar un pensamiento novedoso y que por ello no puede hallarse totalmente libre de las trazas de la individualidad en la cual se engendró, me haya sido posible comunicar la clara certidumbre de que este mundo en el cual vivimos y existimos es, conforme a su íntegra esencia, enteramente *voluntad,* y al mismo tiempo enteramente *representación;* así como la certeza de que esta representación en cuanto tal presupone una forma, a saber, objeto y sujeto, o sea, que es relativa; y si preguntamos por lo que queda tras las supresión de esta forma que expresa el principio de razón y todo cuanto está subordinado a dicha forma, esto no puede ser sino algo radicalmente distinto de la representación, no puede ser nada más que *voluntad,* la cual es la auténtica *cosa en sí.* Cada

---

* Cfr. capítulos 26 y 27 del segundo volumen.

cual encuentra dentro de sí esta voluntad en la que consiste la esencia íntima del mundo, al igual que se encuentra dentro de sí con el sujeto cognoscente cuya representación constituye íntegramente el mundo, el cual sólo posee una existencia con respecto a su consciencia en cuanto necesaria portadora suya. Así pues, desde esta doble perspectiva cada cual es por entero el mundo mismo, el microcosmos, y halla cabalmente ambas facetas dentro de sí mismo. Y aquello que reconoce como su propia esencia agota también la esencia del mundo entero, del macrocosmos; tanto éste como él mismo es íntegramente voluntad e íntegramente representación, sin que reste nada más. Vemos coincidir aquí la filosofía de Tales y la de Sócrates, que consideraban, respectivamente, el macrocosmos y el microcosmos, al presentarse el objeto de ambos como lo mismo. El conocimiento participado en los dos primeros libros ganará una mayor consumación y por ello también una mayor seguridad en los dos libros siguientes, en los que esperamos encontrar una respuesta satisfactoria a las muchas cuestiones planteadas con mayor o menor claridad en el examen llevado a cabo hasta el momento.

Pero antes quiero discutir *una* pregunta que estrictamente sólo puede plantearse | de no haber penetrado por entero en el sentido de la exposición efectuada hasta ahora y que en esa medida puede servir para explicar esta última. La pregunta en cuestión es la siguiente. Toda voluntad es voluntad de algo, tiene un objeto, una meta de su querer: ¿A fin de cuentas qué quiere o hacia qué tiende esa voluntad que se nos presenta como la esencia en sí del mundo? Como tantas otras, esta pregunta estriba en la confusión de la cosa en sí con el fenómeno. Sólo sobre el fenómeno y no sobre la voluntad impera el principio de razón, del que también la ley de motivación es forma suya. Dondequiera que sea sólo cabe dar razón de los fenómenos como tales, de las cosas individuales, nunca de la voluntad misma ni de la idea en que se objetiva adecuadamente. Así cabe buscar una causa de cada movimiento singular o en general de cualquier cambio en la naturaleza, esto es, un estado que conduce necesariamente a él, mas nunca de la propia fuerza natural que se revela en cada uno de los incontables fenómenos homogéneos; por eso se denota una verdadera falta de comprensión, originada por una carencia de reflexión, cuando se pregunta por la causa de la gravedad, de la electricidad, etcétera. Sólo si se evidenciase que la gravedad o la electricidad no fueran fuerzas originarias de la naturaleza, sino tan sólo modos de manifestación de una fuerza más universal ya conocida, cabría preguntar por la causa que hace que esta fuerza natural produzca aquí el fenómeno de la gravedad o de la electricidad. Todo esto se ha expuesto prolijamente más arriba. Cada uno de los actos volitivos de un individuo cognoscente (que de suyo sólo es el fenómeno de la voluntad como cosa en sí) posee necesariamente un motivo, sin el cual nunca tendría lugar cada uno de tales actos; pero tal como la causa material contiene simplemente la determinación de que en este tiempo, en este espacio y en esta materia ha de tener lugar una manifestación de esta o aquella fuerza natural, así también el motivo sólo determina el acto volitivo de un ser cognoscente en este tiempo, en este lugar y bajo estas circunstancias, como un acto enteramente individual, pero en modo alguno que aquel ser quiere o quiere de este modo: esto es la manifestación de su carácter inteligible que como la propia voluntad, la cosa en sí, carece de fundamento al residir fuera del dominio del principio de razón. Por eso todo hombre también tiene continuamente fines y motivos conforme a los cuales | encamina su obrar y sabe dar cuenta en todo momento de sus actos a cada paso; pero si se le preguntase por qué quiere en general o por qué quiere existir, no tendría ninguna respuesta y más bien la pregunta le parecería absurda; y en esto se delataría propiamente la consciencia de que él mismo no es otra cosa que voluntad, cuyo querer en general se comprende por tanto por sí mismo y que en sus actos individuales sólo precisa de una determinación mediante motivos para cada instante.

De hecho, la ausencia de toda meta y de cualquier límite pertenece a la esencia de la voluntad en sí, la cual es un anhelo infinito. Esto ya se trató más arriba al mencionar la fuerza centrípeta; tal anhelo se revela también en los niveles más simples e inferiores de objetivación de la voluntad, a saber, en la gravedad, cuyo anhelo perpetuo salta a la vista al revelarse imposible una meta final. Si, conforme a su voluntad, toda la materia existente se reuniera en un conglomerado, entonces en su interior la gravedad, al tender hacia el punto medio, lucharía siempre con la impenetrabilidad, como rigidez o elasticidad. Por ello la tendencia de la materia sólo puede verse continuamente refrenada, nunca colmada o satisfecha. Pero ese anhelo infinito se comporta igual con el anhelo de todos los fenómenos de la voluntad. Cualquier meta alcanzada es a su vez el inicio de una nueva carrera, y así hasta el infinito. La planta eleva su fenómeno desde la semilla a través del tallo y la hoja hasta la flor y el fruto, el cual es a su vez el comienzo de una nueva semilla, de un nuevo individuo que de nuevo recorre el antiguo camino y así hasta el infinito. Otro tanto ocurre con el curso vital del animal: la procreación es la cúspide de dicho transcurso y tras alcanzar ésta la vida del primer individuo declina rápida o lentamente, mientras que uno nuevo garantiza la conservación de la especie y repite el mismo fenómeno. La continua renovación de la materia de cada organismo ha de verse como el simple fenómeno de este constante afán y cambio, que ahora los fisiólogos han dejado de considerar como la necesaria restitución del material consumido en el movimiento, pues el posible desgaste de la máquina por ello no puede ser el equivalente a la continua afluencia del alimentarse: | el eterno devenir, el flujo sin fin corresponde a la manifestación de la esencia de la voluntad. Eso mismo se muestra también en los anhelos y deseos humanos, que nos engañan al presentar su consumación como la última meta del querer; pero tan pronto como son alcanzados, dejan de verse así y pronto se olvidan como algo anticuado, dejándolos a un lado como engaños que se han disipado, aunque no siempre se confiese así; uno será suficientemente afortunado si queda todavía algo por desear y anhelar, para que se mantenga el juego del continuo tránsito del deseo a la satisfacción y de ésta a un nuevo deseo –a cuyo ágil tránsito se llama felicidad, mientras al lento se le llama sufrimiento–, o sea, para no caer en esa parálisis que petrifica la vida y se muestra como temible aburrimiento, un lánguido anhelo sin objeto determinado, un mortífero abatimiento. A consecuencia de todo esto, allí donde la ilumina el conocimiento la voluntad sabe continuamente lo que quiere ahora y lo que quiere aquí, mas nunca lo que quiere en general; cada acto individual tiene un fin, el querer global ninguno; al igual que cada fenómeno individual de la naturaleza se ve determinado por una causa suficiente, también lo está su advenimiento en este lugar y en este tiempo, pero la fuerza que se manifiesta en él no tiene una causa genérica, al tratarse de un nivel de manifestación de la cosa en sí, de la voluntad carente de fundamento. Sin embargo, el único autoconocimiento de la voluntad en su conjunto es la representación en bloque, la totalidad del mundo intuitivo. Éste es su objetivación, su manifestación, su espejo. Lo que expresa esta propiedad suya será el objeto de nuestras consideraciones subsiguientes*.

---

* Cfr. el capítulo 28 del segundo volumen.

Libro Tercero
El mundo como representación

Segunda consideración
La representación al margen del principio de razón: la idea platónica: el objeto del arte

¿Qué es el ser que no tiene origen alguno,
aquello que nace y desaparece,
pero nunca existe verdaderamente?

Platón, Timeo 27 D

§ 30.

Tras haber presentado en el primer libro al mundo como mera *representación,* como objeto para un sujeto, y haberlo examinado en el segundo libro desde su otro flanco, descubriendo que éste es la *voluntad,* la cual es lo único que ese mundo sigue siendo una vez descontada la representación, conforme a este conocimiento dimos en llamar al mundo como representación, tanto a su conjunto como a sus partes, la *objetivación de la voluntad,* denominación que enuncia la voluntad convertida en objeto, esto es, en representación. Recordemos además que tal objetivación de la voluntad tenía muchos y muy determinados niveles en los cuales, con una graduación ascendente de claridad y consumación, la esencia de la voluntad se colocaba en la representación, esto es, se presentaba como objeto. En esos niveles reconocimos ya las ideas de Platón, en tanto que esos niveles son las especies definidas o las formas y propiedades originarias e inmutables de todos los cuerpos naturales, tanto orgánicos como inorgánicos, al igual que también son las fuerzas universales que se revelan según las leyes de la naturaleza. Así pues, en suma, estas ideas se presentan en innumerables individuos y pormenores, comportándose cual modelos para con estas copias suyas. La pluralidad de tales individuos sólo resulta representable merced al espacio y el tiempo, así como su nacimiento y desaparición sólo resultan representables gracias a la causalidad, formas en las que reconocemos todas las configuraciones del principio de razón, el cual es el último principio de toda finitud y de toda individuación, al ser la forma más universal de representación tal como ésta se da en el conocimiento | del individuo en cuanto tal. En cambio, la idea no cae bajo ese principio y por eso no le incumbe ni la pluralidad ni el cambio. Mientras los individuos en que se presenta son innumerables e inevitablemente devienen y desaparecen, la idea permanece inmutable como una y la misma, sin que el principio de razón tenga ningún significado para ella; ahora bien, como dicho principio es la forma bajo la que se halla todo conocimiento del sujeto en cuanto éste conoce como *individuo,* las ideas como tales también residen totalmente fuera de la esfera de conocimiento del individuo. De ahí que si las ideas deben tornarse objeto del conocimiento, esto sólo puede acontecer al suprimir la individualidad en el sujeto cognoscente. A continuación nos ocuparemos de explicar esto con cierto detalle.

§ 31.

Pero antes hay que hacer una observación muy importante. En el libro anterior espero haber conseguido generar el convencimiento de que aquello que se denomina *cosa en sí* dentro de la filosofía kantiana y que allí debuta como una doctrina tan significativa, si bien se muestra oscura y paradójica, especialmente por el modo en que Kant la introduce al inferir la causa desde el efecto, lo cual la hace aparecer como una piedra de escándalo y como el flanco débil de su filosofía, espero –digo– que esa cosa en sí, si llegamos a ella por este otro camino que nosotros hemos seguido, no sea nada más que la *voluntad,* en el sentido lato y preciso que hemos conferido a la esfera de este concepto. Espero además que, tras lo expuesto, no quepa duda alguna de que en los determinados niveles de objetivación de esa voluntad, que constituye el «en-sí» del mundo, reconozcamos aquello que Platón llamó *ideas eternas* o formas inmutables (εἰδῆ), las cuales han sido apreciadas a lo largo de los siglos como el dogma más importante, a la par que más oscuro y paradójico de su doctrina, suponiendo un objeto de reflexión, de controversia, de burla o de veneración por parte de muchas y diversamente intencionadas cabezas.

Para nosotros la voluntad es la *cosa en sí,* mientras que la *idea* es la inmediata objetivación de esa voluntad en un determinado nivel; así encontramos que la cosa en sí de Kant y la idea de Platón –que para él sólo es ὄντως ὄν [lo que es realmente]–, estas dos paradojas enormemente oscuras de los dos filósofos más grandes de Occidente, no son ciertamente idénticas, pero sin embargo están muy estrechamente emparentadas y sólo se diferencian por una única determinación. Ambas paradojas, precisamente porque a pesar de toda su consonancia y similitud internas son concebidas de una forma tan diferente por las extraordinariamente diversas individualidades de sus autores, constituyen el mejor comentario mutuo la una respecto de la otra, al asemejarse a dos caminos totalmente distintos que conducen a *una* meta. Esto se puede explicar con pocas palabras. En lo esencial Kant dice lo siguiente: «Tiempo, espacio y causalidad no son determinaciones de la cosa en sí, sino que sólo pertenecen al fenómeno, al no ser sino las formas de nuestro conocimiento. Ahora bien, dado que toda pluralidad, así como todo comienzo y todo fin, sólo son posibles a través del tiempo, el espacio y la causalidad, se sigue que todo eso pertenece también únicamente al fenómeno y en modo alguno a la cosa en sí. Mas como nuestro conocimiento se ve condicionado por esas formas, entonces la experiencia en su conjunto sólo es conocimiento del fenómeno, no de la cosa en sí, por lo cual tampoco sus leyes pueden valer para la cosa en sí. Lo dicho abarca incluso a nuestro propio yo, al que sólo conocemos en cuanto fenómeno y no conforme a lo que pueda ser en sí». Atendiendo a lo principal, éste es el sentido y el contenido de la doctrina de Kant. Sin embargo, Platón dice lo siguiente: «Las cosas de este mundo que perciben nuestros sentidos no tienen un verdadero ser: *están en constante devenir, pero nunca son;* sólo tienen un ser relativo, pues en suma sólo son en y por su relación recíproca, por lo que muy bien podría llamarse no-ser a toda su existencia. Por consiguiente, no son objetos de un conocimiento apropiado (επιστημη), pues tal conocimiento sólo puede serlo de aquello que siempre es en y por sí de la misma manera, mientras que por el contrario las cosas del mundo sólo son el objeto de un opinar ocasionado por la sensación. Mientras estemos limitados a su percepción nos asemejamos a | hombres recluidos en una oscura caverna y cuyas ataduras les impidieran incluso voltear la cabeza, con lo cual no vieran sino las siluetas de las cosas reales que pasan fugazmente junto al fuego prendido a su espalda y se reflejan en el muro situado frente a ellos e incluso tanto de los demás como de sí mismos sólo vieran las sombras sobre dicho muro. Su sabiduría se restringiría a predecir la sucesión de esas sombras aprendida por la experiencia. En cambio, lo único que puede ser llamado verdaderamente ser (ὄντως ὄν), porque *siempre es, pero nunca deviene ni desaparece,* son los originales reales de esas siluetas, que son las ideas eternas, las formas primitivas de todas las cosas. A éstas no les incumbe *ninguna pluralidad,* ya que cada cual es sólo una conforme a su esencia, al tratarse del original cuyas copias o sombras son homólogas a ella, individuales cosas pasajeras del mismo tipo. A esos originales tampoco les incumbe *ningún nacer y morir,* pues existen realmente y no devienen ni perecen como sus desvanecentes copias. (En estas dos determinaciones negativas queda necesariamente implícita la presuposición de que tiempo, espacio y causalidad no tienen validez alguna para ellas, ni existen en dichas formas.) De estas ideas eternas es de lo único que cabe un conocimiento apropiado, pues el objeto de un conocimiento tal es aquello que siempre y bajo cualquier respecto (o sea, en sí) es; no lo que sólo es conforme a cómo se le mira». Ésta es la doctrina de Platón. Resulta patente y no requiere verificación adicional que el sentido íntimo de ambas doctrinas es enteramente idéntico en lo tocante a explicar el mundo visible como un fenómeno vano en sí y cuya realidad oculta sólo tiene significado merced a lo que se expresa en él (en un caso la cosa en sí y en el otro la idea); pero a esta realidad realmente existente le son ajenas, con arreglo a ambas doctrinas, todas las formas de cualquier fenómeno, incluidas las formas más universales y esenciales. Para negar estas formas, Kant las formuló inmediatamente en expresiones abstractas y negó directamente a la cosa en sí el tiempo, el espacio y la causalidad como meras formas del fenómeno; en cambio Platón no alcanzó esa elevada formulación y sólo negó indirectamente esas formas a sus | ideas, al negar de ellas lo que sólo es posible mediante esas formas, a saber, la pluralidad y la homogeneidad, el nacer y el morir. Para mayor abundamiento quiero poner de relieve mediante un ejemplo esta notable e importante coincidencia. Tenemos ante nosotros a un animal con plena vitalidad. «Este animal no posee una verdadera existencia, sino sólo una aparente, un continuo devenir, una existencia relativa que tanto puede llamarse ser como no-ser. Lo único realmente existente es la idea que se refleja en ese animal, o el animal en sí mismo, el cual no depende de nada, sino en sí y por sí, sin nacer ni morir, sino siempre de la misma manera. En la medida en que reconocemos en este animal a su idea, da totalmente igual y carece de significado si nosotros tenemos ahora delante de nosotros a este animal o a su antepasado que vivió hace mil años, ni tampoco importa si está aquí o en un país lejano, si se presenta de este o aquel modo, en tal o cual posición, con uno u otro comportamiento o si finalmente es éste o algún otro individuo de su especie: todo esto es nulo y sólo atañe al fenómeno, mientras la idea del animal es lo único que posee un auténtico ser y es objeto de un conocimiento efectivo.» Eso diría Platón. Kant diría algo así: «Este animal es un fenómeno inmerso en el tiempo, el espacio y la causalidad, todo lo cual constituye conjuntamente las condiciones a priori de posibilidad de la experiencia que subyacen a nuestro conocimiento, no las determinaciones de la cosa en sí. Por eso este animal, tal como lo percibimos en este tiempo determinado y en este lugar dado como un individuo necesariamente transitorio en el contexto de la experiencia, esto es, en la cadena de causas y efectos, no es ninguna cosa en sí, sino sólo un fenómeno válido con respecto a nuestro conocimiento. Para conocerlo según lo que pueda ser en sí, por consiguiente independientemente de todas las determinaciones subyacentes al tiempo, el espacio y la causalidad, se requeriría otro modo de conocimiento distinto al único que nos es posible a través del sentido y del entendimiento».

Para aproximar aún más la expresión de Kant a la platónica todavía podría decirse lo siguiente: tiempo, espacio y causalidad son aquel | dispositivo de nuestro intelecto en virtud del cual únicamente se nos presenta *un* ser existente de ese tipo como una pluralidad de seres homogéneos que nacen de nuevo y mueren en una sucesión infinita. La comprensión de las cosas mediante y conforme al mencionado dispositivo es *inmanente;* en cambio, la comprensión que es consciente de lo que sea eso es *transcendental*. Esta comprensión se devenga en abstracto en la *Crítica de la razón pura;* pero de modo excepcional también puede comparecer intuitivamente. Esto último es una adición mía que me propongo dilucidar gracias al presente tercer libro.

Si se hubiera captado y comprendido propiamente la doctrina de Kant, así como a Platón desde Kant, meditándose tan fiel como rigurosamente sobre el sentido y el contenido de las doctrinas de ambos grandes maestros, en vez de alardear con las citas literarias del uno y parodiar el estilo del otro, no hubiera hecho falta tanto tiempo para descubrir cómo coinciden los dos modos y el puro significado del punto de mira de ambas doctrinas, que por ello es idéntico. Entonces no sólo se hubiese dejado de comparar continuamente a Platón con Leibniz, con el cual no se compadece su espíritu, ni tampoco se le hubiese comparado en absoluto con un célebre señor todavía vivo*, como si se quisiera caricaturizar a los manes del gran pensador de la Antigüedad, sino que en general se hubiese avanzado mucho más, o más bien no se hubiera retrocedido tan ignominiosamente como en estos últimos cuarenta años; no nos hubiéramos dejado burlar hoy por este o mañana por aquel cabeza de chorlito y el siglo XIX, que tan pomposamente se anunciaba, no se hubiese inaugurado en Alemania con una bufonada filosófica que se representaba sobre la tumba de Kant (como a veces hacían los antiguos en los funerales de sus allegados), ante el justo sarcasmo de otras naciones que no les sienta nada bien a los adustos e incluso envarados alemanes. Pero el público propio de los auténticos filósofos es tan escaso que hasta los discípulos llamados a comprenderlos tardan siglos en aparecer. | «Muchos llevan el tirso, pero pocas son las bacantes»[1] [Platón, *Fedón* 69 c]. «La filosofía se ha des-

---

* H. F. Jacobi.
1. El tirso era una vara rodeada de hiedra y hojas de parra con una piña en la parte superior que portaban los adoradores de Dioniso. Las bacantes eran mujeres que vagaban por las montañas, llevando el tirso y bailando al son de la música, hasta que inspiradas por el dios griego Dioniso (a veces llamado Baco) realizaban hazañas de extraordinaria fortaleza en pleno éxtasis.

acreditado porque no la cultivan quienes son dignos de ella, sino bastardos que suplantan a sus legítimos herederos» [Platón, *República* VII, 535 c].

Ateniéndose literalmente a las palabras: «representaciones a priori, formas conscientes de la intuición y del pensamiento independientes de la experiencia, conceptos primordiales del entendimiento puro, etc.», se ha cuestionado si las ideas de Platón, que también deben ser conceptos primordiales –e incluso reminiscencias de una intuición anterior a la vida– de las cosas que existen realmente, acaso serían iguales que las formas kantianas del intuir y el pensar que subyacen a priori en nuestra consciencia; estas dos doctrinas totalmente heterogéneas, la teoría kantiana de las formas que circunscriben al fenómeno el conocimiento del individuo y la teoría platónica de las ideas cuyo conocimiento niega expresamente esas formas, estas doctrinas diametralmente contrapuestas que se asemejan tan poco en sus expresiones, se han comparado atentamente y se ha discutido sobre su uniformidad hasta descubrir que no se trataría de lo mismo, concluyéndose que la doctrina platónica de las ideas y la crítica kantiana de la razón no tendrían ninguna coincidencia en absoluto*. Pero basta con lo dicho a este respecto.

§ 32.

A consecuencia de las observaciones hechas hasta el momento, a pesar de la íntima coincidencia entre Kant y Platón, pese a la identidad del objetivo común a ambos o de la cosmovisión que les hizo ponerse a filosofar y guió su re-

---

* Cfr. v.g. Fr. Bouterweck, *Immanuel Kant, una conmemoración,* p. 49; así como Buhle, *Historia de la filosofía*, vol. 6, pp. 802-815 y 823 [cfr. HN I 132].

flexión filosófica, la idea y la cosa en sí no son lo mismo; antes bien la idea sólo es la objetivación inmediata y por ello adecuada de la cosa en sí, la cual es sin embargo la propia | 206 *voluntad,* la voluntad en tanto que no se ha objetivado todavía ni ha devenido representación. Pues, justamente según Kant, la cosa en sí debe ser libre de todas las formas inherentes al conocer como tal y sólo es un error de Kant (tal como se mostrará en el apéndice) que entre estas formas no contase al ser-objeto-para-un-sujeto como forma previa a todas las demás, dado que ésta es la primera y más universal forma de cualquier fenómeno: la representación; por eso hubo de negar expresamente a su cosa en sí el ser objetual y ello le había de preservar de la enorme inconsecuencia tempranamente descubierta. En cambio la idea platónica es necesariamente objeto, algo conocido, una representación, y precisamente por esto, mas sólo por ello, es distinta de la cosa en sí. La idea se sustrae simplemente a las formas subordinadas del fenómeno, a todas las cuales concebimos nosotros bajo el principio de razón, o más bien la idea no ha ingresado todavía en ellas, aunque sí conserve la primera y más universal de las formas, la de la representación en general, el ser objeto para un sujeto. Las formas subordinadas a ésta (cuya expresión universal es el principio de razón) son las que multiplican la idea de individuos singulares y transitorios, cuyo número con respecto a la idea es plenamente indiferente. El principio de razón es a su vez la forma en la que ingresa la idea al caer bajo el conocimiento del sujeto como individuo. Así pues, la cosa individual que se manifiesta al compás del principio de razón sólo es una objetivación indirecta de la cosa en sí (que es la voluntad); la idea queda entre ambas como la única objetivación inmediata de la voluntad, al no asumir otra forma propia en cuanto tal distinta del conocer o la forma de la representación en general, esto es, del ser objeto para un sujeto. Por eso también es en lo posible la única *objetivación adecuada* de la voluntad o de la cosa en sí, siendo ella misma la entera cosa en sí sólo que bajo la forma de la representación: y aquí radica el fundamento de la gran coincidencia entre Platón y Kant, aunque en los términos más estrictos aquello de lo cual hablan ambos no sea lo mismo. Pero las cosas individuales no son una objetivación enteramente adecuada de la voluntad, sino que ésta se ve aquí empañada por esas formas cuya expresión más común es el principio de razón y que sin embargo son la condición del conocimiento, según es éste posible para el individuo en cuanto tal. Si se nos permitiera sacar conclusiones a partir de una hipótesis imposible, de hecho nosotros dejaríamos de conocer cosas singulares, y tampoco llegaríamos a conocer acontecimientos, ni cambios, ni pluralidad alguna, sino sólo ideas, sólo comprenderíamos la escala graduada de la objetivación de esa única voluntad, de la verdadera cosa en sí, en un puro e inalterable conocimiento y, por consiguiente, nuestro mundo sería un *Nunc stans* [un constante ahora]: Alberto Magno, *Summa theologiae* [*Compendio de teología,* parte I, tratado 5, cuestión 22], si como sujeto del conocimiento nosotros no fuéramos al mismo tiempo individuos, es decir, nuestra intuición no se viera mediatizada por un cuerpo de cuyas afecciones parte dicha intuición, un cuerpo que él mismo sólo es un querer concreto, una objetivación de la voluntad, o sea, un objeto entre objetos y en cuanto tal éste sólo puede llegar a la consciencia cognoscente bajo las formas del principio de razón, presuponiendo ya el tiempo y todas las demás formas que ese principio expresa. El tiempo sólo es la visión parcial y fragmentaria que un ser individual tiene de las ideas, las cuales fuera del tiempo son *eternas;* por eso dice Platón que el tiempo es la imagen en movimiento de la eternidad* *[Timeo* 37 D].

---

* Cfr. el capítulo 29 del segundo volumen.

§ 33.

Como nosotros en cuanto individuos no poseemos ningún otro conocimiento que el sometido al principio de razón, pero esta forma excluye el conocimiento de las ideas, es seguro que, de ser posible que nos elevemos del conocimiento de las cosas individuales al de las ideas, esto sólo puede suceder operándose en el sujeto una oportuna transformación análoga al enorme cambio operado en la índole global del objeto y en virtud de la cual el sujeto deje de ser individuo en tanto que conoce una idea.

Del libro precedente conviene recordar que el propio conocer en general pertenece a la objetivación de la voluntad en sus niveles más elevados, y la sensibilidad, los nervios, el cerebro sólo son, al igual que otras partes del ser orgánico, expresión de la voluntad en ese grado de objetivación, y de ahí que la representación generada por ellos también esté precisamente determinada a su servicio, como un medio (μηχάνη) para alcanzar sus ahora complicadas (πολυτελέστερα) metas y para mantener a un ser que tiene variopintas necesidades. Así pues, originariamente con arreglo a su esencia el conocimiento está al servicio de la voluntad y, como el objeto inmediato que constituye su punto de partida al aplicar la ley de la causalidad sólo es voluntad objetivada, también todo conocimiento sujeto al principio de razón guarda una relación más próxima o lejana con la voluntad. Pues el individuo descubre su cuerpo como un objeto entre otros objetos con todos los cuales mantiene múltiples relaciones y referencias conforme al principio de razón, cuya consideración siempre se retrotrae, por un camino más próximo o más lejano, a su cuerpo, o sea, a su voluntad. Como el principio de razón es el que coloca a los objetos en esta referencia al cuerpo y por ello a la voluntad, entonces el conocimiento al servicio de ésta se esforzará únicamente por aprender a conocer las relaciones establecidas por el principio de razón, o sea, por ir en busca de sus múltiples referencias en el espacio, el tiempo y la causalidad. Pues sólo por esto resulta el objeto *interesante* al individuo, esto es, tiene una relación con la voluntad. De ahí que también el conocimiento al servicio de la voluntad no conozca propiamente de los objetos más que sus relaciones, sólo conozca los objetos en la medida en que éstos existen en este tiempo, en este lugar, bajo estas circunstancias, por estas causas y con estos efectos, en una palabra, como cosas individuales; y si se suprimieran todas estas relaciones, entonces los objetos también desaparecerían para el conocimiento, justamente porque éste no conoce nada más en ellos. Tampoco debemos ocultar que lo examinado por las ciencias en las cosas no es esencialmente distinto a todo aquello, a saber, sus relaciones, las correspondencias del tiempo y del espacio, las causas de transformaciones naturales, la comparación de las figuras, los motivos de los acontecimientos, en suma, puras relaciones. Lo que diferencia a las ciencias del conocimiento común es simplemente su forma, lo sistemático, el facilitar el conocimiento al consumarlo merced a la síntesis subsumiendo todo lo particular bajo conceptos | universales. Toda relación sólo tiene ella misma una existencia relativa; así por ejemplo, todo ser en el tiempo es a su vez un no-ser, pues el tiempo sólo es justamente aquello por lo cual ciertas determinaciones opuestas pueden corresponder a la misma cosa; de ahí que cada fenómeno en el tiempo sea y no sea, pues lo que separa su comienzo de su fin es justamente sólo tiempo, algo esencialmente fugaz, inconsistente y relativo, llamado aquí duración. Sin embargo, el tiempo es la forma más universal de todos los objetos del conocimiento al servicio de la voluntad y el arquetipo de las demás formas del conocimiento.

Por lo regular, el conocimiento siempre queda sometido al servicio de la voluntad, ya que incluso ha nacido para este servicio, pudiendo decirse que brota de la voluntad al igual que la cabeza brota del torso. En los animales esta servidumbre del conocimiento bajo la voluntad nunca se interrumpe. En el hombre tal suspensión sólo tiene lugar como excepción, según veremos en seguida. Esta diferencia entre el hombre y el animal queda expresada exteriormente por la diversa relación de la cabeza con el tronco. En los animales inferiores ambos siguen estando totalmente entrelazados; en todos ellos la cabeza está orientada hacia la tierra, donde residen los objetos de la voluntad; incluso en los animales superiores la cabeza y el tronco siguen formando una unidad mayor que en el hombre, cuya testa aparece libremente levantada sobre el cuerpo y sólo portada por él, no al servicio de éste. Este privilegio humano se representa de modo eminente en el Apolo de Belvedere: la cabeza del dios de las musas[2] que mira en lontananza descansa sobre los hombros tan libremente como si se desprendiera del cuerpo, a cuyos cuidados no parece obedecer.

§ 34.

El tránsito posible –según se ha dicho–, pero a considerar sólo como excepción, desde el conocimiento común de las cosas individuales hacia el conocimiento de la idea ocurre súbitamente, al emanciparse el conocimiento del servicio de la voluntad, justamente porque el sujeto cesa de ser un

---

2. Las musas oficiaron como jueces en el certamen musical al que Apolo se vio desafiado por Marsias. La lira del dios Apolo (el hijo de Zeus que encarna la belleza masculina y al mismo tiempo la belleza moral) gustó más que la flauta del sileno y de ahí que Schopenhauer le llame favorito de las musas.

simple sujeto individual y ahora es un puro sujeto avolitivo del conocimiento, que deja de rastrear las relaciones conformes al principio | de razón, quedando absorto en la serena contemplación del objeto dado, al margen de su conexión con cualquier otro.

Para clarificar esto se requiere necesariamente de un análisis detallado que a veces puede resultar chocante, una extrañeza que se disipará por sí misma en el contexto del pensamiento global participado en este escrito.

Cuando, erguido por la fuerza del espíritu, uno desiste del modo habitual de enfocar las cosas y cesa de limitarse a rastrear sus relaciones entre sí con el hilo conductor de las formas del principio de razón, cuyo último objetivo siempre es la relación para con la propia voluntad, no considera ya el *dónde,* el *cuándo,* el *porqué* y el *para qué* de las cosas, sino única y exclusivamente el *qué;* tampoco se interesa por el pensamiento abstracto, ni se deja seducir por los conceptos de la razón o por la consciencia, sino que, en lugar de todo esto, consagra todo el poder de su espíritu a la intuición, enfrascándose por entero en ella y dejando que la consciencia quede plenamente colmada por la serena contemplación del presente objeto natural, ya se trate de un paisaje, un árbol, una roca, un edificio o cualquier otra cosa; puesto que, según un sentencioso modismo alemán, uno se *pierde* en esos objetos íntegramente, esto es, se olvida de su individuo, de su voluntad y sólo sigue subsistiendo como puro sujeto, como nítido espejo del objeto; así que es como si el objeto estuviese ahí solo, sin alguien que lo perciba, y por lo tanto no se puede seguir disociando al que intuye de la intuición, sino que ambos devienen uno, en tanto que toda la conciencia se ve ocupada y colmada por una única imagen intuitiva; así pues, cuando el objeto queda separado de toda relación con algo ajeno a él y el sujeto se desprende de toda relación para con la voluntad, entonces lo que se conoce ya no es la cosa singular como tal, sino la *idea*, la forma eterna, la objetivación inmediata de la voluntad en ese nivel; y justo por ello al mismo tiempo lo prendado en esta intuición no es ya el individuo, pues el individuo se ha perdido en tal intuición, sino un *puro sujeto del conocimiento,* | avolitivo, indolente y atemporal. Esto tan chocante por ahora (acerca de lo cual sé muy bien que acredita el aforismo procedente de Thomas Paine: «De lo sublime a lo ridículo no hay más que un paso»³) irá aclarándose paulatinamente mediante lo que sigue y gracias a ello resultará menos sorprendente. También era esto lo que le rondaba a Spinoza cuando escribió «el espíritu es eterno, en la medida en que capta las cosas bajo el punto de vista de la eternidad» (*Ética* V, prop. 31, escolio [cfr. II, prop. 44, corolario 2])*. En tal contemplación la cosa individual se convierte de golpe en *idea* de su especie y el individuo que intuye se vuelve *puro sujeto del conocer*. El individuo como tal sólo conoce cosas individuales; el puro sujeto del conocer sólo conoce ideas. Pues el individuo es el sujeto del conocer en su relación con un determinado fenómeno individual de la voluntad y al servicio de ésta. Este fenómeno individual de la voluntad está sometido como tal al principio de razón en todas sus formas; por ello todo conocimiento referido al mismo sigue también al principio de razón, y al efecto de la voluntad no sirve otro conocimiento salvo

211

---

* Para dilucidar el modo de conocimiento que está aquí en cuestión, también recomiendo leer los pasajes de su *Ética* relativos al conocimiento de tercer género o conocimiento intuitivo (cfr. II, prop. 40, escolio 2, y V, props. 25 a 38; muy especialmente los escolios de las proposiciones 29 y 36, además de la proposición y el escolio de la proposición 38).

3. Este aforismo se hizo célebre al ser pronunciado por Napoleón cuando huyó de Rusia en 1812, pero Thomas Paine había escrito varios años antes, en *La edad de la razón* (París, 1794; parte II, p. 300), lo siguiente: «Cuando escritores y críticos hablan de lo sublime, no ven cuánto linda esto con lo ridículo».

éste, que sólo tiene siempre relaciones con el objeto. El individuo cognoscente en cuanto tal y la cosa singular conocida por él siempre están en un lugar y en un momento cualesquiera, al ser miembros de la cadena de causas y efectos. El puro sujeto del conocimiento y su correlato, la idea, desbordan todas esas formas del principio de razón: el tiempo, el lugar, el individuo que conoce y el individuo que es conocido no tienen significación alguna para la idea. Sólo cuando del modo descrito un individuo cognoscente se eleva a puro sujeto del conocer y con ello el objeto examinado se eleva a idea, aparece en toda su pureza el *mundo como representación* y tiene lugar la perfecta objetivación de la voluntad, pues sólo la idea es una *adecuada objetivación* suya. Ésta encierra dentro de sí al objeto y al sujeto de igual modo, ya que | es su forma única, pero manteniéndose un total equilibrio entre ambos; e igual que el objeto tampoco es aquí nada más que la representación del sujeto, también el sujeto, al quedar absorto en el objeto intuido, se vuelve este objeto mismo, en tanto que la consciencia no es por entero sino la más nítida imagen de dicho objeto. Esta consciencia constituye propiamente todo el *mundo como representación,* por cuanto a través de él se va recorriendo la serie de todas las ideas o niveles de objetivación de la voluntad. Las cosas individuales de todos los tiempos y espacios no son sino las ideas multiplicadas por el principio de razón (la forma del conocimiento de los individuos en cuanto tales) y por ello son ideas enturbiadas en su pura objetivación. Así como, al sobrevenir la idea, sujeto y objeto dejan de diferenciarse en ella, porque sólo al colmarse mutuamente y compenetrarse perfectamente resurge la idea, la adecuada objetivación de la voluntad, el mundo como representación por antonomasia, así tampoco se diferencian, como cosa en sí, el individuo que conoce y el individuo conocido. Pues si hacemos plena abstracción de ese *mundo como representación,* no resta nada más que el *mundo como voluntad.* La voluntad es el «en-sí» de la idea, la cual objetiva perfectamente a aquélla; también es el «en-sí» de la cosa individual y del individuo que conoce a ésta, los cuales objetivan imperfectamente a la voluntad. En cuanto voluntad, al margen de la representación y de todas sus formas, es una y la misma en el objeto contemplado y en el individuo que al erguirse en esta contemplación cobra consciencia de sí como sujeto puro: de ahí que ambos no se diferencien en sí, pues en sí son la voluntad que aquí se conoce a sí misma, y sólo como el modo y la manera en que ésta se torna conocimiento, es decir, sólo en el fenómeno, es pluralidad y diversidad, en virtud de su forma, debido al principio de razón. Al igual que yo sin el objeto, sin la representación, no soy un sujeto que conoce, sino simple voluntad ciega, tampoco sin mí, en cuanto sujeto del conocer, es objeto la cosa conocida, sino mera voluntad, ciego impulso. Esta voluntad es en sí, esto es, al margen de la representación, una e idéntica con la mía propia; sólo en el mundo como representación, cuya forma es siempre cuando menos la de sujeto y objeto, distinguimos | entre individuo conocido e individuo que conoce. Tan pronto como queda en suspenso el mundo como representación, no resta nada más que mera voluntad, ciego impulso. El hecho de que reciba objetivación, convirtiéndose en representación, coloca de un golpe tanto al sujeto como al objeto; sin embargo, el hecho de que esta objetivación sea pura, una objetivación de la voluntad perfectamente adecuada, coloca al objeto como idea, libre de las formas del principio de razón, y coloca al sujeto como puro sujeto de conocimiento, libre de la individualidad y de la servidumbre a la voluntad.

Quien se ha abismado y perdido en la intuición de la naturaleza hasta el punto de seguir existiendo tan sólo como puro sujeto cognoscente se percatará de que justamente por ello él es en cuanto tal la condición, o sea, el portador, del mundo y de toda existencia objetiva, porque ésta se presenta ahora como dependiente de la suya. Por tanto, incorporará dentro de sí a la naturaleza, de suerte que sólo la sentirá como un accidente de su ser. En este sentido dice Byron: «¿Acaso no son las montañas, las olas y los cielos una parte de mí y de mi alma, al igual que yo de ellos» [*Childe Harold* III, 75].

Ahora bien, quien siente esto ¿acaso podrá tenerse a sí mismo por algo absolutamente transitorio en contraste con la naturaleza inmortal? Más bien cobrará consciencia de lo que dicen las *Upanishad* de los *Vedas:* «yo soy todas estas criaturas en su totalidad, y no hay ningún otro ser fuera de mí» *(Oupnekhat*[4]*,* I, 122)*.

§ 35.

Para adquirir una comprensión más profunda de la esencia del mundo, es absolutamente necesario que uno aprenda a diferenciar la voluntad como cosa en sí de su adecuada objetivación, aprendiendo luego a diferenciar los distintos niveles en que dicha objetivación aparece del modo más nítido y consumado, esto es, las ideas mismas, de la mera manifestación de las ideas en las formas del principio de razón, o sea, del confuso modo de conoci-

---

* Cfr. el capítulo 30 del segundo volumen.
4. Schopenhauer manejaba la edición latina publicada por Anquetil Duperron en 1801 de una traducción persa del original sánscrito. El prolijo título de la edición en cuestión es éste: *Oupnek'hat* (esto es secreto augurio): *obra rarísima en la misma India, que contiene la antigua y arcana, o teológica y filosófica, doctrina de los cuatro libros sagrados de los indios,* traducido del latín desde la versión persa del original sánscrito, con anotaciones aclaratorias y un estudio de Anquetil Duperron, 1801.

miento de los individuos. Entonces se convendrá con Platón, | cuando él sólo atribuía auténtica existencia a las ideas, mientras que por el contrario a las cosas en el tiempo y el espacio, al mundo real para el individuo, sólo le reconocía una existencia aparente y onírica. Entonces se comprenderá cómo una y la misma idea se revela en tantos fenómenos y sólo ofrece su ser fragmentariamente, un aspecto tras otro, a los individuos cognoscentes. Luego también se diferenciará la idea misma del modo y manera en que su fenómeno es observado por el individuo, reconociendo aquélla como esencial y éste como insustancial. Esto lo queremos examinar con ejemplos que atiendan primero a los detalles más ínfimos, recurriendo luego a los de mayor calibre. Cuando las nubes se desplazan, las figuras que trazan no les son consustanciales y les son indiferentes; pero el que como vapor elástico se vean comprimidas, arrastradas, extendidas o desparramadas por el empuje del viento, esto es la esencia de las fuerzas que se objetivan en dichas nubes, es la idea; las ocasionales figuras sólo existen para el observador individual. Para el arroyo que desciende sobre un lecho pedregoso, los remolinos, las olas y la espuma que deja ver son indiferentes e inesenciales; el que siga la gravedad comportándose como un líquido diáfano falto de elasticidad, enteramente desplazable e informe, tal es su esencia, esto es la idea, *cuando es conocido intuitivamente;* esas figuras sólo son tales para nosotros en cuanto las conocemos como individuos. El hielo que se forma en el cristal de la ventana conforme a las leyes de la cristalización, que revelan la idea de la fuerza natural que se pone aquí de relieve, presenta la idea; pero los árboles y las flores que se trazan ahí son inesenciales y sólo existen para nosotros. Lo que aparece en las nubes, el arroyo y el cristal son el eco más débil de esa voluntad que se resalta más cumplidamente en las plantas, todavía más primorosamente en los animales y del modo más consumado en los hombres. Pero sólo lo *esencial* de todos esos niveles de su objetivación constituye la *idea;* en cambio el despliegue de dicha idea, al distenderse en las formas del principio de razón, se troca en múltiples y polifacéticos fenómenos; esto resulta insustancial para la idea, sólo subsiste al modo de conocimiento del individuo y sólo tiene realidad para éste. Lo mismo vale necesariamente también para el despliegue de esa idea que es la más consumada objetivación de la voluntad, a saber: la | historia del género humano, la conglomeración de los acontecimientos, el cambio de los tiempos, las variopintas formas de la vida humana en distintos países y siglos, todo esto sólo es la azarosa forma del fenómeno de la idea y no pertenece a la idea misma, lo único a lo que subyace la adecuada objetivación de la voluntad, sino sólo al fenómeno que cae bajo el conocimiento del individuo y es tan ajeno, insustancial e indiferente para la propia idea como las nubes lo son a las formas que presentan, al arroyo la figura de su torbellino y de su espuma o al hielo sus árboles y flores.

Para quien ha comprendido bien esto y sabe distinguir a la voluntad de la idea, y a ésta de su fenómeno, los acontecimientos del orbe sólo tienen significado en tanto que son las letras a partir de las cuales cabe leer la idea del hombre, mas no poseen significado en y por sí. No creerá como hace la gente que el tiempo produce algo realmente nuevo y significativo, ni que gracias al tiempo o en el tiempo alcance la existencia algo real, o que el tiempo mismo posea un comienzo y un final, un plan y un desarrollo que tiendan como última meta a un supremo perfeccionamiento (conforme a sus conceptos) de la generación que ha vivido durante los últimos treinta años. Por eso distará tanto de cursar con Homero un Olimpo lleno de dioses para encauzar los acontecimientos temporales como de tener a las nubes por seres individuales tal como hizo Osián[5], ya que, como se ha dicho, tanto el tiempo como el espacio carecen de significación para la idea que se manifiesta en ellos. En las múltiples formas de la vida humana y en el incesante cambio de los acontecimientos esta persona sólo considerará como estable y esencial a la idea, en la cual tiene su más perfecta objetivación la voluntad de vivir y que muestra sus distintas facetas en las propiedades, pasiones, errores y méritos del género humano, en el egoísmo, el odio, el amor, el miedo, la audacia, la imprudencia, la estupidez, la astucia, el ingenio, el genio, etc., todo lo cual concurre y cuaja de mil maneras diferentes (individuos), representando de seguido las macrohistorias y las microhistorias del mundo, a cuyo efecto da lo mismo si lo que las pone en movimiento son coronas o nueces. Por último descubrirá que en el mundo, al igual que en los dramas de Gozzi[6], en todos los cuales | aparecen siempre los mismos personajes con similar propósito e idéntico destino, los motivos y los acontecimientos son distintos en cada pieza teatral, pero el espíritu de los acontecimientos es el mismo: los personajes de una pieza teatral nada saben de lo que ha sucedido previamente en otra, en la que sin embargo ellos mismos actuaron; de ahí que, conforme a todas las experiencias de las piezas previas, Pantalón no es más hábil o más generoso, Tartaglia no es más escrupulosa, así como tampoco Brighella es más valiente ni Colombina más honesta.

---

5. Osián u Ossian es un héroe bardo del siglo III, al que la tradición considera el gran poeta del pueblo gaélico. Sus poemas inundaron la literatura medieval y moderna desde el siglo XVI al XVIII. Schopenhauer tenía en su biblioteca la edición inglesa que James Macpherson publicó en 1805, así como una traducción alemana que apareció en 1800.
6. Schopenhauer tenía en su biblioteca dos ediciones de las obras de Carlo Gozzi, a saber: *Las diez fábulas teatrales* (Berlín, 1809) y *Obras* (Venecia, 1772).

Supuesto que alguna vez se nos permitiera clavar la mirada en el reino de lo posible, abarcando así toda la cadena de causas y efectos, supuesto que el genio del universo[7] compareciese y nos mostrase en un cuadro a los individuos más eximios, los sabios y héroes cuyos logros el azar quebró antes de tiempo, luego nos mostrara los grandes acontecimientos que hubiesen cambiado la historia universal y hubieran traído períodos de suma cultura e ilustración que sin embargo la ciega casualidad, el más insignificante azar, atajó en su nacimiento, y por último nos mostrara las magníficas fuerzas de grandes individuos que hubieran fecundado eras enteras, pero que inducidos por el error o la pasión u obligados por la necesidad las consumieron inútilmente en objetos indignos e infructuosos o las desperdiciaron sin más; al ver todo esto, nos estremeceríamos y lamentaríamos los perdidos tesoros de eras enteras. Pero el genio del universo se reiría y diría: «La fuente de la que manan los individuos y sus fuerzas es inagotable e infinita como el tiempo y el espacio, pues ellos son también, como estas formas de todo fenómeno, sólo manifestación, la visibilidad de la voluntad. Ninguna medida finita puede agotar esa fuente infinita; de ahí que a cada acontecimiento u obra ahogado en su germen siempre le queda para repetirse una infinita eternidad sin menoscabo alguno. En este mundo del fenómeno no son posibles ninguna pérdida ni ganancia verdaderas. Sólo existe la voluntad: ella, la cosa en sí, ella, la fuente de todos y cada uno de los fenómenos. Su autoconocimiento y la afirmación o negación de sí que se manifiesta son el único acontecimiento en sí»*. |

---

* Este último aserto no se puede comprender sin hallarse familiarizado con el siguiente libro.
7. Schopenhauer utiliza el mismo término *(Erdgeist:* genio del universo) empleado por Goethe en su *Fausto.*

§ 36.

La historia rastrea el hilo de los acontecimientos: es pragmática, en la medida en que los deduce según las leyes de la motivación, las cuales determinan la ley de la voluntad que se manifiesta allí donde se ve iluminada por el conocimiento. En los niveles más bajos de su objetivación, allí donde todavía opera sin conocimiento, la ciencia natural considera las leyes de las transformaciones de sus fenómenos como etiología y lo que persiste en dichos fenómenos como morfología, la cual simplifica su casi infinita temática con ayuda de los conceptos, sintetizando lo universal para deducir de ahí lo particular. Por último las matemáticas examinan el tiempo y el espacio, o sea, las meras formas en las que las ideas aparecen esparcidas en la pluralidad para el conocimiento del sujeto como individuo. Todas estas disciplinas, cuyo nombre más común es el de ciencia, afrontan por tanto el principio de razón en sus distintas formas y su tema es siempre el fenómeno, sus leyes, el nexo causal y las relaciones que nacen de él. Pero ¿qué tipo de conocimiento examina propiamente esa esencia del mundo que persiste al margen e independientemente de toda relación, ese verdadero contenido de sus fenómenos que no está sometido a cambio alguno y por ello es conocido con idéntica verdad en cualquier tiempo, en una palabra, qué tipo de conocimiento examina *las ideas,* que son la inmediata y adecuada objetivación de la cosa en sí, de la voluntad? Este tipo de conocimiento es el *arte,* la obra del genio. El arte reproduce las ideas eternas capturadas a través de la contemplación pura, lo esencial y lo permanente de todos los fenómenos del mundo, y, según el material con que los reproduzca, será arte plástico, poesía o música. Su único origen es el conocimiento de las ideas; su única meta, la comunicación de este conocimiento. Mientras la ciencia, al seguir la incesante e interminable corriente de causas y efectos en su cuádruple formato, a cada objetivo alcanzado se ve siempre nuevamente remitida hacia uno ulterior y nunca puede hallar una meta definitiva ni una plena satisfacción, así como tampoco se alcanza el punto | donde las nubes tocan el horizonte por mucho que corramos tras él, en cambio el arte siempre alcanza su meta. Pues el arte saca de la corriente que arrastra el curso del mundo al objeto de su contemplación, aislándolo ante sí, y ese objeto singular, que en esa corriente era un elemento tan insignificante como fugaz, se torna para el arte un representante del todo, un equivalente de la infinitud que puebla el espacio y el tiempo; el arte se detiene ante este objeto singular: se para la rueda del tiempo y desaparecen las relaciones; sólo lo esencial, la idea, constituye su objeto.

Por eso podemos caracterizar al arte como *la contemplación de las cosas independientemente del principio de razón,* en oposición al examen a que conduce el camino de la experiencia y la ciencia. Este último tipo de consideración es comparable a una línea infinita que corre horizontalmente, pero el primero se asemeja a una línea perpendicular que cortase arbitrariamente a la horizontal en un punto cualquiera. El tipo de consideración que sigue al principio de razón es el racional, el cual sólo es válido y resulta útil tanto en la vida práctica como en la ciencia; la perspectiva que aparta su mirada del contenido de ese principio es la propia del genio, la única que vale y es útil en el arte. La primera es la forma de ver las cosas propia de Aristóteles; la segunda es en suma la propia de Platón. La primera se parece a una violenta tempestad que sin comienzo ni fin lo doblega y agita todo a su paso; la segunda, al sereno rayo de sol que atraviesa el camino de esta tormenta sin verse perturbado por ella. La primera se asemeja a las incontables gotas de la cascada que se ven violentamente removidas y cambian constantemente sin parar un solo momento; la segunda, al arco iris que reposa tranquilamente sobre este enfurecido barullo. Las ideas sólo pueden ser captadas por esa contemplación pura, completamente absorta en el objeto, especificada más arriba, y la esencia del *genio* consiste en que prevalezca la aptitud para semejante contemplación, la cual exige olvidarse de la propia persona y de sus dependencias; así la *genialidad* no es otra cosa que la más perfecta *objetividad,* es decir, la dirección objetiva del espíritu encaminado hacia la voluntad, contrapuesta a la subjetiva, que se encamina hacia la propia persona. Con arreglo a esto, la genialidad es el talento de mantenerse en la intuición pura, de perderse en la intuición y de emancipar al conocimiento, que originariamente sólo está al servicio de la voluntad, de tal servidumbre, esto es, perdiendo totalmente de vista su interés, su querer y sus fines, abandonando completamente por un tiempo su personalidad, para persistir como *puro sujeto cognoscente,* un límpido ojo del mundo; y esto no por un instante, sino manteniéndolo con tanta reflexión como sea necesario para reproducir lo así captado mediante un arte deliberado y «fijar en pensamientos duraderos lo que se balancea en el vacilante fenómeno»[8]. Es como si, para que aparezca el genio en un individuo, hubiera de serle adjudicada a éste una cuota de fuerza cognoscitiva que supera con mucho la requerida para servir a una voluntad individual; este superávit de conocimiento, convertido ahora en sujeto libre de la volición, se vuelve un nítido espejo de la esencia del mundo. Así se explica esa viveza rayana en la inquietud propia de los individuos geniales, a los que raramente puede satisfacerles el presente, al no colmar éste su consciencia; esto les proporciona esa incansable aplicación, esa búsqueda incesante de

---

8. Estas líneas son del *Fausto* de Goethe (cfr. I, 348-349).

objetos nuevos y dignos de estudio, así como esa ansia casi nunca satisfecha de poder comunicarse con seres similares a ellos y que estén a su altura; mientras que el hombre corriente se ve enteramente satisfecho y colmado por lo cotidiano, queda absorbido por él, encuentra por doquier iguales suyos y posee ese gusto por la rutina que le es negado al genio. Se ha reconocido a la fantasía como un componente esencial de la genialidad y a veces hasta se las ha considerado idénticas; lo primero es legítimo, mas no así lo segundo. Como los objetos del genio en cuanto tal son las ideas eternas, que son las permanentes formas esenciales del mundo y de todos sus fenómenos, pero el conocimiento de las ideas es necesariamente intuitivo, no abstracto, entonces el conocimiento del genio quedaría restringido a las ideas de los objetos realmente presentes y dependientes de la concatenación de circunstancias que las acarrean hasta él, si la fantasía no ampliase su horizonte allende la realidad de su experiencia personal y le pusiera en situación de construir a partir de lo poco que ha llegado a su apercepción efectiva todo lo demás, dejando pasar ante él casi todas las posibles imágenes de la vida. Por lo demás, los objetos | reales casi siempre son tan sólo ejemplares muy deficientes de las ideas que se exhiben en ellos; de ahí que el genio precise de la fantasía, para no ver en las cosas lo que la naturaleza ha configurado realmente, sino lo que se esforzaría por configurar pero no lleva a cabo a causa de la recíproca lucha entre sus formas mencionada en el libro precedente. Luego volveremos sobre esto, al examinar la escultura. Así pues, la fantasía amplía los horizontes del genio por encima de los objetos que se ofrecen en la realidad a su persona y ello tanto conforme a la calidad como a la cantidad. Por eso una fantasía inusualmente vigorosa suele ser concomitante a la genialidad e incluso supone una condición suya. Pero a la inversa aquélla no evidencia ésta; antes bien, hombres para nada geniales pueden tener mucha fantasía. Pues, tal como un objeto real puede ser examinado de dos modos contrapuestos, a saber: de un modo puramente objetivo y genial, captando su idea, o bien de un modo común, en sus relaciones conformes al principio de razón con otros objetos y con la propia voluntad, así también se puede intuir de dos modos un producto de la fantasía: considerado del primer modo es un medio para el conocimiento de la idea, cuya comunicación es la obra de arte; en el segundo caso el producto de la fantasía será empleado para hacer castillos en el aire que agradan al egoísmo y al propio antojo, engañándolo y divirtiéndolo momentáneamente; con lo cual de los productos de la fantasía así combinados sólo conoceremos siempre sus relaciones. Quien se presta a este juego es un fantasioso; éste mezclará fácilmente esas imágenes que recrea en solitario con la realidad y por eso será un inepto para ella; acaso ponga por escrito los caprichos de su fantasía, dando lugar a esas habituales novelas de todo género que tanto entretienen a sus iguales y al gran público, donde los lectores sueñan que ocupan el lugar del héroe y encuentran el relato muy «ameno».

Como ya se ha dicho, el hombre corriente, ese artículo de fábrica que la naturaleza produce a diario por millares, no es capaz cuando menos de sostener un examen plenamente desinteresado en aquel sentido que constituye la auténtica contemplación; él sólo puede dirigir su atención sobre las cosas en tanto que éstas guarden alguna relación, por mediata que sea, | con la voluntad. Como en este sentido, que sólo requiere siempre el conocimiento de las relaciones, el concepto abstracto de la cosa resulta suficiente e incluso más útil la mayoría de las veces, el hombre corriente no se detiene demasiado en la mera intuición y por eso no clava su mirada sobre un objeto durante mucho tiempo, sino que se apresura a buscar entre todo lo que se le ofrece sólo el concepto bajo el cual subsumir dicho objeto, al igual que el perezoso busca la silla y luego no le interesa nada más. Por eso termina pronto con todo, con las obras de arte, con los bellos objetos de la naturaleza y con el propio espectáculo, tan significativo por doquier, de la vida en todas sus escenas. Pero no repara en nada, sólo busca su camino en la vida o en cualquier caso todo lo que alguna vez pudiera volverse también su camino, busca por tanto datos topográficos en el sentido más amplio del término, sin perder tiempo alguno en el examen de la propia vida como tal. Por contra, el hombre genial, cuya fuerza de conocimientos, gracias a su superávit, se sustrae al servicio de la voluntad en una parte de su tiempo, se detiene en la contemplación de la vida misma, esforzándose por captar la idea de cada cosa y no sus relaciones con otras cosas; por eso a veces descuida su propio camino en la vida y se conduce de una manera bastante torpe. Mientras que para el hombre corriente su capacidad de conocimiento es la linterna que ilumina su camino, para el hombre genial su capacidad cognoscitiva es el sol que hace visible al mundo. Estos dos modos tan distintos de encarar la vida pronto se hacen visibles en el aspecto externo de ambos. La mirada del hombre en que el genio vive y obra le distingue fácilmente, puesto que porta, viva y firmemente a un tiempo, el carácter del recogimiento, de la contemplación, tal como vemos en los retratos de las pocas cabezas geniales que la naturaleza ha producido muy de vez en cuando entre incontables millones; en cambio, en la mirada de los otros, cuando no es roma o insípida como en la mayoría, resulta fácilmente visible el verdadero objeto de la contemplación: el fisgoneo. De acuerdo con esto, la «expresión genial» de una cabeza consiste en que resulta visible una resuelta supremacía del conocer sobre el querer y, por consiguiente, también se expresa en ella un conocer sin relación alguna a un querer, esto es, un *conocer puro*. En cambio, por lo regular en las cabezas predomina la expresión | del querer y se ve que el conocer siempre se activa por el acicate del querer, o sea, que se ve orientado simplemente por motivos.

Como el conocimiento genial, o conocimiento de las ideas, es aquel que no secunda el principio de razón y, por contra, el que lo sigue confiere a la vida prudencia y sensatez, además de dar pie a las ciencias, resulta que los individuos geniales se verán aquejados por las carencias que conlleva el descuido de este segundo tipo de conocimiento. Sin embargo, aquí hay que señalar una restricción, y es la de que cuanto yo cite en este sentido sólo les afecta mientras están realmente sumidos en el modo genial de conocimiento, lo que en modo alguno es el caso a cada instante de su vida, pues la enorme –si bien espontánea– tensión que se requiere para captar las ideas al margen de toda volición se relaja necesariamente de nuevo y tiene grandes intervalos durante los cuales son harto similares a los hombres corrientes, tanto en lo tocante a sus ventajas como a sus defectos. De ahí que la obra del genio haya de ser vista como una inspiración y, como el propio nombre indica, como la obra de un ser sobrehumano distinto al del individuo mismo que sólo periódicamente se apodera de éste. La aversión de los individuos geniales a prestar atención al contenido del principio de razón se muestra ante todo, con respecto al principio del ser, como aversión frente a las matemáticas, cuyo examen sobre las formas más universales del fenómeno, espacio y tiempo, que no son sino formas del principio de razón, es justamente lo opuesto a esa consideración que sólo busca el contenido del fenómeno y la idea que se expresa en él, obviando cualesquiera relaciones. Además, el tratamiento lógico de las matemáticas repugna al genio, pues este tratamiento no satisface la propia comprensión que encierra, sino que, al ofrecer una mera cadena de silogismos conforme al principio de razón, de entre todas las fuerzas del espíritu recurre sobre todo a la memoria, para tener siempre presentes todas las proposiciones anteriores a las que se va haciendo referencia. También la experiencia ha acreditado que los grandes genios en el arte carecen de habilidad alguna para las matemáticas: nunca hubo un hombre que sobresaliera mucho | al mismo tiempo en ambas cosas. Alfieri[9] cuenta que nunca pudo comprender tan siquiera el cuarto teorema de Euclides. A Goethe le ha sido reprochada hasta la saciedad su falta de conocimiento matemático por parte de los oscuros adversarios de su teoría de los colores: ciertamente aquí, donde no se trataba de calcular y medir según datos hipotéticos, sino del inmediato conocimiento intelectual de la causa y el efecto, ese reproche estaba tan injustamente fuera de lugar que denota la total falta de discernimiento de quienes lo han hecho y que ya había quedado patente mediante sus restantes sentencias propias de Midas[10]. Que todavía hoy, casi medio siglo después de que apareciera la teoría goethiana de los colores, incluso en Alemania, las patrañas newtonianas sigan imperando tranquilamente en las cátedras y se continúe hablando con toda seriedad de las siete luces homogéneas y su refrangibilidad, ha de ser contabilizado entre los grandes rasgos intelectuales de la humanidad en general y de la germanidad en particular. Por la misma razón citada más arriba se explica el conocido hecho de que, a la inversa, los matemáticos egregios

---

9. Schopenhauer tenía en su biblioteca la autobiografía de Vittorio Alfieri, tanto en el original italiano *(Vida escrita por él mismo,* Pisa, 1817) como en una versión francesa *(Vida de Victor Alfieri, escrita por él mismo y traducida del italiano por el señor xxx,* París, 1809).
10. Estamos ante un elegante sinónimo de «burradas», ya que Apolo coronó a Midas con unas orejas de asno para simbolizar su proverbial estupidez.

tengan poca sensibilidad para las obras del arte, lo que viene a expresarse ingenuamente en la célebre anécdota de aquel matemático francés, quien tras leer la *Ifigenia* de Racine preguntó encogiéndose de hombros: «Qué es lo que prueba esto»[11]. Como la aguda comprensión de las relaciones conformes a las leyes de causalidad y motivación constituye propiamente la prudencia, mas el conocimiento genial no se dirige a las relaciones, así alguien prudente, en tanto que y mientras lo sea, no será genial, y alguien genial, en tanto que y mientras lo sea, no será prudente. A la postre el conocimiento intuitivo en general, en cuyo dominio reside la idea, está directamente contrapuesto al conocimiento racional o abstracto, que guía el principio de razón del conocer. Ya se sabe que también resulta raro encontrar aparejada una gran genialidad con una predominante sensatez, sino que más bien al contrario los individuos geniales a menudo están sometidos a vehementes afectos y pasiones irracionales. Pero la causa de ello no es la debilidad de la razón, sino en parte la inusitada energía del fenómeno de la voluntad que es el individuo genial y que se manifiesta mediante la vehemencia de todos sus actos volitivos, en parte | la supremacía del conocimiento intuitivo mediante los sentidos y el entendimiento sobre el conocimiento abstracto, y de ahí su resuelta orientación hacia lo intuitivo, cuya sumamente enérgica impresión en ellos eclipsa sobremanera a los pálidos conceptos, de suerte que ya no son éstos sino aquél lo que guía el obrar, que justamente por ello se torna irracional: con arreglo a todo esto la impresión de lo actual es muy poderosa sobre ellos, viéndose arrebatados por lo impremeditado, el afecto y las

224

---

11. El protagonista de la anécdota en cuestión parece ser Gilles Personne de Roberval, un matemático que fue contemporáneo de Descartes; cfr. Hoefer, *Historia de las matemáticas* 4.

pasiones. También por eso, y en general porque su conocimiento se ha sustraído parcialmente al servicio de la voluntad, al hablar no piensan tanto en la persona con que charlan, sino más bien en el tema del que tratan y que les embarga por completo: de ahí que juzguen demasiado objetivamente para sus intereses o cuenten y no silencien lo que prudentemente deberían callar, etc. Por eso se inclinan finalmente a los monólogos y en general pueden esgrimir varias flaquezas que se aproximan realmente a la locura. Que la genialidad y la locura tienen una tenue frontera por la cual se transita de un lado al otro es algo que se ha observado muy a menudo, e incluso la inspiración poética ha sido calificada como una suerte de locura: *amabilis insania* [gentil demencia] la llama Horacio *[Carmina* III, 4] y «benigna locura» Wieland al inicio del *Oberon*. Incluso Aristóteles debe de haber dicho, según cita Séneca *(De tranq. animi,* 15, 16)[12]: «No ha habido ningún gran genio sin una mixtura de demencia». En el citado mito de la oscura caverna *(República* VII) Platón viene a decir lo siguiente: «Aquellos que han visto la verdadera luz del sol y las cosas realmente existentes (las ideas) fuera de la caverna, una vez que vuelven a ella no ven bien, puesto que sus ojos se han desacostumbrado a la oscuridad, ni reconocen las siluetas allí abajo y en su desconcierto son objeto de burla por parte de quienes nunca salieron de la cueva ni perdieron de vista esas sombras». También dice en el *Fedro* (p. 317 [de la edición Bipontina]) que sin una cierta locura no se puede ser un poeta genuino e incluso (p. 327) que cualquiera que reconoce las ideas eternas en las cosas transitorias aparece como demente. Cicerón también alude a ello: «Pues Demócrito afirmaba que no puede darse un

---

12. El pasaje correcto es *De la tranquilidad del alma* XVII, 10 (núms. 15, 16).

gran poeta sin locura, y eso mismo dice Platón» *(De divinatione* I, 37 [80]). Y finalmente dice Pope: «A buen seguro el ingenio está estrechamente aliado con la locura, y delgadas son las paredes que dividen sus lindes»[13]. |

Particularmente instructivo en este sentido es el *Torcuato Tasso* de Goethe, en donde se nos pone ante los ojos no sólo el padecimiento, ese martirio consustancial al genio como tal, sino también su continuo tránsito hacia la locura. El hecho de la inmediata vecindad entre genialidad y locura se ve confirmado en parte por las biografías de hombres harto geniales como Rousseau, Byron o Alfieri y por las anécdotas de la vida de otros; en parte, por otro lado, he de mencionar que, en mis frecuentes visitas a manicomios, he encontrado algunos sujetos con grandes e innegables predisposiciones, cuya genialidad se vislumbraba claramente a través de la locura que aquí había conseguido prevalecer por completo. Esto no puede atribuirse al azar, porque por una parte el número de locos es proporcionalmente muy pequeño, pero por otra la aparición de un individuo genial en la naturaleza es enormemente excepcional y por ello merece una rara estima muy superior a la habitual; esto es algo de lo que uno puede convencerse calculando los grandes genios efectivos que la cultivada Europa ha producido en la Antigüedad y en la época moderna, contabilizando únicamente a quienes legaron obras que han conservado a través de los tiempos un imperecedero valor para la humanidad: compárese su escaso número con los doscientos cincuenta millones que viven establemente en Europa y se renuevan cada treinta años. Tampoco quiero dejar de mencionar que he conocido a cier-

---

13. En realidad la cita es literalmente de John Dryden: *Absalom y Aquitofel* I, 163 (Edimburgo, 1777). Alexander Pope, sin embargo, escribió lo siguiente: «¡Cuán aliados están el recuerdo y la reflexión; qué delgadas paredes dividen al sentir del pensar!» *(Ensayo sobre el hombre,* ep. I, 225).

ta gente con una gran superioridad intelectual acaso no eminente, pero sí rotunda, que al mismo tiempo delataban un ligero viso de demencia. Conforme a ello, pudiera parecer que toda elevación del intelecto por encima del promedio ordinario es algo así como una anormalidad que predispone a la locura. En este orden de cosas, quisiera exponer lo más brevemente posible mi opinión sobre el puro motivo intelectual de ese parentesco entre genialidad y locura, pues esta discusión contribuirá sin duda a explicar | la auténtica esencia de la genialidad, esto es, de la única propiedad del espíritu que puede crear genuinas obras de arte. Pero esto hace necesario un breve examen de la locura misma*.

Que yo sepa no se ha dado todavía una clara y cabal comprensión de la naturaleza de la locura, un concepto claro y preciso del demente que lo diferencie estrictamente del cuerdo. A los locos no se les puede negar ni razón ni entendimiento, pues hablan y escuchan e incluso argumentan muy correctamente; por lo general tampoco dejan de apreciar correctamente lo presente ni dejan de entender la conexión entre causa y efecto. Las visiones y hasta los delirios febriles no suelen ser un síntoma de locura: el delirio falsea la intuición; la locura, los pensamientos. Por eso la mayoría de las veces los locos no yerran en el conocimiento de lo inmediatamente *presente,* sino que su desvarío se refiere siempre a lo *ausente* y al *pasado,* y sólo por ello a su relación con el presente. Por eso me parece que su enfermedad alcanza particularmente a la *memoria,* no ciertamente porque les falte, ya que muchos recitan cosas de memoria y a veces reconocen a personas que no han visto desde hace mucho, sino que más bien se rompen los hilos de la memoria y, al suprimirse su hilazón consecutiva, se imposibilita la coherencia en los recuerdos del pasado. Algunas escenas del

---

* Cfr. el capítulo 31 del segundo volumen.

pasado se mantienen correctamente, al igual que las del presente, pero en su evocación hay lagunas que rellenan entonces con ficciones, las cuales o bien son siempre las mismas y se convierten en ideas fijas, sumiéndoles entonces en la melancolía, o bien son siempre distintas, ocurrencias ocasionales que dan lugar a lo que se llama chifladura, *fatuitas* [fatuidad]. Por eso resulta muy difícil preguntar a un loco por su vida anterior cuando ingresa en un manicomio. En su memoria se confunde cada vez más lo verdadero con lo falso. Aunque conozca correctamente el inmediato presente, éste quedará falseado por la ficticia conexión con un pasado imaginario: se toman a sí mismos y a otros por personas que sólo existen en su ficticio pasado, no reconocen a sus allegados y tejen falsas relaciones entre quienes tienen delante con los ausentes. Al agravarse la locura, se origina una total falta de memoria, en virtud de la cual el demente es incapaz de atender en modo alguno a lo ausente o al pasado, sino que se ve determinado tan sólo por el antojo del momento, asociado con las ficciones que en su cabeza llenan el pasado; entonces quien está con él, si no le hace ver continuamente su superioridad, podría verse maltratado o incluso asesinado en un momento dado. El conocimiento del demente tiene algo en común con el del animal, y es que ambos se ven circunscritos al presente, pero lo que les diferencia es esto: el animal no tiene propiamente ninguna representación del pasado como tal, aunque éste incida sobre el animal por medio del hábito y por eso el perro reconoce a su anterior amo incluso varios años después, porque su aspecto le produce la impresión habitual sin que tenga ningún recuerdo de él durante los años transcurridos; por contra el loco siempre lleva en su razón un pasado en abstracto, aunque se trate de un pasado falso que sólo existe para él, ya sea todo el tiempo o sólo ahora; el influjo de este falso pasado le impide también servirse del conocimiento que tiene sobre el presente, tal como hace el animal. Que un intenso sufrimiento espiritual o atroces sucesos inesperados ocasionen con frecuencia la locura, me lo explico del siguiente modo. Un sufrimiento semejante siempre se halla, en cuanto suceso efectivo, circunscrito al presente, o sea, que sólo es transitorio, y en esa medida no resulta excesivo; sólo se vuelve exagerado al convertirse en un dolor permanente, pero como tal sólo es a su vez un pensamiento y por eso reside en la *memoria;* si esta aflicción, un saber o un recuerdo doloroso es tan angustioso que se vuelve absolutamente insoportable y el individuo sucumbe a él, entonces la acongojada naturaleza se aferra a la *locura* como al último recurso para salvar la vida; entonces el espíritu excesivamente atormentado | rompe los hilos de su memoria, por decirlo así, llena las lagunas con ficciones y huye del dolor espiritual que sobrepasa sus fuerzas buscando refugio en la locura –al igual que se amputa un miembro gangrenado y se lo sustituye por uno de madera–. Como ejemplos cabe aducir al enfurecido Áyax, al rey Lear y a Ofelia, pues son criaturas de auténtico genio, que pueden invocarse aquí como universalmente conocidas y en verdad similares a personas reales; por lo demás la experiencia real suele mostrarnos esto mismo con suma frecuencia. Un débil análogo del tránsito del dolor hacia la locura es el que todos nosotros, al asaltarnos repentinamente un recuerdo penoso, intentamos disiparlo con vehemencia de un modo mecánico, ahuyentándolo mediante una exclamación o un gesto que nos distraiga del mismo.

Vemos a los locos reconocer correctamente el presente y también algunos hechos aislados del pasado, pero ignorando su trabazón, las relaciones en juego, por lo cual yerran y deliran; éste el punto de contacto con el individuo genial, pues también éste abandona el conocimiento de las relaciones que es conforme al principio de razón, para ver y buscar en las cosas sólo sus ideas, captando intuitivamente la auténtica esencia que se manifiesta en ellas, con respecto a la cual *una* cosa representa a toda su especie y por ello, como dice Goethe, un caso vale por mil[14]; también el genio pierde de vista el conocimiento de la conexión entre las cosas: el único objeto que escudriña, o el presente que capta con extrema viveza, aparecen bajo una luz tan clara que es como si los restantes miembros de la cadena, a la cual pertenecen, quedaran oscurecidos en un segundo plano, y esto da lugar a una fenomenología que tiene una similitud largamente reconocida con la de la locura. Aquello que en las cosas efectivas sólo existe imperfectamente y está debilitado por las modificaciones, la perspectiva del genio lo eleva a perfección al remontarse desde ahí hacia la idea: de ahí que el genio vea por doquier lo extremo y justamente por ello su conducta guste de ser extremada; no sabe encontrar la justa medida, carece de sobriedad y el resultado es lo ya dicho. El genio conoce | perfectamente las ideas, pero no conoce a los individuos. De ahí que, como ya se ha señalado, pueda conocer profunda y concienzudamente *al* hombre, pero muy mal *a los* hombres; es fácil de engañar y un juguete en manos de los ladinos*.

§ 37.

Aun cuando, con arreglo a nuestra exposición, el genio consiste en la aptitud de mantenerse al margen del principio de razón y por ello, en lugar de conocer las cosas, cuya existencia se reduce a las relaciones, conoce las ideas de di-

---

* Cfr. el capítulo 32 del segundo volumen.
14. «Al genio un caso le vale por mil» (Goethe, *Historia de la teoría de los colores,* Galileo).

chas cosas y él mismo es frente a éstas el correlato de la idea, dejando de ser individuo para devenir puro sujeto del conocer, sin embargo, esta aptitud, en un grado inferior y distinto, ha de residir también en todos los hombres; de lo contrario, serían tan poco capaces de disfrutar las obras de arte como de producirlas, y en general no poseerían ninguna susceptibilidad para lo bello y lo sublime, e incluso estas palabras no tendrían sentido alguno para ellos. Por eso hemos de admitir como algo presente en todos los hombres, salvo en algún caso en que no sean susceptibles de ninguna complacencia estética, esa capacidad de reconocer en las cosas sus ideas y con ello de enajenarse momentáneamente de su personalidad. El genio sólo les aventaja por el grado mucho más alto y la persistente duración de ese modo de conocimiento, lo cual le permite conservar la reflexión que precisa para reproducir lo así conocido en una obra espontánea. Esa repetición es la obra de arte a través de la cual comunica a los demás la idea captada. La idea permanece inmutable e idéntica; por eso la complacencia estética es una y la misma, ya sea invocada por una obra de arte o inmediatamente por la contemplación de la naturaleza y de la vida. La obra de arte es simplemente un medio para facilitar aquel conocimiento en el cual consiste esa complacencia. El que a partir de la obra de arte nos salga más fácilmente al encuentro que a partir de la naturaleza y la realidad se debe únicamente a que el artista, que | sólo conoce la idea y no ya la realidad, también ha reproducido en su obra sólo la idea pura, separándola de la realidad al omitir todas las contingencias perturbadoras. El artista nos permite mirar al mundo a través de sus ojos. El que tenga esos ojos, de suerte que reconozca lo esencial, al margen de todas las relaciones que subyacen a la cosa, constituye justamente el don del genio, lo innato; pero el estar en situación de prestarnos ese don y hacernos ver a través de sus ojos, esto es lo adquirido, la técnica del arte. Por eso, tras haber expuesto con lo que precede la esencia íntima del modo de conocimiento estético en sus líneas fundamentales, pasaré a una consideración más filosófica de lo bello y lo sublime en la naturaleza y en el arte al mismo tiempo, sin separar ambos ámbitos. Primero examinaremos lo que pasa en el hombre cuando le emociona lo bello o le conmueve lo sublime: si esta emoción se ve inspirada directamente por la naturaleza, por la vida, o sólo le es comunicada por la mediación del arte, no constituye una diferencia sustancial, sino sólo superficial.

§ 38.

En la contemplación estética nosotros hemos descubierto *dos elementos indisociables:* el conocimiento del objeto, no como cosa singular, sino como *idea* platónica, esto es, como forma permanente de todo un género de cosas; y acto seguido la autoconsciencia del que conoce, no como individuo, sino como *puro sujeto avolitivo del conocimiento*. La condición bajo la cual se dan siempre unidos ambos elementos es el abandono del principio de razón, vinculado con el modo de conocimiento que se halla en cambio al servicio de la voluntad y que es el único válido para la ciencia. También veremos derivar de ambos elementos esa *complacencia* que se suscita por la contemplación de lo bello y ciertamente, tan pronto de la una como tan pronto de la otra, según sea el objeto de la contemplación estética.

Todo *querer* surge de la necesidad, o sea, de la carencia y, | por lo tanto, de un sufrimiento. La satisfacción pone fin a éste; pero por cada deseo que se cumple, quedan cuando menos diez sin satisfacer; además los apetitos duran mucho y las exigencias tienden al infinito, mientras que la satisfacción es breve y se dosifica con escasez. Pero incluso la satisfacción perecedera es aparente; el deseo colmado cede sin demora su puesto a uno nuevo: aquél es un engaño conocido y éste uno todavía por conocer. Ningún objeto del querer puede, una vez conseguido, procurar una satisfacción duradera y que no se retire jamás, sino que siempre se asemeja tan sólo a la limosna echada al mendigo y que sustenta hoy su vida, para prolongar mañana el tormento. Por eso, mientras nuestra consciencia se vea colmada por nuestra voluntad, mientras estemos entregados al apremio de los deseos, con su continuo esperar y temer, mientras seamos el sujeto del querer, no habrá para nosotros dicha o calma duraderas. Si perseguimos o huimos, temernos la desgracia o anhelamos el goce, es igual en lo esencial: la preocupación por las continuas exigencias de la voluntad, cualquiera que sea su forma, colma y agita sin cesar la consciencia, sin reposo ni bienestar posibles. Así el sujeto del querer está girando continuamente sobre la rueda de Ixión[15], acarrea siempre agua al cedazo de las Danaides[16] y se consume eternamente como Tántalo[17].

---

15. Ixión había matado a su propio suegro y nadie consintió en purificar al criminal como era costumbre hacer, hasta que lo hizo el mismo Zeus. Como pago Ixión quiso seducir a Hera, la esposa de Zeus, y éste decidió infligirle un castigo ejemplar. Lo ató a una rueda flamígera que giraba sin cesar y, como Ixión se había vuelto inmortal tras comer ambrosía, debe sufrir su castigo sin la esperanza de que cese jamás.
16. Las cincuenta hijas del rey Dánao fueron condenadas a llenar de agua cántaros rotos, para expiar su crimen. Habían asesinado a sus primos el mismo día de sus esponsales, tras haber celebrado una boda simultánea, cuya finalidad era conciliar a los hermanos que oficiaban de consuegros.
17. Tántalo, hijo de Zeus y de Pluto («riqueza»), era tan amado por los dioses como para compartir su mesa. De ahí vinieron sus desgracias. Circulan varias versiones para explicar la razón de que se le impusiera su célebre castigo: o bien cocinó a su propio hijo para servir esta carne a los dioses, o bien robo néctar y ambrosía para hacérsela probar a los mortales, o bien contó a sus amigos algún secreto que le habían confiado los dioses. Del castigo hay dos variantes. La primera es que tenía sobre su cabeza una piedra siempre a punto de caer, pero que se mantenía en eterno equilibrio.

Mas cuando una ocasión exterior o nuestro propio estado de ánimo nos saca repentinamente de la corriente del querer, el conocimiento abandona la esclavitud profesada a la voluntad, la atención deja de dirigirse a los motivos del querer, sino que capta las cosas libres de su relación con la voluntad, o sea, sin intereses ni subjetividad algunos, las contempla objetivamente, entregándose totalmente a ellas, en tanto que son meras representaciones y no en tanto que son motivos: entonces esa tranquilidad siempre huidiza, al ser buscada por el camino del querer, comparece de repente y nos hace plenamente dichosos. Se trata de aquel estado exento de dolor que Epicuro ensalzaba como el supremo bien y como el estado propio de los dioses, pues por un instante nos vemos libres del impertinente apremio de la voluntad, festejamos el sabático del presidio de la voluntad y la rueda de Ixión se queda quieta.

Sin embargo, este estado es aquel que yo he descrito anteriormente | como indispensable para el conocimiento de la idea, como contemplación pura, el quedar absorto en la contemplación, el perderse en el objeto, el olvidar toda individualidad, el suprimir el modo de conocimiento que sigue al principio de razón y sólo apresa relaciones, al mismo tiempo que indisociablemente la cosa singular intuida se eleva a la idea de su género, el individuo cognoscente se convierte en puro sujeto de un conocer ajeno a la voluntad y tanto la idea como este sujeto, en cuanto tales, dejan de estar en la corriente del tiempo y de todas las demás re-

---

Pero Schopenhauer se refiere a la otra, según la cual fue condenado a pasar eternamente hambre y sed. Sumergido en agua hasta el cuello, no podía beber, porque cuando lo intentaba las aguas retrocedían, y, aunque una rama cargada de frutos pendía sobre su cabeza, en cuanto levantaba el brazo para cogerlos, la rama era movida por el viento, poniéndose lejos de su alcance.

laciones. Entonces no importa si uno contempla la puesta de sol desde una mazmorra o desde un palacio.

La disposición de ánimo interior, la supremacía del conocer sobre el querer, puede invocar este estado bajo cualquier entorno. Esto nos lo muestran esos maravillosos pintores flamencos que concentraban semejante intuición puramente objetiva sobre los objetos más insignificantes y nos legaron un perdurable monumento de su objetividad y paz espiritual en los *bodegones* de sus cuadros, cuya contemplación estética no deja de emocionar al espectador que se figura el tranquilo y serenamente avolitivo estado anímico del artista, el cual era necesariamente así para intuir tan objetivamente cosas tan insignificantes, contemplar tan atentamente y reproducir tan cuidadosamente esta intuición; en tanto que el cuadro exhorta al espectador a participar en semejante estado, a menudo su emoción aumenta todavía más por el contraste con su propia e intranquila constitución anímica, perturbada por el vehemente querer, en que se encuentra. Ruysdael pintaba detalles paisajísticos sumamente insignificantes y por ello ese mismo efecto es aún más regocijante.

Sólo la fuerza interior de un espíritu artístico consigue tanto, pero esa disposición anímica puramente objetiva se ve favorecida y fomentada desde fuera por esos complacientes objetos que nos invitan a su contemplación, algo a lo que nos vemos asediados por la plenitud de la naturaleza bella. Al abrirse de repente a nuestra mirada, esa plenitud consigue, aunque sólo sea por un instante, arrancarnos de la subjetividad, emanciparnos de la esclava servidumbre hacia la voluntad y trasladarnos al estado del puro conocer. Por eso quien se ve atormentado por las pasiones, la indigencia o los cuidados queda tan súbitamente aliviado, consolado y animado por una única mirada franca a la naturaleza: | la tormenta de las pasiones, el apremio del deseo o del temor y todas las penas del querer quedan entonces apaciguados al momento de un modo maravilloso. Pues en el instante en que nos desprendemos del querer, abandonándonos al puro conocer avolitivo, es como si entráramos en otro mundo en donde todo lo que mueve a nuestra voluntad y nos estremece tan vehementemente dejara de existir. Esa liberación del conocimiento nos emancipa sobremanera y enteramente de todo, al igual que el dormir y el sueño: desaparecen la felicidad y el infortunio, dejamos de ser ese individuo al que olvidamos y a cambio sólo somos puro sujeto de conocimiento; sólo somos como *un único* ojo del mundo por el cual miran todos los seres que conocen, pero que únicamente en los hombres puede verse plenamente libre del servicio a la voluntad, gracias a lo cual desaparece toda diferencia de la individualidad tan enteramente que entonces nada importa si el ojo contemplativo pertenece a un poderoso rey o a un afligido mendigo. Pues ni la dicha ni la desgracia traspasan esas fronteras. Cuán próximo tenemos un ámbito en el que ponernos enteramente a salvo de todas nuestras calamidades; mas ¿quién tiene la fuerza de mantenerse largo tiempo en él? Tan pronto como ingresa de nuevo en nuestra consciencia alguna relación entre ese objeto puramente contemplado y nuestra voluntad personal, se pone fin al sortilegio: volvemos al conocimiento que domina el principio de razón, ya no conocemos la idea, sino la cosa singular, el eslabón de una cadena a la que pertenecemos y quedamos nuevamente abandonados a toda nuestra desolación. La mayoría de los hombres están casi siempre sujetos a este punto de vista, al estar privados de la objetividad, es decir, de la genialidad. Por eso no están a gusto únicamente con la naturaleza y necesitan a la sociedad, cuando menos un libro. Pues su conocimiento permanece solícito a la voluntad; de ahí que sólo busquen en los objetos algo relacionado con su voluntad y ante todo lo que no guarde tal relación resuena en su interior, como si fuera un bajo continuo, un desconsolado «esto no me sirve para nada» y en la soledad incluso el más hermoso entorno se le antoje un espectáculo triste, oscuro, extraño y hostil.

Esa beatitud de la contemplación abúlica también es finalmente la que esparce tan delicioso encanto sobre el pasado y lo remoto y nos lo presenta bajo una luz tan embellecedora merced a un autoengaño. Pues al recordar los días pretéritos vividos en un lejano lugar, nuestra fantasía sólo evoca los objetos, no el sujeto de la voluntad que entonces portaba consigo sus desdichadas tribulaciones tan bien como ahora; pero éstas han sido relegadas al olvido, porque desde aquel entonces han solido dejar su sitio a otras. La intuición objetiva opera en el recuerdo como lo haría la intuición presente si pudiéramos transcendernos y entregarnos abúlicamente a ella. Por eso, particularmente cuando alguna penuria nos angustia más de lo habitual, la repentina evocación de escenas del pasado y de la distancia desfila ante nosotros como un paraíso perdido. La fantasía recuerda simplemente lo objetivo, no lo individualmente subjetivo, y nos imaginamos que por entonces aquello se vio tan poco enturbiado por ninguna relación con la voluntad como su actual imagen en nuestra fantasía, si bien la relación de los objetos con nuestro querer nos atormentó entonces tanto como ahora. Nosotros podemos sustraernos a todo sufrimiento por medio de los objetos presentes tan bien como mediante los objetos remotos, tan pronto como nos elevemos a la consideración puramente objetiva de los mismos y seamos así capaces de crear la ilusión de que sólo estuvieran presentes aquellos objetos, no nosotros mismos: entonces, desembarazados del fastidioso yo, en cuanto puro sujeto del conocer, llegaremos a formar un todo unitario con esos objetos y, en esos momentos, nuestra penuria nos será tan ajena como lo es a ellos. Entonces el mundo como voluntad se desvanece y sólo resta todavía el mundo como representación.

Mediante todas estas consideraciones quería evidenciar cuál es la índole y cuán grande participación tiene en la complacencia estética su condición subjetiva, a saber: la liberación del conocer con respecto al servicio a la voluntad, el olvido del propio yo como individuo y la elevación de la consciencia a un puro sujeto del conocer avolitivo, atemporal e independiente de toda relación. Con este flanco subjetivo de la contemplación estética siempre se da al mismo tiempo como | correlato necesario su vertiente objetiva, la contemplación intuitiva de la idea platónica. Pero antes de pasar a examinar esto último y encarar las producciones del arte bajo ese respecto, resulta conveniente extendernos algo más sobre el flanco subjetivo de la complacencia estética, para completar su estudio con el examen de la única impresión que es independiente de él y que surge por una modificación suya: lo *sublime*. Luego nuestra indagación sobre la complacencia estética quedará enteramente consumada gracias al examen de su vertiente objetiva.

A lo dicho hasta ahora hay que añadir por de pronto las siguientes observaciones todavía. La luz es la más alegre de las cosas: se ha convertido en el símbolo de todo lo bueno y de todo lo saludable. En todas las religiones denota la salvación eterna y la oscuridad denota la condenación. Ormuz habita en la luz más pura, Ahrimán en la noche eterna[18]. El paraíso de Dante se parece bastante al Vauxhall de Londres, puesto que los espíritus beatíficos aparecen como puntos luminosos que se agrupan en figuras regulares. La

---

18. Para los persas Ormuz («hombre sabio») personifica el principio del bien, que prevalecerá sobre el mal personificado por Ahrimán, según las profecías apocalípticas del zoroastrismo.

ausencia de luz nos entristece de inmediato, su retorno nos alegra; los colores suscitan de inmediato un vivo regocijo que alcanza el grado máximo cuando son transparentes. Todo esto se debe tan sólo a que la luz es el correlato y la condición del más perfecto modo de conocimiento intuitivo, el único que no afecta directamente a la voluntad. Pues la visión, al contrario que la afectación de otros sentidos, no puede ocasionar directamente y mediante su efecto sensible una *sensación* de agrado o desagrado en el órgano, esto es, no tiene una conexión directa con la voluntad, sino que sólo puede tenerla la intuición originada en el entendimiento y que subyace a la relación del objeto para con la voluntad. Esto no es así en el caso de la audición: los sonidos pueden provocar dolor directamente y también resultar sensiblemente gratos de inmediato, sin guardar ninguna relación con la armonía o la melodía. El tacto, al confundirse con el sentimiento unitario del cuerpo, está aún más subordinado a este influjo directo sobre la voluntad, aunque haya sensaciones táctiles que no provocan dolor ni voluptuosidad. Sin embargo, los olores siempre | son agradables o desagradables. Estos dos últimos sentidos son por tanto los más contaminados de voluntad; de ahí que sean siempre los más innobles y fuesen llamados por Kant sentidos subjetivos. La alegría suscitada por la luz se reduce de hecho al júbilo ante la posibilidad objetiva del más puro y perfecto modo de conocimiento intuitivo, de lo cual se deduce que el conocimiento puro, desembarazado y libre de todo querer resulta sumamente grato y tiene como tal una enorme participación en el goce estético. De este aspecto de la luz se deriva a su vez la increíble gran belleza que reconocemos al reflejo de los objetos en el agua. Esa leve, rápida y sutil interacción mutua de los cuerpos, a la que agradecemos la más perfecta y pura de nuestras percepciones, una incidencia mediatizada por los rayos de luz reflejados cuya causa y efecto aparece aquí ante los ojos de un modo enteramente nítido, visible y cabal; de ahí que nuestro goce estético a este respecto radique principalmente por entero en el fundamento subjetivo de la complacencia estética, esto es, en la alegría por el conocer puro y sus sendas*.

§ 39.

En todas estas consideraciones que deben recalcar la parte subjetiva de la complacencia estética, o sea, de esta complacencia en tanto que es una alegría por el simple conocimiento intuitivo como tal, en oposición a la voluntad, se concluye como directamente relacionada con ellas la siguiente explicación de aquella disposición del ánimo a la que se ha llamado el sentimiento de lo *sublime*.

Ya se ha observado antes que la traslación al estado del puro contemplar tiene lugar más fácilmente cuando los objeto se ajustan a él, esto es, cuando merced a su múltiple, al tiempo que nítida y precisa forma, se convierten fácilmente en representantes de sus ideas, en lo cual consiste justamente la belleza en | sentido objetivo. Esta propiedad la posee sobre todo la naturaleza bella y por ello sabe granjear incluso al más insensible cuando menos una fugaz complacencia estética; resulta llamativo cómo el reino vegetal especialmente exhorta a la contemplación estética e incluso podría decirse que la impone, como si esta deferencia estuviese conectada con el hecho de que estos seres orgánicos no son, al igual que los cuerpos animales, un objeto inmediato del conocimiento y por ello precisaran de un individuo inteligente ajeno para pasar del mundo del ciego querer al de la representación, como si anhelaran conseguir por ese pasaje

237

---

* Cfr. el capítulo 33 del segundo volumen.

cuando menos mediatamente lo que les está negado directamente. Ahí dejo este pensamiento totalmente osado y acaso lindante con la extravagancia, toda vez que sólo un íntimo y devoto examen de la naturaleza puede suscitarlo o justificarlo*. Mientras esta deferencia de la naturaleza, la importancia y claridad de sus formas por las cuales nos interpelan fácilmente las ideas individualizadas en ellas, sea lo que nos traslade a la contemplación estética desde el conocimiento de las meras relaciones sujeto a la voluntad y nos erige en avolitivo sujeto del conocer, lo *bello* es lo que actúa sobre nosotros y lo que suscita el sentimiento de la belleza. Mas cuando esos objetos, cuyas eminentes formas nos invitan a su pura contemplación, tienen una relación hostil frente a la voluntad humana en general tal como ésta se presenta en su objetividad y son adversos al cuerpo humano, al que amenazan con toda su irresistible prepotencia o le reducen a la nada ante su inconmensurable grandeza, pero el espectador no dirige su atención hacia esta | relación hostil a su voluntad, sino que, pese a percibirla y reconocerla, se enajena conscientemente de ella, en tanto que se emancipa violentamente de su voluntad y de sus relaciones, se entrega únicamente al conocimiento y contempla esos objetos temibles para la voluntad como un puro sujeto avolitivo del conocer, captando únicamente sus ideas ajenas a toda relación y deteniéndose de buen grado en su contemplación, elevándose así por encima de sí mismo, de su persona, de su querer y de todo querer, entonces le colma el sentimiento de lo *sublime,* se halla en un estado de *sublimación* y por eso lla-

---

* Cuarenta años después de poner por escrito este pensamiento con tanta timidez y vacilación, ahora me alegra y me sorprende descubrir que ya había hablado de ello san Agustín: «Las plantas ofrecen sus múltiples formas, que embellecen la estructura de este mundo a la percepción de los sentidos; parece como si al no poder *conocer,* quisieran ser *conocidas*» *(La ciudad de Dios* XII, 27).

ma también *sublime* al objeto que ha ocasionado tal estado. Así pues, lo que diferencia al sentimiento de lo sublime del sentimiento de lo bello es esto: en lo bello el conocer puro ha conquistado la supremacía sin lucha, esto es, aquello que facilita el conocimiento de su idea, aparta de la consciencia sin resistencia e inadvertidamente a la voluntad y al conocimiento de las relaciones consagrado a su servicio, quedando la consciencia como sujeto puro del conocer sin que a ella misma le reste recuerdo alguno de la voluntad; en cambio, ante lo sublime ese estado del conocer puro sólo se adquiere mediante una consciente y violenta emancipación de las relaciones del mismo objeto conocidas como adversas a la voluntad, mediante una libre sublimación consciente sobre la voluntad y el conocimiento que se refiere a ella. Esta sublimación consciente no sólo ha de ser adquirida, sino también conservada, y de ahí que se vea acompañada por un continuo recuerdo de la voluntad, si bien no de una voluntad individual, como en el caso del temor o el deseo, sino del querer humano en general, en tanto que mediante su objetivación se ve expresada universalmente en el cuerpo humano. Si un solo acto volitivo compareciera en la consciencia a través del peligro y la tribulación personal provocada por los objetos, tan pronto como esa voluntad individual realmente movida conquistase la supremación, el sosiego de la contemplación se tornaría imposible y se perderá la impresión de lo sublime, al dejar éste su puesto a la angustia en que el afán del individuo por salvarse suplantaría cualquier otro | pensamiento. Algunos ejemplos contribuirán sobremanera a clarificar y poner fuera de duda esta teoría de lo sublime estético, al mismo tiempo que mostrarán la diversidad del grado de ese sentimiento. Pues como en sus rasgos capitales coincide con el de lo bello (al tratarse de un puro conocer avolitivo y requerir necesariamente el conocimiento de las ideas situadas fuera de toda relación determinada por el principio de razón), se confundiría con él a no ser por un aditivo que le diferencia del sentimiento de lo bello, a saber, el sublimar la conocida relación hostil del objeto contemplado para con la voluntad en general; así surgen diversos grados de lo sublime y del tránsito de lo bello hacia lo sublime, según ese aditivo sea fuerte, cercano y apremiante o sólo débil, lejano y meramente alusivo. Considero más adecuado a la exposición aportar primero ejemplos relativos a esta transición y en general a los grados más débiles de la impresión de lo sublime, aun cuando aquellos cuya sensibilidad estética no sea muy grande y cuya fantasía no sea muy viva sólo comprenderán los ejemplos subsiguientes sobre los grados más nítidos de tal impresión, por lo cual esos lectores únicamente han de reparar en estos últimos ejemplos y dejar correr los allegados en primer lugar.

Tal como el hombre es al mismo tiempo el más fogoso y oscuro apremio del querer (caracterizado por el polo de los genitales como foco) y el eterno, libre y sereno sujeto del conocer puro (caracterizado por el polo del cerebro), así, en correspondencia a este contraste, el sol es al mismo fuente de *luz,* la condición para el modo de conocimiento más perfecto y por ello más grato de las cosas, y fuente de *calor,* la primera condición de toda vida, esto es, de toda manifestación de la voluntad en sus niveles más elevados. Lo que para la voluntad es el calor es la luz para el conocimiento. La luz es el diamante más grande en la corona de la belleza y posee la influencia más decisiva sobre el conocimiento de cada objeto bello; su presencia es una condición indispensable, y su oportuno emplazamiento realza la belleza de lo más bello. La belleza de la arquitectura queda particularmente realzada por su patrocinio, por el cual incluso | lo más insignificante se vuelve un objeto bello. En lo más crudo del invierno, cuando la naturaleza está entumecida, vemos los rayos del desfalleciente sol proyectarse sobre los bloques de piedra, donde alumbran sin calentar, mostrarse sólo favorables al más puro modo de conocimiento, no a la voluntad; así la contemplación del bello efecto de la luz sobre esos bloques nos traslada, como toda belleza, al estado del puro conocer; sin embargo, aquí el leve recuerdo de que esos rayos no calientan, esto es, la evocación del principio de la vida, reclama una cierta sublimación del interés de la voluntad, una sutil exhortación a persistir en el conocer puro enajenando todo querer, y ello entraña un tránsito del sentimiento de lo bello al de lo sublime. Se trata del más débil soplo de lo sublime en lo bello, siendo así que también lo bello aparece aquí en un grado ínfimo. Un grado casi tan débil como el del siguiente ejemplo.

Trasladémonos a un paraje solitario con un amplio horizonte bajo un cielo totalmente despejado de nubes, donde los árboles y las plantas no son movidos por el aire, no hay animales ni hombres, ni tan siquiera corre el agua y reina la calma más absoluta; semejante entorno es como una llamada al recogimiento, a la contemplación despojada de todo querer y su indigencia; pero esto confiere ya a un entorno semejante, simplemente solitario y apacible, un viso de lo sublime. Pues como a la voluntad menesterosa de un continuo anhelar y conseguir no se le brinda objeto alguno, ni propicio ni desfavorable, sólo resta el estado de la pura contemplación, y quien no sea susceptible a ella pagará con humillante denigración el precio del vacío de la voluntad desocupada y el tormento del tedio. Este paraje proporciona una medida de nuestro propio valor intelectual, para el cual supone un buen criterio el grado de nuestra aptitud para soportar o amar la soledad. El entorno descrito da por tanto un ejemplo de lo sublime en un grado inferior, por cuanto en él al estado del conocer puro, en su paz y sobriedad, se agrega, como contraste, un recuerdo de la dependencia y miseria de una voluntad menesterosa de un continuo trajín. Éste es el género | de lo sublime que ha hecho célebre al espectáculo de las inmensas praderas del interior de la América del Norte.

Pero si ahora despojamos a ese paraje también de plantas y sólo le permitimos mostrar áridas rocas, entonces la voluntad se verá francamente angustiada por la total ausencia de lo orgánicamente necesario a nuestra subsistencia: este paraje yermo adquiere un temible carácter; nuestra disposición de ánimo se vuelve más trágica; la elevación al conocer puro se da con una resuelta emancipación del interés de la voluntad y al perseverar en el estado del conocer puro, el sentimiento de lo sublime se pondrá claramente de relieve.

El siguiente entorno puede originarlo en grados más altos. La naturaleza en tempestuoso movimiento; una penumbra a través de negras nubes que amenazan tormenta; colosales rocas colgantes que por su ensamblaje tapan el horizonte; ruidosas y espumeantes cascadas; un paraje completamente desértico; gemidos del viento que atraviesa los desfiladeros. Nuestra dependencia, nuestra lucha con la hostil naturaleza, nuestra voluntad quebrantada en dicha lucha saltan ahora a la vista; pero mientras la tribulación personal no conquiste la supremacía, sino que permanezcamos en la contemplación estética, el sujeto puro del conocer mira impávido e indiferente a través de esa lucha de la naturaleza, a través de esa imagen de la voluntad quebrantada, y capta las ideas en los objetos que son amenazantes y temibles para la voluntad. Justo en este contraste radica el sentimiento de lo sublime.

Mas la impresión se vuelve más poderosa, cuando tenemos ante los ojos a las fuerzas de la naturaleza sublevadas en su conjunto, cuando en ese entorno el estruendo de un torrente nos imposibilita oír nuestra propia voz, o cuando a cierta distancia el mar se subleva en medio de una tempestad: olas gigantescas suben y bajan, rompen violentamente contra los escarpados escollos de la costa y rocían el aire con espuma, la tempestad brama, el mar ruge, los relámpagos atraviesan las negras nubes, los truenos se superponen al estruendo del mar y la tempestad. Entonces en el impávido espectador de estas escenas alcanza su máxima claridad la duplicidad de su consciencia: por un lado, | como individuo, como frágil manifestación de la voluntad a la que el menor golpe de esas fuerzas puede destrozar, se siente desvalido, dependiente y a merced del azar, cual una diminuta nadería frente a un poder colosal; y al mismo tiempo, como sujeto eternamente sereno del conocer que, como condición de todo objeto, es el portador de todo ese mundo e incluso la temible lucha de la naturaleza sólo es una representación suya, él mismo en la serena comprensión de las ideas se siente libre y ajeno a todo querer e indigencia. Ésta es la íntegra impresión de lo sublime. Aquí la ocasiona el espectáculo de un poder incomparable que amenaza con aniquilar al individuo.

242

Puede originarse de muy otra manera al figurarnos una simple magnitud en el espacio y el tiempo cuya inconmensurabilidad reduzca a la nada al individuo. Podemos llamar al primer tipo sublime dinámico y al segundo sublime matemático, conservando la denominación kantiana y su correcta división, aunque al explicar la esencia íntima de esa impresión nosotros nos apartemos totalmente de Kant y no admitamos ni reflexiones morales ni tampoco hipóstasis procedentes de la filosofía escolástica.

Cuando nos perdemos en la consideración del infinito tamaño del mundo en el espacio y el tiempo, meditamos sobre los siglos pasados y los venideros, o también cuando el cielo nocturno nos pone ante los ojos innumerables mundos efectivos y la inconmensurabilidad del mundo penetra en la consciencia, nos sentimos a nosotros mismos empequeñecidos hasta la nada, nos sentimos en cuanto individuo, en cuanto cuerpo vivo, en cuanto fugaz manifestación de la voluntad, como una gota en el océano deshaciéndonos vertiginosamente en la nada. Pero al mismo tiempo frente al espectro de nuestra propia futilidad, frente a esa mendaz imposibilidad, se eleva la consciencia inmediata de que todos esos mundos sólo existen en nuestra representación, en cuanto modificaciones del eterno sujeto del conocer puro con que nos encontramos tan pronto como olvidamos la individualidad, sujeto que es el necesario e indispensable portador de todos esos mundos y de todos esos tiempos. El tamaño del mundo que antes nos desazonaba reposa ahora en nosotros: nuestra independencia con respecto a él queda suprimida por | su dependencia de nosotros. Sin embargo, todo esto no se presenta de inmediato en la reflexión, sino que sólo se revela a la consciencia como un sentimiento de que, en algún sentido (que únicamente la filosofía aclara), somos algo unitario con el mundo y por eso no quedamos aplastados por su inconmensurabilidad, sino sublimados. La consciencia de este sentimiento es lo que los *Upanishad* de los *Vedas* enuncian repitiéndolo en diversas formulaciones, entre las que destaca esta sentencia ya citada con anterioridad: «Yo soy todas estas criaturas en su totalidad y ningún ser existe fuera de mí» *(Oupnekhat* I, 122). Se trata de la sublimación del propio individuo, del sentimiento de lo sublime.

Esta impresión de lo sublime matemático la obtenemos ya de un modo totalmente directo merced a un espacio que es muy pequeño en comparación con el universo, pero que nos resulta inmediatamente perceptible por completo y que, al actuar sobre nosotros con toda la magnitud de sus tres dimensiones, basta para hacer casi infinitamente pequeña la medida de nuestro propio cuerpo. Esta percepción nunca puede procurarla un espacio vacío y por ende abierto, sino sólo un espacio inmediatamente percibible por tener delimitadas todas sus dimensiones, cual es el caso de una cúpula enorme y alta como la de San Pedro en Roma o la de San Pablo en Londres. El sentimiento de lo sublime surge aquí al percatarnos de la futilidad de nuestro propio cuerpo ante una enormidad que por otra parte sólo está en nuestra representación y cuyo portador somos como sujeto cognoscente, por tanto, tal sentimiento surge aquí al igual que por doquier merced al contraste de la insignificancia y dependencia de nuestro propio yo como individuo, como manifestación de la voluntad, frente a la consciencia de nosotros como sujeto puro del conocer. Incluso la bóveda del cielo estrellado, cuando se considera sin reflexión, actúa sólo como aquella bóveda de piedra y no con su verdadero tamaño, sino con uno aparente. Muchos objetos de nuestra intuición suscitan la impresión de lo sublime por el hecho de que, tanto en virtud de su vastedad espacial como en virtud de su gran antigüedad o de su duración temporal, nos hacen sentirnos tremendamente empequeñecidos frente a ellos y sin embargo nos abandonamos al goce de su contemplación: de este tipo son | las montañas muy altas, las pirámides egipcias y las colosales ruinas de los tiempos más remotos.

Nuestra explicación de lo sublime se deja transferir también a lo ético, a saber, a aquello que se designa como el carácter sublime. También éste surge porque la voluntad no se ve incitada por los objetos que sin duda estarían inclinados a hacerlo, sino que el conocer también conserva la supremacía. Con arreglo a ello, tal carácter considerará a los hombres de un modo puramente objetivo y no según las relaciones que éstos puedan tener para con su voluntad; así por ejemplo, dicho carácter advertirá sus errores e incluso su odio y su injusticia frente a él mismo, sin que ello le incite al odio por su parte; verá su felicidad sin sentir envidia;

reconocerá sus buenas cualidades sin pretender compararlas con las suyas; percibirá la belleza de las mujeres sin desearlas. Su dicha o infortunio personal no le afectarán intensamente, más bien será como ese Horacio al que describe Hamlet: «Pues tú has sido como alguien que, al sufrirlo todo, no ha sufrido nada; un hombre que ha agradecido por igual los reveses y los dones de la fortuna, etc.» ([Shakespeare, *Hamlet]* acto III, escena 2). Pues en el curso de su propia vida y sus infortunios verá menos su suerte individual que el destino de la humanidad en general, tomándolo como objeto de estudio más que de sufrimiento.

§ 40.

Como los contrarios se dilucidan mutuamente, resulta oportuno observar aquí que lo propiamente contrario de lo sublime es algo que no se reconoce como tal a primera vista: lo *estimulante*. Por ello entiendo aquello | que excita a la voluntad al ofrecerle una satisfacción inmediata. El sentimiento de lo sublime surge por el hecho de que un objeto directamente desfavorable a la voluntad se vuelve objeto de pura contemplación, que sólo se obtiene mediante un continuo abandono de la voluntad y la sublimación de su interés, que constituye la sublimidad de la disposición del ánimo; en cambio, lo estimulante sustrae al espectador de la contemplación pura que requiere cualquier apreciación de lo bello, por cuanto excita necesariamente a su voluntad mediante objetos que le son inmediatamente gratos, con lo cual el espectador deja de ser puro sujeto del conocer, convirtiéndose en un menesteroso y dependiente sujeto del querer. Suele llamarse estimulante a todo lo bello de índole placentera, pero esto supone un concepto demasiado amplio que he de dejar completamente de lado e incluso reprobar por su carencia de matización. Pero en el sentido especificado y explicado sólo encuentro en el ámbito del arte dos tipos de lo estimulante, ambos indignos de lo bello. El uno lo encontramos, trivialmente, en aquellos bodegones flamencos, cuando lo estimulante se extravía hacia los objetos presentados como viandas y que por su embaucadora presentación provocan necesariamente el apetito hacia ella, lo cual supone una excitación de la voluntad que pone fin a la contemplación estética del objeto. La fruta pintada es algo más admisible porque, como un ulterior desarrollo de las flores, se presenta como un bello producto natural mediante formas y colores, sin que se imponga pensar en su comestibilidad; pero desgraciadamente solemos encontrar, con engañosa naturalidad, platos preparados y servidos sobre la mesa, ostras, arenques, bogavantes, panecillos, cerveza, vino, etc., todo lo cual es enteramente rechazable. En la pintura histórica y la escultura lo estimulante consiste en las figuras desnudas, cuya posición, semidesnudez y tratamiento genérico apuntan a provocar lascivia en el espectador, contrarrestando por lo tanto el fin del arte. Este desacierto se corresponde a pie juntillas con el reprochado a los pintores flamencos. Los antiguos, a pesar de la íntegra belleza y entera desnudez de sus figuras, casi siempre están libres de tal desacierto, porque el artista mismo las crea objetivamente puras con el espíritu colmado de la belleza ideal, | no con un espíritu subjetivo repleto de viles apetitos. Así pues, hay que evitar por doquier lo estimulante en el arte.

También existe lo negativamente estimulante, lo cual es mucho más reprobable que lo positivamente estimulante, y esto es lo repulsivo. Al igual que lo propiamente estimulante, también lo repulsivo despierta la voluntad del espectador y destruye con ello la contemplación puramente estética. Pero ahora lo que se suscita es un vehemente no querer, una resistencia; lo repulsivo despierta a la voluntad mostrándole objetos que aborrece. Por eso desde siempre se ha reconocido que lo repulsivo es inadmisible en el arte, donde incluso lo feo, siempre que no sea repulsivo, puede ser tolerado en su justo lugar, como luego veremos.

§ 41.

La marcha de nuestro estudio ha hecho que intercalemos aquí el análisis de lo sublime, cuando el de lo bello estaba sólo acabado a medias, habiendo atendido sólo a su flanco subjetivo. Pues sólo una peculiar modificación de este flanco subjetivo diferencia lo sublime de lo bello. Si el estado del puro conocer avolitivo que presupone y requiere toda contemplación estética comparece por sí mismo, en tanto que el objeto invita y atrae hacia ello, sin resistencia y simplemente por la mera desaparición de la voluntad en la consciencia; o si ese mismo estado sólo se suscita sobreponiéndose conscientemente a la voluntad, con la cual el propio objeto contemplado tiene una relación adversamente hostil, que la contemplación ha de dedicarse a suprimir; tal es la diferencia entre lo bello y lo sublime. Ambos no difieren esencialmente en los objetos, pues en cada caso el objeto de la consideración estética no es la cosa singular, sino la idea que tiende a revelarse en dicha cosa, esto es, la adecuada objetivación de la voluntad en un determinado nivel; su correlato necesario, sustraído como la idea misma al principio de razón, es el puro sujeto del conocer, tal como el correlato de la cosa singular es el individuo cognoscente y ambos están en el ámbito del principio de razón. |

Al llamar *bello* a un objeto, decimos con ello que es objeto de nuestra consideración estética, lo cual implica dos cosas; por un lado, que su espectáculo nos hace *objetivos,* esto es, que en su contemplación ya no somos conscientes de nosotros como individuos, sino como puro sujeto avolitivo del conocer; y por otro, que en el objeto no conocemos la cosa singular, sino una idea, lo cual sólo puede suceder en tanto que nuestra consideración del objeto no se abandone al principio de razón, no persiga su relación con algo externo a él (que finalmente siempre está ligado a nuestra voluntad), sino que descanse sobre el objeto mismo. Pues la idea y el sujeto puro del conocer aparecen siempre simultáneamente como correlatos necesarios en la consciencia, desapareciendo al instante toda diferencia temporal, ya que ambos son completamente ajenos al principio de razón en todas sus formas y moran fuera de las relaciones establecidas por él, asemejándose al arco iris y el sol, que no tienen parte alguna en el continuo movimiento y sucesión de las gotas de lluvia que caen. Por eso, cuando yo contemplo por ejemplo un árbol estéticamente, esto es, con ojos de artista, no lo reconozco a él, sino a su idea, y, por lo tanto, no tiene importancia si se trata de este árbol o de su antepasado que floreció hace mil años e igualmente si el espectador es este individuo o algún otro donde quiera o cuando quiera que viva; con el principio de razón se suprime la cosa singular y el individuo cognoscente, no quedando nada más que la idea y el puro sujeto del conocer, que juntos constituyen la adecuada objetivación de la voluntad en este nivel. Y la idea no sólo queda exonerada del tiempo, sino también del espacio, pues no es la fluctuante figura espacial lo que me hace patente y me interpela, sino su expresión, su puro significado, su esencia más íntima, es propiamente la idea y ella puede ser totalmente idéntica pese a la enorme diferencia de las relaciones espaciales de la figura.

Como quiera que, por una parte, cualquier cosa existente puede ser considerada de un modo puramente objetivo y como además, por otra parte, la voluntad se manifiesta en

248 cada cosa en algún nivel de su | objetivación, suponiendo la expresión de una idea, así también es *bella* cualquier cosa. Que también lo intranscendente sea susceptible de una consideración puramente objetiva y abúlica y se acredite por ello como bello lo testimonian los mentados (§ 38) bodegones de los flamencos. Pero lo que facilita la contemplación puramente objetiva es más bello que lo que se le opone, y a lo que, por decirlo así, fuerza dicha contemplación lo llamamos entonces muy bello. Esto sucede en parte porque, como cosa singular, a través de la significativa relación de sus partes, lo bello expresa con absoluta claridad y precisión la idea de su género y, al integrar en él todas las posibles manifestaciones de su género, revela perfectamente su idea, de suerte que al espectador se le facilita sobremanera el tránsito de la cosa singular hacia la idea y con ello también el estado de la pura contemplación; en parte ese privilegio de especial belleza de un objeto estriba en que la idea misma, que nos interpela a partir de él, supone un alto nivel de objetivación de la voluntad; de ahí que sea significativa y elocuente. Por eso el hombre es bello ante todo lo demás y la revelación de su esencia es el objetivo supremo del arte. La figura y la expresión humanas son el objeto más importante del arte figurativo, así como el obrar humano es el objeto más significativo de la poesía. Sin embargo, cada cosa tiene su belleza característica; no sólo lo orgánico que se presenta en la unidad de una individualidad, sino también lo inorgánico, sin forma, e incluso cualquier artefacto. Pues todo esto revela las ideas a través de las cuales la voluntad se objetiva en los niveles más bajos, ofreciendo por decirlo así el contrabajo de la naturaleza. Gravedad, solidez, fluidez, luz, etc., son las ideas que se expresan en rocas, edificios o manantiales. El arte de la jardinería y la arquitectura sólo pueden ayudar a desplegar clara, polifacética y cabalmente las propiedades de tales ideas, darles ocasión de ex-

presarse puramente e invitar con ello a la contemplación estética, facilitando la misma. En cambio, los edificios mal hechos y los paisajes que descuida la naturaleza o deteriora el arte logran esto en muy escasa medida o en absoluto, pese a lo cual tampoco pueden desaparecer por completo de ellos esas ideas fundamentales y universales de la naturaleza. | También ellos dicen algo al espectador que los interroga e incluso los edificios mal hechos y cosas por el estilo son susceptibles de una consideración estética: las ideas de las propiedades universales de su materialidad aún son reconocibles en ellos, sólo que la forma artística que se les ha dado no es un recurso propicio para la contemplación estética, sino más bien un obstáculo que la dificulta. Por consiguiente, también los artefactos sirven a la expresión de las ideas; sólo que no es la idea del artefacto la que habla a partir de ellos, sino la idea del material al que se dio esta forma artística. En el lenguaje de los escolásticos esto se enuncia muy cómodamente con dos palabras, a saber, en el artefacto se expresa la idea de su *forma substantialis* [forma sustancial], no la de su *forma accidentalis* [forma accidental], y esta última no conduce a una idea, sino sólo a un concepto humano, del cual procede. Entiéndase que «artefacto» no se refiere aquí a ninguna obra del arte figurativo. Por lo demás, los escolásticos comprendían de hecho bajo *forma substantialis* aquello que yo denomino el grado de objetivación de la voluntad en una cosa. En seguida volveremos a la expresión de la idea del material, al estudiar la belleza en la arquitectura. Con arreglo a nuestro parecer no podemos coincidir con Platón, cuando él afirma que los términos «mesa» y «silla» expresan las ideas de mesa y de silla, que ya en su simple material se expresan como tales *(República* X, pp. 284-285, y *Parménides*, p. 79; ed. Bip.). Según Aristóteles, el propio Platón sólo estableció ideas de las cosas naturales *(Metafísica* XI, cap. 3 [1070 a 18]) y (según

249

dice en el capítulo 5), para los platónicos, no hay ninguna idea de casa y anillo. En todo caso, los discípulos más cercanos a Platón ya negaron que hubiese ideas de artefactos, según nos informa Albinos *(Introducción a la filosofía platónica,* cap. 9): «Sin embargo, definieron a la *idea* como un prototipo eterno de las cosas naturales. Pues la mayoría de los seguidores de Platón niegan que haya ideas de productos artificiales como el escudo o la lira, ni de cosas que sean contranatura, como la fiebre y el cólera, ni de individuos, como Sócrates y Platón, ni tampoco de cosas baladís, como la basura o la leña, así como tampoco de relaciones, como el ser mayor o excesivo; pues las ideas serían intelecciones de Dios, perfectas de suyo». A propósito de esto cabe aludir a otro punto en el que nuestra teoría de las ideas difiere sobremanera de la de Platón. Éste enseña que el objeto que se proponen presentar las bellas artes, el modelo de la pintura y la poesía, no sería la idea, sino la cosa singular *(República* X, 288 [ed. Bip.]). El análisis que nosotros hemos hecho hasta el momento afirma justamente lo contrario, y la opinión de Platón no ha de confundirnos, porque la fuente del mismo es uno de los mayores defectos de ese gran hombre, a saber, su menosprecio y rechazo del arte, particularmente de la poesía; su falso juicio sobre ésta queda inmediatamente acreditado en el pasaje citado.

§ 42.

Vuelvo a nuestro análisis de la impresión estética. El conocimiento de lo bello supone siempre simultánea e indisociablemente al sujeto cognoscente y a la idea conocida como objeto. Sin embargo, la fuente del goce estético tan pronto tendrá un caudal mayor en la comprensión de la idea conocida como tan pronto lo tendrá en la beatitud y serenidad del puro conocer liberado de todo querer y por ello de toda individualidad, así como del tormento resultante de ello; y ciertamente el predominio de uno u otro elemento del goce estético dependerá de si la idea captada intuitivamente es un nivel de objetivación más alto o más bajo de la voluntad. Así en la contemplación estética de la naturaleza bella (ante la realidad o por la mediación del arte), | cuando se trate de lo inorgánico, lo vegetal y las obras de la arquitectura, predominará el goce del puro conocer avolitivo, porque las ideas comprendidas aquí sólo son niveles ínfimos de objetivación de la voluntad y por ello no son fenómenos con un contenido significativo e importante. En cambio, cuando el objeto de la contemplación o presentación estética son los animales y los hombres, el goce consistirá más en la comprensión objetiva de estas ideas, que son las más nítidas manifestaciones de la voluntad porque explicitan la mayor multiplicidad de formas, la mayor riqueza y profunda significación de los fenómenos y revelan del modo más perfecto la esencia de la voluntad, ya sea en su vehemencia, horror y satisfacción o en su quebrantamiento (esto último en las representaciones trágicas), e incluso en su reverso o autosupresión, que constituye el tema particular de la pintura cristiana; al igual que en general la pintura histórica y el drama tienen por objeto a la idea de la voluntad iluminada plenamente por el conocer. Ahora queremos recorrer las diferentes artes, para clarificar y completar la teoría de lo bello que hemos expuesto aquí.

§ 43.

La materia como tal no puede representar a una idea. Pues, según vimos en el primer libro, la materia es causalidad sin más: su ser se reduce al actuar. La causalidad es una forma del principio de razón; en cambio el conocimiento de la idea entraña esencialmente el contenido de ese principio. En el segundo libro vimos a la materia como el sustrato común de todos los fenómenos singulares de la idea y, por consiguiente, como el eslabón entre la idea o el fenómeno y la cosa singular. Así pues, tanto por una razón como por la otra, la materia no puede representar por sí a la idea. Esto se ve confirmado a posteriori por el hecho de que de la materia en cuanto tal no es posible representación intuitiva alguna, sino sólo un concepto abstracto; en la representación intuitiva sólo se representan las formas y las cualidades, cuya portadora es la materia, en la cual se manifiestan todas las ideas. Esto se corresponde con el hecho de que la causalidad (la esencia íntegra de la materia) | no es de suyo representable intuitivamente, sino que sólo cabe representarse un determinado enlace causal. En cambio, por otra parte, cada *fenómeno* de una idea, al haber ingresado como tal en la forma del principio de razón o en el principio de individuación, ha de representarse en la materia como cualidad suya. Así pues, como ya se ha dicho, la materia es el enlace entre la idea y el principio de individuación, el cual es la forma del conocimiento del individuo, o del principio de razón. Por eso Platón establece muy atinadamente junto a la idea y a su fenómeno, la cosa singular, los cuales abarcan bajo sí todas las cosas del mundo, sólo a la materia como un tercer término distinto de ambos *(Timeo,* p. 345 [ed. Bip.]). El individuo, como fenómeno de la idea, es siempre materia. También cada cualidad de la materia es siempre el fenómeno de una idea y, en cuanto tal, también de una contemplación estética, esto es, el conocimiento de la idea que se presenta en él. Esto vale incluso para las cualidades más universales de la materia, sin las cuales ni se daría nunca, y cuyas ideas son la más débil objetivación de la voluntad. Dichas cualidades son: la gravedad, la cohesión, la solidez, la fluidez, la respuesta frente a la luz, etc.

Si ahora consideramos la *arquitectura* simplemente como un arte bello, haciendo caso omiso de su determinación a fines útiles, en la que sirve a la voluntad y, por tanto, deja de servir al arte en nuestro sentido, no podemos adjudicarle ningún otro propósito salvo el de hacer claramente intuibles algunas de esas ideas que son los niveles más bajos de objetivación de la voluntad, a saber: gravedad, cohesión, solidez, dureza, estas primeras y más rudimentarias visualizaciones de la voluntad, el contrabajo de la naturaleza, y junto a ellas la luz, que bajo muchos respectos es un contrapunto de aquéllas. Incluso en estos profundos niveles de objetivación de la voluntad vemos ya revelarse su esencia en discordia, pues la lucha entre gravedad y solidez es propiamente el único material estético del bello arte arquitectónico: en hacer perfectamente patente esa lucha de muy diversos modos es en lo que consiste su tarea. La resuelve privando a esas indestructibles fuerzas del camino más corto hacia su satisfacción y haciéndolas dar un rodeo hacia él, | con lo cual prolonga la lucha y hace visible de múltiples modos la inagotable tendencia de ambas fuerzas. Abandonada a su inclinación originaria, la masa total del edificio presentaría un mero amasijo tan firmemente acoplado como le fuera posible al suelo, hacia el cual la gravedad –aquello en lo que se manifiesta aquí la voluntad– le empuja sin cesar, mientras se resiste a ello la solidez –asimismo objetivación de la voluntad–. Pero esta inclinación, esta tendencia, es justamente aquello a lo que la arquitectura impide una satisfacción inmediata y sólo le consiente una satisfacción mediata por medio de un rodeo. Así por ejemplo, el maderamen sólo puede gravitar sobre la tierra por medio de columnas; la bóveda ha de soportarse a sí misma y sólo por mediación de los pilares puede satisfacer su tendencia hacia la masa terrestre. Pero justa-

253

mente sobre estos obligados rodeos, por estas trabas, se despliegan del modo más nítido y diverso esas fuerzas inherentes a los toscos bloques de piedra: y el puro fin estético de la arquitectura no puede ir más lejos. Sin duda, por eso la belleza de un edificio estriba en la manifiesta finalidad de cada parte, no de cara a un arbitrario fin externo del hombre (lo cual pertenece a la obra de la arquitectura útil), sino inmediatamente a la consistencia del conjunto, con respecto al cual el lugar, el tamaño y la forma de cada parte han de guardar una relación tan necesaria que, allí donde sea posible, si se quitase alguna parte, tuviera que venirse abajo el edificio. Pues sólo cuando cada parte soporta tanto como puede y se ve apoyada justo dónde y cuánto le hace falta, se desarrolla ese juego a la contra, se visualiza perfectamente esa lucha entre solidez y gravedad que constituyen la vida de la piedra, la manifestación de su voluntad, y se patentizan estos niveles más profundos de objetivación de la voluntad. Asimismo la forma de cada parte ha de quedar determinada por su fin y su relación para con el todo, no arbitrariamente. La columna es la forma más simple del soporte y está determinada por el fin; la columna retorcida es de mal gusto; el pilar cuadrangular es de hecho menos simple, aunque causalmente más fácil de hacer que la columna redonda. Igualmente las formas de frisos, puntales, arcos y cúpulas están absolutamente determinadas por su fin inmediato y se explican por | sí mismas. La ornamentación de los capiteles y cosas así pertenece a la escultura, no a la arquitectura, y podemos tolerarla como un aderezo que se añade o simplemente eliminarla. Con arreglo a lo dicho, para comprender y disfrutar estéticamente una obra de arquitectura es indispensable tener un conocimiento intuitivo inmediato de su materia, conforme a su peso, su solidez y cohesión, y nuestra alegría ante una obra semejante se vería repentinamente muy disminuida si nos hicieran saber que el material de construcción es la piedra pómez, pues entonces lo veríamos como si fuera un pseudoedificio de cartón piedra. Casi tendría el mismo efecto saber que sólo es de madera, cuando lo presumíamos de piedra, porque esto cambia y disloca la relación entre solidez y gravedad, y con ello el significado y la necesidad de todas las partes, ya que esas fuerzas naturales se revelan mucho más débilmente en los edificios de madera. Por eso, estrictamente, tampoco puede ser de madera una obra arquitectónicamente bella, por mucho que la madera adopte también todas las formas: esto es algo que sólo puede explicarse totalmente por nuestra teoría. Pero si finalmente se nos dijera que el edificio, cuya visión nos deleita, estuviera hecho de materiales enteramente distintos, de muy diversa gravedad y consistencia, pero que no fuesen discernibles a simple vista, entonces podríamos disfrutar tan escasamente del edificio en su conjunto como de una poesía escrita en una lengua que nos es desconocida. Todo esto demuestra que la arquitectura no actúa sólo matemáticamente, sino también dinámicamente, y que lo que nos habla a través de ella no es mera forma y simetría, sino más bien estas fuerzas primordiales de la naturaleza, esas ideas primeras, aquellos niveles inferiores de objetivación de la voluntad. La regularidad del edificio y de sus partes se origina en parte por la inmediata finalidad de cada miembro a la consistencia del conjunto, en parte sirve para facilitar la panorámica y la comprensión del todo y en parte, por último, las figuras regulares, al revelar la regularidad del espacio en cuanto tal, contribuyen a la belleza. Pero todo esto sólo es de un valor y una necesidad subsidiarios, en modo alguno lo principal, e incluso la simetría tampoco es requerida de un modo imprescindible, ya que también las ruinas siguen siendo bellas. |

255

Las obras de arquitectura tienen una relación muy especial con la luz: cobran una redoblada belleza a plena luz del sol, con el trasfondo del cielo azul, y muestran un efecto completamente distinto a la luz de la luna. Por eso, al construir una bella obra de arquitectura siempre se toman muy en cuenta los efectos de la luz y del cielo. Desde luego, esto se debe en gran parte a que sólo una iluminación viva e intensa hace patentes todas las relaciones entre sus partes, pero además yo creo que la arquitectura está determinada a revelar, igual que hace con la gravedad y la solidez, esa esencia de la luz totalmente contrapuesta a éstas. La luz, al verse rechazada, detenida y recogida por las enormes, opacas y diversamente configuradas masas, despliega su naturaleza y propiedades del modo más puro y nítido para gran fruición del espectador, toda vez que la luz es la cosa más regocijante y supone el correlato objetivo del más perfecto modo de conocimiento intuitivo.

Como las ideas que la arquitectura hace claramente intuibles son los niveles más bajos de objetivación de la voluntad y, por consiguiente, el significado objetivo de lo que nos revela la arquitectura es relativamente exiguo, el goce estético experimentado al ver un edificio bella y convenientemente iluminado no se cifra tanto en la captación de la idea como en el correlato subjetivo de la misma supuesto por dicha comprensión; tal goce consiste sobre todo en que, ante ese espectáculo, el espectador queda emancipado del tipo de conocimiento del individuo que sirve a la voluntad y secunda el principio de razón, y se eleva hasta el tipo de conocimiento propio del puro sujeto avolitivo del conocer; el goce estriba, por lo tanto, en la contemplación misma, liberada de todo sufrimiento del querer y de la individualidad. En este sentido, el drama es lo opuesto de la arquitectura y está en el otro extremo de la hilera de las bellas artes, pues el drama da a conocer las ideas más importantes y en su goce estético predomina por ello la vertiente objetiva.

Lo que más diferencia a la arquitectura de las artes plásticas y de la | poesía es que no nos proporciona un facsímil, sino la cosa misma; no reproduce como éstas la idea conocida gracias a la cual el artista presta sus ojos al espectador, sino que aquí el artista simplemente presenta como es debido el objeto al espectador, facilitándole la comprensión de la idea por haber llevado al objeto individual efectivo a la clara y cabal expresión de su idea.

Las obras de arquitectura raramente son ejecutadas, como sí lo son las restantes obras del arte bello, teniendo presentes fines puramente estéticos; antes bien, están subordinadas a otros fines utilitarios ajenos al arte mismo, y el gran mérito del arquitecto artista consiste en alcanzar e imponer los fines puramente estéticos bajo esa subordinación suya a otros fines extraños, al amoldar convenientemente unos y otros fines de muy diversos modos, sabiendo juzgar correctamente qué belleza estético-arquitectónica puede avenirse con un templo, cuál se deja combinar con un palacio, cuál con un arsenal, etc. Cuanto más incremente el rigor de un clima esas exigencias relativas a la necesidad y la utilidad, prescribiéndose éstas de un modo tan firmemente determinado como indispensable, tanto menos margen de maniobra hay para lo bello en la arquitectura. En los suaves climas de la India, Egipto, Grecia y Roma, donde las exigencias de la necesidad eran mucho menos estrictas, la arquitectura podía perseguir sus fines estéticos mucho más libremente, los cuales quedan muy atrofiados bajo el cielo nórdico; allí donde se imponen caserones con tejados y torres puntiagudas, la arquitectura sólo podía desarrollar su belleza propia dentro de muy estrechos márgenes y en compensación tuvo que recurrir a ornamentos prestados por la escultura, tal como vemos en la arquitectura gótica.

Ahora bien, esas mismas exigencias de la necesidad y de la utilidad que tantas limitaciones imponen a la arquitectura le proporcionan por otra parte un sólido apoyo, porque la envergadura y suntuosidad de sus obras, así como la angosta esfera de su resultado estético, no le permitirían mantenerse simplemente como arte bello, si al mismo tiempo no tuviese asegurado un honroso puesto entre las actividades humanas como una industria útil y necesaria. El no tenerlo | impide a otro arte hermanarse con la arquitectura, aunque desde una consideración estética tendría que emparejarse con ella; me refiero al bello arte de la hidráulica. Pues lo que la arquitectura consigue para la idea de gravedad allí donde ésta parece asociada con la solidez otro tanto consigue la hidráulica para esta misma idea, allí donde a ella se le agrega la fluidez, esto es, la falta de forma, la fácil desplazabilidad. Cascadas espumeantes y estrepitosas que se precipitan sobre las rocas, cataratas que se vaporizan silenciosamente, surtidores que se elevan como altas columnas de agua y lagos claros como espejos revelan las ideas de la materia fluida y sometida a la gravedad, al igual que las obras de la arquitectura desarrollan las ideas de la materia sólida. La hidráulica artística no encuentra ningún apoyo en el arte de la hidráulica útil, pues por lo regular los fines de ésta no se dejan conciliar con los suyos, y esto sólo tiene lugar en casos excepcionales, como por ejemplo la di Trevi en Roma*.

§ 44.

Lo que las dos artes mencionadas consiguen para los más bajos niveles de objetivación de la voluntad lo consigue hasta cierto punto el bello arte de la jardinería para los niveles más altos de la naturaleza vegetal. La belleza paisajística

---

* Cfr. el capítulo 35 del segundo volumen.

de un lugar consiste de ordinario en la variedad de objetos naturales que se congreguen en él y destaque cada uno por su lado sin que esa diversificación deje de presentarse como ajustada a la composición de conjunto. Estas dos condiciones son aquello a cuya consecución se apresta el bello arte de la jardinería; sin embargo, no es ni de lejos tan dueña de su material como la arquitectura del suyo, y eso constriñe su efecto. Lo bello que se exhibe pertenece casi por completo a la naturaleza: la propia jardinería contribuye escasamente a ello y, por otra parte, puede conseguir muy poco frente el disfavor de la naturaleza, y allí donde éste no se muestra cooperativo, sino a la contra, sus logros son muy parcos.

Así pues, en tanto que el mundo de las plantas, el cual se ofrece por doquier al goce estético sin la mediación del arte, es objeto del | arte, pertenece principalmente a la pintura paisajística. En los dominios de ésta cae igualmente el resto de la naturaleza inconsciente. En los bodegones y la arquitectura meramente pintada, ruinas, interiores de iglesias, etc., predomina el lado subjetivo del goce estético, esto es, nuestra alegría no estriba principalmente en la inmediata comprensión de la idea presentada, sino mayormente en el correlato subjetivo de esta comprensión, en el puro conocer avolitivo, dado que, cuando el pintor nos deja ver a través de sus ojos, obtenemos al mismo tiempo una simpatía y la compenetración de la profunda serenidad y completo silencio de la voluntad, las cuales eran necesarias para que el conocimiento se enfrascara por completo en esos objetos inanimados y lo captara con apego, lo que aquí quiere decir con tal grado de objetividad. Desde luego, el efecto de la pintura paisajística es en el fondo de esta índole; ahora bien, como únicamente las ideas presentadas como los más altos niveles de objetivación de la voluntad son ya significativas y elocuentes, se destaca ya más el lado objetivo de la complacencia es-

258

tética y mantiene el equilibrio del lado subjetivo. El conocer puro en cuanto tal deja de ser lo principal, la idea conocida, el mundo como representación, operan con igual vigor en un significativo nivel de objetivación de la voluntad.

Un nivel mucho más alto lo revelan la pintura y la escultura de animales; de esta última conservamos notables restos antiguos, como por ejemplo caballos, en Venecia, en Monte Cavalo [en Roma], en los relieves elginos, así como los florentinos de bronce y mármol en Florencia, y también en Florencia, el antiguo jabalí o los lobos aullantes, además de los leones en el arsenal de Venecia, la sala del Vaticano repleta de animales antiguos, etc. En estas representaciones el lado objetivo de la complacencia estética cobra un resuelto predominio sobre el lado subjetivo. La serenidad del sujeto que conoce estas ideas y que ha apaciguado la propia voluntad se da, sin duda, como en cualquier otra contemplación estética, pero su efecto no se siente, pues nos invade el desasosiego y la vehemencia de la voluntad representada. Ese querer que constituye también nuestra esencia es lo que aquí tenemos ante los ojos plasmado en formas cuyo | fenómeno no está moderado ni atenuado por la reflexión, como en nosotros, sino que se presenta con unos rasgos más acentuados y con una claridad que roza lo grotesco y lo monstruoso, pero que por eso afloran ingenua y francamente sin disimulo alguno, siendo esto lo que suscita nuestro interés por los animales. Lo característico de las especies ya se pone de relieve en la representación de las plantas, pero sólo se muestra en las formas: aquí se vuelve mucho más significativo y no sólo se expresa en la figura, sino en la acción, postura y gesto, aunque siempre sólo como carácter de la especie, no del individuo. Este conocimiento de las ideas de niveles más altos, que recibimos en la pintura a través de una mediación ajena, también podemos adquirirlo directamente mediante la pura intuición contemplativa de las plantas y de la observación de los animales, a los que hay que observar campando a sus anchas en su estado libre y natural. El examen objetivo de sus variopintas y magníficas formas o el estudio de su conducta suponen una instructiva lección del gran libro de la naturaleza, es el desciframiento de la auténtica *signatura rerum** [signatura de las cosas]; en ella vemos los múltiples grados y modos de manifestación de la voluntad, la cual es una y la misma en todos los seres, lo mismo que quiere por doquier, lo que se objetiva como vida, como existencia, en tan infinitas variedades, en tan diversas figuras, que son todas las acomodaciones a las distintas condiciones externas, asemejables a muchas variaciones del mismo tema. Pero si tuviéramos que dar al espectador una explicación para reflexionar sobre su propia esencia en una sola palabra, lo mejor que podríamos utilizar para ello sería esa fórmula transcrita que aparece muy a menudo en los libros sagrados de los hindúes y a la que se llama *Mahâvâkya*[19], esto es, | la gran palabra: *Tat twan asi,* que quiere decir: «Tú eres Eso».

§ 45.

Representar directa e intuitivamente la idea en que la voluntad alcanza el máximo grado de objetivación es, por último, la gran tarea de la pintura histórica y la escultura. El

---

* Jakob Böhme, en su libro *Sobre la Signatura de las cosas* (cap. I, §§ 15, 16 y 17), dice: «En la naturaleza no hay ninguna cosa que no revele externamente su forma interior, pues lo más íntimo tiende continuamente a relevarse... Cada cosa tiene su boca para hablar... Y éste es el lenguaje de la naturaleza en que cada cosa habla de su propiedad y se revela siempre a sí mismo... Pues toda cosa revela a su madre, que le confiere la *esencia y la voluntad* a la configuración».

19. *Mahâvâkya* (gran enunciado) es el término con que se designan los aforismos védicos más importantes y que vienen a enunciar fundamentalmente la identidad entre el brahmán (lo absoluto) y el yo.

lado objetivo del regocijo en lo bello es aquí el predominante, mientras que el subjetivo queda en un segundo plano. Cabe advertir, además, que en el nivel inmediatamente inferior a éste, en la pintura de los animales, lo característico es una sola cosa con lo bello, y el león, lobo, caballo, oveja o toro más característico era siempre también el más bello. La razón de ello es que los animales sólo tienen el carácter de la especie, no un carácter individual. Pero en la representación del individuo se disocia, sin embargo, el carácter de la especie del carácter del individuo: aquél se llama ahora belleza (en un sentido plenamente objetivo), pero éste retiene el nombre de carácter o expresión, surgiendo la nueva dificultad de representar perfecta y simultáneamente ambos en el mismo individuo.

Belleza humana es una expresión objetiva que designa la más perfecta objetivación en el nivel supremo de su cognoscibilidad, la idea del hombre en general, expresada cabalmente en la forma intuida. Pero por mucho que sobresalga aquí el lado objetivo de lo bello, el lado objetivo sigue siendo su continuo acompañante; y puesto que ningún objeto nos arrastra a la intuición puramente estética como lo hace el bellísimo rostro humano y la hermosísima figura humana, ante cuya visión nos apresa al instante un inefable bienestar que nos eleva por encima de nosotros mismos y de todo cuanto nos atormenta, sólo por ello es posible que esta eminentemente nítida y pura cognoscibilidad de la voluntad nos traslade también del modo más fácil y rápido hacia el estado del puro conocer, en el cual desaparece nuestra personalidad, nuestro querer con sus continuas penalidades, mientras persista la pura alegría estética; por eso dice Goethe: «Quien contempla la belleza humana no puede verse afectado por el mal; se siente en armonía consigo mismo y con el | mundo» [*Las afinidades electivas* I, 6]. He aquí nuestra explicación de que la naturaleza logre una bella forma humana: la voluntad, al objetivarse dentro de este supremo nivel en un individuo gracias a felices circunstancias y a su fuerza, supera perfectamente todos los obstáculos y la resistencia que le oponen los fenómenos de la voluntad de niveles inferiores, los cuales son las fuerzas naturales a las que ha de arrebatar y ganar la materia perteneciente a todos. Además el fenómeno de la voluntad siempre tiene en los niveles superiores una gran variedad en su forma: el árbol sólo es un agregado sistemático de fibras que germinan y se repiten sin tasa, mas esta composición se va complicando cada vez más y el cuerpo humano es un sistema sumamente complejo de partes enteramente diversas, cada una de las cuales se halla subordinada al conjunto, si bien también tiene vida propia *(vita propia),* de suerte que todas estas partes subordinadas a ese todo al cual pertenecen y coordinadas entre sí conspiran armónicamente para la representación del todo, sin que nada se hipertrofie ni nada se atrofie; todo eso son las raras condiciones cuyo resultado es la belleza, el carácter de la especie perfectamente acuñado. Así procede la naturaleza. Mas ¿cómo procede el arte? Se dirá que copiando la naturaleza. Pero ¿cómo reconocerá el artista la acertada obra de la naturaleza que debe copiar y descubrirla entre tantos desaciertos, si él no anticipa lo bello *antes de la experiencia?* Y además, ¿acaso ha producido alguna vez la naturaleza seres humanos perfectamente bellos en todas sus partes? Se ha creído que el artista había de rebuscar en muchos hombres las partes bellas singularmente distribuidas e integrarlas en un bello todo: una opinión errónea e irreflexiva. Pues la nueva pregunta aquí sería: ¿en qué se basa para reconocer que unas formas son bellas y otras no? También vemos cuán lejos llegaron en materia de belleza los antiguos pintores alemanes copiando la naturaleza. Véanse sus figuras desnudas. Puramente a posteriori y a partir de la experiencia no es posible ningún conocimiento de lo bello: siempre es a priori, cuando menos en parte, si bien este a priori es de un tipo completamente distinto al que nos hace conscientes de las formas del principio de razón. | Este segundo a priori atañe a la forma universal del fenómeno como tal que posibilita el conocimiento en general, el universal y sin excepción *cómo* del fenómeno, conocimiento del que resulta la matemática y la ciencia natural pura; en cambio, aquel otro tipo de conocimiento a priori atañe, en lugar de a la forma, al contenido de los fenómenos, en vez de al *cómo,* al *qué* del fenómeno. El hecho de que todos nosotros reconozcamos la belleza humana en cuanto la vemos, pero en el artista genuino esto suceda con tal claridad que él la muestre como él nunca la ha visto y supere a la naturaleza en su presentación, esto –digo– sólo es posible porque nosotros *mismos* somos la voluntad cuya adecuada objetivación en sus niveles superiores debe ser enjuiciada y encontrada aquí. Sólo por eso tenemos de hecho una anticipación de lo que la naturaleza (que asimismo es la voluntad que constituye nuestra esencia) se esfuerza por presentar; en el auténtico genio dicha anticipación se ve acompañada por cierto grado de reflexión, de suerte que el artista reconoce en las cosas singulares su *idea* como si *comprendiese a la naturaleza con media palabra* y expresa netamente lo que la naturaleza sólo balbucea, estampando aquél en el duro mármol la belleza que ésta ha malogrado en mil intentos; luego la coloca frente a la naturaleza como si le preguntase: «¿Era esto lo que querías decir?», resonando un «¡Sí, era eso!» por parte del entendido. Sólo así pudo encontrar la genial Grecia el prototipo de la figura humana y establecerlo como canon de la escuela de escultura; y también sólo en virtud de una anticipación tal nos es posible a todos nosotros reconocer lo bello allí donde la naturaleza lo ha logrado realmente en un ejemplar. Esta anticipación es el *ideal:* es la *idea* en tanto que, cuando menos a medias, es conocida a priori y como tal deviene práctica para el arte al cumplimentar a posteriori lo dado por la naturaleza. La posibilidad de semejante anticipación de lo bello a priori en el artista, al igual que su reconocimiento a posteriori en el entendido, estriba en que tanto el artista como el entendido son ellos mismos el «en-sí» de la naturaleza, de la voluntad que se objetiva. Pues, como dijo Empédocles, sólo lo idéntico reconoce a su igual: sólo la naturaleza puede comprenderse a sí misma, sólo la naturaleza puede sondearse a sí misma; pero también el espíritu sólo es escuchado por el espíritu*.

Por mucho que Jenofonte se la impute a Sócrates *(Stobaei Floril.,* vol. 2, p. 384)[20], la trastocada opinión de que los griegos habían descubierto el ideal de belleza humana tan sólo empíricamente a base de seleccionar las partes más bellas, al observar aquí una pierna y allá un brazo, tiene por lo demás su análoga en lo tocante a la dramaturgia, a saber, el supuesto de que por ejemplo Shakespeare habría sacado de su propia experiencia los infinitamente variados, tan auténticos y tan hondos, caracteres que habría reproducido en sus dramas, tras haberlos observado durante su vida. La imposibilidad y el absurdo de semejante supuesto no precisan refutación alguna; resulta obvio que el genio sólo produce las obras del arte plástico gracias a vislumbrar anticipadamente lo bello y que, igualmente, las obras del dramaturgo sólo se deben a ese mismo barrunto

---

* Esta última frase es de Helvetius *[Del espíritu,* disc. II, cap. 4, 5], y no necesité apuntarla en la primera edición. Pero desde entonces los tiempos se han visto tan arruinados por el embruteceder influjo de la pseudosabiduría del hegelianismo y se han vuelto tan incultos que alguno podría figurarse que aquí también se alude a la contraposición entre «espíritu y naturaleza»; por eso me veo obligado a precaverme expresamente contra la imputación de esos zafios filosofemas.

20. Cfr. Estobeo, *Florilegio* (ed. de Thomas Gaisford), 1823; vol. II, p. 384; *Memorias de Jenofonte* III, 10.

de lo característico; aun cuando ambos precisen de la experiencia, como de un esquema, para suscitar con plena claridad aquello de lo que son oscuramente conscientes a priori y dar lugar así a la posibilidad de una representación más reflexiva.

La belleza humana ya ha sido definida antes como la más perfecta objetivación de la voluntad en los niveles supremos de su cognoscibilidad. Dicha belleza se expresa por la forma, y ésta radica únicamente en el espacio y no tiene ninguna relación necesaria con el tiempo, como sí la tiene el movimiento. Así podemos decir que la adecuada objetivación de la voluntad mediante un fenómeno meramente espacial es la belleza, en sentido objetivo. La planta no es otra cosa que un fenómeno meramente espacial de la voluntad, dado que no tiene ningún movimiento y, por consiguiente, ninguna relación con el tiempo (salvo el de su desarrollo) pertenece a la expresión de su esencia: su simple forma expresa íntegramente su esencia y la exhibe abiertamente. Pero | el animal y el hombre para revelar cabalmente la voluntad que se manifiesta en ellos precisan todavía de una serie de acciones, con lo cual ese fenómeno entraña en ellos una relación directa con el tiempo. Todo esto ya se dilucidó en el libro anterior y enlaza con nuestra presente consideración por lo siguiente. Tal como el fenómeno meramente temporal de la voluntad puede objetivar perfecta o imperfectamente en este o aquel determinado nivel lo que constituye la belleza o la fealdad, así también la objetivación temporal de la voluntad, esto es, la acción y ciertamente la acción inmediata, o sea, el movimiento, puede corresponder pura y perfectamente a la voluntad que se objetiva en ella, sin mezcla de nada extraño, sin exceso ni carencia algunos, expresando sólo en cada caso el determinado acto de la voluntad, o también puede suceder todo lo contrario. En el primer caso el movimiento acontece con *gracia;* en el otro, sin ella. Así pues, tal como la belleza es la representación que corresponde a la voluntad en general mediante su fenómeno meramente espacial, así la *gracia* es la representación que corresponde a la voluntad mediante su fenómeno temporal, esto es, la expresión perfectamente precisa y ajustada de cada acto de la voluntad por medio del movimiento y la postura que lo objetivan. Como el movimiento y la postura presuponen el cuerpo, resulta muy certero y preciso este aserto de Winckelmann: «La gracia es la relación característica de la persona que actúa con la acción» *(Obras,* vol. I, p. 258). Va de suyo que a las plantas se les puede atribuir sin duda belleza, mas no gracia, salvo en sentido figurado; pero a los animales y a los hombres cabe atribuirles ambas, belleza y gracia. Con arreglo a lo dicho, la gracia consiste en que cada movimiento y postura se realice del modo más fácil, adecuado y cómodo, siendo así la expresión que corresponde netamente a su propósito o al acto de la voluntad, sin excesos, como ademanes impropios o posturas forzadas, ni defectos, como el quedarse tieso como un palo. La gracia presupone como condición suya una correcta proporción de todos los miembros, una armoniosa estructura corporal; puesto que sólo por medio de esta condición es posible la perfecta agilidad y una visible conveniencia en todas las posturas y movimientos; por lo tanto, la gracia nunca se da sin un cierto | grado de belleza del cuerpo. Cuando ambas se conjuntan perfectamente, suponen el más nítido fenómeno de la voluntad en el nivel superior de su objetivación.

265

Como ya se ha dicho, es un rasgo distintivo de la humanidad el que en ella se disocie el carácter de la especie y el del individuo, de suerte que, como se constató en el libro anterior, cada hombre representa en cierto modo una idea totalmente idiosincrásica. Por eso las artes, cuya meta es la presentación de la idea de humanidad, tienen por tarea, junto a la belleza como carácter de la especie, el carácter del individuo, al que se llama *carácter* por antonomasia; mas no como algo casual que sólo sea absolutamente idiosincrásico del individuo en su singularidad, sino como un aspecto de la idea de la humanidad que se destaca especialmente en este individuo y cuya representación resulta por ello útil para revelar dicha idea. Así pues, el carácter, aunque sea individual, ha de ser comprendido y representado, sin embargo, idealmente, esto es, realzando su significado con vistas a la idea de humanidad en general (a cuya objetivación contribuye a su modo); por lo demás es la representación, el retrato, la reproducción de lo singular en cuanto tal, como todas sus contingencias. E incluso el retrato debe ser también, como dice Winckelmann, el ideal del individuo.

Este carácter idealmente concebido, que es el realzamiento de un aspecto peculiar de la idea de humanidad, se hace visible en parte por la permanente fisionomía y corporeidad, en parte por los fugaces afectos y pasiones, esa modificación recíproca del conocer y el querer, todo lo cual se expresa en gestos y movimiento. Como el individuo pertenece siempre a la humanidad y, por otra parte, la humanidad siempre se revela en el individuo con su peculiar significado ideal, entonces ni la belleza queda suprimida por el carácter ni éste por aquélla; porque la supresión del carácter de la especie por el del individuo sería una caricatura y la supresión del carácter individual por el de la especie devengaría algo instranscendente. Por eso la representación, al perseguir la | belleza, como hace principalmente la escultura, siempre modificará en algo el carácter de la especie a través del carácter individual y siempre expresará la idea de humanidad de una manera precisa e individual, destacando un aspecto de la misma; porque el individuo humano como tal posee en cierto modo la dignidad de una idea propia y es consustancial a la idea de humanidad el verse representada en individuos de peculiar significado. Por eso en las obras de los antiguos no encontramos esa belleza que tan bien supieron captar expresada mediante una única figura, sino a través de muchas figuras que portan un carácter diferente, como si fuese captada desde alguna otra perspectiva y conforme a ello unas veces se representa en Apolo, otras en Baco, otras en Hércules y otras en Antínoo[21]; lo característico puede cercenar lo bello y verse resaltado en la fealdad, en un embriagado Sileno[22], en un fauno, etc. Pero si lo característico llega hasta la supresión efectiva del carácter de la especie, o sea, hasta lo antinatural, se vuelve caricatura. Pero la gracia puede verse mucho más mermada que la belleza por lo característico; la expresión del carácter exige también que la postura y el movimiento hayan de consumarse del modo más adecuado para con el personaje. Esto es algo que no sólo debe ser tenido en cuenta por el escultor y el pintor, sino también por todo buen actor, pues de lo contrario también se caerá aquí en la caricatura, como desfiguración y contorsión.

En la escultura lo principal son la belleza y la gracia. El auténtico carácter del espíritu, puesto de relieve en los afectos, las pasiones, el juego de intercambio entre el conocer y el querer, representable únicamente por la expresión del rostro y de los gestos, es sobre todo patrimonio de la *pintura*. Pues, aunque los ojos y la mirada y los colores, que que-

---

21. Antínoo quiso usurpar el trono de Ulises en Ítaca, para lo cual no dejó de cortejar a Penélope y también intentó asesinar a Telémaco. Es el primero en ser muerto por las flechas de Ulises.
22. Sileno representa en la mitología griega el espíritu de la vida salvaje. Hijo de Pan y una ninfa, fue el tutor de Dioniso. Se le representa como un anciano lascivo y tambaleante por el exceso de vino, que, por otra parte, le confiere un don profético, al igual que los muchos años le convierten en sabio. Es el nombre que suele darse a cualquier sátiro viejo.

dan fuera del dominio de la escultura, contribuyen mucho a la belleza, todavía son mucho más esenciales para el carácter. Además la belleza se despliega más cabalmente al ser contemplada desde varios puntos de vista; en cambio, la expresión, el carácter, puede ser captado perfectamente desde un *único* punto de vista.

Al ser obvio que la belleza es el fin principal de la escultura, | Lessing ha intentado explicar el hecho de que *Laocoonte no grite*[23] alegando que gritar no es compatible con la belleza. Como este asunto ha supuesto para Lessing el tema o cuando menos el punto de partida de un libro suyo y, tanto antes como después de hacerlo él, se ha escrito tanto sobre ello, se me permitirá intercalar aquí mi opinión al respecto, aunque una discusión tan concreta no pertenezca propiamente al contexto de nuestro estudio, que está orientado hacia lo universal.

---

23. Cuando los griegos aparentaron embarcarse dejando un gigantesco caballo de madera en la playa, los troyanos pidieron a su sacerdote, Laocoonte, que ofrendara un sacrificio a Poseidón para que acumulase tormentas en las rutas de las naves enemigas. Sin embargo, cuando Laocoonte se disponía a comenzar el sacrificio, emergieron del mar dos enormes serpientes que se enroscaron en sus dos hijos; Laocoonte corrió en su auxilio, pero los tres perecieron ahogados por los monstruos. Ante semejante prodigio, y al recordar que Laocoonte se había opuesto a introducir el caballo en la ciudad y había sugerido quemarlo, los troyanos pensaron que se castigaba su sacrilegio ante la ofrenda griega e introdujeron el caballo de marras desmantelando la puerta Escea, con el resultado que se conoce, ya que con ello Ulises logró conquistar Troya gracias a su ingeniosa estratagema. El célebre conjunto escultórico al que se refiere Schopenhauer, y que inmortalizó a Laocoonte aprisionado por las serpientes junto a sus dos hijos, fue hecho en Rodas hacia el año 25 a. C. por Agesandro, Atenodoro y Polidoro. Luego fue llevado a Roma y a Plinio el Viejo le pareció la mayor obra de arte del mundo. Su descripción de la cultura permitió reconocerla cuando fue hallada en las ruinas de la Casa Dorada de Nerón en 1506. El papa Julio II la compró para el Museo Vaticano, en donde sigue estando actualmente, pese a haber formado parte del botín incautado por Napoleón. Lessing le dedicó su ensayo homónimo, donde analiza la diferencia entre los recursos de la poesía y las bellas artes.

§ 46.

Es evidente que en el célebre grupo escultórico Laocoonte no grita y que ello siempre causará cierta extrañeza porque cualquiera de nosotros gritaría en su lugar. Así lo exige también la naturaleza; pues en medio del dolor físico más intenso, y al sobrevenir de repente la mayor angustia corporal, toda reflexión que acaso pudiese aportar una silenciosa resignación queda suprimida en la consciencia y la naturaleza se desahoga por medio del grito, con lo cual expresa el dolor y la angustia, para llamar a su salvador al mismo tiempo que asusta a su agresor. De ahí que Winckelmann ya echara de menos la expresión del grito, si bien intentó justificar al artista haciendo de Laocoonte un estoico que no tuvo el gritar por algo conforme a su naturaleza *(secundum naturae)*, sino que añade a su dolor la inútil coacción de contener las manifestaciones del mismo. Por eso Winckelmann ve en Laocoonte: «El espíritu probado de un gran hombre que lucha contra el tormento e intenta reprimir la expresión de sus sensaciones encerrándolas dentro de sí; no rompe a gritar, como en Virgilio, sino que sólo exhala algún suspiro de inquietud», etc. *(Obras,* vol. VII, p. 98, y vol. VI, pp. 104 ss.). Lessing critica esta opinión de Winckelmann en su *Laocoonte* y la enmienda del modo citado anteriormente; en lugar de una razón psicológica, él alega una razón puramente estética: el que la belleza, el principio del arte antiguo, no tolera la expresión del grito. Otro argumento que añade, a saber, que un estado totalmente transitorio e incapaz de duración alguna no puede quedar representado en una obra de arte inmóvil, tiene en contra suya cien ejemplos de insignes figuras fijadas en movimientos enteramente fugaces, bailando, luchando, cazando, etc. Por su parte, Goethe, en su artículo sobre el Laocoonte que abre los *Propíleos* (p. 8), considera necesaria la elección de un momento tan fugaz. En nuestro días Hirt *(Horas,* 1797, hora séptima) resuelve la cuestión reduciendo todo a la suprema verdad de la expresión, de manera que Laocoonte no grita porque no puede hacerlo al estar a punto de morir asfixiado. Por último, Fernow *(Estudios romanos,* vol. I, pp. 426 ss.) examina y sopesa estas tres opiniones, si bien él mismo no aporta ninguna nueva, sino que concilia y fusiona esas tres.

Yo no puedo dejar de sorprenderme por el hecho de que hombres tan reflexivos y perspicaces se molesten en arrastrar desde tan lejos razones insuficientes, argumentos fisiológicos e incluso psicológicos, para explicar una cuestión cuya razón está muy próxima y resulta igualmente obvia para alguien sin prejuicios; y me sorprende particularmente que Lessing, que tan cerca estuvo de la verdadera explicación, no haya cogido el punto en modo alguno.

Previamente a toda pesquisa psicológica y fisiológica sobre si Laocoonte gritaría o no en su situación, algo a lo que por lo demás yo respondería del todo afirmativamente, hay que resolver otra cosa con respecto al grupo escultórico; sólo hay una razón de que el grito no se represente allí, y es que su representación cae por completo fuera del ámbito de la escultura. A partir del mármol no se podía engendrar un Laocoonte gritando, sino sólo uno abriendo la boca y esforzándose en vano por gritar, un Laocoonte al que la voz se le hubiese pegado a la garganta, *vox faucibus haesit* [Virgilio, *Eneida* II, 774; III, 48]. La esencia y, por consiguiente, también el efecto del grito en el espectador estriban únicamente en el sonido, no en quedarse con la boca abierta. Esto último, fenómeno necesariamente anejo al grito, sólo se ve motivado y justificado por el sonido producido gracias a ello: entonces resulta admisible e incluso necesario, como algo característico en pro de la acción, aun cuando perjudique a la belleza. Ahora bien, | en el arte plástico, para el que la representación del grito mismo supone algo totalmente ajeno e imposible, forzar la representación de una boca abierta como medio para gritar, lo que destruiría todos los demás rasgos y el resto de la expresión, sería del todo incomprensible, porque a costa de tantos sacrificios en lo restante se llevaría ante los ojos el medio requerido, mientras que su fin, el grito mismo, brillaría por su ausencia junto a su efecto en el ánimo. Es más, lo que se conseguiría con ello es el irrisorio espectáculo de un esfuerzo sin efecto, comparable en realidad a lo que consigue un bromista al taponar con cera la corneta del vigilante nocturno, para luego despertarle con una alarma de fuego y divertirse ante sus inútiles esfuerzos por soplar. En cambio, allí donde la representación del grito resida en el ámbito del arte figurativo es admisible porque sirve a la verdad, esto es, a la representación íntegra de la idea. Así en la poesía, que recurre al lector para la representación intuitiva de la fantasía: por eso en Virgilio Laocoonte grita como un toro que se desata al herirle el hacha; por eso Homero deja gritar espantosamente a Marte y a Minerva sin menoscabo de su dignidad ni belleza divinas (*Ilíada* XX, 48-53). Y asimismo en el teatro: Laocoonte en el escenario ha de gritar sin más; Sófocles también deja gritar a Filoctetes[24] y seguramente habrá gritado sobre los escenarios de la Antigüedad. Como un caso totalmente similar, recuerdo haber visto en Londres al famoso actor Kemble representar, en una pieza traducida del alemán titulada *Pizarro,* el papel de Rolla, un americano semisalvaje pero de noble carácter; al ser herido, gritaba sonora e intensamente, lo que producía un enorme y admirable efecto, porque, como era sumamente característico, contribuía sumamente a la verosimilitud de su actuación.

---

24. En la tragedia del mismo nombre Filoctetes grita por haber perdido el arco de Heracles que le ha sustraído Ulises, aunque luego se lo restituye Neoptólemo.

Por el contrario, un pintado o esculpido gritón silencioso resultaría todavía mucho más irrisorio que esa música pintada a la cual se censura ya en los *Propíleos* de Goethe; el gritar perjudica al resto de la expresión y a la belleza mucho más que la música, la cual por lo general sólo ocupa a las manos y a los brazos; la música puede ser considerada como una acción que caracteriza a la persona y en esa medida puede ser oportunamente pintada, | siempre que no exija ningún movimiento forzado del cuerpo o un torcimiento de la boca; así v.g. la santa Cecilia al órgano, el violinista de Rafael en la galería Sciarra de Roma y otros por el estilo. Por lo tanto, puesto que, a causa de las limitaciones del arte, el dolor de Laocoonte no podía verse representado por el grito, el artista hubo de poner en marcha otra expresión de ese dolor y lo consiguió con el máximo esmero, tal como describe magistralmente Winckelmann *(Obras,* vol. VI, pp. 104 ss.), cuya excelente descripción conserva su pleno valor y verdad, siempre que la despojemos del talante estoico que su interpretación atribuye a Laocoonte*.

§ 47.

Como la belleza es junto a la gracia el objeto principal de la escultura, ésta ama el desnudo y sólo soporta la indumentaria en tanto que ésta no disimule las formas. No se sirve del drapear como encubrimiento, sino como una presentación indirecta de la forma, un modo de presentación que ocupa mucho al entendimiento, en tanto que éste sólo consigue intuir la causa, o sea, la forma, a través del único efecto inmediatamente dado: el ropaje. En la escultura el drapear es

---

* También este episodio tiene su complemento en el capítulo 36 del segundo volumen.

en cierto modo lo que la perspectiva en la pintura. Ambos son alusiones, mas no simbólicas, sino tales que, cuando se consiguen, fuerzan inmediatamente al entendimiento a contemplar lo aludido como si estuviera realmente dado.

Se me permitirá intercalar incidentalmente aquí una metáfora que atañe al arte de la oratoria. Tal como la forma corporal bella es más ventajosamente visible con una vestimenta muy liviana o sin ninguna en absoluto, y por eso un ser humano muy bello, si tuviese al mismo tiempo gusto y se le permitiera seguirlo, preferiría ir casi desnudo, sólo vestido a la manera de los antiguos; del mismo modo ese espíritu bello y fecundo en ideas se expresará siempre del modo más natural, | sencillo y sin ambages, cuando alguna vez le sea posible comunicar sus pensamientos a otros, para aliviar la soledad que ha de experimentar en un mundo como éste; pero, a la inversa, el parco en ideas revestirá su embrollo con la ampulosidad de expresiones rebuscadas y oscuros giros, para así encubrir en difíciles y pomposas frases minúsculos, insípidos o triviales pensamientos, tal como aquel a quien le falta la majestad de la belleza quiere suplir esta carencia mediante la vestimenta y bajo un bárbaro atavío, oropeles, plumas, gorgueras, perifollos y mantos intenta esconder la mezquindad o fealdad de su persona. Tan abochornado como éste, si debiera ir desnudo, se vería más de un autor, si se le obligase a traducir su tan oscuro como pomposo libro en un contenido breve y claro.

§ 48.

La *pintura histórica,* junto a la belleza y la gracia, tiene además al carácter como objeto principal, bajo el cual hay que comprender la representación de la voluntad en los niveles más altos de su objetivación, allí donde el individuo, como relieve de una particular faceta de la idea de humanidad, tiene un peculiar significado y ésta no se da a conocer únicamente por la mera forma, sino por el obrar de todo tipo, así como por las modificaciones del querer y el conocer que lo ocasiona y lo acompaña, visualizándose en gestos y ademanes. Al representarse la idea de humanidad en este contorno, el despliegue de su variedad tiene que ser llevado ante los ojos en individuos significativos y a su vez el significado de éstos sólo puede visualizarse mediante múltiples escenas, procesos y acciones. La pintura histórica resuelve esta infinita tarea suya trayendo ante los ojos escenas vitales de todo tipo, de enorme e ínfima significación. Ningún individuo ni tampoco ningún acto pueden carecer de significado: en todos y merced a todos se va desplegando cada vez más la idea de humanidad. Por ello ningún proceso de la vida humana queda excluido de la pintura. A los insignes pintores de la escuela flamenca se les hace una enorme injusticia, cuando se estima simplemente su habilidad técnica, pero se les menosprecia en lo demás porque en su mayor parte presentan objetos de la vida corriente, mientras que por contra sólo se tienen por significativos los acontecimientos de la historia universal o la historia bíblica. Ante todo se debería reparar en que el significado interno de una acción es enteramente distinto del externo y que a menudo marchan por separado el uno del otro. El significado externo es la importancia de una acción con respecto a sus consecuencias para y en el mundo real, o sea, según el principio de razón. El significado interno es la hondura de la penetración en la idea de la humanidad, la cual se abre al traer a la luz las facetas raramente destacadas de esa idea, de suerte que al expresar clara y resueltamente individualidades por medio de circunstancias convenientemente dispuestas permite el despliegue de sus peculiaridades. Sólo la significación interna vale para el arte; la externa vale en la historia.

Ambas son plenamente independientes una de otra, pueden aparecer conjuntamente, pero también darse cada una por su lado. Una acción sumamente significativa para la historia puede ser muy trivial y común en la significación interna y, al revés, una escena de la vida cotidiana puede ser de una gran significación interna, cuando en ella aparecen bajo una luz clara y diáfana, hasta en los más escondidos pliegues, los individuos humanos y el obrar y querer humanos. También puede la significación interna seguir siendo exactamente la misma con muy diversa significación interna; así, por ejemplo, para la significación interna da igual si los ministros se disputan tierras y pueblos sobre los mapas o los granjeros en la taberna quieren probarse mutuamente su derecho sobre juegos de cartas y dados; al igual que es indiferente si se juega al ajedrez con piezas de oro o de madera. Además, las escenas y procesos que constituyen la vida de tantos millones de hombres, su hacer y trajinar, su penuria y su alegría, ya son suficientemente importantes para ser objeto del arte y, por medio de su rica diversidad, han de dar suficiente material para el despliegue de las polifacéticas ideas de la humanidad. Incluso la fugacidad del instante, que el arte ha fijado en un cuadro (llamado hoy en día cuadros de *género*), suscita una suave y peculiar | emoción: pues fijar en una imagen duradera ese mundo fugaz, el cual se transforma incesantemente en procesos singulares que sin embargo sustentan a todo, es un logro del arte pictórico, por el cual dicho arte parece parar el tiempo mismo, en tanto que eleva lo singular a la idea de su género. Finalmente, los asuntos históricos externamente significativos tienen para la pintura la desventaja de que su significación no es representable intuitivamente, sino que ha de ser pensada. En este sentido ha de diferenciarse en general el significado nominal del cuadro del significado real: el primero es externo, pero sólo como concepto que añade significación;

la segunda es el lado de la idea de humanidad que se revela para la intuición por medio del cuadro. Sea por ejemplo Moisés encontrado por la princesa egipcia; un momento sumamente importante para la historia; en cambio, la significación real dada realmente a la intuición es un expósito salvado de su cuna flotante por una mujer distinguida: un suceso acaecido con mucha frecuencia. Sólo el traje puede aquí hacer conocer al erudito ese determinado caso histórico; ahora bien, el traje sólo es válido para el significado nominal, pero es indiferente para el real, pues este último sólo conoce a los hombres en cuanto tales, no a las formas arbitrarias. Los temas de la historia no aventajan en nada a los tomados de la mera posibilidad y a los que por ello no se les puede denominar individualmente, sino sólo generalmente; pues lo propiamente significativo en ésos no es lo individual, no es el suceso singular como tal, sino lo universal en ello, el lado de la idea de humanidad que se expresa por ellos. Pero, por otra parte, tampoco hay que rechazar en modo alguno los objetos históricos determinados: sólo que el aspecto estrictamente artístico de los mismos, tanto en el pintor como en el espectador, no se abre a lo individualmente singular en ellos, lo que propiamente constituye la historia, sino a lo universal que ahí se expresa, a la idea. También hay que elegir sólo objetos históricos donde lo principal se presenta realmente y no hay nada que añadir por parte del pensamiento; de lo contrario el significado nominal se distancia sobremanera del real: en el cuadro lo simplemente pensado se vuelve lo más importante y daña a lo intuido. Si ya sobre los escenarios teatrales no sirve que (como en las tragedias francesas) lo principal suceda entre bambalinas, en los cuadros esto supone un error todavía mucho mayor. Los acontecimientos históricos sólo actúan de un modo decisivamente dañino cuando constriñen al pintor a un campo que no es escogido según fines del arte, sino a otro campo elegido arbitrariamente, sobre todo cuando este campo es pobre en objetos pictóricos y significativos, cuando por ejemplo se trata de la historia de un pequeño pueblo, aislado, egoísta, jerárquico, dominado por la obcecación y menospreciado simultáneamente por los grandes pueblos de Oriente y Occidente, como es el caso de los judíos. Como entre nosotros y todos los pueblos antiguos está la migración de los pueblos, al igual que entre la actual superficie del globo terráqueo y aquella cuyos organismos se nos muestran sólo fosilizados está el aumento del nivel de los lechos oceánicos, hay que considerar un enorme infortunio el hecho de que el pueblo cuya cultura debía servir como principal sustrato de la nuestra no fuera el hindú, el griego o al menos el romano, sino justamente el pueblo judío. Esto fue una mala estrella especialmente para los geniales pintores italianos en los siglos XV y XVI, al ver reducida la elección de temas a un estrecho círculo y tener que atenerse a miserias de todo tipo, pues el Nuevo Testamento es, conforme a su parte histórica, casi tan desfavorable para los pintores como el Antiguo Testamento, y la historia de los mártires o de los Padres de la Iglesia supone un desdichado tema pictórico. Sin embargo, hay que diferenciar los cuadros cuyo tema es un relato histórico o mitológico del judaísmo y del cristianismo de aquellos otros en los cuales se revela el auténtico espíritu ético del cristianismo, mediante la representación de hombres pletóricos de tal espíritu. Estas representaciones suponen de hecho los logros más elevados y admirables del arte pictórico; y asimismo sólo los más grandes maestros de este arte, especialmente Rafael y Correggio, consiguieron reflejar esto en sus primeros cuadros. Las pinturas de este tipo no se cuentan propiamente entre los cuadros cuyo tema es la historia, pues por lo general no representan ningún acontecimiento ni ninguna acción, sino simples agrupaciones de santos o al propio redentor a menudo como | niño aún con su madre, ángeles, etc. En sus caras, especialmente en los ojos, vemos perfectamente captada la expresión, el reflejo del conocimiento más perfecto, a saber, aquel que no se dirige a las cosas singulares, sino a las ideas, o sea, a la íntegra esencia del mundo y de la vida; este conocimiento ejerce en ellos un efecto retroactivo sobre la voluntad, sin procurar a ésta *motivos,* sino al contrario un *aquietamiento* del querer, del cual resulta la perfecta resignación que es el espíritu más íntimo tanto del cristianismo como de la sabiduría hindú, el abandono de todo querer, el giro hacia atrás, la supresión de la voluntad y con ello de toda la esencia de este mundo, por tanto, la salvación. Así expresan intuitivamente la suprema sabiduría por medio de sus obras esos eternamente loables maestros del arte. Y aquí está la cúspide de todo el arte, el cual, tras haber perseguido a la voluntad en su adecuada objetivación, las ideas, a través de todos los niveles, partiendo desde los inferiores donde primero mueven a la voluntad causas, para pasar luego a los niveles donde la mueven estímulos y finalmente a aquellos donde la mueven motivos, desplegando así la esencia de tal voluntad, termina con la representación de su libre autoabolición mediante un aquietamiento tan grande que la suprime a partir del más perfecto conocimiento de su propia esencia*.

§ 49.

Todas estas consideraciones nuestras sobre el arte presuponen la verdad de que el objeto del arte, cuya representación es la meta del artista y cuyo conocimiento ha de preceder por consiguiente a su obra como germen originario de la misma, es una *idea,* en sentido platónico, y ninguna otra

---

* La cabal comprensión de este pasaje presupone el siguiente libro.

cosa; no es la cosa singular, el objeto de la intuición corriente; tampoco el concepto, el objeto del pensar racional y de la ciencia. Aunque la idea y el concepto tienen algo común, a saber, que ambos representan como unidades a una pluralidad de cosas reales, sin embargo, la enorme diversidad entre ambas habrá quedado suficientemente esclarecida por lo dicho en el primer libro sobre el concepto y en | el presente libro sobre la idea. Sin embargo, yo no pretendo afirmar en modo alguno que también Platón haya comprendido netamente esta diferencia; antes bien, muchos de sus ejemplos de ideas y de sus explicaciones obre las mismas se aplican simplemente a conceptos. Nosotros dejamos este asunto a un lado y proseguimos nuestro camino contentos por seguir la estela de tan gran y noble espíritu, mas no pisando sus huellas, sino persiguiendo nuestra meta. El *concepto* es abstracto, discursivo, está plenamente indeterminado dentro de su esfera y sólo sus límites están determinados; es accesible a la razón de cada cual, resulta comunicable por las palabras sin otra mediación y se agota en su definición. Por contra la *idea,* a la que acaso cabría definir como adecuado representante del concepto, es enteramente intuible y, aunque representa una infinita cuantía de cosas singulares, nunca es conocida por el individuo en cuanto tal, sino sólo por aquel que se convierta en puro sujeto del conocer elevándose por encima de todo querer y de toda individualidad; por lo tanto, sólo resulta asequible al genio y a quien se halle en una genial disposición de ánimo por haberse elevado a ese puro tipo de conocimiento que generalmente propician las obras del genio; de ahí que no sea comunicable sin más, sino sólo de un modo condicionado e indirecto, en tanto que la idea captada y reproducida en la obra de arte sólo habla a cada cual conforme a la medida de su propio valor intelectual; a ello se debe justamente que las obras más eximias de cada arte, los más nobles

276

frutos del genio, hayan de ser libros eternamente cerrados a la torpe mayoría de los hombres y resulten inaccesibles para éstos, al estar separados de ellos por un ancho abismo, al igual que el trato de los príncipes es inaccesible al pueblo. Ciertamente los hombres más banales también hacen valer la autoridad reconocida a las grandes obras para no delatar su propia debilidad, pero en silencio están prestos a pronunciar su juicio condenatorio sobre ellas tan pronto como quepa esperar que puedan hacerlo sin delatarse, alegres de dar entonces rienda suelta a su largamente contenido odio contra todo lo grande y lo bello, así como contra sus autores, al sentirse humillados por el hecho de que tales obras no les digan nada. Pues en general para estar dispuesto a reconocer el valor ajeno y dejarlo valer hay que | tener alguno propio. En esto se basa la necesidad de modestia implícita en todo mérito, así como la desproporcionada fama de esa virtud, la única de entre todas sus hermanas que cualquiera se atreve a ensalzar en un hombre eminente y se añade siempre a su encomio, para aplacar y acallar la ira de la carencia de valor. ¿Qué otra cosa es la modestia más que una fingida humildad por medio de la cual, en un mundo plagado por la infame envidia, se pretende pedir perdón por el mérito y la excelencia a quienes no los tienen? Pues quien no se atribuye ningún mérito porque no lo tiene no es modesto, sino sólo sincero.

La *idea* es la unidad que se desintegra en la pluralidad debido a la forma espacio-temporal de nuestra aprehensión intuitiva; en cambio, el *concepto* es la unidad restablecida nuevamente a partir de la pluralidad por medio de la abstracción de nuestra razón; éste puede ser caracterizado como *unitas post rem* [unidad tras la cosa], y aquélla, como *unitas ante rem* [unidad de la cosa]. Finalmente la diferencia entre concepto e idea puede expresarse de un modo alegórico, al decir que el *concepto* se asemeja a un receptáculo muerto, en el cual lo que se ha introducido coexiste realmente pero a partir de lo cual tampoco cabe sacar (mediante juicios analíticos) más de cuanto se ha metido (mediante reflexión sintética); por contra la *idea* desarrolla en aquello que ha captado representaciones que son nuevas con respecto a su concepto homólogo; la idea se asemeja a un organismo vivo que se desarrolla al estar dotado de una fuerza procreadora y que produce lo que no se ha introducido en ella.

A consecuencia de todo lo dicho el concepto, por provechoso y útil que sea para la vida, por necesario y fecundo que sea para la ciencia, es eternamente estéril para el arte. Por el contrario, la idea captada es la única y verdadera fuente de cualquier obra de arte genuina. En su vigorosa originalidad sólo se crea a partir de la propia vida, a partir de la naturaleza, a partir del mundo y asimismo sólo es creada por el auténtico genio o por aquel que se ve momentáneamente inspirado por la genialidad. Sólo de tal inmediata concepción surgen las obras genuinas que portan en sí vida inmortal. Precisamente porque la idea es intuitiva y permanece intuitivamente, el artista no se hace consciente del propósito y del objetivo de su obra en abstracto; lo que tiene presente no es un concepto, sino una idea; por eso no puede dar cuenta alguna de su hacer: él trabaja, como suele decir la gente, por mero sentimiento e inconscientemente, de modo instintivo. En cambio los imitadores, los manieristas, *imitatores, servum pecus*[25], llegan al arte desde el concepto: observan lo que gusta y surte efecto en las obras genuinas, se lo explican, lo apresan en un concepto, o sea, abstractamente, y lo copian adrede abierta o disimuladamente. Al igual que plantas parasitarias, chupan su alimento de obras ajenas y portan el color de su alimento al igual que los pólipos. Prosiguiendo con los símiles podría decirse

---

25. «Emuladores, servil rebaño» (Horacio, *Epístolas* I, 19, 19).

que parecen máquinas que desmenuzan y entremezclan cuanto se les echa, pero sin poder digerirlo nunca, de suerte que siempre se vuelven a encontrar por separado los elementos ajenos de entre la mezcolanza; por contra, sólo el genio se parece al cuerpo orgánico que asimila, transforma y produce. Sin duda, el genio es educado y cultivado por las obras de los predecesores, pero sólo se ve fecundado por la vida y el mundo mismos, por la impronta de lo intuitivo; de ahí que la mayor cultura tampoco perjudique nunca su originalidad. Todos los imitadores, todos los manieristas traducen a conceptos los modélicos logros ajenos; pero los conceptos jamás pueden comunicar una obra con vida interna. La época, esto es, la estúpida multitud del momento, sólo reconoce conceptos y se apega a ellos, prodigando por ello un rápido aplauso a las obras amaneradas, pero esas mismas obras se vuelven insoportables a los pocos años, porque el espíritu de la época, esto es, los conceptos imperantes en que dichas obras se enraizaban, han cambiado. Sólo las obras genuinas que han surgido directamente de la naturaleza, de la vida, se mantienen eternamente jóvenes y conservan su fuerza originaria. Pues estas obras no pertenecen a ninguna época, sino a la humanidad, y, como son acogidas con indiferencia por su propia época, a la cual desdeñan acomodarse, porque descubren mediata y negativamente su error, sólo serán reconocidas tardíamente y de mala gana; por eso mismo tampoco pueden envejecer, sino que siempre hablan con una frescura renovada hasta los tiempos más remotos; | además tampoco se exponen a quedar inadvertidas e ignoradas, una vez que son coronadas y sancionadas por el aplauso de las pocas cabezas juiciosas que aparecen de tarde en tarde a través de los siglos*, hasta

---

* «Raramente aparecen navegantes en el inmenso golfo» [Virgilio], *Eneida* I, 118.

que la creciente suma de sus votos se convierte en autoridad, siendo éste el único tribunal al que uno se encomienda cuando apela a la posteridad. Esos individuos que aparecen sucesivamente están totalmente solos, pues la muchedumbre de la posteridad seguirá siendo siempre tan estúpida como era y es la contemporánea. Léanse las quejas sobre sus coetáneos por parte de los grandes genios de cada siglo y se verá que son como las de hoy, porque el género siempre es el mismo. En todas las épocas y en todas las artes el amaneramiento usurpa el lugar del ingenio, que sólo es patrimonio de unos cuantos; pero el amaneramiento es la vieja vestimenta de la que uno se despoja cuando finalmente se reconoce la aparición del genio. Con arreglo a todo esto por lo regular el aplauso de la posteridad sólo se obtiene a costa de renunciar al de los contemporáneos; y viceversa*.

§ 50.

Si el fin de todo arte es comunicar la idea captada, la cual aparece depurada y aislada de todo elemento ajeno a ella gracias a la mediación del ingenio del artista, resultando así asequible incluso para aquel que tiene una endeble receptividad y ninguna productividad; si por añadidura partir del concepto es reprobable en el arte, no podremos aprobar que alguien determine intencionalmente una obra artística como expresión de un concepto, tal como es el caso de la *alegoría*. Una alegoría es una obra de arte que significa algo distinto a lo que representa. Pero lo intuitivo, y por ende también la idea, se autoexpresa inmediata y perfectamente, sin requerir la mediación de algo distinto que lo insinúe. Así pues, aquello que | se insinúa y representa de este modo,

---

* Cfr. el capítulo 34 del segundo volumen.

por medio de algo totalmente distinto, porque no puede ser llevado de suyo ante la intuición, es siempre un concepto. De aquí que a través de la alegoría siempre se designa un concepto y por consiguiente el espíritu del espectador se desvía desde la representación intuitivamente presentada hacia una representación totalmente distinta, abstracta y no intuitiva que se halla totalmente al margen de la obra de arte: aquí el cuadro o la estatua debe lograr aquello que la escritura consigue mucho más perfectamente. Mas lo que nosotros definimos como el fin del arte, la presentación de una idea que sólo se capta intuitivamente, no es en este caso el fin. Sin embargo, para esto que se propone aquí tampoco se requiere una gran consumación de la obra artística; basta con que uno vea lo que la cosa debe ser, pues tan pronto como llegue a descubrirse esto se alcanza el fin y el espíritu se ve conducido hacia una representación totalmente distinta, hacia un concepto abstracto, lo cual era el fin propuesto. Por tanto, en el arte plástico las alegorías no son otra cosa que jeroglíficos; el valor artístico que adicionalmente puedan tener no les corresponde en cuanto alegorías, sino por un capítulo diferente. Que *La noche* de Correggio, *El genio de la fama* de Aníbal Carracci o *Las horas* de Poussin sean obras muy bellas es algo totalmente disociable del hecho de que sean alegorías. Como alegorías no conseguirían más o incluso menos de lo que logra una inscripción. Recordemos nuevamente aquí la distinción hecha con anterioridad entre la significación real y la significación nominal de un cuadro. La significación nominal es aquí lo alegórico en cuanto tal, v.g. «el genio de la fama», y la significación real es lo efectivamente representado: aquí un hermoso joven alado rodeado de bellos muchachos; esto expresa una idea, pero esta significación real sólo actúa mientras se olvide la significación nominal o alegórica; al pensar en ésta se abandona la intuición y un concepto abstracto ocupa el espíritu; pero el tránsito de la idea al concepto supone siempre un descenso. A menudo esa significación nominal, ese propósito alegórico, perjudica a la significación real, a la verdad intuitiva; así ocurre por ejemplo con la iluminación antinatural en *La noche* de Correggio, la cual está muy hermosamente ejecutada por motivos alegóricos, si bien es imposible realmente. Por consiguiente, si un cuadro alegórico posee también valor artístico, éste siempre está totalmente separado y es enteramente independiente del que logra como alegoría; una obra de arte tal sirve simultáneamente a dos fines, a saber, a la expresión de un concepto y a la expresión de una idea; sólo este último puede ser un fin artístico; el otro es un fin ajeno, la lúdica diversión, un cuadro puesto simultáneamente al servicio de una inscripción, como jeroglífico, puede conquistar el favor de aquel a quien jamás puede interpelar la auténtica esencia del arte. Con esto sucede como cuando una obra de arte es al mismo tiempo un instrumento útil y sirve también a dos fines; v.g. una estatua que es al mismo tiempo un candelabro o una cariátide, o bien un bajorrelieve que es al mismo tiempo el escudo de Aquiles. Los auténticos amigos del arte no aprobarán ni lo uno ni lo otro. Ciertamente un cuadro alegórico también puede producir merced a esa cualidad una viva impresión en al ánimo, pero ésta sería la misma que bajo similares circunstancias produciría también una inscripción. Por ejemplo, si en el ánimo de un hombre está fuerte y duraderamente arraigado el aspirar a la fama, a la cual considera como un legítimo patrimonio suyo que sólo se le retiene mientras todavía no ha producido los documentos de su propiedad, cuando dicho hombre se encuentre ante *El genio de la fama* con sus coronas de laurel verá incitado su ánimo por ello y sus fuerzas quedarán concitadas a la actividad; pero eso mismo sucedería también cuando viera de repente la palabra «fama» escrita en un muro con trazos gruesos y claros. O si un hombre ha descubierto una verdad que es importante o bien como testimonio para la vida práctica, o bien como comprensión para la ciencia, pero no encuentra a nadie que crea en ella, cabe imaginar cuán hondamente le impresionará un cuadro alegórico que represente al tiempo levantando el velo para mostrar a la verdad desnuda; mas lo mismo lograría también la divisa: «El tiempo descubre la verdad». Pues lo que propiamente actúa aquí es tan sólo el pensamiento abstracto, no lo intuido.

Con arreglo a lo dicho, la alegoría en el arte plástico es una tendencia errónea y que sirve a un fin totalmente ajeno al del arte; así se vuelve por completo insoportable cuando se la lleva muy lejos, de suerte que cae en la majadería cuando la representación se vuelve forzada y abandona la interpretación sutil. | Esto es lo que sucede, v.g., cuando una tortuga alude al pudor femenino o cuando se alude a la penetrante mirada de Némesis, que alcanza lo más recóndito, haciéndole abrir su túnica para mirarse los pechos; Bellori interpreta que Aníbal Carracci ha revestido a la voluptuosidad con un traje amarillo porque éste quería insinuar que sus goces se marchitan pronto y se tornan amarillos como la paja. Si entre lo representado y el concepto aludido por ello no existe ninguna subsunción bajo ese concepto o un enlace basado en una asociación de ideas, sino que el signo y lo designado se entrelazan convencionalmente mediante un estatuto positivo casualmente ocasionado, entonces a esta variante de la alegoría la llamo *símbolo*. Así la rosa es el símbolo de la discreción, el laurel el símbolo de la fama, la palma el símbolo de la victoria, la concha el símbolo de la peregrinación, la cruz el símbolo de la religión cristiana; a esta simbología pertenecen también todas las alusiones directas mediante meros colores: el amarillo como color de la falsedad y el azul como color de la fidelidad. Con frecuencia estos símbolos pueden ser de utilidad en la vida, pero su valor es ajeno al arte; se consideran enteramente como jeroglíficos o incluso como la escritura china y son asimilables a los blasones, al arbusto que alude a una fonda, a la llave que identifica al chambelán o al cuero con que se reconoce a un minero. Si finalmente ciertos personajes históricos o míticos, ciertos conceptos personificados, se dan a conocer como símbolos establecidos, se les llamaría propiamente *emblemas;* emblemas son los animales de los evangelistas, el búho de Minerva, la manzana de Paris, el áncora de la esperanza, etc. Sin embargo, por «emblemas» suelen entenderse aquellas representaciones gráficas sencillas y explicadas por medio de un lema que deben ilustrar una verdad moral, de las cuales nos han brindado extensas recopilaciones J. Camerarius[26], Alciatus y otros; ellas constituyen el tránsito hacia la poesía alegórica de la que luego hablaremos. La escultura griega se dirige a la intuición y por ello es *estética;* la indostánica se dirige al concepto y por ello es meramente simbólica.

Este juicio sobre la alegoría, que se funda en nuestra precedente consideración sobre la esencia íntima del arte y es acorde con ella, | se contrapone directamente al parecer de Winckelmann, quien lejos de definir, como nosotros, a la alegoría por algo totalmente ajeno al arte y que con frecuencia lo perjudica, incluso coloca el supremo fin del arte en la «representación de conceptos universales y de cosas no sensible» (*Obras,* vol. I, pp. 55 ss.). Queda en manos de cada cual adoptar una u otra opinión. Ahora bien, ante estas opiniones de Winckelmann y otras similares concernientes a la metafísica de lo bello, a mí me queda muy claro

---

26. De Joachim Kammermeister o Camerarius (en latín) Schopenhauer tenía esta obra en su biblioteca: *De símbolos y emblemas,* Frankfurt a. M., 1661.

que uno puede tener la mayor susceptibilidad y el juicio más certero sobre las bellas artes sin estar en situación de dar una justificación estrictamente filosófica y abstracta de la esencia de lo bello y del arte; al igual que uno puede ser muy noble y virtuoso, y puede tener una fina conciencia moral que decida ante los casos particulares con la precisión de una balanza para pesar el oro, sin hallarse por ello en situación de exponer en abstracto y fundamentar filosóficamente la significación ética de las acciones.

Pero la alegoría guarda una relación completamente distinta con la *poesía* a la que tiene con el arte plástico y, aun cuando en éste es reprobable, en aquélla es muy lícita y conveniente. Pues en el arte plástico la alegoría nos conduce desde lo dado intuitivamente, el objeto propio de cualquier arte, hacia el pensamiento abstracto; pero en la poesía esa relación es justo la inversa: aquí lo dado inmediatamente en palabras es el concepto y el fin subsiguiente es siempre guiar desde éste a lo intuitivo, cuya representación se confía a la fantasía del oyente. Si en el arte plástico se va de lo dado inmediatamente a alguna otra cosa, ésta siempre ha de ser un concepto, porque aquí sólo lo abstracto no puede darse de inmediato; mas un concepto nunca puede ser el origen de una obra artística y su participación jamás puede ser el fin de una obra de arte. Por contra en la poesía el concepto es lo material, lo inmediatamente dado, que muy bien cabe abandonar para invocar algo intuitivo completamente distinto en el que se alcance el objetivo de la poesía. En el contexto de un poema puede ser indispensable recurrir a algún concepto o pensamiento abstracto que en sí e inmediatamente no sea susceptible de intuición alguna; | con frecuencia dicho concepto suele llevarse a la intuición por medio de un ejemplo que se subsume bajo él. Esto ocurre ya en todo tropo o expresión figurada, y se da en cada metáfora, símil, parábola y alegoría, que sólo se diferencian por la extensión y minuciosidad de su exposición. En las artes retóricas los símiles y alegorías tienen un magnífico efecto. Como Cervantes dice muy bellamente del sueño, para expresar que nos sustrae a todos los sufrimientos espirituales y corporales: «Es un manto que cubre al hombre entero». Cuán bellamente expresa Kleist con estos versos alegóricos ese pensamiento de que los filósofos e investigadores esclarecen al género humano: «Aquellos cuya lámpara nocturna ilumina todo el orbe»[27]. Cuán intensa e intuitivamente describe Homero a la ominosa Ate[28] al decir: «Sus pies son delicados, pues no se posa sobre el suelo, sino que camina sobre las cabezas de los hombres» *(Ilíada* XIX, 91 [92-93]). Cuán eficaz fue para el evadido pueblo romano la fábula de Menenio Agrippa sobre el estómago y los miembros[29]. Cuán hermosamente expresa Platón un dogma filosófico sumamente abstracto en la ya citada alegoría de la caverna, al comienzo del libro séptimo de la *República.* Asimismo tiene que considerarse como una perspicaz alegoría de tendencia filosófica la fábula de Perséfone[30], que fue relegada al averno a costa de

---

27. Cfr. Ewald von Kleist, *La primavera;* en *Obras,* Berlín, 1803, vol. I, p. 236.
28. Ate suele ser presentada como personificación del error y la ofuscación. En realidad representa simultáneamente «la ceguera moral que lleva al hombre a rebasar sus propios límites, la falta cometida, el castigo fatal de los dioses y la desgracia que acarrea dicho castigo» (cfr. *Diccionario de la mitología clásica,* Alianza Editorial, Madrid, 1980, vol. I, p. 98). Hesíodo habla de Ate como hija de Éride (la Discordia) y, por otra parte, Homero la presenta justo antes del pasaje citado como primogénita del propio Zeus.
29. Menenio Agrippa fue cónsul en el año 503 a. C. y con esta parábola logró convencer a la plebe que se había marchado de Roma en el año 494, consiguiendo que regresaran a la ciudad para cumplir con sus deberes cívicos (cfr. Tito Livio, *Historia de Roma desde su fundación* II, 32).
30. Perséfone (Prosérpina en latín), hija de Zeus y Deméter, fue raptada por su tío Hades para convertirla en reina del averno (el infierno de los

una granada; este sentido filosófico es esclarecido por el inimitable tratamiento que Goethe dispensa episódicamente a esta fábula en su *Triunfo de la sensibilidad*. Conozco tres obras de un gran aliento alegórico; una obra abiertamente alegórica en el incomparable *Criticón* de Baltasar Gracián, el cual consiste en un rico tejido donde se van entrelazando alegorías sumamente ingeniosas que sirven aquí como ameno revestimiento de verdades morales, a las que con ello se les hace máximamente intuitivas, asombrándonos la riqueza de su inventiva. Las otras dos son encubiertamente alegóricas; se trata de *Don Quijote* y *Gulliver en Lilliput [Los viajes de Gulliver]*. La primera alegoriza la vida de cualquier hombre que no quiere perseguir simplemente su provecho personal como hacen los demás, sino que persigue un fin objetivo e ideal, el cual se adueña de su pensar y querer; | con lo cual resulta excepcionalmente extraño en este mundo. En Gulliver cabe trasladar a un plano espiritual lo que sólo ha dicho desde una perspectiva física, para advertir lo que quiso decir el *satirical rogue* [granuja satírico], como le llamaría Hamlet [Shakespeare, *Hamlet,* acto II, escena 2]. Así pues, a la alegoría poética lo que siempre le viene dado es el concepto, que quiere hacerse intuitivo mediante una imagen y que también puede verse expresado o apoyado mediante una imagen pictórica, pero ésta no será considerada por ello como obra del arte plástico, sino sólo como un jeroglí-

---

paganos). A instancias de su madre, Zeus consintió en rescatarla (pese a que inicialmente había sido cómplice de su hermano en el rapto), pero la joven había quebrantado el ayuno propio del averno y había comido los granos de una granada, lo que la condenó a pasar seis meses al año con Hades en el submundo. En los tiempos antiguos simbolizaba el grano de semilla, que debe descender al interior de la tierra para que después de su muerte aparente pueda germinar una nueva vida. Su simbolismo es idéntico al de Isis.

fico significativo y no reivindica ningún valor pictórico, sino únicamente uno poético. De este tipo es esa bella viñeta alegórica de Lavater, que tan cordial resulta para todo noble defensor de la verdad: una mano que sostiene una luz es picada por una avispa, mientras en la llama se queman los mosquitos; de ahí el lema: «Y aunque se quemen también las alas de los mosquitos, / haciendo estallar el cráneo y todo su cerebro; / ¡la luz sigue siendo luz! / Y aun cuando me aguijonee la avispa más furibunda, / no dejaré de asir la antorcha». Aquí se agrega también esa lápida funeraria con una luz mortecina y la leyenda: «Cuando se apaga, se revela, / si era una vela de sebo, o una de cera». De este tipo es asimismo un árbol genealógico alemán de muy antiguo linaje, cuyo último vástago de tan abigarrada familia ha decidido llevar a término su vida en total abstinencia y castidad para dejar morir a su estirpe, haciéndose retratar a sí mismo en la raíz del ramificado árbol mientras lo poda con unas tijeras. A este género pertenecen en general los ya citados símbolos alegóricos que suelen llamarse emblemas, a los que también se podría describir como breves fábulas pictóricas con una moraleja explícita. Las alegorías de esta índole hay que contabilizarlas siempre entre las poéticas y no entre las pictóricas, para que queden justificadas; también aquí la ejecución alegórica sigue siendo una cuestión colateral y de ella sólo se requiere que presente la cosa de un modo reconocible. Sin embargo, al igual que en el arte plástico, también en la poesía | la alegoría se transforma en símbolo, cuando entre lo exhibido intuitivamente y lo abstracto designado con ello no hay más que una conexión arbitraria. Pues como a fin de cuentas todo lo simbólico descansa en una convención, el símbolo tiene entre otros inconvenientes también el de que su significación se olvida con el tiempo y acaba por enmudecer; ¿quién adivinaría, si no lo supiera, por qué el pez es el símbolo del cristianismo? Sólo un Champollion[31] hubiese descifrado que se trata de un jeroglífico fonético. Por eso hoy en día el Apocalipsis de Juan casi se toma como una alegoría poética similar a la del relieve con las palabras *magnus Deus sol Mithra*[32] [«Mithra, el gran Dios del sol»], que ha dado pie a tantas interpretaciones*.

§ 51.

Si ahora, con nuestro estudio sobre el arte en general, pasamos de las artes plásticas a la *poesía,* no dudaremos que también ésta tiene el propósito de revelar las ideas, los niveles de objetivación de la voluntad, para comunicarlas al oyente con esa claridad y viveza en que las capta el ánimo poético. Las ideas son esencialmente intuitivas y, aun cuando en la poesía lo comunicado inmediatamente a través de palabras sólo son conceptos abstractos, sí resulta obvio el propósito de hacer intuir a los oyentes las ideas de la vida en los representantes de tales conceptos, algo que sólo puede ocurrir gracias al concurso de la propia fantasía del oyente. Sin embargo, para poner en movimiento a esta fantasía de cara al fin propuesto, los conceptos abstractos, que

---

* Cfr. el capítulo 36 del segundo volumen.
31. Jean-François Champollion (1790-1832) es considerado el fundador de la egiptología, gracias a haber sabido descifrar la llamada «piedra de Rosetta» (descubierta en 1799 por un miembro de la expedición napoleónica), que contenía una inscripción trilingüe cuya comparación le permitió colegir el significado de los jeroglíficos egipcios.
32. Mithra es una divinidad persa que cuenta con un homólogo hindú (Mitra). Su culto se asentó en la Roma del siglo I a. C., en donde se le vino a identificar con el símbolo del sol que fecunda la naturaleza. Los romanos adoptaron este dios persa tal como hicieron con los dioses griegos y de otras tantas naciones. En algunos monumentos romanos aparecía la inscripción: «Al Dios Sol, el Invencible Mithra». Los egipcios lo confundieron con Osiris.

son el material inmediato tanto de la poesía como de la más áspera prosa, han de combinarse para que sus esferas se corten de tal modo que ninguna pueda persistir en su abstracta universalidad y ésta sea sustituida por un representante intuitivo de la fantasía, de suerte que las palabras del poeta vayan modificándose continuamente conforme a su propósito. Al igual que el químico obtiene un precipitado sólido a partir de la combinación de líquidos plenamente límpidos y transparentes, asimismo procede el poeta, quien parte de la universalidad | abstracta y diáfana de los conceptos para precipitar por decirlo así lo concreto, lo individual, la representación intuitiva, gracias al modo como combina dichos conceptos. Pues la idea sólo se conoce intuitivamente y el conocimiento de la idea es el fin de todo arte. La maestría en la poesía, al igual que en la química, consiste en la aptitud para obtener siempre el precipitado que se proyecta. A este fin sirven en la poesía los muchos epítetos mediante los que se restringe la universalidad de cada concepto cada vez más hasta hacerlos intuitivos. Homero coloca al lado de casi todos los sustantivos un adjetivo, cuyo concepto corta y reduce considerablemente la esfera del primer concepto, acercándolo así a la intuición; v.g.: «Cayó en el Océano la brillante luz del sol, echando la negra noche sobre la feraz campiña»[33]. Y «una ligera brisa ondea en el cielo azul, / el mirto reposa y el laurel se yergue» [Goethe, *Baladas,* «Mignon», verso 3], condensando así ante la fantasía con muy pocos conceptos todo el embeleso del clima meridional.

Los recursos totalmente particulares de la poesía son el ritmo y la rima. De su increíblemente poderoso efecto yo no sé dar otra explicación salvo la de que nuestras fuerzas

---

33. Cfr. Homero, *Ilíada* VIII, 485-486 (edición de Carlos García Gual), Espasa, Madrid, 1999, p. 299.

representativas tienen la peculiaridad de hallarse esencialmente vinculadas al tiempo y en virtud de dicha peculiaridad seguimos interiormente todo ruido que se repita con regularidad, acompasándonos con él por así decir. Por ello el ritmo y la rima en parte son un aglutinante de nuestra atención, al hacernos seguir solícitamente la declamación, y en parte por ellas surge en nosotros una ciega conformidad con lo recitado previo a todo juicio, en virtud de lo cual éste cobra una enfática fuerza de convicción al margen de cualquier fundamento.

Merced a la universalidad de los materiales de que se sirve la poesía para comunicar las ideas y que no son otros que los conceptos, el contorno de su dominio es muy amplio. La naturaleza entera, las ideas de todos los niveles son representables a través de ella y en consonancia con las ideas que comunique tan pronto las expondrá de una manera descriptiva, como narrativa o | directamente dramática. Ahora bien, si en la presentación de los niveles inferiores de objetivación de la voluntad, el arte plástico suele bastar con creces, porque la naturaleza inconsciente y también la meramente animal casi revelan toda su esencia en un único momento que se deja captar muy bien, en cambio el hombre, en tanto que no se manifiesta por su mera forma y la expresión de sus gestos, sino mediante una cadena de acciones flanqueadas por pensamientos y afectos, es el objeto principal de la poesía, a la que ningún otro arte iguala en este sentido, al contar con una progresión de la que adolecen las artes plásticas.

Así pues, revelar esa idea que es el nivel supremo de objetivación de la voluntad, la presentación del hombre en la hilvanada serie de sus anhelos y acciones es el gran privilegio de la poesía. Sin duda, también la experiencia y la historia nos enseñan a conocer al hombre; pero con frecuencia nos hacen conocer más *a los* hombres que *al* hombre; la experiencia y la historia nos vienen a proporcionar más bien datos empíricos del comportamiento de los hombres entre sí, lo cual nos permite extraer reglas para la propia conducta antes que sondear la esencia íntima del hombre. No es que ésta sea inaccesible desde la experiencia o la historia, puesto que muy a menudo la esencia de la humanidad misma se nos hace patente en la historia o en la propia experiencia, siempre que nosotros examinemos ésta y el historiador aquélla con ojos artísticos o poéticos, esto es, siempre que intentemos captar la idea y no el fenómeno, la esencia íntima y no las relaciones. La propia experiencia es una condición indispensable para comprender el arte poético, al igual que la historia, pues ella es por decirlo así el diccionario del lenguaje que ambas hablan. Pero la historia es a la poesía lo que el retrato a la pintura histórica; la historia ofrece lo verdadero en particular y la poesía en general: la historia posee la verdad del fenómeno y puede levantar de ella acta gracias a éste, mientras que la poesía alberga la verdad de la idea, la cual no puede encontrarse en un fenómeno concreto, puesto que expresa todos. El poeta escoge a propósito caracteres significativos en situaciones significativas; el historiador asume ambos tal como le vienen. El historiador no ha de ver, ni por tanto escoger, los acontecimientos y las personas según esa significación suya genuina e íntima que expresan las ideas, | sino según su significación externa, aparente y relativa, cuya importancia se basa en la relación, el encadenamiento y las consecuencias. El historiador no puede considerar nada en y por sí mismo, con arreglo a su carácter y expresión consustanciales, sino que ha de considerarlo todo según la relación, en conexión, reparando en su influjo sobre lo consecutivo y en particular sobre su propia época. Por eso el historiador no soslayará una acción poco significativa y vulgar en sí de un rey, ya que ella tiene consecuencias e influencia. En cambio no citará las acciones sumamente significativas en sí de los particulares, de individuos muy eminentes, si ellas carecen de consecuencias o influjo alguno. Pues su consideración secunda el principio de razón y apresa el fenómeno, cuya forma es dicho principio. Mas el poeta capta la idea, la esencia de la humanidad, al margen de toda relación y del tiempo, capta la adecuada objetivación de la cosa en sí en su nivel supremo. Desde luego, incluso en ese tipo de consideración necesario al historiador, la esencia íntima, la significación de los fenómenos, el núcleo de toda esa envoltura tampoco puede perderse nunca del todo y todavía se deja encontrar y reconocer cuando menos por aquel que lo busca; sin embargo, aquello que es significativo en sí, no en las relaciones, el auténtico despliegue de la idea se encontrará mucho más correcta y claramente en la poesía que en la historia; de ahí que a la poesía quepa atribuirle una verdad mucho más auténtica, genuina e íntima que a la historia, por paradójico que suene esto. Pues el historiador debe seguir la vida según el acontecimiento individual, tal como ella se desarrolla en el tiempo conforme a las múltiples concatenaciones entrelazadas de causas y efectos; pero es imposible que pueda hacerse con todos los datos, verlo todo e informarse de todo; a cada momento abandona el original de su cuadro o bien ese original queda sustituido por un falso modelo y esto sucede tan a menudo que, según creo, en la historia hay más de falso que de verdadero. En cambio, el poeta ha captado la idea de la humanidad desde una determinada faceta que se le presenta, siendo la esencia de su propio yo lo que se le objetiva en tal idea; su conocimiento es medio a priori, al igual que se expuso antes con ocasión de la escultura; su modelo, que está siempre firme, nítido y claramente iluminado ante su espíritu, no puede | abandonarle; por ello nos muestra nítidamente la idea en el espejo de su espíritu y su relato es, hasta en el detalle más nimio, verdadero como la vida misma*. De ahí que los grandes historiadores de la Antigüedad sean poetas en los detalles cuando les faltan datos, como por ejemplo en los discursos de sus héroes; toda su manera de tratar los materiales históricos se aproxima a lo épico, pero esto da unidad a sus crónicas y les permite conservar la verdad interna incluso allí donde la verdad externa les era inaccesible o estaba falsificada; si antes comparábamos la historia con los retratos de la pintura histórica, en contraposición a la poesía, ahora nos encontramos con que los historiadores antiguos seguían la sentencia de Winckelmann, según la cual el retrato debe ser el ideal del individuo, pues ellos presentaban lo individual haciendo resaltar las facetas que expresan la idea de la humanidad; por contra, los historiadores modernos, a excepción

---

* Entiéndase que me refiero exclusivamente a los tan raros como grandes poetas genuinos y para nada a esa insulsa colmena de mediocres poetas, rimadores y cuentistas, que tanto prolifera hoy en Alemania, a cuyos oídos debería gritárseles incesantemente desde todas partes: «Ser poetas mediocres / no se les permite ni a los hombres, ni a los dioses» [Horacio, *Arte poética,* 372]. Vale la pena considerar seriamente qué cantidad de tiempo, tanto propio como ajeno, y de papel malgasta este enjambre de mediocres poetas y cuán perjudicial es su influjo, dado que el público tiene más inclinación por naturaleza a coger siempre en parte lo nuevo, en parte también lo romo y absurdo, en cuanto que le resulta más homogéneo; de ahí que esas obras mediocres les aparten de las auténticas obras maestras e impidan que sean instruidos por éstas, contrarresten el favorable influjo de los genios, emboten cada vez más el gusto y frenen el progreso de la época. Por eso la crítica y la sátira deben fustigar sin indulgencia ni compasión algunas a los poetas mediocres, hasta que, por su propio bien, sus musas acaben por aplicarse a la lectura de cosas buenas y dejen de escribir cosas pésimas. Pues si incluso al apacible dios de las musas la chapucería del intruso le enfureció hasta el punto de desollar a Marsias[34], no veo en qué quiere fundar su pretensión de tolerancia la poesía mediocre.

34. Marsias creía ser un gran flautista (por tener la flauta que Atenea había desechado porque deformaba el rostro de quien osaba tocarla) y desafió al mismísimo Apolo a un agón musical cuyos jueces fueron las propias musas. Ganó la lira de Apolo y éste, tras colgar de un árbol a Marsias, lo desolló vivo.

de unos pocos, la mayor parte de las veces sólo ofrecen «un barril de inmundicias o un trastero y a lo sumo relevantes acciones estatales» [Goethe, *Fausto* I, 582-583]. Así pues, a quien | quiera conocer la humanidad según su esencia íntima, conforme a esa idea suya que es idéntica en todos los fenómenos y desarrollos, las obras de los grandes e inmortales poetas le brindarán una imagen mucho más fiel y nítida que la procurada por los historiadores, pues incluso los mejores entre ellos distan mucho de descollar como poetas y tampoco tienen las manos libres. La relación entre poetas e historiadores puede aclararse por medio del siguiente símil. El historiador puro que trabaja única y simplemente conforme a los datos se parece a alguien que, sin conocimiento alguno de las matemáticas, a partir de figuras encontradas casualmente calculase sus relaciones mediante mediciones, cuyo resultado empírico contiene todos los errores de las figuras dibujadas; en cambio, el poeta se parece al matemático que construye a priori esas relaciones en una intuición pura y las expresa, no como las posee realmente la figura dibujada, sino tal como son en la idea que debe representar el dibujo. Por eso dice Schiller: «Aquello que no se ha dado nunca y en parte alguna, / es lo único que jamás envejece» [Schiller, *A los amigos,* 49-50].

Con miras al conocimiento de la esencia de la humanidad, he de conceder a las biografías y particularmente a las autobiografías un valor mayor al de la historia en sentido estricto, cuando menos tal como suele ser tratada ésta habitualmente. Por un parte, los datos se recogen más precisa y exhaustivamente en las biografías que en la historia; por otra parte, en la historia propiamente dicha no intervienen tanto los hombres como los pueblos y los héroes, y los escasos individuos que aparecen lo hacen con tal distanciamiento, con tanto entorno y tan gran séquito, tan cubiertos por ceremoniosos ropajes o rígidas armaduras, que resulta verdaderamente difícil reconocer a través de todo esto el movimiento humano. En cambio, la vida fielmente relatada de alguien concreto muestra, en una estrecha esfera, el proceder de los hombres en todos sus matices y formas, la excelencia, la virtud e incluso la santidad de unos cuantos, el absurdo, la mezquindad y la perfidia de la mayoría, la atrocidad de otros muchos. En la única perspectiva que aquí nos ocupa, es decir, en lo concerniente a la significación interna de los fenómenos, resulta totalmente indiferente si las circunstancias en torno a las que gira la acción sean, | consideradas relativamente, insignificantes o importantes, granjas o imperios, pues todas estas cosas no tienen significado en sí y sólo cobran algún significado en tanto que la voluntad es movida por ellas: el motivo sólo tiene importancia a través de su relación con la voluntad; en cambio la relación que como cosa tenga con otras cosas no viene a cuento. Al igual que un círculo con una pulgada de diámetro y otro cuyo diámetro mide cuarenta millones de millas tienen las mismas propiedades geométricas, también son idénticos en lo esencial los procesos y la historia de una aldea y de un reino; y uno puede aprender a estudiar y conocer a la humanidad tanto en la una como en el otro. También se equivoca quien piensa que las autobiografías están plagadas de engaño e hipocresía. Antes bien en ellas la mentira (aunque sea posible por doquier) acaso sea más difícil que en otros lugares. La hipocresía se da con mucha más facilidad en la simple conversación; sin embargo, por paradójico que suene, en una carta ya se da con mayor dificultad, porque el hombre se abandona a sí mismo, mira hacia dentro y no hacia afuera, le cuesta remitirse a lo ajeno y a lo lejano y no tiene ante la vista el criterio de la impresión sobre el otro; por contra el destinatario de la carta, sumido en una disposición anímica distinta a la de su corresponsal, abarca de una ojeada esa carta, que puede leer varias veces y en distintos momentos hasta desentrañar su propósito oculto. También se conoce muy fácilmente a un autor como hombre por su libro, ya que todas esas condiciones se dan aquí de un modo más intenso y continuado; y fingir en una autobiografía es tan difícil que quizá no haya ninguna que no sea más verdadera en su conjunto que cualquier otra historia escrita. El hombre que describe su vida la abarca en su conjunto y al por mayor, lo particular se vuelve pequeño, lo cercano se aleja, lo remoto se aproxima, los miramientos se reducen; se confiesa consigo mismo y lo hace espontáneamente; el espíritu de la mentira no le asalta aquí tan fácilmente, pues también hay en todo hombre una inclinación a la verdad que ha de predominar ante toda mentira y que aquí se impone con una fuerza inusitada. La relación entre la biografía y la historia de los pueblos se pone de manifiesto por medio del siguiente símil. La historia nos muestra a la humanidad, tal como la | naturaleza nos muestra un paisaje desde una alta montaña: vemos mucho de una sola vez, amplias extensiones y grandes masas, pero nada se torna claramente reconocible conforme a su propia esencia global. En cambio, el relato de la vida de un individuo nos muestra al hombre igual que conocemos la naturaleza, cuando andamos de un lado al otro entre sus árboles, plantas, rocas y manantiales. Pero tal como mediante la pintura paisajística, en la que el artista nos deja ver la naturaleza a través de sus ojos, se nos facilita sobremanera el conocimiento de sus ideas y del estado de puro conocimiento avolitivo requerido para ello, de cara a esa presentación de las ideas que podemos buscar en la historia y la biografía se muestra muy superior a ambas el arte poético, pues también aquí el genio nos coloca delante un nítido espejo donde convergen todo lo esencial y lo significativo, lo cual queda colocado frente a nosotros bajo la luz más clara, al segregarse lo contingente y lo heterogéneo*.

La presentación de la idea de humanidad, que incumbe al poeta, puede llevarse a cabo de dos maneras: o bien lo representado es también al mismo tiempo el intérprete, como ocurre en la poesía lírica, en la canción [*Lied*] propiamente dicha, donde el poeta sólo contempla y describe vivamente su propio estado, por lo que a este género le es consustancial una cierta subjetividad; o bien lo que se representa es totalmente distinto del intérprete, como ocurre en todos los demás géneros, donde el intérprete se oculta más o menos tras lo representado hasta que desaparece por completo. En el romance el intérprete todavía expresa algo de su propio estado mediante el tono y la tendencia del conjunto; el romance, si bien es más objetivo que la canción, todavía conserva algo subjetivo que se difumina más en el idilio, aún más en la novela, desaparece casi por completo en el poema épico y pierde toda huella en el drama, que es el género más objetivo y en más de un sentido el más perfecto, a la par que el más difícil, género de la poesía. El género lírico es por eso mismo el más sencillo, y, si bien este arte sólo pertenece al tan raro como genuino genio, incluso un hombre no demasiado eminente puede componer una hermosa canción, cuando | una fuerte incitación externa lleva hasta el éxtasis a sus fuerzas espirituales, pues para ello sólo requiere una viva intuición de su propio estado en ese entusiástico momento. Esto lo prueban muchas canciones debidas a individuos desconocidos, especialmente las canciones populares alemanas, de las que tenemos una excelente recopilación en el *Cuerno encantado,* así como en las innumerables canciones populares de amor y de otros temas en todos los idiomas. Pues este género poético se reduce a captar esa momentánea disposi-

---

* Cfr. el capítulo 38 del segundo volumen.

ción anímica y a plasmarla en una canción. Sin embargo, en la poesía lírica de un auténtico poeta se retrata el interior de toda la humanidad y de todos los millones de hombres pasados, presentes y futuros, al acertar a expresar en su poesía lo que los hombres han sentido y sentirán en esas mismas situaciones que se repiten continuamente. Como esas situaciones, mediante su continuo retorno, perduran tanto como la propia humanidad y suscitan constantemente las mismas sensaciones, los productos líricos del poeta genuino mantienen su frescura y su vigencia a través de los siglos. El poeta es en suma el hombre universal; todo lo que alguna vez ha conmovido el corazón de un hombre, aquello que en una determinada situación incita a la naturaleza humana, todo cuanto anida y se incuba en un pecho humano: tal es el tema y el material del poeta. Por eso el poeta puede ensalzar tan bien la voluptuosidad como la mítica, ser Anacreonte[35] o Angel Silesius[36], escribir tragedias o comedias, presentar la intención más sublime o la más común, según su humor y vocación. Con arreglo a ello nadie puede prescribir al poeta que sea noble y sublime, moral, piadoso, cristiano, esto o aquello, ni mucho menos reprocharle que sea esto y no aquello. Él es el espejo de la humanidad, haciéndola consciente de lo que ella siente y de lo que la mueve.

Examinemos ahora más de cerca la esencia de la canción propiamente dicha y tomemos para ello como ejemplos modelos eximios al tiempo que puros, es decir, no aquellos que ya invaden en cierto modo algún otro género como el romance, la elegía, el himno, el epigrama, etc.; así descubriremos la peculiar esencia de la canción en sentido

---

35. Poeta lírico griego del siglo VI a. C., cuyas composiciones hablan de modo inolvidable del amor y de los placeres del banquete.
36. Schopenhauer tenía en su biblioteca esta obra del místico Johannes Angelus Silesius: *El paseante querubínico, o la rima que conduce a la contemplación divina,* Múnich, 1821.

estricto. Aquello que colma la consciencia del cantor es el sujeto de la voluntad, esto es, el propio querer, a menudo como un querer desprendido y satisfecho (alegría), si bien con más frecuencia como un querer obstaculizado (tristeza), siempre como afecto, pasión o un estado de ánimo agitado. Sin embargo, junto a esto y al mismo tiempo, mediante la contemplación de la naturaleza circundante el cantor se hace consciente de sí como sujeto del puro conocer avolitivo, cuyo dichoso e imperturbable sosiego entra en contraste con el apremio del siempre restrictivo y menesteroso querer; la sensación de este contraste, de esta alternancia, es propiamente lo que se expresa en el conjunto de la canción y lo que en general constituye el estado lírico. En tal estado nos aborda el puro conocer para liberarnos del querer y su apremio, aunque sólo sea por un instante, pues el querer, el recuerdo de nuestros fines personales, siempre nos arranca nuevamente de la serena contemplación; pero a su vez también nos sonsaca siempre del querer el hermoso entorno próximo, en que se nos brinda el puro conocimiento avolitivo. Por ello en la canción y en la disposición lírica del ánimo el querer (el interés personal de los fines) y la pura intuición del entorno se presentan maravillosamente entremezclados, buscándose e imaginándose relaciones entre ambos; la disposición de ánimo subjetiva, la afección de la voluntad imprime sus colores al entorno intuido y éste los refleja a su vez sobre aquélla; la canción auténtica es la reproducción de este escindido estado anímico tan enteramente entremezclado. Para captar en ejemplos este abstracto desdoblamiento de un estado tan distante de toda abstracción, uno puede tomar cualquiera de las inmortales canciones debidas a Goethe, y a tal fin sólo quiero recomendar algunas: *La queja del pastor, Bienvenida y despedida, A la luna, En el lago* e *Impresiones otoñales;* también suponen excelentes ejemplos las canciones recogidas en el *Cuerno encantado,* particularmente aquél que comienza con estas palabras: «¡Oh Bremen, tengo que abandonarte!». Como lograda parodia cómica del carácter lírico me parece memorable una canción de Voss, en la que describe la sensación de un plomero borracho que, mientras cae desde una torre, repara en que el reloj marca las once y media, | observación muy ajena a su estado y propia de un conocimiento espontáneo. Quien comparta conmigo esta opinión acerca del estado lírico convendrá también en que éste es propiamente el conocimiento intuitivo y poético de aquella tesis expuesta en mi tratado *Sobre el principio de razón* y que ya ha sido citada en este escrito, a saber, que la identidad del sujeto del conocer con el sujeto del querer puede ser calificada como el milagro por antonomasia; y a la postre el efecto poético de la canción descansa propiamente sobre la verdad de esa tesis. En el transcurso de la vida esos dos sujetos o, en lenguaje popular, el corazón y la cabeza, se van separando cada vez más; su sensación subjetiva se distancia cada vez más de su conocimiento objetivo. En el niño están todavía enteramente fusionados; sabe diferenciarse muy poco de su entorno y se confunde con él. En el joven toda percepción incide netamente sobre su sensación y su disposición de ánimo e incluso se mezcla con ésta, tal como Byron expresa muy bellamente: «no vivo en mi propio yo, sino que me vuelvo / una porción de lo que me rodea, y para mí / las altas montañas son un sentimiento»[37]. Por eso el joven se apega tanto al lado externo e intuitivo de las cosas y sólo le conviene la poesía lírica, mientras que al hombre maduro le conviene la poesía dramática. El anciano puede pensarse a lo sumo como

---

37. Cfr. Byron, *Childe Harold* III, 72.

poeta épico, al modo de Osián[38] y Homero, ya que el relato pertenece al carácter del anciano.

En los géneros de poesía más objetivos, particularmente en la novela, la epopeya y el drama, el fin, la revelación de la idea de humanidad, se alcanza a través de dos medios: mediante la presentación tan precisa como hondamente captada de los caracteres significativos y mediante la invención de situaciones sintomáticas. Pues, tal como al químico no sólo le incumbe presentar con toda exactitud los materiales simples y sus relaciones principales, sino que también ha de someterlos al influjo de ciertos reactivos en donde se hagan claramente visibles sus rasgos característicos, asimismo al poeta no sólo le incumbe presentarnos fielmente los caracteres significativos, sino que para dárnoslos a conocer ha de colocarlos en situaciones donde se desplieguen por completo sus rasgos característicos y se presenten con perfiles bien contorneados que por ello se llaman situaciones sintomáticas. En la vida real y en la historia el azar raramente propicia situaciones de este tipo, y, cuando se dan, vienen a perderse y a quedar ocultas por la cuantía de lo insignificante. La significatividad universal de las situaciones debe diferenciar a la novela, la epopeya y el drama de la vida real tanto como la compilación y elección de los caracteres significativos, pero en ambos casos la más estricta veracidad es condición ineludible de su efecto y la falta de unidad en los caracteres, la contradicción consigo mismos o con la esencia de la humanidad en general, así como la imposibilidad o la inverosimilitud de acontecimientos meramente circunstanciales, denostan a la poesía tanto como las figuras mal dibujadas, la falsa perspectiva o la iluminación

---

38. Cfr. nota 5. Es el poeta por antonomasia del pueblo gaélico (siglo III a. C.) y, según dice la leyenda, vivió trescientos años en el país de la juventud, cuando fue secuestrado por la hija del rey de dicho país.

errónea denostan a la pintura, pues tanto en la poesía como en la pintura reclamamos un fiel espejo de la vida, de la humanidad, del mundo, que sólo se dilucida mediante la representación y sólo se vuelve significativo mediante la composición. Como el fin de todas las artes consiste únicamente en la presentación de las ideas y su diferencia esencial sólo estriba en cuál sea el nivel de objetivación de la voluntad que presente la idea, lo cual determina a su vez el material de la representación, incluso las artes más alejadas entre sí se dejan esclarecer por medio de una comparación mutua. Así por ejemplo, para captar cabalmente las ideas que se expresan en el agua, no basta verla en un tranquilo estanque o en una corriente que fluye equilibradamente, sino que aquella idea sólo se despliega por completo cuando el agua aparece sometida bajo toda suerte de circunstancias y obstáculos que, al actuar sobre la misma, propician la plena expresión de todas sus propiedades. Por eso nos parece hermosa el agua cuando se precipita, brama, salta hacia lo alto, se pulveriza al caer o finalmente se ve artísticamente impelida hacia arriba como surtidor; bajo distintas circunstancias se muestra | diversamente, pero siempre se mantiene fiel a su carácter; para ella resulta tan natural saltar hacia arriba como quedarse quieta cual un espejo; está preparada para una y otra cosa en cuanto se den las circunstancias. Lo que el artista de las fuentes logra en la materia líquida y el arquitecto en la sólida lo consigue en la idea de humanidad el poeta épico o dramático, pues el fin común a todo arte es el despliegue y elucidación de la idea que se expresa en el objeto del arte, de la voluntad que se objetiva en cada nivel. La vida del hombre, como suele mostrarse en la realidad, se asemeja al agua tal como ésta suele mostrarse en estanques y ríos, pero en la epopeya, la novela y la tragedia los caracteres elegidos son trasladados a unas circunstancias en las que se despliegan todos sus rasgos característicos, haciendo patente la hondura del ánimo humano al evidenciarlo en acciones extraordinarias e importantes. Así el arte poético objetiva la idea de humanidad que tiene la particularidad de presentarse en los caracteres sumamente individuales.

La tragedia es considerada y reconocida como la cima del arte poético tanto por la magnitud del efecto como por la dificultad de ejecución. De cara al conjunto de nuestra consideración, resulta muy significativo reparar en que el fin de esta suprema obra de arte poética es la presentación del flanco horrible de la vida, de suerte que aquí se nos coloca ante el dolor anónimo, la aflicción de la humanidad, el triunfo de la maldad, el insultante imperio del azar, así como el fracaso del justo y del inocente, pues ahí subyace un significativo aviso sobre la índole del mundo y de la existencia. Sobresale temiblemente la contradicción de la voluntad consigo misma que aquí, en el supremo nivel de su objetivación, se despliega del modo más consumado. Dicha contradicción se torna visible en el sufrimiento de la humanidad, el cual es acarreado en parte por el azar y el error, que se erigen en el señor del mundo y quedan personificados como fatalidad merced a esa aparente intencionalidad suya que llega hasta la perfidia; sufrimiento que por otra parte procede de la humanidad misma, por los entrecruzados afanes volitivos de los individuos, por la maldad y perversión de la mayoría. Una y la misma voluntad es la que vive y se manifiesta | en todos ellos, si bien los fenómenos de dicha voluntad luchan y se devoran entre sí. Tal voluntad comparece enérgicamente en este individuo, más débilmente en aquél, con menor o mayor reflexión y más o menos tamizada por la luz del conocimiento hasta que finalmente, en algún caso, este conocimiento depurado e intensificado por el sufrimiento mismo alcanza el punto donde el fenómeno, el velo de Maya, deja de engañarle y ve a través de él la forma del fenómeno, el principio de individuación sobre el que descansa el egoísmo, el cual desaparece con él; merced a ello los hasta entonces poderosos *motivos* pierden su poder y en su lugar el perfecto conocimiento de la esencia del mundo actúa como *aquietador* de la voluntad, conllevando la resignación, la renuncia no simplemente de la vida, sino de la entera voluntad de vivir misma. Así vemos al final de la tragedia que los más nobles, tras luchar y sufrir prolongadamente, renuncian para siempre a los fines que tan vehementemente perseguían hasta entonces y a todos los goces de la vida, o incluso abandonan voluntaria y alegremente la vida misma: así le ocurre a *El príncipe constante* de Calderón; a Margarita en el *Fausto;* a *Hamlet,* al que su buen Horacio le hubiera secundado con gusto, si aquél no le hubiese alentado a permanecer todavía un tiempo en este áspero mundo soportando sus tormentos, para relatar el destino de Hamlet y limpiar su recuerdo[39]; así le ocurre a *La doncella de Orleans* y a *La novia de Mesina;* todos mueren purificados por el dolor, esto es, una vez que la voluntad de vivir ha muerto en ellos; en el *Mahoma* de Voltaire esto se expresa literalmente con las últimas palabras que Palmira dirige a Mahoma: «El mundo es para los tiranos: ¡Vive tú!»[40]. En cambio, la exigencia de la llamada «justicia poética» descansa sobre un total desconocimiento de la esencia de la tragedia e incluso de la esencia del mundo. Este desconocimiento se constata osadamente con toda su trivialidad en las críticas que el Dr. Samuel Johnson ha dedicado a algunos dramas de Shakespeare, al reprocharle con toda ingenuidad este olvido de la justicia que se da de hecho, pues ¿cuál es la culpa de las Ofelias, las Desdémo-

---

39. Cfr. Shakespeare, *Hamlet,* acto V, escena 2.
40. En francés dice literalmente: «Tú debes reinar; el mundo está hecho para los tiranos».

nas o las Cordelias? Pero sólo la banal, optimista cosmovisión racionalista y protestante o, para decirlo con más propiedad, judaica reclamará esta justicia poética sin la cual no se halla satisfecha. El verdadero sentido | de la tragedia es la honda comprensión de que el héroe no expía sus pecados particulares, sino el pecado original, esto es, la culpa del propio existir, tal como Calderón lo expresa muy atinadamente: «Pues el delito mayor / del hombre es haber nacido» [*La vida es sueño*, I, 2].

Sólo quiero permitirme una observación concerniente a los tratamientos de la tragedia. Lo único consustancial a la tragedia es la presentación de un gran infortunio. Sin embargo, los diversos caminos que puede seguir el poeta se reducen conceptualmente a tres tipos. Puede ocurrir por la extraordinaria maldad –hasta rozar los límites de lo posible– de un carácter que sea el autor del infortunio; ejemplos de este tipo son *Ricardo III*, Yago en *Otelo*, Shylock en *El mercader de Venecia*, Franz Moor, la Fedra de Eurípides, Creonte en *Antígona*, etc. Puede ocurrir por el ciego destino, esto es, por el azar y el error; de este tipo es un auténtico modelo el *Edipo Rey* de Sófocles, así como *Las Traquinias* del mismo Sófocles y en general la mayoría de las tragedias antiguas; entre las modernas sirvan como ejemplos *Romero y Julieta*, el *Tancredo* de Voltaire o *La novia de Mesina*. Pero, finalmente, el infortunio también puede verse acarreado por la situación de los personajes entre sí, por sus relaciones; de suerte que no se requiera un atroz error, o un inusitado azar, ni tampoco un carácter cuya maldad roce los límites de la humanidad, sino caracteres con un sentido moral ordinario bajo circunstancias habituales, pero cuya situación les obliga a enfrentarse y a infligirse recíprocamente las mayores calamidades, sin que el infortunio pueda imputarse por completo únicamente a uno de ellos. Yo prefiero con mucho este último tipo a los otros dos, pues nos muestra el mayor infortunio no como una excepción, no como algo debido a raras circunstancias o a un carácter monstruoso, sino como algo que se desprende fácilmente por sí mismo del hacer y de los caracteres humanos, | como algo casi consustancial a ellos y que se cierne sobre nosotros a cada paso. Si en los otros dos tipos de tragedia divisamos a la monstruosa fatalidad y a la espantosa maldad como horrendos poderes, pero que sólo nos amenazan en lontananza y a los que nosotros mismos podemos sustraernos sin acogernos a la renuncia, este último género nos muestra que esos poderes destructores de la felicidad y de la vida nos acechan a cada instante en nuestro camino, pues el mayor sufrimiento puede verse acarreado por entrelazamientos que pueden afectar también a nuestro destino y por acciones que quizá nosotros fuéramos capaces de cometer sin quejarnos sobre su injusticia; entonces nos estremecemos y nos sentimos en medio del infierno. Pero la ejecución de este último tipo de tragedia también es la más difícil, pues ha de producirse el mayor efecto con el mínimo despliegue de medios y motivaciones, simplemente mediante su colocación y reparto; a ello se debe que incluso muchos de los mejores dramaturgos hayan eludido esta dificultad. Como un consumado modelo de este tipo cabe citar una pieza que desde otros puntos de vista se ve largamente superada por muchas otras del mismo gran maestro: se trata de *Clavijo* [de Goethe]. En cierta medida *Hamlet* pertenece también a este género, si se repara simplemente en la relación de Laertes con Ofelia; *Wallenstein* [de Schiller] tiene asimismo este privilegio; *Fausto* es totalmente de este tipo, si se considera como trama principal la intriga entre Margarita y su hermano; lo mismo cabe decir del *Cid* de Corneille, sólo que a éste le falta el desenlace trágico, tal como lo tiene por contra la relación análoga entre Max y Tecla* *[Wallenstein].*

---

* Cfr. el capítulo 37 del segundo volumen.

§ 52.

Tras haber considerado hasta el momento todas las bellas artes en esa universalidad que adopta nuestro punto de vista, comenzando por el bello arte arquitectónico, cuyo fin en cuanto tal es dilucidar la objetivación de la voluntad en los niveles inferiores de su visibilidad, donde la voluntad se | 302 muestra como una insensible tendencia inconsciente y regular de la masa que revela ya autodesavenencia con su lucha entre gravedad y solidez, y concluyendo esta consideración nuestra con la tragedia, la cual nos pone ante los ojos con temible magnitud y claridad la disensión de la voluntad consigo misma en los niveles superiores de su objetivación, ahora nos encontramos con que una de las bellas artes ha quedado excluida de nuestro examen y así había de ser, dado que en la trabazón sistemática de nuestra presentación no se daba lugar alguno donde acomodarla; se trata de la *música*. Ella constituye un capítulo aparte respecto de todas las demás artes. En ella no reconocemos la copia, cierta reproducción de una idea de la esencia del mundo; sin embargo, es un arte tan sumamente grande y magnífico e incide tan poderosamente sobre lo más íntimo del hombre, donde éste la comprende tan íntegra y hondamente como un lenguaje enteramente universal, cuya claridad supera incluso la del propio mundo intuitivo, que a buen seguro hemos de buscar en ella algo más que aquel «oculto ejercicio de aritmética en donde el ánimo no sabe que numera» del cual nos habla Leibniz* acertadamente, en tanto que él sólo considera su significación inmediata y externa, su envoltura. Si la música no fuera más que eso, la satisfacción que

---

* Cfr. Leibniz, *Epístolas a diversos, teólogos, juristas, médicos, filósofos, matemáticos, historiadores y filólogos,* recopiladas por [Christian] Kortholtus [Leipzig, 1734; vol. I], carta 154.

procura sería similar a la que sentimos al solucionar correctamente un problema de cálculo y no podría suponer ese goce interno que nos produce al convertir en lenguaje la más profunda intimidad de nuestra esencia. Desde nuestro punto de vista, donde atendemos al efecto estético, hemos de reconocerle una significación mucho más profunda e importante que se refiere a la esencia más íntima del mundo y de nuestro propio yo, de suerte que las relaciones numéricas a las cuales cabe reducirla no se comportan como lo designado, sino como signos. Que en cierto sentido la música ha de comportarse con respecto al mundo como la representación para con lo representado, como la copia para con el modelo, podemos concluirlo de la analogía con las restantes artes, a todas las cuales les es propio este carácter, cuyo efecto sobre nosotros es semejante al suyo en conjunto, sólo que aquí es más fuerte, rápido, necesario e infalible.

303 | Esa relación suya como copia del mundo ha de ser íntima, infinitamente verdadera y certeramente precisa, puesto que es comprendida al instante por cualquiera y se da a conocer mediante una cierta infalibilidad que determina por entero su forma, al expresarse en números y retrotraerse a reglas de las cuales no puede apartarse sin dejar de ser música. Sin embargo, el punto de comparación entre la música y el mundo, el sentido en que aquélla guarda con éste una relación de imitación o reproducción, se halla muy profundamente oculto. La música se ha ejercitado en todas las épocas sin rendir cuentas de tal relación, contentándose con comprenderla inmediatamente y desistiendo de forjar un concepto abstracto relativo a esta intelección inmediata.

Al abandonar por completo mi espíritu a la impresión del arte musical, en sus múltiples formas, y retornar luego a la reflexión ateniéndome al curso de mis pensamientos expuestos en el presente libro, se me hacía patente su esencia íntima y su tipo de relación con el mundo en cuanto copia, conforme a la analogía necesariamente presupuesta, lo cual me resultaba plenamente suficiente para mí mismo y enteramente satisfactorio para mi investigación, así como también se verá iluminado por ello quien me haya seguido y comparta mi visión del mundo; si bien reconozco que demostrar esta explicación es esencialmente imposible, puesto que admite y estipula una relación de la música como una representación de algo que nunca puede ser representación, al considerar la música como copia de un modelo que nunca puede verse inmediatamente representado. Por ello, al final de este tercer libro consagrado principalmente a la consideración de las artes, sólo puedo limitarme a exponer esa explicación que me satisface sobre el maravilloso arte de las tonalidades remitiendo la aprobación o desaprobación de mi parecer al efecto que tenga sobre cada lector por una parte la música y, por otra, todos y cada uno de los pensamientos comunicados por mí en este escrito. Además, para poder otorgar su asentimiento con auténtica convicción a cuanto se expone aquí sobre el significado de la música, considero necesario que uno escuche música con frecuencia ateniéndose a esta reflexión, algo para | lo cual se 304 requiere a su vez que uno esté ya muy familiarizado con todos los pensamientos expuesto aquí por mí.

Las ideas (platónicas) son la adecuada objetivación de la voluntad; suscitar el conocimiento de éstas (lo que sólo es posible bajo una modificación en el sujeto cognoscente) mediante la representación de una cosa singular (pues en eso consiste siempre la propia obra de arte) es el fin de todas las artes. Así pues, todas ellas objetivan la voluntad sólo indirectamente, a saber, por medio de las ideas; y como nuestro mundo no es más que la manifestación de las ideas en la pluralidad por medio del ingreso en el principio de individuación (la forma del conocimiento posible al individuo en cuanto tal), entonces la música, al pasar por encima de las ideas, es también enteramente independiente del mundo fenoménico al que ignora sin más y, en cierta medida, también podría subsistir aun cuando el mundo no existiera en absoluto, siendo esto algo que no cabe decir de las demás artes. La música es una objetivación y un trasunto tan *inmediato* de la íntegra *voluntad* como lo es el mundo mismo e incluso como lo son las ideas, cuya polifacética manifestación constituye el mundo de las cosas singulares. Por lo tanto, la música no es en modo alguno, como las otras artes, el trasunto de las ideas, sino el *trasunto de la voluntad misma,* cuya objetivación son también las ideas; por eso el efecto de la música es mucho más poderoso y penetrante que el de las otras artes, pues éstas sólo hablan de sombras, mientras que aquélla habla de la esencia. Ahora bien, como es la misma voluntad la que se objetiva tanto en las ideas como en la música, sólo que de un modo diferente en cada ámbito, aunque no se dé ninguna semejanza inmediata, sí ha de haber un paralelismo, una analogía entre la música y las ideas, cuya manifestación en la pluralidad e imperfección es el mundo visible. La constatación de esta analogía servirá para facilitar la comprensión de una explicación que dificulta la oscuridad del tema.

Yo reconozco en las tonalidades más bajas de la armonía, en el bajo continuo, los niveles inferiores de la objetivación de la voluntad, a saber, la naturaleza inorgánica, la masa de los planetas. Todas las notas altas, ágiles y fugaces se originan por las vibraciones concomitantes del | bajo continuo, con cuya asonancia resuenan siempre al mismo tiempo, constituyendo una ley de la armonía el que sobre un bajo continuo sólo entren aquellos tonos altos que suenen realmente por sí mismos simultáneamente con él (sus tonos armónicos) mediante vibraciones concomitantes. Esto es análogo al hecho de que todos los cuerpos y organizaciones han de considerarse como resultantes del desarrollo gradual de la masa planetaria; ésta es tanto su soporte como su fuente, y esa misma relación tienen las notas altas con el bajo continuo. El grave tiene unos confines por encima de los cuales ningún sonido es audible; esto se debe a que ninguna materia es perceptible sin forma ni cualidad, esto es, sin la exteriorización de una fuerza inexplicable en la que se expresa la idea, dado que ninguna materia puede ser totalmente avolitiva; por lo tanto, así como del tono en cuanto tal resulta indisociable una cierta escala, asimismo es indisociable de la materia un cierto grado de manifestación de la voluntad. Así pues, el bajo continuo es en la armonía lo que la naturaleza inorgánica en el mundo, la masa más tosca sobre la que todo descansa y a partir de la que todo se desarrolla. Además en la armonía que producen los acordes de acompañamiento, entre el bajo y la directriz, las voces que cantan la melodía, yo reconozco esa sucesión de niveles en los que se objetiva la voluntad. Los más próximos al bajo son los niveles inferiores que todavía son inorgánicos, pero ya exteriorizan cuerpos de múltiples maneras; los más altos me representan el mundo de las plantas y el mundo animal. Los intervalos fijos de la escala son paralelos a los determinados niveles de objetivación de la voluntad, las especies en la naturaleza. La desviación de la exactitud aritmética de los intervalos, por medio del temperado u originada mediante la tonalidad escogida, es análoga a la desviación del individuo del tipo de la especie; e incluso cabe comparar las disonancias, que no dan ningún intervalo determinado, con los engendros producidos por dos especies animales o entre hombre y animal. Pero a este bajo y a los acordes intermedios que constituyen la *armonía* les falta esa continuidad en la progresión que sólo tiene la voz superior al cantar la *melodía,* | la única que se mueve rápida y fácilmente en modulaciones y escalas, mientras que todos aquellos tienen un movimiento más lento y no tienen de suyo una continuidad estable. Al moverse pesadamente el bajo grave es el representante de la masa más tosca: su ascenso y caída sólo acontece en grandes niveles, en tercias, cuartas y quintas, nunca por un *único* tono, a no ser que se trasponga el bajo mediante un doble contrapunto. Esta marcha lenta le es consustancial también físicamente, pues no cabe imaginar una escala más rápida o un quiebro en el grave. Los acordes más agudos se mueven más rápidamente pero sin sucesión ni progresión melódicas, paralelamente al mundo animal. La marcha inconexa y la determinación regular de todos los acordes de acompañamiento son el análogo del mundo irracional, desde el cristal hasta el animal más perfecto, donde ningún ser tiene propiamente una consciencia cohesionadora que confiera a su vida un sentido global, ni tampoco experimenta una sucesión de desarrollos intelectuales, ni se perfecciona mediante instrucción, sino que todo permanece parejo para siempre conforme a su índole y por mor de una férrea ley. Finalmente en la *melodía,* en la voz principal que, al cantar con agudas notas altas, dirige el conjunto y progresa arbitrariamente en una significativa e ininterrumpida sucesión de *un* pensamiento de principio a fin, reconozco a su vez los niveles superiores de objetivación de la voluntad, la vida reflexiva y los anhelos del hombre. Al estar dotado de razón, él es el único que mira continuamente tanto hacia adelante como hacia atrás en el camino de su realidad y de las innumerables posibilidades, consumando así un transcurso vital reflexivo y que por ello se cohesiona como un todo; en correspondencia con ello la *melodía* es lo único que posee una trabazón significativa e intencional de principio a final. Por consiguiente, la melodía narra la historia de la voluntad iluminada por la reflexión, cuya impronta en la realidad es la serie de sus hechos; pero viene a decir más, narra su historia secreta, pinta cada agitación, cada anhelo, cada movimiento de la voluntad, todo aquello que la razón compendia bajo el amplio y negativo concepto de sentimiento y no puede asumir | en sus abstracciones. Por eso también se ha dicho siempre que la música es el lenguaje del sentimiento y de la pasión, tal como las palabras son el lenguaje de la razón; ya Platón explicó que «el movimiento de las melodías imita los afectos del ánimo» (*Leyes* VIII)[41], y también Aristóteles se pregunta: «¿Por qué los ritmos y las melodías, que sólo son sonidos, asemejan estados anímicos?» (*Problemas,* c. 19) [ed. Ber., p. 920 b 29].

Como la esencia del hombre consiste en que su voluntad anhela, se satisface y anhela de nuevo, y así continuamente, su dicha y bienestar se reducen a que ese tránsito del deseo hacia la satisfacción y de ésta hacia un nuevo deseo avance rápidamente, dado que un retraso en la satisfacción supone sufrimiento y un lánguido anhelo del nuevo deseo supone aburrimiento; en correspondencia con ello, la esencia de la melodía es un continuo apartarse del tono fundamental, extraviándose por mil caminos, no sólo hacia los niveles armónicos, hacia la tercera y la dominante, sino hacia cualquier tono, hacia la séptima disonante y las escalas extremas, pero siguiendo siempre un retorno final hacia el tono fundamental; por todos esos caminos la melodía expresa los polifacéticos anhelos de la voluntad, pero también la satisfacción mediante el hallazgo final de un intervalo armónico y el reencuentro con el tono fundamental. La invención de la melodía, el descubrimiento de los más profundos secretos del querer y sentir humanos en ella, es la obra del genio, cuyo efecto se evidencia aquí como por doquier lejos de toda reflexión e intencionalidad consciente y puede ser llamado una inspiración. El concepto es aquí infructuoso, como siempre lo es en el arte; el compositor revela la esencia íntima del mundo y expresa la más profunda sabiduría

---

41. Cfr. Platón, *Leyes* VIII, 812 c.

en un lenguaje que no comprende la razón, al igual que un sonámbulo hipnótico da explicaciones sobre cosas acerca de las cuales no tiene concepto alguno una vez despierto. Por eso en un compositor el hombre se disocia y se diferencia del artista más que en cualquier otro caso. El concepto muestra su menesterosidad y sus límites incluso en la explicación de este maravilloso arte, mas pese a ello quiero intentar llevar a cabo nuestra analogía. Tal como el rápido tránsito del deseo hacia la satisfacción | y de ésta hacia un nuevo deseo supone dicha y bienestar, asimismo resultan alegres las melodías vivaces sin grandes extravíos; las melodías lentas plagadas de dolorosas disonancias y que sólo se remiten al tono fundamental mediante muchos compases resultan tristes, como análogas de la satisfacción ardua y retardada. El retraso de una nueva agitación de la voluntad, la languidez, no puede tener otra expresión que el tono fundamental sostenido, cuyo efecto se hace insoportable en seguida; a éste se aproximan las melodías muy monótonas e insípidas. Las composiciones cortas y asequibles de la música de baile parecen hablarnos de una dicha ordinaria; en cambio el *allegro maestoso* de grandes composiciones, con períodos largos y amplias digresiones, designa un anhelo más noble, tendente a un objetivo lejano y a su logro final. El *adagio* habla del padecimiento de un gran y noble anhelo que desdeña toda dicha nimia. ¡Mas cuán maravilloso es el efecto del *la* menor y el *do* mayor! Cuán asombroso resulta que el cambio de un semitono puesto en tercera menor en vez de mayor nos infunda tan súbita como inevitablemente un medroso sentimiento de pena, del que nos libera instantáneamente el *do* mayor. El *adagio* en *la* menor consigue expresar un dolor supremo, al volverse un lamento estremecedor. La música de baile en tono menor parece designar la pérdida de una dicha nimia que uno debería desdeñar, parece hablarnos de la consecución de una meta ínfima entre tormentos y penalidades sin cuento. La inagotabilidad de melodías posibles responde a la inagotabilidad de la naturaleza en la variedad de individuos, fisionomías y cursos vitales. El tránsito de una tonalidad a otra suprimiendo cualquier hilazón con la precedente se asemeja a la muerte en cuanto fin del individuo, mas la voluntad que se manifiesta en éste vive tanto antes como después, manifestándose en otros individuos cuya consciencia no tiene ninguna conexión con la del primero.

Pero al constatar todas estas analogía jamás cabe olvidar que la música no tiene una relación directa con ella, sino tan sólo una relación mediata; pues la música nunca expresa el fenómeno, sino únicamente la esencia íntima, el «en-sí» de todo fenómeno, la voluntad misma. Por ello no expresa | esta o aquella alegría singular y concreta, esta o aquella aflicción, o dolor, o espanto, o júbilo, o regocijo, o serenidad, sino *la* alegría, *la* aflicción, *el* dolor, *el* espanto, *el* júbilo, *el* recocijo, *la* serenidad *mismos* en abstracto, lo esencial de tales sentimientos sin accesorios, sin los motivos que inducen a ellos. Pese a lo cual los comprendemos perfectamente en esta nuda quintaesencia. A ello se debe que nuestra fantasía se vea tan fácilmente suscitada por la música y trate de dar forma a ese mundo sobrenatural e invisible, pero sin embargo tan vivo que nos interpela directamente, para revestirlo con carne y hueso, materializándolo en un ejemplo análogo. Tal es el origen del canto con palabras y finalmente de la ópera, cuyo texto justamente por eso nunca debería abandonar este lugar subordinado para convertirse en lo principal y hacer de la música un mero medio de su expresión, lo cual es un enorme desacierto y un grave absurdo. Pues la música sólo expresa siempre la quintaesencia de la vida y de sus procesos, nunca estos mismos, cuyas diferencias jamás desembocan en ella. Esta universalidad tan propia y exclusivamente suya, junto a una exacta precisión, es justamente lo que le confiere el alto

309

valor que tiene como panacea de todo nuestro padecer. Por lo tanto, cuando la música intenta ceñirse a las palabras y amoldarse a los acontecimientos, se esfuerza en hablar un lenguaje que no es el suyo. Nadie se ha guardado tanto de este error como Rossini; de ahí que la música de éste hable tan clara y puramente su *propio* lenguaje, hasta el punto de que no precisa de las palabras y por eso también surte todo su efecto al ser interpretada con instrumentos orquestales.

Con arreglo a todo esto podemos ver el mundo fenoménico, o la naturaleza, y la música como dos expresiones distintas de la misma cosa, la cual es por ello la única mediación de la analogía entre ambas, cuyo conocimiento se requiere para comprender esa analogía. La música, cuando es vista como expresión del mundo, es un lenguaje sumamente universal que se comporta con respecto a la universalidad de los conceptos como éstos respecto a la de las cosas individuales. Pero su universalidad no es en modo alguno esa vana universalidad de la abstracción, sino | muy de otra índole, y está ligada con una precisión absolutamente diáfana. En esto la música se parece a las figuras geométricas y a los números que, como formas universales de todos los objetos posibles de la experiencia y aplicables a priori a todos ellos, no son abstractos, sin embargo, sino intuitivos y están absolutamente determinados. Todos los posibles anhelos, excitaciones y expresiones de la voluntad, todos esos procesos en el interior del hombre que la razón arroja al amplio y negativo concepto de «sentimiento», son expresados por las infinitas melodías posibles, pero siempre en la universalidad de la mera forma, sin el material, siempre sólo según el «en-sí», no según el fenómeno, expresándose por decirlo así su alma más interior, sin cuerpo. A partir de esta íntima relación que la música tiene con la verdadera esencia de las cosas viene a explicar también el que, cuando ante alguna escena, acción, proceso o entorno suena una música acorde con ellos, dicha música parece abrirnos el sentido más secreto de los mismos y aparece como el comentario más certero al respecto; asimismo, esa relación explica que, al entregarse por entero a las impresiones de una sinfonía, uno vea desfilar ante sí todos los posibles procesos de la vida y del mundo, si bien, cuando se reflexiona, no pueda ofrecerse ninguna similitud entre ese juego tonal y las cosas que le hacía invocar. Pues la música es, como ya se ha dicho, distinta de todas las demás artes en el hecho de que no es un trasunto del fenómeno o, más correctamente, de la adecuada objetivación de la voluntad, sino un trasunto inmediato de la voluntad misma y, por lo tanto, representa lo metafísico de todo lo físico del mundo, la cosa en sí de todo fenómeno. Conforme a ello, al mundo se le podría llamar tanto encarnación de la música cuanto materialización de la voluntad; gracias a ello resulta explicable por qué la música confiere un significado tan intenso a cada cuadro, a cada escena de la vida real y del mundo; tanto más cuanto más análoga sea su melodía con el espíritu interno del fenómeno dado. En esto estriba el que un poema como cantata, o una representación intuitiva como pantomima, o ambas como ópera puedan colocarse bajo la música. Tales imágenes singulares de la vida humana, colocadas bajo el lenguaje universal de la música, nunca están vinculadas o responden a ella con una necesidad absoluta, sino que sólo guardan con | ella la relación de un concepto discrecional con un concepto universal; dichas imágenes representan con la precisión de la realidad aquello que la música expresa en la universalidad de la mera forma. Pues en cierta medida las melodías son, al igual que los conceptos universales, un abstracto de la realidad. Ésta, o sea, el mundo de las cosas singulares, suministra lo intuitivo, lo particular e individual, el caso singular, tanto para la universalidad de los conceptos como para la universalidad de las melodías, pero ambas universalidades se contraponen entre sí en cierto sentido; en tanto que los conceptos sólo abstraen formas a partir de la intuición, albergan por decirlo así la envoltura exterior de las cosas y, por lo tanto, son propiamente abstractos; en cambio, la música ofrece el núcleo más íntimo de todas las formas, o el corazón de las cosas. Esta relación se deja expresar muy bien en el lenguaje de los escolásticos, al decirse que los conceptos son los *universalia post rem* [los universales posteriores a la cosa], pero la música ofrece los *universalia ante rem* [los universales anteriores a la cosa], y la realidad los *universalia in re* [los universales en la cosa]. Al sentido universal de la melodía agregada a una poesía pueden corresponderle otros ejemplos tan discrecionalmente elegidos del universal expresado en ella con igual grado; por eso la misma composición se ajusta a muchas estrofas, de ahí también el vodevil. Pero el hecho genérico de que sea posible una relación entre una composición y una representación intuitiva descansa, como ya se ha dicho, en que ambas son sólo expresiones enteramente distintas de la misma esencia interior del mundo. Cuando tal relación se da realmente en un caso concreto, el compositor ha sabido expresar las agitaciones de la voluntad, que constituyen el núcleo de un acontecimiento, en el lenguaje universal de la música; entonces la melodía de la canción, la música de la ópera es plenamente expresiva. Pero la analogía descubierta por el compositor entre aquellas dos cosas tiene que proceder del conocimiento inmediato de la esencia del mundo y no ser un remedo mediatizado intencionalmente por conceptos; de lo contrario la música no expresa la esencia íntima, la voluntad, sino que sólo remeda insuficientemente su fenómeno, tal como hace toda la música propiamente figurativa, v.g. *Las estaciones* de Haydn o también su *Creación* en | muchos pasajes, donde se reproducen inmediatamente los fenómenos del mundo intuitivo; asimismo en todas las piezas que describen batallas y que son plenamente rechazables.

Lo inefablemente íntimo de toda música, en virtud de lo cual pasa ante nosotros como un paraíso tan enteramente familiar como eternamente lejano, es tan comprensible como inexplicable y estriba en el hecho de que ella nos restituye todas las agitaciones de nuestro ser más íntimo, pero sin la realidad y lejos de su tormento. Igualmente, su consustancial seriedad, que excluye por completo e inmediatamente lo ridículo de su dominio propio, se explica por el hecho de que su objeto no es la representación, lo único respecto de lo cual son posibles el engaño y la ridiculez; bien al contrario, su objeto inmediato es la voluntad, y esto es lo más serio de todo, puesto que todo depende de ella. Cuán rico y significativo es su lenguaje lo testimonian los signos de repetición, junto al *da capo,* que serían insoportables en el lenguaje de las palabras, pero que por el contrario allí resultan muy convenientes y oportunos, pues para captarlo por entero hay que oírlo dos veces.

Si con esta presentación global de la música me he esforzado por aclarar que ella expresa en un lenguaje sumamente universal la esencia íntima, el «en-sí» del mundo que nosotros pensamos conforme a su más clara expresión bajo el concepto de «voluntad», y lo expresa con un peculiar material, el de los simples sonidos, con la mayor precisión y veracidad; si por añadidura, a mi modo de ver, la filosofía no es otra cosa que una consumada reiteración y una correcta expresión de la esencia del mundo en conceptos muy universales, dado que sólo en tales conceptos es posible una panorámica suficiente y aplicable de esa esencia global; entonces quien me haya seguido y se haya introducido en mi modo de pensar no encontrará paradójico si digo que, en caso de poder ofrecerse una explicación perfectamente correcta y cabalmente detallada de la música, o sea, una pormenorizada repetición conceptual de lo que ella expresa, ésta sería también automáticamente una explicación conceptual del mundo o una explicación totalmente equivalente, es decir, que sería por tanto la verdadera filosofía y en consecuencia podríamos parodiar | la sentencia leibniziana antes citada, que es enteramente exacta desde un punto de vista inferior, en un sentido acorde con nuestra más elevada visión de la música: «La música es un subrepticio ejercicio de metafísica, en donde el ánimo no sabe que filosofa». Pues «saber» quiere decir haber trasladado a conceptos. Pero es más, en virtud de la verdad múltiplemente constatada de la sentencia leibniziana, la música, al margen de su significado estético o interno, considerada desde una perspectiva meramente externa y puramente empírica, no es otra cosa que el medio para poder captar inmediatamente y en concreto enormes cifras con su combinación de relaciones numéricas que de lo contrario sólo podemos reconocer indirectamente mediante una comprensión conceptual; agrupando esas dos visiones tan distintas y sin embargo igualmente correctas de la música podemos forjarnos un concepto sobre la posibilidad de una filosofía numérica, similar a la de Pitágoras[42] y a la de los chinos en el *I-Ching*[43], e interpretar entonces en este sentido

---

42. El nombre del filósofo griego Pitágoras (siglo VI a. C.) está indisociablemente unido al estudio de los números y de las proporciones. Él habría descubierto que la relación entre los principales intervalos musicales, producidos por una cuerda vibrante, se puede expresar como razones entre los cuatro primeros números enteros: octava, 2:1; quinta, 3:2; cuarta, 4:3. De aquí emanó la idea de que la explicación del universo debía buscarse en los números y sus relaciones, de los cuales los objetos de los sentidos son representaciones. Según Aristóteles, incluso los conceptos abstractos, como «oportunidad» o «injusticia», serían números en el sistema pitagórico y tendrían su lugar en el cosmos.

43. Schopenhauer ya ha aludido anteriormente al *Libro de los Cambios,* el *I-Ching (Yi-king* o *I-Ging,* según otras transcripciones), cuyas ideas proceden del confucionismo con la incorporación de concepciones taoístas. La estructura de la obra está organizada según los ocho trigramas, constituido cada uno por la combinación de líneas continuas y discontinuas. Al combinar los trigramas en pares se construyen sus 64 hexagramas. En el texto nuclear encontramos la descripción de cada hexagrama según sus líneas

aquella sentencia pitagórica que cita Sexto Empírico: «Todas las cosas son similares al número» *(Adv. math.,* l. VII)[44]. Y si finalmente aplicamos este parecer a nuestra interpretación de la armonía y de la melodía, encontraremos una mera filosofía moral sin explicación de la naturaleza –como la que quiso establecer Sócrates– enteramente análoga a una melodía sin armonía –tan privativa de Rousseau–, y antagónicamente a ello una mera física y metafísica sin ética correspondería a una simple armonía sin melodía. Permítaseme añadir a estas consideraciones incidentales algunas observaciones relativas a la analogía de la música con el mundo fenoménico. En los libros precedentes descubrimos que el nivel superior de objetivación de la voluntad, el hombre, no puede aparecer solo y aislado, sino que bajo él hay otros niveles que a su vez presuponen los más inferiores; del mismo modo la música, que –al igual que el mundo– objetiva inmediatamente la voluntad, sólo es perfecta al consumarse la armonía. La voz alta que dirige la armonía, para causar toda su impresión, precisa del acompañamiento de todas las demás voces, hasta el bajo más grave, el cual es considerado como el origen de todo; la melodía se introduce a sí misma en la armonía como parte integrante de ella, al igual que éste en aquélla: | así como la música sólo expresa lo que se propone expresar en esa concertada conjunción, la voluntad una y atemporal sólo encuentra su perfecta objetivación en la cabal convergencia de todos los niveles, que revelan su esencia en innumerables grados de creciente claridad. La siguiente analogía es muy curiosa. En el libro precedente hemos visto que, al margen del mutuo ajuste de todos los fenómenos de la voluntad con respecto a

314

---

constitutivas, que representan imágenes de los estados de mutación, e interpretaciones que explican el sentido social y político de cada uno de esos signos. Cfr. *Diccionario de la sabiduría oriental,* Paidós, Barcelona, 1993.
44. Cfr. Sexto Empírico, *Contra los matemáticos,* l. VII, § 94.

las especies, lo que ha dado pie a la consideración teleológica, pese a ello sigue dándose un irreductible antagonismo entre esos fenómenos en cuanto individuos, que es visible en todos los niveles de tales fenómenos y convierte al mundo en un continuo campo de batalla de todas esas manifestaciones de una y la misma voluntad, cuya contradicción interna consigo misma se pone con ello de relieve. También en la música encontramos algo correlativo a esta contradicción. Un sistema de sonidos perfectamente armónico no sólo es imposible físicamente, sino incluso aritméticamente. Los propios números, a través de los cuales se expresan las tonalidades, albergan irracionalidades irresolubles: no cabe calcular ninguna escala dentro de la cual toda quinta se relacione con el tono fundamental como 2 a 3, toda tercera mayor como 4 a 5, toda tercera menor como 5 a 6, etc. Pues, aun cuando las tonalidades sean correctas con respecto al tono fundamental, no lo son entre sí; así por ejemplo, la quinta habría de ser la tercera menor de la tercera, etc.: pues los tonos de la escala son comparables a actores que han de interpretar un determinado papel y a renglón seguido algún otro. Por eso una música perfectamente precisa no se deja pensar ni un instante y mucho menos se deja ejecutar; y por eso toda música posible se aparta de la pureza: sólo puede ocultar sus consustanciales disonancias repartiéndolas en todos los tonos, esto es, mediante el temperado. Véase a este respecto el § 30 de la *Acústica* de Chladni, así como su *Breve panorámica sobre la teoría de los timbres y los acordes*[45] (p. 12)*.

Aún habría de añadir muchas cosas sobre la manera en que se percibe la música, a saber, únicamente en el tiempo y

---

* Cfr. el capítulo 39 del segundo volumen.
45. El título completo de la obra de Ernst Friedrich Florenz Chladni es *Breve panorámica sobre la teoría de los timbres y los acordes, junto a un apéndice sobre el desarrollo y la ordenación de las relaciones tonales*, Mainz, 1827.

a través del tiempo, con total exclusión del espacio y sin influjo del conocimiento de la causalidad, o sea, del entendimiento; pues | los sonidos producen ya como efecto la impresión estética sin remontarnos a su causa, al igual que en la intuición. Sin embargo, no quiero prolongar todavía más esta consideración, dado que acaso ya haya sido demasiado prolijo en este tercer libro o me haya detenido sobremanera en los detalles. Pero mi meta me obligaba a hacerlo así y se me reprobará menos por ello, si no se pierde de vista que la importancia y el alto valor del arte no han solido gozar de suficiente reconocimiento; cuando se tiene en cuenta que –a nuestro modo de ver– el conjunto del mundo visible sólo es la objetivación, el espejo de la voluntad, para su autoconocimiento e incluso –como pronto veremos– para la posibilidad de su salvación y se pondera al mismo tiempo que el mundo como representación, cuando se lo contempla aisladamente e invade en solitario la consciencia al emanciparse del querer, es la cara más amable e inocente de la vida, entonces hemos de ver al arte como plenitud de todo esto, porque ofrece esencialmente lo mismo que el propio mundo visible, sólo que de manera más concentrada y consumada, con propósito y reflexión, por lo cual cabe llamar al arte la flor de la vida en el pleno sentido de la palabra. Si el mundo como representación en su conjunto sólo es la visibilidad de la voluntad, el arte es la elucidación de esa visibilidad, la *cámara oscura* que muestra los objetos más nítidos y permite recogerlos para verlos mejor, el teatro dentro del teatro, el escenario dentro del escenario, como en *Hamlet*.

El goce de todo lo bello, el consuelo que procura el arte, el entusiasmo del artista, que le hace olvidar las penalidades de la vida, ese privilegio del genio sobre los demás, que le resarce del sufrimiento acrecentado por la claridad de su consciencia y de su triste soledad en medio de una estirpe heterogénea, todo esto es consecuencia de que –como se nos mostrará a continuación– el «en-sí» de la vida, la voluntad, la existencia misma, es un continuo padecer en parte lastimoso y en parte horrendo; en cambio esto mismo únicamente como representación, puramente intuido o reproducido por el arte, libre del tormento, procura un significativo espectáculo. Esta faceta del mundo puramente cognoscible y su reproducción | en algún arte constituye el elemento del artista. Le fascina la contemplación del espectáculo de la objetivación de la voluntad, ante el cual se detiene, sin cansarse de contemplarlo ni reproducirlo, asumiendo él mismo los gastos de tal puesta en escena, esto es, siendo él mismo la voluntad que se objetiva y permanece inmersa en un continuo padecer. Ese conocimiento puro, verdadero y profundo de la esencia del mundo se vuelve para el artista un fin en sí; el artista se detiene ahí. Por eso no se convierte para él –como veremos dentro del siguiente libro en los santos que han alcanzado la resignación– en un aquietador de la voluntad, no le redime para siempre sino sólo por unos instantes de la vida, no es para él el camino para liberarse de la vida, sino tan sólo un momentáneo consuelo en la vida; hasta que, una vez intensificada su fuerza, cansado finalmente del juego, recobra la seriedad. La *Santa Cecilia* de Rafael puede considerarse como un símbolo de este tránsito. Ahora también nosotros nos volvemos hacia lo serio en el libro siguiente.

Libro Cuarto
El mundo como voluntad

Segunda consideración
Afirmación y negación de la voluntad de vivir una vez alcanzado el autoconocimiento

Cuando comparece el conocimiento, se desvanece el deseo.

Oupnekhat
(estudio de Anquetil Duperron, vol. II, p. 216)

§ 53. |

La última parte de nuestro estudio se anuncia como la más importante, dado que atañe a las acciones de los hombres, al asunto que nos atañe directamente a todos y ante el que nadie puede sentirse ajeno o mostrarse indiferente, pues resulta conforme a la naturaleza humana referir a él todo lo demás, de suerte que en toda investigación sistemática la parte relativa al obrar es considerada siempre como el resultado de su contenido global o cuando menos el más interesante, consagrándose a esta parte una atención mucho mayor que a cualquier otra. En este sentido, conforme al modo habitual de expresarse, esta parte de nuestro examen se llamaría «filosofía práctica», en oposición a la parte teórica tratada hasta el momento. Pero en mi opinión toda la filosofía es siempre teórica, al serle consustancial el investigar y proceder de un modo puramente contemplativo, y no prescriptivo, sea cual sea el objeto de la indagación. En cambio, el volverse práctica, guiar el comportamiento, remodelar el carácter, son viejas aspiraciones a las que la filosofía debería renunciar tras haber madurado. Pues cuando se trata del valor o la futilidad de la existencia, allí donde está en juego la salvación o la perdición, lo decisivo no son los conceptos rancios de la filosofía, sino la esencia más íntima del propio hombre, el *daimon* que le dirige y que él mismo ha elegido –como dice Platón–, su carácter inteligible –como dice Kant–. La virtud se aprende en tan escasa medida como el genio: para ella el concepto es tan infructuoso como para el arte y sólo sirve como instrumento. Aguardar que nuestros sistemas morales y éticos dieran pie a virtuosos, nobles y santos sería tan descabellado como pretender que nuestras teorías estéticas forjasen poetas, pintores y músicos.

La filosofía no puede sino limitarse a interpretar y explicar lo que hay, llevando al conocimiento claro y abstracto de la razón esa esencia del mundo que en concreto, es decir, como sentimiento, resulta comprensible para cualquiera, si bien la filosofía ha de dar dicha explicación bajo toda posible referencia y desde cualquier punto de vista. Eso mismo es lo que se ha intentado lograr con la universalidad característica de la filosofía y desde otras perspectivas en los tres libros; ahora en el presente libro debe considerarse de igual modo el obrar del hombre; tal como ya observé antes, ésta es la faceta del mundo que cabe descubrir como la más importante de todas no sólo según un juicio subjetivo, sino también conforme a uno objetivo. Me mantendré plenamente fiel a nuestro modo de ver las cosas, daré por supuesto lo expuesto hasta el momento y secundaré el único pensamiento que constituye el contenido de este escrito en su conjunto, aplicándolo ahora al obrar del hombre tal como antes a todos los demás objetos; así culminaré todo cuanto me es posible hacer para comunicar cabalmente dicho pensamiento.

El criterio dado y el tratamiento anunciado ya indican que en este libro ético no cabe aguardar prescripciones ni teoría del deber algunas; mucho menos debe suministrar un principio moral universal, algo así como una receta universal para engendrar virtudes. Tampoco hablaremos de ningún *«deber-ser incondicionado»*, porque éste –como se concluye en el apéndice– alberga una contradicción, ni asimismo hablaremos de una «ley para la libertad», la cual se encuentra en el mismo caso: pues así se habla a los niños y a los pueblos en su infancia, mas no a quienes han interiorizado la formación de una época que se ha vuelto mayor de edad. Es una contradicción bien palmaria | el llamar libre a la voluntad y, sin embargo, prescribirle leyes conforme a las cuales debe querer: «debe querer» –¡un hierro de madera!–. A consecuencia de nuestra visión global la voluntad no sólo es libre, sino incluso omnipotente: de ella no parte sólo su obrar, sino también su mundo; y tal como es la voluntad, así aparece su obrar, así aparece su mundo: su autoconocimiento se cifra en ambas cosas y de lo contrario no es nada; la voluntad, al determinarse, determina su obrar y su mundo, pues fuera de ella no hay nada y ambas cosas son ella misma: sólo así es la voluntad verdaderamente autónoma, siendo heterónoma según cualquier otro parecer. Nuestro empeño filosófico simplemente puede dirigirse al obrar del hombre, a las máximas tan diversas e incluso contrapuestas de las que dicho obrar es viva expresión, para interpretarlo y explicarlo conforme a su esencia y contenido más íntimos, en conexión con nuestra consideración precedente y exactamente tal como hasta el momento interpretamos los restantes fenómenos del mundo, para clarificar su esencia más íntima e intentar llevarla a un conocimiento abstracto. Nuestra filosofía afirmará aquí la misma *immanencia* de toda la consideración anterior: no pretenderá, contrariamente a la gran teoría de Kant, utilizar las formas del fenómeno, cuya expresión universal es el principio de razón, como un trampolín para sobrevolar por encima del fenómeno mismo, lo único que da significado a dichas formas, y aterrizar en el dominio sin límites de las hueras ficciones. Bien al contrario, el mundo real y fácil de reconocer, en el que nosotros estamos y está en nosotros, aportará tanto el material como los límites de nuestra consideración; dicho mundo es tan rico en contenidos que ni siquiera la más profunda investigación de la que fuera capaz el espíritu humano podría agotarlo. Así pues, con el mundo real y fácilmente reconocible a nuestra consideración ética nunca le faltará material, al igual que sucedía en las consideraciones precedentes; ni tampoco necesitaremos recurrir a conceptos negativos y faltos de contenido, para hacernos creer a nosotros mismos que decimos algo cuando, arqueando las cejas, hablamos del «absoluto», del «infinito», de lo «suprasensible» y todo cuanto son simples negaciones («todo esto no son más que expresiones negativas asociadas con una oscura representación»[1]), en lugar de decir brevemente que son una Jauja; | nosotros no necesitaremos poner sobre la mesa platos de este tipo, cubiertos pero vacíos. Por último, al igual que hasta ahora, aquí tampoco contaremos historias para hacerlas pasar por filosofía. Pues albergamos la opinión de que no hay nadie más diametralmente opuesto a un conocimiento filosófico del mundo que quien cree poder captar su esencia *históricamente,* por mucho que lo solape sutilmente; mas esto es lo que hace quien en su visión de la esencia en sí del mundo se topa con un *devenir* ya sea presente, pasado o futuro, haciendo cobrar el menor significado a un antes y a un después, pues de un modo más o menos encubierto se busca entonces un comienzo y un punto final del mundo, junto al camino entre ambos términos, camino donde viene a reconocer su propio lugar el individuo que filosofa. Semejante *filosofar histórico* suele deparar la

1. Cfr. Juliano el Apóstata, *Oraciones* V, cap. 2.

mayor parte de las veces una cosmogonía que admite muchas variedades, pero también un sistema emanantista, una doctrina del declive o, finalmente, cuando cunde la desesperación debida a los infructuosos intentos ensayados en esos caminos, se forja por el contrario una teoría del continuo devenir, de la génesis, del salir a la luz desde las tinieblas, de un fundamento que es protofundamento sin fundamento[2] y otros desatinos por el estilo, todo lo cual se despacha sin rodeos al observar que hasta el instante presente ya ha transcurrido toda una eternidad, es decir, un tiempo infinito, en virtud de lo cual todo lo que puede o debe devenir ya tiene que haber devenido. Pues toda esa filosofía histórica, por mucho que se ufane, toma –como si Kant no hubiera existido– *el tiempo* por una determinación de la cosa en sí y por ello se estanca en lo que Kant llama el «fenómeno», en oposición a la cosa en sí, y Platón llama «lo que deviene y nunca es», en oposición a lo que es y nunca deviene, o lo que entre los hindúes se llama «el velo de Maya»: es el conocimiento abandonado al principio de razón, con el cual nunca se alcanza la esencia interior de la cosa, sino que sólo persigue los fenómenos hacia el infinito y cuyo movimiento sin fin ni meta algunos es comparable al de la ardilla en su rueda, que gira hasta extenuarse y detenerse en algún punto arbitrario, situado arriba o abajo, y luego pretende imponer a los demás el respeto hacia su perspectiva. La genuina consideración filosófica del mundo, esto es, aquella que nos enseña a conocer su esencia íntima y nos hace sobrepasar el fenómeno, es justamente la que no se pregunta por el *de dónde* viene el mundo, *hacia dónde* va o *por qué* existe, sino sólo por el *qué* del mundo, es decir, la que no considera las cosas según alguna rela-

---

2. Schopenhauer hace aquí un juego de palabras que no se puede traducir al castellano, pues habla de *Grund, Urgrund* y *Ungrund*.

ción, tal como devienen o desaparecen, en una palabra, según una de las cuatro formas del principio de razón; por el contrario, la auténtica filosofía tiene por objeto lo que todavía resta tras eliminar el modo de considerar conforme a ese principio, lo que se manifiesta en todas las relaciones, mas de suyo no está sometido a ellas, la esencia del mundo que siempre permanece igual, sus ideas. Al igual que el arte, la filosofía parte también de tal conocimiento e incluso en este libro hallaremos que también esa disposición del ánimo es lo único que nos conduce a la verdadera santidad y a la redención del mundo.

§ 54.

Los tres primeros libros han aportado –así lo espero– el conocimiento cierto y claro de que en el mundo como representación se abre a la voluntad su espejo, en el que se reconoce a sí misma con progresivos grados de claridad y consumación de los cuales el más elevado es el hombre, cuya esencia, sin embargo, sólo recibe cabal expresión mediante la sucesiva serie de sus acciones, cuya autoconsciente coherencia hace posible la razón, que le permite abarcar el conjunto en abstracto.

La voluntad, que considerada puramente en sí es tan sólo una ciega pulsión inconsciente e irresistible, tal como la vemos aparecer todavía en la naturaleza inorgánica y vegetal, así como en sus leyes, al igual que también en la parte vegetativa de nuestra propia vida, gracias a la adición del mundo de la representación desplegado a su servicio, obtiene el conocimiento de su querer y de lo que sea aquello que quiere, lo cual no es otra cosa que este mundo, la vida, justamente tal como existe. Por eso llamábamos al mundo fenoménico su espejo, su objetivación: | y lo que la voluntad quiere siempre es la vida, dado que ella misma no es sino la presentación de ese querer de cara a la representación; así viene a ser una y la misma cosa, sólo un pleonasmo, decir sin más «la voluntad» en vez de «la voluntad de vivir».

Como la voluntad es la cosa en sí, el contenido interno, lo esencial del mundo, y la vida es el mundo visible, el fenómeno, que es tan sólo el espejo de la voluntad, entonces la vida acompañará a la voluntad tan inseparablemente como al cuerpo le acompaña su sombra; y cuando esté ahí la voluntad, también estará ahí la vida y el mundo. A la voluntad de vivir le resulta cierta la vida y, mientras estemos colmados de voluntad de vivir, no cabe preocuparnos por nuestro existir ni siquiera ante el espectáculo de la muerte. Desde luego, vemos que el individuo nace y muere, pero el individuo sólo es fenómeno, sólo existe para el conocimiento sumido en el principio de razón, cuyo alias es principio de individuación; de cara a este conocimiento el individuo recibe su vida como un regalo, sale de la nada, sufre merced a la muerte la pérdida de ese regalo y retorna a la nada. Sin embargo, si consideramos la vida filosóficamente, esto es, conforme a sus ideas, descubriremos que ni la voluntad, la cosa en sí en todos los fenómenos, ni el sujeto del conocer, el espectador de todos los fenómenos, se ven afectados por el nacimiento y la muerte. El nacer y el morir son algo propio del fenómeno de la voluntad, o sea, de la vida, resultando consustancial a la voluntad el presentarse en individuos que nacen y mueren como efímeras manifestaciones bajo la forma del tiempo de aquello que en sí no conoce tiempo alguno, aun cuando ha de presentarse justamente del modo mencionado para objetivar su propia esencia. Nacimiento y muerte pertenecen de igual modo a la vida, manteniendo un equilibrio mutuo como condiciones recíprocas o, si se prefiere la expresión, como polos del fenómeno global de la vida. La más sabia de todas las mitologías, la hindú, expresa esto dando a Siva[3], el dios que simboliza la destrucción y la muerte (tal como Brahma, el más pecador e inferior dios del Trimurti, simboliza la procreación y el nacimiento, y Visnú la conservación), al mismo tiempo como atributos | el collar de calaveras y el *linga*[4]; al aparecer aquí el símbolo fálico como compensación de la muerte, se interpreta que la procreación y la muerte son correlatos consustanciales, correlatos que se neutralizan y suprimen mutuamente. Esa misma intención hizo que los griegos y romanos decorasen sus suntuosos sarcófagos –tal como lo vemos aún– con fiestas, danzas, bodas, cacerías, luchas de animales, bacanales, es decir, con las representaciones del más vigoroso impulso de la vida, las cuales no sólo exhiben esas diversiones, sino también grupos lascivos e incluso el apareamiento entre sátiros y muchachas. El fin de todas estas representaciones inspiradas por la muerte del llorado individuo era aludir con el mayor énfasis al vivir inmortal de la naturaleza e indicar, aunque sin saber abstracto alguno, que la naturaleza entera es el fenómeno y también la consumación de la voluntad de vivir. La forma de este fenómeno es el tiempo, el espacio y la causalidad, así como en virtud de todo ello la individuación

---

3. El tercero de los grandes dioses que componen la Trimurti o trinidad hindú. Su misión especial era la destrucción del universo, mientras que la creación y conservación del mismo incumben, respectivamente, a Brahma y Visnú; pese a ello, tiene también por símbolo el *linga* u órgano masculino de la reproducción y, a veces, también el *yoni,* el órgano femenino de la reproducción.

4. En el sistema religioso de los indios equivale al falo o miembro viril y representaba el símbolo con el cual era generalmente adorado el dios Siva. Al igual que todos los cultos fálicos, el del *linga* significaba la exaltación de las fuerzas generadoras y reproductivas de la naturaleza, la acción de la energía misteriosa de las potencias vitales, sobre todo lo existente, manifestada en el florecimiento de la primavera y en la nueva savia que se extiende por todo el universo al ponerse en contacto con el sol resucitado que surge esplendoroso en los días primaverales después de la muerte aparente del invierno.

que ello conlleva, de suerte que el individuo ha de nacer y morir, si bien esto afecta a la voluntad de vivir, de cuya manifestación el individuo es tan sólo un ejemplar singular o espécimen, en tan escasa medida como el conjunto de la naturaleza se ve dañado por la muerte de un individuo. Pues a la naturaleza no le importa éste, sino únicamente la especie, por cuya conservación cuida con ahínco mediante el ingente exceso de semillas y el enorme poder del instinto de fecundación. En cambio, el individuo no tiene ningún valor para la naturaleza ni puede tenerlo, dado que su reino son un espacio y un tiempo infinitos donde son posibles un número infinito de individuos; de ahí que la naturaleza esté dispuesta a dejar caer al individuo, el cual no sólo está expuesto a sucumbir de mil maneras diferentes por los azares más fútiles, sino que ya está originariamente determinado a ello y es conducido a ello por la propia naturaleza desde el momento en que ha servido a la conservación de la especie. Así viene a expresar la propia naturaleza de un modo totalmente ingenuo la gran verdad de que sólo las ideas, no los individuos, tienen realidad propia, esto es, que únicamente ellas son la perfecta objetivación de la voluntad. Como el hombre es la naturaleza misma, | y ciertamente en el grado más alto de su autoconsciencia, pero la naturaleza sólo es la voluntad de vivir objetivada, una vez que el hombre ha captado este punto de vista y permanece en él, puede consolarse respecto de su propia muerte y la de sus amigos al contemplar la vida inmortal de esa naturaleza que es él mismo. Así hay que entender por consiguiente a Siva con *linga* y esos antiguos sarcófagos que con sus imágenes de ardiente vitalidad hacen invocar al afligido espectador el adagio latino de *Natura non constritur* [«la naturaleza no se entristece»].

Que el nacimiento y la muerte han de considerarse como algo perteneciente a la vida, así como algo consustancial a esta manifestación de la voluntad, se infiere de que ambos se nos presentan tan sólo como los exponentes más elevados de cuanto integra el resto de la vida. Ésta no es en el fondo más que un continuo cambio de la materia bajo la firme persistencia de la forma, y justamente esto es el carácter efímero de los individuos en medio del carácter imperecedero de la especie. La constante nutrición y reproducción sólo se diferencia de la procreación por el grado, al igual que la constante secreción sólo se diferencia de la muerte por el grado. La primera se muestra del modo más claro y sencillo en la planta. En el fondo ésta sólo es la continua repetición del mismo impulso, de su fibra más simple que se agrupa en hojas y ramas: es un agregado sistemático de plantas homogéneas que se sostienen mutuamente, cuya continua regeneración es su único impulso; para satisfacer cabalmente este impulso asciende, por medio de la escala gradual de la metamorfosis, hasta convertirse finalmente en flor y fruto, ese compendio de su existencia y afán, en donde alcanza por el camino más corto lo que es su único objetivo, realizando de un golpe a miles lo que hasta entonces sólo operaba singularmente: la reproducción de sí mismas. Su impulso hacia el fruto es comparable al de un manuscrito hacia la imprenta. Obviamente lo mismo sucede en el animal. El proceso de nutrición es una procreación continua, el proceso de procreación es una nutrición sumamente potenciada. La voluptuosidad de la procreación es la placidez altamente potenciada del sentimiento de la vida. Por otra parte, la secreción, la continua exhalación y el continuo desprendimiento de la materia elevado a una potencia más alta es lo mismo que la muerte, lo opuesto de la procreación. Al igual que nos hallamos satisfechos por conservar en todo momento nuestra forma sin compungirnos a causa de la materia eliminada, habríamos de adoptar esa misma actitud, cuando la muerte acomete a mayor escala y sobre el conjunto, lo que cotidianamente y de hora en hora acontece con la excreción a nivel del individuo; si nos mostramos indiferentes en un caso, no tendríamos por qué lamentarnos en el otro. Bajo esta óptica resultaría tan absurdo prolongar la duración de la propia individualidad, que se ve sustituida por otros individuos, como la permanencia de los residuos del propio cuerpo, cuya materia está siendo continuamente reemplazada por otra; e igualmente embalsamar cuerpos parece algo tan insensato como conservar cuidadosamente sus desechos. En lo que atañe a la conciencia individual asociada al cuerpo individual, ésta se ve totalmente interrumpida cada día por el sueño. El sueño profundo no se distingue de la muerte (hacia la que a menudo supone un mero tránsito, como por ejemplo cuando uno se congela) por el presente de su duración, sino por el futuro, o sea, por el despertar. La muerte es un sueño en el cual queda olvidada la individualidad: todo lo demás despierta de nuevo, o más bien sigue despierto*.

Ante todo hemos de reconocer claramente que la forma del fenómeno de la voluntad, o sea, la forma de la vida o de la realidad, sólo es propiamente el *presente,* no el futuro, ni

---

* La siguiente consideración también puede servir, a aquel para quien no sea demasiado sutil, a clarificar que el individuo sólo es el fenómeno, no la cosa en sí. Cada individuo es, por una parte, el sujeto del conocer, esto es, la condición complementaria de la posibilidad del mundo objetivo en su conjunto y, por otra parte, es un fenómeno singular de la voluntad, de aquello que se objetiva en cada cosa. Pero esta duplicidad de nuestra esencia no descansa en una unidad subsistente de suyo, pues de lo contrario podríamos cobrar consciencia de nosotros mismos *en nosotros mismos e independientemente de los objetos del conocer y del querer,* pero esto nos es absolutamente imposible, pues tan pronto como queremos intentarlo, reflexionando sobre nosotros mismos, y orientamos el conocer hacia nuestro interior, nos perdemos en un vacío sin fondo y nos encontramos semejantes a una bola hueca de cristal en la cual resuena una voz cuya causa no se halla dentro de la misma y, al querer asirnos a nosotros mismos, nos estremecemos al atrapar nada más que un espectro inconsistente.

328 | el pasado: éstos sólo existen en el concepto, en la conexión del conocimiento que sigue al principio de razón. Nadie ha vivido nunca en el pasado, ni tampoco nadie vivirá jamás en el futuro; el *presente* es la única forma de toda vida, pero también es su patrimonio más seguro, que nunca puede arrebatársele. El presente siempre está ahí, junto a su contenido: ambos se mantienen firmes sin vacilar, como el arco iris sobre la cascada. La vida es a la voluntad algo tan cierto y seguro como el presente a la vida. Ciertamente, cuando nos ponemos a pensar en los milenios transcurridos, en los millones de hombres que vivieron en ellos, nos preguntamos: ¿Dónde fueron? ¿Qué ha sido de ellos? Mas a nosotros sólo nos cabe evocar el pasado de nuestra propia vida y renovar vivamente sus escenas en la fantasía, preguntándonos igualmente: ¿Qué fue de todo aquello? ¿Dónde ha ido a parar? Pues todo ello corrió la misma suerte que la vida de esos millones. ¿O acaso hemos de creer que, al quedar sellado por la muerte, el pasado recibe una nueva existencia? Nuestro propio pasado, incluso el más cercano, ayer mismo, es tan sólo un vano sueño de la fantasía, e igual ocurre con el pasado de todos esos millones. ¿Qué fue? ¿Qué es? La voluntad, cuyo espejo es la vida, y el conocer libre de la volición que la contempla nítidamente en ese espejo. Quien no haya reconocido todavía esto, o no quiera reconocerlo, a las anteriores preguntas por el destino de las generaciones pasadas ha de añadir éstas: ¿Por qué justamente él –quien pregunta– es tan afortunado como para ser el único que posee ese valioso y efímero presente real, mientras esos cientos de generaciones humanas, incluidos los héroes y los sabios de aquellos tiempos, se han sumergido en la noche del pasado y se han convertido en nada, pero su insignificante yo existe realmente? O más brevemente, pero igual de extraño: ¿Por qué el *ahora,* su *ahora,* es justamente ahora y no lo *fue* antes? Al formularse tan singular pregun-

ta, ve su existencia y su tiempo como independientes la una del otro y a aquélla como sumida en éste: toma propiamente dos «ahoras», el uno pertenece al sujeto y el otro al objeto, asombrándose por el feliz azar de su coincidencia. Pero | en realidad, lo que constituye el presente (tal como se ha mostrado en el tratado sobre el principio de razón) sólo es el punto de contacto del objeto, cuya forma es el tiempo, con el sujeto, quien en lo relativo a la forma nada tiene que ver con ninguna de las configuraciones del principio de razón. Sin embargo, todo objeto de la voluntad lo es en cuanto ha llegado a ser representación, siendo el sujeto el correlato necesario de todo objeto; mas el objeto real sólo se da en el presente: el pasado y el futuro contienen meros conceptos y fantasmas, de ahí que el presente sea la forma esencial del fenómeno de la voluntad y resulte inseparable de éste. Sólo el presente es aquello que existe siempre y es definitivo. Captado empíricamente, el presente es lo más fugitivo de todo, mas desde una perspectiva metafísica, que obvia las formas de la intuición empírica, se presenta como lo único permanente, el «continuo ahora» de los escolásticos. La fuente y el soporte de su contenido es la voluntad de vivir, o la cosa en sí –que somos nosotros–. Aquello que deviene y desaparece sin interrupción, aquello que ya ha sido o debe llegar aún pertenece al fenómeno en cuanto tal en virtud de sus formas, las cuales hacen posible el nacer y el morir. De acuerdo con esto, a la pregunta *¿qué fue?*, ha de responderse *lo que es* y a la de *¿qué será?*, hay que responder *lo que fue;* y lo tomo en el sentido estricto de la palabra, no por similitud, sino por identidad. Pues a la voluntad la vida le es tan cierta como el presente a la vida. Por eso cualquiera puede decir también: «Yo soy de una vez por todas dueño del presente y éste me acompañará por toda la eternidad como mi sombra, con arreglo a lo cual no me asombro de dónde venga y cómo es que sea justamente ahora».

Podemos comparar al tiempo con un círculo que girara sin fin: la mitad que desciende continuamente sería el pasado, y la que sube continuamente el futuro, pero arriba el punto indiviso que toca la tangente sería el presente inextenso; así como la tangente no participa en la rotación, tampoco lo hace el presente, el punto de contacto del objeto, cuya forma es el tiempo, con el sujeto, que no tiene forma alguna, dado que no pertenece al ámbito de lo cognoscible, sino que es la condición de todo conocimiento. El tiempo también se asemeja a un impetuoso torrente que se rompe contra la roca del presente sin arrastrarla consigo. La voluntad, en cuanto cosa en sí, se halla sometida al principio de razón en tan escasa medida como lo está el sujeto del conocimiento que, | a la postre y bajo cierta consideración, no deja de ser ella misma o su manifestación; y tal como a la voluntad le corresponde a ciencia cierta su propia manifestación, la vida, asimismo el presente constituye la única forma de la vida real. Por eso no hemos de inquirir por el pasado anterior a la vida, ni por el futuro posterior a la muerte; antes bien, hemos de reconocer que la única forma en donde se manifiesta la voluntad es el *presente**; la voluntad no puede rehuir el presente, ni tampoco éste puede evadirse de aquélla. Por eso aquel a quien le satisface la vida tal como es y la responde afirmativamente de todos modos puede considerarla con toda confianza como algo sin término y desterrar cualquier miedo a la muerte como una suerte de engañoso espejismo que le inspira ese disparatado temor, el engaño de que pudiera verse privado del presente, y le hace fingir un tiempo sin presente alguno; un engaño con respecto al

---

* «Los escolásticos enseñaron que la eternidad no es una sucesión temporal sin término o comienzo, sino un continuo *ahora*, esto es, que nuestro *ahora* es el mismo que fue para Adán, es decir, que entre este *ahora* y el de *entonces* no existe ninguna diferencia» (Hobbes, *Leviatán,* cap. 46) [cfr. *Opera latina,* Londres, 1841, vol. III, p. 500].

tiempo similar a aquel otro relativo al espacio en virtud del cual cada uno, en su fantasía, ocupa en la esfera terrestre justamente el sitio que ve como situado arriba y todo lo demás queda por debajo; de forma parecida cada cual vincula el presente a su individualidad y cree que con ésta se extingue todo presente, que sin ella sólo quedarían el pasado y el futuro. Al igual que por doquier de la esfera terrestre es arriba, también la forma de toda vida es *presente:* y temer a la muerte porque nos arrebate el presente no es mucho más juicioso que temer deslizarnos hacia abajo por toda la esfera terrestre desde la altura donde ahora nos hallamos felizmente instalados. La objetivación de la voluntad es la forma esencial del presente, que como punto inextenso corta las dos vertientes del tiempo infinito y permanece sin experimentar cambio alguno, como ese sol que arde sin cesar en un mediodía eterno desprovisto del refrescante atardecer, mientras sólo aparentemente se sumerge en el seno de la noche; de ahí que, cuando un hombre teme a la muerte como su aniquilamiento, esto equivale a imaginar que el sol ante el atardecer pudiera exclamar: | «¡Ay de mí!, me hundo en la noche eterna»*. En cambio, a la inversa: cuando las cargas de la vida oprimen a quien gusta de la vida y la afir-

---

* En sus *Conversaciones de Eckermann con Goethe* (2.ª ed., vol. I, p. 154), Goethe dice: «Nuestro espíritu es un ser de naturaleza totalmente indestructible: un obrar continuo de eternidad en eternidad. Es similar al sol, cuyo ocaso sólo es tal ante nuestros ojos terrestres, pero que realmente no se pone, sino que sigue luciendo inagotablemente». Goethe toma el símil de mí, no yo de él. Sin duda, él lo ha utilizado en esta conversación de 1824 por una reminiscencia tal vez inconsciente, pues el pasaje citado figura con las mismas palabras que aquí en la primera edición (pp. 401 y 528), como ahora se repite al final del § 65 del presente escrito. Esa primera edición le fue remitida por mí en diciembre de 1818, y en marzo de 1819 mi hermana me hizo llegar a Nápoles, donde me encontraba entonces, una carta con una cuartilla adjunta, donde Goethe consignaba algunas páginas que le habían gustado especialmente, certificando con ello que había leído mi libro.

ma, pero aborrece sus tormentos y particularmente la pésima suerte que le ha correspondido, hasta el punto de no poder soportarlo por más tiempo, no le cabe de la muerte una liberación y no puede salvarse por medio del suicidio; no se trata sino de una falsa ilusión con la que el tenebroso Orco[5] le reclama como un remanso de paz. La tierra da vueltas del día a la noche; el individuo muere: pero el sol brilla sin cesar en un eterno mediodía. A la voluntad de vivir le corresponde la vida con total certeza y la forma de la vida es el presente sin término; no importa que los individuos, manifestaciones de la idea, aparezcan y desaparezcan en el tiempo cual efímeros sueños. El suicidio se nos presenta, pues, como un acto estéril y necio; por lo tanto, cuando avancemos más en nuestra consideración, el suicidio se nos presentará bajo una luz todavía menos favorable.

Los dogmas cambian y nuestro saber es engañoso; pero la naturaleza no yerra: su rumbo es seguro y no lo encubre. Cada cual está enteramente en ella, y ella está enteramente en cada cual. En cada animal tiene la naturaleza su centro; el animal ha encontrado su camino seguro hacia la existencia, al igual que lo hará para salir de ella; entretanto vive sin temor ante la aniquilación y despreocupado, sostenido por la consciencia de que él es la naturaleza misma e | imperecedero como ella. Sólo el hombre alberga dentro de sí en conceptos abstractos la certeza de su muerte; sin embargo, lo curioso es que esta certeza sólo puede angustiarle en ciertos momentos, cuando algo se lo recuerda a la fantasía. Contra la poderosa voz de la naturaleza bien poco puede hacer la reflexión. También en él, como en el animal que no piensa, impera como estado duradero esa íntima consciencia de que él es la naturaleza, el mundo mismo, una seguridad en

---

5. Deidad infernal romana de los muertos y de la muerte. En la mitología griega el orco era el lugar donde moraban las almas de los muertos.

virtud de la cual el pensamiento de la cierta y nunca lejana muerte no intranquiliza notablemente al hombre, sino que cada cual sigue viviendo como si hubiera de hacerlo eternamente; hasta el punto de dar la impresión de que nadie posee en realidad un auténtico convencimiento respecto a la certeza de su muerte, pues de lo contrario no podría haber una diferencia tan enorme entre su disposición de ánimo y la de un criminal condenado a la pena capital; sino que cada cual reconoce esa certeza en abstracto y teóricamente, pero la deja de lado, como otras verdades teóricas que no son aplicables a la praxis, sin asumirlas en su consciencia vital. Quien preste atención a esta peculiaridad de la mentalidad humana comprenderá que las explicaciones psicológicas a partir de la costumbre y la resignación ante lo inevitable no son en modo alguno suficientes, sino que su fundamento es el indicado y sus raíces son más profundas. Esto explica también por qué en todas las épocas, en todos los pueblos, se hallan dogmas relativos a un tipo de persistencia del individuo tras la muerte y dichos dogmas gozan de gran prestigio aun cuando las pruebas a su favor tengan siempre que ser sumamente deficientes, mientras que las pruebas para lo contrario sean tan numerosas como contundentes, e incluso esto no precisa propiamente de ninguna prueba, sino que es reconocido como un hecho por entendimientos sanos y en cuanto tal se ve fortalecido por la confianza de que la naturaleza miente tan poco como yerra, pues ella presenta abiertamente su obrar y su esencia, expresándose con toda ingenuidad, mientras que sólo nosotros mismos lo velamos mediante la obcecación, para interpretarlo del modo que convenga a nuestras estrechas miras.

A estas alturas ya hemos cobrado clara consciencia de que, aun cuando el fenómeno singular de la voluntad tiene un principio y un final en el tiempo, la voluntad misma, como cosa en sí, no se ve afectada por ello, así como tampoco se ve afectado por ello el correlato de todo | objeto, el sujeto cognoscente, nunca conocido, y también sabemos que a la voluntad de vivir siempre le corresponde de un modo cierto la vida: lo cual no ha de contarse entre esas doctrinas de la persistencia. Pues a la voluntad considerada como cosa en sí, así como asimismo al sujeto puro del conocimiento, al ojo eterno del mundo, le incumbe tan poco una persistencia como una desaparición, ya que estas determinaciones únicamente son válidas en el tiempo, mientras aquella voluntad y aquel sujeto moran fuera del tiempo. Por eso el egoísmo del individuo (ese fenómeno singular de la voluntad iluminada por el sujeto del conocer), para su deseo de afirmarse a través de un tiempo infinito, puede sacar de nuestro parecer expuesto tan poco sustento y consuelo como podría sacar del conocimiento de que, tras su muerte, el restante mundo exterior sí perdurará en el tiempo, lo cual sólo es la expresión del mismo «en-sí», pero considerado objetivamente y, por lo tanto, temporalmente. Pues ciertamente cada cual sólo es efímero en cuanto individuo, mientras que por el contrario como cosa en sí es temporal y, por lo tanto, no tiene un final; pero también sólo en cuanto fenómeno es distinto de las demás cosas del mundo, como cosa en sí es la voluntad que se manifiesta en todo y la muerte suprime el engaño de que su consciencia esté disociada de la de los demás; ésta es la persistencia. Su no verse afectado por la muerte, que sólo le incumbe como cosa en sí, coincide para el fenómeno con la persistencia del resto del mundo externo*. A ello se debe también que la

---

* En el *Veda* esto se expresa diciendo que, «al morir un hombre, su facultad de ver se confunde con el sol, su olfato con la tierra, su gusto con el agua, su oído con el aire, su voz con el fuego, etc.» *(Oupnekhat,* vol. I, pp. 249 ss.); al igual que en una ceremonia especial el moribundo traspasa sus sentidos y aptitudes a su hijo, en quien deben continuar viviendo *(ibid.,* vol. II, pp. 82 ss.).

conciencia íntima y meramente sentida de aquello que hemos elevado a conocimiento claro, como ya se ha dicho, impide que el pensamiento de la muerte intoxique la vida incluso al ser racional, al suponer dicha consciencia la base de aquel coraje vital que mantiene en pie a todo ser vivo y le permite seguir viviendo alegre, como si no existiera la muerte, mientras tenga a la vista la vida y se acomode a ella; pero con ello no se impedirá que, cuando la muerte | aborde al individuo en concreto y en la realidad, o también sólo en la fantasía, y éste mire hacia ella, no se vea dominado por el miedo a la muerte y trate a toda costa de ponerse a salvo. Pues al igual que, mientras su conocimiento se acomodaba a la vida como tal, también había de reconocer en la misma el carácter imperecedero, cuando la muerte se le presenta ante los ojos, también ha de reconocer a ésta como lo que es, el final cronológico del fenómeno concreto temporal. Lo que nosotros tememos en la muerte no es en modo alguno el dolor, ya que, por una parte, el dolor se halla obviamente aquende la muerte y, por otra parte, a menudo escapamos del dolor con la muerte, al igual que también a la inversa algunas veces aceptamos los más espantosos dolores sólo para sustraernos a la muerte, aun cuando ésta fuera fácil y durara tan sólo un instante. Por lo tanto, distinguimos entre dolor y muerte como dos males enteramente distintos: lo que nosotros tememos en la muerte es de hecho el ocaso del individuo, tal como éste se proclama sin rodeos, y como el individuo es una objetivación concreta de la voluntad de vivir misma, todo su ser se resiste ante la muerte. Allí donde el sentimiento nos abandona y nos deja desamparados, puede intervenir la razón y dominar en gran parte las adversas impresiones de la muerte, al colocarnos sobre un punto de vista más elevado, donde tengamos a la vista el conjunto en lugar de lo concreto. Por eso un conocimiento filosófico de la esencia del mundo, que hubiese llegado hasta el punto sobre el cual nos hallamos ahora en nuestro examen, pero no fuese más allá, podría sobreponerse incluso desde esta perspectiva a los horrores de la muerte, toda vez que en un individuo dado la reflexión tuviera poder sobre el sentimiento inmediato. Un hombre que hubiese incorporado firmemente a su mentalidad las verdades expuestas hasta ahora, pero que al mismo tiempo, por propia experiencia o gracias a una comprensión de gran alcance, no hubiese llegado a reconocer el sufrimiento permanente como algo consustancial a toda vida, sino que bien al contrario se hallara plenamente satisfecho con la vida a la que encuentra sencillamente perfecta y, en serena meditación, deseara que el curso de su vida, tal como la ha experimentado hasta el momento, tuviera una duración infinita o contara con una repetición continua, alguien cuyo coraje vital fuera tan grande que, ante los goces de la vida, asumiera de buen grado la factura de todas las fatigas y penalidades a que se halla sometido; | semejante personaje se afianzaría «hasta los tuétanos del hueso en la sólida y duradera tierra»[6] sin tener nada que temer: protegido con el conocimiento que nosotros le atribuimos, vería con indiferencia a esa muerte que acude presurosa sobre las alas del tiempo, al considerarla como una falsa ilusión, un espectro desvaído que puede asustar al débil, mas carece de poder alguno sobre él, quien se sabe lo mismo que aquella voluntad cuya objetivación o reflejo es el mundo entero, algo a lo que siempre le corresponde con certeza la vida y también el presente, el cual es propiamente la única forma del fenómeno de la voluntad, alguien a quien no puede asustar un pasado o un futuro infinitos en donde él no existiera, dado que considera esto como una falsa apariencia y el velo de Maya, alguien que por todo ello habría de temer tan poco a la muerte como el

---

6. Cfr. el poema de Goethe titulado «Las fronteras de la humanidad».

sol a la noche. Es en este punto de vista en el que Krisna, en el *Bhágavad Gita,* coloca a su discípulo Arjuna, cuando a éste le invade la melancolía contemplando al ejército (de un modo similar a Jerjes) y quiere desistir del combate, para evitar que sucumban tantos miles; Krisna le hace adoptar ese punto de vista y la muerte de esos miles ya no puede detenerle: Arjuna da la señal para la batalla. A este punto de vista se refiere también el *Prometeo* de Goethe, especialmente cuando dice: «Aquí estoy yo, formo hombres a mi imagen, una estirpe que me sea igual, los formo para sufrir, para llorar, para disfrutar y alegrarse, y para que no te respeten, al igual que yo»[7]. A este punto de vista podría conducirnos también la filosofía de Bruno y la de Spinoza, si sus errores e imperfecciones no estorbasen o debilitasen tal convicción. La filosofía de Bruno no tiene propiamente una ética y la que hay en la filosofía de Spinoza no se infiere de la esencia de su doctrina, sino que, aunque es de suyo muy loable y hermosa, sin embargo sólo se inserta en su doctrina por medio de sofismas. Finalmente, a este punto de vista llegarían muchos hombres, si su conocimiento marchase al unísono con su querer, es decir, si estuvieran en situación de volverse transparentes para consigo mismos, al margen de aquella ilusión. Pues, de cara al conocimiento, éste es el punto de vista de la *afirmación de la voluntad de vivir.*

«La voluntad se afirma a sí misma» significa que, aun cuando a su objetivación, esto es, al mundo o a la vida, le sea dada clara y cabalmente su propia esencia como representación, este conocimiento no estorba en modo alguno su querer; sino que esta vida así conocida también es querida como tal por la voluntad, tal y como lo venía siendo sin el conocimiento en cuanto pulsión ciega, sólo que ahora lo es con conocimiento, de modo consciente y reflexivo.

---

7. Cfr. Goethe, *Prometeo* 49-55.

Lo contrario de ello, la *negación de la voluntad de vivir,* se muestra cuando aquel conocimiento pone término al querer, pues entonces los fenómenos individuales conocidos dejan de actuar como *motivos* del querer, sino que el conocimiento global de la esencia del mundo, acrecentado por la comprensión de las *ideas,* ese conocimiento que refleja la voluntad, se convierte en un *aquietador* de dicha voluntad y hace que ésta se anule a sí misma. Cabe esperar que estos conceptos completamente desconocidos, tan difíciles de comprender en esta expresión genérica, se clarifiquen al exponer los fenómenos –que aquí son las maneras de obrar– en los que por un lado se expresa la afirmación, en sus distintos grados, y por el otro la negación. Pues ambas emanan del *conocimiento,* mas no de un conocimiento abstracto sólo expresable en palabras, sino de un conocimiento vital que únicamente se deja expresar por los hechos y la conducta, al margen de los dogmas que ocupan a la razón como conocimiento abstracto. Mi única meta sólo puede ser presentar ambas y llevarlas al conocimiento claro de la razón, mas no prescribir o recomendar una u otra, lo que sería tan necio como ineficaz, puesto que la voluntad en sí es absolutamente libre, se autodetermina enteramente por sí sola y no hay ninguna ley para ella. Antes de pasar al análisis enunciado, habremos de dilucidar y determinar exactamente esta *libertad* y su relación con la necesidad; luego también haremos algunas observaciones generales sobre la vida, cuya afirmación y negación constituyen nuestro problema, aplicándolas sobre la voluntad y su objeto, | a través de todo lo cual se nos facilitará el proyectado conocimiento del significado ético de los modos de obrar, conforme a su valor más íntimo.

Como ya se ha dicho, todo este escrito sólo es el desarrollo de un único pensamiento y por ello todas sus partes guardan la más íntima trabazón entre sí; cada una de sus partes no sólo está necesariamente relacionada con la precedente y presupone que el lector la recuerde, como sucede en todas las filosofías que consisten simplemente en una serie de argumentaciones; bien al contrario, cada parte del conjunto de la obra está emparentada con cada una de las otras, por lo cual se requiere que el lector no sólo recuerde lo contiguo, sino también cada parte previa, para poder vincular cada parte actual con las otras que están por el medio; una exigencia que también Platón hace a su lector mediante los laberínticos vericuetos de sus *Diálogos,* que sólo retoman la idea principal tras largos episodios aclaratorios. En nuestro caso esta exigencia es igualmente necesaria, dado que, aun cuando la división de nuestro único pensamiento en varias consideraciones era el único medio para comunicarlo, esta forma es artificiosa y no es consustancial al pensamiento mismo. Para facilitar la exposición y su comprensión resulta útil la clasificación de cuatro puntos de vista capitales, en cuatro libros, así como la más cuidadosa vinculación de lo emparentado y lo homogéneo; sin embargo, el tema no se presta a una progresión lineal similar a la histórica, sino que hace necesaria una exposición más entrelazada y ésta hace igualmente necesario un repetido estudio del libro, pues sólo leyéndolo varias veces se clarifica la conexión de cada parte con las otras y se iluminan recíprocamente hasta hacer perfectamente claro el conjunto*.

§ 55.

Que la voluntad en cuanto tal es *libre* se deduce ya del hecho de que ella, conforme a nuestro «en-sí», es la cosa en sí, el contenido de todo | fenómeno. En cambio, a éste le

---

* Cfr. capítulos 41-44 del segundo volumen.

conocemos como sometido al principio de razón, en sus cuatro formas: y como sabemos que la necesidad equivale a la consecuencia de un fundamento dado, siendo ambos conceptos intercambiables, así todo cuanto pertenece al fenómeno, esto es, cuanto es objeto para lo que es sujeto como individuo cognoscente, es fundamento por un lado y consecuencia por el otro, y con esta última propiedad se ve necesariamente determinado, no pudiendo ser de otro modo que como es bajo ningún respecto. El contenido global de la naturaleza, el conjunto de sus fenómenos, son por ello necesarios y la necesidad de cada parte, de cada fenómeno, de cada acontecimiento se deja constatar al tener que hallar el fundamento del cual depende como consecuencia. Esto no tolera excepción alguna: se sigue de la validez ilimitada del principio de razón. Ahora bien, por otra parte, este mundo, con todos sus fenómenos, es para nosotros una objetivación de la voluntad, la cual, al no ser ella misma fenómeno, representación u objeto, sino cosa en sí, tampoco se halla sometida al principio de razón, a la forma de todo objeto, ni tampoco se ve determinada como consecuencia debida a un fundamento y, por lo tanto, no conoce necesidad alguna, o sea, que es *libre*. Así pues, el concepto de libertad es propiamente un concepto negativo, dado que su contenido es la mera negación de la necesidad, es decir, de la relación de la consecuencia con su fundamento conforme al principio de razón. Aquí yace ante nosotros del modo más claro el punto unitario de aquella gran antinomia, la confluencia de la libertad con la necesidad, algo de lo que en la modernidad se ha hablado mucho pero, hasta lo que yo conozco, nada claramente. Cada cosa es como fenómeno, en cuanto objeto, algo absolutamente necesario; eso mismo es *en sí* voluntad, y ésta es plenamente libre por toda la eternidad. El fenómeno, el objeto, está necesaria e irremediablemente determinado en la concatenación de causas y efectos, la cual no puede tener interrupción alguna. Sin embargo, la existencia genérica de ese objeto y el modo de su existir, esto es, la idea que se revela en él o, con otras palabras, su carácter, son una manifestación inmediata de la voluntad. Por lo tanto, con arreglo a la libertad de esta voluntad ese fenómeno podría no existir en general o también ser algo originaria y esencialmente distinto por completo; pero entonces también la cadena entera de la que dicho fenómeno es un eslabón, cadena que a su vez es manifestación de la misma voluntad, sería enteramente otra; mas una vez que existe e ingresa en la serie de causas y efectos, queda determinada necesariamente y no puede ser de otro modo, es decir, no puede modificarse, ni tampoco salir de la serie, o sea, desaparecer. El hombre, al igual que cualquier otra parte de la naturaleza, es objetivación de la voluntad, con lo cual todo lo dicho vale también para él. Tal como cada cosa en la naturaleza posee sus fuerzas y cualidades, que reaccionan específicamente ante una determinada influencia y constituyen su carácter, también el hombre tiene su *carácter,* a partir del cual los motivos suscitan sus acciones como necesidad. En el propio modo de actuar se revela su carácter empírico, que a su vez nos revela su carácter inteligible, la voluntad en sí, de la cual él es un determinado fenómeno. Pero el hombre es la manifestación más perfecta de la voluntad y, para subsistir, ha de verse iluminado por un conocimiento de tan alto grado como para posibilitar una reproducción plenamente adecuada de la esencia del mundo bajo la forma de la representación, que no es otra sino la comprensión de las ideas, el puro espejo del mundo. Por consiguiente, en los hombres la voluntad puede llegar a cobrar una plena autoconsciencia, alcanzando un conocimiento claro y exhaustivo de su propia esencia, tal como se refleja globalmente en el mundo. A partir de la presencia real de este grado de conocimiento se produce el arte, como vimos en el libro anterior. Al final de nuestra consideración global se hará patente que, gracias a este mismo conocimiento, cuando la voluntad lo refiere a sí misma, se hace posible una abolición y autonegación de la voluntad, en su manifestación más perfecta: así que la libertad, que de lo contrario nunca puede mostrarse en el fenómeno, al corresponder tan sólo a la cosa en sí, en este caso también se pone de relieve en el fenómeno, al suprimir la esencia que subyace como fundamento del fenómeno, mientras el fenómeno mismo todavía perdura en el tiempo, produciéndose una contradicción del fenómeno consigo mismo, que da paso a los fenómenos de la santidad y la autonegación. Provisionalmente me limitaré a señalar cómo el hombre | se distingue de todos los demás fenómenos de la voluntad merced a la libertad, esto es, la independencia del principio de razón, que si bien sólo incumbe a la voluntad como cosa en sí y contradice al fenómeno, pese a todo tal vez en el hombre también pueda tener lugar dentro del fenómeno, aun cuando entonces se presente como una contradicción del fenómeno consigo mismo. En este sentido, se puede llamar «libre» no sólo a la voluntad en sí, sino también al hombre, que merced a ello se diferencia del resto de los seres. Cómo ha de entenderse esto es algo que sólo se aclarará mediante todo cuanto sigue y que por ahora hemos de obviarlo totalmente. Pues ante todo hay que precaverse de un error, cual es el de que el obrar del hombre singular y determinado no esté sometido a necesidad alguna, esto es, que la fuerza del motivo sea menor que la fuerza de la causa o la de la derivación de una conclusión a partir de sus premisas. Como ya se ha dicho, la libertad de la voluntad como cosa en sí no se traspasa, salvo tan sólo en la excepción citada con anterioridad, en modo alguno e inmediatamente a su fenómeno, ni siquiera allí donde éste alcanza el máximo nivel de visibilidad, por tanto no se traspasa al animal racional con un carácter individual, esto es, a la persona. Ésta nunca es libre, aunque sea la manifestación de una voluntad libre: pues se trata de un fenómeno determinado por ese querer libre y, al ingresar en la forma de todo objeto, el principio de razón, despliega la unidad de esa voluntad en una pluralidad de acciones que, sin embargo, a causa de la unidad extratemporal de ese querer en sí, se presenta con la regularidad de una fuerza natural. Pero como ese querer libre es lo que se visualiza en la persona y toda su conducta, relacionándose con él como un concepto respecto a su definición, así también todo acto singular de la persona ha de atribuirse a la voluntad libre y como tal se anuncia inmediatamente a la consciencia: por eso, como se dijo en el segundo libro, cualquiera se tiene a priori (esto es, según su sentimiento originario) también por libre en las acciones individuales, en el sentido de que a él le sería posible esa acción a cada caso dado y sólo a posteriori, a partir de la experiencia y el meditar sobre la experiencia, reconoce que su acción procede por completo necesariamente de la convergencia del | carácter con los motivos. A ello se debe que los más toscos, secundando su sentimiento, defiendan con vehemencia la plena libertad en las acciones individuales, mientras que los mayores pensadores de todos los tiempos y los dogmas más profundos la hayan negado. Mas a quien le haya quedado claro que la esencia global del hombre es la voluntad y que él mismo sólo es un fenómeno de esta voluntad, pero en cuanto fenómeno tiene al principio de razón como forma necesaria cognoscible por el sujeto, configurada en este caso como ley de la motivación, dudará de la inevitabilidad del acto cuando a un carácter dado se le presenten ciertos motivos tanto como pueda dudar de la coincidencia de los tres ángulos del triángulo con dos ángulos rectos. La necesidad del obrar individual ha sido

341

bien expuesta por Priestley en su *Doctrina de la necesidad filosófica*[8], pero la coexistencia de esta necesidad con la libertad de la voluntad en sí, esto es, al margen del fenómeno, fue Kant, cuyo mérito es enorme en este punto, el primero en constatarla*, al establecer la diferencia entre carácter inteligible y empírico, que yo suscribo por entero, siendo el primero la cosa en sí, en la medida en que se manifiesta en un individuo determinado en uno u otro grado, mientras el último es el fenómeno mismo, tal como se presenta en el modo de obrar, conforme al tiempo, y en la corporeización, conforme al espacio. Para hacer comprensible la relación entre ambos, la mejor formulación fue utilizada ya en el tratado introductorio, donde se considera al carácter inteligible de cada hombre como un acto extratemporal de la voluntad, cuyo fenómeno desplegado en el tiempo, el espacio y todas las formas del principio de razón es el carácter empírico, tal como se presenta empíricamente en todo el modo de obrar y el transcurso vital de este hombre. Tal como el árbol es por entero la continua manifestación de uno y el mismo impulso que se presenta del modo más sencillo en la fibra y que se repite en la | composición de la hoja, el tallo, la rama y el tronco, reconociéndose con facilidad ese mismo impulso; así todos los actos del hombre sólo son la continuamente reiterada expresión, que cambia algo en la forma, de su carácter inteligible y a partir de la

---

* Cfr. *Crítica de la razón pura,* A 532-558, B 560-568, y *Crítica de la razón práctica,* A 169-179 [Ak. V 95-100].

8. El título completo de la obra de Joseph Priestley es: *Disquisiciones relativas a la materia y el espíritu. A lo que se añade la historia de la doctrina filosófica concerniente al origen del alma y de la naturaleza de la materia; con su influencia en el cristianismo, especialmente con respecto a la doctrina de la preexistencia de Cristo (La doctrina de la necesidad filosófica ilustrada, con un apéndice a la disquisición relativa a la materia y el espíritu, a lo que se añade una respuesta a ciertas personas que han polemizado con tales principios),* Birmingham, 1782 (2.ª ed.).

suma de tales actos se induce su carácter empírico. No reproduciré aquí la magistral exposición de Kant, sino que la presumo conocida.

En el año 1840 traté con detalle el importante capítulo de la libertad de la voluntad en mi escrito premiado[9] y descubrí el fundamento del engaño a consecuencia del cual se cree encontrar, empíricamente dada, una absoluta libertad de la voluntad, o sea, un libre arbitrio de indiferencia, en la autoconsciencia como un hecho de la misma: pues ésta era la cuestión perspicazmente planteada por el concurso. Remito al lector a ese escrito, así como al § 10 del ensayo sobre la fundamentación de la moral[10], publicado conjuntamente con aquél bajo el título de *Los dos problemas fundamentales de la ética* [1841]; en la primera edición [de la presente obra] ofrecí una exposición todavía muy imperfecta de la necesidad del acto volitivo, que ahora sustituyo por un breve análisis que se basa en el capítulo 19 del segundo volumen y que, por lo tanto, no podía hallarse en el citado ensayo premiado.

Dejando a un lado que, como la voluntad en cuanto auténtica cosa en sí es algo originario e independiente, también ha de acompañar a la autoconsciencia el sentimiento de primordialidad y arbitrariedad, aun cuando los actos ya estén determinados, surge la ilusión de una libertad empírica de la voluntad (en vez de la libertad transcendental, la única que se le puede atribuir), o sea, de una libertad de los

---

9. Se refiere a su ensayo *Sobre la libertad de la voluntad humana,* que fue laureado por la Real Sociedad Noruega de las Ciencias el 26 de enero de 1839 y publicado en 1840 por dicha sociedad.
10. Su ensayo *Sobre el fundamento de la moral* no fue premiado por la Real Sociedad Danesa de las Ciencias, pese a que no se presentó ningún otro, como el propio Schopenhauer explica en su prólogo a la primera edición de *Los dos problemas fundamentales de la moral,* donde rebate las críticas alegadas por el jurado danés (cfr. pp. VI y ss.).

actos singulares, de lo cual se sigue (como queda expuesto en el capítulo 19 del segundo volumen, sobre todo en el número 3) un lugar subordinado del entendimiento frente a la voluntad. El entendimiento sólo averigua las resoluciones de la voluntad a posteriori y empíricamente. Pues el carácter inteligible, en virtud del cual ante | ciertos motivos dados sólo es posible *una* decisión y con arreglo a ello se trata de una decisión necesaria, no cae bajo el conocimiento del intelecto, sino que sólo le es conocido empíricamente mediante sus sucesivos actos singulares. Por eso le parece a la consciencia cognoscitiva (al intelecto) que, ante un caso dado, a la voluntad le serían posibles dos decisiones contrapuestas. Pero aquí se procede como cuando, ante una vara colocada verticalmente que oscila mientras se mantiene en equilibrio, uno dice: «puede caer hacia la derecha o hacia la izquierda»; este «puede» sólo tiene una acepción subjetiva y en realidad quiere decir: «según los datos que conocemos», pues objetivamente la dirección de la caída ya está necesariamente determinada tan pronto como tiene lugar la oscilación. De igual modo la decisión de la propia voluntad sólo está indeterminada para su espectador, el propio intelecto, o sea, sólo subjetiva y relativamente para el sujeto del conocer; en cambio, en sí y objetivamente, ante cada elección, la decisión está automática y necesariamente determinada. Sólo que esta decisión adviene a la consciencia por la decisión resultante. Obtenemos un testimonio empírico de esto, cuando se nos presenta una elección difícil e importante bajo una condición que todavía no ha tenido lugar, sino que sólo cabe esperar, de suerte que no podemos hacer nada al respecto, salvo aguardar pasivamente. Ahora reflexionamos sobre lo que decidiremos cuando las circunstancias tengan lugar y nos dejen adoptar libremente la decisión. A menudo una de las opciones aboga más por la reflexión racional y la otra por la inclinación inmediata.

Mientras estamos obligados a permanecer pasivos el lado de la razón parece querer conservar el predominio; únicamente prevemos cuán fuerte tirará el otro lado cuando se dé la ocasión de actuar. Hasta entonces nos hemos esforzado con ahínco por sopesar fríamente los pros y los contras, intentando arrojar luz sobre los motivos bilaterales, para que cada uno pueda incidir sobre la voluntad con toda su fuerza cuando sea el momento y la voluntad no se vea inducida a un error de parcialidad por parte del intelecto, decidiéndose por algo distinto a lo que escogería si todo | incidiera en igual medida. Este claro desarrollo de los motivos contrapuestos es todo lo que el intelecto puede hacer en la elección. Él aguarda la auténtica decisión tan pasivamente y con la misma curiosidad como si fuera la de una voluntad ajena. Desde su punto de vista ambas decisiones tienen que parecer igualmente posibles: ésta es la ilusión de la libertad empírica de la voluntad. En la esfera del intelecto la decisión tiene lugar empíricamente, como desenlace final de la cuestión; sin embargo, la decisión ha emanado de la índole interna, del carácter inteligible, de la voluntad individual, en su conflicto con los motivos dados y, por ello, con una incuestionable necesidad. El intelecto no puede hacer nada más que iluminar simultánea y agudamente la índole de los motivos; mas no es capaz de determinar a la voluntad misma, pues ésta le es totalmente impenetrable e incluso, como hemos visto, es inescrutable.

Si bajo iguales circunstancias un hombre pudiera obrar una vez de un modo y otra de manera diferente, su voluntad misma tendría que haberse modificado entre tanto y radicar en el tiempo, donde esa transformación es posible; pero entonces o bien la voluntad sería un mero fenómeno, o bien el tiempo sería una determinación de la cosa en sí. Así pues, esa controversia sobre la libertad del obrar individual, sobre el libre arbitrio de indiferencia, se reduce pro-

344

piamente a la cuestión de si la voluntad está o no inmersa en el tiempo. Si la voluntad, en cuanto cosa en sí, está fuera del tiempo y de toda forma del principio de razón, según hace necesario tanto la doctrina de Kant como mi propia exposición, entonces el individuo no sólo ha de obrar continuamente del mismo modo en iguales circunstancias y cada acto malvado será el firme garante de otros muchos que *ha de* llevar a cabo y no *puede* evitar, sino que también se colige –como Kant dice– que, si se conocieran exhaustivamente el carácter empírico y los motivos, la conducta del hombre se podría calcular en el futuro como un eclipse de sol o de luna[11]. El carácter es tan consecuente como la naturaleza: cada acción individual ha de suceder conforme a él, tal como cada fenómeno tiene lugar conforme a la ley natural; la causa en este segundo caso y el motivo en el primero son las causas ocasionales, tal como se mostró en el segundo libro. La voluntad, cuya manifestación es el íntegro ser y la vida entera del hombre, no puede desmentirse en los casos concretos, y lo que el hombre quiere en conjunto es lo que también querrá en cada caso particular.

La afirmación de una voluntad empírica de la voluntad, de un libre arbitrio de indiferencia, está estrechamente relacionada con el hecho de colocar la esencia del hombre en un *alma* que originariamente sería un ser *cognoscente,* un

---

11. El célebre pasaje de Kant al que aquí alude Schopenhauer es éste: «Cabe conceder que si nos fuera posible poseer tan honda penetración en un ser humano, tal como su modo de pensar se deja ver mediante acciones externas e internas, de suerte que hasta el móvil más insignificante nos fuera confesado, y conociéramos también todas esas ocasiones exteriores que inciden sobre dichos móviles, podría calcularse la conducta de un ser humano en el futuro con esa misma certeza que permite pronosticar los eclipses del sol o de la luna y, pese a todo, podría mantenerse junto a ello que tal ser humano es libre» (cfr. *KpV,* Ak. V 99; *Crítica de la razón práctica* –edición de Roberto R. Aramayo–, Alianza Editorial, Madrid, 2000, p. 200).

ser abstracto *que piensa,* lo cual hace de la voluntad una naturaleza secundaria, cuando en realidad ésta lo es el conocimiento. La voluntad sería entonces considerada como un acto del pensamiento e identificada con el juicio, sobre todo en Descartes y Spinoza. De acuerdo con ello cada hombre sería lo que es a consecuencia de su *conocimiento:* vendría al mundo como un cero moral, conocería las cosas en el mundo y resolvería ser de una u otra manera, actuar así o asá, pudiendo también, a consecuencia de un nuevo conocimiento, adoptar un nuevo modo de obrar y, por lo tanto, convertirse a su vez en otro. Además primero reconocería una cosa como *buena* y a consecuencia de ello la querría; en lugar de que primero la *quiere* y luego la llama *buena.* Con arreglo a mi modo de ver más fundamental todo eso es una subversión de la auténtica relación entre ambos términos. La voluntad es lo primero y originario, el conocimiento un mero añadido al fenómeno de la voluntad, como un instrumento suyo. Según eso, cada hombre es lo que es merced a su voluntad y su carácter es originario. Él se *conoce,* por lo tanto, a consecuencia de y en conformidad con la índole de su voluntad; en vez de que, según la vieja opinión, *quiere* a consecuencia de y en conformidad con su conocer. Según esto, con sólo meditar *cómo* preferiría ser, lo sería; tal es su libertad de la voluntad. Ésta consiste propiamente en que el hombre es su propia obra a la luz del conocimiento. En cambio yo digo que el hombre es su propia obra antes de todo conocimiento y éste se agrega simplemente para iluminar dicha obra. Por eso el hombre no puede resolver ser tal o cual, | ni tampoco volverse otro; sino que él *es,* de una vez por todas, y va conociendo sucesivamente *lo que* es. Según los demás el hombre *quiere* lo que conoce; según mi parecer, el hombre *conoce* lo que quiere.

346

Los griegos llamaban al carácter $\eta\Theta o\varsigma$ y a sus expresiones, esto es, a las costumbres, $\eta\Theta\eta$; pero esta palabra deriva de ηΘος, «hábito», y la escogieron para expresar metafóricamente la constancia del carácter a través de la constancia del hábito. «Pues la palabra "carácter" recibe su nombre del "hábito"», dice Aristóteles (*Ética eudemia* 1220 a; cfr. *Ética a Nicómaco* 1103 a). Estobeo aduce lo siguiente: «Los discípulos de Zenón definen metafóricamente al carácter como la fuente de la vida, puesto que de él manan las acciones singulares» (*Extractos* II, cap. 7). En el credo cristiano hallamos el dogma de la predestinación (cfr. Pablo, Epístola a los Romanos 9, 11-24), consecuencia de la doctrina de la gracia, que nace obviamente de la comprensión de que el hombre no cambia, sino que tanto su vida como su conducta, esto es, su carácter empírico, no son sino el mero despliegue de su carácter inteligible, el desarrollo de unas disposiciones invariables que ya se manifiestan resueltamente en la niñez, de manera que su conducta se ve determinada desde el momento mismo del nacimiento y en lo esencial permanece idéntica hasta el final. También estamos de acuerdo con esto; pero las consecuencias que resultan de asociar esta comprensión totalmente exacta con los dogmas hallados en el credo de los judíos y cuya enorme dificultad da lugar al irresoluble nudo gordiano en torno al cual giran la mayoría de las disputas de la Iglesia no las asumo ni respondo de ellas; máxime cuando el propio apóstol Pablo difícilmente lo consiguió mediante su símil del alfarero, formulado para este fin; pues a la postre el resultado no sería otro que éste: «¡Teme a los dioses / género humano! Ellos tienen el poder | /en sus eternas manos: / y pueden utilizarlo / como les venga en gana»[12].

Pero estas consideraciones son propiamente ajenas a nuestro tema. Antes bien ahora se imponen algunas aclaraciones sobre la relación entre el carácter y el conocer, pues en éste es donde aquél encuentra todos sus motivos.

12. Cfr. Goethe, *Ifigenia* IV, 5.

Como los motivos determinan la manifestación del carácter o del obrar por medio del conocimiento sobre el que actúan, pero el conocimiento es variable y a menudo oscila entre la verdad y el error, corrigiéndose por regla general en muy diversos grados a lo largo del progreso de la vida, el modo de obrar de un hombre puede modificarse notablemente, sin que de ello quepa inferir una modificación de su carácter. Lo que el hombre quiere propiamente y en general, la pretensión de su esencia más íntima y el objetivo que persigue conforme a ella, no podemos cambiarlo en modo alguno mediante ningún influjo externo, mediante la instrucción; de lo contrario, podríamos crearlo de nuevo. Séneca lo dice magníficamente con su lema: «¡El querer no se aprende!»[13]; con lo cual antepone la verdad a las enseñanzas de los estoicos, para quienes «la virtud puede aprenderse»[14]. Desde fuera sólo puede actuarse sobre la voluntad mediante motivos. Pero éstos nunca pueden modificar la voluntad misma, pues los motivos mismos sólo tienen poder sobre la voluntad bajo el presupuesto de que ella sea como es en cuanto tal. Todo lo que pueden los motivos es modificar la dirección de la tendencia de la voluntad, esto es, hacer que busque por otro camino aquello que ella busca invariablemente. Por eso la instrucción, mejorar el conocimiento, el influjo externo en definitiva, puede enseñarle a la voluntad que se equivocó en los medios, logrando con ello que ese objetivo, al que aspira desde siempre conforme a su esencia interior, se vea perseguido por algún otro camino e incluso con un objeto enteramente distinto al anterior; pero nunca puede hacer que la voluntad quiera realmente algo diferente a lo querido hasta el momento; esto permanece inmutable, pues ella sólo es ese querer mismo, que de lo contrario

---

13. *Velle non discitur;* cfr. Séneca, *Cartas* 81, 14.
14. Cfr. Diógenes Laercio VII, 91.

habría de suprimirse. Ahora bien, la modificabilidad del conocimiento y por ello del obrar va | tan lejos que la voluntad intenta alcanzar su fin continuamente invariable, sea, v.g., el paraíso mahometano, una vez en el mundo real y otra en un mundo imaginario, acomodando a ello los medios y por ello en el primer caso se aplicará la prudencia, la violencia y el engaño, mientras que en el segundo se aplica la abstinencia, la justicia, la caridad y la peregrinación a La Meca. Pero con ello no se modifica su idéntica tendencia, ni mucho menos ella misma. Así pues, por muy distinto que se presente su obrar en distintos momentos, su querer sigue siendo enteramente el mismo. *El querer no se aprende.*

La eficacia de los motivos no requiere sólo que estén presentes, sino que lleguen a ser conocidos, según la ya citada expresión de los escolásticos: «La causa final no actúa según su ser real, sino según su ser conocido»[15]. Así por ejemplo, para que en un hombre dado se ponga de relieve la relación que guardan entre sí el egoísmo y la compasión, no basta con que posea riquezas y vea la miseria ajena, sino que también ha de saber lo que le cabe hacer con su riqueza tanto para sí mismo como para con los demás; y no sólo ha de presentársele el sufrimiento ajeno, sino que también ha de saber lo que es el sufrimiento, al igual que ha de saber lo que es el goce. Tal vez no sepa todo esto tan bien en una primera ocasión como en una segunda, y, si en una ocasión similar actúa de modo diferente, ello se deberá a que las circunstancias eran propiamente otras, con arreglo a la parte que depende de su conocimiento de las mismas, aun cuando parezcan ser las mismas. Tal como el desconocimiento de las circunstancias realmente existentes las despoja de su eficacia, por otra parte pueden actuar como efectivas circunstancias completamente imaginarias y no sólo en un en-

---

15. Cfr. Francisco Suárez, *Disputaciones metafísicas* XXIII, 8.

gaño puntual, sino de forma duradera y estable. Sea por ejemplo el caso de un hombre firmemente convencido de que cada obra de caridad se le retribuirá por centuplicado en una vida futura; semejante convencimiento vale y actúa igual que si se tratara de una fiable letra de cambio a muy largo plazo, y este hombre puede dar por egoísmo lo que tomaría también por egoísmo bajo otro modo de enfocar las cosas. Él no ha cambiado: *el querer no se aprende*. En virtud de este gran influjo del conocimiento sobre el obrar acontece que se desarrolle progresivamente el | carácter y afloren sus distintos rasgos. De ahí que el carácter se muestre diverso en cada edad y a una juventud ardiente e indómita puede seguirle una madurez comedida, en la que se siente la cabeza. Con el paso del tiempo se pone de relieve con más fuerza lo malo del carácter; aun cuando a veces también se refrenan luego las pasiones a las que uno sucumbió en la juventud, sólo porque ahora se han llegado a conocer los motivos contrarios. Por eso también todos somos inocentes en un comienzo, lo cual sólo quiere decir que ni nosotros ni los demás conocemos lo malo en nuestra propia naturaleza: esto es algo que sólo aflora con los motivos, y los motivos sólo se dan a conocer con el tiempo. Por último, aprendemos a conocernos a nosotros mismos como completamente distintos de aquello por lo que nos tenemos a priori, y a menudo nos espantamos por ello.

349

El *arrepentimiento* no se debe en modo alguno a que la voluntad se haya modificado (lo cual es imposible), sino a que se ha modificado el conocimiento. Lo esencial y lo propio de aquello que he querido he de seguir queriéndolo, pues yo mismo soy esa voluntad que está fuera del tiempo y del cambio. Por eso nunca puedo arrepentirme de lo que he querido, aunque sí de lo que he hecho, porque, guiado por falsos conceptos, he hecho algo distinto de lo que se adecuaba a mi voluntad. Darse cuenta de esto gracias a un conocimiento más correcto da pie al *arrepentimiento*. Esto no abarca simplemente la prudencia vital, la elección de los medios y el enjuiciar la adecuación de los fines a mi propia voluntad, sino también a lo específicamente ético. Así por ejemplo, yo puedo haber obrado de un modo más egoísta del que corresponde a mi carácter, inducido erróneamente a ello por una representación exagerada del apuro en que yo mismo estaba, o también por la astucia, la falsedad o la maldad de otro, o también por haberme precipitado, es decir, por haber obrado irreflexivamente, determinado no por motivos conocidos claramente en abstracto, sino por motivos meramente intuitivos, merced a la impresión del momento y al afecto suscitado por ella, el cual era tan fuerte que propiamente no hice uso de mi razón; pero el retorno a la reflexión también es aquí ese conocimiento rectificado del cual puede provenir el arrepentimiento, que en tal caso se testimonia siempre a través de un intento por enmendar lo sucedido cuanto sea posible. Sin embargo, ha de advertirse que | uno, para engañarse a sí mismo, dispone de aparentes precipitaciones que propiamente son acciones secretamente premeditadas. Pues a nadie engañamos ni embaucamos mediante tan sutiles artimañas como a nosotros mismos. También puede darse el caso inverso del aducido anteriormente: puedo verme inducido a obrar de un modo menos egoísta del que se corresponde con mi carácter, y disponerme con ello a otro tipo de arrepentimiento, por confiar en otro, o ignorar el valor relativo de los bienes de la vida, o por un dogma abstracto en el que he dejado de creer. Por consiguiente, el arrepentimiento siempre es el conocimiento contrastado de la relación del hecho con el propósito. Así como a la voluntad, en tanto que revela sus ideas únicamente en el espacio, a través de la mera forma, se le contrapone una materia que ya está dominada por otras ideas, las fuerzas naturales, y raramente permite producir perfecta y claramente, o sea, bella, la forma que aquí aspira a hacerse visible; así encuentra un obstáculo análogo la voluntad que únicamente se revela en el tiempo, a través de las acciones, en el conocimiento que raramente le ofrece los datos de una manera por entero correcta, merced a lo cual el hecho acaecido no se corresponde exactamente con la voluntad y prepara el arrepentimiento. El arrepentimiento surge siempre de una rectificación del conocimiento, no de un cambio de la voluntad, que es imposible. El remordimiento sobre lo cometido tiene poco que ver con el arrepentimiento y es el dolor relativo al conocimiento de uno mismo en sí, o sea, como voluntad. El remordimiento descansa sobre la certeza de que uno tiene siempre la misma voluntad. Si ésta se modificase y el remordimiento fuera por ello un mero arrepentimiento, éste se suprimiría a sí mismo, pues lo pasado no podría seguir suscitando angustia alguna, al tratarse de la exteriorización de una voluntad que no sería ya la del arrepentido. Pero el significado del remordimiento será analizado con detalle más adelante.

El influjo que el conocimiento tiene, como el intermediario de los motivos, no ciertamente sobre la voluntad misma, sino sobre su aparición en las acciones, fundamenta asimismo la principal diferencia entre la conducta del hombre y la de los animales. El animal sólo tiene representaciones intuitivas; el hombre, gracias a la razón, posee también representaciones abstractas, conceptos. Aun cuando el animal y el hombre | se vean determinados con igual necesidad por los motivos, el hombre tiene sobre el animal la ventaja de una *decisión electiva,* que se ha solido tomar también por una libertad de la voluntad en los actos singulares, aunque no sea otra cosa que la posibilidad de un conflicto entre varios motivos en liza, de entre los cuales el más fuerte le determina entonces necesariamente. Para ello los motivos tuvieron que adoptar la forma de pensamientos abstractos, pues sólo por medio de éstos es posible una deliberación estricta, esto es, la ponderación de los motivos contrapuestos para actuar. En el animal la elección sólo puede tener lugar entre motivos intuitivos que están delante, por lo cual dicha elección queda restringida a la estrecha esfera de su aprehensión presente e intuitiva. Por ello la necesidad de la determinación de la voluntad mediante motivos, que es igual a la del efecto por la causa, tan sólo puede presentarse en los animales intuitiva e inmediatamente, ya que aquí el espectador tiene también ante los ojos los motivos tan inmediatamente como su efecto; mientras que en el hombre los motivos son casi siempre representaciones abstractas de las cuales no participa el espectador, e incluso al agente mismo la necesidad de su efecto se le oculta tras su conflicto. Pues varias representaciones sólo pueden darse conjuntamente a la consciencia en abstracto, como juicios y cadenas de raciocinios, e interactuar al margen de toda determinación temporal, hasta que la más poderosa domine a las restantes y determine la voluntad. Ésta es cabalmente la *decisión electiva* o capacidad deliberativa que el hombre tiene como privilegio ante el animal, a causa de la cual se le ha atribuido libertad volitiva, presumiendo que su querer es un mero resultado de las operaciones del intelecto, sin que un impulso determinado sirva como base al mismo; mientras que, a decir verdad, la motivación sólo actúa sobre la base y bajo el supuesto de su impulso determinado, que en él es individual, o sea, un carácter. Una exposición detallada de esa capacidad deliberativa y de la diferencia que establece entre el arbitrio humano y el animal se encuentra en *Los dos problemas fundamentales de la ética* (1.ª ed., pp. 35 ss.), adonde por lo tanto remito aquí. Además, esta capacidad deliberativa del hombre es | una de las cosas que hacen a su existencia mucho más atormentada que la del animal; pues en general nuestros mayores dolores no están en el presente, como representaciones intuitivas y un sentimiento inmediato, sino que se hallan en la razón, como conceptos abstractos y pensamientos aflictivos de los que sólo el animal está libre, al vivir en el presente y en una envidiable despreocupación.

Esta dependencia de la capacidad deliberativa humana respecto de la facultad de pensar en abstracto, así como del juzgar y el razonar, parece haber sido lo que indujo tanto a Descartes como a Spinoza a identificar las decisiones de la voluntad con la capacidad de afirmar y de negar (discernimiento), a partir de la cual Descartes deduce que la culpa de todo error teórico ha de tenerla también la voluntad libre e indiferente; en cambio, Spinoza infiere que la voluntad está tan necesariamente determinada por los motivos como el juicio por los fundamentos*; esto último es exacto, aun cuando se trate de una conclusión verdadera a partir de falsas premisas.

El contraste del modo como el animal y el hombre se ven determinados por los motivos extiende su influjo hasta la esencia de ambos, y entraña la mayor diferencia, tan radical como notoria, en la existencia de ambos. Mientras el animal sólo es movido por una representación intuitiva, el hombre trata de excluir totalmente este tipo de motivación e intenta dejarse determinar únicamente por representaciones abstractas, con lo cual saca el máximo partido posible del privilegio que constituye su razón, puesto que no elige ni rehúye el goce o el dolor pasajeros, sino que reflexiona sobre las consecuencias de ambos. En la mayoría de los casos, salvo en las acciones totalmente insignificantes, nos determinan motivos abstractos y pensados, no las impresiones del presente. Por eso cualquier privación momentánea nos resulta

---

* Cfr. Descartes, *Meditaciones metafísicas* 4 [pp. 187-188]; Spinoza, *Ética* II, props. 48 y 49.

bastante fácil, pero toda renuncia se nos antoja terriblemente ardua, ya que la primera sólo atañe al fugaz presente, en tanto que la segunda concierne al futuro y encierra dentro de sí innumerables privaciones. La causa de nuestro dolor, al igual que la de nuestra alegría, no suele tener su sede en el presente real, sino simplemente en pensamientos abstractos: éstos son los que con frecuencia nos causan insoportables tormentos, frente a los cuales queda empequeñecido cualquier sufrimiento de la animalidad, dado que con los mismos a menudo dejamos de sentir nuestro propio dolor físico e incluso ante un intenso sufrimiento espiritual nos provocamos un sufrimiento físico, simplemente para desviar la atención de aquél a éste: por eso en medio de los mayores dolores espirituales uno se mesa el cabello, se golpea el pecho, se araña la cara o se arrastra por el suelo; todo lo cual sólo es propiamente un medio violento para distraernos de un pensamiento insoportable. Justamente porque el dolor espiritual, al ser mucho mayor, nos hace insensibles frente al dolor físico, el suicidio se vuelve muy fácil para el desesperado o para aquel a quien le devora un despecho enfermizo, aun cuando antes, en un estado placentero, hubiese retrocedido con espanto ante tal pensamiento. Igualmente la preocupación y la pasión, el juego del pensamiento, desgastan el cuerpo más y con mayor frecuencia que las fatigas físicas. Con arreglo a ello dice con razón Epicteto: «No son las cosas lo que inquieta a los hombres, sino las opiniones sobre las mismas»[16], y Séneca: «Son más las cosas que nos atemorizan que aquellas que realmente nos agobian, y muy a menudo nuestras representaciones nos hacen padecer más que la realidad misma»[17]. También

---

16. Cfr. Epicteto, *Manual,* cap. 5.
17. Cfr. Séneca, *Cartas* 13, 4.

Eulenspiegel[18] parodiaba exquisitamente la naturaleza humana, al reírse mientras sube la montaña y llorar mientras la baja. Al hacerse daño, los niños no suelen llorar por el dolor, sino al quejarse y suscitar con ello el pensamiento del dolor. Tamañas diferencias en el obrar y el sufrir obedecen a la divergencia en el modo de conocer del animal y del hombre. Además, la aparición del claro y resuelto carácter individual, lo que diferencia principalmente al hombre del animal –que casi sólo tiene el carácter de la especie–, equivale a la elección condicionada entre varios motivos y que sólo es posible por la mediación de los conceptos abstractos. Pues sólo tras darse una elección son las distintas resoluciones resultantes en diversos individuos un signo de su carácter, que será otro en cada cual; | mientras que la conducta del animal depende de la presencia o ausencia de la impresión presupuesta, que en general es un motivo para su especie. De ahí finalmente que en el hombre sólo la resolución, pero no el mero deseo, sea un signo válido de su carácter, tanto para él mismo como para los demás. Pero la resolución sólo se certifica por el hecho, tanto para sí mismo como para los otros. El deseo es una mera consecuencia necesaria de la impresión presente, ya se trate de un estímulo exterior o de una transitoria disposición anímica interna, y por ello supone un obrar tan inmediatamente necesario e irreflexivo como el del animal; por eso también expresa, al igual que éste, el carácter de la especie, no el carácter individual, es decir, indica simplemente lo que sería capaz de hacer *el hombre en general,* no lo que sería capaz de hacer el *individuo* que siente el deseo. Sólo el hecho, como ya requiere de una cierta reflexión en cuanto acción humana y como por lo regular el hombre es dueño de su ra-

354

---

18. Bufón alemán del Medievo cuyas andanzas inspirarían uno de los más célebres poemas sinfónicos de R. Strauss.

zón, o sea, es reflexivo y decide según motivos abstractos, pensados, sólo el hecho –decía– es la expresión de la máxima inteligible de su obrar, el resultado de su querer más íntimo, y se presenta como una letra de la palabra que designa su carácter empírico, el cual sólo es a su vez la expresión temporal de su carácter inteligible. Por eso en los ánimos sanos sólo los hechos le pesan a la conciencia, no los deseos ni los pensamientos. Pues sólo nuestros actos nos colocan delante el espejo de nuestra voluntad. El hecho, ya aludido antes, plenamente irreflexivo y sumido realmente en el ciego afecto, es en cierta medida una cosa intermedia entre el mero deseo y la resolución; de ahí que mediante un arrepentimiento auténtico, que se muestra también como un hecho, pueda ser borrado, como una línea mal trazada, de esa imagen de nuestra voluntad que es nuestro curso vital. Por lo demás, aquí puede tener cabida, como un curioso símil, la observación de que la relación entre el deseo y el hecho guarda una analogía casual, pero exacta, con la existente entre la distribución eléctrica y la comunicación eléctrica.

Con arreglo a esta consideración global sobre la libertad de la voluntad y cuanto se refiere a ella, descubrimos que, aun cuando la voluntad en sí misma y al margen de todo fenómeno es libre e incluso omnipotente, en sus fenómenos individuales | iluminados por el conocimiento, o sea, en hombres y animales, se ve determinada por motivos frente a los cuales el carácter siempre reacciona necesaria y regularmente del mismo modo. Vemos que los hombres, en virtud del conocimiento abstracto de la razón, tienen una *decisión electiva* con la que no cuenta el animal, pero esto sólo le convierte en un campo de batalla del conflicto de los motivos, sin sustraerle de su dominio, y por eso condiciona la posibilidad de la perfecta expresión del carácter individual, pero en modo alguno es considerada como libertad del querer individual, esto es, como independencia de las leyes de causalidad, cuya necesidad abarca a los hombres al igual que a cualquier otro fenómeno. Hasta este punto dado, y no más allá, se extiende la diferencia que la razón, o el conocimiento mediatizado por los conceptos, establece entre el querer humano y el del animal. Ahora bien, de ello puede inferirse otro fenómeno de la voluntad humana que resulta imposible para la animalidad, cuando el hombre abandona el conocimiento de las cosas singulares como tales, que se halla sometido al principio de razón, y por medio del conocimiento de las ideas ve a través del principio de individuación, posibilitándose entonces una real comparecencia de la libertad propia de la voluntad como cosa en sí, merced a los cual el fenómeno entra en esa cierta contradicción consigo mismo que designa la palabra autonegación, hasta suprimir finalmente el «en-sí» de su esencia; esta expresión específica e inmediatamente única de la libertad de la voluntad en sí, también en el fenómeno, todavía no puede ser claramente expuesta aquí, sino que será el objeto final de nuestro estudio.

Sin embargo, tras habernos quedado claro que el carácter empírico es invariable, al tratarse de un mero despliegue de ese carácter inteligible que mora fuera del tiempo, así como la necesidad con que se producen las acciones a partir de su coincidencia con los motivos, hemos de descartar una conclusión que se deja extraer muy fácilmente a favor de las reprobables inclinaciones. Dado que nuestro carácter es considerado como el despliegue temporal de un acto volitivo extratemporal, indivisible e inmutable, o de un carácter inteligible, | por medio del cual todo lo esencial, esto es, el contenido ético de nuestra conducta, está invariablemente determinado y conforme a ello ha de expresarse en su fenómeno, el carácter empírico, mientras que sólo lo inesencial de este fenómeno, la forma externa de nuestro curso vital, depende de las formas bajo las cuales se presentan los motivos, entonces podría concluirse que sería ocioso trabajar por una mejora de su carácter u oponerse al imperio de las malas inclinaciones, resultando más conveniente someterse a lo inevitable y mostrarse condescendiente con esa inclinación por mala que fuera. Pero con esto sucede lo mismo que con la teoría del ineludible destino y la consecuencia derivada de ella, que se denomina «razón perezosa»[19] o en nuestros tiempos «fatalismo oriental», cuya cabal refutación, tal como debe de haber sido dada por Crisipo, la expone Cicerón en su libro *Sobre el destino* (XII, 28).

Si bien todo puede considerarse como irrevocablemente predeterminado por el destino, esto sólo es así en medio de la cadena causal. Por eso en ningún caso puede quedar determinado que tenga lugar un efecto sin su causa. Por lo tanto, el acontecimiento no está predeterminado sin más, sino en cuanto resultado de causas precedentes; así pues, no sólo el resultado, sino también la mediación que determina dicho desenlace, quedan decretados por el destino. De no darse la mediación, tampoco se dará el desenlace: ambos siempre tras la determinación del destino de la que nosotros no tenemos constancia sino posteriormente.

Tal y como los acontecimientos ocurren siempre con arreglo al destino, esto es, con arreglo a la infinita concatenación de causas, de igual manera nuestros actos siempre tendrán lugar conforme a nuestro carácter inteligible; pero, así como no conocemos de antemano el destino, también nos está vedada una comprensión a priori de nuestro carácter inteligible y sólo somos capaces de aprender algo sobre nosotros mismos o sobre los demás a posteriori, merced a la experiencia. Si el carácter inteligible conlleva que sólo puedo adop-

---

19. Así denominaban los griegos a la «razón» que declaraba inútil cualquier tipo de indagación y toda clase de resolución. Se haga lo que se haga, siempre acontecerá cuanto tiene que acontecer.

tar una buena resolución tras mantener previamente una larga lucha contra una mala inclinación, habrá de aguardarse a esta lucha previa. La reflexión sobre la inevitabilidad del carácter, sobre la fuente unitaria de la que manan todos nuestros actos, no debe inducirnos a anticipar la decisión del carácter a favor de uno u otro partido; en la decisión resultante veremos de qué índole somos, al reflejarnos en nuestros hechos cual en un espejo. De este modo se explica la satisfacción o la angustia con las que contemplamos retrospectivamente el camino de la vida ya transitado: ambas no se deben a que nuestros hechos pasados subsistan todavía; éstos han pasado, fueron y ya no son; pero su enorme importancia para nosotros proviene de su significado, se debe a que estos hechos son la impronta de nuestro carácter, el espejo de la voluntad donde contemplamos nuestro yo más íntimo y reconocemos el núcleo de nuestra voluntad. Así pues, como esto no lo experimentamos de antemano, sino sólo después, en ese ínterin, nos compete afanarnos y luchar para que la imagen resultante, que trazamos mediante nuestros actos, sea de tal modo que su contemplación nos tranquilice lo más posible, en lugar de inquietarnos. Pero el significado de esa tranquilidad o inquietud será indagado más adelante, como ya se ha dicho. En cambio, aquí resulta pertinente la siguiente consideración.

Junto al carácter inteligible y al empírico hay todavía un tercer carácter distinto de los dos citados, el *carácter adquirido,* que sólo se obtiene a lo largo de la vida merced al uso del mundo y es del que se habla cuando alguien es elogiado como un hombre que tiene carácter o es censurado como un hombre sin carácter. Ciertamente, podría pensarse que, como el carácter empírico es invariable en cuanto fenómeno del inteligible y cada fenómeno natural es consecuente de suyo, también el hombre habría de manifestarse siempre idéntico y consecuente consigo mismo, con lo cual no sería necesario adquirir artificialmente un carácter por medio de la experiencia y la reflexión. Pero no es así, y, por más que uno sea siempre el mismo, sin embargo no se comprende a sí mismo en todo momento, sino que con frecuencia se desconoce hasta haber adquirido en cierto grado el auténtico autoconocimiento. Como mero instinto natural el carácter empírico es irracional en sí; por añadidura, sus expresiones se ven perturbadas por la razón y, ciertamente, tanto más cuanto mayor sea la reflexión y la capacidad de pensar del hombre. Pues éstas le presentan siempre lo que incumbe *al hombre en general,* | como carácter de la especie, todo aquello que al mismo le es posible querer y efectuar. Esto le complica la comprensión en aquello que, entre todo eso, es lo único que quiere y lo único de cuanto es capaz en virtud de su individualidad. Dentro de sí encuentra las disposiciones para todas esas aspiraciones y fuerzas humanas tan diversas, pero el distinto grado de las mismas en su individualidad no se le clarifica sin la experiencia: y cuando secunda los afanes más ajustados a su carácter, sin embargo siente, especialmente en ciertos momentos y disposiciones de ánimo, la incitación a los afanes justamente opuestos e incompatibles con ellos, los cuales han de ser reprimidos, si quiere perseguir sin reservas los primeros. Pues, al igual que nuestro itinerario físico sobre la tierra sólo es siempre una línea, y no un plano, en el sendero de la vida, cuando queremos asir y obtener algo, hemos de renunciar a innumerables alternativas que están a derecha e izquierda. Podemos no decidirnos a ello y toquetear todo lo que nos atrae fugazmente, como los niños en la feria; este absurdo afán equivale a transformar en un plano la línea de nuestro camino, y entonces corremos en zigzag, de un lado a otro tras los fuegos fatuos, sin conseguir nada. O, para utilizar otro símil, al igual que, según la doctrina del derecho de Hobbes, originariamente cada cual tiene un derecho a cada cosa, mas no un derecho privativo, éste puede alcanzarse sobre una cosa particular al renunciar a su derecho sobre todas las demás, a cambio de que los otros hagan otro tanto con lo elegido por él; justamente así es la vida, donde sólo podemos perseguir un determinado afán, ya se trate del goce, el honor, la riqueza, la ciencia, el arte, o la virtud, con ahínco y fortuna, cuando renunciamos a todas las aspiraciones ajenas al mismo, si desistimos de cualquier otro afán. Por eso ni el mero querer ni tampoco el mero poder en sí son suficientes, sino que un hombre también ha de *saber* lo que quiere y *saber* lo que puede; sólo así él mostrará carácter y sólo entonces puede llevar a cabo algo atinado. Hasta conseguirlo, al margen de la consecuencia natural del carácter empírico, será pese a todo un hombre sin carácter, y, aunque permanezca enteramente fiel a sí mismo y recorra su trayectoria, arrastrado por su *daimon,* no describirá una línea derecha, | sino una línea temblorosa y desigual que vacilará, se desviará y retrocederá, propendiendo al arrepentimiento y al dolor; todo esto porque ve ante sí las muchas cosas, grandes y pequeñas, que son posibles y alcanzables por parte del hombre, pero todavía no sabe lo que de entre todo ello le conviene y es realizable por él, o incluso lo único que él puede disfrutar. Por eso envidiará a muchos por una posición y unas condiciones que sólo resultan adecuadas para el carácter de éstos, mas no para el suyo, y en las que él se sentiría desdichado y que no podría soportar ni por un momento. Pues, al igual que al pez sólo le va bien dentro del agua, al pájaro en el aire y al topo bajo tierra, así al hombre sólo le va bien en la atmósfera que le es adecuada; el aire de la corte, por ejemplo, no resulta respirable para cualquiera. Al no comprender bien todo esto, más de uno realiza intentos fallidos, violentando su carácter en algo concreto y teniendo que ceder a él en conjunto; y lo que consiga tan penosamente, contra su naturaleza, no le reportará goce alguno; lo así aprendido será letra muerta; y desde una pers-

359

pectiva ética, una acción demasiado noble para su carácter, que no haya nacido de un impulso puro e inmediato, sino de un concepto o un dogma, perderá todo mérito, incluso ante sus propios ojos, merced al consiguiente arrepentimiento egoísta. *El querer no se aprende.* Así como sólo nos percatamos de la inflexibilidad del carácter ajeno gracias a la experiencia y hasta ese momento creemos puerilmente que, por medio de sensatas advertencias, a través de ruegos o súplicas, mediante ejemplos y magnanimidad, podemos conseguir que alguien abandone su forma de ser, modifique su modo de obrar, renuncie a su manera de pensar o acreciente sus aptitudes, otro tanto ocurre con nosotros mismos. Sólo a partir de la experiencia hemos de aprender lo que queremos y lo que podemos: hasta entonces no lo sabemos, carecemos de carácter y con frecuencia tenemos que ser devueltos a nuestro propio camino por las rudas adversidades externas. Sin embargo, una vez que lo hemos aprendido, obtenemos lo que en el mundo se llama «carácter», el *carácter adquirido.* Éste no es otra cosa que el conocimiento más perfecto posible de la propia individualidad; se trata de un saber abstracto y claro acerca de las propiedades inalterables de su propio carácter empírico, | así como de la proporción y orientación de sus propias fuerzas corporales y espirituales, en una palabra, de la fortaleza y las debilidades de la propia individualidad. Esto nos coloca en situación de ejecutar reflexiva y metódicamente el rol –inmodificable de suyo– de la propia persona, que veníamos ejecutando de un modo naturalizado e irregular, rellenando mediante la guía de conceptos firmes las lagunas que ocasionaban los caprichos y las flaquezas. Ahora cobramos clara consciencia de que el modo de obrar es necesario por nuestra naturaleza individual y esto nos lleva a máximas según las cuales lo llevamos a cabo tan reflexivamente como si fuera un modo de obrar aprendido, sin dejarnos confundir por el efímero influjo de la momentánea disposición del ánimo o la impresión del presente, sin detenernos jamás ante el amargor o la dulzura de una menudencia con la que topamos en el camino, sin titubeos ni vacilaciones, sin inconsecuencias. Dejaremos de aguardar como novatos, tanteando o andando a tientas, para ver lo que propiamente queremos y aquello de lo que somos capaces; sino que lo sabemos de una vez por todas, ante cualquier opción sólo hemos de aplicar principios universales a casos concretos para adoptar una decisión. Conocemos genéricamente nuestra voluntad y no nos dejamos inducir por la disposición de ánimo o un requerimiento externo, adoptando una resolución concreta que se oponga globalmente a la voluntad. Al conocer la índole y la medida de nuestras fuerzas y nuestras flaquezas, nos ahorraremos muchos disgustos. Pues en realidad no hay goce alguno al margen del uso y disfrute de las propias fuerzas, y no hay mayor dolor que percibir la falta de dichas fuerzas allí donde se las precisa. Al indagar dónde se hallan nuestra fortaleza y nuestras flaquezas, cultivaremos nuestras disposiciones naturales más sobresalientes, intentando rentabilizarlas de todos los modos posibles, para aplicarlas allí donde sirvan y valgan más; gracias al autodominio eludiremos aquellos afanes para los que por naturaleza tenemos escasas disposiciones y desistiremos de intentar aquello que no se nos da bien. Sólo quien logra esto será continuamente él mismo por completo con plena reflexión y nunca se dejará en la estacada por sí mismo, al saber siempre lo que puede exigirse a sí mismo. Por consiguiente, a menudo | le invadirá la alegría de sentir su fortaleza y raramente padecerá el dolor de recordar sus debilidades, siendo esto último la humillación que quizá nos causa la mayor de las aflicciones: por eso uno puede soportar mucho mejor el reparar en su infortunio que en su torpeza. Así pues, al estar perfectamente familiarizados con nuestra fortaleza y nuestras debilidades, tampoco intentaremos mostrar fuerzas que no tenemos, no jugaremos con moneda falsa, dado que tales fingimientos acaban por malograr su objetivo. Pues, como el hombre no es por entero sino la mera manifestación de su voluntad, no cabe mayor despropósito que dejarse llevar por la reflexión de querer ser algo distinto a lo que uno es, pues con ello se pone a la voluntad en franca contradicción consigo misma. El remedo de las cualidades y peculiaridades de otros es mucho más infame que ataviarse con prendas ajenas, pues equivale a que uno mismo emita el juicio sobre la propia carencia de valor. Conocer su propia intención y sus aptitudes de todo tipo, así como las inevitables limitaciones de éstas, es en este sentido el camino más seguro para conseguir el mayor contento posible consigo mismo. Pues de nuestras circunstancias internas vale lo mismo que de las externas, a saber, que no hay para nosotros ningún consuelo más eficaz que la plena certeza de una necesidad irrevocable. Una desgracia que nos asola no nos atormenta tanto como el pensar en las circunstancias bajo las cuales hubiéramos podido evitarla; por eso nada nos tranquiliza con más eficacia que ver lo sucedido desde el punto de vista de la necesidad, una perspectiva desde la cual todos los azares se presentan como instrumentos de un destino que nos gobierna, con lo cual reconocemos la desgracia como inevitablemente acarreada por el conflicto de las circunstancias internas y externas, o sea, el fatalismo. Estrictamente sólo gemimos y nos enfurecemos mientras esperamos incidir con ello en los demás o incitarnos a nosotros mismos, para acometer un inusitado empeño. Pero los niños y los adultos saben contentarse muy bien tan pronto como comprueban que la cosa ya no tiene remedio: «Y dobleguemos, como es fuerza hacer, el ánimo en el pecho»[20]. | Nos asemejamos a elefantes cautivos, que durante muchos días force-

---

20. Cfr. Homero, *Ilíada* XVIII, 113.

jean enfurecidos, hasta ver que eso es inútil, y entonces doblan de repente la cerviz ofreciéndola al yugo, quedando domados para siempre. Somos como el rey David, que asedió constantemente a Jehová con sus súplicas y se libró a la desesperación, mientras su hijo aún vivía, pero dejó de pensar en él tan pronto como hubo muerto. A ello se debe que innumerables males permanentes, como el atrofiamiento, la pobreza, la posición inferior, la fealdad, el alojamiento deficitario, sean sobrellevados por muchos con total indiferencia e incluso hayan dejado de sentirlos como tales, al igual que ocurre con las heridas cicatrizadas, sencillamente porque saben que las circunstancias internas o externas no permiten modificar esa situación, mientras que los más afortunados no comprenden cómo pueden soportarlo. Al igual que sucede con la necesidad externa, nada reconcilia tan firmemente con la necesidad interna como un conocimiento claro de la misma. Una vez que hemos conocido claramente de una vez por todas nuestras buenas cualidades y puntos fuertes, así como nuestros defectos y debilidades, si acomodamos a ellas nuestros objetivos y nos damos por contentos con respecto a lo inasequible, nos sustraeremos con ello, tanto como lo permite nuestra individualidad, al más amargo de todos los sufrimientos, el descontento con uno mismo, el cual es la inevitable consecuencia del desconocimiento de la propia individualidad, de la falsa arrogancia y de la temeridad a que da lugar ésta. Al amargo capítulo del encarecido autoconocimiento se aplican estos magníficos versos de Ovidio: «Conquistarse a uno mismo es cortar las cadenas que nos atormentan el corazón y acabar así con el dolor»[21]. Todo lo dicho sobre el *carácter adquirido,* que ciertamente no tiene tanta importancia para la ética en sentido estricto como para la vida mundana, se debe a que tenía que ser presentado como

---

21. Cfr. Ovidio, *Remedios de amor,* 293.

un tercer tipo de carácter, junto al carácter inteligible y al carácter empírico, a lo que ahora hemos de consagrar un examen específico, para dejar claro cómo la voluntad está sometida a la necesidad en todos sus fenómenos, mientras que pese a ello puede ser considerada libre en sí misma e incluso omnipotente. |

§ 56.

Esta libertad, esta omnipotencia, cuya manifestación y reflejo es todo el mundo visible, su fenómeno, existe y se desarrolla conforme a las leyes que conlleva la forma del conocimiento, mas puede también manifestarse de nuevo, y ciertamente lo hace, allí donde la voluntad ha alcanzado en su fenómeno más consumado el conocimiento perfectamente adecuado de su propia esencia; aquí la voluntad, en la cima de la reflexión y de la autoconsciencia, o bien quiere lo mismo que quería ciega y sin conocerse a sí misma, con lo cual el conocimiento, tanto en lo concreto como en el conjunto, sigue siendo para ella *motivo;* o también a la inversa, este conocimiento se vuelve un *aquietador,* que apacigua y suprime todo querer. Esto ya quedó establecido más arriba en la universal afirmación y negación de la voluntad de vivir, que con respecto a la conducta del individuo genérico no modifica ni perturba el desarrollo del carácter, ni halla su expresión en las acciones singulares, sino que, o bien por el siempre vigoroso énfasis de todo el modo de obrar actual, o bien al revés, por la supresión del mismo, expresa vivamente la máxima que, según el conocimiento alcanzado, la voluntad ha asumido libremente. El más claro desarrollo de todo esto, que constituye el objeto principal de este último libro, ya nos ha sido parcialmente facilitado y preparado ahora por las insertadas consideraciones sobre la libertad, la necesidad y el carácter; pero ese desarrollo todavía se aclarará más demorándolo de nuevo, tras retomar primero nuestra consideración sobre la vida misma, cuyo querer o no querer es la gran cuestión sobre la que nos centraremos, intentando conocer en general lo que será propiamente por su afirmación de la voluntad misma, que es por doquier la esencia íntima de esta vida, de qué modo y cuán lejos le satisface esto, si es que puede satisfacerle; en suma, veremos lo universal y lo esencial de la voluntad, así como su estado en este mundo suyo que le pertenece bajo cualquier respecto.

En primer lugar, querría que se recordase aquella consideración | con la cual cerrábamos el segundo libro, ocasionada por el planteamiento de la cuestión relativa al objetivo y al fin de la voluntad; al responder a esa pregunta, vimos cómo la voluntad, en todos los niveles de su manifestación, desde el más bajo hasta el más alto, carece por completo de un objetivo y un fin últimos, dado que anhela siempre, porque el anhelo es su única esencia, para la cual ningún objetivo alcanzado constituye un final y que por eso no es susceptible de una satisfacción finita, sino que sólo puede verse detenida por alguna traba, pero en sí va hacia el infinito. Esto lo vimos en el más simple de todos los fenómenos naturales, el de la gravedad, que no cesa de tender hacia un punto inextenso, cuyo logro sería su aniquilamiento y el de la materia, que no cesaría de oprimir; dicha tendencia no cesaría ni aun cuando el universo entero se hubiera condensado. Esto mismo cabe observarlo también en otros fenómenos naturales bien elementales; el estado sólido tiende hacia el estado líquido, ya sea por fusión o por disolución, puesto que sólo así quedan liberados sus elementos químicos; la rigidez es su prisión, en la que son retenidos por el frío. Los líquidos tienden hacia la vaporización, hacia la que transita el agua tan pronto como se ve liberada de toda presión. No hay ningún cuerpo sin analogía con la tendencia, el afán o el apetito, como diría Jakob Böhme. La electricidad propaga hasta el infinito su desdoblamiento interno, si bien la masa del globo terrestre absorbe tal efecto. El galvanismo es asimismo, mientras la pila se mantiene activa, un estéril e incesantemente renovado acto de desdoblamiento y reconciliación. Igualmente la existencia de la planta es una incesante tendencia, nunca satisfecha, hacia formas ascendentes cada vez más elevadas que culmina en un punto final, la semilla, que se convierte de nuevo en el punto inicial; esto se repite hasta el infinito, sin que haya en parte alguna un objetivo, una satisfacción final, un punto de reposo. Al mismo tiempo recordaremos por el segundo libro que por doquier las múltiples fuerzas naturales y las formas orgánicas se disputan mutuamente la materia en donde quieren sobresalir, ya que cada cual sólo posee lo que le ha arrebatado a la otra, sosteniéndose así una continua lucha por la vida y la muerte, lucha de la que procede principalmente la resistencia merced a la cual se ve contrarrestada por doquier aquella tendencia | constitutiva de la esencia más íntima de cada cosa, tendencia que presiona inútilmente, sin poder zafarse de su esencia, atormentándose hasta que desaparece este fenómeno, donde entonces otros apresan ávidamente su sitio y su materia.

Esta tendencia, que constituye el núcleo y el «en sí» de cada cosa, la venimos identificando con aquello que se manifiesta en nosotros del modo más claro bajo la luz de la plena consciencia y se llama *voluntad*. Su represión mediante un obstáculo, que se alza entre ella y su objetivo provisional, la damos en llamar *sufrimiento* y, por el contrario, la consecución del objetivo recibe el nombre de *satisfacción,* bienestar o dicha. Estas denominaciones pueden transferirse también a los fenómenos del mundo inconsciente, los cuales son más débiles según el grado, pero idénticos conforme a la esencia. Entonces vemos a estos fenómenos sumidos en un sufrimiento continuo y sin una dicha estable. Pues toda tendencia, al nacer de una carencia, de un descontento con su estado, supone sufrimiento, en tanto que no se vea satisfecho dicho anhelo; sin embargo, ninguna satisfacción es duradera, suponiendo más bien tan sólo el punto inicial de una nueva tendencia. Esta tendencia la vemos obstaculizada y combatida por doquier de múltiples maneras, por lo tanto siempre como sufrimiento: al no darse ningún objetivo final de la tendencia, no hay tampoco medida ni término del sufrimiento.

Pero esto, que sólo descubrimos con gran esfuerzo y atención en la naturaleza inconsciente, nos salta a la vista en la naturaleza consciente, en la vida de la animalidad, cuyo continuo sufrimiento es fácil de constatar. Pero, sin detenernos en este escalón intermedio, queremos dirigirnos allí donde, iluminado por el más lúcido conocimiento, todo se resalta con más claridad: la vida del hombre. Pues, cuanto más perfecta es la manifestación de la voluntad, tanto más evidente se hace el sufrimiento. En las plantas no hay ninguna sensibilidad, ni por ende dolor alguno; un cierto grado muy ínfimo de ambos se da en los animales más inferiores, los infusorios y los radiados, e incluso en los insectos la capacidad de sentir y de sufrir es muy limitada; sólo con el sistema nervioso de los vertebrados alcanza esa capacidad un grado más alto, y éste se va elevando cuanto más se desarrolla la inteligencia. En igual medida, cuando el conocimiento gana en claridad y se incrementa la consciencia, también aumenta la angustia, que por consiguiente | alcanza su grado más alto en el hombre y a su vez sigue aumentando cuanto mayor sea la perspicacia e inteligencia de éste; por eso el genio es quien más sufre. En este sentido, es decir, en relación con el grado del conocimiento en general, no con respecto al mero saber abstracto, entiendo y utilizo aquí esta sentencia del *Coheleth:* «Quien aumenta la sabiduría aumenta con ello el sufrimiento»[22]. Esta precisa relación entre el grado de la consciencia queda expresada mediante una representación intuitiva y tan evidente como hermosa en un dibujo de ese pintor filosófico o filósofo pictórico que es Tischbein. La mitad superior de su dibujo representa a unas mujeres a quienes les han arrebatado los hijos y que, agrupadas de distintas maneras y en diferentes actitudes, expresan profundo dolor, la angustia y la desesperación maternales en toda su diversidad, mientras la parte inferior del dibujo muestra en una agrupación similar varias ovejas a las que se ha despojado de sus crías; cada cabeza y posición humanas del dibujo superior cuenta con un análogo animal en el inferior, haciendo ver claramente cómo se comporta el dolor en la roma consciencia del animal con respecto al intenso tormento que sólo queda posibilitado por la diafanidad del conocimiento, por la claridad de la consciencia.

Por eso queremos examinar el destino interno y esencial de la voluntad en la *existencia humana*. Cualquiera podrá redescubrir en la vida del animal algo similar, sólo que expresado en diversos grados más atenuados, y también en la animalidad que sufre podrá convencerse de cuán consustancial le es el *sufrimiento a toda vida*.

§ 57.

En cada nivel que ilumina el conocimiento la voluntad se manifiesta como individuo. En medio del espacio infinito y del tiempo infinito, el individuo humano se halla, en cuanto

---

22. Cfr. Eclesiastés I, 18. En vez de utilizar su nombre griego, *eclesiastés*, que significa «predicador», Schopenhauer alude a este libro de las Sagradas Escrituras con el nombre que le dan los hebreos, a saber: *cohéleth*, que quiere decir «predicadora» y se refiere a la sabiduría divina. Cfr. Spinoza, *Ética* IV, prop. 17, escolio.

algo finito, como una partícula microscópica arrojada en esa inmensidad, a causa de la cual su existencia sólo es un *cuándo* y un *dónde* relativos, nunca absolutos: pues su lugar y su duración son partes finitas de una | infinitud sin límites. 367 Su propia existencia está confinada en ese presente cuya libre fuga hacia el pasado es un constante tránsito hacia la muerte, un continuo morir, ya que su vida pasada, dejando a un lado sus eventuales consecuencias para el presente y el testimonio sobre su voluntad que está impreso allí, ya está enteramente acabada y muerta, no es nada; de ahí que sensatamente ha de serle indiferente si el contenido de ese pasado fueron tormentos o goces. Pero el presente se le escapa constantemente de entre las manos para convertirse en pasado, mientras el futuro es totalmente incierto y siempre breve. Así su existencia, considerada únicamente desde una perspectiva formal, es una continua precipitación del presente hacia el difunto pasado, un continuo morir. Sin embargo, si la vemos también desde una perspectiva física, resulta obvio que, tal como nuestro caminar es una caída continuamente detenida, la vida de nuestro cuerpo sólo es un morir permanentemente detenido, una muerte continuamente demorada; e igualmente la actividad de nuestro espíritu es un aburrimiento permanentemente diferido. Cada vez que respiramos ahuyentamos una muerte que nos acecha constantemente y con la que luchamos de ese modo a cada segundo, al igual que, con mayores intervalos, cada vez que comemos, dormimos o nos calentamos. Finalmente la muerte ha de vencer: pues estamos relegados a ella por el nacimiento y ella sólo juega un rato con su víctima antes de devorarla. Mientras tanto proseguimos nuestra vida con gran interés y mucha solicitud, tanto tiempo como sea posible, al igual que hinchamos tanto como podemos una pompa de jabón, aun cuando tengamos la firme certeza de que acabará por estallar.

Ya vimos en la naturaleza inconsciente que su esencia íntima es una continua tendencia sin objetivo ni descanso algunos, siendo esto algo que apreciamos todavía con mucha más claridad cuando examinamos a los animales y al ser humano. Todo su ser se cifra en un querer y ambicionar comparables a una sed insaciable. Pero la base de todo querer es la menesterosidad, la carencia, o sea, el dolor al que está relegado originariamente y merced a su esencia. En cambio, si le faltan objetos del querer, cuando una satisfacción excesiva le priva de ellos, entonces le invade un pavoroso vacío y un | atroz aburrimiento: su propio ser y su misma existencia se convierten para él en una carga insoportable. Su vida oscila, como un péndulo, entre el dolor y el aburrimiento, que de hecho constituyen en definitiva sus dos componentes. Esto se ha visto expresado de una curiosa manera, dado que el hombre ubica en el infierno todos los sufrimientos y tormentos, no reservando para el cielo nada más que el aburrimiento.

Pero el constante anhelar, que constituye la esencia de todo fenómeno de la voluntad, sólo alcanza en los niveles superiores de objetivación su primer y más universal fundamento, manifestándose aquí la voluntad como un cuerpo vivo sujeto al férreo mandato de alimentarse; y lo que da fuerza a este mandato es el hecho de que ese cuerpo no sea otra cosa que la propia voluntad de vivir objetivada. El hombre, como la más perfecta objetivación de esa voluntad, también es conforme a ello el más menesteroso de entre todos los seres; el hombre es un concreto querer y necesitar, una concreción de mil necesidades. Con estas necesidades el hombre se halla en el mundo abandonado a sí mismo, con plena incertidumbre sobre todo, salvo sobre su menesterosidad e indigencia; los cuidados para conservar su existencia son tan arduos y se reciclan tanto cada día que, por lo regular, acaban por absorber toda la vida de los hombres.

A los cuidados por el sustento se añadirá en seguida una segunda exigencia, la de la propagación de la especie. Al mismo tiempo le asedian por todas partes variados peligros, y para evitarlos precisa de una continua vigilancia. El hombre sigue su camino con paso cauteloso y mirando temerosamente a su alrededor: pues le acechan miles de contingencias y de enemigos. Así caminaba en el estado salvaje y así camina en la vida civilizada, sin que exista para él ninguna seguridad: «¡En medio de qué tinieblas y de cuántos peligros se pasa esta vida que nos ha sido acordada!»[23].

La vida de la mayoría se reduce a una continua lucha por la propia existencia, con la certeza de que es una lucha que acabará por perderse. Pero lo que le hace al hombre perseverar en esta ardua lucha no es tanto el amor por la vida como el temor ante la muerte, que pese a todo se oculta tras las bambalinas y puede entrar en escena en cualquier momento. La vida misma se asemeja a un mar plagado de arrecifes y torbellinos, que el hombre esquiva con la mayor cautela y cuidado, aunque sabe que, aun cuando logre atravesarlo con todo empeño y arte, a cada paso se aproxima al inevitable e irremediable naufragio, ya que su rumbo va derecho hacia... la muerte: éste es el destino final de tan penosa travesía y para él es peor que todos los escollos que sorteó.

Sin embargo, también resulta muy digno de tener en cuenta que, por una parte, los sufrimientos y las penalidades de la vida pueden aumentar con facilidad, de modo que la propia muerte se vuelve deseable y uno corre voluntariamente hacia ella, en el marco de la huida en que consiste toda la vida; y, por otra parte, tampoco deja de ser digno de atención que, tan pronto como la necesidad y el sufrimiento conceden una tregua al hombre, comparece el aburrimien-

---

23. Cfr. Lucrecio, *De la naturaleza de las cosas* II, 15-16.

to y se hacen necesarias las diversiones. Lo que ocupa y mantiene en movimiento a todo ser vivo es la tendencia a existir. Pero una vez que la existencia está asegurada, no saben qué hacer con ella; por eso lo segundo que les pone en movimiento es la tendencia a librarse de la existencia y hacerla imperceptible, «matar el tiempo», esto es, escapar del aburrimiento. Con arreglo a ello vemos que casi todos los hombres, al verse a salvo de la perentoriedad y las preocupaciones, en cuanto se han liberado finalmente de toda otra carga, son ahora una carga para sí mismos y cada hora malgastada es tenida por una auténtica victoria, así como cualquier abreviación de aquella misma vida hacia cuya máxima prolongación venía aplicando hasta el momento todas sus fuerzas. Pero el aburrimiento no es un mal insignificante que consienta verse menospreciado y acaba por dejar en el rostro la huella de una verdadera desesperación. El aburrimiento hace que unos que se quieren tan poco mutuamente, como los hombres, se busquen pese a ello mutuamente y se convierte con ello en la fuente de la sociabilidad. Incluso la prudencia política adopta contra el aburrimiento precauciones públicas parecidas a las tomadas en contra de otras calamidades genéricas, ya que este mal puede impulsar al hombre hacia los mayores desenfrenos, tan bien como su extremo contrapuesto: el hambre; «pan y circo»[24]. El sistema penitenciario de Filadelfia convierte al aburrimiento, | por medio de la soledad y la inactividad, en un instrumento del castigo, y es tan temible que ya ha llevado al suicidio a más de un penado. Así como la necesidad es el látigo que fustiga constantemente al pueblo, el aburrimiento hace lo propio con los privilegiados. En la vida burguesa el aburrimiento está representado por el domingo, al igual que la necesidad por los seis días laborables.

24. Cfr. Juvenal, *Sátiras* 18, 80-81.

Toda vida humana fluye entre el querer y el conseguir. El deseo supone dolor, conforme a su naturaleza; el logro alumbra de inmediato a la saciedad. El objetivo sólo era aparente; la posesión aniquila el estímulo. El deseo se presenta bajo una nueva forma y reaparece la necesidad; y cuando no ocurre así, hace acto de presencia la tristeza, el vacío y el aburrimiento, contra los que la lucha resulta tan penosa como contra la necesidad. El lapso de tiempo que media entre el deseo y la satisfacción no ha de ser ni demasiado largo ni demasiado corto, ya que, reduciéndose así al mínimo el sufrimiento que ambos acarrean, se procura un transcurso vital más dichoso. Pues aquello que cabe calificar como la parte más hermosa, la alegría más pura de la vida, sólo porque nos saca de la existencia real y nos convierte en espectadores desinteresados de la misma, o sea, el puro conocer que permanece ajeno a todo querer, el disfrute de lo bello, las delicias del arte, al exigir todo ello raras disposiciones, sólo se concede a una escasa minoría e incluso a estos pocos les parece un efímero sueño; además, esa fuerza intelectual superior hace que estos pocos sean más susceptibles a múltiples sufrimientos mucho mayores de los que pueden experimentar quienes son más torpes y por añadidura los hace solitarios entre seres visiblemente distintos a ellos; con lo cual también esto se compensa. Pero a la inmensa mayoría de los hombres les resultan inaccesibles los puros goces intelectuales; casi son totalmente incapaces de disfrutar del placer que subyace al conocimiento puro: se hallan totalmente entregados al querer. De ahí que si algo es de su agrado, debe resultarles *interesante,* tiene que (esto también está ya implícito en el significado de la palabra) incitar de algún modo su *voluntad,* aun cuando sólo lo haga de forma remota y la relación no estribe sino en una mera posibilidad; mas la voluntad no debe quedar nunca totalmente fuera del juego, porque su existencia consiste más en el querer que en el conocer: la acción y la reacción constituyen su único elemento. Las ingenuas exteriorizaciones de esta condición suya | las puede uno tomar de fenómenos cotidianos insignificantes: así, por ejemplo, escriben su nombre en los lugares que visitan, para reaccionar y actuar sobre el lugar que no actúa sobre ellos; además no pueden limitarse a observar un animal raro y exótico, sino que han de hostigarlo y jugar con él, para experimentar la sensación de acción y reacción; pero esa necesidad de incitar a la voluntad se muestra especialmente en la invención y el mantenimiento del juego de cartas, que es la expresión del lado más deplorable de la humanidad.

Pero sea cual sea la naturaleza y la dicha que le hayan tocado a uno, al margen de lo que uno sea y posea, no le cabe librarse del dolor consustancial a la vida: «El hijo de Peleo se lamentó, con la mirada puesta sobre el vasto cielo»[25]. Y de nuevo: «Aunque yo era hijo de Zeus, hijo de Cronos, me cupo una carga de infinito pesar»[26]. Los incesantes esfuerzos por desterrar el sufrimiento no logran más que cambiar su forma. Originariamente el sufrimiento es carencia, menesterosidad, preocupación por el mantenimiento de la vida. Si uno es tan afortunado como para desbancar al dolor bajo esta forma, lo que es muy difícil de mantener, a renglón seguido el dolor cobra otras mil formas, transformándose, conforme a la edad y las circunstancias, en instinto sexual, pasiones amorosas, celos, envidia, odio, angustia, ambición, avaricia, enfermedad, etc. Si finalmente no puede tener entrada bajo ninguna otra forma, el dolor comparece con el triste y gris ropaje del hastío y el aburrimiento, que se intenta contrarrestar de tan diversas maneras. En cuanto se logre ahuyentar el aburrimiento, difícil será que

---

25. Cfr. Homero, *Ilíada* XXI, 272.
26. Cfr. Homero, *Odisea* XI, 620-621.

el dolor no adopte de nuevo alguna de las formas precedentes para recomenzar su baile desde un principio; pues toda vida humana es arrojada de un lado al otro entre el dolor y el aburrimiento. Por muy desalentadoras que resulten estas consideraciones, no quiero dejar de llamar la atención sobre uno de sus aspectos, del que caber derivar algún consuelo y | tal vez alcanzar una estoica indiferencia ante el propio mal presente. Pues nuestra impaciencia a ese respecto se debe, en gran parte, a que lo veamos como algo azaroso, es decir, como algo acarreado por una cadena de causas que fácilmente podría ser otra. Pues no nos dejamos afligir por los males que nos parecen inexorables y totalmente generalizados, como es el caso de la necesidad del envejecimiento y la muerte o de muchas incomodidades cotidianas. Antes bien, la consideración del carácter fortuito de las circunstancias que nos llevaron directamente a un sufrimiento es lo que cubre a éste de espinas. Sin embargo, cuando hemos reconocido que el dolor como tal resulta consustancial a la vida y es inevitable, así como que lo único dependiente del azar es la forma bajo la cual se presenta, si reconocemos que nuestro sufrimiento presente llena un lugar en donde, de no estar éste, vendría a ubicarse algún otro que ahora se ve excluido por él, y que conforme a ello, en lo esencial, poco es lo que puede arrebatarnos el destino; semejante reflexión, de llegar a convertirse en una viva convicción, podría conllevar una significativa dosis de estoica serenidad y amortiguar la angustiosa inquietud por el propio provecho. Pero de hecho un dominio tan poderoso de la razón sobre el sufrimiento inmediatamente no cabe encontrarlo sino raras veces o nunca.

Por lo demás, mediante esa consideración sobre la inevitabilidad del dolor, la suplantación de uno por otro y que el nuevo sea arrastrado por la salida del precedente, uno puede verse conducido a la hipótesis paradójica, pero no absurda, de que la medida de dolor consustancial al individuo estaría determinada de una vez para siempre por su naturaleza, siendo así que esta medida no podría ni permanecer vacía ni desbordarse, por mucho que pueda cambiar la forma del dolor. Con arreglo a ello su sufrimiento o bienestar no estaría determinado desde fuera, sino sólo por esa medida, esa disposición, que ciertamente por el estado físico podría experimentar alguna merma o incremento en distintas épocas, pero que en conjunto permanecería la misma y no sería otra cosa que lo que uno llama su temperamento o, más exactamente, como dice Platón en el primer libro de la *República,* el grado de humor contentadizo o díscolo en que estuviera. | A favor de esta hipótesis no sólo habla la familiar experiencia de que un gran sufrimiento hace totalmente imperceptibles a todos los más pequeños y, a la inversa, la ausencia de un gran sufrimiento hace que las más pequeñas incomodidades nos atormenten y desazonen; sino que la experiencia también nos enseña que, cuando tiene lugar una gran desdicha cuyo mero pensamiento nos estremecía, pese a ello nuestra disposición anímica sigue siendo prácticamente la misma en términos generales, una vez que hemos resistido el dolor inicial; y también a la inversa, que, tras el advenimiento de una dicha largo tiempo añorada, en conjunto y de forma persistente no nos sentimos mucho mejor y más a gusto que antes. Sólo el instante en que se producen esos cambios nos conmueve con una potencia desacostumbrada como una profunda desolación o un intenso júbilo; pero ambos desaparecen pronto, dado que se sustentan en el engaño. Pues esa desolación y ese júbilo no se derivan del dolor o el goce actuales, sino sólo del comienzo de un futuro nuevo que se anticipa. Sólo por aquello que toman prestado del futuro pueden intensificarse tan anormalmente el dolor o la alegría y, por consiguiente, no pueden tener una gran duración. De acuerdo con la hipótesis establecida, al igual que en el conocer, también en el sentimiento del sufrimiento o del bienestar habría una parte muy grande que sería subjetiva y estaría determinada a priori; a favor de dicha hipótesis, podemos alegar todavía como pruebas las observaciones de que el alborozo o la tristeza no quedan visiblemente determinadas por las circunstancias externas, la riqueza o el estatus: cuando menos encontramos tantas caras alegres entre los pobres como entre los ricos; por otra parte, los motivos que desatan el suicidio son sumamente diversos: no podemos indicar ninguna desdicha que fuera lo suficientemente grande para inducir al suicidio a cualquier carácter con mucha probabilidad, mientras que otras lo han causado a pesar de ser comparativamente muy pequeñas. Conforme a este punto de vista, si el grado de nuestro contento o de nuestra tristeza no es el mismo en todo momento, no lo atribuiremos al cambio de nuestras circunstancias externas, sino al estado interno, a la situación física. Pues cuando, aunque siempre sólo temporalmente, se incrementa nuestro contento hasta convertirse incluso en una alegría desbordante, no suelen hallarse motivos externos para ello. Ciertamente, a menudo vemos que nuestro dolor sólo | proviene de una determinada relación externa y sólo por ella estamos visiblemente agobiados o afligidos: entonces creemos que con sólo suprimir dicha causa externa tendría lugar la mayor satisfacción; pero ése es el engaño. Según nuestra hipótesis, la medida de nuestro dolor y bienestar en su conjunto está subjetivamente determinada para cada momento, y con respecto a ella ese motivo externo de aflicción sólo es lo que para el cuerpo un vejigatorio, que atrae hacia sí los malos humores de otro modo esparcidos. Sin esa determinada causa externa del sufrimiento, el dolor asignado a nuestro ser para ese período estaría esparcido en cien puntos y aparecería bajo la forma de cien pequeñas contrariedades o antojos sobre las cosas, que ahora obviamos por completo, porque nuestra capacidad para el dolor ya está colmada por ese mal principal, el cual ha concentrado en un punto todos los sufrimientos dispersos. A esto le corresponde también la observación de que, cuando una inquietud que nos oprimía el corazón desaparece finalmente por un feliz desenlace, en seguida ocupa su lugar otra, cuyo material ya estaba ahí de antemano, mas no podía acceder como preocupación a la consciencia, porque ésta no tenía capacidad restante para ello, por lo cual ese material de preocupación estaba ubicado como una oscura e inadvertida forma nebulosa en las lindes más externas del horizonte de la consciencia. Pero ahora, una vez que se le ha dejado sitio, ese material comparece al instante y ocupa el trono de la inquietud dominante *(pritanía[27])* del día: aun cuando sea mucho más liviana que el material de la inquietud desaparecida, sabrá ahuecarse hasta aparentar un tamaño similar al de su precursora y llenar perfectamente el trono como inquietud principal del día.

La alegría desmedida y el dolor muy intenso sólo se suelen encontrar en la misma persona, ya que ambos se condicionan recíprocamente y también están condicionados por una gran vivacidad de espíritu. Como hemos visto, ambos son producidos no por el presente, sino por la anticipación del porvenir. Pero el dolor es consustancial a la vida y su grado también se ve determinado por la naturaleza del individuo: de ahí que los cambios repentinos, al ser siempre

---

27. Schopenhauer alude aquí a la *pritanía* («presidencia») rotatoria puesta en práctica por los atenienses tras las reformas políticas de Clístenes, en el 508 a. C. Cada una de las diez tribus recién constituidas elegían anualmente por sorteo a cincuenta personas para prestar servicio en el consejo. Cada uno de tales grupos actuaba como comisión ejecutiva durante una décima parte del año y sus miembros recibían el nombre de *prytaneis*. Cotidianamente se sorteaba entre los mismos quién oficiaría como «presidente» de las reuniones del día.

externos, no puedan modificar propiamente su grado; | al júbilo o al dolor desmedidos les subyace siempre como fundamento un error o una ilusión: por consiguiente, esas dos exaltaciones del ánimo se evitan mediante la perspicacia. Todo júbilo desmedido (exultación, insólita felicidad) descansa siempre en la ilusión de haber encontrado en la vida algo que no puede ser encontrado de ninguna manera en ella, cual es la perdurable satisfacción de los deseos o preocupaciones que nos atormentan y se reproducen sin cesar. Toda ilusión de este tipo ha de sernos indefectiblemente arrebatada más tarde, y entonces, cuando desaparece, pagamos con un amargo dolor la alegría que nos produjo su llegada. Cabe compararla con una cima de la que no se pudiera descender sino en picado y por ello debe eludirse; cualquier dolor desmedido y repentino sólo es la caída desde tal cima, la desaparición de tal ilusión, y de ahí que esté condicionado por ello. Por lo tanto, cabe evitar ambos excesos, con tal de que uno sea capaz de abarcar con su mirada el conjunto y la concatenación de las cosas, guardándose con firmeza de prestarles los vivos colores que nos gustaría que tuvieran. La ética estoica convertía en algo primordial el liberar al ánimo de esta clase de ilusiones, así como de sus secuelas, confiriéndole en su lugar una imperturbable serenidad; de este talante nos habla Horacio: «Guardar la calma ante la adversidad, manteniendo la cabeza fría, sin dejar de refrenar una desbordante alegría: he aquí la dicha»[28].

Pero la mayor parte de las veces nos resistimos, cual a un amargo medicamento, al conocimiento de que el sufrimiento es consustancial a la vida y de que éste no afluye a nosotros desde el exterior, sino que cada cual lleva en su propio interior la inagotable fuente del mismo. Más bien intentamos buscar continuamente, a modo de subterfugio, una

---

28. Cfr. Horacio, *Odas* II, 3.

causa externa singular de ese dolor que nunca nos abandona. Infatigablemente, vamos de deseo en deseo y, aun cuando la satisfacción alcanzada no nos satisfaga tanto como prometía, sino que la mayoría de las veces pronto se presente como un vergonzoso error, no nos damos cuenta de que nos las habemos con el tonel de las Danaides[29]; por el contrario corremos siempre hacia un nuevo deseo: «pues, mientras nos falta, el bien que deseamos nos parece superior a los demás; pero una vez conseguido, suspiramos por otro, y la misma sed de vida nos mantiene anhelantes»[30]. Así pues, o bien va hacia el infinito, o bien, lo que es más raro y presupone cierta fuerza de carácter, hasta encontrar un deseo que no puede cumplirse y al que no cabe renunciar: entonces tenemos en cierto modo lo que buscábamos, a saber, algo a lo que podemos inculpar en todo momento como la fuente de nuestro sufrimiento; de este modo, damos de alguna manera con lo que buscábamos, a saber, algo a lo que podemos inculpar en todo momento como fuente de nuestro pesar, en vez de inculpar a nuestro propio ser, con lo cual nos enemistamos con nuestro destino, pero quedamos reconciliados con nuestra existencia, al alejarse de nuevo el reconocimiento de que a esta existencia misma le es consustancial el sufrimiento y la auténtica satisfacción es imposible. La consecuencia de este proceso es una disposición de ánimo algo melancólica, que soporta constantemente un único gran dolor y menosprecia todos los sufrimientos o alegrías de menor magnitud: por consiguiente, una mani-

---

29. Nombre genérico de las cincuenta hijas de Dánao (hermano gemelo de Egipto) y que figuran entre las deidades acuáticas como ninfas de los manantiales de la Argólida. Suele representárselas intentando llenar de agua una vasija o un tonel agujereados. Este castigo les habría sido impuesto por Zeus en razón de haber dado muerte a sus esposos (que también eran sus primos) en la noche de bodas.
30. Cfr. Lucrecio, *De la naturaleza de las cosas* III, 1080-1083.

festación más digna que la continua cacería de nuevos espejismos, que es mucho más habitual.

§ 58.

Toda satisfacción, o lo que comúnmente se llama dicha, sólo es siempre estricta y esencialmente negativa y, por ende, nunca es positiva. La felicidad no es algo que nos ocurra originariamente y por sí mismo, sino que la satisfacción ha de serlo siempre de un deseo. Pues el deseo, esto es, la carencia, es la condición previa de cualquier goce. Pero con la satisfacción cesa el deseo y consiguientemente el goce. Por eso la satisfacción o la felicidad nunca puede ser más que la liberación de un dolor, de una necesidad: pues a ello pertenece no sólo todo sufrimiento real, sino también todo deseo, cuya inoportunidad perturba nuestro sosiego, e incluso también el mortal aburrimiento que convierte nuestra existencia en una carga. Mas es tan difícil alcanzar algo y salirse con la suya: a cada proyecto se contraponen dificultades y penalidades sin cuento, y a cada paso se acumulan | los obstáculos. Sin embargo, cuando finalmente se ha superado y conseguido todo, nunca puede haberse ganado otra cosa que verse libre de algún sufrimiento o de un deseo, o sea, volver a encontrarse igual que antes de su aparición. Lo único que siempre nos es dado inmediatamente es la carencia, esto es, el dolor. Pero a la liberación y al goce sólo podemos conocerlos indirectamente, al evocar el sufrimiento y la privación pasados, que cesaron con su entrada en escena. A ello se debe que no nos percatemos ni estimemos cabalmente aquellos bienes y ventajas que poseemos realmente, sino que pensemos que así ha de ser: pues sólo nos hacen felices negativamente. Sólo tras haberlas perdido nos volvemos sensibles a su valor: pues la carencia, la privación y el sufrimiento

377

son lo positivo, al anunciarse inmediatamente. Por eso también nos alegra el recuerdo de la necesidad, la enfermedad, la carencia u otras cosas por el estilo, una vez superadas, porque tal es el único medio de disfrutar de los bienes presentes. Tampoco cabe negar que a este respecto, y desde el punto de vista del egoísmo, que es la forma del querer vivir, el espectáculo o la descripción de los sufrimientos ajenos nos proporciona satisfacción y goce por el mismo camino que así lo hace la evocación del sufrimiento propio. Lucrecio expresa esto bella y sinceramente al comienzo del segundo libro: «Es dulce, cuando sobre el vasto mar los vientos revuelven las olas, contemplar desde tierra el penoso trabajo de otro; no porque ver a uno sufrir nos dé placer y contento, sino porque es dulce considerar de qué males te eximes»[31]. No obstante, luego veremos que este tipo de alegría, mediatizada por el reconocimiento del propio bienestar, se halla muy próxima a la fuente de la auténtica maldad positiva.

Que toda dicha sólo es de naturaleza negativa, no positiva, que por ello no puede haber satisfacción ni felicidad duraderas, sino siempre sólo alivio de un dolor o una carencia, al que ha de seguir nuevo dolor o el abatimiento, o también una vana añoranza y el aburrimiento; todo esto encuentra asimismo una confirmación en ese fiel espejo de la esencia del mundo y de la vida que es el arte, especialmente en la poesía. Toda poesía épica o dramática sólo puede representar siempre una aspiración, un anhelo, una lucha por la felicidad, mas nunca la dicha | duradera y consumada. La poesía conduce a sus héroes a través de mil dificultades y peligros hasta el objetivo: tan pronto como lo alcanza, deja caer el telón. Pues ahora sólo queda por mostrar que aquel resplandeciente objetivo, en el que el héroe se figuraba hallar la dicha, le ha hecho llevarse un chasco y tras su conse-

---

31. Cfr. Lucrecio, *De la naturaleza de las cosas* II, 1.

cución no se encuentra mejor que antes. Porque, al no ser posible una dicha auténtica y duradera, ésta tampoco puede ser objeto del arte. Es cierto que el fin del idilio es propiamente la descripción de semejante dicha, pero también se ve que el idilio no puede mantenerse en cuanto tal. El poema bucólico siempre se convertirá, en manos del poeta, o bien en un poema épico, y entonces sólo es una epopeya sin mucho significado, compuesta por pequeños sufrimientos, pequeñas alegrías y pequeños anhelos, como es el caso más frecuente, o bien se convertirá en una mera poesía descriptiva, que describe la belleza de la naturaleza, esto es, propiamente el puro conocer avolitivo que es también de hecho la única felicidad pura, a la que no preceden ni el sufrimiento ni la necesidad y a la que tampoco le siguen necesariamente el arrepentimiento, el sufrimiento, el vacío y el hastío: sólo que semejante dicha no puede colmar la vida entera, sino un mero instante de la misma. Lo que vemos en la poesía lo encontramos a su vez en la música, en cuya melodía nosotros hemos reconocido expresada con un lenguaje universal la historia más íntima de la voluntad consciente de sí misma, la vida secreta, los anhelos, sufrimientos y alegrías, el flujo y el reflujo, del corazón humano. La melodía es siempre un distanciamiento del tono fundamental, a través de mil maravillosos laberintos, hasta la más ardiente disonancia, para reencontrar finalmente ese tema de fondo que expresa la satisfacción y el apaciguamiento de la voluntad, si bien nada se puede hacer después con ese tono fundamental, cuyo sostenimiento prolongado sólo sería una molesta e insípida monotonía correlativa del aburrimiento.

Todo cuanto debieran dejar claro estas consideraciones, la inalcanzabilidad de una satisfacción duradera y la negatividad de toda dicha, encuentra su explicación en lo que se mostraba como conclusión de la metafísica, a saber: que la voluntad, cuya objetivación es tanto la vida del hombre como cualquier fenómeno, es una tendencia sin objetivo ni final algunos. El sello de esta duración infinita lo encontramos también impreso en todas las partes del conjunto de su manifestación, | desde la forma más universal de ésta, el tiempo y el espacio infinitos, hasta el más consumado de todos los fenómenos, la vida y el anhelar del hombre. Teóricamente cabe admitir tres extremos de la vida humana y considerarlos como elementos de la vida efectiva del hombre. Primero, el querer impetuoso, las grandes pasiones *(Râdhâ-Guna[32])*. Aparece en los grandes caracteres históricos más notables; es descrito en la epopeya y en el drama, pero también se puede mostrar en esferas más modestas, ya que la magnitud del objeto no se mide aquí en función de sus relaciones externas, sino por el grado en que mueve a la voluntad. En segundo lugar, el puro conocer, la captación de las ideas, condiciona la liberación del conocimiento con respecto al servicio de la voluntad: la vida del genio *(Satwa-Guna[33])*. Y, por último, en tercer lugar, el mayor letargo de la voluntad y, por ende, del conocimiento vinculado a ella, una vana nostalgia: el anquilosamiento vital del aburrimiento *(Tama-Guna[34])*. La vida del individuo dista mucho de aferrarse a uno de estos extremos, que sólo roza raramente, y suele limitarse a mantener una fluctuante aproximación hacia este o aquel lado; es un mezquino querer pequeños objetos que se recicla continuamente

---

32. *Râdhâ* o *Râdhikâ* simboliza el amor femenino perfecto y, según otros, el alma humana en tensión por la consecución de una perfección ascética. Cuando se fue a vivir entre los pastores, Krisna se prendó de Radha y sus amoríos fueron cantados en el *Gitagovinda*. La palabra *Guna* significa en sánscrito «cualidad».
33. *Satwa* es la cualidad de *Sat*, el más noble de los tres *guna*, que corresponde al equilibrio, la rectitud y la serenidad. *Sat* en sánscrito significa «ente», el ser absoluto, inmutable y eterno.
34. *Tama* en sánscrito significa «oscuridad», «obnubilación», «ignorancia». Es el inferior de los tres *guna* y corresponde a las fuerzas obtusas de la naturaleza, la inercia y la torpeza.

para rehuir así el aburrimiento. Es realmente increíble cuán fútil e insignificante fluye la vida de la mayoría de los hombres, vista desde fuera, así como cuán sórdida y apática se siente por dentro. Es un tenue anhelo, un difuso tormento, un onírico vagabundeo que llega hasta la muerte a través de las cuatro edades de la vida con el séquito de una hilera de pensamientos triviales. Los hombres se asemejan a relojes a los que se les ha dado cuerda y están en marcha sin saber para qué: cada vez que se engendra y nace un hombre, el reloj de la vida humana es puesto en marcha nuevamente, para repetir otra vez la misma cantinela ya entonada un sinfín de veces, frase por frase, compás por compás, con insignificantes variaciones. Cada individuo, cada rostro humano y su transcurso vital no es más que un breve sueño más del espíritu infinito de la naturaleza, de la perseverante voluntad de vivir, sólo es un efímero pentimento que dicha voluntad traza lúdicamente sobre su lienzo infinito, el espacio y el tiempo, y que sólo conserva un fugaz instante, antes de borrarlo para dejar sitio a otro. Sin embargo, y aquí está | el lado serio de la vida, cada uno de estos efímeros trazos, de estas banales ocurrencias, ha de ser pagado por la íntegra voluntad de vivir, en toda su intensidad, con muchos y profundos dolores, y finalmente con una amarga muerte largamente temida. Por eso nos vuelve tan repentinamente solemnes la visión de un finado.

La vida de cada individuo, si se abarca en bloque y en general, destacando tan sólo en los rasgos principales, es propiamente una tragedia; pero desmenuzada en sus detalles tiene el carácter de la comedia. Pues los trajines y ajetreos del día, la infatigable chanza del instante, los deseos y temores de la semana, las contrariedades de cada hora, son auténticas escenas de comedia. Pero los deseos nunca colmados, las esperanzas cruelmente pisoteadas por el destino, los desventurados errores de la vida entera, con el creciente

380

sufrimiento y la muerte al final, componen siempre una tragedia. De este modo, como si el destino hubiese querido añadir el escarnio a la desolación de nuestra existencia, nuestra vida tiene que contener todas las desgracias de la tragedia sin poder mantener una sola vez la dignidad de los personajes trágicos, sino que en los detalles de la vida nos toca hacer el papel de necios bufones.

Pero, por mucho que las grandes y pequeñas calamidades llenen la vida de cada hombre, manteniéndolo en continuo desasosiego y movimiento, sí somos capaces pese a todo de encubrir la insuficiencia de la vida para colmar el espíritu, de ocultar el vacío y la envoltura de la existencia, o de excluir el aburrimiento, que siempre se halla dispuesto a rellenar cualquier pausa dejada por las preocupaciones. De ahí que el espíritu humano, no contento con los cuidados, cuitas y ocupaciones que le impone el mundo real, se crea todavía un mundo imaginario bajo la forma de mil supersticiones diferentes con las que derrocha su tiempo y sus fuerzas, tan pronto como el mundo real le concede una tregua para la que no está preparado. Esto es lo que originariamente también sucede entre la mayoría de los pueblos a los que la suavidad del clima y la clemencia del suelo les hace fácil la vida, como sucedió | sobre todo entre los hindúes, luego entre los griegos y los romanos, o más tarde entre los italianos y los españoles. El hombre se crea demonios, dioses y santos a su propia imagen; luego han de ofrendarles incesantemente sacrificios, oraciones, templos, votos y su revocación, peregrinaciones, salutaciones, ornamentos de imaginería y otras cosas por el estilo. Su culto se entrelaza por doquier con la realidad, llegando incluso a eclipsar ésta; cualquier efeméride de la vida es tomada entonces como un contraefecto de aquellos seres, el trato con ellos llena la mitad de la vida, alimenta constantemente la esperanza y, por la seducción del engaño, con frecuencia llega a ser más interesante que el trato con los seres reales. Ello es la expresión y el síntoma de una doble menesterosidad del hombre: auxilio y apoyo, por una parte, ocupación y entretenimiento, por otra; y aun cuando a menudo esto también se opone a la primera necesidad, puesto que, ante las desgracias y los peligros en ciernes, en vez de aplicar el tiempo y las energías a evitarlos, se malgastan en rogativas y ofrendas inútiles, tanto mejor sirve a la segunda necesidad, mediante esa fantástica conversación con un imaginario mundo espiritual: y ésta es la nada desdeñable ganancia de todas las supersticiones.

§ 59.

Una vez que mediante estas consideraciones más generales, mediante la indagación de los primeros rasgos elementales de la vida humana, nos hemos convencido en cierto modo a priori de que la misma, según todas las disposiciones, no es susceptible de ninguna felicidad verdadera, sino que esencialmente es un sufrimiento multiforme y un estado desventurado, ahora podemos despertar con mucha más viveza dentro de nosotros esta convicción, si procediendo más a posteriori quisiéramos descender a los casos más concretos, llevar imágenes ante la fantasía y describir la desolación anónima en esos ejemplos que nos brindan la experiencia y la historia en cuanto volvemos nuestros ojos hacia ellas bajo cualquier respecto. Pero entonces el capítulo no tendría fin y nos alejaría del punto de vista universal que es consustancial a la filosofía. Además se podría tomar fácilmente semejante descripción por una mera declamación sobre la miseria humana, | como la que tantas veces se ha hecho ya, y se la acusaría de parcialidad porque parte de los hechos particulares. De tal reproche y sospecha está libre por ello nuestra totalmente fría y filosófica comprobación de que el sufrimiento está ineludiblemente fundamentado en la esencia de la vida, dado que dicha comprobación tiene un punto de partida a priori y se lleva a cabo igualmente a priori. Pero la confirmación a posteriori es fácil de obtener por doquier. Cualquiera que haya despertado de los primeros sueños juveniles, que haya contemplado la experiencia propia y ajena, que haya hurgado en la historia del pasado y de su propia época, así como finalmente en las obras de los grandes poetas, siempre que un prejuicio indeleblemente inculcado no paralice su discernimiento, reconocerá que este mundo humano es el reino del azar y del error, los cuales hacen y deshacen implacablemente tanto en lo grande como en lo pequeño, mientras junto a ellos blanden el látigo la necedad y la maldad: a ello se debe que lo mejor sólo se abra paso trabajosamente, lo noble y lo sabio raramente logran manifestarse, tener eficacia o ser escuchados, mientras que lo absurdo y lo perverso en el reino del pensamiento, lo estereotipado y lo insulso en el arte, lo malvado y lo pérfido en el reino de los hechos afirman su dominio, salvo breves interrupciones; por contra, lo excelso de cualquier clase sólo supone siempre una excepción, un caso entre millones; de ahí también que, cuando se da a conocer una obra imperecedera, tras haber sobrevivido al rencor de sus contemporáneos, permanezca aislada y preservada cual un meteorito cuyo origen fuera un orden de cosas distinto del que impera aquí. Pero por lo que atañe a la vida del individuo, cada biografía es una historia del sufrimiento: pues cada curso vital es por lo regular una reiterada serie de grandes y pequeños contratiempos, que cada cual encubre lo más posible, porque sabe que los otros raramente han de sentir simpatía o compasión, sino casi siempre satisfacción por la representación de las penas a las que justamente ahora están expuestos; quizá nunca un hombre, al final de su vida, si es reflexivo y sincero, desearía volver a pasar otra vez por todo eso, sino que preferirá la plena inexistencia. El contenido esencial del célebre monólogo | de *Hamlet* es éste en resumidas cuentas: nuestra condición es tan miserable que le sería preferible optar por no ser en absoluto. Si el suicidio nos ofreciese realmente esto, de manera que la alternativa entre «ser y no ser» se presentara en el pleno sentido de la palabra, entonces habría que escogerlo incondicionalmente como una «consumación sumamente deseable»[35]. Pero hay algo en nosotros que nos dice que no es así, que con ello no termina todo, que la muerte no es un aniquilamiento absoluto. Del mismo tenor es lo aducido ya por el padre de la historia* y que no ha sido refutado desde entonces, a saber, que no ha existido ningún hombre que no haya deseado más de una vez no presenciar el día siguiente. De acuerdo con ello la tan a menudo lamentada brevedad de la vida tal vez fuera justamente lo mejor que hay en ella. Si a cualquiera se le colocase ante los ojos los espantosos dolores y tormentos a los que constantemente se halla expuesta su vida, sería presa del horror: y si al más empedernido de los optimistas se le llevase a través de los hospitales, lazaretos y el martirio de los quirófanos, por las cárceles, las cámaras de tortura y los recintos de la esclavitud, sobre los campos de batalla y las cortes de justicia, se le abrieran todas las oscuras moradas donde la miseria se oculta a la mirada de la curiosidad más impasible y se le dejara finalmente echar un vistazo a la «torre del hambre» de Ugolino[36], entonces a buen seguro comprendería finalmente de qué tipo es éste «el mejor de los mundos posibles»[37]. Pues, ¿de dónde sacó Dante el material para su infierno más que de este mundo real nuestro?

---

* Cfr. Heródoto VII, 46.
35. Cfr. Shakespeare, *Hamlet,* acto III, escena 1.
36. Cfr. Dante, *La Divina Comedia,* «El Infierno», canto 33.
37. Cfr. Leibniz, *Teodicea* I, 8.

Sin embargo, el infierno le quedó bordado. En cambio, cuando acomete la tarea de describir el cielo y sus alegrías, tuvo ante sí una dificultad invencible, porque nuestro mundo no le ofrecía materiales para algo así. Por eso, en lugar de referirse a las alegrías del paraíso, no le quedó más remedio que reproducir las enseñanzas comunicadas por su abuelo, su Beatriz y diversos santos. De aquí se infiere fácilmente cuál es la índole de este mundo. Sin duda, como en cualquier mala mercancía, en la vida humana el exterior está | recubierto con un falso resplandor: siempre se oculta lo que hace sufrir; en cambio, se hace ostentación de cuanta pompa y fasto pueda hacerse acopio, y cuanto más se aleja uno de la satisfacción interna, tanto más desea aparecer como alguien afortunado ante la opinión de los demás: tan lejos llega la necedad y la opinión ajena en el objetivo principal del anhelo de cada cual, aunque la futilidad de tal cosa quede ya expresada en casi todos los idiomas con la palabra «vanidad», *vanitas* en latín, que originariamente significa vacuidad y futilidad. Sin embargo, bajo todo ese artificio de falsas apariencias los tormentos de la vida pueden incrementarse muy fácilmente, y a diario sucede que se agarra con avidez la muerte, que de lo contrario es temida por encima de todo. E incluso, cuando el destino quiere mostrar toda su perfidia, puede llegar a privar de esta escapatoria al que sufre y éste queda entregado sin salvación a crueles y lentos martirios en manos de encolerizados enemigos. Entonces el mártir implora en vano ayuda a sus dioses; queda a merced de su inmisericorde destino. Pero este carácter irremisible sólo es el espejo del carácter indomable de su voluntad, cuya objetivación es su persona. Al igual que ningún poder externo puede cambiar o suprimir a esa voluntad, tampoco puede ningún poder ajeno liberarle de los tormentos que se desprenden de la vida, la cual es la manifestación de esa voluntad. El hombre siempre se ve remitido a sí mismo, tanto en las cosas capitales como en las más usuales. En vano se forja dioses, para obtener mediante ruegos lo que sólo puede lograr la propia fuerza de voluntad. Si el Antiguo Testamento había convertido al mundo y a los hombres en obra de un Dios, el Nuevo Testamento se vio obligado a convertir a ese Dios en un hombre, para enseñar que la salvación de la desolación de este mundo sólo puede provenir de él mismo. Para el hombre todo depende de su voluntad. Los *sanyasi* [anacoretas hindúes], los mártires, los santos de cualquier credo y denominación han soportado ese martirio voluntariamente y de buen grado, porque en ellos se había suspendido la voluntad de vivir y entonces les era bienvenida la lenta destrucción de su fenómeno. Mas no quiero adelantar la exposición ulterior. Por lo demás, no puedo abstenerme de decir que a mí el *optimismo* | se me antoja el discurso atolondrado de alguien bajo cuya plana frente no se cobijan nada más que palabras y no sólo es un modo de pensar absurdo, sino auténticamente *inicuo,* un amargo escarnio sobre el anónimo sufrimiento de la humanidad. Tampoco hay que pensar que el credo cristiano sea favorable al optimismo; por el contrario, en los evangelios «mundo» y «mal» son utilizados como expresiones prácticamente sinónimas*.

§ 60.

Tras haber acabado las dos aclaraciones que era necesario intercalar, a saber, sobre la libertad de la voluntad en sí que es simultánea con la necesidad de su fenómeno y seguidamente sobre la suerte de tal voluntad en el mundo que refleja su esencia, cuyo conocimiento le hará afirmarse o negarse, esta afirmación y negación mismas, que antes sólo ha sido

---

* Cfr. el capítulo 46 del segundo volumen.

enunciadas en término generales, ahora podemos clasificarlas mejor, al presentar los únicos modos de obrar en que hallan su expresión y considerar su significado intrínseco.

La afirmación de la voluntad es el continuo querer mismo, imperturbado por conocimiento alguno, tal como llena la vida del hombre en general. Al igual que ya el cuerpo del hombre es la objetivación de la voluntad, tal como ésta se manifiesta en este nivel y en este individuo, su querer desplegándose en el tiempo es por decirlo así la paráfrasis del cuerpo, el comentario aclaratorio del significado del conjunto y de su partes, es otro modo de representación de la propia cosa en sí, cuyo fenómeno también lo es ya el cuerpo. De ahí que podamos decir también «afirmación del cuerpo» en lugar de «afirmación de la voluntad». El tema fundamental de los múltiples actos de la voluntad es la satisfacción de las necesidades, que son inseparables de la existencia del cuerpo en su salud, tienen ya su expresión en él y se reducen a la conservación del individuo y la propagación de la especie. Sólo a través de ellas e indirectamente reciben los dispares | motivos poder sobre la voluntad y producen los más diversos actos volitivos. Cada uno de estos actos sólo es una muestra, un ejemplo de la voluntad en general que aquí se manifiesta: de qué tipo sea esa muestra o qué forma tenga el motivo y su mediación no es esencial; lo único que cuenta es que se quiere algo en general y con qué grado de intensidad. La voluntad sólo puede hacerse visible ante los motivos, al igual que el ojo sólo muestra su potencia visual ante la luz. El motivo en general se presenta a la voluntad como un polimórfico Proteo[38]: promete continua-

---

38. Se trata del dios polimórfico por excelencia, capaz de experimentar un sinnúmero de metamorfosis. Esta versatilidad la utiliza sobre todo para eludir las preguntas que se le hacen con respecto al porvenir, pues cuenta con un don profético que compartir con los mortales. Los mitólogos modernos ven en Proteo un símbolo antropomórfico del mar.

mente una plena satisfacción que apague la sed de la voluntad; sin embargo, en cuanto se alcanza, reaparece bajo alguna otra forma e incita con ello a la voluntad hacia algo nuevo, siempre conforme al grado de su intensidad y a su relación para con el conocimiento, los dos factores que mediante estas pruebas y ejemplos se revelan como carácter empírico.

Desde que su consciencia entra en juego, el hombre se descubre como un ser que quiere y por regla general su conocimiento guarda una constante relación con su voluntad. Primero intenta aprender a conocer cabalmente los objetos de su querer y a continuación los medios tendentes a ellos. Ahora sabe lo que hay que hacer y de ordinario sus aspiraciones se ciñen a este saber. Actúa y trajina: la consciencia le mantiene en vilo y activo, trabajando siempre conforme al objetivo de su voluntad; a su pensar le incumbe la elección del medio. Así es la vida de casi todos los hombres: quieren, saben lo que quieren, tienden a ello con tantos logros como basten para precaverse de la desesperación y tantos fracasos como basten para salvaguardarse del aburrimiento y sus consecuencias. De ahí se sigue una cierta serenidad o al menos una cierta impasibilidad ante la que nada modifican propiamente la riqueza o la pobreza: pues los ricos y los pobres no disfrutan lo que tienen, ya que esto sólo incide negativamente –como ya se ha mostrado–, sino lo que esperan obtener mediante su trajín. Trajinan con ahínco e incluso con gesto grave, como hacen los niños en sus juegos. Siempre es una excepción, cuando un curso vital padece un trastorno, debido a un conocer independiente del servicio de la voluntad y orientado hacia la esencia del mundo en general, merced al cual se produce el requerimiento estético a la contemplación o la invitación ética a la renuncia. La mayor parte del tiempo la vida galopa en pos de la necesidad, | sin abandonarse a la reflexión. En cambio, a menudo la voluntad se inflama hasta un grado que supera con mucho la afirmación del cuerpo, mostrando entonces intensos afectos y violentas pasiones en las que el individuo no afirma tan sólo su propia existencia, sino que niega la del resto e intenta suprimir ésta allí donde se le interpone en el camino.

La conservación del cuerpo mediante sus propias fuerzas es un grado tan ínfimo de afirmación de la voluntad que, si se quedase en eso, podríamos admitir que con la muerte de este cuerpo se extinguiría también la voluntad que se manifiesta en él. Sin embargo, ya la satisfacción del instinto sexual sobrepasa la afirmación de la propia existencia, que llena un espacio de tiempo tan breve, afirmando la vida más allá de la muerte del individuo en un tiempo indeterminado. La naturaleza, siempre veraz y consecuente, aquí incluso ingenua, nos pone delante de un modo totalmente franco el significado íntimo de la procreación. La propia consciencia, la intensidad del impulso, nos enseña que en este acto se expresa la más resuelta *afirmación de la voluntad de vivir,* de un modo puro y sin aditivos (como la negación de individuos extraños); y en el tiempo y la serie causal, esto es, en la naturaleza, aparece como consecuencia del acto una nueva vida; ante el procreador se presenta el procreado distinto de aquél en el fenómeno, pero en sí, o conforme a la idea, idéntico con él. La procreación es en relación al procreador sólo la expresión, el síntoma, de su resuelta afirmación de la voluntad de vivir; en relación con el procreado la procreación no es el fundamento de la voluntad que se manifiesta en él, dado que la voluntad en sí no conoce ni causa ni efecto, sino que ella, como toda causa, sólo es la causa ocasional del fenómeno de la voluntad en este tiempo y en este lugar. En cuanto cosa en sí la voluntad del procreador y la del procreado no se diferencian, pues sólo el fenómeno, no la cosa en sí, se halla sometida al principio de individuación. Con esa afirmación que sobrepasa el propio cuerpo y llega hasta la presentación de uno nuevo, se reafirman también de nuevo el sufrimiento y la muerte como algo perteneciente al fenómeno de la vida | y declara inútil por esta vez la posibilidad de salvación que conlleva la más perfecta aptitud para conocer. Tal es el trasfondo de la vergüenza concerniente al acto sexual. Este parecer es expuesto místicamente en el dogma del credo cristiano relativo a que todos nosotros participamos del pecado original de Adán (que obviamente sólo es la satisfacción del apetito sexual) merced al cual merecemos el sufrimiento y la muerte. Este dogma desborda la consideración conforme al principio de razón y reconoce la idea del hombre, cuya unidad, fragmentada en innumerables individuos, se recompone gracias al aglutinante vínculo de la procreación. De acuerdo con ello, por una parte, dicho dogma ve a cada hombre como idéntico a Adán, el representante de la afirmación de la vida, y en esa medida como entregado al pecado (el pecado original), al sufrimiento y a la muerte; por otra parte, el conocimiento de la idea también le muestra a cada individuo como idéntico al salvador, el representante de la negación de la voluntad de vivir, y en esa misma medida participa de su autosacrificio, como redimido por su mérito y a salvo de los lazos que le atan al pecado y a la muerte, o sea, al mundo (Romanos 5, 12-21).

Otra representación mítica de nuestro parecer sobre la satisfacción sexual como afirmación de la voluntad de vivir por encima de la vida individual, como una consumada entrega a la misma o como una renovada prescripción a la vida, es el mito griego de Prosérpina[39], cuyo retorno de los

---

39. Prosérpina, la diosa de los infiernos, es el nombre romano de la diosa griega Perséfone, quien –como ya sabemos– era hija de Zeus y fue secuestrada por su tío Hades. El haberse comido una granada le condenó a pasar la mitad del año en el averno.

infiernos era posible mientras no probase los frutos del submundo, pero quedó encadenada a él por saborear una granada. Goethe hace una incomparable presentación de este mito y se refiere muy claramente a su sentido cuando, al saborear la granada, de repente el invisible coro de las Parcas[40] dice: «¡Eres nuestra! Debías volver en ayunas: ¡Y el mordisco de la granada te hace nuestra!»[41].

Es notable que Clemente de Alejandría (*Miscelánea* III, cap. 15) se refiera al asunto mediante la misma imagen y la misma expresión: «Quienes se han castrado de todo pecado, | con miras al reino de los cielos, son bienaventurados, pues se mantienen ayunos del mundo».

El instinto sexual, como la más resuelta y vigorosa afirmación de la voluntad de vivir, se ocupa también de que tanto para el hombre natural como para el animal la vida sea el fin último, el objetivo supremo. Su primera tendencia es la autoconservación, y tan pronto como se ha procurado ésta tiende tan sólo a la procreación de la especie: en cuanto ser sensible no puede aspirar a nada más. También la naturaleza, cuya esencia íntima es la propia voluntad de vivir, impulsa con toda su fuerza tanto al hombre como al animal a la propagación. Tras haber alcanzado su fin con el individuo, la desaparición de éste le es totalmente indiferente, dado que a ella, como a la voluntad de vivir, sólo le importa la conservación de la especie, no la del individuo. Como en el instinto sexual se expresa con la mayor intensidad la esencia íntima de la naturaleza, de la voluntad de vivir, los

---

40. Las Parcas son las divinidades romanas del destino, que se identifican con las tres Moiras griegas: Átropo, Cloto y Láquesis, quienes regulan la vida de cada mortal desde el nacimiento hasta la muerte mediante un hilo que la primera hilaba, la segunda enrollaba y la tercera cortaba al término de la correspondiente existencia; estas tres hilanderas eran hijas de Zeus y de Temis.
41. Cfr. Goethe, *El triunfo de la sensibilidad* IV.

antiguos poetas y filósofos –Hesíodo y Parménides– decían que *Eros*[42] era lo primero, lo creador, el principio del que se derivan todas las cosas (veáse Aristóteles, *Metafísica* I, 4). Ferécides dijo: «Zeus se transformó en Eros cuando quiso crear el mundo» (Proclo, *Comentario al Timeo de Platón*, III, 156 a). Un tratamiento detallado de este tema ha sido hecho recientemente por G. F. Schoemann en su *Del Cupido cosmogónico* (1852). También el Maya de los hindúes, cuya obra y tejido constituye todo el mundo de las apariencias, queda parafraseado por el *amor*.

Los genitales están subordinados simplemente a la voluntad y en modo alguno al conocimiento en mucha mayor medida que cualquier otro miembro externo del cuerpo: la voluntad se muestra aquí casi tan independiente del conocimiento como en esas partes que sirven, con ocasión de meros estímulos, a la vida vegetativa, a la reproducción, en las que la voluntad actúa tan ciegamente como en la naturaleza inconsciente. Pues la procreación sólo es la reproducción que se transforma en un nuevo individuo, la reproducción elevada a segunda potencia, al igual que la muerte sólo es la excreción elevada a segunda potencia. | Con arreglo a todo ello los genitales son el auténtico *núcleo* de la voluntad y, por consiguiente, el polo opuesto del cerebro, del representante del conocimiento, esto es, la otra cara del mundo, del mundo como representación. Los genitales son lo que mantiene la vida, el principio que asegura un tiempo indefinido para la vida, cuya propiedad fue venerada entre

---

42. Eros es en la mitología griega el dios del amor, el Cupido de los romanos. Representa el poder del amor sobre los dioses y los hombres. Eros es el hijo de Hermes y Afrodita. Entre los primeros filósofos tiene un significado cosmogónico y es considerado un dios nacido a la par que la Tierra, salido directamente del Caos, mientras que para los poetas líricos es la personificación del deseo físico, tan cruel como impredecible, que clava lúdicamente sus flechas en el corazón de los enamorados.

los griegos en el falo y entre los hindúes en el *linga,* que son el símbolo de la afirmación de la voluntad. En cambio, el conocimiento ofrece la posibilidad de suprimir el querer, de salvarse mediante la libertad, de sobreponerse y aniquilar al mundo.

Al comienzo de este cuarto libro ya hemos estudiado cuál es la relación que la voluntad de vivir mantiene en su afirmación con la muerte; ésta no le estorba, porque ella misma se presenta como algo comprendido en la vida y como algo que le pertenece, toda vez que su antagonista, la procreación, mantiene plenamente el equilibrio, y la voluntad de vivir, pese a la muerte del individuo, asegura y garantiza la vida por tiempo indefinido; esto lo expresan los hindúes cuando confieren al dios de la muerte, Siva, el *linga* como atributo. Allí mismo hemos expuesto también cómo el que con suma reflexión adopta la perspectiva de la resuelta afirmación de la vida encara sin temor la muerte. Por eso aquí no diremos nada más al respecto. La mayoría de los hombres se atienen sin una clara reflexión a este punto de vista y afirman permanentemente la vida. Como espejo de esta afirmación está ahí el mundo, con un sinfín de individuos, en un tiempo y espacio infinitos, e infinitos sufrimientos, entre la procreación y la muerte, sin un final. Pero sobre este estado de cosas no se eleva ninguna queja desde parte alguna: pues la voluntad representa la tragicomedia y la comedia a su propia costa, siendo también su propio espectador. El mundo es justamente lo que es, porque la voluntad, de la que aquél es manifestación suya, lo es, porque así lo quiere. La justificación del sufrimiento es que la voluntad también se afirma a sí misma en esta manifestación; y esta afirmación queda justificada y saldada por el hecho de que la voluntad soporta el sufrimiento. Aquí se nos abre ya un atisbo sobre la *justicia eterna* que impera en el conjunto de las cosas; a continuación abordaremos este punto más claramente, descendiendo a los detalles. Sin embargo, antes hemos de hablar de la justicia temporal o humana*.

§ 61.

Por el segundo libro recordaremos que en el conjunto de la naturaleza, en todos los niveles de objetivación de la voluntad, era necesaria una continua lucha entre los individuos de todas las especies y que con ello se expresaba una contradicción interna de la voluntad de vivir consigo misma. Al igual que todos los demás fenómenos, éste también se presenta con mayor claridad en el nivel supremo de la objetivación y por ello se deja descifrar mejor. Con este fin queremos seguir el rastro del *egoísmo* en sus fuentes, como el punto de partida de toda lucha.

Habíamos denominado principio de individuación al espacio y el tiempo, porque sólo gracias a ellos y en ellos se hace posible la pluralidad de lo homogéneo. Ellos son las formas esenciales del conocimiento natural, esto es, del conocimiento resultante de la voluntad. De ahí que la voluntad se manifieste por doquier en la pluralidad de los individuos. Pero esta pluralidad no le atañe a la voluntad como cosa en sí, sino sólo a sus fenómenos: la voluntad está íntegra e indivisamente presente en cada uno de tales fenómenos y ve en torno a sí la innumerablemente repetida imagen de su propia esencia. Pero esta misma, lo auténticamente real, sólo se encuentra inmediatamente en su interior. Por eso cada cual quiere todo para sí, quiere poseerlo todo o cuando menos dominarlo, y quisiera eliminar lo que se interpone en su camino. A esto se añade en los seres cognoscitivos que el individuo es el soporte del sujeto cognoscente

---

* Cfr. el capítulo 45 del segundo volumen.

y éste es el portador del mundo, esto es, que la naturaleza entera exterior a él, así como también todos los demás individuos, sólo existen en su representación y, por lo tanto, sólo es consciente de ello mediatamente y como algo dependiente de su propia esencia y existencia; con su conciencia le desaparece también necesariamente el mundo, esto es, el ser y el no-ser de éste se vuelve algo equivalente e indistinguible. Así pues, cada individuo cognoscente es de hecho y se considera como la íntegra voluntad de vivir o el «en-sí» del mundo mismo, teniéndose también por la condición complementaria del mundo como representación, por consiguiente, como un microcosmos igual de estimable que el macrocosmos. La naturaleza misma, siempre y por doquier veraz, le proporciona originariamente e independientemente de toda reflexión este conocimiento tan sencillo como inmediatamente cierto. A partir de estas dos determinaciones necesariamente dadas se explica que cada individuo, ínfimo en medio del ilimitado mundo y empequeñecido hasta la nada, se tenga pese a todo por el centro del universo, tenga en cuenta su propia existencia y bienestar por encima de todo lo demás e incluso, desde el punto de vista natural, esté dispuesto a sacrificar todo lo demás a esto, dispuesto a aniquilar el mundo sólo para prolongar un poco su propio yo, de esta gota de agua en medio del mar. Esta intención es el *egoísmo,* que es consustancial a todas las cosas en la naturaleza. Pero es también aquello por lo cual se nos revela atrozmente el conflicto interno de la voluntad consigo misma. Pues este egoísmo se asienta esencialmente en la oposición del microcosmos y el macrocosmos o, por ende, en el hecho de que la objetivación de la voluntad tiene por forma al principio de individuación y por ello la voluntad se manifiesta de igual modo en un sinnúmero de individuos y, ciertamente, en cada uno de ellos íntegra y cabalmente conforme a dos facetas (voluntad y representación). Por tanto, mientras que cada cual se presenta inmediatamente ante sí mismo como la voluntad global y la entera representación, el resto le viene dado como mera representación suya; por eso su propio ser y su conservación han de prevalecer para él sobre todo lo demás en su conjunto. Cada cual ve su propia muerte como el fin del mundo, mientras que a sus conocidos los percibe como cosas bastante indiferentes, si no está implicado personalmente con ellos. En la consciencia que ha ascendido al grado más alto, la humana, al igual que el conocimiento, el dolor o la alegría, también ha de haber alcanzado su máxima cota el egoísmo, y el antagonismo entre los individuos que dicho egoísmo condiciona se pone de relieve del modo más espantoso. Esto se presenta por doquier ante nuestros ojos, tanto en las cosas más insignificantes como en aquellas que no carecen de relevancia; lo vemos, ora en su vertiente más horrenda, en la vida de los grandes tiranos y hombres malvados, así como en las guerras que asolan al mundo, ora en su vertiente | más irrisoria, donde el tema es la comedia y destaca sobre todo en la presunción y la vanidad, tal como ha expuesto en abstracto mejor que ningún otro La Rochefoucauld: lo vemos en la historia del mundo y en la propia experiencia. Pero se pone más claramente de relieve cuando una muchedumbre se ve desligada de toda ley y orden: ahí se muestra del modo más nítido «la guerra de todos contra todos» que Hobbes ha descrito magistralmente en el primer capítulo de su *Del ciudadano*[43]. Ello muestra cómo cada cual no sólo intenta quitarle al otro aquello que quiere él mismo, sino que con frecuencia el uno llega a destruir toda la dicha o incluso la vida del otro, para incrementar su propio bienestar mediante una insignificante adición. Ésta

---

43. Cfr. *Elementos filosóficos del ciudadano,* Ámsterdam, 1647; I, 12; cfr. asimismo *Leviatán* I, 13.

es la máxima expresión del egoísmo, cuyas manifestaciones sólo quedan superadas en este sentido por las de la maldad propiamente dicha, que busca de forma completamente desinteresada el sufrimiento y el dolor de otros, sin obtener ninguna ventaja propia; pronto volveremos sobre ello. Este descubrimiento de las fuentes del egoísmo cabe ser cotejado con la presentación hecha en el § 14 de mi ensayo *Sobre el fundamento de la moral*.

Una fuente principal del sufrimiento, que más arriba hemos encontrado como consustancial e inevitablemente aneja a toda vida, tan pronto como hace acto de presencia bajo una forma determinada, es aquella *Eris*[44], la lucha entre todos los individuos, la expresión de la contradicción con que se halla entrampada en su interior la voluntad de vivir y que cobra visibilidad merced al principio de individuación: las luchas de los animales son el cruel medio que representa inmediata y gráficamente todo esto. En esta disensión originaria tiene su sede una inagotable fuente del sufrimiento, pese a todas las precauciones tomadas en contra suya y que pasamos a examinar.

§ 62.

Según se ha visto, la primera y sencilla afirmación de la voluntad de vivir es tan sólo la afirmación del propio cuerpo, esto es, la presentación de la voluntad en el tiempo a través de actos, mientras el cuerpo, en su forma y finalidad, | es la misma voluntad presentada tan sólo en el espacio. Esta afir-

---

44. Como se sabe, Eris es la personificación de la discordia en la mitología griega. La leyenda dice que arrojó una manzana (la célebre «manzana de la discordia») entre las diosas que asistían a las bodas de Tetis y Peleo, para que la recogiera la más bella, y de este modo provocó el juicio de Paris y la guerra de Troya.

mación se muestra como el mantenimiento del cuerpo mediante la aplicación de sus propias fuerzas. Con ella se vincula de inmediato la satisfacción del instinto sexual, que le pertenece en la medida en que los genitales pertenecen al cuerpo. Por eso la renuncia *espontánea,* y no fundamentada por motivo alguno, a la satisfacción de aquel instinto supone ya un grado de negación de la voluntad de vivir, es un conocimiento que actúa como *aquietador* sobre la voluntaria autosupresión que tiene lugar; con arreglo a ello tal negación del propio cuerpo se presenta como una contradicción de la voluntad frente a su propia manifestación. Pues, si bien el cuerpo también aquí, en los genitales, objetiva la voluntad de procreación, ésta no es querida pese a todo. Mas, como ella es negación o supresión de la voluntad de vivir, semejante renuncia supone un difícil y doloroso dominio de sí mismo; luego volveremos sobre ello. Pero, comoquiera que la voluntad presenta esa *autoafirmación* del propio cuerpo en un sinnúmero de individuos coexistentes, en virtud del egoísmo propio de todos, la voluntad en un individuo puede sobrepasar muy fácilmente esta afirmación y llegar hasta la *negación* de esa misma voluntad que aparece en otro individuo. La voluntad del primer individuo irrumpe en los confines de la afirmación ajena de la voluntad y, o bien lesiona al individuo destruyendo el cuerpo mismo del otro, o bien le constriñe a poner las fuerzas de aquél al servicio de *su* voluntad, en lugar de al servicio de la voluntad que se manifiesta en ese cuerpo ajeno; por lo tanto, cuando ese individuo sustrae a la voluntad que se manifiesta como cuerpo ajeno las fuerzas de este cuerpo e incrementa con ello las fuerzas que sirven a *su* voluntad rebasando así las de su propio cuerpo, por consiguiente afirma su propia voluntad por encima de su propio cuerpo, por medio de la negación de la voluntad que se manifiesta en un cuerpo ajeno. Esta irrupción en los confines de la afirmación ajena de la voluntad resulta claramente reconocida por cualquiera y su concepto queda designado por la palabra *injusticia*. Ambas partes reconocen la cuestión, ciertamente no en una nítida abstracción como la que aquí se hace, sino al instante como sentimiento. Quien padece la injusticia siente esa irrupción en la esfera de la afirmación de su propio cuerpo, merced a la negación del mismo por parte de otro individuo, como un dolor inmediato y espiritual, | que es enteramente distinto y se halla totalmente disociado del sufrimiento físico anejo experimentado por el hecho o del disgusto debido al daño. De otro lado, al que comete la injusticia se le presenta el conocimiento de que él es en sí la misma voluntad que se manifiesta también en ese cuerpo y que se afirma en su fenómeno con tal vehemencia que, al sobrepasar los confines del propio cuerpo y sus fuerzas, se vuelve negación de esta voluntad en el otro fenómeno, por consiguiente, considerado como voluntad en sí, entra en conflicto consigo mismo por su vehemencia, se devora a sí mismo; también a él —decía— se le presenta este conocimiento instantáneamente, no en abstracto, sino como un oscuro sentimiento; y a esto se le llama remordimiento de conciencia o, lo que hace más al caso, sentimiento de la *injusticia cometida.*

La *injusticia,* cuyo concepto hemos analizado aquí en su abstracción más universal, se expresa en concreto del modo más consumado y pregnante en el canibalismo; éste es su tipo más palmario, la terrible imagen del mayor conflicto de la voluntad frente a sí misma en ese máximo nivel de su objetivación que es el hombre. Próximo al canibalismo está el asesinato; el remordimiento, cuyo significado acabamos de dar de un modo abstracto e insípido, hace acto de presencia con espantosa nitidez sólo un instante después de haber perpetrado el asesinato y erradica de por vida la tranquilidad de espíritu, dejando en él una herida incurable; nuestro estremecimiento sobre el asesinato cometido, así como también nuestra retractación antes de cometerlo, se corresponde con el ilimitado apego a la vida por el que está penetrado todo ser vivo, en cuanto fenómeno de la voluntad de vivir. (Por lo demás, analizaremos con más detalle, y lo elevaremos a la claridad del concepto, ese sentimiento que acompaña a la comisión de la injusticia y de lo malo: el remordimiento.) Como algo esencialmente homologable con el asesinato y sólo distinto de él en grado hay que considerar a la mutilación intencionada o la mera lesión del cuerpo ajeno, e incluso cualquier golpe. Además la injusticia se presenta en el sojuzgamiento del otro individuo, al coaccionarlo a la esclavitud; finalmente, en el atentar contra la propiedad ajena, lo cual, en tanto que ésta sea considerada como fruto de su trabajo, | es tan esencialmente homologable con la esclavitud como las meras lesiones con la muerte.

Pues con arreglo a nuestra explicación de la injusticia, la *propiedad* que no se arrebata al hombre *sin injusticia* sólo puede ser aquella que está labrada por sus fuerzas, mediante cuya sustracción se priva de las fuerzas de su cuerpo a la voluntad objetivada en éste, para ponerlas al servicio de la voluntad objetivada en algún otro cuerpo. Así pues, quien comete la injusticia agrediendo, no al cuerpo ajeno, sino a una cosa inanimada y enteramente distinta de dicho cuerpo, sí invade la esfera de la afirmación ajena de la voluntad, ya que tanto las fuerzas como el trabajo del cuerpo ajeno se hallan entrelazados e identificados con esa cosa. De aquí se sigue que todo auténtico derecho de propiedad es un derecho moral que es originariamente único y se fundamenta exclusivamente en el trabajo, siendo esto algo bastante admitido aun antes de Kant, como expresa de una forma tan clara como bella el más antiguo de todos los códigos: «Los sabios que conocen los tiempos remotos declaran que un campo cultivado es propiedad de quien lo ha roturado, limpiado y labrado, tal y como un antílope pertenece al primer cazador que lo sorprendió mortalmente» (*Código de Manu* IX, 44)[45].

A mi modo de ver, sólo el debilitamiento senil de Kant explica que toda su teoría del derecho sea una peregrina combinación de errores que se arrastran mutuamente y que él quiera fundamentar el derecho de propiedad mediante la primera ocupación. Pues ¿acaso la mera declaración de mi voluntad para excluir al otro del uso de una cosa debería concederme automáticamente un *derecho* sobre ella? Es obvio que semejante declaración requiere un título legal y no lo supone de suyo como quiere Kant. ¿Cómo obraría injustamente en sí, o sea, moralmente, aquel que sólo tuviera en cuenta su propia declaración para fundamentar la pretensión a la posesión exclusiva de una cosa? ¿Cómo le inquietaría su conciencia a ese respecto?, cuando es tan claro y fácil de comprender que no puede haber en modo alguno una *usurpación legal*, sino únicamente una *apropiación* legal, una *adquisición* de la cosa mediante la aplicación originaria de las propias fuerzas a ella. Allí donde una cosa se ha visto trabajada, mejorada, custodiada o protegida de los avatares mediante algún esfuerzo ajeno, por pequeño que sea éste, y aun cuando sólo consistiera en coger un fruto silvestre o recogerlo del suelo, el agresor de tal cosa sustrae obviamente al otro el resultado de sus fuerzas aplicadas en ello y, por tanto, hace que el cuerpo de aquél sirva a *su* voluntad, en lugar

---

45. Una traducción algo más literal del pasaje citado por Schopenhauer sería ésta: «Los sabios conocedores de la remota antigüedad declaran que, al igual que esta *Prithivî* (tierra) pertenece a *Prithu* (nombre del primer rey de la tierra) en cuanto esposa suya, un campo cultivado es propiedad de quien lo ha roturado, tal y como un antílope le corresponde al (primero) que le alcanza con su flecha» (cfr. *Código de Manu* IX, 44). *Manu* significa en sánscrito «pensante» o «ser humano», y por ello se trata del mítico antepasado de la raza humana, del Adán hindú; a él se hace remontar el célebre *Código de Manu* aquí citado, un texto formado por cien mil versos que contienen las reglas sociales y morales de los indoarios.

de a la propia; afirma su propia voluntad por encima de su fenómeno hasta la negación del ajeno, es decir, comete una *injusticia**. Por el contrario, el mero disfrute de una cosa, al margen de cualquier elaboración o preservación del mismo frente al deterioro, otorga un derecho sobre ella en tan escasa medida como lo hace la mera declaración de su voluntad respecto a una posesión exclusiva. De ahí que, cuando una familia se ha limitado a cazar durante un siglo en un coto, sin haber hecho algo para mejorarlo, no puede prohibir el paso a un forastero recién llegado que ahora quiere cazar allí sin incurrir en una injusticia moral. Por lo tanto, el así llamado derecho del primer ocupante, con arreglo al cual el mero disfrute habido de una cosa reclamaría por añadidura la recompensa de un derecho a disfrutarla exclusivamente en lo sucesivo, es moralmente infundado. A quien sólo se apoya en este derecho el recién llegado podría replicarle con mucho mejor derecho: «Precisamente porque tú ya lo has disfrutado desde hace tiempo, es de justicia que ahora también lo disfrute otro». De cualquier cosa que no es susceptible de ninguna elaboración, mediante mejora o preservación frente al deterioro, no existe ningún fundamento moral para su posesión en exclusiva, a no ser que medie una cesión voluntaria por parte de todos los demás como recompensa de algún servicio; pero esto ya presupone una comunidad regulada por convenciones, el Estado. El derecho de propiedad fundado moralmente, tal como se ha deducido y conforme a su naturaleza, otorga al propietario un poder tan ilimitado sobre la cosa como el que tiene sobre su propio cuerpo; de

---

* Así pues, para fundamentar el derecho natural de propiedad no se requiere admitir dos títulos legales coexistentes, el fundado sobre la *detentación* [posesión] junto al fundado sobre la *formación* [adquisición], sino que basta con el último. Si bien el nombre de *formación* no es del todo adecuado, porque la aplicación de un esfuerzo a una cosa no siempre requiere darle una forma.

donde se sigue que puede transferir su propiedad mediante trueque o donación a otros, | los cuales poseen entonces la cosa con el mismo derecho moral que aquél.

La *perpetración* de la injusticia ocurre o bien por la *violencia,* o bien por la *astucia,* lo cual en el sentido de lo moralmente esencial es una y la misma cosa. Sobre todo en el asesinato es moralmente idéntico si me sirvo del puñal o del veneno; y así es análogamente en cualquier lesión corporal. Los demás casos de injusticia se reducen siempre a que yo, al perpetrar la injusticia, obligo al individuo ajeno a servir a mi voluntad, a obrar según mi voluntad en lugar de según la suya. Por el camino de la violencia yo consigo esto mediante la causalidad física; pero por el camino de la astucia lo consigo mediante la motivación, esto es, la causalidad tamizada por el conocer, por consiguiente, pretexto ante su voluntad *pseudomotivos* en virtud de los cuales, creyendo seguir *su* voluntad, él sigue la *mía.* Como el medio en el que residen los motivos es el conocimiento, yo sólo puedo hacer eso falseando su conocimiento, y esto es la *mentira.* Ésta siempre se propone influir sobre la voluntad ajena, no sólo sobre su conocimiento de suyo y en cuanto tal, sino que se propone influir sobre éste sólo como medio, en tanto que determina su voluntad. Pues mi mentir mismo, partiendo de mi voluntad, precisa de un motivo, pero éste sólo puede serlo la voluntad ajena, no el conocimiento ajeno en sí y de suyo; pues en cuanto tal el conocimiento nunca puede tener un influjo sobre *mi* voluntad, ni jamás puede ponerla en movimiento, al no poder ser nunca un motivo de sus fines; sino que sólo el querer y obrar ajenos pueden ser un motivo tal, y merced a ello, por consiguiente sólo indirectamente, el conocimiento ajeno. Esto no sólo vale respecto de todo mentir que brota del ostensible egoísmo, sino también del mentir que brota de la pura maldad y que quiere cebarse en las dolorosas consecuencias del error ajeno propiciado por él. Incluso la mera fanfarronada que sólo busca granjearse el respeto y una mejor opinión por parte de los demás no deja de perseguir una mayor o menor influencia sobre su querer y hacer. La mera recusación de una verdad, esto es, de un enunciado en general, no es en sí una injusticia, pero sí lo es cualquier adhesión a la mentira. Quien rehúsa mostrar el camino correcto al caminante extraviado | no le hace ninguna injusticia, pero sí la comete quien le indica un falso camino. De lo dicho se sigue que toda *mentira,* al igual que todo acto de violencia, es como tal una *injusticia;* porque la mentira en cuanto tal tiene como fin extender el dominio de mi voluntad sobre los individuos ajenos y, por lo tanto, afirmar mi voluntad mediante la negación de la suya, tan bien como la violencia. Pero la mentira más consumada es la *violación de un contrato,* porque aquí se concitan plenamente todas las determinaciones citadas. Pues, cuando suscribo un contrato, el rendimiento ajeno comprometido es declarada e inmediatamente el motivo de cumplir con mi contraprestación. Lo comprometido se intercambia con discreción y formalmente. La veracidad de lo enunciado por cada parte, con arreglo a lo aceptado, está en su poder. Si el otro viola el contrato, me engaña y maneja mi voluntad conforme a su propósito al introducir meros pseudomotivos en mi conocimiento, con lo cual extiende el dominio de su voluntad sobre el individuo ajeno y perpetra una perfecta injusticia. En esto se fundan la legitimidad moral y la validez de los contratos.

399

La injusticia por violencia no resulta para quien la comete tan *ignominiosa* como la perpetrada mediante la *astucia,* porque aquélla se pone de manifiesto por la fuerza física que siempre se impone al género humano bajo cualesquiera circunstancias, mientras que ésta en cambio delata debilidad, al dar un rodeo, y le denigra a la vez tanto física como moralmente; a mayor abundamiento, porque la mentira y el fraude sólo pueden salir airosos, si quien los ejercita aparenta al mismo tiempo profesar aversión y desprecio frente a ellos, para granjearse la confianza, y su victoria consiste en que se le cree capaz de una rectitud que no tiene. La profunda aversión que suscitan por doquier la perfidia, la infidelidad y la traición estriba en que la fidelidad y la rectitud son el lazo que desde fuera vuelve a hacer unitaria la voluntad dispersa en la pluralidad de los individuos y con ello pone barreras a las consecuencias del egoísmo derivado de esa dispersión. La infidelidad y la traición desgarran ese último lazo externo y dan con ello a las consecuencias del egoísmo un campo de juego ilimitado.

En el contexto de nuestro estudio hemos encontrado como | contenido del concepto de *injusticia* a la índole de la actuación de un individuo, en la que éste extiende la afirmación de la voluntad que se manifiesta en su vida hasta la negación de la voluntad que se manifiesta. También hemos constatado en ejemplos totalmente genéricos las lindes donde comienza el dominio de la injusticia, determinando al mismo tiempo su escalonamiento desde el grado más alto hasta el más bajo mediante unas pocas nociones principales. Con arreglo a ello, el concepto de *injusticia* es el primordial y positivo, mientras que su antagonista, el concepto del *derecho,* es derivado y negativo. Pues no hemos de atenernos a las palabras, sino a los conceptos. De hecho nunca se habría hablado del *derecho,* si no existiera la injusticia. El concepto del *derecho* entraña simplemente la negación de la injusticia, y bajo él se subsume cualquier acción que no transgrede los límites citados con anterioridad, esto es, que no niega la voluntad ajena en aras de afirmar con más rotundidad la propia. Desde el punto de vista de una determinación puramente *moral,* ese confín divide el ámbito global de las acciones posibles en aquellas que son justas o injustas. Tan pronto como una acción no irrumpa, del modo expuesto anteriormente, en la esfera de la afirmación ajena de la voluntad, negando a ésta, tal acción no es injusta. De ahí que, por ejemplo, la negación de auxilio en caso de imperiosa necesidad ajena o el ver tranquilamente morir de hambre a un extraño cuando uno nada en la abundancia sean actos crueles y demoniacos, mas no injustos: sólo cabe decir con plena seguridad de que quien es capaz de llevar la crueldad y la dureza de corazón hasta un grado tan extremo que incurrirá con toda certeza en la injusticia, tan pronto como lo exija su deseo y no se lo prohíba ninguna contención.

Pero el concepto del *derecho,* como negación de la injusticia, ha encontrado su principal aplicación, y sin duda también su primera génesis, en los casos en que una tentativa de injusticia se ve rechazada mediante la violencia, rechazo que a su vez no puede ser ella misma una injusticia y que por consiguiente es un derecho, aunque la violencia ejercitada con ello fuese injusta en sí considerada fuera de contexto y aquí sólo por su justificado motivo se convierte en un derecho. Cuando un individuo en la afirmación de su propia voluntad llega tan lejos que invade | la esfera de mi persona como tal afirmación de la voluntad esencial y con ello niega ésta, entonces mi rechazo de esa invasión sólo es la negación de aquella negación y, en esa medida, por mi parte no es más que afirmación de la voluntad que se manifiesta esencial y originariamente en mi cuerpo, y que ya queda expresada implícitamente por su mero fenómeno; así pues, no se trata de una injusticia, sino de un derecho. Esto significa que yo tengo un *derecho* a negar esa negación ajena con la fuerza necesaria para neutralizarla, algo que, como resulta fácil de comprender, puede llegar hasta el extremo de dar muerte a ese individuo ajeno, cuyo perjuicio, como invasora violencia externa, puede verse rechazado con una violencia preponderante a modo de contraefecto, sin incurrir en injusticia alguna y con todo derecho; pues todo lo que acontece por mi parte se da siempre en la esfera de mi persona como afirma-

401

ción de la voluntad esencial expresada por ella (la cual es el escenario de la lucha), sin invadir la esfera ajena, y por consiguiente sólo es negación de la negación, por tanto, afirmación, no la negación misma. Así pues, yo puedo, *sin injusticia, coaccionar* a mi voluntad, tal como ésta se manifiesta en mi cuerpo y la aplicación de sus fuerzas para su mantenimiento, para negar la voluntad ajena y rechazar la negación de ésta, sin incurrir en la negación de una voluntad que mantiene iguales barreras: esto es, tengo un *derecho de coacción*.

En todos los casos en que tengo un derecho de coacción, un pleno derecho a utilizar la violencia contra otros, en función de las circunstancias también puedo recurrir a la *astucia* tanto como a la *violencia* ajena, sin cometer injusticia y, por consiguiente, poseo un efectivo *derecho a mentir en la misma medida en que poseo uno de coacción*. De ahí que proceda justamente quien asegura no tener nada más consigo a los atracadores que le están asaltando; e igualmente quien conduce mediante una mentira hacia el sótano, para encerrarlo allí, al ladrón que ha entrado por la noche en su casa. Un hombre secuestrado por bandidos, como los piratas berberiscos, para conseguir su liberación tiene derecho a matar no sólo con franca violencia, sino también con alevosía. Por eso tampoco es vinculante una | promesa arrancada inmediatamente por la violencia corporal; quien padece semejante coacción puede librarse del opresor con pleno derecho mediante la muerte, si no consigue embaucarlo. Quien no puede recuperar su propiedad robada mediante la violencia no comete injusticia alguna, si lo procura mediante la astucia. Si alguien se juega conmigo el dinero que me ha robado, tengo el derecho de utilizar dados falsos contra él, porque todo cuanto le gane ya me pertenece. Quien quiera negar esto tendría que rechazar aún más la legitimidad de las estratagemas de la guerra, que son una mentira fáctica y prueban esta sentencia de la reina Cristina de Suecia: «No hay que estimar en nada las palabras de los hombres y apenas cabe fiarse de sus actos». Con esta brusquedad lindan las fronteras del derecho con las de lo injusto. Por lo demás considero ocioso demostrar que todo esto coincide plenamente con lo dicho más arriba sobre la ilegitimidad de la mentira y de la violencia: también puede servir para ilustrar las peregrinas teorías sobre la mentira oficiosa*.

Conforme a lo dicho hasta el momento, la injusticia y el derecho son meras determinaciones *morales,* esto es, que no tienen validez para considerar el obrar humano en cuanto tal y en relación con el *significado interno de este obrar en sí.* Este significado se notifica inmediatamente a la consciencia, por una parte, porque el obrar injusto se ve acompañado por un dolor interno, un dolor sentido por la consciencia de quien perpetra la injusticia a causa del desmedido vigor con que se afirma la voluntad en él mismo, la cual llega al extremo de negar el fenómeno ajeno de la voluntad; así como también que él es distinto como fenómeno de quien padece la injusticia, pero en sí es idéntico a él. Luego proseguiremos el análisis de este significado interno de todo remordimiento. De otro lado, quien padece la injusticia es dolorosamente consciente de la negación de su voluntad, tal como esta voluntad es expresada por su cuerpo y sus necesidades naturales, cuya satisfacción le ha encomendado la naturaleza a las fuerzas de ese cuerpo; | y al mismo tiempo es consciente de que podría rechazar de cualquier modo aquella negación sin cometer injusticia, si no adolece del poder para ello. Este significado puramente moral es el único que tienen lo justo y lo injusto para los hombres en cuanto hombres, no en cuanto ciudadanos de un Estado, significado que subsiste también en el estado de naturaleza, al margen

---

* Un desarrollo más completo de la teoría del derecho expuesta aquí se encuentra en mi ensayo *Sobre el fundamento de la moral,* § 17, pp. 221-230.

de cualquier ley positiva, y que constituye el fundamento y el contenido de lo que se ha llamado *derecho natural,* pero sería mejor denominar derecho moral, pues su validez no abarca el sufrimiento, la realidad exterior, sino sólo el hacer y el autoconocimiento de su voluntad individual que a partir de ese hacer crece en el hombre, autoconocimiento que recibe el nombre de *conciencia moral,* pero que en el estado de naturaleza no se puede hacer valer también hacia afuera sobre otros individuos e impedir que no impere la violencia en lugar del derecho. En el estado de naturaleza depende simplemente de cada cual el no *acometer* una injusticia, pero en modo alguno el no *padecer* la injusticia en cada caso, lo cual depende de su azarosa violencia externa. De ahí que los conceptos de justo e injusto sean válidos también para el estado de naturaleza y no sean convencionales en modo alguno, si bien sólo son válidos como conceptos *morales* para el autoconocimiento de la propia voluntad en cada cual. En la escala de los distintos grados de vigor con que se manifiesta la voluntad de vivir en los individuos humanos, los conceptos de justo e injusto son un punto fijo, similar al punto álgido en los termómetros, a saber, el punto donde la afirmación de la propia voluntad se vuelve negación de la ajena, esto es, el punto en que la voluntad refleja el grado de su intensidad, combinado con el grado de confusión del conocimiento en el principio de individuación (que es la forma del conocimiento que se halla enteramente al servicio de la voluntad), merced al obrar injusto. Pero quien quiera marginar o desmentir la consideración puramente moral del obrar humano y considerar éste tan sólo en función de su eficacia externa y de su éxito por supuesto que puede imitar a Hobbes, explicando lo justo e injusto como determinaciones adoptadas arbitraria y convencionalmente, que no existirían al margen de la ley positiva, y nunca podríamos probarle por medio de la experiencia externa lo que no pertenece a ella; al igual que tampoco podríamos probárselo al mismo Hobbes, | quien caracteriza de una manera sumamente curiosa su modo de pensar consumadamente empírico en su libro *Sobre los principios de los geómetras*[46], donde reniega de toda la matemática pura y afirma obstinadamente que el punto tiene extensión y la línea anchura, y si nunca podríamos enseñarle un punto inextenso o una línea sin anchura, tampoco podemos probarle la apriorididad de las matemáticas, ni la apriorididad del derecho, al dar la espalda de una vez por todas a todo conocimiento no empírico.

La pura *teoría del derecho* es, por lo tanto, un capítulo de la *moral* y se ocupa directamente del *hacer,* no del *sufrir*. Pues sólo el hacer es una exteriorización de la voluntad, y ésta es lo único que considera la moral. El sufrimiento es un mero acontecimiento: la moral sólo puede tomarlo en cuenta indirectamente, tan sólo para probar que lo tendente a evitar el sufrimiento de la injusticia no supone un acto injusto. El desarrollo de ese capítulo de la moral tendría por contenido la exacta determinación de los límites hasta los que puede llegar el individuo al afirmar la voluntad ya objetivada en su cuerpo, sin que tal afirmación se vuelva una negación de aquella voluntad que se manifiesta en algún otro individuo, y también la determinación de las acciones que transgredan esos límites, las cuales son injustas y por eso pueden verse rechazadas sin injusticia. Así pues, el propio *hacer* seguirá estando en el punto de mira.

Pero en la experiencia externa aparece, como acontecimiento, el *sufrir la injusticia* y en él se manifiesta con más claridad que en ningún otro lugar, como ya se ha dicho, el fenómeno del antagonismo de la voluntad de vivir consigo misma, producida por la pluralidad de los individuos y del

---

[46]. Cfr. Hobbes, *Sobre los principios y racionamientos de los geómetras,* Londres, 1661.

egoísmo, estando ambas cosas condicionadas por el principio de individuación, que es la forma del mundo como representación de cara al conocimiento del individuo. Como también hemos visto antes, una gran parte del sufrimiento consustancial a la vida humana tiene sus fuentes, cuyo fluir es continuo, en ese antagonismo de los individuos.

La razón común a todos estos individuos, que no sólo les permite conocer el caso concreto, como en los animales, sino también conocer abstractamente la trabazón del conjunto, pronto les enseña a comprender la fuente de ese sufrimiento y | les hace pensar en los medios para mitigar o suprimir dicho sufrimiento allí donde sea posible, mediante un sacrificio colectivo que prevalece por la ventaja colectiva resultante del mismo. El obrar injusto que tan grato le resulta al egoísmo particular en determinados casos tiene un correlato necesario en el sufrimiento de la injusticia por parte de algún otro individuo, al que le supone un enorme dolor. La razón que reflexiona sobre el conjunto, al abandonar el punto de vista unilateral del individuo al que pertenece y sustraerse por un instante del apego a éste, vio que el goce del obrar injusto en un individuo queda siempre superado por un sufrimiento proporcionalmente mayor en otro individuo que padecía la injusticia y además se encontró con que, como aquí todo está en manos del azar, cada cual habría de temer que participara más raramente del disfrute de un obrar injusto que del dolor de padecer la injusticia. A renglón seguido la razón reconoció que, tanto para disminuir el sufrimiento diseminado sobre todos como para distribuirlo lo más homogéneamente posible, el mejor y único medio es que todos renuncien al goce a conseguir mediante el obrar injusto. Este medio, ideado con facilidad y perfeccionado paulatinamente por el uso de la razón, al proceder metódicamente y hacer abandonar al egoísmo su parcial punto de vista, es el *contrato social* o la *ley*. Platón presenta ya su origen en la *República* tal como yo lo ofrezco aquí. De hecho, ese origen es el único esencialmente establecido por la naturaleza de la cuestión. El Estado no puede haber tenido otro origen en país alguno, pues sólo esta génesis, este fin, lo convierte en Estado. A este respecto es indiferente si la situación que le precedía en cada pueblo era la de un tropel de salvajes independientes entre sí (anarquía) o la de un montón de esclavos dominado por el arbitrio del más fuerte (despotismo). En ambos casos todavía no existía ningún Estado; éste sólo surge gracias a ese contrato colectivo, y, según se halle este contrato más o menos entremezclado con la anarquía o el despotismo, el Estado será más perfecto o imperfecto. Las repúblicas tienden a la anarquía, las monarquías al despotismo y, en el término medio ideado por ello, las monarquías constitucionales, se tiende al dominio de las facciones. Para fundar un Estado perfecto, habría que comenzar por crear seres cuya naturaleza tolerase sacrificar el provecho propio al público. Pero hasta entonces resulta más asequible que haya *una* familia cuya prosperidad sea inseparable de la del país, de suerte que, cuando menos en lo principal, nunca se pueda fomentar lo uno sin lo otro. En esto estriba la fuerza y el privilegio de la monarquía hereditaria.

La moral se ciñe exclusivamente al *obrar* justo o injusto y puede señalar con exactitud las fronteras de su actuación a quien decidiese no cometer injusticia alguna; por el contrario, la ciencia política, la teoría legislativa, se centra únicamente en el *sufrir* la injusticia y nunca se preocuparía por el *obrar* injusto, si no fuera por causa de su correlato necesario, el *sufrimiento* de la injusticia, el cual está bajo su punto de mira como el enemigo al que oponerse. Si cupiera imaginar un obrar injusto que no se hallase coaligado por otra parte con un padecimiento de la injusticia, entonces el Estado, consecuentemente, no lo prohibiría en modo alguno. Además, como en la *moral* la voluntad, la intención, es el único objeto real a considerar, la firme voluntad de perpetrar una injusticia, que sólo ha quedado truncada y se ha hecho inviable por mor de un poder externo, vale para ella tanto como la injusticia cometida realmente, y semejante volición se ve condenada de inmediato como injusta ante su tribunal. En cambio al Estado la voluntad y la intención como tales no le interesan en absoluto, sino únicamente el *acto* (meramente intentado o llevado a cabo), a causa de su correlato, del *sufrimiento* de la otra parte: para el Estado lo único real es el hecho, el acontecimiento: la intención, el propósito, sólo será investigado en la medida en que a partir de ahí se haga reconocible el significado del acto. Por ello el Estado no prohibirá a nadie acariciar continuamente la idea de asesinar o envenenar a algún otro, toda vez que sabe con certeza que el miedo a la espada y la rueda refrenarán constantemente los efectos de ese querer. Tampoco alberga el Estado en modo alguno el disparatado plan de extirpar la inclinación a cometer injusticias, | la mala intención, sino el de colocar siempre junto a cada posible motivo para perpetrar una injusticia un motivo preponderante para omitirla, cual es el de los indefectibles castigos; con arreglo a ello el código penal es un registro lo más completo posible de contramotivos de las acciones criminales presumidas como posibles; tanto los crímenes como los contramotivos son presentados en abstracto, para aplicar las penas en concreto a cada caso que se presente. La teoría política, o la legislación, para este fin suyo de la política, tomará prestado de la moral ese capítulo que es la doctrina del derecho y que junto al significado intrínseco de lo justo y lo injusto determina con exactitud las fronteras entre ambos, pero única y exclusivamente para utilizar su reverso y examinar desde el otro lado todas las fronteras que la moral señala como infranqueables, si no se quiere *cometer* injusticia, considerándolas como fronteras cuya transgresión por parte de los otros no cabe permitir, si no se quiere *padecer* injusticia, y hasta las que por tanto se tiene *derecho* a hacer retroceder a los otros: por eso estas fronteras quedan fortificadas mediante la ley por la vertiente pasiva. De aquí se sigue que, al igual que al historiador se le ha calificado ingeniosamente como un «profeta vuelto del revés», el jurista es un «moralista vuelto del revés» y también la doctrina del derecho en sentido estricto, o sea, la doctrina de los *derechos* que cabe sostener, es la moral vuelta del revés, en el capítulo donde ésta enseña los derechos que no cabe vulnerar. El concepto de injusticia y su negación del derecho es originariamente *moral,* pero se vuelve *jurídico* mediante la traslación del punto de partida desde la vertiente activa a la pasiva, es decir, merced a su inversión. Esto, junto a la doctrina kantiana del derecho, que deduce muy falsamente la instauración del Estado como un deber moral a partir de su imperativo categórico, ha dado lugar con extrema frecuencia durante los últimos tiempos al muy peregrino error de creer que el Estado sea una institución orientada al fomento de la moralidad y contra el egoísmo. ¡Como si la intención interior, lo único que incumbe a la moralidad o a la inmoralidad, la voluntad eternamente libre, se dejase modificar por influencias externas! Más absurda aún es la teoría | conforme a la cual el Estado sería la condición de la libertad en sentido moral y por tanto de la moralidad: dado que, si la libertad reside allende el fenómeno, con mucha más razón ha de residir allende las instituciones humanas. El Estado –como se ha dicho– está tan poco enfrentado contra el egoísmo en general y en cuanto tal que, justo a la inversa, está bien provisto de un egoísmo que se comporta metódicamente y abandona el punto de vista unilateral para adoptar uno universal; el Estado ha surgido por la suma de todos los egoísmos colectivos y existe únicamente para servir a este egoísmo resultante, al haberse erigido bajo el correcto presupuesto de que no cabe aguardar una moralidad pura, esto es, un comportamiento justo por principios morales que, de darse, haría superfluo al Estado. Así pues, el Estado no se ha erigido en modo alguno contra el egoísmo, sino tan sólo en contra de las perniciosas consecuencias del egoísmo que se originan por la pluralidad de individuos egoístas mutuamente enfrentados y que distorsionan el bienestar de dichos individuos, un bienestar que sí es perseguido por el Estado. Por eso dice ya Aristóteles: «El fin del Estado es el buen vivir, esto es, el vivir feliz y pulcramente»[47]. También Hobbes ha expuesto magistralmente este origen y fin del Estado; al igual que asimismo el antiguo adagio de todo ordenamiento político: «El bien común es la primera ley»[48]. Si el Estado alcanzase plenamente su fin se produciría el mismo fenómeno que si imperara la más perfecta equidad de las intenciones. Pero la esencia interior y el origen de ambos fenómenos serían los opuestos. En el último caso se trataría de que nadie querría *cometer* una injusticia; en el primero se trataría de que nadie querría *padecer* la injusticia y de que se habrían aplicado cabalmente los medios pertinentes a tal fin. La misma línea se deja trazar a partir de dos direcciones contrapuestas, y un carnívoro con bozal resulta tan inofensivo como un herbívoro. Pero el Estado no puede sobrepasar este punto y, por lo tanto, no puede mostrar un fenómeno igual al que surgiría de una benevolencia y un amor recíprocamente universales. Pues el Estado –como veíamos antes– con arreglo a su naturaleza no prohibiría un obrar injusto al que no le correspondiera un correlativo padecimiento de la injusticia y que, sólo porque esto es imposible, | impide ese obrar injusto; a la inversa, conforme a su tendencia orientada hacia el bienestar de todos, velaría de buen grado para que cada cual *recibiese* la

---

47. Cfr. Aristóteles, *Política* III, 9.
48. Cfr. Cicerón, *De las leyes* III, 3, 8.

benevolencia y las obras de todo tipo de filantropía, si éstas no tuvieran también un correlato indispensable en la *ejecución* de la caridad y la beneficencia, porque cada ciudadano querría asumir el papel pasivo, sin encontrarse ninguno para desempeñar el papel activo, ni tampoco ninguna razón para asignar este último papel a un ciudadano antes que al otro. Y es que sólo cabe *obligar* a lo negativo, que es justamente el *derecho,* mas no a lo positivo, aquello que se ha dado en llamar deberes del amor o deberes imperfectos.

Como hemos visto, la legislación toma prestada de la moral la pura doctrina del derecho, o la teoría de la esencia y los límites de lo justo y lo injusto, para aplicarla del revés a sus fines, bien ajenos a los de la moral, e instaurar luego la legislación positiva y los medios para su sostenimiento, esto es, el Estado. La legislación positiva es, por lo tanto, una doctrina puramente moral del derecho aplicada por el reverso. Esta aplicación de la doctrina del derecho puede atender a las peculiares relaciones y circunstancias que concurran en un determinado pueblo. Ahora bien, sólo cuando la legislación positiva está determinada en lo esencial conforme a la guía de la doctrina pura del derecho, y cabe constatar para cada uno de sus estatutos un fundamento en la doctrina pura del derecho, es la legislación resultante un auténtico derecho positivo y el Estado una asociación *jurídica,* un *Estado* en el sentido estricto de la palabra, una lícita institución moral, no inmoral. En caso contrario, la legislación positiva es la fundamentación de una *injusticia positiva,* siendo manifiestamente ella misma una forzosa injusticia. De esta clase es todo despotismo, la constitución de la mayoría de los reinos mahometanos e incluso algunos capítulos de muchas otras constituciones, v.g. la esclavitud, la servidumbre, etc. La doctrina pura del derecho, o el derecho natural, que sería mejor llamar «derecho moral», subyace, aunque siempre por inversión, como fundamento de toda legislación jurídica positiva, al igual que la matemática pura lo es de cada una de sus ramas aplicadas. Los puntos más importantes de la doctrina pura del derecho, tal como la filosofía los ha suministrado a la legislación con ese fin, son los siguientes: 1) La explicación del intrínseco | significado específico y del origen de los conceptos de injusticia y derecho, así como de su aplicación y de su lugar en la moral. 2) La deducción del derecho de propiedad. 3) La deducción de la validez moral de los contratos, por cuanto ésta es la fundamentación ética del contrato social. 4) La explicación de la génesis y del fin del Estado, de la relación de este fin con la moral y de la oportuna transposición de esta relación de la doctrina moral del derecho a la legislación por vía de inversión. 5) La deducción del derecho penal. El resto del contenido de la doctrina del derecho es la mera aplicación de tales principios, a la hora de determinar las fronteras de lo justo y lo injusto en todos los posibles avatares de la vida, que se ven agrupados y clasificados bajo ciertos criterios y títulos. En estas teorías particulares coinciden bastante todos los manuales del derecho puro: sólo divergen sobremanera los principios, dado que éstos siempre están estrechamente relacionados con algún sistema filosófico. Tras haber determinado y esclarecido tan breve como genéricamente cuatro de estos cinco puntos capitales, con arreglo a nuestro propio sistema filosófico, todavía queda por tratar el relativo al derecho penal.

Kant mantiene la tesis radicalmente falsa de que al margen del Estado no habría ningún derecho de propiedad cabal. Con arreglo a nuestra deducción en el estado de naturaleza también hay propiedad con derechos perfectamente naturales, esto es, derechos morales, que no pueden ser vulnerados sin injusticia, pero que pueden ser defendidos hasta el extremo sin injusticia. En cambio, es cierto que fuera del Estado no hay ningún *derecho penal.* Todo derecho de castigar está fundamentado únicamente por la ley positiva, la cual ha determinado un castigo *antes* del delito, cuya amenaza, como contramotivo, debiera prevalecer frente a todos los eventuales motivos de ese delito. Esta ley positiva hay que considerarla como sancionada y reconocida por todos los ciudadanos del Estado. Se funda, por tanto, en un contrato común a cuyo cumplimiento están obligados los miembros del Estado bajo cualesquiera circunstancias, viéndose obligados por tanto a la ejecución de los castigos por una parte y a su aceptación por la otra: de ahí que la aceptación se imponga con derecho. Por consiguiente, el inmediato *fin de la pena* en cada caso concreto es *la ejecución de la ley como un | contrato*. Pero el único fin de la *ley* es la *intimidación* del menoscabo de los derechos ajenos: pues para quedar protegido ante el padecimiento de la injusticia es por lo que cada cual se incorpora al Estado, renuncia a cometer actos injustos y echa sobre sí las cargas para de mantenimiento del Estado. Así pues, la ley y su ejecución, el castigo, se hallan esencialmente orientadas hacia el *futuro* y no hacia el *pasado*. Esto diferencia al *castigo* de la *venganza,* la cual está motivada exclusivamente por lo acontecido, o sea, por el pasado en cuanto tal. Todo desquite de la injusticia causando un dolor sin fin alguno para el futuro es venganza y no puede tener ningún otro fin que consolarse de lo padecido gracias al espectáculo del sufrimiento ajeno que uno mismo ha ocasionado. La venganza es malvada y cruel, y no se justifica éticamente. La injusticia que alguien me inflige no me autoriza en modo alguno a infligirle una injusticia. Pagar el mal con el mal sin un propósito ulterior no se justifica ni moralmente, ni mediante algún fundamento racional, y el *jus talionis*[49], erigido como el perma-

---

49. La famosa ley del talión o derecho a la represalia consiste en hacer sufrir al delincuente un daño igual al que causó; se trata del célebre «ojo por ojo y diente por diente».

nente y último principio del derecho penal, carece de sentido. Por eso la teoría kantiana del castigo como mera represalia, por voluntad de revancha, es un parecer totalmente infundado y absurdo. Sin embargo, todavía se trasguea siempre en los escritos de muchos juristas bajo frases distinguidas que ensartan palabras vanas: mediante el castigo el delito quedará expiado, o neutralizado y suprimido u otras cosas por el estilo. Pero ningún hombre está autorizado a erigirse en juez y vengador puramente moral para castigar los desmanes de otros mediante dolores que él le inflija e imponerle así una penitencia. Esto sería más bien una arrogancia sumamente desmedida; de ahí el aserto bíblico: «Mía es la venganza y yo seré quien castigue, dice el Señor»[50]. Desde luego, el hombre posee el derecho a velar por la seguridad de la sociedad, pero esto sólo puede hacerse prohibiendo bajo pena todas las acciones que designa la palabra «criminal», para prevenirlas mediante contramotivos que son la amenaza de los castigos; amenaza que sólo puede ser eficaz mediante su ejecución en los casos que tienen lugar pese a ella. Que el fin del castigo, o más exactamente de la ley penal, sea la intimidación del delito es algo universalmente reconocido e incluso una verdad evidente de suyo, la cual está expresada en Inglaterra por las muy antiguas actas de acusación que todavía hoy sirven para los procesos criminales del fiscal de la corona, al concluir con estas palabras: «Si esto queda probado, entonces Vd. –fulanito de tal– ha de ser castigado con la pena legal, para disuadir a otros de cometer crímenes similares en los tiempos venideros»[51]. Si un príncipe deseara indultar a un delin-

---

50. Cfr. Epístola de San Pablo a los romanos XII, 19.
51. Schopenhauer toma esta formulación del *Mensajero de Galigagni* fechado el 4 de julio de 1857, donde se reproduce una copia del acta de acusación contra Madeleine Smith en Glasgow.

cuente justamente condenado, su ministro le objetará que entonces ese delito se repetirá muy pronto. Lo que diferencia al castigo de la venganza es el fin de cara al futuro; el castigo sólo tiene este fin cuando es ejecutado con miras al *cumplimiento de una ley* y, al anunciarse como ineludible también para cualquier caso venidero, confiere a la ley la fuerza de intimidar, que es su meta. Con toda seguridad un kantiano vendría a objetar aquí que con este planteamiento se utilizaría al delincuente castigado «simplemente como *medio*». Pero esta tesis tan infatigablemente repetida por todos los kantianos de que «hay que tratar a los hombres siempre como fin, nunca como medio»[52], suena sin duda muy importante y por ello es un enunciado al que se ven sobremanera inclinados quienes gustan de tener una fórmula que les dispense de seguir pensando; pero expuesta a la luz es una sentencia sumamente vaga que alcanza muy indirectamente su propósito y cuya aplicación a cada caso precisa primero de una explicación, determinación y modificación particulares, pero que tomada universalmente resulta insuficiente, dice muy poco y resulta harto problemática. El asesino condenado conforme a la ley a la pena de muerte ha de ser utilizado sin duda y con pleno derecho como mero *medio*. Pues por él se ha perturbado la seguridad pública, el fin primordial del Estado, y ésta se ve suprimida si la ley queda sin cumplir; por eso él, su vida, su persona, ha de ser

---

52. Las formulaciones literales de Kant son éstas: «No utilizarlo simplemente como medio sin considerarlo al mismo tiempo cual si fuera un fin en sí mismo» (*KpV.* Ak. V 87; *Crítica de la razón práctica,* Alianza Editorial, Madrid, 2000, p. 183); «el hombre es un *fin en sí mismo,* es decir, que nunca puede ser utilizado como mero medio por nadie (ni aun por el mismo Dios)» (*KpV,* Ak. V 131; ed. cast. cit., p. 251); «cada cual nunca debe tratarse a sí mismo ni a los demás *simplemente como un medio,* sino siempre *al mismo tiempo como un fin en sí mismo*» (*Grundl.,* Ak. IV, 433; *Fundamentación para una metafísica de las costumbres,* Alianza Editorial, Madrid, 2002, p. 122).

ahora el *medio* para cumplir la ley y restablecer con ello la seguridad pública; ahora se ha convertido con todo derecho en medio para la ratificación del contrato social que también fue suscrito por él en cuanto ciudadano y, | en virtud del cual, para disfrutar de seguridad en lo relativo a su vida, libertad y propiedad, él había entregado como prenda de la seguridad de todos su vida, su libertad y su propiedad, una fianza que ahora es confiscada.

Esta teoría del castigo expuesta aquí, que es inmediatamente obvia para la sana razón, no contiene en lo principal ningún pensamiento novedoso, si bien resultaba obligado exponerla con claridad y despojada de los errores introducidos recientemente en ella. Lo esencial de dicha teoría está ya contenido en cuanto Pufendorf dice al respecto (cfr. *Del deber del hombre y del ciudadano* [1673], libro II, cap. 13). Con ella coincide igualmente Hobbes (cfr. *Leviatán* [1651], caps. 15 y 28). Como se sabe, en nuestros días la ha defendido Feuerbach[53]. Asimismo se encuentra en las sentencias de los filósofos de la Antigüedad: Platón la presenta claramente en el *Protágoras* [323 d-324 b], así como en el *Gorgias* [525 a-c.] y finalmente en el libro XI de *Las leyes* [934 a-c.]. Séneca expresa perfectamente la opinión de Platón y la teoría de todo castigo con estas concisas palabras: «Ningún hombre prudente castiga porque se haya cometido una falta, sino para que no se vuelva a cometer»[54].

Así pues, como hemos visto, en el Estado, el medio merced al cual el egoísmo provisto de razón intenta evitar sus propias funestas consecuencias que se vuelven contra él mismo, cada cual fomenta el bien de todos porque ve comprendido ahí su propio provecho. Si el Estado alcanzase plenamente su fin y supiera servirse paulatinamente del res-

---

53. Cfr. Feuerbach, *Anti-Hobbes,* Erfurt, 1798 (cap. 7, pp. 201-226).
54. Cfr. *Sobre la ira* I, 19, 7.

to de la naturaleza mediante todas las fuerzas humanas asociadas en él, entonces en cierta medida podría finalmente eliminar todo tipo de males e instaurar así algo muy parecido al país de Jauja. Ahora bien, en parte, el Estado dista siempre mucho de conseguir ese objetivo; en parte, siempre seguiría habiendo innumerables males que son consustanciales a la vida, los cuales, de verse eliminados también, cederían automáticamente su puesto al aburrimiento, con lo cual el sufrimiento se mantendría tras todo ello al igual que antes; además, el Estado nunca puede suprimir por completo la discordia de los individuos, que hostiga en las pequeñas escaramuzas, allí donde se prohíben las grandes pugnas; a la postre, cuando la Eris es felizmente expulsada del interior, se vuelve finalmente hacia el exterior: desterrada como conflicto entre los individuos por la instauración del Estado, retorna de nuevo desde fuera como guerra entre | los pueblos y exige el pago al por mayor de una sola vez, como una deuda acumulada, de los cruentos sacrificios que le habían sido sustraídos al por menor. Suponiendo que todo esto también fuese superado y eliminado finalmente, gracias a la prudencia sustentada por la experiencia de milenios, entonces el resultado final sería la efectiva superpoblación de todo el planeta. Lo cual daría lugar a un espantoso mal que sólo puede figurarse una imaginación audaz*.

§ 63.

Hemos estudiado la *justicia temporal,* que tiene su sede en el Estado, como retributiva o punitiva, y hemos visto que semejante justicia sólo se vuelve tal con miras al futuro; sin estas miras todo castigo y retribución de un ultraje se queda

---

* Cfr. el capítulo 47 del segundo volumen.

sin justificación alguna e incluso supondría la mera adición de un segundo mal a lo sucedido, sin sentido ni significado algunos. Pero algo completamente distinto sucede con la *justicia eterna,* que ya fue mencionada antes y que no gobierna el Estado, sino el mundo, que no depende de las instituciones humanas, ni está sometida al azar y al engaño, no es insegura, vacilante y errónea, sino que es infalible, firme y segura. El concepto de retribución entraña ya dentro de sí el tiempo; de ahí que la *justicia eterna* no pueda ser retributiva, ni consienta al igual que la punitiva aplazamiento o intervalo algunos, precisando del tiempo para existir y equiparar sólo a través del tiempo el mal acto con la mala consecuencia. En la justicia eterna el castigo ha de estar tan asociado con el delito que ambos son uno. «¿Acaso creéis que los delitos se elevan con alas a la etérea morada de los dioses donde alguien las inscribe en las tablas de Zeus y luego éste imparte justicia entre los hombres a la vista de ello? Mas el cielo no sería suficientemente grande para que Zeus escribiese allí los pecados humanos ni tampoco los abarcaría para distribuir luego sus castigos. ¡No! Los castigos ya están aquí, con tal de que uno quiera verlos»[55]. | Que semejante justicia eterna subsiste realmente en la esencia del mundo resultará en seguida perfectamente obvio a partir de nuestro pensamiento desarrollado hasta el momento para quien lo haya captado.

La manifestación, la objetivación de una voluntad de vivir es el mundo, en toda la pluralidad de sus partes y formas. La existencia misma y el tipo de existencia, tanto en la totalidad como en cada parte, únicamente se deben a la voluntad. La voluntad es libre, es omnipotente. En cada cosa la voluntad se manifiesta justamente tal como se ha deter-

---

55. Cfr. Estobeo, *Extractos* I, cap. IV, 14. Este fragmento pertenece a una tragedia perdida de Eurípides titulada *Melanipa o la cautiva.*

minado a sí misma al margen del tiempo. El mundo sólo es el espejo de este querer: toda finitud, todo sufrimiento, todo tormento que entraña le pertenecen como expresión suya de lo que ella quiere, son así porque así lo quiere. Cada ser soporta con la más estricta justicia la existencia en general, la existencia de su índole y de su idiosincrásica individualidad, enteramente tal cual es y bajo un entorno tal como es, en un mundo tal como es, dominado por el azar y el error, temporal, efímero y en continuo sufrimiento; todo lo que le ocurre es lo único que puede ocurrirle y le sucede en justicia. Pues su voluntad es la voluntad; y tal como es la voluntad, así es el mundo. La responsabilidad por la existencia y la índole de este mundo sólo puede recaer sobre él mismo y sobre ninguna otra instancia: pues ¿cómo asumiría de lo contrario esa responsabilidad la voluntad? Si se quiere saber qué valor tienen los hombres considerados moralmente en su conjunto y en general, hay que considerar su destino en conjunto y en general. Este destino es la carencia, la miseria, la desolación, el tormento y la muerte. La justicia eterna impera; si los hombres en su conjunto no fueran tan indignos, entonces su destino global no sería tan triste. En este sentido podemos decir que el mundo mismo es el juicio final. | Si pudiera depositarse toda la desolación del mundo en un platillo de la balanza y toda la culpa del mundo en el otro, el fiel de la balanza quedaría equilibrado.

Pero ciertamente el conocimiento según está puesto al servicio de la voluntad no presenta al individuo en cuanto tal el mundo tal como éste se descubre finalmente al investigador, como la objetivación de una y única voluntad de vivir que es él mismo, sino que la visión del tosco individuo queda empañada –como dicen los hindúes– por el velo de Maya: a él se le muestra, en vez de la cosa en sí, sólo el fenómeno, en el espacio y el tiempo, sometido al principio de individuación y las restantes formas del principio de razón;

416

y bajo esta forma de su limitado conocimiento él no ve la esencia de las cosas, que es una, sino sus fenómenos, como aislados, separados, innumerables, muy distintos e incluso contrapuestos. La voluptuosidad le parece una cosa y el tormento otra distinta, ve a este hombre como torturador y asesino, a aquél como mártir y víctima, lo malo por un lado y el mal por el otro. Ve vivir al uno con alegría, opulencia y sensualidad, al tiempo que ante sus puertas ve al otro morir por la penuria y atormentado por el frío. Entonces se pregunta: ¿dónde queda la retribución? Y él mismo, con el vehemente impulso volitivo que es su origen y su esencia, apresa los placeres y los goces de la vida, abrazándolos firmemente, sin saber que por ese mismo acto de su voluntad asume todos los dolores y tormentos de la vida cuya visión le estremece. Ve lo malo, ve el mal en el mundo: pero dista de reconocer que ambos son sólo dos caras distintas del fenómeno de una voluntad de vivir, los tiene por cosas muy diversas e incluso enteramente contrapuestas y a menudo intenta mediante el mal, esto es, causando el sufrimiento ajeno, sustraerse a lo malo, al sufrimiento del propio individuo, sumido en el principio de individuación, engañado por el velo de Maya. Pues, al igual que sobre el mar embravecido, que alza y sumerge desde todas partes ululantes montañas de agua, un marino sobre un bote confía en su débil embarcación, así de tranquilo se sitúa el hombre individual en medio de un mundo plagado de tormentos, | sostenido y confiado sobre el principio de individuación o sobre el modo en que el individuo reconoce las cosas en cuanto fenómeno. El mundo sin límites, lleno de sufrimiento por doquier en un pasado y un futuro infinitos, le es tan ajeno como un cuento: lo único que tiene realidad para él es su diminuta persona, su improrrogable presente, su momentáneo acontecer; y todo cuanto hace se encamina a mantener esto mientras no le abre los ojos un mejor conocimiento. Hasta entonces sólo en lo más profundo de su consciencia vive el muy oscuro presentimiento de que todo eso no le es propiamente tan ajeno, sino que tiene con él una conexión ante la cual no le puede salvaguardar el principio de individuación. De este presentimiento dimana ese indeleble *espanto* común a todos los hombres (y tal vez incluso a los animales más listos) que le invade repentinamente cuando, por algún azar, parece quedar desconcertado por el principio de razón, al encontrar una excepción al principio de razón en alguna de sus formas: v.g., cuando parece darse ante él un cambio sin causa, o la presencia de un difunto, o se actualiza lo pasado, o se hace presente lo futuro, o se hace cercano lo lejano. El estremecimiento que nos invade ante casos así se debe a que repentinamente lo descarrían de las formas de conocimiento de los fenómenos, las únicas que mantienen separado su propio individuo del resto del mundo. Pero esta separación sólo subyace a los fenómenos y no a la cosa en sí: en ello estriba la justicia eterna. De hecho toda dicha temporal y toda prudencia se sustentan sobre un suelo socavado. Ellas protegen a la persona de las vicisitudes y procuran sus goces; pero la persona es mero fenómeno, y su diferencia respecto de otros individuos, así como el estar libre de los sufrimientos que éstos soportan, descansa sobre la forma del fenómeno, el principio de individuación. Según la verdadera esencia de las cosas cada cual ha de considerar como suyos todos los sufrimientos del mundo, ha de considerar como reales para él todos los sufrimientos posibles, mientras esté aferrado a la voluntad de vivir, esto es, mientras afirme la vida con todas sus fuerzas. Para el conocimiento que ve a través del principio de individuación es una vida dichosa en el tiempo, regalo del azar o conquistada por la prudencia, | en medio de los sufrimientos de innumerables otros, pero todo esto es tan sólo el sueño de un mendigo en el que se cree rey; al despertar de tal sueño ha de comprobar que sólo un efímero engaño le había disociado del sufrimiento de su vida.

Al conocimiento que sigue el principio de razón y se halla sumido en el principio de individuación se le hurta la visión de la justicia eterna: lo entremezcla todo, cuando no lo salva mediante ficciones. Ve a los malvados vivir alegremente y abandonar el mundo con toda tranquilidad, tras haber cometido todo tipo de fechorías y crueldades. Ve a los oprimidos arrastrar hasta el final una vida plagada de sufrimiento, sin que aparezca un vengador remunerativo. Pero la justicia eterna sólo la concebirá y captará quien, al elevarse por encima del conocimiento que progresa con el hilo conductor del principio de razón y está ligado a las cosas singulares, reconozca las ideas, vea a través del principio de individuación y se percate de que a la cosa en sí no le incumben las formas del fenómeno. Sólo alguien así puede conocer también, merced a ese mismo conocimiento, la verdadera esencia de la virtud, tal como pronto se nos hará patente con la presente consideración, aunque para la práctica de dicha virtud no se requiera en modo alguno este conocimiento abstracto. Así pues, a quien llegue hasta el mencionado conocimiento le quedará claro que, como la voluntad es el «en-sí» de todo fenómeno, el tormento infligido sobre otros y el experimentado sobre uno mismo, lo malo y el mal, siempre atañen a uno y el mismo ser, aun cuando los fenómenos en que se presentan lo uno y lo otro existen como individuos totalmente distintos e incluso se hallan separados por tiempos y espacios distantes. Él comprende que la diferencia entre quien inflige el dolor y quien ha de padecerlo sólo concierne a los fenómenos y no a la cosa en sí, la cual es la voluntad que vive en ambos y que así se desconoce a sí misma, engañada por el conocimiento ligado a su servicio, al intentar acrecentar el bienestar en *uno* de sus fenómenos causando gran sufrimiento en el *otro,* y así clava con vehemencia los dientes en su propia carne, sin saber que siempre se hiere sólo a sí mismo, de tal modo que por medio de la individuación se revela el conflicto consigo mismo | que porta en su interior. El verdugo y la víctima son uno. Aquél se equivoca al creer que no participa en el tormento y éste se equivoca al creer que no participa de la culpa. Si ambos abrieran sus ojos, quien inflige el sufrimiento reconocería que vive en todo cuanto sufre tormento en el vasto mundo y, si está provisto de razón, reflexionará inútilmente sobre por qué se concita en la existencia tan enorme sufrimiento cuya culpa no comprende; y el atormentado comprendería que todos los males ya perpetrados o que se acometerán en el mundo fluyen de esa voluntad que constituye también *su* esencia, la cual se manifiesta también en *él,* y, mediante este fenómeno y su afirmación, asume sobre sí todos los sufrimientos que emanan de tal voluntad, padeciéndolos con justicia en tanto que él es esta voluntad. De este conocimiento habla ese profundo poeta que es Calderón en *La vida es sueño* [I, 2]: «Pues el delito mayor del hombre es haber nacido». ¿Cómo no habría de ser una culpa, si una ley eterna la sanciona con la muerte? Asimismo Calderón se limita a expresar con sus versos el dogma cristiano del pecado original.

El conocimiento vivo de la justicia eterna, la palanca de la balanza que vincula inseparablemente el mal de la culpa con el mal de la pena, exige elevarse completamente por encima de la individualidad y el principio de su posibilidad: de ahí que dicho conocimiento quedará continuamente inaccesible para la mayoría de los hombres, así como también el conocimiento claro y distinto –tan emparentado con él que se adquiere al mismo tiempo– de la esencia de toda virtud. Por eso los sabios ancestros del pueblo hindú en los *Vedas,* o la doctrina esotérica que sólo es asequible a las tres castas reencarnadas, expresaron tal conocimiento tan directamente como lo permitían los conceptos y el lenguaje, siendo su modo de exposición alegórico e incluso rapsódico; pero en la religión popular, o doctrina exotérica, sólo se participa míticamente. En los *Vedas* encontramos la exposición directa del fruto del supremo conocimiento y sabiduría humanos, cuyo núcleo nos ha sido legado finalmente en los *Upanisad* | como el mayor regalo de este siglo; entre sus variadas expresiones destaca aquella en que ante la mirada del neófito van desfilando todos los seres del mundo, vivos e inertes, y ante cada uno de ellos se pronuncia la fórmula, la palabra llamada *Mahâvâkya*[56] en cuanto tal, *tatoumes,* más exactamente *tat tvam asi,* que significa: «eso eres tú»*. Mas el pueblo, para poder captar esa gran verdad tan distante a su limitación, la tradujo al modo de conocimiento que sigue el principio de razón, que conforme a su esencia no puede asumir esa verdad pura y en sí, e incluso se halla en contradicción directa con ella, acogiendo únicamente un subrogado suyo bajo la forma del mito, el cual era suficiente como precepto regulador para el obrar, en tanto que hace concebible mediante una exposición alegórica su significado ético, pese a que este mismo sea eternamente ajeno al modo de conocer conforme al principio de razón; tal es el fin de todas las religiones, en tanto que ellas son revestimientos míticos de la verdad inaccesible al tosco sentido humano. En este sentido ese mito también puede llamarse, con el lenguaje de Kant, un postulado de la razón práctica; considerado como tal tiene la gran ventaja de no albergar sino los elementos que se hallan ante nuestros ojos en el reino de la realidad y por ello todos sus conceptos pueden acompañarse de intuiciones. El mito en cuestión es el de la transmigración de las

---

* *Oupnekhat,* vol. I, p. 60.
56. *Mahâvâkya* en sánscrito significa el «gran enunciado», la «verdad fundamental».

almas. Dicho mito enseña que todo sufrimiento infligido a otro ser en esta vida ha de expiarse sobre este mundo, exactamente a través del mismo sufrimiento, en una vida consecutiva; esto quiere decir que quien mata a un animal ha de renacer alguna vez como tal animal dentro del tiempo infinito y padecer la misma muerte. Enseña que la mala conducta trae consigo una vida futura sobre este mundo en un ser sufriente y menospreciado, que con arreglo a ello renacerá en una casta inferior, o como mujer, o como animal, como paria o *tschandala,* como leproso, como cocodrilo, etcétera. Todos los tormentos con que amenaza el mito los acompaña | de intuiciones del mundo real, a través de seres dolientes que no saben cómo se han hecho culpables del tormento, de suerte que el mito no necesita recurrir a ningún otro infierno. Sin embargo, el mito promete como recompensa el renacer en formas mejores y más nobles, como brahmanes, como sabios, como santos. La suprema recompensa que aguarda a los hechos más nobles y a la plena resignación, a la mujer que durante siete vidas consecutivas murió voluntariamente en la pira funeraria del marido y al hombre cuya boca nunca haya proferido una mentira, es una recompensa que el mito sólo puede expresar negativamente en el lenguaje de este mundo mediante la promesa tantas veces reiterada de no volver a renacer: «No asumirás de nuevo la existencia aparente»[57]; o tal como lo expresan los budistas, que no admiten ni los *Vedas* ni las castas: «Debes alcanzar el nirvana[58], esto es, un estado en el que no haya estas cuatro cosas: nacimiento, vejez, enfermedad y muerte».

421

---

57. Cfr. *Chândogya-úpanisad* VIII, 15; cfr. *Oupnekhat* XX, conclusión, vol. I, p. 69.
58. *Nirvâna* en sánscrito significa «extinción» y designa el estado de liberación o iluminación, caracterizado por la disolución del transitorio yo individual en el Brahma o alma cósmica. El nirvana libera del sufrimiento, la muerte y el renacer en otro estado de existencia.

Nunca un mito se ha ceñido tan estrechamente –ni tampoco lo hará jamás– a una verdad filosófica que sólo es accesible para unos pocos como esta vetusta doctrina del más noble y antiguo de los pueblos; dicha verdad, tan degenerada actualmente en muchos elementos, prevalece todavía en ese mito como creencia popular y sigue teniendo hoy, como hace cuatro mil años, una decisiva influencia sobre la vida. Por eso Platón y Pitágoras ya interpretaron con admiración esa insuperable presentación mítica, que tomaron a través de los hindúes o de los egipcios, la veneraron, la aplicaron e incluso –no sabemos hasta qué punto– creyeron en ella. En cambio, nosotros enviamos a los brahmanes clérigos ingleses y moravos, para enseñarles por compasión una doctrina mejor e indicarles que han sido hechos a partir de la nada, algo por lo cual deben alegrarse y estar agradecidos. Pero nos ocurre lo que le sucede a quien dispara un tiro contra una roca. En la India nunca se comprenderán ni arraigarán nuestras religiones: la sabiduría primigenia del género humano no se verá eliminada por los acontecimientos de Galilea. Por el contrario la sabiduría hindú refluirá hacia Europa y producirá una transformación fundamental en nuestro saber y pensar. |

§ 64.

A partir de nuestra exposición filosófica, que no mítica, de la justicia eterna, pasaremos ahora a examinar algo emparentado con ella, cual es el significado ético del obrar y de la conciencia moral, la cual es el conocimiento sentido de aquella justicia. Pero antes quiero llamar la atención sobre dos peculiaridades de la naturaleza humana que pueden contribuir a ilustrar cómo cada cual alberga un oscuro sentimiento sobre la esencia de esa justicia eterna, así como sobre la unidad e identidad de la voluntad en todos los fenómenos.

Al margen del fin que tenga el Estado para imponer los castigos y que fundamenta el derecho penal, tras un hecho perverso cunde la satisfacción de ver que quien ha causado algún dolor a otro lo sufre en igual medida y ello no sólo en el agraviado, que suele estar animado por la venganza, sino también en un espectador enteramente imparcial. Para mí esto no expresa otra cosa que la consciencia de esa justicia eterna, si bien dicha consciencia está tergiversada y falseada por el sentido egoísta sumido en el principio de individuación, en tanto que pretende una anfibología de los conceptos y reclama del fenómeno lo que sólo corresponde a la cosa en sí, por lo que no ve hasta qué punto el ofensor y el ofendido son uno, así como que la misma esencia, que no está reconociendo en su propio fenómeno, soporta tanto el tormento como la culpa; bien al contrario reclama reproducir el tormento en ese mismo individuo del cual es la culpa. Por eso la mayoría exige también que un hombre dotado con un alto grado de maldad combinada con otras cualidades excepcionales y cuya extraordinaria fuerza espiritual, muy superior a la de los demás, impone inefables sufrimientos a millones de personas, v.g., como conquistador, la mayoría –decía– exige que un hombre tal expíe en algún momento y dondequiera que sea todo ese dolor mediante una cuota de dolor similar; porque no reconocen cómo | el torturador y los atormentados son en sí una y la misma voluntad, por medio de la cual éstos existen y viven, así como también esa voluntad se manifiesta en el torturador y justamente alcanza a través de él la más clara revelación de su esencia, siendo así que dicha voluntad sufre en el opresor, al igual que en los oprimidos, tanto más cuanto la consciencia posee una mayor claridad y la voluntad una mayor vehemencia. Sin embargo, un conocimiento más profundo, del cual proceden toda virtud y nobleza una vez que deja de hallarse sumido en el principio de individuación, deja de albergar esa intención que demanda represalias, tal como testimonia la ética cristiana, la cual prohíbe absolutamente devolver el mal con el mal y deja imperar la justicia eterna en un ámbito muy distinto al del fenómeno, cual es el de la cosa en sí. «Mía es la venganza y yo seré quien castigue, dice el Señor» (Romanos XII, 19).

Un rasgo mucho más sorprendente, pero también mucho más raro en la naturaleza humana, es partidario de sostener la justicia eterna en el ámbito de la experiencia, esto es, de la individuación, y ello alude al mismo tiempo a una consciencia sentida de que –como dije anteriormente– la voluntad de vivir representa la gran tragicomedia a sus propias expensas, así como que la misma y única voluntad vive en todos los fenómenos, un rasgo tal –digo– es el siguiente. A veces vemos que un hombre, ante una iniquidad que ha experimentado o quizá sólo ha presenciado como testigo, se indigna tan intensamente que arriesga deliberadamente su propia vida sin remedio, para cobrar venganza en quien ha perpetrado ese desafuero. Le vemos perseguir durante años a un poderoso tirano, para matarlo y acabar muriendo él mismo en el patíbulo, tal como había previsto, sin intentar rehuir ese desenlace, dado que su vida sólo conservaba un valor para él como medio para la venganza. Tales ejemplos los encontramos particularmente entre los españoles*. Si examinamos de cerca ese afán de represalia lo encontramos muy diferente de la venganza común, la cual sólo quiere mitigar el sufrimiento padecido mediante el sufrimiento causado; descubrimos que lo perseguido por ese afán no merece llamarse tanto «venganza» cuanto «castigo», pues en él subyace el propósito de un efecto relativo al futuro a

---

* Aquel obispo español que en la guerra de la Independencia se envenenó con los generales franceses invitados a su mesa es una simple muestra de los hechos acontecidos por entonces. También se encuentran ejemplos parecidos en los *Ensayos* de Montaigne (libro II, cap. 12).

través del ejemplo, y, desde luego, aquí brilla por su ausencia cualquier fin egoísta, ni para el individuo vengativo que sucumbe con ello, ni para una sociedad que establece la seguridad mediante leyes; ese castigo aplicado por un particular, y no por el Estado como cumplimiento de una ley, siempre concierne más bien a un hecho que el Estado no quería o no podía penalizar y cuyo castigo desaprueba. A mi parecer, la indignación que arrastra a un hombre semejante a traspasar las fronteras de todo egoísmo emana de su consciencia más profunda, en virtud de la cual sabe que la íntegra voluntad de vivir, que se manifiesta en todos los seres a través de todos los tiempos, es lo mismo y por eso no puede serle indiferente tanto el futuro más remoto como el presente, pues ambos le pertenecen de igual modo; al afirmar esta voluntad reclama que en el drama donde se representa su esencia no aparezca de nuevo una iniquidad tan monstruosa y quiere asustar a cualquier futuro malhechor mediante el ejemplo de una venganza, frente a la cual no hay ningún muro defensivo allí donde el vengador no se deja intimidar por el temor a la muerte. La voluntad de vivir, aunque todavía se afirma, deja de agregarse al fenómeno singular, al individuo, y abarca la idea del hombre y quiere contener su fenómeno libre de tan monstruosa e indignante iniquidad. Este rasgo del carácter, merced al cual el individuo se sacrifica para convertirse en brazo de la justicia eterna cuya esencia propia desconoce todavía, es tan raro como significativo y sublime.

§ 65.

Merced a todas estas consideraciones previas sobre el obrar humano hemos preparado el terreno y nos hemos facilitado sobremanera la última tarea, la de acreditar como articulación de nuestro pensamiento principal el auténtico significado ético del obrar, que en la vida se designa con los términos *bueno* y *malo,* comprendiéndose perfectamente lo que se quiere decir con ello, para elevarlo a una claridad abstracta y filosófica. |

Pero ante todo, quiero reducir esos conceptos de *bueno* y *malo* a su auténtico significado, siendo así que los autores filosóficos de nuestros días los tratan, de una manera sumamente curiosa, como conceptos que no son susceptibles de análisis alguno; con ello no queda uno sumido en la inmemorial ilusión de que tales conceptos contienen más de lo que realmente es el caso y que de suyo ya dicen todo cuanto es necesario aquí. Esto puedo hacerlo, porque yo mismo estoy tan poco dispuesto a buscar en la ética un escondrijo tras la palabra *bueno* como antes lo estaba a buscarlo tras las palabras *bello* y *verdadero,* para luego añadirles ese sufijo que hoy en día tiene una particular respetabilidad[59] y es una especie de comodín, haciendo creer que, al pronunciar tales palabras con gesto solemne, se hace algo más que designar tres conceptos muy amplios y abstractos, por consiguiente sin gran alcance, que tienen muy distinto origen y significado. ¿Acaso esas tres palabras, que originariamente indican cosas tan eximias, no acaban por asquear a quien se halle familiarizado con los escritos de nuestros días, tras haber visto mil veces cómo alguien incapaz de pensar cree que basta decir esas tres palabras a boca llena y con el gesto extasiado de un cordero para mentar una gran sabiduría?

La explicación del concepto sobre lo *verdadero* ya fue dada en el tratado *Sobre el principio de razón* (cap. 5, §§ 29 y ss.). El contenido del concepto sobre lo *bello* ha encontra-

---

59. Schopenhauer se refiere concretamente al alemán *heit,* que convierte a lo «bello» *(schön)* en la «belleza» *(Schönheit)* y a lo «verdadero» *(Wahr)* en la «verdad» *(Wahrheit).*

do por vez primera su auténtica explicación gracias al libro tercero de la presente obra. Ahora queremos retrotraer el concepto sobre lo *bueno* a su significado, lo que puede hacerse con muy poco. Este concepto es esencialmente relativo y describe la *adecuación de un objeto a un determinado afán de la voluntad*. Así pues, todo lo que conviene a la voluntad en alguna de sus expresiones y colma su fin es pensado gracias al concepto *bueno*, por muy diverso que pueda ser. Por eso decimos «buena comida», «buen camino», «buen tiempo», «buen arma», «buen augurio», etc., y, en definitiva, | llamamos «bueno» a todo cuanto es justamente como queremos que sea; de ahí que para uno pueda ser bueno justo lo contrario de lo que es bueno para otro. El concepto de lo bueno se divide en dos subclases: lo agradable y lo útil, esto es, la satisfacción actual e inmediata de la voluntad y la satisfacción inmediata que tiende al futuro. El concepto de lo contrario, mientras se trate de seres acognoscentes, es expresado mediante la palabra *malo* y con menos frecuencia por el término más abstracto de *mal*, que describen todo cuanto no resulta conveniente al afán de la voluntad. Al igual que cualesquiera otros seres que puedan entrar en relación con la voluntad, también se llama *buenos* a los hombres que sean favorables a los fines queridos o se alíen con ellos, en el mismo sentido siempre de modo relativo, como se muestra por ejemplo al decir: «Éste es bueno para mí, mas no para ti». Sin embargo, aquellos cuyo carácter comporta el no obstaculizar en general los empeños de la voluntad ajena como tal, sino que más bien los favorecen, siendo por lo tanto altruistas, benevolentes, amistosos o caritativos, son denominados hombres *buenos* a causa de esta relación que mantiene su comportamiento con la voluntad de otro. El concepto contrapuesto se designa en alemán, y desde hace unos cien años también en francés, mediante una palabra reservada para los seres cognoscentes (anima-

426

les u hombres) y que no se aplica a los seres privados del conocimiento; dicha palabra es *malvado*[60], *méchant* [en francés], mientras que en casi todas las demás lenguas no se da esta distinción y κακός, *malus, cattivo, bad* se dicen tanto de los hombres como de las cosas inanimadas que se oponen a los fines de una determinada voluntad individual. Al partir por entero de la parte pasiva de lo bueno, esta consideración podía luego pasar a la parte activa y al comportamiento del hombre llamado *bueno* no ya con respecto a otros, sino con respecto a él mismo, dándose explicación, por una parte, a la estima puramente objetiva que tal comportamiento infunde en los demás y, por otra, al peculiar contento consigo mismo que tal comportamiento le produce ostensiblemente, siempre que lo obtenga con sacrificios de otra índole; al igual que, por el contrario, del dolor interno que acompaña a la mala intención, por muchas ventajas externas que ésta le | reporte a quien la cobija. De aquí surgen los sistemas éticos, tanto los filosóficos como los sustentados en algún credo religioso. Ambos intentaron continuamente poner en conexión de algún modo a la virtud con la felicidad; los sistemas morales filosóficos, mediante el principio de contradicción o mediante el de razón, intentaron identificar a la felicidad con la virtud o convertirla en una consecuencia suya, siempre de una manera sofística; los religiosos mediante la afirmación de otros mundos distintos a

---

60. Schopenhauer alude aquí a la distinción entre mal físico *(Übel)* y mal moral *(Böse)*, que Kant inmortalizó en su *Crítica de la razón práctica:* «El idioma alemán tiene la fortuna de albergar expresiones que no dejan pasar por alto esa diversidad. Para lo que los latinos designan con una única palabra (v.g., *bonum)* el alemán cuenta con dos conceptos muy diversos y también con dos expresiones igualmente distintas. Para la palabra *bonum*, cuenta con los términos *das Gute* [«lo bueno»] y *das Wohl* [«lo provechoso»]; para la voz «*malum*», tiene las expresiones *das Böse* [«lo malo»] y *das Übel* [«lo perjudicial»] (o *Weh)* [«dañino»]» *(KpV,* Ak. V 59; ed. cast. cit., p. 142).

los que resulta posible conocer por experiencia*. En cambio, al hilo de nuestra consideración, la esencia íntima de la virtud se revelará como una tendencia totalmente contrapuesta a la felicidad, esto es, al bienestar y a la vida.

En consecuencia, con arreglo a su concepto, lo *bueno* es algo sustancialmente relativo, pues sólo cobra sentido en su relación con una voluntad que desea. El *bien absoluto* es una contradicción; el *summum bonum* [sumo bien] significa lo mismo, a saber, una satisfacción definitiva de la voluntad tras la cual no habría lugar para un nuevo querer, un motivo último cuyo logro bastaría | a la voluntad de un modo imperecedero. De acuerdo a las consideraciones que hemos hecho hasta el momento en este cuarto libro esto es inimaginable. La voluntad puede cesar de querer continuamente de nuevo mediante alguna satisfacción en tan escasa medida como el tiempo puede terminar o comenzar; para la voluntad no hay

428

---

* Adviértase que lo que confiere su enorme fuerza a cualquier credo positivo, al punto de apoyo que le permite adueñarse de los ánimos, es su vertiente ética; bien que no inmediatamente como tal, sino en tanto que ésta se halla firmemente conectada y entretejida con el dogma mítico que por lo demás es característico de todo credo religioso, hasta el punto de que sólo parece explicable por él; aunque el significado ético de las acciones no es explicable en absoluto conforme al principio de razón, todo mito sigue este principio y los creyentes tienen el significado ético del obrar por algo inseparable de su mito e incluso lo identifican con él, considerando cualquier ataque al mito como un ataque a la justicia y a la virtud. Esto llega al extremo de que entre los pueblos monoteístas el ateísmo, o impiedad, se ha convertido en sinónimo de ausencia de toda moralidad. Los sacerdotes dan la bienvenida a esta confusión conceptual y sólo a consecuencia de ella podía originarse esa temible atrocidad que es el fanatismo, el cual no sólo ha llegado a imperar sobre algunos individuos excepcionalmente perversos y malvados, sino sobre pueblos enteros, y a la postre materializarse en este Occidente como Inquisición (lo que para honra de la humanidad sólo se ha dado una vez en su historia), la cual según informes tan recientes como auténticos hizo morir por cuestiones religiosas con el tormento de la hoguera a 300.000 personas en 300 años, tan sólo en Madrid, mientras en el resto de España había muchos otros antros de asesinos espirituales: esto es algo que hay que recordar a cualquier fanático en cuanto pretenda alzar su voz.

ningún logro que satisfaga completamente y por siempre su afán. La voluntad es el tonel de las Danaides: no hay bien supremo alguno, ningún bien absoluto para ella, sino continuamente sólo un bien provisional. Si de todos modos se quiere otorgar un cargo honorífico a una vieja expresión emérita que la costumbre impide abolir del todo, cabe llamar de un modo metonímico y figurado «bien absoluto», *summum bonum* [sumo bien], a la plena autosupresión y negación de la voluntad, la verdadera abulia que sosiega y aplaca para siempre el apremio de la volición, lo único que proporciona ese contento indestructible y que nos redime del mundo, algo de lo que hablaremos muy pronto al concluir nuestro estudio y que vemos como el único remedio radical de la enfermedad, frente a la cual todos los demás bienes, los deseos colmados y la dicha obtenida, son sólo paliativos anodinos. En este sentido el término griego *telos* [fin, punto culminante] o la expresión latina *finis bonorum* [máximo fin] responden mejor al asunto en cuestión. Pero dejemos ya de ocuparnos de las palabras *bien* y *mal,* para pasar a la cuestión misma.

Cuando un hombre se halla continuamente inclinado a cometer *injusticia* tan pronto como se le presenta ocasión para ello y no le detiene ningún poder externo, le calificamos de *malvado*. Con arreglo a nuestra dilucidación de la injusticia esto significa que un hombre tal no se limita a afirmar la voluntad de vivir, tal como ésta se manifiesta en su cuerpo; bien al contrario, en esa afirmación llega hasta el extremo de negar la voluntad que se manifiesta en otros individuos; esto se muestra en que pretende poner las fuerzas de éstos al servicio de su voluntad e intenta exterminarlos cuando se oponen a los anhelos de su voluntad. La última fuente de todo esto es aquel alto grado de egoísmo cuya entidad se analizó anteriormente. Aquí se evidencian dos cosas al mismo tiempo: en primer lugar, que en un hombre semejante se expresa una voluntad de vivir excesivamente intensa que sobrepasa la simple afirmación de su propia vida; y en segundo lugar, que su conocimiento se halla enteramente consagrado al principio de razón y está totalmente sumido en el principio de individuación, de suerte que, al aferrarse a la distinción establecida por éste entre su propia persona y todos los demás, busca únicamente su propio bienestar y es indiferente ante el bienestar de los otros, cuyo ser le resulta más bien plenamente ajeno, separado del suyo por un vasto abismo, e incluso los ve propiamente como caretas desprovistas de toda realidad. Estos dos atributos constituyen los elementos primordiales del carácter malvado.

Esa gran intensidad del querer ya es en sí y de por sí una continua e inmediata fuente de sufrimiento. En primer lugar, porque todo querer en cuanto tal nace de la carencia y, por ende, del sufrimiento. (De ahí que, como se recordará por el libro tercero, el momentáneo apaciguamiento de todo querer, que tiene lugar tan pronto como nos entregamos a la contemplación estética en cuanto puro sujeto avolitivo del querer –correlato de la idea–, es un ingrediente primordial del regocijo en lo bello.) En segundo lugar, porque merced a la conexión causal de las cosas la mayoría de los deseos han de quedar incumplidos y la voluntad se ve más a menudo contrariada que satisfecha, de suerte que el querer mucho e intensamente conlleva también un sufrimiento tan extenso como intenso. Pues todo sufrimiento no es otra cosa que un querer incumplido y contrariado: e incluso el dolor del cuerpo, cuando éste se ve vulnerado o aniquilado, sólo es posible como tal porque el cuerpo no es más que la voluntad misma convertida en objeto. Por ello, como un sufrimiento abigarrado e intenso es inseparable del querer mucho e intensamente, la fisonomía de los hombres muy malvados lleva la impronta del sufrimiento interno: incluso cuando han conseguido toda dicha externa parecen constantemente infelices, tan pronto como no se les sorprenda en un efímero júbilo o dejen de disimular. De este tormento interior que les es entera e inmediatamente consustancial se desprende algo que no emana del mero egoísmo: ese regocijo desinteresado en el sufrimiento ajeno es propiamente la *maldad* y que en su grado superlativo se llama *crueldad*. Para ésta el sufrimiento ajeno ya no es un medio para obtener los fines de la propia voluntad, sino un fin en sí. La explicación de este fenómeno es la siguiente. Como el hombre es la manifestación de la voluntad alumbrada por el más claro | conocimiento, coteja continuamente la satisfacción efectiva y sentida de su voluntad con la satisfacción meramente posible que le presenta el conocimiento. De ahí surge la envidia: cualquier privación se magnifica hasta el infinito por mor del goce ajeno y se vuelve bien liviana al saber que otro padece la misma carencia. Por eso no nos afligen especialmente los males que son comunes a todos y resultan indisociables de la vida humana, como es el caso de los debidos al clima o de cuantos atañen a todo un país. La evocación de sufrimientos mayores que los nuestros mitiga su dolor; la visión del sufrimiento ajeno alivia el propio. Si un hombre poseído por un apremio volitivo excesivamente intenso quisiera recopilar todo con una ferviente avidez, para saciar la sed del egoísmo, inexorablemente ha de experimentar que toda satisfacción es sólo aparente y que nunca logra conseguir cuanto promete el deseo, a saber, el definitivo apaciguamiento del enconado apremio de la voluntad; sino que con el cumplimiento del deseo sólo se modifica su forma y ahora le atormenta de nuevo bajo alguna otra forma, de manera que, aun cuando se agotasen todas esas formas, siempre queda el apremio mismo de la voluntad, incluso al margen de cualquier motivo conocido, manifestándose con atroz angustia como sentimiento de la soledad y del vacío más espantosos; de todo esto, que en los grados ordinarios del querer sólo es sentido en dosis muy exiguas y sólo provoca asimismo el grado habitual de humor sombrío, en aquel donde la manifestación de la voluntad ha llegado hasta la maldad hace crecer necesariamente una desmesurada angustia interior, un desasosiego perpetuo, un dolor incurable; por eso busca indirectamente el alivio que no es capaz de hallar de inmediato e intenta mitigar el sufrimiento propio mediante la contemplación del sufrimiento ajeno, que al mismo tiempo reconoce como una expresión de su poder. El sufrimiento ajeno se vuelve ahora para él un fin en sí, un espectáculo con el que se recrea: y así surge el fenómeno de la crueldad propiamente dicha, de esa sed de sangre que la historia deja ver tan a menudo en los Nerones y Domicianos, en los Deys argelinos, en Robespierre, etc.

Con la maldad está emparentado el deseo de venganza, que paga la maldad con la maldad, no atendiendo al futuro, como hace el castigo, sino sólo a causa de lo sucedido, atendiendo al pasado, y, en cuanto tal, se complace desinteresadamente, | al tomarla no como medio, sino como fin, en el tormento que uno mismo ocasiona al ofensor. Lo que diferencia a la venganza de la pura maldad, y en algo la disculpa, es una apariencia de justicia, por cuanto ese mismo acto, que ahora es una venganza, si estuviera legislado, es decir, si estuviese previamente determinada y fuera profesada como regla en una sociedad que la hubiera sancionado, sería un castigo penal y, por ende, quedaría inscrita en el derecho.

Pero al margen del sufrimiento descrito, que brota con la maldad de una raíz de la cual es indisociable, pues también tiene su origen en una voluntad demasiado impetuosa, ésta se ve acompañada por un suplicio de muy distinto tenor que se deja sentir en toda mala acción, ya se deba ésta a la simple iniquidad del egoísmo o a la pura maldad, y que, según sea más o menos prolongado en su duración, se llama *remordimiento* o *pesar* de la conciencia. Quien recuerde y tenga presente el contenido de este cuarto libro, pero sobre todo la verdad explicitada al comienzo de que a la voluntad de vivir siempre le resulta cierta la propia vida como su mero trasunto o espejo, hallará que con arreglo a esas consideraciones el remordimiento de conciencia no puede tener otro significado que el siguiente y que en su contenido, expresado en términos abstractos, se diferencian dos partes que, sin embargo, concuerdan por entero y han de pensarse como plenamente unidas.

Por tupido que sea el velo de Maya que cubre los sentidos del malvado, esto es, por muy inmerso que esté en el principio de individuación, con arreglo al cual él ve a su persona como absolutamente distinta de cualquier otra y separada por un vasto abismo, conocimiento al que se aferra con todas sus fuerzas por ser el único conforme a su egoísmo y que sirve de apoyo a éste, puesto que el conocimiento casi siempre está seducido por la voluntad, pese a todo, en lo más íntimo de su consciencia se agita el secreto presentimiento de que tal orden de cosas sólo es fenoménico, pero en sí el caso es muy otro, de suerte que por mucho que tanto el tiempo como el espacio le separen de otros individuos y las innumerables penalidades que padecen, incluidas las que sufren por él y que se le presentan como enteramente ajenas, en sí, y al margen de las formas de la representación, es una voluntad de vivir | la que se manifiesta en todos ellos y que aquí, sin conocerse a sí misma, vuelve sus armas en contra de sí misma, mientras busca acrecentar el bienestar en uno de sus fenómenos a costa de imponer el mayor sufrimiento a otros, de tal modo que él, el malvado, es asimismo esta voluntad global y, por consiguiente, no sólo es el atormentador, sino también el atormentado, de cuyo sufrimiento sólo le separa y mantiene libre un engañoso sueño, cuya forma es el espacio y el tiempo, pero que se desvanece, y él, conforme a la verdad, ha de pagar el placer con la penalidad y todo sufrimiento, que sólo reconoce como posible, le concierne realmente como a la voluntad de vivir, dado que posibilidad y realidad, la cercanía o lejanía del espacio y el tiempo sólo son distintos para el conocimiento del individuo merced al principio de individuación, mas no en sí. Esta verdad se expresa míticamente mediante la transmigración de las almas, es decir, amoldada al principio de razón y traducida a la forma del fenómeno, pero su expresión más pura y sin mezcla alguna la tiene en esa oscuramente sentida y desconsolada angustia que se llama remordimiento de conciencia. Pero éste tiene además su origen en un *segundo* conocimiento inmediato estrechamente vinculado con el primero, a saber, que el vigor con el cual se afirma la voluntad de vivir en el individuo malvado sobrepasa su propio fenómeno individual y llega hasta la total negación de esa misma voluntad que se manifiesta en individuos ajenos. Por tanto, la consternación interior del malvado sobre sus propios actos y que intenta ocultarse a sí mismo, junto al presentimiento de la nulidad y mera apariencia del principio de individuación, así como de la diferencia establecida por éste entre él y los otros, alberga al mismo tiempo también el conocimiento de la vehemencia de su propia voluntad, de la violencia con que apresa la vida a cual se adhiere, de esa vida cuyo aspecto abominable ve ante sí en el tormento de los oprimidos por él y con el cual está sin embargo tan firmemente entrelazado que lo más atroz procede de él mismo como medio para la plena afirmación de su propia voluntad. Se reconoce como fenómeno concentrado de la voluntad de vivir, siente hasta qué grado se halla relegado a la vida y con ello a los innumerables sufrimientos que son consustanciales a ella, dado que ésta posee un tiempo | y un espacio infinitos, para suprimir la diferencia entre posibilidad y realidad y transformar los tormentos simplemente *conocidos* ahora en tormentos *sentidos*. Los millones de años de continuo renacimiento persisten tan sólo en el concepto, al igual que todo el pasado y el futuro únicamente existen en el concepto; el tiempo colmado, la única forma del fenómeno de la voluntad es el presente, y para el individuo el tiempo siempre es nuevo; siempre está como naciendo de nuevo. Pues la vida es inseparable de la voluntad de vivir y su única forma es el *ahora*. La *muerte* (discúlpese la repetición del símil) se asemeja al ocaso del sol, que sólo en apariencia es devorado por la noche, pero en realidad él mismo es la fuente de toda luz y está encendido sin interrupción, trayendo nuevos días a nuevos mundos con sempiternos amaneceres y ocasos. El comienzo y el final sólo atañen al individuo por la mediación del tiempo, la forma de este fenómeno para la representación. Fuera del tiempo sólo subsiste la voluntad, la cosa en sí de Kant, y su adecuada objetivación, la idea de Platón. Por eso el suicidio no aporta salvación alguna: lo que cada cual *quiere* en su interioridad, lo tiene que *ser;* lo que cada cual *es,* lo *quiere*. Así pues, junto al mero conocimiento sentido de lo ilusorio y la futilidad de las formas de representación que separan a los individuos, está el autoconocimiento de la propia voluntad y de su grado que aguijonea a la conciencia moral. El transcurso vital forja la imagen del carácter empírico, cuyo original es el carácter inteligible, y el malvado se espanta ante esta imagen; da lo mismo que se haga con grandes trazos, de suerte que el mundo comparta su aversión, o con trazos más pequeños, que sólo ve él: ya que sólo le concierne directamente a él. El pasado sería indiferente, en cuanto mero fenómeno, y no podría inquietar a la conciencia moral, si el carácter no se sintiera libre de todo tiempo e inmodificable por él, mientras no se niegue a sí mismo. Por ello las cosas ocurridas pesan largo tiempo sobre la conciencia moral. El ruego de «no me dejes caer en la tentación» significa en realidad «no me dejes ver quién soy». En la violencia con que el malvado afirma la vida, y que se le presenta en el sufrimiento que inflige a otros, mide la distancia que le separa de la supresión y negación de aquella voluntad, lo cual supone la | única redención posible respecto del mundo y sus penalidades. Él ve cuán lejos le queda dicha redención y cuán firmemente está vinculado al mundo; el sufrimiento *conocido* de otros no ha de poder conmoverle: se halla entregado a la vida y el sufrimiento *sentido*. Queda en el aire la pregunta de si tal sufrimiento quebrará y vencerá la vehemencia de su voluntad.

Este análisis del significado y la esencia íntima de la *maldad,* que como mero sentimiento, *no* como conocimiento claro y abstracto, es el contenido del *remordimiento,* cobrará claridad e inteligibilidad mediante la siguiente consideración de la *bondad,* como propiedad de la voluntad humana, para terminar con el estudio de la total resignación y la santidad, la cual proviene de la bondad una vez que ésta ha alcanzado el grado supremo. Pues los contrarios se dilucidan siempre recíprocamente, y el día se da a conocer a sí mismo al tiempo que a la noche, como ha dicho muy bien Spinoza[61].

§ 66.

Una moral sin motivación, un mero moralizar, no puede ser eficaz, porque no motiva. Pero una moral *que* motive sólo puede lograr esto incidiendo sobre el egoísmo. Sin embargo, lo que surge de éste no tiene valor moral alguno. De aquí se sigue que mediante la moral, y el conocimiento abstracto en general, no puede forjarse ninguna virtud genuina; bien al contrario, ésta ha de nacer del conocimiento intuitivo, el cual reconoce en el individuo ajeno la misma voluntad que en el propio.

---

61. «La luz se revela a sí misma y a las tinieblas» (cfr. *Ética* II, prop. 43, escolio).

Pues la virtud emana ciertamente del conocimiento, mas no del conocimiento abstracto comunicable mediante palabras. De ser así, se dejaría enseñar y, al explicitar aquí su esencia y el conocimiento abstracto que le subyace como fundamento, estaríamos mejorando también moralmente a cuantos captaran esto. Pero esto no es así en modo alguno. Antes bien, se puede lograr hacer a uno virtuoso mediante lecciones de moral o prédicas en tan escasa medida como todas las doctrinas estéticas, desde la de Aristóteles a nuestros días, han hecho un solo poeta. Pues de cara a la auténtica e íntima esencia de la virtud el concepto es tan estéril como lo es para el arte; sólo puede prestar algún servicio subordinado como instrumento para exponer y conservar lo conocido y comprendido de otro modo. *El querer no se deja enseñar.* Sobre la virtud, esto es, sobre la bondad de la intención, los dogmas abstractos no tienen de hecho ninguna influencia; los falsos no la perturban y los verdaderos difícilmente la propician. Sería realmente malhadado que la cuestión capital de la vida humana, su valor ético e imperecedero, dependiese de algo cuyo logro estuviese tan sometido al azar como los dogmas, los credos religiosos o los filosofemas. Para la moralidad los dogmas tienen simplemente el valor que posee, para quien ya es virtuoso de por sí gracias a un conocimiento de otro tipo al que en seguida nos referiremos, un esquema o un formulario con arreglo al cual rinde cuentas ante su propia razón respecto de su comportamiento no egoísta, cuya esencia la razón, esto es, él mismo, no *comprende,* sino que sólo finge la mayoría de las veces, siendo esto algo con lo que su razón acostumbra a darse por satisfecha.

Ciertamente, los dogmas pueden ejercer un gran influjo sobre el *obrar,* sobre los actos externos, al igual que también lo ejercen la costumbre y el ejemplo (esto último porque el hombre corriente desconfía de su propio juicio, de cuya debilidad es consciente, y sólo sigue la experiencia propia o ajena); mas con ello no se modifica la intención*. Todo conocimiento abstracto sólo suministra motivos, pero los motivos –tal como vimos antes– sólo pueden modificar la orientación de la voluntad, nunca a ella misma. Pero todo conocimiento comunicable sólo puede obrar como motivo sobre la voluntad, tal como los dogmas también la guían, pero sin embargo aquello que el hombre quiere realmente y en general sigue siendo lo mismo; sólo ideará otros caminos para conseguirlo y los motivos imaginarios le guían igual que los reales. Así por ejemplo, respecto a su valor ético lo mismo da si reparte limosnas entre los pobres, firmemente persuadido de que tales donativos le serán reintegrados en una vida futura multiplicados por diez, o si invierte esa misma suma en la mejora de una finca que luego le reportará mucho más seguros y cuantiosos | intereses; con arreglo a las circunstancias internas, tan asesino es el bandido que gana un botín matando como el ortodoxo que deposita en la hoguera al hereje o el cruzado que degolla turcos en la tierra de promisión, cuando éste, al igual que aquél, lo hace propiamente porque se figura conquistar con ello un sitio en el cielo. Pues éstos sólo quieren velar por su egoísmo, al igual que el bandido, del que sólo se diferencian por el absurdo de sus medios. Como ya se ha dicho, desde fuera sólo cabe abordar a la voluntad mediante motivos, pero éstos simplemente cambian el modo en que ella se expresa, jamás la voluntad misma. *El querer no se deja enseñar.*

En las buenas obras cuyo agente se apoya sobre dogmas siempre hay que distinguir si estos dogmas son también realmente el motivo para ellas o si, como decía antes, tales

436

---

* Son meras *opera operata*[62], diría la Iglesia, que no sirven de nada si la gracia no dispensa la fe que conduce al renacimiento. Luego volveremos sobre ello.
62. Así define san Agustín a las obras externas realizadas sin recta intención (cfr. *Confesiones*, XIII).

dogmas no son sino la justificación aparente mediante la cual el agente intenta satisfacer a su propia razón sobre una buena obra que mana de una fuente totalmente distinta y que ejecuta porque él es *bueno,* pero que no acierta a explicárselo así porque no es un filósofo, pese a que quisiera pensar algo al respecto. Sin embargo, esta diferencia es muy difícil de detectar, porque se halla en las interioridades de la intención. Por eso casi nunca podemos enjuiciar correctamente la moralidad del comportamiento ajeno y raramente nuestros propios hechos. Los actos y los modos de obrar, tanto del individuo como de un pueblo, pueden verse muy modificados por los dogmas, el ejemplo y la costumbre. Pero en sí todos esos hechos *(opera operata)* son meras imágenes vacuas, y sólo la intención que las guía les confiere un significado moral. Mas ésta puede ser realmente y por entero la misma en fenómenos externos muy diferentes. Con idéntico grado de maldad el uno puede morir en la rueda, mientras el otro fallece tranquilamente en el seno de los suyos. El mismo poso de maldad puede quedar expresado en *un* pueblo con toscos trazos a través del asesinato y el canibalismo, mientras por el contrario en otro se expresa como en miniatura a través de intrigas palaciegas, represiones y sutiles tejemanejes de todo tipo: lo esencial permanece idéntico. Cabe imaginar que un Estado perfecto, o quizá también un dogma firmemente creído de recompensas y castigos ulteriores a la muerte, impediría cualquier crimen: políticamente se ganaría mucho con ello, pero moralmente nada en absoluto; antes bien, sólo la proyección de la voluntad inhibida por la vida.

La auténtica bondad de las intenciones, la virtud desinteresada y la pura nobleza no provienen por tanto del conocimiento abstracto, pero sí de un conocimiento inmediato e intuitivo que no se elimina ni se pone con el razonar, de un entendimiento que, justamente porque no es abstracto, tampoco se deja comunicar, sino que cada cual ha de abrirse a él por sí mismo, que por ello no encuentra su expresión estrictamente adecuada en las palabras, sino única y enteramente en los hechos, en las acciones, en el transcurso vital del hombre. Nosotros, que aquí buscamos la teoría de la virtud y por eso también hemos de expresar abstractamente la esencia del conocimiento que le subyace como fundamento, no podremos suministrar ese conocimiento mismo en esta formulación, sino sólo su concepto, con lo cual partimos siempre del obrar, lo único en que se hace visible tal conocimiento, remitiéndonos a ese obrar como su única expresión adecuada, que nosotros sólo interpretamos y exponemos, esto es, expresamos abstractamente lo que ocurre en realidad.

Antes de referirnos a la auténtica *bondad,* en oposición a la *maldad* ya analizada, hay que mencionar, como nivel intermedio, la mera negación de la maldad: la *justicia.* Lo que es justo e injusto ha sido suficientemente explicado antes; por eso aquí podemos decir escuetamente que quien reconoce espontáneamente las fronteras morales entre lo injusto y lo justo, haciéndolas valer también allí donde no las asegura ningún Estado o un poder por el estilo, y al afirmar su propia voluntad no llega a negar la que se presenta en algún otro individuo, es *justo.* Alguien así no infligirá sufrimiento a otros, para acrecentar su propio bienestar, esto es, no cometerá ningún crimen y respetará tanto los derechos como el patrimonio de cada cual. Vemos que para alguien justo el principio de individuación ya no es, como para el malvado, un muro de separación absoluto y que, al contrario del malvado, sólo afirma su propio fenómeno de la voluntad | sin negar todos los demás ni ver a los otros como meras caretas cuya esencia es totalmente distinta de la suya; bien al contrario, mediante su modo de obrar muestra que *reconoce* a su propia esencia, a la voluntad de vivir como cosa en sí, también en el fenómeno ajeno que le es dado simplemente como representación y,

438

por tanto, se reencuentra a sí mismo en ese fenómeno ajeno hasta un cierto grado, a saber, el de no cometer injusticia, o sea, el de no dañar. En este grado atraviesa el principio de individuación, el velo de Maya; en la medida en que equipara la esencia externa con la propia, no la daña.

En esta justicia, cuando se mira en su interioridad, se advierte ya el designio de no llegar tan lejos en la afirmación de la propia voluntad como para que tal afirmación niegue los fenómenos de la voluntad ajenos y los coaccione a servir a la propia voluntad. De ahí que uno quiera ofrecer a los otros tanto como reciba de ellos. El supremo grado de esta justicia radicada en la intención, que sin embargo está siempre emparejada con la auténtica bondad, cuyo carácter deja de ser meramente negativo, llega tan lejos que uno pone en duda sus derechos a la propiedad heredada, quiere sustentar el cuerpo sólo mediante las propias fuerzas, espirituales o corporales, siente como un reproche cualquier lujo y finalmente abraza voluntariamente la pobreza. Así vemos a Pascal, cuando asumió la vía del ascetismo, dejar de querer que le sirvieran, a pesar de tener bastantes criados, y, sin atender a sus continuos achaques, se hacía él mismo su cama o tomaba su comida de la cocina, etc. (*Vida de Pascal por su hermana*, p. 19). En entera correspondencia con esto se cuenta que bastantes hindúes, incluso rajás, con muchas riquezas dedican éstas al mantenimiento de los suyos, de su palacio y de su servidumbre, siguiendo con estricta escrupulosidad la máxima de no comer sino aquello que ellos mismos hayan sembrado y recolectado con sus propias manos. Pero en el fondo hay un cierto malentendido, pues ese individuo, justamente porque es rico y poderoso, puede prestar al conjunto de la sociedad humana tan considerables servicios que compensan la riqueza heredada, cuyo afianzamiento agradece a la sociedad. En realidad, esa desmedida justicia de tales hindúes es algo más que justicia, a saber, efectiva renuncia,

negación de la voluntad de vivir, ascetismo; de todo | lo cual
hablaremos al final. En cambio, por el contrario el no hacer
nada y vivir a expensas de los demás, con la riqueza heredada, sin aportar nada, sí es considerado moralmente injusto,
aun cuando se atenga al derecho según las leyes positivas.

Hemos encontrado que la justicia espontánea tiene su origen más íntimo en un cierto grado de ver a través del principio de individuación, mientras que lo injusto se halla
completa y absolutamente sumido en éste. Este traspasar
el principio de individuación puede tener lugar no sólo en el
grado indispensable para ello, sino también en un grado más
alto que incita hacia la benevolencia y la beneficencia positivas, hacia la filantropía: y esto puede ocurrir por muy fuerte
y enérgica que sea de suyo la voluntad manifestada en tal individuo. Este conocimiento siempre puede hacerla mantener el equilibrio, le enseña a resistir la tentación de lo injusto
e incluso a producir ese grado de bondad que llega hasta la
resignación. Así pues, en modo alguno ha de tenerse al hombre bueno por un fenómeno de la voluntad originariamente
más débil que el malo; bien al contrario, el conocimiento es
lo que domina en él al apremio de la voluntad. Desde luego,
hay individuos que aparentan ser bonachones simplemente
a causa de la debilidad de la voluntad que se manifiesta en
ellos: pero lo que son se muestra pronto en su incapacidad
de autodominio para llevar a cabo un acto justo o bueno.

Si ahora se nos presenta, como una rara excepción, un
hombre que posee una renta considerable, de la cual sólo
utiliza un poco para sí y entrega todo el resto a los necesita-
dos, mientras él mismo renuncia a muchos placeres y como-
didades, e intentamos explicar su conducta prescindiendo
por completo de aquellos dogmas mediante los cuales él
mismo pretende hacerla comprensible ante su propia razón, descubriremos como la expresión más sencilla y como
el carácter consustancial de su comportamiento que *dife-*

rencia menos de lo habitual entre él mismo y los otros. Si a los ojos de muchos otros esta diferencia es tan grande que el sufrimiento ajeno reporta una alegría inmediata al malvado y lo injusto es un medio propicio para el propio bienestar; si el simplemente | justo se limita a no causar sufrimiento; si la mayoría de los hombres conocen innumerables sufrimientos ajenos en su entorno, pero no se deciden a mitigarlos porque para ello habrían de asumir alguna privación propia; si por lo tanto en cada uno de todos ellos parece imperar una enorme diferencia entre el propio yo y el ajeno; por contra en ese hombre noble que imaginamos esta diferencia no es tan significativa; el principio de individuación, la forma del fenómeno, deja de confundirle con tanta firmeza; bien al contrario, el sufrimiento que ve en los otros le concierne casi tanto como el suyo propio: por eso intenta establecer un equilibrio entre ambos, negándose placeres y asumiendo privaciones para paliar el sufrimiento ajeno. Advierte que la diferencia entre él y los demás, que supone un abismo tan grande para el malvado, sólo pertenece a un fenómeno tan efímero como engañoso: reconoce, inmediatamente y sin razonamientos, que el «en sí» de su propio fenómeno también lo es del ajeno, a saber, esa voluntad de vivir que constituye la esencia de cada cosa y vive en todo, e incluso que esto abarca los animales y la naturaleza entera: por eso tampoco atormentará a ningún animal*.

---

* El derecho del hombre sobre la vida y las fuerzas de los animales se basa en que, al incrementarse la claridad de consciencia, el sufrimiento aumenta en igual medida, con lo cual el dolor que el animal sufre por la muerte o el trabajo no es tan grande como el que sufriría el hombre mediante la privación de la carne o las fuerzas de los animales; de ahí que el hombre pueda llegar en la afirmación de su existir hasta la negación de la existencia del animal y merced a ello la voluntad de vivir soporte en conjunto menos sufrimiento que si se mantuviese lo contrario. Esto determina al mismo tiempo el grado del uso que al hombre le cabe hacer de las fuerzas de los animales sin incurrir en la injusticia, pero que a menudo se transgrede particularmente

Este hombre estará tan poco dispuesto a dejar que los demás estén sumidos en la miseria, mientras él mismo posee lo superfluo y lo prescindible, como cualquiera a pasar hambre un día para tener al siguiente más de lo que puede disfrutar. Pues quien practica las obras | de caridad ha traspasado el velo de Maya y deja de verse engañado por el principio de individuación. Reconoce a su yo, a su voluntad, en todo ser y, por ende, también en el que sufre. Se ha desprendido del absurdo con el cual la voluntad de vivir se desconoce a sí misma, disfruta aquí en un individuo de falsos y efímeros placeres, mientras que allí sufre y carece de todo en algún *otro* individuo, soporta tanto tormento como causa, sin reconocer que, como Tiestes[63], se come vorazmente su propia carne, se lamenta aquí de su inmerecido sufrimiento y allí comete desmanes sin miedo a la Némesis[64], siempre sólo porque se desconoce a sí misma en el fenómeno ajeno y por eso no percibe la justicia eterna, sumido en el principio de individuación, o sea, en ese tipo de conoci-

---

con las bestias de carga y los perros de caza; de ahí que la actividad de las sociedades protectoras de animales se dirija especialmente contra ello. A mi modo de ver, ese derecho tampoco abarca las vivisecciones, sobre todo de los animales superiores. En cambio el insecto no sufre tanto con su muerte como el hombre con su picadura. Aun cuando los hindúes no lo vean así.

63. Tiestes era el hermano gemelo de Atreo y se hizo amante de su cuñada Aérope, la esposa de Atreo. Para vengarse, Atreo preparó a su hermano un banquete, haciéndole comer la carne de los tres hijos que Tiestes había tenido con una concubina, mostrándole después las cabezas de los niños. Tal como había vaticinado un oráculo, Egisto, el incestuoso hijo que Atreo engendró con su hermana Pelopia para este fin, mataría ulteriormente a Atreo y acabaría por devolver a Tiestes el trono de Micenas. Séneca escribió una tragedia, titulada justamente *Tiestes,* en donde se recrea la terrible venganza de Atreo, a la que se refiere aquí Schopenhauer.

64. Diosa de la venganza divina, hija de Júpiter y la necesidad o del océano y la noche. Entre los griegos representaba la personificación de una cólera justificada, por parte de los dioses, hacia el atrevimiento humano; es el poder destinado a eliminar toda desmesura entre los mortales, protegiendo el orden cósmico.

miento en el que impera el principio de razón. Curarse de este ilusorio artificio de Maya y practicar obras de amor viene a ser lo mismo. Esto último es un síntoma infalible de ese conocimiento.

Lo contrario del suplicio de la conciencia moral, cuyo origen y significado quedaron explicitados antes, es *la buena conciencia,* la satisfacción que experimentamos tras todo acto altruista. Dicha satisfacción se debe a que tal acto, al provenir del reconocimiento inmediato de nuestro propia esencia en sí también en el fenómeno ajeno, nos proporciona igualmente a su vez la confirmación de este conocimiento, el de que nuestro auténtico ser no está sólo en la propia persona, de este fenómeno singular, sino en todo lo que vive. Merced a ello el corazón se siente ensanchado, al igual que se siente constreñido por el egoísmo. Pues al igual que éste concentra nuestro interés en el fenómeno singular del propio individuo, con lo cual el conocimiento nos presenta los innumerables peligros que continuamente amenazan a este fenómeno, razón por la cual el desasosiego y la inquietud se convierten en el tono fundamental de nuestro humor; así el conocimiento de que todo cuanto vive es tanto nuestra propia esencia en sí como la propia persona extiende nuestro interés a todo lo viviente y con ello se ensancha el corazón. Al disminuir el interés en nuestra propia persona se corta de raíz y se restringe la angustiosa inquietud por ella: de ahí la apacible y confiada serenidad que proporcionan la intención virtuosa y la buena | conciencia, serenidad que resplandece en todo acto bueno, al reafirmarnos éste a nosotros mismos el fundamento de esa disposición de ánimo. El egoísta se siente rodeado de fenómenos extraños y hostiles, y toda su esperanza descansa sobre el propio provecho. El bueno vive en un mundo de fenómenos amistosos: el provecho de cada uno de ellos es el suyo propio. Por eso, aun cuando el conocimiento del destino humano en general no le llene de alborozo, el conocimiento de su propia esencia en todo lo viviente sí le confiere cierto sosiego y serenidad de ánimo. Pues el interés esparcido sobre innumerables fenómenos no puede angustiar tanto como el concentrado sobre *uno*. Los avatares que conciernen al conjunto de los fenómenos se compensan entre sí, mientras que los que atañen al individuo le acarrean dicha y desdicha.

Así pues, aunque otros establecen principios morales que ofrecen como prescripciones para la virtud y que obedecen necesariamente a leyes, sin embargo yo –como ya se ha dicho– no puedo hacer lo mismo, por cuanto a la eterna voluntad libre no cabe imponerle «deber ser» ni ley algunos; por contra, en el contexto de mi consideración hay algo que en cierta medida se corresponde con esa empresa y es análogo a esa pura verdad teórica, cuya mera explicación constituye el conjunto de mi exposición, a saber, que la voluntad es el «en sí» de cada fenómeno, pero ella misma, en cuanto tal, se ve libre de las formas del fenómeno y por ello de la pluralidad; con respecto al obrar, yo no sé expresar esta verdad más dignamente que por medio de la ya citada formulación védica del *Tat twan asi* («Eso eres tú»). Quien sea capaz de expresarla ante sí mismo con claro conocimiento e íntima convicción sobre cualquier ser con el que entre en contacto se asegura con ello toda virtud y bienaventuranza, emplazándose en el camino directo hacia la salvación.

Pero antes de proseguir y de que muestre al final de mi exposición cómo el amor, cuyo origen y esencia reconocemos al ver a través del principio de individuación, conduce al hombre hacia la salvación, o sea, al total abandono de la voluntad de vivir, esto es, de todo querer, y también cómo hay otro camino menos suave pero más frecuente que lleva al hombre hasta allí, antes de proseguir –decía– ha de formularse y aclararse un enunciado paradójico, no porque sea tal, sino porque es verdadero y se corresponde con la integridad de mi pensamiento aquí expuesto: «Todo amor *(agape* [cariño], *caritas* [caridad]) es compasión».

§ 67.

Hemos visto cómo el ver a través del principio de individuación producía en un grado inferior la justicia y en un grado superior la auténtica bondad de las intenciones, la cual se muestra como puro amor, esto es, altruista, hacia los otros. Allí donde el amor se perfecciona se equipara plenamente al individuo ajeno y su destino con el propio: nunca puede irse más allá, al no haber ninguna razón para preferir el individuo ajeno al propio. Sin embargo, si está en peligro el bienestar o la vida de una mayoría de individuos, ésta puede sobreponerse a las miras sobre el propio provecho del individuo singular. En tal caso el carácter alcanzará la suprema bondad y la cabal magnanimidad, sacrificando totalmente su provecho y su vida en aras del provecho de muchos otros: así murieron Codro[65], Leónidas[66], Régulo[67],

---

65. Codro era el rey de Atenas cuando los dorios quisieron invadirla en su conquista del Peloponeso. El oráculo de Delfos les había prometido la victoria, siempre que no matasen al rey ateniense. Al enterarse del vaticinio Codro decidió sacrificar su vida, se disfrazó y se infiltró entre los enemigos para que le dieran muerte. Al haber contravenido la profecía, los dorios levantaron el campamento y desistieron de su empresa.
66. Durante las guerras médicas Leónidas, rey de Esparta, logró detener con sólo trescientos hombres al numeroso ejército persa en el paso de las Termópilas, perdiendo la vida en esa hazaña.
67. Régulo fue un cónsul romano que, durante la primera guerra púnica, fue capturado por los cartagineses. Éstos lo enviaron a Roma para pedir la paz, obligándole a jurar que regresaría si fracasaba en tales negociaciones. Pero Régulo aconsejó continuar la guerra y cumplió su promesa para morir en cautividad. Su tortura fue inmortalizada por Horacio en sus *Odas* (3, 5).

Decio Mus[68], Arnold Winkelried, cualquiera que voluntaria y conscientemente se encaminó hacia una muerte cierta por los suyos o por la patria. En este nivel se halla también cualquiera que asume voluntariamente el sufrimiento y la muerte para afirmar aquello que pertenece legítimamente al provecho de toda la humanidad, es decir, en pro de las auténticas verdades universales y para extirpar graves errores: así murió Sócrates, y muchos campeones de la verdad, como Giordano Bruno, perecieron en la hoguera a manos de los sacerdotes.

Pero ahora, con respecto a la paradoja mencionada hace un momento, ha de recordarse que anteriormente hemos encontrado al sufrimiento como algo consustancial e inseparable del conjunto de la vida y que vimos cómo todo deseo produce sufrimiento a partir de una necesidad, de una carencia, que por ello toda satisfacción sólo es un dolor eludido y no conlleva una dicha positiva, que las alegrías mienten a los deseos haciéndose pasar por un bien positivo, pero en verdad | sólo son de naturaleza negativa y el final de un mal. Lo que hacen la bondad, el amor y la magnanimidad por los otros es tan sólo mitigar su dolor y, por consiguiente, lo que puede mover a las buenas acciones y a las obras del amor es el *conocimiento del sufrimiento ajeno,* comprensible inmediatamente a partir del propio y equiparado a éste. De aquí se infiere que el amor puro *(agape, caritas)* es con arreglo a su naturaleza compasión. Por ello no tendremos reparo en contradecir directamente a Kant, quien únicamente quiere admitir como bondad y virtud genuinas a las que tienen su origen en la reflexión abstracta, a partir

444

---

68. Para vencer a los latinos, este cónsul romano se ofreció a los dioses telúricos y se hizo matar por el enemigo, en la creencia de que si los dioses le aceptaban a él, también se llevarían consigo al ejército enemigo. Este curioso rito se llamaba *devotio.*

del concepto de deber y del imperativo categórico, y define a la compasión como una debilidad, no como una virtud; en franca contradicción con Kant diremos que el mero concepto es para la virtud genuina tan estéril como para el auténtico arte: todo amor puro y auténtico es compasión, y todo amor que no sea compasión es egoísmo. El egoísmo es el *egos,* la compasión el *agape.* Ambos se entremezclan con frecuencia. Incluso la auténtica amistad es siempre una mezcla de egoísmo y compasión: el primero estriba en el agrado por la presencia del amigo, cuya individualidad se corresponde con la nuestra, y constituye casi siempre el ingrediente principal; la compasión se muestra en la sincera simpatía hacia su provecho y su desgracia, así como los abnegados sacrificios que comporta. Spinoza dice: «La benevolencia no es otra cosa que la compasión nacida de la conmiseración» *(Ética* III, prop. 27, cor. 3, escolio). Como confirmación de nuestro paradójico enunciado cabe observar que el tono y las palabras del lenguaje y de las caricias del amor puro coinciden totalmente con el tono de la compasión; dicho sea de paso, en italiano «compasión» y «amor puro» se designan con la misma palabra: *pietà* [piedad].

También es éste el lugar para examinar una de las más sorprendentes cualidades de la naturaleza humana, el *llanto,* el cual, al igual que la risa, es una de las expresiones que más le diferencian de los animales. El llanto no es en modo alguno una expresión de dolor, pues son muy pocos los dolores que hacen llorar. | A mi entender, nunca se llora de inmediato por el dolor experimentado, sino siempre por su reproducción en la reflexión. Del dolor experimentado, aun cuando sea corporal, se pasa a una mera representación suya y entonces uno encuentra su propia situación tan digna de compasión que, si fuera otro quien la soportara, está convencido de que le ayudaría firmemente con plena compasión y amor: pero es uno mismo quien es el objeto de su propia y sincera compasión; con la intención más compasiva uno mismo es el necesitado de ayuda y uno siente que soporta más de cuanto podría ver padecer a otro, y en esta extraordinariamente intrincada disposición de ánimo, donde el sufrimiento inmediatamente sentido sólo llega hasta la percepción por un doble rodeo, viéndose primero representado como algo ajeno por lo cual se siente compasión y luego repentinamente se percibe como algo propio e inmediato, la naturaleza se procura un desahogo mediante esa singular convulsión corporal. El *llanto* es por consiguiente la *compasión consigo mismo,* o la compasión retrotraída a su punto de partida. Por eso está condicionado por la aptitud hacia el amor y la compasión a través de la fantasía; de ahí que no lloren fácilmente ni los hombres duros de corazón ni los faltos de imaginación, e incluso el llanto es considerado siempre como signo de un cierto grado de la bondad del carácter y desarma la cólera, porque uno siente que quien todavía puede llorar también ha de ser necesariamente susceptible de amor, esto es, de tener compasión hacia los otros, dado que la compasión conduce –del modo recién descrito– hasta ese estado de ánimo que acaba en el llanto. Con esta explicación coincide totalmente la descripción que Petrarca hace del origen de sus propias lágrimas, expresando su sentimiento tan ingenua como francamente: «Yo voy pensando y al pensar me asalta *una compasión tan fuerte conmigo mismo* que a menudo me conduce a llorar como no solía»[69]. | 446

Lo dicho también se ve confirmado por el hecho de que los niños, al padecer un dolor, sólo lloran cuando uno los compadece, o sea, no tanto por el dolor como por la representación del mismo. Cuando lo que nos mueve al llanto no es el sufrimiento propio, sino el ajeno, ello se debe a que con la fantasía nos colocamos vivamente en el lugar de

---

69. Cfr. Petrarca, *El cancionero,* canto 21.

quien sufre o, asimismo, a que en su destino vislumbramos la suerte de toda la humanidad y, por consiguiente, ante todo la nuestra propia, con lo que mediante un largo rodeo siempre acabamos llorando por nosotros mismos, en tanto que sentimos compasión por nosotros mismos. Se diría que ésta es también la principal razón de ser del llanto, tan universal como natural, ante las defunciones. No es su pérdida la que llora el enlutado: esas lágrimas egoístas le avergonzarían y en ocasiones lo que le avergüenza es el no llorar. Ante todo se llora la suerte del fallecido, incluso cuando para éste, tras un largo, penoso e incurable sufrimiento, la muerte suponía un deseable desenlace. Así pues, lo que le mueve principalmente a esa compasión es el destino de la humanidad en su conjunto, que está abocada a esa finitud por la cual toda vida, siempre tan esforzada y a menudo tan activa, ha de cancelarse y convertirse en nada; pero en este destino de la humanidad vislumbra ante todo el suyo propio y, desde luego, tanto más cuanto más cercano le fuera el difunto; de ahí que alcance su cota máxima cuando se trata de su padre. Incluso cuando éste fuera una pesada carga para el hijo, porque su vida fuera un tormento por la vejez, la enfermedad y su menesterosidad; pese a todo el hijo llora amargamente la muerte del padre, por las razones aducidas*.

§ 68.

Tras esta digresión sobre la identidad del amor puro con la compasión, cuyo último viraje al propio individuo tiene por síntoma el fenómeno del llanto, | retomo el hilo de nuestra

---

* Cfr. el capítulo 47 del segundo volumen. Resulta ocioso recordar que la ética cuyo esbozo se ofrece aquí ha sido desarrollada en mi ensayo sobre *Los fundamentos de la moral*.

exposición del significado ético del obrar para mostrar cómo de la misma fuente de donde mana la bondad, el amor, la virtud y la magnanimidad proviene también finalmente aquello que yo denomino negación de la voluntad de vivir.

Como vimos antes, el odio y la maldad se hallan condicionados por el egoísmo, y éste descansa a su vez en el anclaje del conocimiento al principio de individuación; igualmente constatamos que el origen y la esencia de la justicia, así como cuando se prosigue hasta los grados más altos del amor y de la magnanimidad, estriban en ver a través de ese principio de individuación, pues esto es lo único que, al eliminar la diferencia ente el individuo propio y el ajeno, hace posible y explica la perfecta bondad de las intenciones que llegan hasta el amor altruista y el desprendido autosacrificio por lo demás.

Mas cuando este ver a través del principio de individuación, este conocimiento inmediato de la identidad de la voluntad en todos sus fenómenos, tiene lugar con un alto grado de claridad, mostrará en seguida un influjo sobre la voluntad. Cuando el velo de Maya queda muy levantado ante los ojos de un hombre, de suerte que ya no diferencia entre su persona y la ajena, sino que se interesa tanto por el sufrimiento de los otros individuos como por el suyo propio, y no sólo es altruista en grado sumo sino que incluso está dispuesto a sacrificar su propio individuo, tan pronto como por ello puedan salvarse varios, entonces se sigue de suyo que un hombre semejante, que reconoce en todos los seres su yo más íntimo y auténtico, también ha de considerar como suyos los interminables sufrimientos de todo ser vivo y atribuirse el dolor del mundo entero. En lo sucesivo ningún sufrimiento le resulta ajeno. Todo tormento de otro, que él ve y raramente puede mitigar, todas las penalidades de las que tiene noticia indirecta e incluso las que sólo presume como meramente posibles inciden en su ánimo como las suyas propias. Ya no es esa alternancia de provecho y desgracia relativos a su persona lo que tiene ante los ojos, como es el caso del hombre sumido todavía en el egoísmo, sino que, al ver a través del principio de individuación, todo le queda igualmente cercano. | Reconoce el conjunto, capta su esencia y lo encuentra en un continuo desvanecerse, un afán fútil, sumido en una contradicción interna y en un constante sufrimiento; allí hacia donde mire, ve sufrir a la humanidad y al reino animal, un mundo que se consume. Pero todo esto le es ahora tan próximo como al egoísta su propia persona. Con tal conocimiento del mundo, ¿cómo debería afirmar esta vida mediante continuos actos de voluntad y aferrarse a ella cada vez más, agobiándose con ello? Así pues, quien todavía se halla sumido en el principio de individuación, en el egoísmo, sólo conoce cosas singulares y su relación con su propia persona, conocimiento que siempre aporta renovados *motivos* de su querer; en cambio, el conocimiento recién descrito del conjunto, de la esencia de la cosa en sí, suministra un *aquietador* de todo querer. La voluntad se aparta de la vida: ahora le estremecen sus goces, en lo que reconoce su afirmación. El hombre alcanza el estado de la renuncia voluntaria, de la resignación, de la verdadera impasibilidad y la total falta de voluntad. Cuando a nosotros, a los que todavía nos envuelve el velo de Maya, al experimentar severamente el propio sufrimiento o conocer con viveza el ajeno, también nos ronda a veces el conocimiento de la inanidad y amargura de la vida, nos gustaría purificarnos y santificarnos, quebrando su acicate a los deseos mediante una plena y definitiva renuncia, para cerrar el paso a todo sufrimiento; sin embargo, pronto nos seduce otra vez el engaño del fenómeno y sus motivos ponen de nuevo en movimiento a la voluntad: no podemos emanciparnos. Los reclamos de la esperanza, las zalamerías del presente, la dulzura del placer, el bienestar que le toca a nuestra persona en medio del lamento de un mundo que sufre bajo el dominio del azar y el error nos repliegan hacia él y anudan de nuevo los lazos. Por eso dijo Jesús: «Es más fácil que un cable atraviese el ojo de una aguja que un rico entre en el reino de Dios»[70].

Comparemos la vida con un circuito circular, plagado de brasas candentes y con algunos tramos frescos, que habríamos de recorrer sin cesar; a quien se halla sumido en la ilusión le consuelan | esos tramos frescos sobre los que se halla justamente ahora o que ve próximos ante sí y prosigue recorriendo el circuito. Pero quien, atravesando el principio de individuación, ve la cosa en sí y conoce por ello el conjunto deja de ser susceptible a tal consuelo: se ve en todos los tramos y se sale del circuito. Su voluntad se vuelve del revés y ya no afirma su propia esencia que se refleja en el fenómeno, sino que la niega. El fenómeno por el cual se anuncia esto es el tránsito de la virtud al *ascetismo.* Ya no le basta amar a los otros igual que a sí mismo y hacer por ellos tanto como por él mismo, sino que nace en él una aversión hacia la esencia cuya expresión es su propio fenómeno, la voluntad de vivir, el núcleo esencial de ese mundo reconocido como deplorable. Por ello reniega de esta esencia que se manifiesta en él y está expresada por su cuerpo, y su obrar desmiente ahora a su fenómeno, entrando en franca contra-

---

70. «Es más fácil que un *camello* atraviese el ojo de una aguja que un rico entre en el reino de Dios» (cfr. Mateo, 19, 24; Marcos, 10, 25; Lucas, 18, 25). Algunos autores, entre los que se cuenta Schopenhauer, trocan al «camello» (Κάμηδος) en «cable» (Κάμιδος), al igual que otros convierten el «ojo de la aguja» en la puerta de una pequeña tienda, a fin de hacer más «verosímil» la parábola. Vano e irrisorio esfuerzo, que atenta contra la naturaleza de la cosa misma. Tanto el Talmud como el Corán contienen comparaciones semejantes, donde la exageración enfatiza la fuerza del símil, y a la que Jesús era tan aficionado; baste recordar sus «vigas en el ojo», el «mover montañas» o «las piedras de molino al cuello».

dicción con él. Al no ser esencialmente más que un fenómeno de la voluntad, cesa de querer algo, procura que su voluntad no tenga ninguna dependencia e intenta consolidar dentro de sí la mayor indiferencia ante todas las cosas. Su cuerpo, sano y fuerte, expresa mediante los genitales el instinto sexual, pero él niega su voluntad y desmiente al cuerpo: no quiere ninguna satisfacción sexual bajo condición alguna. La castidad voluntariamente asumida es el primer paso hacia el ascetismo o la negación de la voluntad de vivir. La castidad niega la afirmación de la voluntad que sobrepasa la vida individual y da el indicio de que con la vida de este cuerpo también se suprime la voluntad de la cual es fenómeno. La naturaleza, siempre veraz e ingenua, enuncia que, de generalizarse esta máxima, el género humano se extinguiría; y con arreglo a lo dicho en el segundo libro sobre la conexión de todos los fenómenos de la voluntad, creo poder conjeturar que con la más alta manifestación de la voluntad también desaparecería su reflejo más débil, la animalidad, al igual que se suprime la penumbra con una luz plena. Con la total supresión del conocimiento el resto del mundo se desvanece por sí mismo en la nada, pues sin sujeto no hay objeto. A este respecto quisiera evocar un pasaje védico, donde se dice: «Al igual que en este mundo los niños hambrientos se aprietan en torno a su madre, así aguardan todos los seres el sacrificio sagrado» *(Investigaciones asiáticas,* vol. 8; Colebrooke, *Sobre los Vedas,* tomado del Sama-Veda; también se localiza en la *Miscelánea* de Colebrooke, vol I., p. 88)[71]. Este sacrificio significa la resignación, y el resto del mundo ha de aguardar su salvación por

---

71. Cfr. *Chândogya-úpanisad* V, 24, 5. La *Miscelánea de Ensayos* de Henry Thomas Colebrooke fue editada en Londres en 1837. Schopenhauer también localizó este pasaje en el *Oupnekhat* y anotó al margen de su ejemplar la referencia: *Oupnek* I, 50.

parte del hombre, que es al mismo tiempo el sacerdote y la víctima propiciatoria. Merece la pena citar como algo muy notable que este pensamiento también ha sido expresado por el admirable e inmensamente profundo Ángel Silesio en un poema titulado «El hombre lleva todo hacia Dios»; dice así: «¡Oh hombre! Todo te ama y se apiña en torno a ti. / Todo corre hacia ti para llegar a Dios»[72]. Pero un místico más grande aún, el maestro Eckhard, cuyos maravillosos escritos nos son finalmente accesibles hoy gracias a la edición de Franz Pfeiffer (1857), dice lo mismo en el sentido aquí explicitado (p. 459): «Acredito esto con Cristo, cuando él dice: "Cuando yo ascienda de la tierra, arrastraré todas las cosas tras de mí" (Juan, XII, 32). Así el hombre bueno ha de llevar todas las cosas hacia Dios, a su primer origen. Los maestros nos confirman que todas las criaturas han sido hechas en torno a la voluntad del hombre. Esto se comprueba en todas las criaturas, dado que cada una utiliza a la otra: el buey a la hierba, el pez al agua, el pájaro al aire, el animal al bosque. Así todas las criaturas en provecho del hombre bueno: una criatura lleva a otra y el hombre bueno las lleva hacia Dios». Con esto quiere decir que el hombre, al utilizar a los animales en esta vida, también los salva en sí y consigo mismo. En este sentido hay que interpretar en mi opinión el difícil pasaje bíblico contenido de la *Carta a los Romanos* (8, 21-24).

Tampoco faltan en el budismo expresiones de la misma cuestión. Por ejemplo, cuando Buda, todavía como Bodhisattva [futuro Buda], al montar su caballo por última vez para abandonar la casa paterna y dirigirse al desierto, le dice a su montura: «Desde hace mucho tiempo tú estás ahí en la vida y en la muerte; pero ahora debes dejar de llevarme y cargarme. Sólo por esta vez, oh Kantakana, llévame de

---

72. Cfr. *El paseante querubínico* I, 275.

451 aquí y, cuando yo haya | alcanzado la ley [me haya convertido en Buda], no te olvidaré» *(Foe koue ki,* trad. de Abel Rémusat, p. 233)[73].

El *ascetismo* se muestra además en la pobreza voluntaria e intencionada, que no sólo se genera por accidente, al deshacerse del patrimonio para mitigar el sufrimiento ajeno, sino que aquí la pobreza ya es un fin en sí, que debe servir como continua mortificación de la voluntad, con objeto de que la satisfacción de los deseos, la dulzura de la vida, no agite nuevamente a esa voluntad contra la cual el autoconocimiento ha cobrado aversión. Quien ha llegado a este punto nota todavía en cuanto cuerpo vivo, como concreta manifestación de la voluntad, la disposición hacia todo tipo de querer, pero la reprime intencionalmente, al constreñirse a no hacer nada de cuanto le gusta y hacer en cambio todo cuanto no le gusta, incluso si no tiene un fin ulterior como el de servir para mortificar a la voluntad. Como niega la voluntad misma que se manifiesta en su persona, tampoco se resistirá cuando algún otro haga lo mismo, es decir, le cause injusticia. Por eso soporta cada ignominia y sufrimiento con afabilidad e inagotable paciencia, devuelve bien por mal sin ostentación alguna y no deja que el fuego de la cólera o de los deseos prenda de nuevo en él. Al igual que a la voluntad misma, mortifica también a su visualización, a su objetivación, el cuerpo: lo alimenta frugalmente, para que su exuberante florecimiento y desarrollo no vivifique y anime de nuevo a la voluntad, cuya mera expresión y espejo es dicho cuerpo. Opta por el ayuno, la penitencia y la automortificación, para quebrar y aniquilar paulatinamente mediante continuos sufrimientos y privaciones a la voluntad, que él reconoce y aborrece como la fuente de la propia existencia

---

73. Cfr. *Foe koue ki, o relación de los reinos budistas: viaje por Tartaria, Afganistán e India,* trad. de Abel Rémusat, París, 1836, p. 233.

y del mundo sufriente. Finalmente llega la muerte que liquida este fenómeno de esa voluntad, cuya esencia había muerto aquí hace tiempo merced a la libre negación de sí misma, | hasta reducirlo a ese débil resto que aparecía como aliento de este cuerpo; así la muerte es bienvenida y recibida con alegría, como una salvación largamente añorada. Con ella no termina aquí, como en los otros, sólo el fenómeno, sino que se suprime la esencia misma, que aquí sólo tenía en el fenómeno y merced a ella una débil existencia*, cuyo último lazo también se rompe. Para quien así acaba, también finaliza el mundo al mismo tiempo.

452

Y lo que relato aquí con una torpe lengua y sólo con expresiones genéricas no es un cuento filosófico inventado para la ocasión: no, fue la envidiable vida de muchos santos y almas bellas entre los cristianos, y todavía más entre los hindúes y los budistas, por no hablar de otros correligionarios. Por muy diferentes que fueran los dogmas que impregnaban su razón, a través de la conducta de su vida se expresó de idéntico modo el único conocimiento íntimo, inmediato e intuitivo del que puede provenir toda virtud y santidad. Pues también aquí se muestra esa gran diferencia radical entre conocimiento intuitivo y abstracto que tan importante resulta para nuestra consideración global y tan desatendida ha sido hasta la fecha. Entre ambos media un vasto abismo que, con respecto al conocimiento de la esencia del mundo,

---

* Este pensamiento se expresa mediante un hermoso símil en uno de los más antiguos escritos filosóficos sánscritos, el *Sankhya-Karika* [verso 64]: «Pese a todo el alma permanece un rato revestida con el cuerpo, al igual que el torno del alfarero, una vez acabada la vasija, continúa dando vueltas a consecuencia del empuje recibido previamente. Sólo cuando el alma iluminada se separa del cuerpo y cesa para ella la naturaleza, tiene lugar su completa redención» (Colebrooke, *Sobre la filosofía de los hindúes. Miscelánea de Ensayos* [Londres, 1837], vol. I, p. 259; igualmente en el *Sankhya Karika* de Horacio Wilson *[Piezas selectas del teatro hindú,* Calcuta, 1826-27], § 67, p. 184).

sólo puede franquear la filosofía. En realidad el hombre se hace consciente de todas las verdades filosóficas intuitivamente o en concreto, pero trasladarlas a su saber abstracto, a la reflexión, es la ocupación del filósofo, que no debe, ni tampoco puede, hacer nada más allá de eso.

Acaso sea ésta la primera vez que, de una manera abstracta y sin recurrir a los mitos, se expresa la esencia íntima de la santidad, | la abnegación, la aniquilación de la propia voluntad, el ascetismo, como *negación de la voluntad de vivir,* la cual sobreviene una vez que el cabal conocimiento de su propia esencia se ha convertido para ella en un aquietador de todo querer. En cambio, esto lo conocieron de inmediato y lo expresaron mediante la acción todos esos santos y ascetas que para expresar un mismo conocimiento interior utilizaron muy diversos lenguajes, con arreglo a los dogmas que alguna vez insertaron en su razón, y a consecuencia de lo cual un santo hindú, un santo cristiano o un santo lamaísta tienen modos muy distintos de rendir cuentas sobre sus propios actos, si bien esto es totalmente indiferente para la cuestión. Un santo puede estar ahíto de la más absurda superstición o, por el contrario, puede ser un filósofo; ambas cosas son igualmente válidas. Su obrar es lo único que le acredita como santo, ya que, en sentido moral, ese obrar no proviene del conocimiento abstracto, sino del conocimiento del mundo y de su esencia captado intuitiva e inmediatamente, y sólo es expuesto mediante algún dogma para satisfacer a su razón. Por eso hace tan poca falta que el santo sea un filósofo como que el filósofo sea un santo, al igual que no es necesario que un hombre perfectamente bello sea un gran escultor o que un gran escultor sea él mismo también un hombre bello. En general sería extravagante exigir a un moralista que no debe recomendar ninguna otra virtud salvo las que posea él mismo. Reproducir abstractamente en conceptos claros y universales la esencia global del mundo, para consignarla como imagen reflexiva en conceptos de la razón que se hallan continuamente disponibles: esto y nada más es la filosofía. Recuerdo aquí el pasaje de Bacon citado en el primer libro (I 124).

Mas justamente por eso también resulta frío, abstracto y universal mi relato de la negación de la voluntad de vivir o de la conducta de un alma bella, de un santo resignado y entregado voluntariamente a la penitencia. Como el conocimiento del cual proviene dicha negación de la voluntad es intuitivo y no abstracto, tampoco encuentra su expresión más consumada en conceptos abstractos, sino únicamente en los hechos y la conducta. De ahí que para comprender más cabalmente lo que nosotros expresamos filosóficamente como negación de la voluntad de vivir se ha de aprender a conocer los ejemplos a partir de la experiencia y de la realidad. Desde luego, nadie encontrará tales ejemplos en la experiencia cotidiana, «pues todo lo excelso es tan difícil como raro», según dice muy bien Spinoza[74]. Por lo tanto, si un destino propicio no nos hace testigos oculares, habremos de conformarnos con las biografías de tales hombres. Entonces se comprenderá propiamente aquello de lo que estamos tratando aquí. La literatura india, tal como vemos por las pocas traducciones que conocemos hasta ahora, es muy rica en descripciones de la vida de santos, de penitentes llamados «samaneos» [budistas que viven santamente], de «saniasis» [eremitas], etc. Incluso la conocida –aunque no sea encomiable en todos los sentidos– *Mitología de los hindúes* de la señora Porlier contiene muchos ejemplos excelentes de este tipo (especialmente en el capítulo 13 del segundo volumen). Tampoco entre los cristianos faltan ejemplos para la explicación propuesta. Hay que leer las biografías –usualmente mal escritas– de esos personajes a

---

74. Cfr. *Ética,* libro V, proposición 42, escolio.

los que se ha tildado de almas santas, pietistas, quietistas, piadosos visionarios, etc. Existen recopilaciones de tales biografías de muy diversas épocas, como la *Vida de almas santas* de Tersteegen*, las *Historias de los regenerados* de Reiz[75] o, en nuestros días, el compendio de Kanne[76], que entre tantas cosas malas también cuenta con alguna buena como la *Vida de la beata Sturmin*[77]. Entre ellas cabe destacar la vida de san Francisco de Asís, auténtica personificación del ascetismo y modelo de todos los frailes mendicantes. Su biografía, escrita por el célebre escolástico y también santo Buenaventura, uno de sus más jóvenes coetáneos, ha sido recientemente reeditada bajo el título de *Vida del seráfico padre San Francisco* (Soest, 1847) y poco antes había aparecido en Francia una cuidada biografía suya muy respetuosa con las fuentes: *Historia de San Francisco de Asís*, por Chavin de Mallan (1845). Como parangones orientales de estos escritos monásticos tenemos el libro de Spence Hardy cuya lectura es sumamente recomendable: *El monacato de Oriente, un informe sobre la orden mendicante fundada por Gautama Buda* (1650). Nos muestra las mismas cosas con otro ropaje. También se aprecia cuán indiferente es que se parta de una religión teística o de una atea. | Pero sobre todo, como un ejemplo sumamente especial y que es una ilustración fáctica de los conceptos establecidos por mí, puedo recomendar la autobiografía de la señora Gu-

---

* El título exacto del libro es *Biografías escogidas de almas santas*, cuyos tres volúmenes aparecieron, respectivamente, en Frankfurt (1733), Leipzig (1735) y Duisburg (1743); en 1815 aparece en Múnich una versión abreviada editada por J. Goßner bajo el título de *Almas santas, un compendio de las biografías seleccionadas por Gerhard Tersteegen*.
75. Cfr. Friedrich Wolfgang Reiz, *Historia de los regenerados*, Offenbach, 1701 (5 vols.).
76. Cfr. Johann Arnold Kanne, *Vida de cristianos memorables pertenecientes a la Iglesia protestante*, Leipzig, 1816.
77. Que ya había sido publicada por separado en Stuttgart en 1737.

yon[78], un alma bella cuya memoria me llena siempre de profundo respeto; aprender a conocer lo eximio de sus intenciones y hacerlas justicia, mostrándose indulgente con las supersticiones de su razón, ha de resultar para cualquier hombre de la mejor índole tan satisfactorio como desacreditado quedará ese libro entre quienes piensan vulgarmente, o sea, entre la mayoría, puesto que cada cual sólo puede apreciar cuanto le es análogo hasta cierto punto y para lo cual posee al menos una débil disposición. Esto vale tanto para lo intelectual como para lo moral. En cierto modo podría considerarse como un ejemplo que viene al caso la conocida biografía francesa de Spinoza, si se utiliza como clave de acceso a la misma ese magnífico comienzo de su insatisfactorio tratado *Sobre la reforma del entendimiento*[79], preámbulo que puedo recomendar al mismo tiempo como el pasaje más eficaz que conozco para mitigar la tormenta de las pasiones. Finalmente hasta Goethe, por muy griego que fuera, no consideró indigno de él mostrarnos esta hermosa faceta de la humanidad en el elucidatorio espejo de la poesía, al exponer de una forma idealizada en las *Confesiones de un alma bella* la vida de la señorita Klettenberg[80], de la que Goethe ofrece también algunos datos históricos en

---

78. Se refiere a Jeanne-Marie Bouvier de La Motte-Guyon, *La vida de la Sra. de Guyon, escrita por ella misma,* Colonia, 1720 (3 vols.). Schopenhauer tomó prestada esta obra de la biblioteca pública de Dresde entre el 7 de mayo de 1817 y el 2 de enero de 1818.
79. Al comienzo de su tratado *Sobre la reforma del entendimiento* Spinoza alude a la futilidad de las riquezas, la reputación o el placer sensual, es decir, todo cuanto habitualmente es estimado por los hombres como bienes supremos, para pasar a señalar la tarea de buscar el conocimiento de aquella unidad en que el espíritu se halla hermanado con toda la naturaleza.
80. Poetisa alemana (1723-1774) que fue una gran amiga de la madre de Goethe, el cual habla de ella con mucho cariño en su propia autobiografía. De *Las confesiones de un alma bella* hay una reciente edición castellana preparada por Salvador Mas (Mínimo Tránsito, Madrid, 2001).

su propia biografía[81]; al igual que Goethe también nos relata por dos veces la vida de san Felipe de Neri. La historia universal callará siempre, y así ha de hacerlo, sobre aquellos hombres cuya conducta constituye la mejor ejemplificación, además de la única satisfactoria, de este importante punto de nuestra consideración. Pues el material de la historia universal es totalmente distinto e incluso opuesto, a saber, no la negación y el abandono de la voluntad de vivir, sino justamente su afirmación y manifestación en un sinnúmero de individuos, donde resplandece su desavenencia consigo misma en la más alta cima de su objetivación, al ponerse siempre a la vista la futilidad e inutilidad de todos esos esfuerzos, ya sea por la supremacía del individuo mediante su astucia, ya sea por la violencia de las masas merced a su cantidad, ya sea por el poder del azar personificado como destino. | Pero a nosotros, que no perseguimos aquí el hilo de los fenómenos en el tiempo, sino que como filósofos intentamos indagar el significado ético de las acciones y adoptar éste como la única medida para lo significativo e importante, ningún temor ante la trivialidad de la mayoría nos impedirá confesar que el mayor, más importante y más significativo fenómeno que puede mostrar el mundo no es el de quien lo conquista, sino el de quien se sobrepone a él, lo cual de hecho no es otra cosa que la silenciosa e inadvertida vida de un hombre imbuido por aquel conocimiento, a consecuencia del cual abandona y niega esa voluntad de vivir que lo llena todo, lo impulsa todo y tiende hacia todo, de un hombre cuya libertad sólo se manifiesta en él merced a un obrar que es justamente el contrario del habitual. En este sentido, esas biografías de hombres santos que se niegan a sí mismos, aunque por regla general estén muy mal

---

81. Cfr. Goethe, *Poesía y verdad* (edición de Rosa Sala), Alba, Barcelona, 1999; pp. 350-351 y 659-661.

escritas y entreveradas de supersticiones sin sentido, resultan para los filósofos incomparablemente más instructivas e interesantes incluso que las debidas a Plutarco o Livio[82].

A un conocimiento más cercano y cabal de aquello que con la abstracción y universalidad de nuestro modo expositivo expresamos como negación de la voluntad de vivir contribuirá sobremanera el examen de las prescripciones morales dadas en este sentido por los hombres colmados de ese espíritu, lo cual mostrará al mismo tiempo cuán antiguo es nuestro parecer, por muy novedosa que pueda ser su expresión puramente filosófica. Lo que se halla más próximo a nosotros es el cristianismo, cuya ética está plenamente inmersa en el citado espíritu y no sólo lleva hasta las más altas cotas de la filantropía, sino también a la renuncia; esta última faceta ya está presente en los escritos de los apóstoles como un germen muy claro, si bien no se desarrolló ni fue expresada explícitamente hasta mucho más tarde. Prescritas por los apóstoles hallamos: el amar al prójimo como a uno mismo, la caridad, pagar el odio con amor y buenas obras, la paciencia, la mansedumbre, soportar toda posible ofensa sin hostilidad, moderación al alimentarse, | contención del placer, refrenar el instinto sexual a ser posible totalmente. Ya vemos aquí los primeros niveles del ascetismo, o de la auténtica negación de la voluntad, de aquello que en los evangelios se llama la renuncia de sí mismo y llevar sobre sí la cruz (Mateo, 16, 24-25; Marcos, 8, 34-35; Lucas, 9, 23-24). Esta propensión se desarrolló pronto cada vez más hasta dar lugar a los penitentes, a los anacoretas y al monacato, que originariamente era de suyo puro y santo, pero que por eso mismo resultaba inadecuado para la mayor parte de los hombres, y de ahí que sólo pudiera desplegarse

---

82. Como es obvio, Schopenhauer alude aquí a las célebres *Vidas paralelas* de Plutarco y a la *Historia de Roma* de Tito Livio.

en medio de la hipocresía y la atrocidad: el abuso de lo mejor es el peor de los abusos. En el cristianismo formado ulteriormente vemos florecer plenamente ese germen ascético en los escritos de los santos y místicos cristianos. Dichos autores predican junto al amor más puro también la plena resignación, la pobreza voluntaria, la auténtica impasibilidad, la plena indiferencia ante todas las cosas mundanas, la extinción de la propia voluntad y el renacimiento en Dios, el completo olvido de la propia persona y el abandonarse a la intuición divina. Una exhaustiva exposición de todo ello se encuentra en la *Explicación de las máximas de los santos sobre la vida interior* de Fenelón. Pero en ningún lugar se expresa el espíritu del cristianismo en este desarrollo suyo de una forma tan acabada y vigorosa como en los escritos del místico alemán por antonomasia, el maestro Eckhard, y en su libro justamente célebre sobre *La teología alemana,* del que Lutero, en el prólogo escrito para dicha obra, dice que de ningún libro, a excepción de la Biblia y de san Agustín, aprendió más sobre lo que sea Dios, Cristo y el hombre que de éste –del cual sólo hemos recibido el texto original y sin adulterar gracias a la edición de Pfeiffer (Stuttgart, 1851)–. Las prescripciones y teorías dadas allí son la más cabal exposición, nacida de una profunda convicción íntima, de aquello que yo he presentado como la negación de la voluntad de vivir. Allí es donde hay que trabar conocimiento con esta cuestión, antes de refutarla con el aplomo judeo-protestante. Escritos con ese mismo espíritu insigne, aunque no sean tan estimables como la obra citada, están la | *Imitación de la pobre vida de Cristo* [Frankfurt, 1621] de Teuler, junto a su otro libro titulado *La entraña del alma* [Frankfurt, 1644]. A mi entender, las doctrinas de estos genuinos místicos cristianos son al Nuevo Testamento lo que el vino al alcohol del vino. O dicho de otro modo: lo que en el Nuevo Testamento se trasluce nebulosamente como a través de un velo en las obras de los místicos nos sale al paso sin envolturas, con toda claridad y nitidez. Bien podría considerarse al Nuevo Testamento como la primera iniciación y a los místicos como la segunda: «Los pequeños y los grandes misterios»[83].

Pero aquello que hemos llamado negación de la voluntad de vivir lo encontramos mucho más desarrollado, expresado de múltiples maneras y expuesto con mucha más viveza de la que pudiera darse en la Iglesia cristiana y en el mundo occidental en las antiquísimas obras del lenguaje sánscrito. El hecho de que esa importante concepción ética de la vida pudiese alcanzar aquí un desarrollo ulterior y una expresión más resuelta quizá haya de atribuirse principalmente al no verse limitado por un elemento del todo extraño, como le sucede al cristianismo con el credo judío, al que hubo de acomodarse y adaptarse necesariamente el sublime autor del cristianismo, en parte conscientemente y en parte quizá inconscientemente, merced a lo cual el cristianismo está compuesto de dos elementos muy heterogéneos, de los cuales yo quisiera llamar cristiano con exclusividad al puramente ético por excelencia y diferenciarlo del dogmatismo judío inserto en él. Si, como ya se ha temido a menudo y sobre todo en los tiempos actuales, esa insigne y saludable religión pudiera entrar alguna vez en una decadencia total, la única razón de tal decadencia estribaría para mí en el hecho de albergar dos elementos originariamente heterogéneos que sólo han llegado a unirse por circunstancias históricas; de darse tal disgregación, a causa de su desigual estirpe y a la reacción de una época más avanzada, tras dicha disolución el elemento puramente ético habría de quedar incólume, puesto que es indestructible. En la ética de los hindúes, tal

---

83. Schopenhauer alude aquí a los misterios eleusinos, que se celebraban en Atenas durante la estación de la siembra (septiembre y octubre).

como ahora, por imperfecto que todavía sea nuestro conocimiento de su literatura, la encontramos expresada del modo más variopinto y vigoroso en | los *Vedas*[86], los *Puranas*[87], epopeyas, mitos y leyendas de sus santos, proverbios y preceptos morales*, vemos prescrito: el amor del prójimo con una completa negación del egoísmo; el amor en general sin circunscribirse al género humano; la caridad llevada hasta el dar lo adquirido fatigosamente cada día; una paciencia ilimitada frente a cualquier ofensor; pagar todo mal, por grave que sea, con bien y amor; soportar de buen grado y alegremente la ignominia; abstenerse de comer cualquier animal; castidad y renuncia a la voluptuosidad para quien aspire a la santidad; el rechazo de toda propiedad, el abandono del hogar y de los allegados, una profunda y completa soledad, sumido en una contemplación silenciosa; una penitencia voluntaria, infligiéndose a sí mismo lentos y terribles suplicios,

---

* Cfr. v.g. *Outnekhat,* de Anquetil Duperron, vol. II, núms. 138, 144, 145 y 146[84]; *Mitología de los hindúes* de la señora Porlier, vol. II, caps. 13, 14, 15, 16 y 17; *Revista Asiática* de Klaproth [Weimar, 1802], en el primer volumen: *Sobre la religión Fo,* el *Bhágavad-gîta* o el *Diálogo entre Krisna y Arjuna,* y en el segundo volumen: *Moha-Mudgava*[85]. Luego *Instituciones de la ley hindú, o las ordenanzas de Manú,* traducido del sánscrito por W. Jones y al alemán por Hüttner (1797), especialmente los capítulos 6 y 12. Por último muchos pasajes de las *Investigaciones asiáticas.* (En los últimos cuarenta años la literatura india en Europa ha crecido tanto que, si ahora quisiera completar esta nota de la primera edición, llenaría un par de páginas.)

84. Los cuatro *Upanisad* mencionados aquí por Schopenhauer son, respectivamente: *Jâbâla, Paramahansa, Aruneya* y *Kena,* todos ellos recogidos en la traducción alemana de P. Deussen, *Sesenta Upanisad,* Leipzig, 1897 (pp. 707, 703, 692 y 204).

85. *Moha-mudgara,* «el martillo contra la ofuscación del espíritu», poema en doscientos versos atribuido a Cankara, nacido en el 788 d. C. (justo un milenio antes que Schopenhauer).

86. Cada uno de los primitivos libros sagrados de la India.

87. Así se llaman los dieciocho poemas sagrados de los indios, que contienen un gran número de tradiciones relativas a su cosmogonía y teogonía, y sirven de comentario a los *Vedas*.

encaminados hacia la completa mortificación de la voluntad, que finalmente llega hasta la muerte voluntaria por hambre, entregándose a los cocodrilos, precipitándose desde la sagrada cumbre del Himalaya, enterrándose vivo o arrojándose bajo las ruedas del enorme carro que pasea las estatuas de los dioses entre los cánticos, los gritos de júbilo y las danzas de las bayaderas. Estas prescripciones, cuyo origen se remonta cuatro mil años atrás, sobreviven todavía hoy en ese pueblo, aunque se hayan desvirtuado en ciertos detalles, y son llevadas por algunos hasta su último extremo*. Lo que durante tanto tiempo ha sido puesto en práctica por un pueblo que abarca tantos millones, | imponiéndole los más arduos sacrificios, no puede ser un antojo urdido caprichosamente, sino que ha de tener su fundamento en la esencia de la humanidad. Pero a ello se añade la asombrosa uniformidad que uno encuentra cuando lee la vida de un penitente o un santo cristiano y la de un hindú. En medio de unos dogmas, unas costumbres y un entorno tan radicalmente diferentes, la tendencia y la vida interior de ambos son enteramente las mismas. También son idénticas las prescripciones para ambos: así por ejemplo, Tauler[89] habla de la pobreza absoluta que uno debe buscar y que consiste en desistir y privarse plenamente de cuanto pueda

460

---

* En la procesión de Jaggernaut[88] en junio de 1840 once hindúes se arrojaron bajo el carro y perecieron en el acto (carta de un hacendado de las Indias orientales publicada en el *Times* del 30 de diciembre de 1840).

88. El nombre exacto es *Jagan-nâtha* («señor del mundo»), uno de los nombres de Visnú, bajo el cual se lo venera especialmente en Bengala. En la ciudad de Puri (Orisa) se encuentra un célebre templo dedicado a él, al cual se realizan grandes peregrinaciones durante la *Ratha-yâtrâ* o «fiesta del Carro».

89. Este discípulo del célebre maestro Eckhart, y fundador de hecho de la escuela mística alemana, quedó muy impresionado por los reproches que le hiciera una vez un mendigo, circunstancia que le hizo rendir un culto extremado a la pobreza. De ahí su obra –ya citada– *Imitación de la pobre vida de Cristo*.

generar un consuelo o un goce mundanos, puesto que todo esto proporciona siempre nuevo alimento a esa voluntad cuya total extinción se procura; y como su equivalente hindú vemos, en las prescripciones de Fo [Buda], al *saniasi* [eremita], que debe estar sin casa ni patrimonio algunos e incluso se le recomienda no ponerse a menudo bajo el mismo árbol, para no contraer predilección o inclinación algunas hacia dicho árbol. Los místicos cristianos y la doctrina de la filosofía védica coinciden también en estimar como superfluas las obras externas y las prácticas religiosas para aquel que haya alcanzado la perfección. Tan enorme coincidencia en épocas y pueblos tan diversos es una prueba fáctica de que aquí no impera, como afirma gustosamente la simpleza del optimismo, una excentricidad o una locura del ánimo, sino que expresa un aspecto esencial de la naturaleza humana, que sólo a causa de su excelencia se acomete raramente.

He dado aquí las fuentes a partir de las cuales se puede llegar a conocer directamente los fenómenos, tomados de la vida, en los cuales se presenta la negación de la voluntad de vivir. En cierto modo éste es el punto más importante de todo nuestro estudio, si bien yo sólo lo he expuesto en términos generales, y por ello resulta preferible remitir a quienes hablan a partir de una experiencia directa que inflar sin necesidad ese libro repitiendo débilmente lo dicho por ellos.

Sólo quiero añadir algo a la descripción general de su estado. Más arriba vimos que el malvado, por | la intensidad de su querer, sufre continuamente un voraz pesar interior y, cuando se agotan todos los objetos del querer, refresca la enconada sed del capricho con el espectáculo de las penas ajenas; en cambio, aquel en quien se ha desatado la negación de la voluntad de vivir y cuya situación parece tan pobre, triste y llena de privaciones vista desde fuera también está colmado de una alegría interna y de una auténtica paz celestial. No se trata del desazonante apremio vital ni de la jubilosa alegría que tiene como condición un intenso sufrimiento que la precede o la sigue, tal como marcan los cambios del hombre apegado a la vida, sino de una paz inalterable, una profunda calma y una serenidad interior, de un estado al cual no podemos mirar sin una gran añoranza, cuando se nos coloca ante los ojos o es presentado a la imaginación, al reconocerlo de inmediato como lo único justo que prevalece infinitamente sobre todo lo demás e incita a nuestro mejor espíritu al *sapere aude*[90] [¡atrévete a saber!]. Entonces sentimos que toda satisfacción de nuestros deseos, arrancada al mundo, se asemeja a esa limosna que mantiene hoy con vida al mendigo para dejarle nuevamente hambriento mañana; por contra la resignación se parece más bien a esa finca hereditaria que anula para siempre las preocupaciones de su propietario.

Recordaremos por el tercer libro que una gran parte del goce estético sobre lo bello consiste en que nosotros, al encontrarnos en el estado de la pura contemplación, quedamos exonerados por un instante de todo querer, esto es, de cualesquiera deseos y preocupaciones, como si nos libráramos de nosotros mismos, y dejamos de ser el individuo que conoce al efecto de su constante querer, el correlato de la cosa singular para el que los objetos devienen motivos, sino que somos el eterno sujeto del conocer avolitivo, el correlato de la idea: y sabemos que estos instantes en los cuales quedamos liberados del acuciante apremio de la voluntad, como si emergiéramos de la etérea gravidez terrestre, son los más dichosos que conocemos. A partir de ahí podemos colegir cuán venturosa ha de ser la vida de un hombre cuya

---

90. Cfr. Horacio, *Epistolas* I, 2, 40. Kant lo convirtió en divisa de la Ilustración y lo traduce como «Ten valor para servirte del propio entendimiento» (cfr. Ak. VIII 35; *Contestación a la pregunta: ¿Qué es la Ilustración?* –edición de Roberto R. Aramayo–, en *Isegoría* 25, p. 287).

voluntad se vea apaciguada, no un solo instante, como en el goce sobre lo bello, sino para siempre y quede totalmente apagada hasta el último rescoldo que mantiene al cuerpo y se extinguirá con él. Un hombre semejante que, tras muchas amargas luchas | contra su propia naturaleza, ha terminado por salir completamente victorioso sólo sigue existiendo como puro sujeto cognoscente, como límpido espejo del mundo. Nada puede ya angustiarle ni conmoverlo, al haber cortado los miles de hilos del querer que nos mantienen unidos al mundo y nos desgarran bajo un dolor constante como deseo, temor, envidia o cólera. Tranquilo y risueño echa una mirada retrospectiva hacia los espejismos de este mundo que una vez también fueron capaces de mover y de apenar su ánimo, pero que ahora le son tan indiferentes como las piezas de ajedrez tras acabar el juego o como por la mañana los disfraces arrojados al suelo, cuyas figuras nos intrigaban y nos inquietaban en la noche del carnaval. La vida y sus formas todavía flotan ante él cual una aparición fugaz, al igual que en el duermevela de un ligero sueño matinal la realidad comienza a dejarse traslucir y cesa la ilusión del ensueño, de modo que la vida desaparece finalmente como este ensueño en un tránsito sin estridencias. A partir de estas consideraciones podemos aprender a comprender el sentido de lo que con tanta frecuencia expresa hacia el final de su biografía la señora Guyon: «Todo me es indiferente; no *puedo* querer nada más; a menudo ni siquiera sé si existo o no»[91]. Para expresar cómo, tras la extinción de la voluntad, la muerte del cuerpo (que sólo es el fenómeno de la voluntad, con cuya supresión ella pierde todo significado) no puede tener nada de amargo, sino ser bienvenida, se me permitirá citar las propias pala-

---

91. Cfr. *La vida de J. M. B. de La Motte-Guyon, escrita por ella misma*, Colonia, 1720 (parte III, cap. 21).

bras de esta santa penitente, aunque carezcan de toda elegancia: «Mediodía de gloria: día donde ya no hay noche; vida que no teme más la muerte, en la muerte misma: porque la muerte ha vencido a la muerte, y quien ha sufrido la primera muerte no degustará la segunda» *(Vida de la señora Guyon,* vol. II, p. 13)[92].

Sin embargo, no debemos creer que, tras darse una vez la negación de la voluntad por haberse convertido el conocimiento en aquietador suyo, dicha negación no vacile y uno pueda holgar en ella como en una propiedad adquirida. Antes bien hay que ganársela siempre de nuevo mediante una continua lucha. Pues como el cuerpo es la voluntad misma, sólo que bajo la forma de la objetivación o cual fenómeno en el mundo | como representación, mientras el cuerpo vive, persiste también virtualmente toda la voluntad de vivir, cuya posibilidad aspira continuamente a ingresar en la realidad y a inflamarse de nuevo con todo su ardor. Por eso vemos en la vida de los hombres santos aquella paz y bienaventuranza descritas sólo como la flor que resulta del continuo sometimiento de la voluntad, siendo el suelo donde brota esa flor la constante lucha con la voluntad de vivir: pues nadie puede tener un reposo duradero sobre la tierra. Por eso encontramos en las historias sobre la vida interior de los santos que se hallen plagadas de luchas del alma consigo misma tribulaciones y abandonos por parte de la gracia, es decir, de aquel modo de conocimiento que troca ineficaz a cualquier motivo, en cuanto aquietador universal que apacigua todo querer, suministra la paz más profunda y abre la puerta de la libertad. Por eso vemos también a quienes han conseguido en un momento dado la negación de la voluntad mantenerse en ese camino con gran

---

92. Schopenhauer había transcrito ya esta cita en uno de sus cuadernos de juventud, fechado en Dresde en 1817; cfr. HN I 473.

esfuerzo, con todo tipo de abnegaciones arrancadas a la fuerza, mediante un severo y expiatorio modo de vida que rebusca cuanto les resulta ingrato: todo ello para sofocar una y otra vez a la pujante voluntad. Como ya conocen el valor de la liberación, de ahí proviene su meticuloso esmero por mantener la salvación ganada, así como sus escrúpulos de conciencia ante cualquier goce inocente o cualquier pequeña agitación de su vanidad, la más indestructible, activa e insensata de las inclinaciones humanas, que también aquí muere en último lugar. Bajo la expresión de *ascetismo,* que ya he utilizado con frecuencia, entiendo en sentido estricto el *deliberado* quebrantamiento de la voluntad, mediante la negación de lo grato y la búsqueda de lo ingrato, el tipo de vida que se impone penitencias y se autoflagela para mortificar continuamente a la voluntad.

Si ahora vemos practicar el ascetismo por parte de quien ha conseguido la negación de la voluntad, para persistir en dicha negación, también el sufrimiento en general, tal como es impuesto por el destino, es un segundo camino (δεύτερος πλοῦς*) para conseguir esa negación: sí, podemos admitir que la mayoría sólo llegan a ella por este camino y que es el sufrimiento sentido por uno mismo, no el meramente conocido, lo que conduce con la mayor intensidad hacia la plena | resignación, a menudo sólo en las cercanías de la muerte. Pues sólo en unos pocos basta el mero conocimiento para traspasar el principio de individuación y procurar la más perfecta bondad en las intenciones junto a una filantropía universal, y reconocer finalmente todo sufrimiento del mundo como suyo propio, para dar lugar a la

---

* Sobre δεύτερος πλοῦς[93], cfr. el *Florilegio* de Estobeo, vol. II, p. 374 [ed. Gaisford, Leipzig, 1823/24, cap. 59, núm. 9, vol. II, p. 376].
93. Literalmente significa «segunda singladura», expresión utilizada en la navegación, cuando se ha de remar por no haber viento propicio. El giro es utilizado por Platón en el *Fedón* (99 d).

negación de la voluntad. Incluso para quien se aproxima a este punto, el hacer soportable el estado de la propia persona, la caricia del instante, la seducción de la esperanza y la sempiterna invitación a satisfacer nuevamente a la voluntad, es decir, al placer, supone un continuo obstáculo de la negación de la voluntad y una continua tentación de una renovada afirmación de la misma: por eso se han personificado en este sentido todas esas tentaciones como el diablo. De ahí que la mayoría haya de ver quebrada la voluntad merced a un enorme sufrimiento propio, antes de que haga acto de presencia la autonegación de dicha voluntad. Entonces, tras haber sido conducido al borde de la desesperación mediante todos los niveles de una creciente tribulación a la que se resistía con vehemencia, vemos al hombre entrar dentro de él, reconocerse junto al mundo, transformar todo su ser, elevarse por encima de sí mismo y de todo sufrimiento, purificarse y santificarse gracias al sufrimiento, renunciar con una calma, una dicha y una sublimidad incontestables a todo lo que antes quería con la mayor intensidad, y recibir alegremente a la muerte. La purificadora llama del sufrimiento hace aparecer de improviso, como si fuera plata, a la negación de la voluntad de vivir, esto es, a la salvación. Algunas veces vemos a hombres que eran muy malvados refinarse hasta este grado por medio de los más hondos sufrimientos: se vuelven otros y quedan plenamente transformados. De ahí que los desmanes de antaño tampoco atormenten ahora a su conciencia, si bien los expían buen grado con la muerte y ven acabar con gusto la manifestación de esa voluntad que ahora les es ajena y aborrecible. De esta negación de la voluntad acarreada por un enorme infortunio y la desesperación de hallar una salida al mismo, el gran Goethe nos ha legado una exposición nítida e intuitiva, como no conozco ninguna otra en la poesía, en su inmortal obra maestra, el *Fausto*, en la historia de los sufrimientos de Margarita. Ésta es un perfecto prototipo del segundo camino que conduce a la negación de la voluntad, no, al igual que el | primero, por el mero conocimiento del sufrimiento del mundo entero que uno hace voluntariamente suyo, sino por medio del propio y desbordante dolor que experimenta uno mismo. Ciertamente, hay muchas tragedias que conducen a sus héroes, dotados de un poderoso querer, hasta este punto de la total resignación, donde habitualmente la voluntad de vivir y su fenómeno perecen al mismo tiempo, pero ninguno de los relatos que conozco pone de manifiesto lo esencial de esa transformación tan claramente y tan depurado de cualquier elemento accesorio como el citado pasaje del *Fausto*.

En la vida real vemos a esos desdichados que han de apurar las mayores dosis de sufrimiento, una vez que se les ha arrebatado toda esperanza, afrontar con entera fuerza espiritual una muerte ignominiosa, brutal y a menudo no exenta de tormentos en el patíbulo, transformándose frecuentemente de este modo. Desde luego, no cabe presumir que entre su carácter y el de la mayoría de los hombres haya una diferencia tan grande como indica su destino, sino que este último ha de atribuirse en gran parte a las circunstancias: al margen de que sean culpables y considerablemente malvados. Sin embargo, vemos a muchos de ellos transformarse del modo referido, una vez que han perdido toda esperanza. Ahora muestran una auténtica bondad y pureza en sus intenciones, una genuina aversión a cometer un acto malvado o falto de amor en lo más mínimo: perdonan a sus enemigos y a quienes les han inculpado por algo de lo que son inocentes, no sólo con palabras o por un simulado temor hacia los jueces del averno, sino muy de veras, y por ello no desean venganza alguna. Sí, a la postre, aman su sufrimiento y su muerte; pues ha sobrevenido la negación de la voluntad de vivir: rechazan la escapatoria que se les brinda, mueren gustosa, pacífica y beatíficamente. El excesivo dolor les ha revelado el último secreto de la vida, a saber, que el mal y la maldad, el sufrimiento y el odio, el atormentador y el atormentado, por muy distintos que los muestre el conocimiento regido por el principio de razón, son en sí una y la misma cosa, la manifestación de esa única voluntad de vivir que evidencia su pugna consigo misma por medio del principio de individuación; han aprendido a conocer ambas facetas, la maldad y el mal, en toda su extensión y, al comprender finalmente la identidad | de ambas, apartan de sí a las dos al mismo tiempo, niegan la voluntad de vivir. Como ya he dicho, es del todo indiferente bajo qué mitos y dogmas rinda cuentas a su razón de este conocimiento intuitivo e inmediato y de su conversión.

Sin duda, Mathias Claudius fue testigo de un cambio de este tipo, cuando escribió el curioso artículo aparecido en *El mensajero de Wandsbecker* (vol. I, p. 115) bajo el título de «Conversión de...» y que tiene la siguiente conclusión: «El modo de pensar del hombre puede pasar desde un punto de la periferia al opuesto y luego retornar al punto anterior, si las circunstancias le hacen trazar esta curva. Estas alteraciones no son lo más elevado ni lo más importante en los hombres. Pero esa *notable y transcendental transformación católica,* en la que se desgarra irrefutablemente todo el círculo y todas las leyes de la psicología se vuelven vanas, donde al sayal se le quitan las pieles o cuando menos se les da la vuelta y al hombre se le cae la venda de los ojos, es algo tan sorprendente que quien cobre consciencia de ello dejará a su padre y a su madre, si puede vivenciarlo y sentirlo».

Por otra parte, esta purificación por el sufrimiento no necesita la cercanía de la muerte y la desesperanza. También sin ellas un enorme dolor e infortunio puede hacernos comprender la contradicción de la voluntad de vivir consigo misma que se importuna brutalmente, así como la inutilidad de todo esfuerzo. Por eso a menudo se ha solido ver hombres que, tras haber llevado una vida muy agitada por el apremio de las pasiones, cual es el caso de reyes, héroes y aventureros, se transforman de repente, abrazan la resignación y la penitencia, haciéndose monjes y ermitaños. A esta índole pertenecen todas las auténticas historias de conversión, como por ejemplo la de Raimundo Lulio, el cual, tras haber cortejado durante mucho tiempo a una hermosa dama y conseguir una cita en su habitación, esperaba satisfacer todos sus deseos, cuando ella, al desabrocharse el corpiño, le mostró sus senos horriblemente devorados por el cáncer. A partir de esta visión, como si él hubiera visto los infiernos, se convirtió, abandonó la corte del rey de Mallorca y se retiró a un lugar solitario para hacer penitencia*. Esta historia de conversión es muy similar a la del abad Rancé[94], que he contado brevemente en el capítulo 48 del segundo volumen. Si consideramos cómo en ambos casos la ocasión para su conversión vino dada por el tránsito del placer a la atrocidad de la vida, eso nos da una explicación del sorprendente hecho de que la nación más vivaracha, risueña, sensual y frívola de Europa, la francesa, esté entre las que han generado la más severa de las órdenes monacales, la de los trapenses, restaurada por Rancé tras su disolución y que, a pesar de las revoluciones, las reformas eclesiásticas y el arraigado descreimiento, se mantenga hasta nuestros días con toda su pureza y temible severidad.

No obstante, un conocimiento de la índole de esta vida como el recién citado también puede alejarse de nuevo junto con la ocasión que lo propició, y puede retornar la volun-

---

* Cfr. [Johann Jacob] Brucker, *Historia crítica de la filosofía* [Leipzig, 1743-1767], vol. IV, parte I, p. 10.
94. Schopenhauer conocía las *Cartas* de Armand-Jean le Bouthillier de Rancé, publicadas en París en 1846.

tad de vivir con el carácter previo a tal conocimiento. Así vemos al apasionado Benvenuto Cellini convertirse de este modo por dos veces, una en la cárcel y otra ante una terrible enfermedad[95], pero tras la desaparición del sufrimiento recayó en su antiguo estado. En general la negación de la voluntad no se deriva del sufrimiento con la necesidad que un efecto se deriva de la causa, sino que la voluntad permanece libre. Pues justamente aquí está el único punto donde su libertad tiene lugar inmediatamente en el fenómeno: de ahí el asombro tan vivamente expresado por Mathias Claudius sobre la «transformación transcendental». Ante cada sufrimiento cabe imaginar una voluntad que lo supere en intensidad y, por ende, sea inexpugnable. Por eso nos habla Platón en el *Fedón* (116 e) de algunos que, hasta un momento antes de su ejecución, comen, beben y disfrutan del sexo, afirmando la vida hasta en la muerte. Shakespeare nos muestra con el personaje del cardenal de Beaufort* el horrendo final de un desalmado que muere desesperado, dado que ningún sufrimiento ni tan siquiera la muerte puede quebrantar su voluntad extremadamente malvada.

Cuanto más intensa es la voluntad, tanto más aguda es la manifestación de su conflicto y tanto mayor el sufrimiento. Un mundo que fuera la manifestación de una voluntad de vivir incomparablemente más intensa que la actual también presentaría un sufrimiento proporcionalmente mayor y sería, por lo tanto, un *infierno*.

---

* Cfr. *Enrique IV,* parte II, acto 3, escena 3.
95. Benvenuto Cellini pasó siete meses encarcelado en la prisión romana de Sant'Angelo, acusado por sus rivales de haber robado una parte del tesoro del papa Clemente VII durante el asedio que Roma sufrió por parte de las tropas del emperador Carlos I en 1527. La enfermedad aquí citada le decidió a ingresar en el sacerdocio en 1558, pero su carácter voluble le impidió perseverar en su propósito, como demuestra el hecho de que contrajera matrimonio unos años después.

Como todo sufrimiento, al ser una mortificación de la voluntad y un requerimiento a la resignación, posee la virtualidad de una fuerza salvífica, eso explica que un gran infortunio y un profundo dolor ya inspiren de suyo una cierta veneración. Pero el que sufre sólo se nos vuelve enteramente digno de respeto cuando él, al estimar el transcurso de su vida como una cadena de sufrimientos o al deplorar un enorme e irreparable dolor, no se fija estrictamente en la concatenación de las circunstancias que entristecen su vida y no se detiene en ese enorme infortunio que le ha tocado (pues hasta ahí su conocimiento secunda todavía al principio de razón y se apega al fenómeno singular; todavía sigue queriendo la vida, sólo que no bajo esas circunstancias), sino que sólo se vuelve realmente digno de respeto cuando su mirada se eleva de lo particular a lo universal, cuando considera su propio sufrimiento sólo como ejemplo del sufrimiento del conjunto y para él, lo que es genial desde un punto de vista ético, *un* caso vale por mil, pues entonces el captar el conjunto de la vida como consustancial al sufrimiento le lleva hasta la resignación. Por eso es digna de respeto la princesa del *Torcuato Tasso* de Goethe cuando ésta, al contar cómo su propia vida y la de los suyos siempre han sido tan tristes, ve en ello un exponente del sufrimiento universal.

Siempre nos imaginamos a un carácter muy noble con cierto viso de taciturna tristeza, lo cual no tiene nada que ver con el continuo mal humor propiciado por las contrariedades cotidianas (tal cosa sería un rasgo innoble y haría temer una intencionalidad malvada), sino que proviene del conocimiento consciente de la futilidad de toda bondad y del sufrimiento de toda vida, no únicamente de la propia. Sin embargo, tal conocimiento sólo puede verse suscitado por el sufrimiento experimentado en uno mismo, sobre todo por un único y enorme sufrimiento, tal como a Petrarca un único deseo insatisfecho le condujo a esa resignada tristeza sobre la vida entera | que nos habla tan conmovedoramente desde sus obras: pues la Dafne[96] que él perseguía había de escaparse a sus manos, para dejarle en su lugar el laurel inmortal. Si la voluntad se ve quebrada en cierto grado por una irrevocable negativa del destino, casi se deja de querer y el carácter se muestra apacible, triste, noble, resignado. Cuando finalmente la melancolía deja de tener un objeto determinado y se extiende sobre el conjunto de la vida, entonces es una especie de ensimismamiento, de retraimiento, una progresiva desaparición de la voluntad, la cual va socavando suavemente, pero hasta su mayor interioridad, a su visibilidad, al cuerpo, con lo que el hombre percibe cierto desprendimiento de sus ataduras, un suave presentimiento de la muerte, que se anuncia como disolución del cuerpo y de la voluntad al mismo tiempo; por eso a esta melancolía le acompaña un secreto regocijo que los ingleses, a los que considero el más melancólico de todos los pueblos, han llamado: «El júbilo de la pena». Con todo, también aquí subsiste el escollo del *sentimentalismo,* tanto en la vida misma como para su exhibición poética; pues entristecerse y lamentarse constantemente, sin cobrar aliento para elevarse a la resignación, equivale a perder el cielo sobre la tierra y sumergirse en una lacrimógena sensiblería. Sólo cuando el sufrimiento asume la forma del mero conocimiento puro y entonces éste como *aquietador de la voluntad* da lugar a la resignación, supone el camino de la salvación y se hace por ello digno de respeto. En este sentido ante la visión de un hombre harto desdichado sentimos cierto respeto, el cual está emparentado con el que nos infunde la virtud y la nobleza, y al mismo tiempo parece como un reproche nuestra afortunada situación. No podemos por

469

---

96. La ninfa Dafne, para escapar del acoso erótico de Apolo, se hizo transformar en un laurel.

menos que considerar cualquier sufrimiento, tanto el sentido por uno mismo como el ajeno, cuando menos como una posible aproximación a la virtud y la santidad, mientras vemos los goces y satisfacciones mundanos como el alejamiento de ello. Esto llega tan lejos que, al ver a cualquier hombre que soporte un gran sufrimiento corporal o un grave sufrimiento espiritual e incluso al ver el sudor del rostro de quien ejecuta los mayores esfuerzos requeridos por un trabajo físico con paciencia y sin quejarse, un hombre tal, si lo | consideramos con suma atención se nos asemeja a un enfermo al que se aplica una dolorosa cura, pero que soporta de buen grado y hasta con satisfacción, al saber que cuanto más sufra tanto más se destruirá también el tejido enfermo y que por ello el dolor actual es la medida de su curación.

Con arreglo a todo lo dicho hasta ahora, la negación de la voluntad de vivir, la cual es lo que suele llamarse plena resignación o santidad, se deriva siempre de ese aquietador de la voluntad que es el conocimiento de su conflicto interno y de su consustancial inanidad, que se ponen de manifiesto en el sufrimiento de todo ser vivo. La diferencia, que hemos presentado como dos caminos, es si ese conocimiento es suscitado por el sufrimiento simple y meramente *conocido,* que uno hace suyo al vislumbrarlo a través del principio de individuación, o es suscitado por el que uno mismo *experimenta.* La verdadera salvación, la liberación de la voluntad de vivir, no puede pensarse sin la total negación de la voluntad. Hasta llegar ahí cada cual no es otra cosa que esta voluntad misma, cuyo fenómeno es una existencia que se desvanece, un esfuerzo siempre nulo, continuamente frustrado, y el mundo representado está lleno de un sufrimiento al que todos pertenecemos irrevocablemente de igual manera. Pues antes vimos que a la voluntad de vivir le está continuamente asegurada la vida y que su única forma efectiva es el presente, al que dicha voluntad no puede sustraerse, al igual que también el nacimiento y la muerte imperan en el fenómeno. El mito indio expresa esto al afirmar que «renacerán». La gran diferencia ética de los caracteres posee el significado de que el malvado se halla infinitamente distante de lograr el conocimiento del cual deriva la negación de la voluntad de vivir y por eso, conforme a esta verdad, queda *realmente* expuesto a todos los tormentos que aparecen en la vida como *posibles,* en tanto que el actual estado dichoso de su persona sólo es un fenómeno tramitado por el principio de individuación y el artificio de Maya, el feliz sueño del mendigo. Los sufrimientos que él inflige a los demás en la vehemencia y el encono de su voluntad son la medida de los sufrimientos, cuya propia experiencia no puede quebrar su voluntad ni conducirle finalmente hacia la negación. En cambio, todo amor puro y verdadero, e incluso toda justicia espontánea, proviene ya del ver a través del principio de individuación, el cual, si tiene lugar con plena claridad, conduce a la completa salvación y liberación, cuyo fenómeno es el estado de resignación descrito anteriormente, a la que acompaña esta paz imperturbable y la suprema alegría en la muerte*.

§ 69.

Nada se diferencia más de la negación de la voluntad de vivir (suficientemente expuesta en los límites de nuestro punto de vista), la cual es el único acto de su libertad que tiene lugar en el fenómeno y por eso es una transformación transcendental (como la llama Mathias Claudius), nada se diferencia más de ella –decía– que la arbitraria supresión de su fenómeno individual, el *suicidio*. Lejos de ser una negación

---

* Cfr. el capítulo 48 del segundo volumen.

de la voluntad, el suicidio es un fenómeno de la más fuerte afirmación de la voluntad. Pues la esencia de la negación es que se detesta no el sufrimiento, sino los goces de la vida. El suicida quiere la vida y sólo se halla descontento de las condiciones bajo las cuales se halla. Por eso, al destruir el fenómeno individual, no renuncia en modo alguno a la voluntad de vivir, sino tan sólo a la vida. Él quiere la vida, quiere una existencia y una afirmación sin trabas del cuerpo, pero el entrelazamiento de las circunstancias no se lo permite y ello le origina un enorme sufrimiento. La propia voluntad de vivir se encuentra tan inhibida en ese fenómeno individual que no puede desplegar sus esfuerzos. De ahí que se decida con arreglo a su ser en sí, el cual se halla al margen de las formas del principio de razón y por eso le resulta indiferente a cualquier fenómeno individual, en tanto que él mismo no se ve afectado por génesis ni extinción algunas y es el interior de la vida de todas las cosas. Pues esa firme certeza interna que hace que todos vivamos sin el continuo estremecimiento, o sea, la certidumbre de que a la voluntad no puede faltarle nunca su manifestación, es en lo que se apoya el acto del suicidio. Así pues, la voluntad de vivir se manifiesta también en este darse muerte a uno mismo (Siva) como en el confort de la autoconservación (Visnú) y en la voluptuosidad de la procreación (Brahma). Éste es el significado interno de la *unidad del trimurti*[97], que cada hombre es por entero, aunque en el transcurso del tiempo sobresalga una u otra de las

---

97. La tríada divina del hinduismo está compuesta por los dioses Brahma, Visnú y Siva, que simbolizan, respectivamente, el principio de creación, conservación y destrucción. Se la suele representar como un cuerpo con tres cabezas, estando en el centro la de Brahma, a la derecha la de Visnú y a la izquierda la de Siva. Brahma es el principio de las pasiones y el deseo, por los cuales surgió el universo. Visnú encarna el principio de la misericordia y la benevolencia, por los cuales se conserva el mundo. Siva es la encarnación del principio de la oscuridad, de la ira y del fuego destructor.

tres cabezas. Lo que la cosa singular es a la idea, es el suicidio a la negación de la voluntad: el suicida niega simplemente al individuo, no a la especie. Ya vimos antes que, como la vida siempre le está asegurada a la voluntad de vivir y a ésta le es consustancial el sufrimiento, el suicidio, la destrucción arbitraria de un fenómeno individual en la que permanece incólume la cosa en sí, al igual que subsiste el arco iris por mucho que cambien las gotas que son su soporte por un instante, es una acción enteramente estéril y necia. Pero también es la pieza maestra de Maya, en cuanto es la más estridente expresión de la contradicción de la voluntad de vivir consigo misma. Esta contradicción fue detectada ya en los fenómenos más inferiores de la voluntad, en la continua lucha entre todas las expresiones de las fuerzas naturales y de todos los individuos orgánicos por la materia, el tiempo y el espacio; también vimos que esta contradicción se evidenciaba cada vez más, con temible claridad, en los niveles ascendentes de objetivación de la voluntad; finalmente, en ese nivel supremo que es la idea del hombre dicha contradicción alcanza este grado, en donde no sólo se exterminan entre sí los individuos que representan la misma idea, sino que incluso el propio individuo se declara la guerra a sí mismo y la vehemencia con la cual quiere la vida y hace frente a su impedimento, el sufrimiento, le lleva hacia su autodestrucción, de suerte que la voluntad individual prefiere suprimir al cuerpo, que no es sino su propia visualización, antes que el dolor quiebre a la voluntad. Justamente porque el suicida no puede dejar de querer, cesa de vivir, y aquí se afirma la voluntad justamente por la supresión de su fenómeno, dado que no puede seguir afirmándose de otro modo. Pero como el sufrimiento al que se sustrae era lo que, como mortificación de la voluntad, podría haberle conducido a ésta hasta la negación de sí misma y a su liberación, en este sentido el suicida se asemeja a un enfermo que no culminase una dolorosa operación, | que ya se hubiera iniciado y podría haberle curado radicalmente, sino que prefiriese retener la enfermedad. El sufrimiento le ronda y le abre como tal la posibilidad de negar la voluntad, pero él lo ahuyenta de sí, al destruir el fenómeno de la voluntad, el cuerpo, para que la voluntad permanezca inquebrantable. Ésta es la razón por la que todas las éticas, tanto las filosóficas como las religiosas, condenan el suicidio, aunque dichas éticas no puedan brindar más que extraños argumentos sofísticos. Pero si un hombre debiera desistir del suicidio por un impulso puramente moral, el sentido más profundo de esa victoria sobre sí mismo (al que su razón también revestiría de conceptos) sería éste: «No quiero sustraerme al sufrimiento, para que éste pueda contribuir a suprimir esa voluntad de vivir cuya manifestación es tan lastimosa y ahora me anime a profundizar en el conocimiento de la verdadera esencia del mundo, de suerte que finalmente dicho conocimiento se convierta en un aquietador de mi voluntad y me libere de una vez por todas».

De vez en cuando se presentan casos en los que el suicidio se extiende a los hijos: el padre mata a los hijos, que él ama, y luego se mata a sí mismo. Si reparamos en que la conciencia, la religión y todas las nociones recibidas le hacen conocer el asesinato como el más grave de los crímenes, pero él comete este mismo crimen en la hora de su propia muerte y ciertamente sin tener ningún motivo egoísta para ello, la única explicación al respecto es que aquí la voluntad del individuo se reconoce inmediatamente en los niños, si bien sumido en la ilusión de considerar al fenómeno como la cosa en sí y, profundamente impresionado por el conocimiento de la aflicción de toda vida, se figura ahora que suprime la esencia misma con el fenómeno, y por eso quiere liberarse de la existencia y su aflicción, de las que también quiere liberar a sus hijos, en los cuales se ve inmediatamente a sí mismo volviendo a vivir. Un error completamente análogo a éste sería figurarse que se puede alcanzar lo mismo que consigue la castidad voluntaria estorbando a los fines de la naturaleza en la fecundación o favoreciendo la muerte del recién nacido en atención al inevitable sufrimiento de la vida, en lugar de hacer más bien todo por asegurar la vida al que insta a ella. | Pues cuando la voluntad de vivir existe, entonces ningún poder puede quebrantarla, al ser lo único metafísico o la cosa en sí, sino que dicho poder sólo puede destruir su fenómeno en este tiempo y en este lugar. Ella misma no puede verse suprimida por nada más que el *conocimiento*. Por eso el único camino de salvación es que la voluntad se manifieste sin estorbos, para poder *conocer* en esta manifestación su propia esencia. Sólo a consecuencia de este conocimiento puede la voluntad suprimirse a sí misma y terminar también con el sufrimiento que es inseparable de su fenómeno: pero esto no es posible mediante la violencia física, como la destrucción del germen, o el matar al recién nacido, o el suicidio. La naturaleza lleva a la voluntad hacia la luz, porque sólo en la luz puede hallar su liberación. Por eso hay que propiciar de todas las maneras los fines de la naturaleza, tan pronto como la voluntad de vivir, que es su esencia más íntima, ha tomado cartas en el asunto.

Hay un peculiar tipo de suicidio que parece completamente distinto del habitual y que quizá no se haya constatado suficientemente todavía. Es la muerte por inanición elegida voluntariamente por el grado más alto del ascetismo, cuya rara manifestación se ha visto acompañada por la superstición y el fanatismo religioso, haciendo de él algo confuso. Se diría, sin embargo, que la completa negación de la voluntad de vivir podría alcanzar un grado tal en que llegase a quedar eliminada incluso esa voluntad imprescindible para la vida vegetativa del cuerpo cual es la ingestión de alimento. Este tipo de suicidio dista mucho de tener su origen en la voluntad de vivir; antes bien, un asceta plenamente resignado deja de vivir porque ha dejado de querer en absoluto. En este caso no cabe imaginar otro tipo de muerte más que la debida al hambre (salvo la proporcionada por alguna superstición en particular), porque el propósito de acortar el suplicio sería ya un grado de afirmación de la voluntad. Los dogmas que ocupan la razón de un penitente así le hacen creer, por ejemplo, que un ser superior le ha ordenado el ayuno, cuando en realidad le impulsa a ello una propensión interna. Pueden encontrarse antiguos ejemplos de esto en la *Compilación breslauense de historias relativas a la naturaleza y la medicina* (septiembre de 1719, pp. 363 ss. [IV, art. 11]); en las *Novedades de la república de las letras* de Bayle (febrero de 1685 [art. VII]); en la *Historia de la academia de las ciencias* de 1764, en un informe de Houttuyn que es reproducido en la *Antología de medicina práctica* (vol. I, p. 69). Informes adicionales se encuentran en el *Manual para la terapéutica* de Hufeland (vol. 10, p. 181 y vol. 48, p. 95); también en la *Revista de Medicina Práctica* de Nasse (1819, cuaderno 3, p. 460); en el *Diario médico y quirúrgico de Edimburgo* (1809, vol. 5, p. 319). En el año 1833 todos los periódicos informaron de que el historiador inglés Dr. Lingar había muerto voluntariamente de inanición en enero, en Dover: noticias posteriores dijeron que no había sido él, sino un pariente suyo. Sin embargo, en estas noticias la mayoría de los individuos son presentados como locos, sin que quepa averiguar hasta qué punto era ése el caso. Pero yo quiero añadir una crónica reciente de este tipo, aunque sólo sea para preservar uno de los raros ejemplos de este sorprendente y extraordinario fenómeno de la naturaleza humana, que cuando menos en apariencia coincide con lo que quiero traer a colación y que de lo contrario sería difícil de explicar. La mentada crónica se halla en el *Corresponsal de Núremberg* del 29 de julio de 1817 y dice literalmente así:

«Se comunica desde Berna que, cerca de Thurnen, en un frondoso bosque, se ha encontrado una cabaña y en ella el cadáver de un hombre muerto aproximadamente hace un mes, con ropas que pueden dar pocas pistas sobre la condición de su propietario. Junto a él había dos camisas muy finas. La pieza más importante era una Biblia con páginas en blanco intercaladas, que habían sido parcialmente escritas por el difunto. Allí consignaba el día que abandonó su casa (sin hacer mención de su país natal) y luego dice que el espíritu de Dios le empujó a un sitio solitario, para orar y ayunar. Durante su viaje ayunó ya siete días y luego volvió a comer. Más tarde en su cabaña comenzó a ayunar de nuevo durante muchos días. Hizo una marca para cada día y se han encontrado cinco, al transcurrir los cuales probablemente murió | el peregrino. También se encontró una carta a un párroco sobre una prédica que el difunto le había oído, si bien falta la dirección». Entre esta muerte voluntaria del ascetismo extremo y la muerte habitual por desesperación caben muchos niveles intermedios, que ciertamente son difíciles de explicar; pero el ánimo humano tiene profundidades, oscuridades y complicaciones que es difícil aclarar y descubrir desde fuera.

§ 70.

Una vez acabada esta exposición de lo que yo llamo negación de la voluntad de vivir, quizá se la pudiera considerar inconciliable con el anterior análisis sobre la necesidad que le corresponde a la motivación, así como a cualquier otra forma del principio de razón, y con arreglo a la cual los motivos, al igual que toda causa, sólo son causas ocasionales en las que aquí el carácter despliega su esencia y se revela con la necesidad de una ley natural, con lo que nosotros desmentimos absolutamente la libertad como libre arbitrio de indiferencia. Sin embargo, lejos de rebatir esto, vengo a recordarlo aquí. En realidad la auténtica libertad, esto es, la independencia del principio de razón, sólo le corresponde a la voluntad como cosa en sí, no a su fenómeno, cuya forma esencial es por doquier el principio de razón, el elemento de la necesidad. Ahora bien, el único caso donde esa libertad también puede tornarse visible en el fenómeno es aquel en que ella pone fin a éste y como pese a todo el mero fenómeno, en tanto que es un eslabón en la cadena de causas, el amado cuerpo persista en el tiempo, que sólo contiene fenómenos, la voluntad en que se manifiesta este fenómeno se halla entonces en contradicción con ella, al negar lo que expresa. Así por ejemplo, aunque los genitales, en cuanto visibilidad del instinto sexual, estén perfectamente sanos, puede darse el caso de que también en lo más íntimo no se quiera ninguna satisfacción sexual: el cuerpo íntegro sólo es la expresión visible de la voluntad de vivir y, pese a ello, los motivos que corresponden a esta voluntad pueden dejar de actuar | e incluso llevar a la disolución del cuerpo, el fin del individuo, y por ello es perfectamente deseado el mayor freno de la voluntad natural. De esta contradicción *real,* que se origina de la directa interposición de la libertad de la voluntad en sí y que no conoce ninguna necesidad con la necesidad de su fenómeno, la contradicción entre nuestras afirmaciones sobre la necesidad con que los motivos determinan a la voluntad con arreglo al carácter, por un lado, y sobre la posibilidad de la total supresión de la voluntad merced a la cual los motivos se vuelven inertes, por otro lado, sólo es una repetición en la reflexión filosófica. Pero la clave para conciliar estas contradicciones estriba en que el estado en el cual el carácter se sustrae al poder de los motivos no proviene directamente de la voluntad, sino de un modo de conocimiento transformado. Mientras el conocimiento no sea otro que el anclado al principio de individuación y secunde absolutamente al principio de razón, el poder de los motivos también es irresistible: pero cuando se ve a través del principio de individuación, se conoce inmediatamente a las ideas e incluso a la esencia de la cosa en sí como la misma voluntad en sí, y de este conocimiento proviene un aquietador universal del querer; entonces los motivos particulares se volverán ineficaces, porque el modo de conocimiento que los origina ha quedado postergado, al verse eclipsado por otro totalmente distinto. Por eso el carácter no puede modificarse parcialmente en modo alguno, sino que con la consecuencia de una ley natural ha de pormenorizarse a la voluntad, cuyo fenómeno de conjunto es el carácter; pero este conjunto que es el carácter puede suprimirse plenamente mediante la transformación del conocimiento citada con anterioridad. Esta supresión del carácter es lo que Mathias Claudius describe como la ya citada «católica transformación transcendental»; también es aquello a lo que con mucho acierto en la iglesia cristiana se le da el nombre de *regeneración* y el conocimiento que deriva de él es lo que se llama *efecto de la gracia.* Como aquí no se trata de un cambio de carácter, sino de la completa supresión del mismo, se da la circunstancia de que, por muy diversos que fueran dichos caracteres antes de aquella supresión, muestren | tras ella una enorme similitud en el modo de obrar, aunque cada cual *hable* de forma muy distinta con arreglo a sus conceptos y dogmas.

En este sentido, ese antiguo filosofema relativo a la libertad de la voluntad, continuamente puesto en tela de juicio y continuamente reafirmado, no carece de fundamento, así como tampoco carece de sentido ni de significado el dogma de la iglesia acerca del efecto de la gracia y la regeneración. Pero ahora vemos que inopinadamente se resumen en uno solo y también podemos comprender en qué sentido Malebranche puede decir que: «La libertad es un misterio»[98], y tenía razón. Pues lo que los místicos cristianos denominan el efecto de la gracia y la regeneración es para nosotros la única expresión inmedita de la *libertad de la voluntad*. Ésta sólo tiene lugar cuando la voluntad, una vez conseguido el conocimiento de su esencia en sí, recibe a partir de éste un *aquietador* y se sustrae por ello al efecto de los *motivos,* el

---

98. Esta afirmación no parece haber sido vertida literalmente por Malebranche. En el capítulo dieciséis de la cuarta parte de su *Divertimento sobre la metafísica* el diálogo mantenido entre Ariste y Teodoro viene a rozar de algún modo el tema, cuando, tras quejarse el primero de que el espíritu es demasiado dependiente del cuerpo y de que no debería serlo, concluye así su comentario: «Seguramente hay algún misterio en ello», a lo que el segundo replica: «Sí, sin duda, hay algún misterio en ello»; replicándole tácitamente, en el capítulo cuarto del primer discurso de su *Del espíritu,* Helvetius niega la libertad de la voluntad y afirma irónicamente al respecto: «Hay que considerarla como un misterio». Quizá Schopenhauer se inspirara en otro pasaje de Malebranche, perteneciente a sus *Indagaciones sobre la verdad* (III, cap. 1), en donde se dice que la compatibilización entre la libertad y la presciencia divina es un misterio. Kant, por su parte, también recurre a este expediente de calificar a la libertad como un misterio. He aquí el texto: «Desde luego, todo hombre se encuentra en su razón con la idea del deber y se estremece al escuchar su voz inflexible en cuanto se hacen sentir las inclinaciones que le tientan a desobedecerla. Se halla convencido de que, aun cuando estas últimas se coaliguen para conspirar contra aquélla, la majestad de la ley que le prescribe su propia razón las dominará sin vacilar, saliendo así fortalecida su voluntad. ¿Qué es eso que hay en mí, capaz de hacer que pueda sacrificar los más sugestivos reclamos de mis instintos, así como todo deseo que tenga su origen en mi naturaleza, en aras de una ley que no me promete ningún beneficio y cuya transgresión no entraña perjuicio alguno? Esta pregunta embarga el ánimo de admiración hacia la grandeza y sublimidad de la disposición interna alojada en la humanidad, así como hacia la impenetrabilidad del enigma que la recubre (pues responder: "se trata de la *libertad",* sería caer en una tautología, dado que ésta representa el misterio mismo)» (cfr. *Acerca del rimbombante tono que recientemente se alza en la filosofía;* Ak. VIII, 402-403). En cualquier caso, la imputación de Schopenhauer a Malebranche hizo fortuna y se convirtió en todo un tópico, que llegó a ser aireado por historiadores de la filosofía tan rigurosos como Kuno Fischer, a pesar de no poder contrastar dicha referencia (cfr. *Historia de la filosofía moderna,* Heidelberg, 1909, vol. II, p. 62).

cual se halla en el dominio de un conocimiento distinto, cuyos objetos son sólo fenómenos. Así pues, la posibilidad de que se manifieste la libertad es el mayor privilegio del hombre y eso le aparta perpetuamente del animal, porque la primera condición para ello es la reflexión de la razón, lo cual permite independizarse de la impresión del presente y abarcar de una ojeada el conjunto de la vida. El animal carece de toda posibilidad de libertad, al igual que le falta la posibilidad de una elección reflexiva propiamente dicha, la cual ha de verse precedida de un conflicto entre motivos en el que ha de haber representaciones abstractas. De ahí que con la misma necesidad con que la piedra cae al suelo clava el lobo hambriento sus dientes en la carne de su presa, sin tener la posibilidad de darse cuenta de que él mismo es tanto el devorador como el devorado. La *necesidad* es el *reino de la naturaleza;* la *libertad* es el *reino de la gracia.*

Como hemos visto, esa *autosupresión de la voluntad* proviene del conocimiento, pero todo conocimiento y comprensión en cuanto tal es independiente del arbitrio; así también esa negación del querer, ese ingreso en la libertad, no se obtiene por la fuerza mediante un designio, sino que surge de la más íntima relación del conocer para con el querer en el hombre, por lo que sobreviene de repente y como venida de fuera. | Por eso la iglesia lo ha llamado efecto de la gracia: pero tal como éste depende de la asunción de la gracia, también el efecto del aquietador es finalmente un acto libre de la voluntad. Como a consecuencia de ese efecto de la gracia la esencia íntegra del hombre se vuelve del revés y cambia radicalmente, de suerte que deja de querer todo cuanto hasta ahora quería con tanta intensidad y es como si se colocara un nuevo hombre en el lugar del viejo, la iglesia denomina *regeneración* a esta consecuencia del efecto de la gracia. Pues lo que la iglesia llama el *hombre natural,* al que niega toda aptitud para el bien, es justamente la voluntad de vivir que ha de ser negada, si debe alcanzarse la liberación de una existencia como la nuestra. Tras nuestra existencia se oculta algo distinto que sólo nos es accesible al escaparnos del mundo.

Atendiendo a los individuos, no conforme al principio de razón, sino a la idea del hombre en su unidad, el credo cristiano ha simbolizado la *naturaleza,* la *afirmación de la voluntad de vivir,* en *Adán,* cuyo pecado nos ha legado, esto es, nuestra unidad con él en la idea, que se representa en el tiempo por el vínculo de la procreación, nos hace a todos partícipes del sufrimiento y de la muerte; en cambio, el credo cristiano simboliza la *gracia,* la *negación de la voluntad de vivir,* la *liberación,* en el Dios hecho hombre, el cual, en cuanto está libre de toda propensión al pecado, esto es, de toda voluntad de vivir, tampoco puede proceder, al igual que nosotros, de la resuelta afirmación de la voluntad, ni tener un cuerpo como nosotros, el cual sólo es una voluntad concreta, un fenómeno de la voluntad; sino que nacido de una virgen, sólo posee un simulacro de cuerpo. Esto último según los docetas, o sea, ciertos padres de la iglesia muy consecuentes. Especialmente lo enseñó Apeles[99], contra el cual y sus seguidores se alzó Tertuliano[100]. Pero el propio Agustín comenta este pasaje de la *Carta a los romanos:* «Dios envió a su Hijo revestido de una carne semejante a la del pecado» (8, 3), diciendo: «Pues no era carne pecadora, al no haber nacido del placer carnal, sino que su similitud con ella se debía a ser car-

---

99. Hereje gnóstico de la mitad del siglo II. Su doctrina halló eco en algunos partidarios, los apelianos, a quienes imponía la continencia. Enseñaba la existencia de un solo principio de poder sin límites y de bondad absoluta.

100. Tertuliano es el padre de la teología latina. Hijo de un centurión, nació en Cartago y se crió en un ambiente pagano, recibiendo una buena educación literaria. Se convirtió al cristianismo antes del 197. Fue autor de bastantes obras apologéticas, polémicas y ascéticas.

ne mortal» *(Libro de las cuestiones,* libro 83, cuestión 66 [cfr. *Patrología,* vol. XL, p. 64]). Asimismo en su *Obra inacabada* (I, 47) dice | que el pecado original es al mismo tiempo el castigo. Dicho pecado se encontraría ya en los niños recién nacidos, pero sólo se muestra según van creciendo. Sin embargo, el origen de este pecado se deriva de la voluntad del pecador. Este pecador fue Adán, pero en él habríamos existido todos: Adán se volvió desdichado y en él todos nosotros nos volvimos desdichados. En realidad la doctrina del pecado original (afirmación de la voluntad) y de la redención (negación de la voluntad) es la gran verdad que constituye el núcleo del cristianismo, mientras que el resto es revestimiento y envoltura, o adorno. Así pues, se debe concebir universalmente a Jesucristo como el símbolo o la personificación de la negación de la voluntad de vivir, mas no individualmente, ya sea según su historia mítica en los evangelios, o según lo presuntamente verdadero en que se basan éstos. Pues ninguna de estas dos versiones resultará enteramente satisfactoria. Ellas son el mero vehículo de esa primera concepción destinada al pueblo, que siempre reclama algo fáctico. El hecho de que el cristianismo en los tiempos modernos haya olvidado su auténtico significado y haya degenerado en un trivial optimismo es algo que no nos concierne aquí.

Dentro del cristianismo existe, además, una doctrina primitiva y evangélica, que Agustín defendió de acuerdo con los jefes de la iglesia contra los pelagianos y a la que Lutero se esforzó por restablecer purgándola de sus errores, tal como él mismo reconoce expresamente en su libro *Sobre el siervo arbitrio:* la doctrina de que *la voluntad no es libre,* sino que se halla originariamente sometida a la propensión hacia el mal; ésa sería la razón de que las obras de la voluntad sean siempre pecaminosas e imperfectas y nunca puedan satisfacer a la justicia, siendo asimismo incapaces de procurarnos una salvación que sólo es posible mediante la fe; pero esta misma fe no nace del propósito y la voluntad libre, sino que nos llega de fuera gracias al efecto de la gracia y sin concurso alguno por nuestra parte. No sólo los citados anteriormente sino también este último dogma genuinamente evangélico pertenece a aquellos que hoy en día una opinión tosca y trivial, afecta al pelagianismo doméstico que es el racionalismo del momento, rechaza como absurdos o encubre, a pesar de Agustín y Lutero, | tildando de anticuados a estos profundos dogmas indiosincrásicos y consustanciales del cristianismo en sentido estricto, realzando en cambio como capital un dogma procedente del judaísmo y que sólo está vinculado con el cristianismo por razones históricas*. | Pero nosotros reconocemos en la doctrina antes citada la verdad plenamente coincidente con el resultado de nuestras consideraciones. Vemos que la virtud y la santidad de la intención no tienen su primer origen en el arbitrio reflexivo (en las obras),

---

* Esto resulta obvio si a la dogmática cristiana consecuentemente sistematizada por Agustín se la despoja de las absurdas contradicciones que contiene y que la han llevado a la contrapuesta trivialidad pelagiana, haciendo abstracción del dogma judío fundamental, y se reconoce que el hombre no es una obra de algún otro, sino de su propia voluntad. Entonces todo se vuelve claro y correcto: entonces no se requiere ninguna libertad en el *operari* [obrar], pues está en el *esse* [ser], donde también está el pecado, en cuanto pecado original, mientras el efecto de la gracia es propiamente nuestro. En cambio, al actual punto de vista racionalista muchas de las doctrinas de la dogmática agustiniana basadas en el Nuevo Testamento le parecen insostenibles y escandalosas, como v.g. la predestinación. Con ello se rechaza entonces lo auténticamente cristiano y se retorna al tosco judaísmo. Pero el error de cálculo o la falta originaria de la dogmática cristina está en donde no se lo busca nunca, justo en aquello que se da por cierto y se sustrae a todo examen. Descontado esto, toda la dogmática se vuelve racional; pues ese dogma arruina la teología, al igual que a todas las otras ciencias. Si se estudia la teología agustiniana en *La ciudad de Dios* (sobre todo el libro 14), se experimenta algo análogo a cuando uno quiere mantener en equilibrio un cuerpo cuyo centro de gravedad está fuera de él: por mucho que lo giremos y recoloquemos, acaba por caerse siempre. Eso es lo que ocurre también aquí, pese a todos los esfuerzos y sofismas de Agustín: la culpa del mundo y su tormento retorna continuamente a sino en el conocimiento (en la fe): justamente como también se desarrollan a partir de nuestro pensamiento primordial. Si las obras que emanan de los motivos y del propósito reflexivo condujesen a la bienaventuranza, entonces la virtud sería siempre sólo un egoísmo prudente y metódico, por más vueltas que uno quiera darle. Sin embargo, la fe a la que la iglesia cristiana promete la bienaventuranza nos hace creer que todos nosotros quedamos relegados a la perdición y a la muerte por ser partícipes de la caída en el pecado del primer hombre, así como que sólo podemos librarnos de nuestra inmensa culpa mediante la recepción de la gracia, merced a la intercesión divina, y todo ello sin mérito nuestro (de la persona), ya que cuanto puede resultar del obrar intencionado (por determinados motivos) de la persona, las obras, no puede justificarnos en modo alguno a causa de y según su naturaleza, porque el obrar *intencional,* esto es, el obrar originado por motivos, es *opus operatum* [obra ejecutada]. Así pues, esta fe se basa sobre todo en el hecho de que nuestro estado sea originaria y esencialmente incurable, del cual necesitamos *liberarnos;* nosotros mismos estamos abocados a la maldad y nos hallamos firmemente ligados a ella, de suerte que nuestras obras con arreglo a leyes y prescripciones,

---

Dios, que ha hecho todo y siempre sabe cómo irán las cosas. Que el propio Agustín se percata de esta dificultad y le deja muy perplejo lo he constatado en mi ensayo *Sobre la libertad de la voluntad* (pp. 105-107). Igualmente la contradicción entre la bondad de Dios y la miseria del mundo, al igual que la contradicción entre la libertad de la voluntad y la presciencia divina, fue tema de una casi secular e inagotable controversia entre Descartes, Malebranche, Leibniz, Bayle, Clarke, Arnauld y tantos otros, en la que cada uno de los polemistas aceptaba el dogma de la existencia de Dios, junto con sus propiedades, dando incesantemente vueltas alrededor de un círculo, al intentar compatibilizar esas cosas contradictorias, lo cual es tanto como resolver un problema de cálculo irresoluble, cuyo resto aparece tan pronto aquí como allí, tras ocultarlo en el otro lugar. Pero a ninguno se le ocurrió buscar la fuente de la perplejidad en el presupuesto, aunque ello se imponía. Sólo Bayle dejó notar que lo advertía.

esto es, conforme a motivos, nunca bastan para la justicia, ni tampoco pueden salvarnos; bien al contrario, la salvación sólo se gana mediante la fe, esto es, merced a un modo de conocimiento modificado, y esta misma fe sólo puede llegar por la gracia, desde fuera: esto significa que la salvación es algo totalmente ajeno a nuestra persona. Las obras, el seguimiento de la ley en cuanto tal, nunca pueden justificar, porque siempre son un obrar en base a motivos. Lutero reclama (en su libro *Sobre la libertad cristiana* [Wittenberg, 1520], que, tras comparecer la fe, las obras brotan por sí mismas de ella como síntomas o frutos de dicha fe; mas no por ello reivindican de suyo mérito, | justificación o recompensa, sino que acontecen de un modo totalmente espontáneo y gratuito. Al ir traspasando cada vez con más claridad el principio de razón, primero se origina la justicia espontánea, luego el amor, después la plena supresión del egoísmo y finalmente la resignación o negación de la voluntad.

Sólo he sacado a colación estos dogmas del credo cristiano, que de suyo son extraños a la filosofía, para mostrar que la ética procedente de nuestra consideración global y que coincide coherentemente con todas sus partes, aun cuando sea nueva e inaudita en lo tocante a su formulación, no lo es en modo alguno con arreglo a lo sustantivo, sino que coincide plenamente con los genuinos dogmas cristianos e incluso estaba contenida y presente en estos mismos, con arreglo a lo sustancial, al igual que también coincide exactamente con la teorías expuestas a su vez con formulaciones enteramente distintas y con las prescripciones éticas de los santos libros indios. Al mismo tiempo la evocación de los dogmas de la iglesia cristiana servirá para explicar y aclarar la aparente contradicción entre la necesidad de todas las manifestaciones del carácter ante unos motivos dados (reino de la naturaleza), por una parte, y de la libertad de la voluntad en sí, de negarse a sí misma y al carácter, suprimiendo así la necesidad de los motivos fundada sobre el carácter (reino de la gracia), por el otro.

§ 71.

Al acabar aquí los rasgos fundamentales de la ética y con ellos el desarrollo global de ese único pensamiento que me propuse participar, no quiero encubrir en modo alguno un reproche que atañe a esta última parte de la exposición, sino más bien mostrar que subyace a la esencia de la cuestión y es absolutamente imposible remediarlo. Se trata de que, con arreglo a nuestra consideración, se llega finalmente a que nosotros en la perfecta santidad tenemos ante los ojos la negación y supresión de todo querer e igualmente por ello la salvación de un mundo cuya esencia global se nos presenta como sufrimiento; se diría que nos hallamos ante un tránsito hacia el vacío de la *nada*. |

A este respecto, he de observar previamente que el concepto de la *nada* es sustancialmente relativo y siempre se refiere tan sólo a un determinado algo que la nada niega. Se ha atribuido (sobre todo Kant[101]) esta propiedad sólo al *nihil privativum* [la nada relativa], que es lo designado con un «–» en oposición de un «+», siendo así que el «–» desde el punto de vista contrario puede convertirse en un «+», y se ha establecido en oposición a este *nihil privativum* [nada relativa] el *nihil negativum* [la nada absoluta], que sería nada en cualquier relación, para lo cual suele utilizarse como ejemplo la contradicción lógica que se suprime a sí misma. Pero considerada con más detenimiento una nada absoluta, un *nihil negativum* propiamente dicho, no resulta

---

101. Cfr. *Crítica de la razón pura*, A 292, B 348, y *Acerca del intento de introducir magnitudes negativas en filosofía*.

imaginable; sino que cualquier nada de esta índole, considerada desde un punto de vista más elevado, esto es, subsumida en un concepto ulterior, resulta ser a su vez sólo un *nihil privativum* [nada relativa]. Toda nada sólo es tal pensada en relación con alguna otra cosa y presupone esta relación, esa otra cosa. Incluso una contradicción lógica es tan sólo una nada relativa. No es un pensamiento de la razón, pero no por ello es una nada absoluta. Pues es una combinación de palabras, un ejemplo de lo no-imaginable, que se precisa necesariamente en la lógica, para verificar las leyes del pensamiento. De ahí que, cuando se acude a un ejemplo tal con esta finalidad, uno intenta atenerse al absurdo como lo positivo, saltando por encima del sentido, como si fuera lo negativo. Así pues, ese *nihil negativum,* o nada absoluta, aparecerá como un *nihil privativum,* o nada relativa, cuando quede subordinada a un concepto más alto, el cual siempre puede permutar los signos con aquello que es negado, de suerte que entonces aquello sea pensado como negación, pero él mismo sea pensado como posición. Con esto coincide también el resultado de la intrincada investigación dialéctica que Platón lleva a cabo en *El Sofista* [254 d-259 d]: «Una vez demostrado que la naturaleza de lo *ser otro* y que se extiende sobre todo cuanto es en su relación *recíproca,* al contraponer nosotros cada fragmento singular de esta naturaleza al ser, nos atrevemos a afirmar que justamente esto es en verdad *lo que no es*» (258d). |

Lo generalmente aceptado como positivo, que llamamos *lo que es* y cuya negación expresa el concepto de *nada* en su significado más universal, es justamente el mundo de la representación que yo he constatado como la objetivación de la voluntad, como su espejo. Esta voluntad y este mundo somos también nosotros mismos, y a ellos pertenece la representación en general, como una de sus caras: la forma de esta representación es el tiempo y el espacio; de ahí que todo cuanto es para este punto de vista haya de ser en algún tiempo y en algún lugar. A la representación le pertenece también el concepto, el material de la filosofía, a la postre la palabra, el signo del concepto. La negación, la supresión y la conversión de la voluntad es también la supresión y la desaparición del mundo, de su espejo. Al dejar de ver a la voluntad en ese espejo, nos preguntamos inútilmente hacia dónde se ha girado y nos lamentamos entonces de que no tenga ningún dónde ni ningún cuándo, que se haya perdido en la nada.

Una perspectiva inversa, si fuera posible para nosotros, permutaría los signos, mostrándonos lo que es como la nada y esa nada como lo que es. Pero mientras seamos la voluntad de vivir misma, eso último sólo puede sernos conocido y descrito negativamente, porque la vieja sentencia de Empédocles, «lo semejante sólo es conocido por lo semejante», nos priva aquí de todo conocimiento, al igual que a la inversa sobre ella descansa finalmente la posibilidad de todo nuestro conocimiento real, esto es, el mundo como representación o la objetivación de la voluntad. Pues el mundo es el autoconocimiento de la voluntad.

Pero si, a pesar de todo, se quisiera alcanzar un conocimiento positivo de lo que la filosofía sólo puede expresar negativamente, como negación de la voluntad, no nos queda más que llamar la atención sobre el estado experimentado por quienes han alcanzado la perfecta negación de la voluntad y que se ha descrito con los nombres de ascetismo, éxtasis, iluminación, comunión con Dios, etc.; pero a ese estado no cabe llamarlo propiamente conocimiento, porque no tiene la forma de sujeto y objeto, y por lo demás sólo es accesible a la experiencia propia, no a la que se puede comunicar ulteriormente.

Pero nosotros, que nos atenemos absolutamente al punto de vista de la filosofía, hemos de contentarnos con el conocimiento | negativo, satisfechos por haber alcanzado el último mojón fronterizo del positivo. Así hemos conocido la esencia en sí del mundo como voluntad, y en todas sus manifestaciones sólo hemos reconocido su objetivación, y hemos seguido a ésta desde el oscuro apremio inconsciente de las oscuras fuerzas de la naturaleza hasta el obrar más plenamente consciente del hombre; así no rehuimos en modo alguno la consecuencia de que con la libre negación, la supresión de la voluntad, también se suprimen todos esos fenómenos, ese continuo apremio e impulso sin meta ni descanso sobre todos los niveles de objetivación en que consiste el mundo, suprimiéndose la multiplicidad gradual de las formas subsiguientes, al suprimirse con la voluntad su fenómeno global, finalmente también las formas de éste, tiempo y espacio, y también su última forma fundamental, sujeto y objeto. Ninguna voluntad: ninguna representación, ningún mundo.

Ante nosotros no resta sino la nada. Pero aquello que se resiste a deshacerse en la nada, nuestra naturaleza, sólo es justamente la voluntad de vivir que nosotros somos, al igual que ella es nuestro mundo. El que aborrezcamos tanto la nada viene a ser otra expresión de lo mismo, de que queremos sobremanera la vida, que no somos más que esa voluntad y no conocemos nada más que a ella. Pero apartemos la mirada de nuestra propia menesterosidad y confusión y dirijámosla sobre aquellos que se sobrepusieron al mundo, en los que la voluntad ha logrado un pleno autoconocimiento que se reconoce en todo y luego se niega libremente a sí misma y que sólo aguardan a ver desaparecer su última huella, con el cuerpo que ella anima; así se nos muestra, en lugar de esos apremios e impulsos sin tregua, en lugar del continuo tránsito del deseo al miedo y de la alegría al sufrimiento, en lugar de esa esperanza nunca satisfecha ni nunca extinguida, en lo cual consiste el sueño de la vida del hombre que quiere, esa paz que es más estimable que toda razón, esa completa calma del ánimo, ese profundo sosiego, esa imperturbable seguridad y serenidad, cuyo mero destello en el semblante, tal y como lo han mostrado Rafael y Correggio, es todo un evangelio: sólo persiste el conocimiento, la voluntad ha desaparecido. Pero entonces miramos con honda y dolorosa nostalgia a ese estado, junto al cual lo lastimoso e insalvable del nuestro aparece a plena luz por contraste. Sin embargo, esta consideración es la única que puede consolarnos, cuando hemos conocido, por una parte, ese incurable sufrimiento e infinita aflicción como algo consustancial el fenómeno de la voluntad del mundo y vemos, por otra parte que el mundo se deshace al suprimirse la voluntad. Por lo tanto, de este modo, gracias a la consideración de la vida y el comportamiento de los santos, que raramente nos es dado trasladar a la propia experiencia, pero cuya señalada historia, acreditada con el sello de la verdad, nos pone ante los ojos el arte, tenemos la oscura impresión de esa nada, que como última meta se cierne tras toda virtud y santidad, y a la que nosotros tememos, al igual que los niños temen la oscuridad; en lugar de dar vueltas en torno a ella, como los indios, gracias a los mitos y a palabras vacías de significado, como reabsorción en el *brahma*[102], o el *nirvana*[103] de los budistas.

---

102. Como ya sabemos, Brahma es el primer dios del Trimurti, la tríada hindú compuesta por Brahma, Siva y Visnú; es dios en su aspecto creador: el espíritu primigenio, la fuerza originaria.
103. *Nirvana* en sánscrito significa «extinción». Es el estado de liberación tras la iluminación caracterizado por la disolución del transitorio yo individual en el Brahma. El nirvana libra del sufrimiento, la muerte y el renacer en otro estado de existencia. En el budismo primitivo es la salida del ciclo de nacimientos y la entrada en un estado totalmente otro. No es una mera «aniquilación», como se ha malinterpretado en Occidente. Los textos budistas recurren al símil de la extinción de una llama: así como el fuego que se apaga no se aniquila, sino que por su entrada en el espacio puro simplemente desaparece de la vista, así el término «nirvana» no significa una aniquilación, sino la entrada en otro modo de ser. De hecho, etimológicamente se derivaría de *nir* («des») y la raíz verbal *va* («soplar»), encerrando la idea de «apagar de un soplo» esa llama que es la sed de vida.

Más bien confesamos con toda franqueza que, tras la total supresión de la voluntad y para todo lo que no esté todavía lleno de esta voluntad misma, no resta otra cosa que la nada. Pero también a la inversa, para quienes han dado la vuelta y negado a la voluntad, este mundo nuestro tan real, con todos sus soles y galaxias, no es nada*.

---

* Esto es también el *Prajnaparamita* [la otra ribera] de los budistas, el «más allá de todo conocimiento», esto es, del punto donde sujeto y objeto dejan se ser tales. Cfr. J. J. Schmidt, *Sobre el Mahajana y el Prajnaparamita*.

Apéndice
Crítica de la filosofía kantiana

Es el privilegio del auténtico genio, y sobre todo del genio que abre una cantera, cometer impunemente grandes equivocaciones.

Voltaire[1]

---

1. Cfr. *Siglo de Luis XIV,* cap. 32; Hachette, París, 1872, p. 433.

| En la obra de un gran genio es mucho más fácil constatar las faltas y los errores que dar un desarrollo claro y cabal de su valor. Pues los defectos son algo singular y finito que por eso se deja abarcar perfectamente. En cambio, el sello que el genio imprime a sus obras es su insondable e inagotable excelencia; por eso dichas obras se convierten en preceptores que no envejecen con el paso de los siglos. La consumada obra maestra de un espíritu verdaderamente grande ejercerá sobre el conjunto del género humano un efecto tan profundo y radical que no cabe calcular hasta qué lejanos siglos y países puede alcanzar su esclarecedor influjo. Esto será siempre así: porque, por muy culta y rica que fuera la época en que él mismo surgió, el genio, al igual que una palmera, se alza siempre por encima del suelo en que está arraigada.

Pero un efecto tan profundo y amplio de este tipo no puede tener lugar de repente a causa de la enorme distancia entre el genio y el hombre corriente. El conocimiento que ese genio singular creó en *una* generación a partir de la vida y del mundo, el conocimiento que él conquistó y presenta elaborado a los otros no puede, sin embargo, convertirse de inmediato en patrimonio de la humanidad, porque ésta no tiene tanta capacidad de recibir como aquél de dar. Bien al contrario, incluso después de luchar victoriosamente con adversarios indignos que disputan la vida a lo imperecedero ya desde el nacimiento | y quisieran estrangular la salud de la humanidad en su germen (asemejándose a la serpiente en la cuna de Hércules), ese conocimiento tiene primero que dar un largo rodeo a través de innumerable interpretaciones falsas y sinuosas aplicaciones, sobrepasar el intento de vincularlo con antiguos errores y vivir así en combate, hasta que crezca ante él una nueva estirpe sin prejuicios, que reciba parcial y paulatinamente, a partir de mil canales desviados, el contenido de esa fuente ya en la juventud, lo asimile poco a poco y sea partícipe del beneficio que debía afluir a la humanidad desde ese gran espíritu. Así de lenta camina la educación del género humano, el tenue y al mismo tiempo terco discípulo del genio. De igual modo, sólo el paso del tiempo revelará toda la potencia e importancia de la doctrina kantiana, cuando algún día el propio espíritu de la época se transforme poco a poco mediante el influjo de esa doctrina y, al cambiar en lo más importante e íntimo, dé vivo testimonio del poder de ese espíritu colosal. Pero en modo alguno quiero realizar anticipaciones temerarias que me hagan asumir el ingrato papel de Calcante[2] o Casandra[3]. Sólo

---

2. Calcante era hijo de Téstor y nieto del propio Apolo. Pasaba por ser el mejor de los augures y Agamenón le pidió que acompañase a los aqueos en la expedición hacia Troya. Predijo que la ciudad no sería tomada sin que interviniese Aquiles, que por entonces era sólo un niño, así como que la guerra duraría diez años. Asimismo fue quien aconsejó el sacrificio de Ifigenia para aplacar la cólera de Artemisa y quien urdió el ardid del caballo. Un antiguo oráculo había predicho que Calcante moriría cuando se encontrara un adivino mejor, y el hecho es que parece haberse suicidado tras competir con Mopso, el nieto de Tiresias.
3. Casandra era hija de Príamo, el rey de Troya. Según reza la leyenda, Apolo le concedió el don de la adivinación a cambio de que Casandra le prometiera sus favores y, al incumplir ésta su promesa, el dios la condenó a que nadie creyera sus profecías. Así predijo que Paris sería el causante de la ruina de Troya e insistió en ello cuando éste viajó a Grecia, donde conocería a Helena. También vaticinó que sería funesto introducir en la ciudad el gran caballo de madera aparentemente abandonado por los griegos en la playa cuando simularon retirarse. Agamenón la tomó como parte del botín y tuvo dos gemelos con ella. La última profecía de Casandra consistió en predecir su propia muerte, junto a sus hijos y Agamenón, augurando

me permitiré, a consecuencia de lo dicho, considerar las obras de Kant como algo todavía muy novedoso, mientras muchos las ven hoy en día como pasadas de moda e incluso las apartan a un lado como algo caduco o, como ellos mismos dicen, las dejan tras de sí y otros, envalentonados por ello, las ignoran y con el gesto inalterado siguen filosofando sobre dios y el alma bajo los presupuestos del viejo dogmatismo realista y de su escolástica; lo cual es tanto como si se quisiera hacer valer en la química moderna las teorías de los alquimistas. Por lo demás, las obras de Kant no precisan de mis endebles elogios, sino que ellas mismas elogian eternamente a su maestro y continúan vivas sobre la tierra, aun cuando quizá no en su letra, pero sí en su espíritu.

Pero si volvemos la vista sobre el resultado más próximo de su doctrina, o sea, sobre los ensayos y los estudios habidos en el dominio de la filosofía durante el tiempo transcurrido desde entonces, se nos confirma esta desalentadora sentencia de Goethe: «Así como el agua que desplaza un barco se condensa en seguida tras él, así también el error, cuando excelentes espíritus lo han dejado a un lado, | vuelve rápidamente tras ellos a recobrar su lugar del modo más natural» *(Poesía y verdad,* parte III, p. 521). Sin embargo, este intervalo sólo ha sido un episodio más del citado destino de cualquier conocimiento nuevo e importante que ahora toca inequívocamente a su fin, al reventar la pompa de jabón tan continuamente hinchada. Todo el mundo empieza a percatarse de que la auténtica y rigurosa filosofía todavía se halla donde Kant la dejó. En todo caso, no reconozco que haya ocurrido nada en la filosofía entre él y yo; por eso enlazo directamente con él.

que serían asesinados por Clitemnestra (la esposa que Agamenón dejó en Micenas) y su amante (Egisto). Pese a proclamar ese fatal desenlace, se la obligó a hacer ese último viaje.

Apéndice

Lo que me propongo en este apéndice a mi obra es tan sólo justificar la doctrina expuesta por mí en ella, en tanto que dicha doctrina no coincide en muchos puntos con la filosofía kantiana e incluso la contradice. Una discusión a este respecto se hace necesaria, dado que mi línea de pensamiento, por muy distinto que sea su contenido del pensamiento kantiano, se halla obviamente bajo el influjo de éste, lo presupone necesariamente y parte de él, y confieso que lo mejor de mi propio desarrollo hay que agradecérselo a la impresión más próxima del mundo intuitivo, tanto como a las obras de Kant, los escritos sagrados de los hindúes y a Platón. Así las cosas, sólo puedo justificar mis desacuerdos con Kant imputándole a él un error en los mismos puntos y señalando los fallos que cometió. De ahí que en este apéndice haya de esforzarme por polemizar seriamente con Kant, pues sólo así cabe despojar a la doctrina kantiana del error que comporta y puede resplandecer su verdad con tanta más seguridad. Por ello no ha de aguardarse que el íntimo respeto que ciertamente siento hacia Kant se extienda también a sus debilidades y fallos, ni que deba descubrirlos con delicada deferencia, con lo cual mi exposición quedaría empañada con los circunloquios. Tal deferencia se requiere ante alguien vivo, porque la flaqueza humana sólo soporta difícilmente la más justa refutación de un error bajo el alivio de la lisonja y un | maestro de centurias, benefactor de la humanidad, merece también que le dispense un buen trato a su debilidad humana, para no causarle dolor alguno. Pero el muerto se ha zafado de tal debilidad: su mérito se mantiene firme; el tiempo lo va depurando de toda estimación exagerada y de toda denigración. Sus fallos han de ser aislados, neutralizados y relegados al pasado. Por eso en la polémica que voy a emprender aquí contra Kant sólo tendré a la vista sus fallos y debilidades, les seré hostil y dirigiré contra ellos una implacable guerra de exterminio, atento siempre no a encubrirlos indulgentemente, sino más bien a ponerlos de relieve, para aniquilarlos con tanta mayor seguridad. Según las razones aducidas, no tengo consciencia de ser injusto o desagradecido con Kant. Pese a ello, para conjurar cualquier apariencia de malignidad también ante los ojos ajenos, quiero comenzar por manifestar mi profundo respeto y agradecimiento hacia Kant exponiendo brevemente su principal mérito, tal como yo lo veo, desde una perspectiva tan general que no necesitaré tocar los puntos en los cuales luego he de contradecirle.

*

El mayor mérito de Kant es la distinción entre fenómeno y cosa en sí, la cual se fundamenta en la constatación de que entre nosotros y las cosas se halla siempre el *intelecto,* razón por la cual las cosas no pueden ser conocidas según lo que puedan ser en sí mismas. A este camino le condujo Locke (véase *Prolegómenos a toda metafísica [futura que haya de poder presentarse como ciencia],* § 13, observación II [Ak. IV 290][4]). Éste había demostrado que las cualidades secundarias de las cosas, tales como el sonido, el olor, el color, la dureza, la suavidad, la tersura, etc., fundadas en las afecciones de los sentidos, no pertenecen a los cuerpos objetivos, a la cosa en sí misma, a la que más bien él sólo atribuía las cualidades primarias, esto es, aquellas que presuponen el espacio y la impenetrabilidad, a saber: la extensión, la forma, la solidez, el número, | la movilidad. Pero esta distinción lockeana, fácil de detectar y que se atiene a la superficie de las cosas, era por decirlo así un preludio juvenil de la distinción kantiana. Ésta, partiendo de un punto de vista incomparablemente más elevado, explica que todo cuanto

---

4. Cfr. la edición castellana de Mario Caimi, Istmo, Madrid, 1999, p. 101.

Locke había hecho valer como cualidades primarias, esto es, las propiedades de las cosas en sí mismas, sólo pertenecen a su fenómeno en nuestra capacidad cognoscitiva y justamente porque las condiciones de ésta, espacio, tiempo y causalidad, son conocidas a priori por nosotros. Así pues, Locke había quitado a la cosa en sí la parte que tienen los órganos sensoriales en su fenómeno; pero Kant sustrajo todavía la parte de las funciones cerebrales (aunque no bajo este nombre), con lo cual ahora la distinción del fenómeno de la cosa en sí recibió un significado infinitamente mayor y un sentido mucho más profundo. Con este fin hubo de acometer la gran separación de nuestro conocimiento a priori del conocimiento a posteriori, que antes de él nunca se había verificado tan estricta y consumadamente ni con tan clara consciencia: por eso esta separación se convirtió en la materia principal de sus profundas indagaciones. Queremos observar aquí que la filosofía de Kant guarda una triple relación con la de sus predecesores: en primer lugar, confirma y amplía la de Locke, como acabamos de ver; en segundo lugar, corrige y utiliza la de Hume, que se encuentra expuesta con la mayor claridad en el prólogo a los *Prolegómenos* (el más bello y comprensible de los principales escritos de Kant y que se lee demasiado poco, si bien facilita extraordinariamente el estudio de su filosofía); en tercer lugar, mantiene una relación polémica y destructora con la filosofía leibnizo-wolfiana. Uno debe conocer estas tres doctrinas antes de proceder al estudio de la filosofía kantiana. Como ya se ha dicho, la diferenciación entre fenómeno y cosa en sí, o sea, la doctrina de la completa diversidad entre lo ideal y lo real, es el rasgo fundamental de la filosofía kantiana; así la afirmación mantenida poco después sobre la absoluta identidad entre ambos proporciona una triste confirmación de la sentencia de Goethe antes citada; tanto más cuanto esa afirmación no se apoyaba sino sobre la patraña | de la intuición intelectual y con arreglo a ello sólo era un retorno a la tosquedad del parecer común enmascarado bajo la impostura de gestos solemnes, ampulosidad y galimatías. Tal fue el punto de partida para el todavía más basto absurdo del burdo y trivial Hegel. Kant, al concebir del modo recién expuesto la separación del fenómeno de la cosa en sí, superó con mucho en profundidad y reflexión la fundamentación habida hasta el momento, siendo la suya infinitamente más fructífera en sus resultados. Pues él presentó por sí mismo, descubierta de un modo completamente novedoso, desde una nueva faceta y sobre un nuevo camino, la misma verdad que ya Platón repetía incansablemente y suele expresar así con su lenguaje: este mundo que aparece a los sentidos no tiene un verdadero ser, sino un incesante devenir, es al tiempo que no es y su percepción no es tanto un conocimiento como una ilusión. Esto es también lo que expresa míticamente en el pasaje más importante de todas sus obras –ya citado en el libro tercero del presente escrito–, al comienzo del libro VII de la *República,* donde dice que los hombres, encadenados en una oscura caverna, no verían la auténtica luz originaria ni las cosas reales, sino sólo la mezquina luz del fuego en la cueva y las sombras de las cosas reales, que desfilan tras su espalda ante ese fuego; sin embargo, ellos se figurarían que las sombras son la realidad y que determinar la sucesión de estas sombras constituye la verdadera sabiduría. La misma verdad, formulada de un modo totalmente distinto, es también una doctrina capital de los *Vedas* y *Puranas,* la doctrina de Maya, bajo la cual no se entiende sino lo que Kant denomina fenómeno en oposición a la cosa en sí: pues la obra de Maya se declara como este mundo visible en el que estamos, un embrujo, una ilusión inconsistente e insustancial, semejante a la ilusión óptica y al sueño, un velo que envuelve la consciencia humana, un algo respecto de lo cual da lo mismo decir que es verdadero o falso, da igual decir que es o que no es. Pero Kant no sólo expresó la misma doctrina de una manera completamente nueva y original, sino que mediante la más serena y sobria de las exposiciones la convirtió en una verdad | manifiesta e incontestable; mientras que tanto Platón como los hindúes habían fundado sus afirmaciones simplemente sobre una intuición universal del mundo, que es aducida como una inmediata sentencia de su consciencia y que se presenta más mítica y poéticamente que filosófica y claramente. En este sentido Platón y los hindúes guardan con Kant la misma relación que tienen con Copérnico los pitagóricos Hicetas, Filolao y Aristarco[5], que ya sostuvieron el movimiento de la tierra alrededor del inmóvil sol. El conocimiento claro y sereno, la exposición reflexiva de esta índole onírica del mundo entero, es propiamente la base de toda la filosofía kantiana, es su alma y su mayor mérito. Kant llevó esto a cabo con una reflexión y habilidad admirables, desmontando y mostrando pieza por pieza toda la maquinaria de nuestra capacidad cognoscitiva. Toda la filosofía occidental que le precede, y que frente a la kantiana parece inauditamente tosca, había ignorado esa verdad y justamente por eso había hablado siempre como en un sueño. Sólo Kant se despertó repentinamente de tal sueño; de ahí que los últimos durmientes (Mendelssohn) le llamaran el destructor de todo. Kant demostró que las leyes que dominan con absoluta necesidad en la existencia, esto es, en la experiencia en general, no son aplicables para deducir y explicar *la existencia misma,* demostrando así que la validez de tales leyes sólo es relativa, o sea, que sólo empieza tras la existencia, una vez que la expe-

---

5. Se trata de Aristarco de Samos (nacido el 320 a. C.), astrónomo famoso justamente por su hipótesis de que la tierra gira alrededor del sol y rota sobre su propio eje, a quien no hay que confundir con Aristarco de Samotracia (215-143 a. C.), el célebre director de la biblioteca de Alejandría.

riencia en general ya está establecida y es efectiva; por consiguiente, demostró que estas leyes no pueden ser nuestro hilo conductor cuando nos encaminamos a explicar la existencia del mundo y de nosotros mismos. Todos los filósofos occidentales anteriores se habían figurado que estas leyes, según las cuales los fenómenos se vinculan mutuamente y a las que yo compendio (a todas ellas: tiempo, espacio, causalidad y conclusión lógica) bajo el nombre de principio de razón, eran leyes absolutas e incondicionadas, verdades eternas, de suerte que el mundo mismo sólo sería una consecuencia de ellas y existiría en conformidad con las mismas, cuyo hilo conductor habría de resolver todo el enigma del mundo. Los supuestos adoptados a tal efecto, que Kant criticó bajo el nombre de ideas de la razón, | sólo servían propiamente para erigir en la única y suprema realidad al mero fenómeno, a la obra de Maya, al mundo de las sombras de Platón, colocándolos en el lugar de la más íntima y auténtica esencia de las cosas e imposibilitando el conocimiento real de dicha esencia, en una palabra, sólo servían para adormecer aún más a los soñadores. Kant mostró esas leyes, y consecuentemente al mundo mismo, como condicionadas por el modo de conocer del sujeto; de lo que resulta que mientras uno siguiera investigando y concluyendo con ese hilo conductor no se avanzaría un sólo paso en la cuestión capital, o sea, en el conocimiento de la esencia del mundo en sí y al margen de la representación, sino que sólo se movería como la ardilla en la rueda. Por eso cabe comparar a los dogmáticos con quienes se figuran que, con tal de caminar en línea recta, llegarían al fin del mundo; pero Kant habría navegado alrededor del mundo y mostrado que, como éste es redondo, no se podía salir de él mediante un movimiento horizontal, aunque acaso no fuera imposible hacerlo mediante uno vertical. También puede decirse que la doctrina de Kant da la evidencia de que el final y el comienzo del mundo no hay que buscarlos fuera, sino dentro de nosotros mismos.

Mas todo esto descansa sobre la distinción fundamental entre filosofía dogmática y *filosofía crítica o transcendental*. Quien quiera clarificar esto y tenerlo presente mediante un ejemplo puede hacerlo con toda rapidez si lee como espécimen de la filosofía dogmática un artículo de Leibniz titulado *Del origen radical de las cosas,* publicado por primera vez en la edición de las obras filosóficas de Leibniz preparada por Erdmann (vol. I, p. 147). Aquí se expone a priori de un modo realístico-dogmático, empleando las pruebas ontológica y cosmológica, el origen y la excelsa índole del mundo sobre la base de las verdades eternas. De paso se reconoce una vez que la experiencia indica justamente lo contrario de la excelencia del mundo aquí demostrada, pero eso significa que la experiencia no comprende nada de todo ello y debe cerrar el pico cuando la filosofía ha hablado a priori. Como antagonista de este método sobreviene con Kant la *filosofía crítica,* que justamente problematiza las verdades eternas que sirven como base a todo ese edificio dogmático, investiga el origen de dichas verdades y lo encuentra en la cabeza humana, donde crecen a partir de las formas que le son idiosincrásicamente propias y que porta dentro de sí el efecto de concebir un mundo objetivo. Así pues, aquí, en el cerebro, está la cantera que suministra el material a ese orgulloso edificio dogmático. Sin embargo, para lograr este resultado, la filosofía crítica hubo de *remontarse por encima* de las verdades eternas sobre las que se basaba hasta el momento cualquier dogmatismo, para hacer de ellas el objeto mismo de la investigación, convirtiéndose así en filosofía *transcendental*. De ésta resulta entonces además que el mundo objetivo, tal como nosotros lo conocemos, no pertenece a la esencia de la cosa en sí, sino que es un mero *fenómeno* de la misma, condicionado por esas formas que subyacen a priori en el intelecto humano (o sea, en el cerebro) y por eso tal mundo no puede contener nada más que fenómenos.

Ciertamente, Kant no arribó al conocimiento de que el fenómeno es el mundo como representación y la cosa en sí es la voluntad. Pero mostró que el mundo fenoménico está tan condicionado por el sujeto como por el objeto y, al aislar las formas más universales de su fenómeno, es decir, de la representación, probó que uno conoce estas formas y percibe conforme a su íntegra legalidad no sólo partiendo del objeto, sino también partiendo del sujeto, porque son propiamente las dos fronteras comunes entre sujeto y objeto, concluyendo que al seguir estas fronteras no se penetra en el interior del objeto ni del sujeto y por consiguiente nunca se conoce la esencia del mundo, la cosa en sí.

Como en seguida mostraré, Kant no dedujo la cosa en sí del modo correcto, sino mediante una inconsecuencia que hubo de expiar merced a frecuentes e irresistibles ataques a esta parte capital de su doctrina. Él no reconoció directamente en la voluntad a la cosa en sí; sin embargo, dio un paso enorme y revolucionario hacia este conocimiento, al exponer el innegable significado moral del obrar humano como algo | enteramente distinto e independiente de las leyes del fenómeno y que no resulta explicable conforme a ellas, sino como algo que afecta inmediatamente a la cosa en sí: éste es el segundo punto primordial de su mérito.

Como tercer mérito suyo podemos considerar la total subversión de filosofía escolástica, nombre con el cual me gustaría designar genéricamente aquí al período que comienza con el padre de la iglesia Agustín y que concluye justo antes de Kant. Pues el carácter primordial de la escolástica es aquel que Tennemann[6] señaló con mucho acierto:

---

6. Wilhelm Gottlieb Tennemann había publicado un *Compendio de la historia de la filosofía para la enseñanza académica* (Leipzig, 1812).

Apéndice

la tutela de la religión nacional imperante sobre la filosofía, a la que realmente sólo le resta demostrar y adornar los principales dogmas prescritos por esa religión; los escolásticos propiamente dichos, hasta Suárez, confiesan esto sin rodeos: los filósofos posteriores lo hacen más inconscientemente o de una forma no declarada. Suele creerse que la filosofía escolástica llega sólo hasta unos cien años antes de Descartes y que con éste se inaugura una época totalmente nueva de investigación libre e independiente de todos los credos religiosos; pero de hecho no cabe atribuir una investigación tal a Descartes y sus sucesores*, sino sólo aparentemente | y en todo caso una tendencia hacia ella. Descartes fue un espíritu eminente y rindió mucho, si se tiene en

---

* Aquí hay que exceptuar por completo a Bruno y Spinoza. Ellos se mantienen por sí solos y no pertenecen ni a su siglo ni a su parte del mundo, que a uno recompensaron con la muerte y al otro con la persecución y el ultraje. Su miserable vida y muerte en este Occidente se asemejan a las de una planta tropical en Europa. Su verdadera patria espiritual fueron las riberas del sagrado Ganges; allí hubieran llevado una vida apacible y venerada entre actitudes afines. En estos versos con los que comienza el libro *Sobre la causa y el principio,* que le llevó a la hoguera, Bruno expresa tan clara como bellamente cuán solitario se sentía en su siglo y muestra al mismo tiempo un presentimiento de su destino que le hizo vacilar al presentar la cuestión, hasta que prevaleció el fuerte impulso de los espíritus nobles a comunicar cuanto conocen como verdadero: «¿Qué te impide, espíritu enfermo, disponerte al parto? ¿Acaso el que hayas de ofertar tus obras a este siglo indigno? Aunque una oleada de sombras oculten la tierra, a ti te corresponde, Olimpo mío, alzar tu frente hasta el claro Júpiter». Quien lea esta su obra principal, al igual que sus restantes escritos en italiano ahora accesibles merced a una traducción alemana *[Pequeños escritos filosóficos,* Jena, 1740], | acordará conmigo que entre todos los filósofos es el único que se acerca en algo a Platón, al añadir fuerza y orientación poética a la filosófica, y mostrarla de una manera particularmente dramática. A partir de este libro suyo se nos presenta como un ser delicado, espiritual y reflexivo, al que cabe imaginar en manos de toscos sacerdotes enfurecidos como jueces y verdugos suyos; agradezcamos al tiempo el habernos traído un siglo más luminoso y moderado, de suerte que la posteridad, cuya maldición debe alcanzar a esos diabólicos fanáticos, es ahora nuestra contemporánea.

cuenta su tiempo. Pero, dejando a un lado esta consideración, hay que medirle por su fama de haber liberado al pensamiento de todas sus cadenas y haber inaugurado un nuevo período de investigación sin prejuicios: entonces se descubrirá que con su escepticismo, carente de rigor y que por ello fue presentado tan precipitadamente, hizo un ademán como si quisiera derribar de una vez para siempre todas las cadenas de las opiniones tempranamente inculcadas, propias del tiempo y de la nación, pero simplemente lo aparentó por un instante, para retomarlas de inmediato y estrecharlas aún más; y otro tanto hicieron todos sus sucesores hasta Kant. A un librepensador de esta guisa le cuadran muy bien estos versos de Goethe: «Con permiso de Vuestra Gracia, me parece una de esas cigarras zanquilargas, que siempre está volando y saltando al volar, para luego cantar en la hierba su vieja cantinela»[7]. Kant tenía motivos para hacer un ademán como si *él* sólo pensara también así. Pero del ficticio salto que le fue permitido porque ya se sabía que retornaría a la hierba resultó esta vez un vuelo, y ahora a quienes están abajo sólo les queda mirarlo, sin poder atraparlo de nuevo.

Kant se atrevió a exhibir la indemostrabilidad de todos esos dogmas tan a menudo presuntamente demostrados. La teología especulativa y la con ella aparejada psicología racional recibieron de él el golpe mortal. Desde entonces han desaparecido de la filosofía alemana y a uno no le cabe dejarse engañar por el hecho de que aquí o allá se mantenga la palabra, tras suprimirse la cuestión, o porque algún mezquino profesor de filosofía tenga ante los ojos el temor a su Señor y quiera que la verdad siga siendo tal. La magnitud de este mérito kantiano sólo puede calcularla quien haya reparado en el nocivo influjo de esos conceptos sobre la cien-

---

7. Cfr. *Fausto* I, 287-290.

cia natural y la filosofía en todos los escritos, incluso en los mejores, de los siglos XVII y XVIII. En los escritos alemanes sobre ciencia natural es llamativo el cambio de tono y de trasfondo metafísico que tiene lugar desde Kant: antes de él todo esto estaba como ahora en Inglaterra. Este mérito de Kant está unido al hecho de que, durante toda la filosofía precedente de la época antigua, medieval y moderna había predominado el buscar irreflexivamente las leyes del fenómeno, para elevarlas a verdades eternas y erigir con ello al fugaz fenómeno en la auténtica esencia del mundo, en una palabra, el *realismo* imperturbado en su delirio por reflexión alguna. Berkeley, quien, como ya antes Malebranche, había reconocido cuanto hay de parcial y falso en el realismo, no fue capaz de derribarlo porque su ataque se limitó a *un* solo punto. Así pues, a Kant le estaba reservado el conseguir que predominara en Europa, cuando menos en la filosofía, ese punto de vista idealista que en toda el Asia no islamizada es consustancial incluso a la religión. Antes de Kant nosotros estábamos *en* el tiempo; ahora el tiempo está en nosotros, etc.

También la ética había sido tratada por esa filosofía realista según las leyes del fenómeno, a las que tenía por absolutas e igualmente valederas para la cosa en sí, y por eso la fundamentaba tan pronto en la teoría de la felicidad como en la voluntad del creador, o finalmente en el concepto de perfección, que de suyo es enteramente vacío y carente de contenido, al describir una mera relación que sólo recibe significado de las cosas a que se aplica, pues «ser perfecto» no significa sino «algo que corresponde a un concepto presupuesto y dado», que ha de ser establecido previamente y sin el cual la perfección es una cifra abstracta que no dice nada por sí sola. Pero si se | quisiera convertir al concepto de «humanidad» en un supuesto tácito y estipular como principio moral el tender a una humanidad perfecta, con ello sólo se dice que «los hombres deben ser como deben ser», y esto es tan sagaz como lo anterior. «Perfecto» es sólo el sinónimo de «íntegro», y se dice que en un caso dado, o en un individuo, están realmente presentes todos los predicados que subyacen al concepto de su especie. Por eso el concepto de «perfección», cuando se utiliza sin más y en abstracto, es una palabra sin pensamiento alguno, y esto mismo vale para «el ser más perfecto» u otros casos por el estilo. Todo esto es mera palabrería. No obstante, en el siglo pasado el concepto de perfección e imperfección fue moneda corriente; fue el gozne sobre el cual giraba todo moralizar e incluso el teologizar. Cada cual lo llevaba en la boca, de tal modo que finalmente se hicieron con él verdaderas tonterías. Incluso a los mejores escritores de la época, v.g. Lessing, los vemos deplorablemente enredados en esta pugna de perfecciones e imperfecciones. Sin embargo, cualquier cabeza pensante había de sentir cuando menos oscuramente que este concepto carece de todo contenido positivo, al denotar una mera relación en abstracto, al igual que un signo algebraico. Como ya se ha dicho, Kant separó por completo del fenómeno y sus leyes al enorme e innegable significado ético de las acciones, mostrando que éste compete inmediatamente a la cosa en sí, a la esencia interior del mundo, mientras que aquél, o sea, el tiempo, el espacio y todo cuanto los llena y se ordena en ellos según la ley causal, hay que considerarlo como un sueño inconsistente e insustancial.

Esta breve exposición, en modo alguno exhaustiva, puede bastar como testimonio de mi reconocimiento del gran mérito de Kant, depositado aquí para mi propia satisfacción y porque la justicia exige traer ese mérito a la memoria de quien quiera seguirme en el inexorable descubrimiento de sus fallos, al que paso ahora. | 504

*

Apéndice

El que los enormes logros de Kant hubieran de verse flanqueados por grandes fallos se deja calcular ya históricamente por lo siguiente: aunque provocó la mayor revolución en la filosofía y acabó con la escolástica, que comprendida en el amplio sentido antes indicado había durado catorce siglos, para iniciar realmente una nueva tercera época universal de la filosofía; sin embargo, el resultado inmediato de su entrada en escena casi fue sólo negativo, no positivo, porque Kant no estableció por completo un nuevo sistema al que sus adeptos pudieran atenerse durante algún tiempo, y todos advertían que había ocurrido algo muy grande, pero nadie sabía exactamente lo que había pasado. Comprendieron que hasta entonces la filosofía había sido un sueño estéril del cual ahora despertaba el nuevo tiempo, pero no sabían a qué debían atenerse. Se concitó un gran vacío, una enorme necesidad: se suscitó la atención generalizada incluso del gran público. Inducidos por ello, mas no instados por un impulso interno y un sentimiento de fuerza (que se manifiestan en un momento más desfavorable, como es el caso de Spinoza), hombres sin ningún talento insigne fabricaron múltiples ensayos endebles, disparatados y a veces estrafalarios, a los que sin embargo un público inquieto sí les dedicó su atención y les prestó oídos durante mucho tiempo con una paciencia como sólo podía darse en Alemania.

Un hecho análogo a éste debió de tener lugar en la naturaleza, cuando una gran revolución cambió toda la superficie de la tierra, al modificar los emplazamientos del mar y de los continentes, dando paso a una nueva creación. Hubo de transcurrir mucho tiempo hasta que la naturaleza pudo sacar una nueva serie de formas perdurables armónicas consigo mismas y con las restantes; antes tuvieron lugar monstruosas organizaciones disonantes consigo mismas y entre sí que no podían subsistir largo tiempo, pero cuyos vestigios todavía presentes hoy nos hacen evocar esas vacilaciones e intentos de una naturaleza que se formaba nuevamente. Como todos nosotros sabemos, gracias a Kant en la filosofía se produjo una crisis totalmente similar que conlleva una época de atroces engendros, de lo cual se concluye que su | mérito no podría ser perfecto, sino que había de implicar grandes deficiencias negativas y parciales. Ahora queremos rastrear estas deficiencias.

*

En primer lugar quisiéramos examinar y clarificar los pensamientos fundamentales que subyacen al propósito de toda la *Crítica de la razón pura*. Kant se colocó en la perspectiva de sus predecesores, los filósofos dogmáticos, conforme a lo cual partió con ellos de los siguientes presupuestos: 1) la metafísica es la ciencia de aquello que reside más allá de toda experiencia posible. 2) Algo así nunca puede hallarse conforme a principios que sólo se generan ellos mismos a partir de la experiencia *(Prolegómenos,* § 1), sino que sólo aquello que sabemos *antes,* o sea, independientemente *de* toda experiencia, puede extenderse más allá de toda experiencia posible. 3) En nuestra razón encontramos efectivamente algunos principios de este tipo y que se comprenden bajo el nombre de conocimientos de la razón pura. Hasta aquí Kant coincide con sus predecesores. Ellos dicen: «Estos principios o conocimientos de la razón pura son expresiones de la posibilidad absoluta de las cosas, verdades eternas, fuentes de la ontología, las cuales imperan en el orden del mundo, al igual que el *fatum* imperaba sobre los dioses antiguos». Kant dice: «Son meras formas de nuestro intelecto, leyes, no del existir de las cosas, sino de nuestras representaciones acerca de dichas cosas, por lo cual sólo valen para nuestra captación de las cosas y con arreglo a ello no pueden sobrepasar la posibilidad de la experiencia, tal como se pretendía según el primer artículo. Pues justamente la aprioridad de estas formas de conocimiento, al poder sustentarse tan sólo en su origen subjetivo, nos corta para siempre el conocimiento del ser en sí y nos circunscribe a un mundo de meros fenómenos, de suerte que no podemos conocer a posteriori, ni mucho menos a priori, las cosas tal como puedan ser en sí. De acuerdo con ello la metafísica es imposible y en su lugar comparece la *Crítica de la razón pura*. Kant sale plenamente victorioso frente al antiguo dogmatismo; por eso todos los intentos dogmáticos aparecidos desde entonces han de tomar caminos muy distintos a los anteriores: ahora procederé a la justificación del mío propio conforme al explicitado propósito de la presente crítica. Al examinar con más detenimiento la argumentación anterior, ha de reconocerse que su primer supuesto fundamental es una petición de principio; ésta se halla en la tesis (formulada claramente sobre todo en el § 1 de los *Prolegómenos*) de que: «La fuente de la metafísica no puede ser empírica, sus principios y conceptos fundamentales nunca pueden ser tomados de la experiencia interna ni externa»[8]. Con todo, para fundamentar esta afirmación cardinal no se aduce más que el argumento etimológico de la palabra «metafísica». Pero en realidad el caso es éste: el mundo y nuestra propia existencia se nos presentan como un enigma. Se admite sin más que la solución de este enig-

---

8. Kant dice literalmente: «Por lo que toca a las fuentes de un conocimiento metafísico, ya en su concepto mismo está implícito que no pueden ser empíricas. Sus principios (entre los cuales no han de contarse sólo sus axiomas, sino también sus conceptos fundamentales) nunca se deben tomar de la experiencia: pues no debe ser un conocimiento físico, sino metafísico, es decir, un conocimiento situado allende la experiencia. Por tanto, ni la experiencia externa, que es la fuente de la metafísica propiamente dicha, ni la interna, que se constituye en fundamento de la psicología empírica, estarán en la base de este conocimiento» (cfr. *Prolegómenos,* Ak. IV 265; ed. cast. de Mario Caimi, Istmo, Madrid, 1999, pp. 39-41).

ma no puede provenir de la cabal comprensión del mundo mismo, sino que ha de ser buscada en algo enteramente distinto al mundo (pues eso significa «más allá de toda experiencia posible») y que de aquella solución habría de excluirse todo aquello de lo que pueda tenerse algún conocimiento *inmediato* (pues eso significa experiencia posible, tanto interna como externa); dicha solución habría de buscarse más bien en aquello que podemos lograr sólo mediatamente, o sea, por medio de lo deducido a partir de principios a priori. Una vez que se había excluido de este modo la fuente principal del conocimiento y se hubo cerrado el camino recto hacia la verdad, no cabe asombrarse por el hecho de que fracasaran los intentos dogmáticos y Kant pudiera exponer la necesidad de este fracaso, puesto que previamente se había identificado a la metafísica con el conocimiento a priori. Mas para ello habría de haberse demostrado antes que el material destinado a solucionar el enigma del mundo no podía estar contenido sin más en él mismo, sino que sólo ha de buscarse fuera del mundo, en algo a donde sólo puede llegarse con el hilo conductor de aquellas formas de las cuales nos hacemos cargo a priori. Pero mientras eso no se demuestre, no tenemos ninguna razón para cegarnos la más copiosa fuente de cualquier conocimiento, la experiencia interna y externa, ante la más importante y difícil de todas las tareas, para operar | únicamente con formas vacías. Por eso yo digo que la solución del enigma del mundo ha de proceder de la comprensión del mundo mismo; así pues, la tarea de la metafísica no es sobrevolar la experiencia en la que consiste el mundo, sino en comprenderla a fondo, en tanto que la experiencia externa e interna es sin duda alguna la fuente principal de todo conocimiento; de ahí que la solución del enigma del mundo sólo sea posible haciendo confluir en un punto a la experiencia externa con la interna, para enlazar con ello es-

507

Apéndice

tas dos fuentes de conocimiento tan heterogéneas; si bien esa solución sólo sea posible dentro de ciertos límites que son inseparables de nuestra naturaleza finita y, por ende, logremos una correcta comprensión del mundo mismo sin alcanzar una explicación definitiva de su existencia que suprima todos los problemas ulteriores. Se puede avanzar hasta cierto punto[9]: mi camino es uno intermedio entre la omnisciencia de la anterior teoría dogmática y el extremo contrario de la crítica kantiana. Pero las importantes verdades descubiertas por Kant, mediante las cuales fueron derribados los anteriores sistemas metafísicos, han suministrado los datos y los materiales al mío. Remito aquí a lo dicho sobre mi método en el capítulo 17 del segundo volumen. Todo esto atañe al pensamiento fundamental de Kant; ahora queremos examinar su desarrollo y sus pormenores.

*

El estilo de Kant porta siempre la impronta de un espíritu superior, de una genuina y firme originalidad, de una capacidad de pensar totalmente extraordinaria; su carácter acaso se deje describir como una *resplandeciente aridez,* en virtud de la cual es capaz de entresacar y captar los conceptos con una gran seguridad, bosquejándolos luego con la mayor libertad para asombro del lector. Esa misma resplandeciente aridez la encuentro también en el estilo de Aristóteles, aunque éste sea mucho más sencillo. No obstante la exposición de Kant es a menudo confusa, imprecisa, insuficiente y a veces hasta oscura. Esto último hay que disculparlo en parte por la dificultad del objeto y | la profundidad de los pensamientos; pero quien es claro consigo mismo hasta el fondo, sabiendo con toda claridad lo que piensa y

---

9. Cfr. Horacio, *Epístolas* I, 1, 32.

quiere, nunca escribirá confusamente, ni establecerá conceptos vacilantes e imprecisos o entremezclará al describirlos expresiones sumamente complicadas procedentes de lenguas extranjeras, para utilizarlas después continuamente, tal como Kant hizo al adoptar palabras y fórmulas de la filosofía antigua e incluso de la filosofía escolástica, combinándolas para sus fines, como v.g. «transcendental unidad sintética de la apercepción» y en general «unidad de la síntesis», allí donde habría bastado «unión». Además, quien tiene las cosas claras no explicará siempre de nuevo lo ya aclarado una vez, tal como Kant hace v.g. con el entendimiento, las categorías, la experiencia y otros conceptos capitales. Alguien así no se repetirá constantemente ni volverá sobre los mismos pasajes oscuros cada vez que expone de nuevo por centésima vez un pensamiento, sino que verterá clara y definitivamente su opinión de una vez por todas. «Cuanto mejor concebimos una cosa, tanto más determinados estamos a expresarla de una única manera», dice Descartes en su quinta carta[10]. Pero la mayor desventaja que ha tenido el esporádicamente oscuro método expositivo de Kant es haber actuado como «ejemplo a imitar en sus vicios»[11] y haberse malinterpretado esto como una funesta autorización. El público se vio forzado a reconocer que lo oscuro no siempre es absurdo y en seguida lo absurdo se refugió tras la exposición oscura. Fichte fue el primero que se apropió este nuevo privilegio y lo utilizó profusamente; Schelling lo igualó al menos en esto y un ejército de escritores hambrientos sin espíritu ni honestidad pronto superó a ambos. Sin embargo, la mayor desfachatez a la hora de servir auténticos absurdos, ensartando palabras vanas y delirantes, como hasta entonces sólo se habían escuchado en

---

10. Cfr. Descartes, *Epístolas,* Ámsterdam, 1688, parte I, carta 5, p. 10.
11. Cfr. Horacio, *Epístolas* I, 19, 17.

los manicomios, culminó finalmente en Hegel y fue el instrumento de la más burda mistificación que jamás existió, con un éxito que le parecerá increíble a la posteridad y perdurará como un monumento a la necedad alemana. En vano escribía entretanto Jean-Paul sus hermosos parágrafos sobre «la suprema dignificación de la estupidez filosófica en la cátedra y | de la estupidez poética en el teatro» *(Escuela de estética);* pues en vano había dicho ya Goethe: «Así enseña atrozmente con toda tranquilidad, ¿quién se ocuparía de los locos? El hombre suele creer, cuando sólo oye palabras, que también ha de pensarse algo con ellas»[12].

Pero volvamos a Kant. No puede dejar de reconocerse que a él le falta por completo la grandiosa simplicidad de los antiguos, su candor e ingenuidad. Su filosofía no tiene ninguna analogía con la arquitectura griega, cuya simple grandiosidad muestra de un vistazo relaciones manifiestas; más bien recuerda al estilo gótico. Pues una peculiaridad completamente individual del genio de Kant es su especial gusto por la *simetría,* que ama la variopinta pluralidad para ordenarla y repetir sin cesar el ordenamiento en subordinaciones, como en las iglesias góticas. A veces convierte esto en un juego en el que esa inclinación llega tan lejos que violenta la verdad y se comporta con ella como los antiguos jardineros franceses con la naturaleza, cuyas obras son simétricas alamedas, cuadrados y triángulos, árboles piramidales y esféricos o setos tallados con curvas regulares. Quiero documentar esto con hechos.

Tras haber tratado aisladamente el espacio y el tiempo, Kant despacha todo ese mundo de la intuición que llena espacio y tiempo, en el que nosotros vivimos y somos, con estas triviales palabras: «El contenido empírico de la intuición nos es *dado»,* e inmediatamente llega con *un* salto a la

---

12. Cfr. *Fausto* I, 2563-2566.

fundamentación lógica de toda su filosofía, a la tabla de los juicios. De ésta deduce una docena exacta de categorías, trazada simétricamente bajo cuatro títulos, que luego se vuelven el fecundo lecho de Procrusto[13] en donde encaja forzadamente todas las cosas del mundo y todo lo que le sucede a los hombres, sin escatimar violencia ni renunciar a ningún sofisma para poder reproducir por doquier la simetría de esa tabla. Lo primero que se deduce simétricamente de ella es la tabla puramente fisiológica de los principios universales de la ciencia natural, a saber: los axiomas de la intuición, | las anticipaciones de la percepción, las analogías de la experiencia y los postulados del pensar empírico. De estos principios los dos primeros son sencillos, pero los dos últimos generan tres retoños cada uno. Las meras categorías eran lo que él denomina *conceptos;* pero estos principios de la ciencia natural son *juicios*. Con arreglo a su supremo hilo conductor para toda sabiduría, o sea, de acuerdo con la simetría, ahora la serie ha de evidenciarse fecunda en *silogismos,* haciendo esto de nuevo simétrica y cadenciosamente. Pues, así como mediante la aplicación de las categorías a la sensibilidad se originaba para el *entendimiento* la experiencia junto a sus principios a priori, igualmente surgen las *ideas* de la razón al aplicar los *silogismos* a las categorías, tarea que desempeña la *razón* conforme a su presunto principio de buscar lo incondicionado. Esto sucede así: las tres categorías de la relación brindan los tres únicos modos posibles de premisas para los silogismos, que a su vez se dividen en tres tipos, cada uno de los cuales es como un

510

---

13. Procrustes o Proscrusto es el sobrenombre de Damastes, un bandido también llamado Procoptes o Polipemón afincado en las cercanías de Atenas. Su hospitalidad era engañosa, pues hacía recostarse a los viajeros en un lecho a cuya medida debían ajustarse, cortándoles las piernas a los altos y estirándoselas a los demasiado bajos. Teseo le cortó la cabeza siguiendo este mismo sistema.

huevo del que la razón incuba una idea, a saber, del tipo de silogismo categórico la idea de *alma,* del hipotético la idea de *mundo* y del disyuntivo la idea de *Dios.* En la de en medio, la idea de mundo, se reproduce una vez más la simetría de la tabla categorial, al producir sus cuatro títulos cuatro tesis, cada una de las cuales tiene su antítesis como pareja simétrica.

Sin duda, profesamos admiración hacia la combinación sumamente ingeniosa que da lugar a este elegante edificio, pero vamos a investigarlo a fondo en su fundamento y en sus partes. No sin antes adelantar las siguientes consideraciones.

*

Resulta asombroso cómo Kant prosigue su camino sin vacilar en pos de su simetría ordenándolo todo conforme a ella y sin tomar nunca en consideración por sí mismo a ninguno de los objetos así tratados. Me explicaré. Tras haber examinado el conocimiento intuitivo sólo en la | matemática, desatiende por completo el restante conocimiento intuitivo en que se nos presenta el mundo y se atiene únicamente al pensamiento abstracto, pese a que éste sólo recibe todo significado y valor a partir del mundo intuitivo, el cual es infinitamente más significativo, universal y sustancioso que la parte abstracta de nuestro conocimiento. Un punto capital es que nunca ha distinguido claramente entre conocimiento abstracto e intuitivo y justamente por ello se enreda en descuidadas contradicciones consigo mismo. Tras haber despachado todo el mundo sensible con la trivialidad de que «está dado», convierte –como ya se ha dicho– la tabla lógica de los juicios en la piedra angular de su edificio. Pero aquí tampoco reflexiona ni un instante sobre lo que ahora tiene ante sí. Las formas de los juicios son *palabras* y *asocia-*

ciones de palabras. Pero debería preguntarse primero qué designan inmediatamente dichas palabras y se hubiese encontrado con que son *conceptos*. La siguiente pregunta hubiera versado sobre la esencia de los *conceptos*. De su respuesta se hubiera hecho patente qué relación guardan éstos con las representaciones intuitivas en las que consiste el mundo: ahí se hubieran segregado intuición y reflexión. No sólo habría de haberse indagado cómo llega a la consciencia la pura y meramente formal intuición a priori, sino también su contenido, la intuición empírica. Entonces se hubiera mostrado qué participación tiene en ello el *entendimiento*, o sea, qué es en general el *entendimiento* y lo que por el contrario es propiamente la *razón*, cuya crítica se escribe aquí. Es harto chocante que Kant no precise esto último ni una sola vez de una forma satisfactoria, sino que se limite a ofrecer ocasionalmente explicaciones incompletas e incorrectas de la razón, según lo requiera el contexto, en total contradicción con la regla cartesiana antes citada[14]. | Así por ejemplo, en A 11 / B 24 de la *Crítica de la razón pura* la razón es la capacidad de los principios a priori; pero en A 299 / B 356 la razón es la capacidad de los *principios* y se la contrapone al entendimiento como capacidad de las *reglas*. Uno debiera pensar que entre principios y reglas habría de haber una diferencia enorme, al admitirse una capacidad cognoscitiva especial para cada uno de tales términos. Pero esta gran diferencia sólo consiste en que lo conocido a prio-

512

---

14. Schopenhauer advierte aquí en una nota que citará la *Crítica de la razón pura* siguiendo la paginación de la primera edición, la cual está consignada en las *Obras completas* editadas por Rosenkranz, añadiendo con una V la paginación de la quinta edición, que viene a coincidir con la de la segunda. Como es natural, esta edición castellana reproducirá esas referencias anteponiendo, respectivamente, las letras A (para la paginación de primera edición) y B (para la paginación de la segunda), como marca la convención al uso.

ri a partir de la intuición pura o mediante las formas del entendimiento es una *regla,* mientras que un principio es lo que se origina a priori a partir de meros conceptos. Luego volveremos sobre esta distinción arbitraria e improcedente a propósito de la dialéctica. En A 330 / B 386 la razón es la capacidad de inferir: el mero juzgar se explicita con frecuencia (A 69 / B 94) como faena del entendimiento. Pero con ello se dice propiamente que juzgar es la faena del entendimiento cuando el fundamento del juicio es empírico, transcendental o metalógico (cfr. mi tratado *Sobre el principio de razón,* §§ 31, 32 y 33); pero si es lógico, como es el caso de la inferencia, entonces actúa aquí una capacidad cognoscitiva especial y superior, la razón. Es más, en A 303 / B 360 se detalla que las conclusiones inmediatas a partir de una proposición todavía serían cuestión del entendimiento, y sólo allí donde se utiliza un concepto mediador serían ejecutadas por la razón; y como ejemplo se aduce que de la proposición «todos los hombres son mortales» se extrae la conclusión «algunos mortales son hombres» por medio del entendimiento, mientras que «todos los sabios son mortales» requiere una capacidad completamente distinta y superior, la razón. ¡Cómo es posible que un gran pensador pudiese alegar algo así! En A 533 / B 581 la razón es una condición firme de todas las acciones espontáneas. En A 614 / B 642 la razón consiste en poder dar cuenta de nuestras afirmaciones; en A 643-644 / B 671-672 consiste en que unifica los conceptos del entendimiento en ideas, al igual que el entendimiento unifica la multiplicidad de los objetos en conceptos. En A 646 / B 674 la razón no es nada más que la capacidad para deducir lo particular a partir de lo universal. |

El *entendimiento* se ve nuevamente redefinido en siete pasajes de la *Crítica de la razón pura.* En A 51 / B 75 el entendimiento es la capacidad de producir representaciones;

en A 69 / B 94 es la capacidad de juzgar, esto es, de pensar, es decir, de conocer mediante conceptos; en B 132 es la capacidad del conocimiento en general; en A 132 / B 171 es la capacidad de las reglas; pero en A 158 / B 197 se dice: «No sólo es la capacidad de las reglas, sino de la fuente de los principios, según la cual todo se halla bajo reglas», pese a que antes el entendimiento se había contrapuesto a la razón porque únicamente ésta era la capacidad de los principios; en A 160 / B 199 el entendimiento es la capacidad de los conceptos, pero en A 302 / B 359 es la capacidad de la unidad de los fenómenos por medio de reglas.

Contra este discurso verdaderamente confuso e infundado (aunque proceda de Kant) no me veo obligado a defender las firmes, agudas, precisas y sencillas explicaciones de estas dos capacidades cognoscitivas que yo mismo he expuesto en coincidencia con el uso lingüístico de todos los pueblos y épocas. Sólo cito esto como prueba de mi reproche a que Kant secunde simétricamente su sistema lógico sin reflexionar suficientemente sobre el objeto que trata.

Como ya he dicho antes, si Kant hubiera indagado con seriedad hasta qué punto se dan a conocer como distintas estas dos capacidades cognoscitivas, de las cuales una es distintiva de la humanidad, y a la que, conforme al uso lingüístico de todos los pueblos y épocas, se llama «razón» y «voluntad»; entonces nunca habría descompuesto la razón en una razón teórica y una razón práctica, convirtiendo a la última en fuente del obrar virtuoso, sin más autoridad que la distinción del intelecto teórico e intelecto práctico utilizada por los escolásticos en muy otro sentido. Antes de que Kant separase tan cuidadosamente los conceptos del entendimiento (bajo los cuales él entiende en parte sus categorías y en parte todos los conceptos ordinarios) y los conceptos de la razón (sus así llamadas ideas), haciendo de ambos el material de su filosofía, la cual en una gran medida sólo trata de la validez, aplicación y origen de todos estos conceptos, antes –digo– debería haber investigado realmente qué | es en general un *concepto*. Pero por desgracia esta indagación tan necesaria no tuvo lugar, lo que contribuyó sobremanera a la funesta confusión de conocimiento intuitivo y abstracto que haré constar en seguida. La misma falta de suficiente meditación con la que pasó por alto estas cuestiones: ¿qué es la intuición?, ¿qué es la reflexión?, ¿qué es el concepto?, ¿qué es la razón?, ¿qué es el entendimiento?, le hizo obviar indagaciones tan indispensables como éstas: ¿a qué llamo *objeto* distinguiéndolo de la *representación?*, ¿qué es la existencia?, ¿que es el objeto?, ¿qué es el sujeto?, ¿qué es la verdad, la ilusión, el error? Pero él sigue su esquema lógico y su simetría sin meditar ni mirar alrededor. La tabla de los juicios debe y ha de ser la clave de toda sabiduría.

*

Antes presenté como principal mérito de Kant el haber distinguido entre fenómeno y cosa en sí, el haber definido a todo el mundo visible como fenómeno y negarle a sus leyes cualquier validez más allá del fenómeno. Pero resulta sorprendente que él no dedujera esa existencia meramente relativa del fenómeno a partir de una verdad tan sencilla e innegable como cercana, cual es la de que no hay «*ningún objeto sin sujeto*», para exponer así desde su raíz que el objeto, al existir siempre sólo en relación con un sujeto, ser dependiente de éste y hallarse condicionado por él, sólo es por ello un mero fenómeno que no existe en sí ni de modo incondicionado. Berkeley, a cuyo mérito Kant no hace justicia, ya había convertido esa tesis en piedra angular de su filosofía y se ganó con ello un recuerdo inmortal, aun cuando él mismo no extrajese las conclusiones pertinentes en parte porque no lo entendió y en parte porque no le prestó suficiente atención. En mi primera edición yo había explicado la omisión kantiana de este principio de Berkeley por un miedo notorio hacia el resuelto idealismo, pese a que por otra parte yo lo detectaba claramente expresado en muchos pasajes de la *Crítica de la razón pura* y conforme ponía a Kant en contradicción consigo mismo. Este reproche también se fundamentaba | en el hecho de que, como era mi caso, antes la *Crítica de la razón pura* sólo se conocía por la segunda edición o en sus cinco reimpresiones consiguientes. Pero cuando luego leí la obra principal de Kant en esa hasta hace poco inencontrable edición, comprobé con gran alborozo por mi parte que esa contradicción desaparecía y descubrí que, aun cuando no utilice la formulación de «ningún objeto sin sujeto», Kant explica con la misma resolución que Berkeley o yo mismo que el mundo externo situado en el espacio y el tiempo es una mera representación del sujeto cognoscente; por eso dice sin reservas por ejemplo en A 383: «Si elimino el sujeto pensante tiene que desaparecer todo el mundo corpóreo, el cual no es más que el fenómeno en la sensibilidad de nuestro sujeto y un tipo de representación suya». Pero el pasaje entero de A 348-392, en el que Kant presenta bella y claramente su resuelto idealismo, fue suprimido por él en la segunda edición y a cambio introdujo muchas afirmaciones que lo contradicen. Por eso el texto de la *Crítica de la razón pura,* tal como ha circulado desde 1787 hasta el año 1838, se convirtió en un libro desfigurado y echado a perder que se contradecía consigo mismo, cuyo sentido no podía resultar totalmente claro y comprensible para nadie. Los detalles a este respecto, así como mis conjeturas sobre las razones y debilidades por las que Kant pudo verse inducido a desfigurar así su obra principal, los expuse en una carta al profesor Rosenkranz, quien ha incluido el pasaje principal de la misma en su prólogo al

515

segundo tomo de la edición de las *Obras completas* de Kant preparada por él; así pues, a ello remito aquí. En el año 1838, siguiendo mis observaciones, el profesor Rosenkranz decidió restablecer la *Crítica de la razón pura* en su forma original, al reimprimir el citado segundo volumen según la *primera* edición de 1781, con lo cual se ha ganado un inestimable mérito para la filosofía y acaso haya evitado la pérdida de la obra más importante de la literatura alemana, siendo esto algo que no debe olvidarse jamás. Que nadie se figure conocer la *Crítica de la razón pura* y tener una noción clara de la doctrina | kantiana, si sólo ha leído esa obra en la segunda edición o en alguna de las ediciones posteriores; esto es algo absolutamente imposible, pues sólo ha leído un texto mutilado, echado a perder y en cierta medida inauténtico. Es mi deber señalar esto aquí resueltamente y para que sirva de aviso a todo el mundo.

El modo como Kant introduce la *cosa en sí* se halla, sin embargo, en innegable contradicción con la resuelta visión idealista tan claramente expresada en la primera edición de la *Crítica de la razón pura* y, sin duda, ésta es la razón principal por la que él suprimió el citado pasaje idealista en la segunda edición y se declaró abiertamente en contra del idealismo de Berkeley, con lo cual sólo introdujo inconsecuencias en su obra sin poder remediar el principal defecto de la misma. Como se sabe, este defecto es el modo elegido por Kant para introducir la *cosa en sí,* cuya improcedencia fue sobradamente denunciada por G. E. Schulz en su *Enesidemo* [1792] y pronto fue conocida como el punto insostenible de su sistema. La cuestión se deja clarificar con cierta brevedad. Aunque lo encubre dando muchos rodeos, Kant fundamenta la suposición de la cosa en sí sobre un razonamiento conforme a la ley de causalidad, a saber: la intuición empírica o, para ser más exactos, la *sensación* en nuestros órganos sensoriales de la que proviene dicha intuición habría de tener una causa externa. Ahora bien, según su propio y correcto descubrimiento, la ley de causalidad nos es conocida a priori y, por consiguiente, es una función de nuestro intelecto con un origen *subjetivo;* además la sensación sensorial misma a la que aquí aplicamos la ley de causalidad es innegablemente *subjetiva,* y, por último, incluso el espacio, en el que colocamos como objeto la causa de esta sensación mediante tal aplicación, es algo dado a priori y, por lo tanto, una forma *subjetiva* de nuestro intelecto. Con ello toda la intuición empírica se halla siempre sobre un fundamento y un suelo *subjetivos,* como un mero proceso dentro de nosotros, y nada enteramente distinto e independiente de ella se deja introducir como una *cosa en sí* o exponer como un presupuesto necesario. La intuición empírica es y sigue siendo realmente nuestra mera representación: es el mundo como representación. Sólo podemos alcanzar su esencia en sí por un | camino totalmente distinto que yo he tomado al consultar a la autoconsciencia, la cual nos hace ver a la voluntad como el «en-sí» de nuestro propio fenómeno: pero entonces la cosa en sí se vuelve algo por completo diferente de la representación y de sus elementos, tal como yo lo he expuesto.

Este gran defecto del sistema kantiano en este punto, que como he dicho fue tempranamente constatado, es una confirmación del bello proverbio hindú: «No hay loto sin tallo»[15]. La defectuosa deducción de la cosa en sí es aquí el tallo, si bien esto sólo atañe al modo de la deducción, no al reconocimiento de una cosa en sí para el fenómeno dado. Mas esto último lo tergiversó Fichte; no podía hacer otra cosa, al no atender a la verdad, sino al fomento de sus fines personales. Con arreglo a ello, Fichte fue lo suficientemente

---

15. Cfr. *Subhâshitûrnava,* en los *Proverbios indios de Boehtlings,* núm. 2988.

atrevido e irreflexivo como para negar por completo la cosa en sí y erigir un sistema en el que no simplemente lo formal de la representación, como en Kant, sino también lo material, el conjunto de su contenido, fuera presuntamente deducido a priori a partir del sujeto. Él contó muy acertadamente con la falta de juicio y la necedad del público, que tomó por demostraciones malos sofismas, meros birlibirloques y absurdas pamplinas; así logró desviar la atención puesta en Kant hacia sí mismo y dar a la filosofía alemana el rumbo hacia el que luego fue llevada más allá por Schelling y finalmente alcanzó su meta en la absurda pseudosabiduría hegeliana.

Vuelvo ahora al célebre gran fallo de Kant aludido más arriba: el no haber distinguido como corresponde entre conocimiento intuitivo y conocimiento abstracto, del cual resulta una funesta confusión que ahora hemos de examinar más de cerca. Si él hubiera disociado netamente las representaciones intuitivas de los conceptos pensados en abstracto, hubiera podido mantener separadas ambas cosas y haber sabido en cada caso con cuál de las dos tenía que ocuparse. Pero por desgracia no fue éste el caso, aunque este reproche todavía no se ha explicitado y quizá resulte inesperado. Su «objeto de la experiencia», del que habla continuamente, es el objeto propio de las categorías, no la representación intuitiva, pero tampoco es el concepto abstracto, sino algo distinto de ambos y ambos al mismo tiempo, un total sinsentido. Por increíble que parezca, Kant adolece de reflexión o de buena voluntad para resolver el asunto consigo mismo y explicar claramente a los demás si su «objeto de la experiencia, o sea, el conocimiento verificado por la aplicación de las categorías», es la representación sensible en el espacio y el tiempo (mi primera clase de representaciones) o simplemente el concepto abstracto. Por extraño que resulte, a Kant le asalta continuamente la idea de una cosa intermedia entre ambos términos, y de ahí proviene la malhadada confusión que ahora he de sacar a colación: con este fin he de revisar toda la «Doctrina transcendental de los elementos».

*

La *Estética transcendental* es una obra tan sumamente meritoria que por sí sola podría haber bastado para perpetuar el nombre de Kant. Sus demostraciones tienen tanta fuerza persuasiva que yo cuento sus tesis entre las verdades irrefutables, al igual que sin duda se inscriben entre las más consecuentes, con lo cual hay que considerarlas como lo más raro del mundo, a saber, un enorme y efectivo descubrimiento en la metafísica. El hecho probado rigurosamente por Kant de que una parte de nuestro conocimiento está a priori en nuestra conciencia no admite ninguna otra explicación salvo la de que dicha parte la constituyen las formas de nuestro intelecto, y esto no es tanto una explicación como la clara expresión del hecho mismo. Pues a priori sólo significa «no adquirido por el camino de la experiencia, o sea, que no nos llega desde fuera». Mas lo que está presente en el intelecto sin haber llegado desde fuera es justamente lo que le corresponde originariamente a él mismo, su propia esencia. Esto consiste en lo que existe dentro de él mismo de modo y manera universales, tal como todos sus objetos han de presentársele; con ello se dice que son las formas de su conocer, esto es, el modo y manera consignado de una vez por todas respecto al cómo el intelecto lleva a cabo su función. De acuerdo con ello | «conocimientos a priori» y «formas originales del intelecto» en el fondo son dos expresiones para la misma cosa, sinónimos en cierta medida.

Apéndice

De las doctrinas de la *Estética transcendental* yo no sabría por ello eliminar nada, sólo añadir algo. Especialmente que Kant no llegó con sus pensamientos hasta el final, al no rechazar por entero el método demostrativo de Euclides tras afirmar en A 87 / B 120 que todo conocimiento geométrico posee una evidencia inmediata a partir de la intuición. Resulta sumamente curioso que incluso uno de sus adversarios y ciertamente el más ingenioso de ellos, G. E. Schulz (*Crítica de la filosofía teórica* II, 241), concluya que a partir de la doctrina kantiana se derivaría un tratamiento de la geometría completamente distinto al consagrado por el uso; con ello se figura brindar una prueba indirecta contra Kant, pero de hecho acomete la guerra contra el método euclidiano, sin saberlo. Me remito aquí al § 15 del primer libro del presente escrito.

Tras el pormenorizado estudio de la *Estética transcendental* sobre las *formas* universales de toda intuición, cabía esperar recibir alguna explicación sobre su *contenido,* sobre el modo en que la intuición *empírica* adviene a nuestra consciencia y sobre cómo se origina dentro de nosotros el conocimiento de todo ese mundo tan real e importante. Pero sobre todo esto la doctrina kantiana no contiene nada más que la trivial expresión, tantas veces reiterada, de que «lo empírico de la intuición es *dado* desde fuera». También aquí Kant da un salto desde las *formas puras de la intuición* al *pensar* a la *lógica transcendental*. Desde el comienzo mismo de la *Lógica transcendental (Crítica de la razón pura,* A 50 / B 74), donde Kant no puede obviar referirse al contenido material de la intuición empírica, da el primer paso en falso e incurre en un πρῶτον ψεῦδος [un error en las premisas][16]. «Nuestro conocimiento –dice– tiene dos fuentes, a saber, la receptividad de las impresiones y la esponta-

---

16. Cfr. Aristóteles, *Analítica posterior,* cap. 18.

neidad de los conceptos: la primera es la aptitud de recibir representaciones; la segunda, la aptitud de conocer un objeto mediante estas representaciones; gracias a la primera nos es dado un *objeto,* merced a la | segunda es pensado». 520 Esto es falso, pues conforme a ello la *impresión,* lo único por lo cual poseemos mera receptividad de lo que viene de fuera y es lo único propiamente *dado,* sería ya una *representación* e incluso un *objeto.* Pero no es más que una simple *sensación* en los órganos sensoriales y sólo por la aplicación del *entendimiento* (esto es, de la ley de causalidad) y de las formas de la intuición (el espacio y el tiempo) transforma nuestro *intelecto* esa simple *sensación* en una *representación,* que ahora existe como *objeto* en el espacio-tiempo y que no puede diferenciarse del objeto salvo si se pregunta por la cosa en sí, siendo por lo demás idéntica con él. Este proceso lo he analizado con detalle en el § 21 de mi tratado *Sobre el principio de razón*. Mas con ello se culmina la faena del entendimiento y del conocimiento intuitivo, sin que se requiera para ello concepto ni pensar algunos; de ahí que el animal también posea estas representaciones. Al comparecer los conceptos y el pensar, al que sin duda puede acompañar la espontaneidad, entonces se abandona por completo el conocimiento *intuitivo* y adviene a la consciencia una clase totalmente distinta de representaciones, cual son las representaciones no intuitivas, los conceptos abstractos: ésta es la actividad de la *razón,* la cual con todo sólo obtiene el contenido íntegro de su pensar a partir de la intuición que precede a éste, al compararla con otras intuiciones y conceptos. Sin embargo, Kant trae al pensar ya en la intuición, asentando así la funesta confusión del conocimiento intuitivo y el abstracto, que me ocupo de criticar aquí. Él caracteriza a la intuición, tomada de suyo, como algo puramente sensible y al margen del entendimiento, algo enteramente pasivo, y sólo gracias al pensar (a las categorías del entendimiento) se capta un *objeto:* así introduce *al pensar en la intuición*. Pero entonces a su vez el objeto del *pensar* es un objeto singular y real, con lo cual el pensar pierde su carácter esencial de universalidad y abstracción, al recibir como objeto cosas singulares en lugar de conceptos universales, merced a lo cual introduce *al intuir en el pensar*. De ahí nace la funesta confusión mencionada y las consecuencias de este primer paso en falso se extienden sobre toda su teoría del conocer. | En toda ella se confunde la representación intuitiva con la abstracta, confusión de la cual se extrae una cosa intermedia entre ambas que él presenta como objeto del conocimiento mediante el entendimiento y sus categorías, llamando a este conocimiento *experiencia*. Cuesta creer que Kant mismo haya pensado con total precisión y claridad este objeto del entendimiento; ahora demostraré esto merced a la enorme contradicción que atraviesa toda la *Lógica transcendental* y es propiamente la fuente de la oscuridad que la envuelve.

En la *Crítica de la razón pura* (A 67-69 / B 92-94, A 89-90 / B 122-123 y B 135, 139, 153) Kant repite y advierte que el entendimiento no es una capacidad de la intuición, que su conocimiento no es intuitivo, sino discursivo: el entendimiento es la capacidad de juzgar (A 69 / B 94) y un juicio es conocimiento mediato, representación de una representación (A 68 / B 93); el entendimiento es la capacidad de pensar y el pensar es el conocimiento mediante conceptos (A 69 B 94); las categorías del entendimiento no son en modo alguno las condiciones bajos las cuales son dados los objetos en la intuición (A 89 / B 122) y la intuición no precisa en modo alguno de la función del pensar (A 91 B 123); nuestro entendimiento sólo puede pensar, no intuir (B 135, 139). Además en el § 20 de los *Prolegómenos* intuición y percepción pertenecen simplemente a los sentidos; el juzgar sólo corresponde al entendimiento; según el § 22 el cometido de los sentidos es intuir y el del entendimiento pensar, esto es, juzgar. Finalmente en la *Crítica de la razón práctica* (A 247) el entendimiento es discursivo, sus representaciones son pensamientos, no intuiciones[17]. Todo esto son las propias palabras de Kant.

De aquí resulta que este mundo intuitivo existiría para nosotros aun cuando no tuviéramos entendimiento y que adviene a nuestra cabeza de una manera totalmente inexplicable, lo que Kant describe con frecuencia mediante su asombrosa expresión de que la intuición sería *dada,* sin explicitar más esta imprecisa y metafórica expresión. |

Mas todo cuanto se ha citado queda manifiestamente contradicho por el resto de su doctrina sobre el entendimiento, sus categorías y la posibilidad de la experiencia, tal como la expone en la *Lógica transcendental.* En esta parte de la *Crítica de la razón pura* el entendimiento por medio de sus categorías unifica la diversidad de la *intuición* y los conceptos puros del entendimiento se remiten a priori a los objetos de la *intuición* (A 79 / B 105). En las páginas A 94 / B 126 «las categorías son condición de la experiencia, ya sea de la *intuición* o del pensar, que se encuentre en ellas». En B 127 el entendimiento es el autor de la experiencia. En B 128 las categorías determinan la *intuición* de los objetos. En B 130 todo lo que nos representamos como unificado en el objeto (aun cuando éste sea intuitivo y no abstracto) ha sido previamente unificado por una operación del entendimiento. En B 135 el entendimiento es redefinido como la capacidad a priori de unificar y de llevar la diversidad de las representaciones dadas bajo la unidad de la apercepción, pero según el uso del lenguaje la apercepción no es el pen-

---

17. «El entendimiento del ser humano es discursivo, por lo que sus representaciones son pensamientos y no intuiciones» *(KpV* A 247, Ak. V 137; ed. cast. de Roberto R. Aramayo, Alianza Editorial, Madrid, 2000, p. 258).

sar un concepto, sino la *intuición*. En B 136 encontramos un principio supremo de la posibilidad de toda intuición en relación con el entendimiento. En B 143 un epígrafe nos dice que toda intuición sensible está condicionada por las categorías y allí mismo la *función lógica de los juicios* lleva también la diversidad de las *intuiciones* dadas bajo una apercepción general, mientras la diversidad de una intuición dada se halla necesariamente bajo las categorías. En B 144 la unidad adviene a la *intuición* mediante las categorías a través del entendimiento. En B 145 el pensar del entendimiento se explica muy raramente diciendo que sintetiza, unifica y ordena la diversidad de la *intuición*. En B 161 la experiencia sólo es posible mediante las categorías y consiste en el enlace de las *percepciones,* aun cuando sean intuiciones. En B 159 las categorías son conocimientos a priori de los objetos de la *intuición* en general. Además, tanto aquí como en B 163 y B 165, se expone una doctrina capital de Kant: *que el entendimiento hace posible la naturaleza,* en cuanto el entendimiento le prescribe a la naturaleza sus leyes a priori y ésta se | rige conforme a la legalidad del entendimiento, etc. Pero la naturaleza es algo intuitivo y no abstracto, luego el entendimiento tendría que ser con arreglo a esto una capacidad de la intuición. En B 168 se dice que los conceptos del entendimiento son los principios de la posibilidad de la experiencia, siendo ésta la determinación de los fenómenos en el espacio y el tiempo en general; si bien los fenómenos se dan en la intuición. Por último, en A 189-211 / B 232-256 se halla la prolija demostración (cuya inexactitud es mostrada en el § 23 de mi tratado *Sobre el principio de razón*) de que la sucesión objetiva y también la simultaneidad de los objetos de la experiencia no son percibidas sensiblemente, sino que sólo son introducidas en la naturaleza por medio del entendimiento, que por ello hace posible a la naturaleza. Sin embargo, constituye una certeza que la naturaleza, la sucesión de los acontecimientos y la simultaneidad de los estados son algo puramente intuitivo, no un pensamiento meramente abstracto.

Reto a cualquiera que comparta conmigo mi admiración hacia Kant al desafío de conciliar estas contradicciones, mostrando que Kant haya pensado algo totalmente claro y preciso con su doctrina acerca del objeto de la experiencia o sobre el modo en que dicho objeto queda determinado por la actividad del entendimiento y sus doce funciones. Yo estoy convencido de que la contradicción constatada, que se arrastra por toda la *Lógica transcendental,* es la auténtica razón de la gran oscuridad de su exposición. Kant era vagamente consciente de la contradicción, luchó internamente con ella, pero no quiso o no pudo cobrar una consciencia clara de ella, encubriéndola tanto para él como para los demás mediante rodeos por todo tipo de sinuosos caminos. Quizá también se deba a esto el hecho de que convierta a la capacidad cognoscitiva en una máquina tan rara y complicada, con tantas ruedas como son las doce categorías, la síntesis transcendental de la imaginación, la del sentido interno, de la unidad transcendental de la apercepción, además del esquematismo de los conceptos puros del entendimiento, etc. Y a pesar de todo este gran aparato, no hay un solo intento por explicar la intuición del mundo externo, aun cuando ésta sea la pieza clave de nuestro conocimiento, sino que esta molesta exigencia siempre se ve | mezquinamente desestimada mediante la trivial expresión metafórica: «La intuición empírica nos es dada». En B 145 se apostilla que ésta nos es dada por el objeto, con lo cual éste ha de ser algo distinto de la intuición.

Si nos esforzamos por indagar la opinión más íntima de Kant, que él no expresa claramente, nos encontramos entonces con que ese objeto distinto de la *intuición,* pero que en modo alguno es un *concepto,* es para él el objeto propia-

524

mente dicho del entendimiento e incluso que la extraña suposición de tal objeto irrepresentable debe ser lo que convierte a la intuición en experiencia. Creo que un antiguamente arraigado prejuicio kantiano refractario a cualquier indagación es el último fundamento de la admisión de tal *objeto absoluto,* que es objeto en sí al margen del sujeto. Dicho objeto no es el *objeto intuido,* sino que es pensado por el concepto y añadido a la intuición como algo que le corresponde, con lo cual la intuición se convierte en experiencia, obteniendo tan sólo valor y verdad por la referencia a un concepto (algo que es diametralmente opuesto a nuestra presentación, según la cual el concepto únicamente obtiene valor y verdad desde la intuición). El pensar este objeto no representable directamente y añadirlo a la intuición es entonces la auténtica función de las categorías. «Sólo por la intuición es dado el objeto que luego se piensa conforme a las categorías» *(Crítica de la razón pura,* A 399). Hay otro pasaje especialmente claro a este respecto: «La cuestión es ahora si no hay también conceptos a priori como únicas condiciones bajo las cuales algo puede ser *pensado* como *objeto* en general, aun cuando no sea *intuido»* (A 125), cuestión a la que Kant responde afirmativamente. Aquí se muestra claramente la fuente del error y de la confusión que lo envuelve. Pues el *objeto* en cuanto tal sólo existe siempre en y para la *intuición,* ya se consume ésta por los sentidos o, en su ausencia, por la imaginación. En cambio, lo que es *pensado* siempre es un *concepto* universal, no intuitivo, que en todo caso puede ser el concepto de un objeto en general; pero sólo mediatamente, a través de los conceptos, se refiere el pensar a los *objetos,* que de suyo siempre siguen siendo *intuitivos.* Pues nuestro pensar no sirve para otorgar realidad a las intuiciones: éstas la tienen en tanto que por sí mismas son susceptibles a ella (la realidad empírica); el pensar sirve para compendiar lo común y los resultados de la intuición, a fin de poder conservarlos y manejarlos con más facilidad. Sin embargo, Kant atribuye los objetos mismos al *pensar,* para hacer depender con ello a la experiencia y al mundo objetivo del *entendimiento,* pero sin dejarle ser a éste una capacidad de la *intuición.* A este respecto él distingue el intuir del pensar, pero convierte a las cosas singulares en objetos parte de la intuición y parte del pensar. Mas en realidad sólo son lo primero: nuestra intuición empírica es de inmediato *objetiva;* justamente porque proviene del nexo causal. Sus objetos son inmediatamente las cosas, no las representaciones distintas de ellas. Las cosas singulares como tales son intuidas en el entendimiento y por medio de los sentidos: la impresión *parcial* sobre éstos es completada de inmediato por la imaginación. En cambio, tan pronto como pasamos al *pensar,* abandonamos las cosas singulares y hemos de tratar con conceptos universales no intuitivos, aun cuando luego aplicamos los resultados de nuestro pensar a las cosas singulares. Si nos atenemos a esto, entonces se patentiza como inadmisible el supuesto de que la intuición de las cosas sólo se convierte en experiencia y obtiene realidad al aplicar las doce categorías del pensar a estas cosas. Antes bien, la realidad empírica ya es dada en la intuición misma, o sea, la experiencia, si bien la intuición sólo puede tener lugar mediante la aplicación del conocimiento del nexo causal a la sensación de los sentidos, siendo así que tal aplicación es la única función del entendimiento. Conforme a ello la intuición es efectivamente intelectual, y esto es justamente lo que niega Kant.

Además de en los pasajes citados, el supuesto de Kant criticado aquí se encuentra también claramente explicitado en la *Crítica del discernimiento* [1790], justo al comienzo del § 36; e igualmente en los *Principios metafísicos de la ciencia natural* [1786], | en la nota a la primera explicación de la «fenomenología». Pero con una ingenuidad que cuando menos Kant no se atrevió a tener en este delicado punto se halla expuesta con la mayor claridad en el libro de un kantiano, el *Compendio de una lógica universal* de Kiesewetter[18] (3.ª ed., parte I, p. 434 de las aclaraciones, y parte II, §§ 52 y 53 de las aclaraciones); e igualmente en Tieftrunk, *Lógica a la manera puramente alemana* (1825). Ahí se muestra cómo a ese pensador sus discípulos, que no piensan por sí mismos, hacen las veces de espejos cóncavos para sus defectos. Al exponer su doctrina de las categorías, Kant era muy cauto en sus pasos, mientras que los discípulos la transitan con total osadía y por ello ponen al descubierto cuanto hay de falso en ella.

Con arreglo a lo dicho, para Kant el objeto de las categorías no es la cosa en sí, pero sí un pariente cercano suyo: el *objeto en sí,* un objeto que no precisa de ningún sujeto, una cosa singular que, sin embargo, no está en el espacio y el tiempo, porque no es intuitiva, es un objeto del pensar, mas no un concepto abstracto. Así Kant establece una triple división: 1) la representación; 2) el objeto de la representación; 3) la cosa en sí. La primera es asunto de la sensibilidad que también concibe en ella, junto a la sensación, a las formas puras de la intuición (espacio y tiempo). Lo segundo es asunto del entendimiento, que lo *piensa* mediante sus doce categorías. La tercera queda mas allá de todo lo cognoscible. (Para confirmar esto remito a las páginas A 108 y A 109 de la *Crítica de la razón pura.)* Mas la distinción entre representación y objeto de la representación es infundada: esto lo había demostrado ya Berkeley y se deduce de toda mi exposición del primer libro, en especial del capítulo I de los

---

18. Cfr. Johann Gottlieb Carl Christian Kiesewetter, *Compendio de una lógica universal pura según los principios kantianos, para uso de las lecciones, acompañado de aclaraciones adicionales para quienes no puedan escuchar ninguna lección al respecto,* 3.ª edición, Berlín, 1802/1806.

Complementos, así como de la visión plenamente del propio Kant en la primera edición. Pero si no se quisiera contar al objeto de la representación como representación e identificarla con ella, entonces habría que sacarlo como cosa en sí: esto depende a la postre del sentido que se atribuya a la palabra «objeto». Sin embargo, siempre sigue siendo cierto que con una reflexión clara no cabe hallar más que representación y cosa en sí. Intercalar injustificadamente | ese híbrido, el objeto de la representación, es la fuente del error de Kant, con cuya confiscación se viene también abajo la doctrina de las categorías como conceptos a priori, ya que éstas no deben aportar nada a la intuición ni deben valer con respecto a la cosa en sí, sino que por su mediación nosotros sólo pensamos esos «objetos de las representaciones» y transformamos con ello a la representación en experiencia. Pues toda intuición empírica es ya experiencia, pero empírica es toda intuición que procede de la sensación de los sentidos; el entendimiento, por medio de su única función (el conocimiento a priori de la ley de causalidad), refiere esa sensación a su causa, que justamente por ello se presenta en el espacio y el tiempo (las formas de la intuición pura) como objeto de la experiencia, objeto material, que persiste en el espacio a través del tiempo, pero que también en cuanto tal sigue siendo siempre representación, como el espacio y el tiempo mismos. Si queremos ir más allá de esta representación, entonces planteamos la pregunta por la cosa en sí, cuya respuesta es el tema de toda mi obra, al igual que de toda metafísica en general. Con el error de Kant expuesto aquí se conecta su defecto criticado anteriormente y que consiste en no ofrecer ninguna teoría del origen de la intuición empírica, sino dejar a ésta *dada* sin más, identificándola con la mera sensación de los sentidos, a la que sólo añade las formas de la intuición (el espacio y el tiempo), concibiendo ambas bajo el nombre de «sensibilidad». Pero a partir de estos materiales no se origina todavía ninguna representación objetiva: antes bien, ésta exige sin duda alguna la referencia de la sensación a su causa, o sea, la aplicación de la ley de causalidad, es decir, el entendimiento; sin esto la sensación sigue siendo subjetiva y no coloca ningún objeto en el espacio, aun cuando se añada éste a la sensación. Mas para Kant el entendimiento no podía aplicarse a la intuición: sólo debía *pensar* para permanecer dentro de la lógica transcendental. Con esto se conecta de nuevo otro fallo de Kant: el haber dejado de desarrollar la única prueba válida para la aprioridad –bien conocida por él– de la ley de causalidad, a partir de la posibilidad de la propia intuición empírica objetiva, y ofrecer en su lugar una demostración manifiestamente falsa, como ya he expuesto en el § 23 de mi tratado *Sobre el principio de razón*. | Teniendo presente la triple división anterior, está claro que el «objeto de la representación» de Kant (2) está compuesto de aquello que ha robado en parte a la representación (1) y en parte a la cosa en sí (3). Si la experiencia realmente sólo tuviera lugar al aplicar nuestro entendimiento doce funciones distintas, para *pensar* mediante tantos conceptos a priori los objetos que previamente se han intuido, entonces cada cosa real habría de tener como tal un montón de determinaciones que, en cuanto dadas a priori, al igual que el espacio y el tiempo, no se dejarían abstraer, sino que pertenecerían consustancialmente a la existencia de la cosa, aunque no se deducirían de las propiedades del espacio y el tiempo. Pero sólo se encuentra una determinación así: la de la causalidad. Sobre ésta descansa la materialidad, ya que la esencia de la materia consiste en actuar y es enteramente causalidad (véase el capítulo 4 del segundo volumen). Todo lo demás en las cosas son determinaciones del espacio o el tiempo, o bien sus propiedades empíricas, todas las cuales remiten a su eficacia y por tanto son determinaciones cercanas a la causalidad. Mas la causalidad entra ya como condición en la intuición empírica y conforme a ello ésta es asunto del entendimiento, el cual posibilita la intuición, pero sin aportar nada a la experiencia y a su posibilidad al margen de la ley de causalidad. Aparte de lo indicado aquí, lo que llena las antiguas ontologías no son sino las relaciones de las cosas entre sí o para con nuestra reflexión y un fárrago acumulado.

La propia exposición de la doctrina de las categorías ya brinda un indicio de su carácter infundado. ¡Cuán acusado es en este sentido el contraste entre la *Estética transcendental* y la *Analítica transcendental*! ¡Qué claridad, qué precisión, qué seguridad, qué firme convicción se expresan sinceramente y se transmiten certeramente en la *Estética*! Todo es luminoso y sin rincones oscuros: Kant sabe lo que quiere y sabe que tiene razón. En cambio, en la *Analítica* todo es oscuro, enmarañado, impreciso, vacilante e inseguro; el procedimiento es pusilánime, está plagado de disculpas y de llamamientos a lo que sigue o a lo que precede. También se modificaron por completo la segunda y tercera secciones de la deducción de los conceptos puros del entendimiento en la segunda edición, siendo ésta totalmente distinta de la primera, aunque no más clara. Se ve realmente a Kant en lucha con la verdad, para hacer prevalecer su resuelta opinión doctrinal. En la *Estética* transcendental todas sus tesis son efectivamente demostradas a partir de hechos incontestables de la consciencia. Por el contrario, en la *Analítica* transcendental, si lo examinamos bien, hallamos mera afirmación de que ello sea y tenga que ser así. Aquí, como por doquier, la exposición lleva el sello del pensar de que procede: pues el estilo es la fisionomía del espíritu. Hay que señalar además que Kant, cuando quiere dar un ejemplo para aclarar las cosas, casi siempre recurre a la categoría de causalidad, donde lo dicho encaja correctamente, porque la ley de causalidad es la forma real, pero también la única, del entendimiento y las restantes once categorías sólo son ventanas ciegas. La deducción de las categorías es más sencilla y franca en la primera edición que en la segunda. Él se esfuerza por exponer cómo, tras ser dada la intuición por la sensibilidad, el entendimiento verifica la experiencia por medio del pensar de las categorías. En ello se repiten hasta la saciedad expresiones tales como reconocimiento, reproducción, asociación, aprehensión, unidad transcendental de la apercepción, sin alcanzar pese a ello claridad alguna. Pero llama poderosamente la atención que en este análisis no se toque ni una sola vez lo que se le habría de ocurrir a cualquiera en primer lugar: referir la sensación de los sentidos a su causa externa. Si no quisiera dejarlo valer, tendría que negarlo expresamente, pero tampoco lo hace. Ronda el asunto y todos los kantianos le han seguido en ello. El motivo secreto es que Kant reservó el nexo causal bajo el nombre de «fundamento del fenómeno» para su falsa deducción de la cosa en sí; junto a ello está el que por medio de la referencia a la causa la intuición se volvería intelectual, y esto es algo que él no se permite conceder. | Además, parece haber temido que, si se deja valer el nexo causal entre la sensación de los sentidos y el objeto, este último se convertiría de inmediato en la cosa en sí y se introduciría el empirismo de Locke. Sin embargo, esta dificultad se descarta mediante la reflexión que nos muestra que la ley de causalidad tiene un origen tan subjetivo como la misma sensación de los sentidos y que también el propio cuerpo, en cuanto aparece en el espacio, pertenece a las representaciones. Pero su temor al idealismo de Berkeley le impedía aceptar esto.

Como la operación esencial del entendimiento por medio de sus doce categorías se indica reiteradamente «la unión de lo diverso de la intuición»; sin embargo, esto nunca se explica ni tampoco se muestra lo que sea esta diversidad de la intuición antes de la unión operada por el entendimiento. Pero el tiempo y el espacio (éste con sus tres dimensiones) son *continuos,* esto es, sus partes no están originariamente separadas, sino unidas. Sin embargo, tiempo y espacio son las formas universales de nuestra intuición y, por tanto, todo cuanto se presenta (es dado) en ellas lo hace ya originariamente como *continuo,* es decir, sus partes se presentan ya como unidas y no requieren ninguna unión adicional de lo diverso. Si se quisiera interpretar esa unión de lo diverso diciendo que yo refiero las distintas impresiones sensoriales de un objeto sólo a él, o sea que, por ejemplo, al intuir una campana, conozco que esto, que afecta a mis ojos como amarillo, a mis manos como liso y duro, a mi oído como resonante, sólo es uno y el mismo cuerpo, entonces esto es más bien una consecuencia del conocimiento a priori del nexo causal (la única y efectiva función del entendimiento), en virtud de la cual todas esas diversas influencias sobre mis distintos órganos sensoriales me conducen hacia una causa común de las mismas, a saber, la índole del cuerpo que se halla delante de mí, de suerte que mi entendimiento, al margen de diversidad y pluralidad de los efectos, aprehende la unidad de la causa como un único objeto que merced a ello se presenta intuitivamente. En la hermosa recapitulación de su doctrina, que Kant brinda en la *Crítica de la razón pura* | (A 719-726 o B 747-754), explica las categorías acaso más claramente que en ninguna otra parte como «la mera regla de la síntesis de aquello que la percepción puede ofrecer a posteriori» (A 720 / B 748). Aquí parece ocurrírsele algo así como que, en la construcción del triángulo, los ángulos suministran la regla de la combinación de las líneas: cuando menos con esta imagen puede explicarse mejor lo que él dice sobre la función de las categorías. El prólogo a los *Principios metafísicos de la ciencia natural* contiene una larga nota que aporta igualmente una explicación de las categorías, al decir que éstas «no se diferencian en nada de las operaciones formales del entendimiento en los juicios», salvo en que en los juicios el sujeto y el predicado siempre pueden permutar su lugar; allí mismo se define al juicio en general como «una operación por medio de la que las representaciones dadas se convierten en conocimientos de un objeto». Con arreglo a esto, los animales, al no juzgar, tampoco habrían de conocer objeto alguno. Según Kant, de los *objetos* sólo hay conceptos, no intuiciones. En cambio, yo digo que los objetos sólo existen por de pronto para la intuición y los conceptos son siempre abstracciones de esta intuición. Por eso el pensar abstracto ha de guiarse exactamente según el mundo presente en la intuición, ya que sólo la referencia al mundo intuitivo da contenido a los conceptos y no nos cabe admitir para los conceptos ninguna otra forma determinada a priori que la aptitud para la reflexión en general, cuya esencia es la formación de los conceptos, esto es, de representaciones abstractas y no intuitivas, lo cual constituye la única función de la *razón,* tal como he mostrado en el primer libro. De acuerdo con esto, exijo que arrojemos por la ventana once de las categorías y conservemos únicamente la de causalidad, comprendiendo que su actividad ya es condición de la intuición empírica, la cual no es simplemente sensual, sino intelectual, y que el objeto así intuido, el objeto de la experiencia, es uno con la representación, de la cual sólo hay que diferenciar todavía a la cosa en sí.

Tras estudiar reiteradamente en distintas épocas de mi vida la *Crítica de la razón pura,* me ha asaltado una convicción sobre la génesis de la *Lógica transcendental,* | que comunico aquí por resultar muy provechosa para su comprensión. El único descubrimiento fundamentado sobre una comprensión objetiva y una suprema reflexión humana es el *apperçu* [apercibirse] de que el tiempo y el espacio nos son conocidos a priori. Deleitado por este feliz hallazgo, Kant quiso proseguir por este filón y su amor hacia la simetría arquitectónica le procuró el hilo conductor. Habiendo descubierto una pura intuición empírica colocada como condición de la *intuición* empírica, creyó que los *conceptos* adquiridos empíricamente también tendrían a su base ciertos *conceptos puros* como presupuestos en nuestra capacidad cognoscitiva y el verdadero pensar empírico sólo sería posible gracias a un puro pensar a priori, que en sí no tendría objeto alguno, sino que habría de tomarlo a partir de la intuición; de manera que, así como la *Estética transcendental* acredita un fundamento a priori de la matemática, también había de haber algo semejante para la lógica, con lo cual ese primer fundamento recibió un par simétrico en una *Lógica transcendental*. A partir de ese momento Kant dejó de ser imparcial y tampoco estuvo en condiciones de indagar y observar lo que se halla en la consciencia, sino que estaba guiado por un presupuesto y perseguía un propósito, a saber, el de encontrar lo que presuponía, para erigir a la lógica transcendental como un segundo piso que correspondiera simétricamente, como un análogo suyo, a la estética transcendental tan felizmente descubierta. Para ello pergeñó la tabla de los juicios, a partir de la cual configuró caprichosamente la *tabla de las categorías* como la doctrina de doce conceptos puros a priori que debían ser la condición de nuestro *pensar* las *cosas,* cuya *intuición* está condicionada por las dos formas a priori de la sensibilidad: ahora a la *sensibilidad pura* le correspondía simétricamente un *entendimiento puro*. Luego engarza una consideración que le ofrecía un medio para elevar la plausibilidad del asunto: adoptar el *esquematismo* de los conceptos puros del entendimiento, con lo cual se delata con la mayor claridad el curso de su procedimiento, del que él mismo no era consciente. Al tratar de encontrar para cada función empírica de la capacidad cognoscitiva una función apriórica análoga, observó | que entre nuestra intuición empírica y nuestro pensar empírico, consumado en conceptos abstractos no intuitivos, tiene lugar muy frecuentemente –si no siempre– una mediación, cuando intentamos retrotraernos del pensar abstracto a la intuición; pero lo intentamos propiamente para convencernos de que nuestro pensar abstracto no se aleja demasiado del seguro suelo de la intuición y la está sobrevolando o se ha vuelto mera palabrería, más o menos como al caminar a oscuras manoseamos de vez en cuando la pared que nos guía. También retornamos a la intuición, a modo de prueba y momentáneamente, al evocar en la fantasía la intuición correspondiente al concepto que nos ocupa, la cual pese a todo nunca puede ser totalmente adecuada al concepto, sino un mero *representante* provisional del mismo: sobre esto ya he aportado cuanto era necesario en el § 28 de mi tratado *Sobre el principio de razón*. Kant llama *esquema* a un fugaz fantasma de este tipo, en oposición a una cabal imagen de la fantasía, diciendo que es algo así como un monograma de la imaginación y afirmando que, así como hay un esquema intermedio entre los conceptos allegados empíricamente a nuestro pensar abstracto y nuestra clara intuición verificada por los sentidos, también entre la capacidad intuitiva a priori de la sensibilidad pura y la capacidad de pensar a priori del entendimiento puro (o sea, las categorías) habría igualmente *esquemas de los conceptos a priori del entendimiento puro,* esquemas que describe fragmentariamente como monogramas de la imaginación pura a priori y a cada uno de los cuales le asigna su categoría correspondiente en el peregrino capítulo dedicado al «Esquematismo de los conceptos puros del entendimiento» (A 137 / B 176), el cual es célebre por su oscuridad, porque nadie ha podido entenderlo jamás; pero su oscuridad se despeja, si uno lo examina desde el punto de vista planteado aquí, pues allí se patentiza más que en ningún otro lugar la intencionalidad de su proceder y la resolución previamente adoptada de hallar lo que corresponda a la analogía y pueda servir a la simetría arquitectónica, pues aquí el asunto alcanza unas cotas que lo hacen casi cómico. | Pues cuando conjetura esquemas de los conceptos puros *(sin contenido)* del entendimiento a priori análogos a los esquemas empíricos (o representaciones de nuestros conceptos reales por medio de la fantasía), Kant no se da cuenta de que aquí queda totalmente suprimido el fin de tales esquemas. Pues el fin de los esquemas en el pensar empírico (real) se refiere únicamente al *contenido material* de tales conceptos: como éstos son extraídos de la intuición empírica, a veces nos ayudamos y orientamos gracias a ello en el pensar abstracto, echando una fugaz mirada a la intuición de donde se han tomado los conceptos, para asegurarnos de que nuestro pensar todavía tiene un contenido real. Pero esto presupone necesariamente que los conceptos que nos ocupan surgen de la intuición y se trata de una mera mirada retrospectiva hacia su contenido material, un simple recurso de nuestra debilidad. Mas en los conceptos a priori que no tienen contenido alguno, resulta obvio que esto necesariamente no tiene lugar: pues dichos conceptos no surgen de la intuición, sino que se ajustan a ella desde dentro, para recibir de ella un contenido, sin haber nada hacia lo que pudieran echar una mirada retrospectiva. Me extiendo en este punto porque arroja luz sobre el secreto decurso de la filosofía kantiana, el cual consiste en que Kant, tras el feliz descubrimiento de las dos formas a priori de la intuición, con el hilo conductor de la analogía se esfuerza por encontrar un análogo a priori para cada determinación de nuestro conocimiento empírico y por último esto se hace extensivo hasta un hecho meramente psicológico en el caso de los esquemas, donde la aparente profundidad de pensamiento y la dificultad de la exposición sirven justamente para ocultar al lector que su contenido es una conjetura tan indemostrable como arbitraria. Sin embargo, quien finalmente penetra en el sentido de tal exposición se ve fácilmente inducido a tomar esta comprensión tan penosamente lograda por un convencimiento sobre la verdad del asunto. En cambio, si Kant se hubiera mantenido aquí tan imparcial y puramente observador como en el descubrimiento de la intuición a priori, entonces habría de haber descubierto que lo que se añade a la intuición pura del espacio y el tiempo, cuando de ella surge una intuición empírica, es por un lado la sensación y | por el otro el conocimiento de la causalidad, lo cual transforma la mera sensación en una intuición empírica objetiva, pero justamente por ello no se deriva ni aprende de ésta, sino que existe a priori y es la forma de la razón pura, siendo también su única función, pero tan fecunda que todo nuestro conocimiento empírico descansa sobre ella. Si como suele decirse la refutación de un error sólo se consuma al constatar su origen psicológico, creo haber conseguido hacer esto con respecto a la doctrina kantiana de las categorías y sus esquemas.

*

Tras haber cometido tan grandes fallos en los primeros rasgos fundamentales de una teoría de la capacidad representativa, Kant ensartó diversos supuestos muy complicados. A ellos pertenece ante todo la unidad sintética de la apercepción: una cosa muy asombrosa y muy asombrosamente expuesta. «El *yo pienso* tiene que poder acompañar a todas mis representaciones» (B 132). «Tiene que poder» es una enunciación problemático-apodíctica; en términos coloquiales, una frase que toma con una mano lo que da con la otra. ¿Cuál es el sentido de esta frase que se balancea sobre la cumbre? ¿Que todo representar signifique pensar? Esto no, y sería funesto, pues entonces no habría nada más que conceptos abstractos, pero mucho menos se daría una intuición puramente irreflexiva e involuntaria cual es la de lo bello, el más profundo registro de la esencia de las cosas, esto es, sus ideas platónicas. Entonces también tendrían que pensar a su vez los animales, porque de lo contrario serían incapaces de representar. ¿O acaso la frase quiere decir algo así como «ningún objeto sin sujeto»? Esto estaría muy mal expresado así y llegaría demasiado tarde. Si resumimos las expresiones de Kant, descubrimos que por «unidad sintética de la apercepción» entiende algo así como el centro inextenso de la esfera de todas nuestras representaciones, cuyos radios convergen en él. Es lo que yo llamo el sujeto del conocer, el correlato de todas las representaciones y al al mismo tiempo lo que, en el capítulo 22 | del segundo volumen, he descrito y explicado detalladamente como el núcleo donde convergen los rayos de la actividad cerebral. Así pues, me remito a ese capítulo para no repetirme.

536

*

Que yo rechazo toda la doctrina de las categorías y la cuento entre los supuestos infundados con los que Kant sobrecargó la teoría del conocer se desprende de la crítica recién suministrada; asimismo se desprende de las contradicciones detectadas en la lógica transcendental, las cuales hacían pie en la confusión entre conocimiento intuitivo y abstracto; además también he constatado la carencia de un concepto claro y preciso relativo a la esencia del entendimiento y de la razón, en cuyo lugar sólo encontramos en los escritos kantianos expresiones incoherentes, discrepantes, insuficientes e inexactas sobre esas dos capacidades del espíritu.

Finalmente, tal rechazo se desprende de las explicaciones relativas a estas dos capacidades que yo mismo he dado en el primer libro, en sus complementos y aún más pormenorizadamente en el tratado *Sobre el principio de razón* (§§ 21, 16 y 34), explicaciones muy precisas y claras que se infieren ostensiblemente del examen sobre la esencia de nuestro conocimiento, a la par que concuerdan plenamente con los conceptos relativos a esas dos capacidades cognoscitivas proclamadas, aunque no explicitadas con toda claridad, tanto en el uso lingüístico como en los escritos de todas las épocas y de todos los pueblos. Su defensa frente a la muy distinta exposición kantiana de ellas viene ya dada en gran parte con el descubrimiento de los fallos denunciados en dicha exposición. Sin embargo, como la tabla de los juicios que Kant coloca a la base de su teoría del pensar e incluso de toda su filosofía posee de suyo una exactitud genérica, me veo obligado a comprobar cómo surgen en nuestra capacidad cognoscitiva estas formas universales de todos los juicios y a conciliarlas con mi exposición de tal capacidad. En esta discusión vincularé siempre a los conceptos de «razón» y «entendimiento» el sentido que les ha dado mi explicación, con la que presumo familiarizado al lector. |

Una diferencia esencial entre el método de Kant y el que yo sigo estriba en que él parte del conocimiento mediato y reflexivo, mientras que por el contrario yo parto del conocimiento inmediato e intuitivo. Él se asemeja a quien mide la altura de una torre por su sombra y yo en cambio al que toma directamente la medida. Por eso para él la filosofía es una ciencia *desde* conceptos y para mí una ciencia *en* conceptos sacada del conocimiento intuitivo, la única fuente de toda evidencia, si bien sea captada y fijada en conceptos universales. Él pasa por alto todo este mundo intuitivo, polimórfico y lleno de significados que nos rodea y se atiene a las formas del pensar abstracto; aunque no lo explicite, esto se basa en la presuposición de que la reflexión es la copia *(ektypos)* de toda intuición, por lo que todo lo esencial de la intuición ha de estar expresado en la reflexión y ciertamente muy compendiado, con formas y rasgos fácilmente apreciables. Con arreglo a ello lo esencial y lo regular del conocer abstracto proporcionaría todos los hilos que ponen en movimiento ante nuestros ojos el teatro de marionetas del mundo intuitivo. Si Kant hubiera expresado claramente este principio supremo de su método y lo hubiera seguido consecuentemente, cuando menos habría tenido que separar lo intuitivo de lo puramente abstracto, y nosotros no tendríamos que luchar con contradicciones y confusiones irresolubles. Mas por el modo como resolvió su tarea, se ve que él sólo tenía una idea muy vaga de ese principio fundamental de su filosofía y de ahí que sólo quepa adivinarlo tras un concienzudo estudio de su filosofía.

Lo que atañe al método y a la máxima fundamental indicados tiene mucho en su pro y es un pensamiento brillante. La esencia de toda ciencia consiste en que compendiamos los fenómenos intuitivos bajo un número comparativamente escaso de conceptos abstractos, a partir de los cuales ordenamos un sistema con el que tenemos en poder de nuestro conocimiento todos esos fenómenos, pudiendo explicar lo ocurrido y determinar lo por venir. Pero las ciencias se reparten el vasto dominio de los fenómenos según los particulares y diversos tipos de estos últimos. | Por eso fue un pensamiento intrépido y feliz el aislar lo esencial de los conceptos en cuanto tales, al margen de su contenido, para saber a partir de las formas así descubiertas de todo pensar lo que también es esencial a todo conocer intuitivo y, por consiguiente, al mundo como fenómeno en general: y, como éste a priori fuera descubierto a causa de la necesidad de esas formas del pensar, resultó ser de origen subjetivo y acorde con los fines de Kant. Sin embargo, antes de ir más lejos, se tendría que haber indagado cuál es la relación de la reflexión con el conocimiento intuitivo (lo que presupone abiertamente la nítida separación de ambos desdeñada por Kant), de qué modo restituye y representa éste a aquélla, si lo hace netamente o si la transforma al asumirla en sus propias formas (de la reflexión) y la desfigura en parte; si la forma del conocimiento abstracto y reflexivo se ve más determinada por la forma del conocimiento intuitivo o por la índole inalterablemente aneja a ella misma, la forma reflexiva, de suerte que también esto, lo que es muy heterogéneo en el conocimiento intuitivo, deja de distinguirse tan pronto como entra en el reflexivo y, a la inversa, algunas diferencias que percibimos en el modo de conocimiento reflexivo nacen también de él mismo y en modo alguno aluden a diversidades correlativas en el conocimiento intuitivo. El resultado de esta investigación habría sido que el conocimiento intuitivo, al introducirse en la reflexión, sufre una transformación similar a la del alimento dentro del organismo animal, cuyas formas y mezclas se ven determinadas por él mismo, sin que la composición de éstas deje reconocer la índole del alimento; o (como esto es decir demasiado) cuando menos habría resultado que la reflexión en modo alguno se comporta con el conocimiento intuitivo como el espejo del agua con los objetos reflejados, sino a lo sumo como las sombras de esos objetos para con ellos mismos, sombras que sólo reproducen ciertos contornos externos, pero también reúnen lo más diverso en la misma forma y representan lo más diverso mediante el mismo contorno; de manera que partiendo | de él en modo alguno se dejan construir por completo y con seguridad las formas de las cosas.

Todo el conocimiento reflexivo, o la razón, sólo tiene una forma primordial, y ésta es la del concepto abstracto: dicha forma es propia de la razón misma y no tiene ninguna conexión necesaria con el mundo intuitivo, el cual está ahí también para los animales sin contar para nada con esa forma y que podría ser muy otro sin que esa forma de la reflexión dejase de ajustarse a él. Sin embargo, la unión de los conceptos con los juicios tiene ciertas formas determinadas y legales que, halladas por inducción, constituyen la tabla de los juicios. Estas formas se deducen en su mayor parte del propio modo de conocimiento reflexivo, o sea, directamente desde la razón, en la medida en que surgen sobre todo gracias a las cuatro leyes del pensar (que yo llamo «verdades metalógicas») y por el *dictum de omni et nullo* [«principio de todo y nada»]. Poseemos otras de estas formas que, sin embargo, tienen su fundamento en el modo de conocimiento intuitivo, o sea, en el entendimiento, pero en modo alguno indican otras tantas formas particulares del entendimiento, sino que se deducen por entero de la única función del entendimiento, a saber, el conocimiento inmediato de las causas y los efectos. Por último, todavía hay otras formas que surgen del encuentro y el enlace del modo de conocimiento reflexivo con el intuitivo, o más propiamente de la admisión de éste en aquél. Ahora examinaré los momentos del juicio por separado y comprobaré el origen de cada uno a partir de las mencionadas fuentes; esto evidenciará de suyo que no hay lugar para una deducción de las categorías a partir de los juicios, tal como da a entender su intrincada y autocontradictoria exposición.

1) La llama *cantidad* de los juicios emana de la esencia de los conceptos en cuanto tales, por lo que tiene su fundamento exclusivamente en la razón y no guarda ninguna conexión con el entendimiento ni con el conocimiento intuitivo. Tal como se analizó en el primer libro, resulta consustancial a los conceptos en cuanto tales que tengan un contorno y una esfera, así como que el concepto más amplio e indeterminado abarque al más restringido y determi-

nado, el cual por ello puede separarse; esto último puede ocurrir designándolo | como una parte indeterminada del concepto más amplio, o también disociándolo por completo al atribuirle un nombre determinado. El juicio que realiza esta operación se llama en el primer caso «juicio particular», y en el segundo, «juicio universal»; así por ejemplo, una y la misma parte de la esfera del concepto «árbol» puede aislarse mediante un juicio particular y mediante un juicio universal: «algunos árboles tienen coscojos», o «todas las encinas tienen coscojos». Es obvio que la diferencia de ambas operaciones es muy exigua y que su posibilidad depende de la riqueza terminológica del lenguaje. Pese a ello Kant explica que esta diferencia revela dos operaciones, dos funciones, dos categorías radicalmente distintas del entendimiento, que justamente merced a ellas determina a priori a la experiencia.

Finalmente también puede utilizarse un concepto para conseguir determinar por medio de él una representación intuitiva singular, de la cual, al tiempo que de muchas otras, se ha abstraído ese mismo concepto: lo cual se verifica mediante el juicio singular. Tal juicio designa tan sólo los límites del conocimiento abstracto con el intuitivo, al que se pasa inmediatamente desde aquél: «Este árbol de aquí tiene coscojos». Kant hizo también de éste una categoría especial.

Lo dicho no requiere proseguir la polémica.

2) De igual modo la *calidad* de los juicios cae por entero dentro del ámbito de la razón y no es en modo alguno una sombra de una ley del entendimiento que hace posible la intuición, esto es, no da ninguna indicación al respecto. La naturaleza de los conceptos abstractos, que es la esencia captada objetivamente de la razón misma, conlleva la posibilidad de unir y separar sus esferas, como se analizó en el primer libro, y sobre esta posibilidad, como presupuesto

suyo, descansan las leyes fundamentales de la identidad y de la contradicción, a las que yo llamo verdades *metalógicas* porque emanan puramente de la razón y no hay que explicarlas ulteriormente. Estas leyes determinan que lo unido ha de permanecer unido y lo separado ha de permanecer separado, o sea, que lo establecido no puede a su vez verse suprimido al mismo tiempo, con lo que presuponen la | posibilidad de unir y separar las esferas, esto es, el juzgar. Pero, conforme a la *forma,* esto reside única y exclusivamente en la razón, y esta forma no se toma, como el *contenido* de los juicios, del conocimiento intuitivo del entendimiento, por lo cual no hay que buscar en dicho conocimiento ningún correlato o análogo para tal forma. La intuición, una vez engendrada por y para el entendimiento, está completa y no está sujeta a la duda ni al error, al igual que desconoce la afirmación y la negación; pues la intuición habla por sí misma y no tiene, como el conocimiento abstracto de la razón, su valor y contenido en la mera relación con algo externo a ella según el principio de razón del conocer. De ahí que la intuición sea íntegramente realidad y cualquier negación sea ajena a su esencia: la negación sólo puede ser pensada mediante la reflexión, pero justamente por ello permanece siempre en el dominio del pensar abstracto.

541

A los juicios afirmativos y negativos, utilizando una extravagancia de los antiguos escolásticos, Kant añade todavía el juicio infinito, un sustituto ideado para tapar agujeros, que no requiere aclaración alguna, una ventana ciega como tantas otras comportadas por su afecto a la simetría arquitectónica.

3) Bajo el muy vasto concepto de relación Kant ha reunido tres modalidades enteramente distintas de juicios, que por eso hemos de esclarecer individualmente para conocer su origen.

a) El *juicio hipotético* en general es la expresión abstracta de esa forma universalísima de todos nuestros conocimientos: el principio de razón. Que éste tiene cuatro significados totalmente distintos y que cada uno de éstos procede de una fuerza cognoscitiva diferente, al igual que concierne a una clase de representaciones diferentes, ya lo probé en 1813 con mi tratado sobre dicho principio. De ahí se infiere que el origen del juicio hipotético en general, de esta forma universal del pensar, no puede ser simplemente el entendimiento y su categoría de causalidad, como Kant pretende; sino que la ley de causalidad, que, conforme a mi exposición, es la única forma de conocimiento del entendimiento puro, sólo es una de las formas del principio de razón que abarca todo el conocimiento puro o apriórico, si bien dicho principio tenga por expresión esta forma hipotética del juicio en cada uno de sus significados. Pero aquí vemos claramente cómo conocimientos que son totalmente distintos según su origen y su significado, cuando son pensados en abstracto por la razón, sí aparecen bajo una y la misma forma de unión de conceptos y juicios, con lo que entonces dejan de diferenciarse bajo dicha forma y para separarlos hay que retornar al conocimiento intuitivo, abandonando por completo el conocimiento abstracto. De ahí que el camino introducido por Kant esté trastocado, al partir del punto de vista del conocimiento abstracto, para encontrar también los elementos y el mecanismo interno del conocimiento intuitivo. Por lo demás, en cierta medida todo mi tratado introductorio *Sobre el principio de razón* puede considerarse como una dilucidación fundamental del significado de la forma hipotética del juicio; de ahí que no me detenga más aquí.

b) La forma del *juicio categórico* no es nada más que la forma del juicio en general en su sentido más estricto. Pues, siendo rigurosos, juzgar sólo significa pensar el enlace o la incompatibilidad de las esferas de los conceptos; por eso el enlace hipotético y el disyuntivo no son propiamente una forma especial del juicio, puesto que sólo se aplican a juicios ya enunciados, en los que el enlace de los conceptos sigue siendo invariablemente categórico, si bien conectan a su vez estos juicios, en tanto que la forma hipotética expresa su mutua dependencia, y la disyuntiva, su incompatibilidad. Pero los juicios sólo tienen una forma de relacionarse entre sí: la que se expresa en el juicio categórico. La determinación próxima o las subclases de esta relación son el encadenamiento y la plena separación de las esferas conceptuales, esto es, la afirmación y la negación; Kant hizo de ello dos categorías especiales bajo un rótulo muy diferente: el de la *cualidad*. El encadenamiento y la separación tienen a su vez subclases según las esferas se encadenen total o parcialmente, determinación que constituye la *cantidad* del juicio; de lo cual Kant hizo de nuevo un título categorial aparte. Así separó lo totalmente similar e incluso | idéntico, las 543 modificaciones fácilmente apreciables, de la única relación posible de los conceptos entre sí, uniendo en cambio lo muy diverso bajo este título de relación.

Los juicios categóricos tienen como principio metalógico las leyes del pensar de la identidad y de la contradicción. Pero el *fundamento* para el enlace de las esferas conceptuales que confiere la *verdad* al juicio, que es justamente dicho enlace, puede ser de muy distinto tipo y con arreglo a ello la verdad puede ser entonces o bien lógica, o empírica, o transcendental, o metalógica, tal como se concluye en los §§ 30-33 del tratado introductorio y no necesita ser repetido aquí. De ahí resulta cuán diferentes pueden ser los conocimientos inmediatos que se presentan en abstracto por el enlace de las esferas de dos conceptos como sujeto y predicado, y que en modo alguno puede disponerse una única función del entendimiento que corresponda y produzca esos conocimientos inmediatos. Por ejemplo, los juicios: «el agua hierve», «el seno mide el ángulo», «la voluntad decide», «el tener un quehacer distrae», «la distinción es difícil», expresan con la misma forma lógica las más diversas relaciones, lo cual nos confirma nuevamente cuán trastocado es colocar el comienzo en el punto de vista del conocimiento abstracto para analizar el conocimiento inmediato e intuitivo. Por lo demás, el juicio categórico sólo nace de un conocimiento del entendimiento propiamente dicho, en el sentido que yo le doy, donde una causalidad es expresada por ese juicio; pero tal es también el caso en todos los juicios que designan una cualidad física, Pues, cuando yo digo: «Este cuerpo es pesado, duro, fluido, verde, ácido, alcalino, etc.», esto describe siempre su efecto, o sea, un conocimiento que sólo es posible por el entendimiento puro. Una vez que este conocimiento, al igual que muchos enteramente diferentes de él (v.g., la subordinación de conceptos sumamente abstractos), es expresado en abstracto mediante sujeto y predicado, hay que transferir de nuevo las meras relaciones conceptuales al conocimiento intuitivo, presumiendo que el sujeto y el predicado del juicio han de tener en la intuición algún correlato especial: la sustancia y el accidente. Sin embargo, luego aclararé que el concepto de sustancia no tiene ningún otro contenido auténtico que el del concepto de materia. Pero los accidentes equivalen a los efectos, de manera que el presunto conocimiento de sustancia y accidente sigue siendo el conocimiento del entendimiento puro de causa y efecto. Cómo surge propiamente la representación de la materia está explicado en parte en el § 4 de nuestro primer libro y queda todavía más claro en el tratado *Sobre el principio de razón* (al final de los §§ 21 y 77); en parte lo veremos con más detalle al examinar el principio de permanencia de la sustancia.

c) Los *juicios disyuntivos* emanan del principio del tercio excluso, que es una verdad metalógica: de ahí que sean por entero patrimonio de la razón pura y no tengan su origen en el entendimiento. La deducción de la categoría de comunidad o de *interacción* a partir de tales juicios es un llamativo ejemplo de la violencia contra la verdad que Kant se permite algunas veces, simplemente para satisfacer su gusto por la simetría arquitectónica. Lo improcedente de esta deducción ha sido frecuentemente criticado con razón y ha sido evidenciado por medio de varios argumentos, especialmente por G. E. Schulz en su *Crítica de la filosofía teórica* [Hamburgo, 1801] y por [Franz] Berg en su *Epicrítica de la filosofía* [1805]. ¿Qué analogía real hay entre dejar abierta la determinación de un concepto mediante predicados mutuamente excluyentes y el pensamiento de la acción recíproca? Ambos están incluso enteramente contrapuestos, dado que en el juicio disyuntivo la posición real de uno de los dos miembros supone al mismo tiempo una necesaria supresión del otro; en cambio, cuando se piensa dos cosas en relación de acción recíproca, la posición de una también es necesariamente la de la otra y viceversa. Por eso el verdadero análogo lógico de la acción recíproca es indiscutiblemente el círculo vicioso, en el que, tal como presuntamente sucede en la acción recíproca, lo fundado es a su vez el fundamento y a la inversa. Y así como la lógica rechaza el círculo vicioso, también la metafísica ha de desterrar la acción recíproca. Ahora voy a probar con toda seriedad que no existe ninguna acción recíproca en sentido estricto y que este concepto, cuyo uso es tan sumamente apreciado | a causa de la indeterminación del pensamiento, sin embargo, examinado más de cerca, se muestra como vacío, falso y nulo. Ante todo hay que recordar lo que es la causalidad en general, y para ello cabe recurrir a mi exposición al respecto en el § 20 de mi tratado introductorio, así como a mi ensayo *Sobre la libertad de la voluntad* (cap. 3, pp. 27 y ss.) y finalmente al cuarto capítulo de nuestro segundo volumen. Causalidad es la ley conforme a la que los *estados* de la materia determinan sus posiciones en el tiempo. La causalidad incumbe a los estados y más propiamente a los *cambios,* no a la materia en cuanto tal ni a la permanencia sin cambios. La *materia* como tal no se halla bajo la ley de causalidad, ya que la materia no deviene ni desaparece, al igual que tampoco lo está la *cosa* entera, como se dice comúnmente, sino sólo los *estados* de la materia. Además la ley de causalidad no tiene que ver con la *permanencia,* pues donde nada *cambia* no hay ningún *efecto* ni tampoco causalidad alguna, sino un estado de reposo permanente. Si éste cambia, o bien el nuevo estado generado es permanente o no lo es, sino que da lugar de inmediato a un tercer estado, y la necesidad con la que acontece es justamente la ley de causalidad, la cual es una forma del principio de razón y por eso no es explicable ulteriormente, dado que el principio de razón es el principio de toda explicación y de toda necesidad. Por eso es obvio que el ser causa y efecto guarda una estrecha conexión y una necesaria relación con la *sucesión temporal*. Sólo en tanto que el estado A precede en el tiempo al estado B, su sucesión será necesaria y no causal, esto es, no una mera secuencia, sino una consecuencia, sólo entonces el estado A es causa y el estado B efecto. Pero el concepto de *acción recíproca* entraña que ambos son causa y efecto el uno del otro, lo cual significa tanto como que causa uno de los dos estados es el anterior y también el posterior: algo impensable. Pues no puede admitirse que ambos *estados* sean simultáneos y al mismo tiempo necesarios, porque como necesariamente coincidentes y simultáneos sólo constituyen *un* estado, para cuya permanencia se requiere la perdurable | presencia de todas sus determinaciones, donde ya no se trata de cambio y causalidad, sino de duración y reposo, diciéndose tan sólo que, cuando se cambia *una* determinación del estado global, el nuevo estado originado por ello no puede ser la duración, sino la causa del cambio de todas las restantes determinaciones del primer estado, con lo cual tiene lugar a su vez un nuevo tercer estado; todo lo cual sólo acontece conforme a la sencilla ley de causalidad y no fundamenta una nueva como la de acción recíproca.

También afirmo sin duda alguna que el concepto de acción recíproca no puede verse confirmado por ejemplo alguno. Todo lo que puede alegarse en pro del mismo es, o bien un estado de reposo sobre el cual no cabe aplicar el concepto de causalidad, que sólo tiene algún significado en los cambios, o bien una sucesión de estados homólogos que se condicionan alternativamente, para cuya explicación basta perfectamente la sencilla causalidad. Un ejemplo del primer tipo lo dan los platillos de la balanza mantenidos en reposo por igual peso; aquí no hay ningún efecto, pues no hay cambio alguno: es el estado de reposo; al estar igualmente repartido el peso tiene una tendencia, pero no puede manifestar su fuerza mediante ningún efecto, al igual que en todo cuerpo apoyado sobre un centro de gravedad. La eliminación de *un* peso propicia un segundo estado que de inmediato se vuelve causa de un tercer estado, el desplome del otro platillo, lo cual acontece según la sencilla ley de causa y efecto, sin requerir una categoría especial del entendimiento, ni tampoco una denominación particular. Un ejemplo de otro tipo es el que un fuego siga ardiendo. La combinación del oxígeno con el cuerpo inflamable es la causa del calor y éste a su vez la causa de la renovada aparición de esa combinación química. Pero esto no es otra cosa que una cadena de causas y efectos, cuyos miembros son alternativamente homólogos: el quemar A produce el calor B y éste un nuevo quemar C (esto es, un nuevo efecto homólogo con la causa A, pero que no es individualmente el mismo), éste un nuevo calor D (que no es realmente idéntico con el efecto B, sino sólo el mismo conforme al concepto, o sea, es *homólogo* con él) y así | sucesivamente. Un buen ejemplo de lo que en la vida común se llama acción recíproca lo proporciona Humboldt *(Aspectos de la naturaleza,* 2.ª ed., vol. II, p. 79) en su teoría de los desiertos. En los desiertos de arena no llueve, pero sí lo hace en las montañas boscosas que lindan con ellos. La causa no es que las montañas atraigan las nubes, sino que la columna de aire caliente elevado desde la arena impide disgregar los vapores e impulsa las nubes hacia lo alto. En las montañas la corriente de aire que se eleva verticalmente es más débil, las nubes bajas y la precipitación tiene lugar en el aire frío. Así la falta de lluvia y la ausencia de plantas del desierto se hallan en acción recíproca: no llueve porque la arena recalentada irradia más calor; el desierto no se convierte en estepa o en campiña porque no llueve. Pero es obvio que aquí tenemos nuevamente, como en el ejemplo anterior, una sucesión de causas y efectos homólogos, nada esencialmente distinto de la sencilla causalidad. Otro tanto ocurre con la oscilación del péndulo e incluso con la autoconservación del cuerpo orgánico, donde cada estado comporta uno nuevo de igual tipo del que lo originó, pero individualmente es uno nuevo: sólo que aquí la cosa es más complicada, en tanto que la cadena no consta de miembros de dos, sino de varios tipos, de suerte que un miembro homólogo no se repite sino después de varios intermedios. Pero siempre vemos ante nosotros una mera aplicación de la única y sencilla ley de causalidad que regula la secuencia de los estados, mas no algo que haya de ser concebido mediante una nueva y especial función del entendimiento.

¿O acaso se pretendería alegar como confirmación del concepto de acción recíproca que efecto y contraefecto son equivalentes? Pero esto es algo sobre lo que yo he puesto sobre aviso en el tratado *Sobre el principio de razón,* a saber: que la causa y el efecto no son dos cuerpos, sino dos estados corporales que se suceden y que, por consiguiente, cada uno de esos dos estados implica también a todos los cuerpos copartícipes, de suerte que el efecto, o sea, el nuevo estado que entra en escena, v.g., en el choque, se expande a los dos cuerpos en la misma proporción; de ahí que el cuerpo golpeado cambie tanto como el que lo golpea (cada uno en relación a su masa y velocidad).

También Aristóteles niega la acción recíproca en sentido estricto, al observar que sin duda dos cosas pueden ser mutuamente causas una respecto de la otra, pero sólo de tal manera que cada una sea comprendida en un sentido distinto, por ejemplo que una actúe sobre la otra como motivo y ésta sobre aquélla como causa de su movimiento. Esto lo encontramos con las mismas palabras en dos pasajes: «Hay cosas que son causas unas de otras; así por ejemplo la gimnasia es causa de la fortaleza física y ésta de la gimnasia, sólo que no del mismo modo, sino una como fin [causa final] y otra como principio [causa eficiente] del movimiento» *(Física,* libro II, cap. 3, y *Metafísica,* libro V, cap. 2). Si él admitiera una auténtica acción recíproca, la hubiese alegado en estos dos pasajes donde se ocupa de enumerar todos los posibles tipos de causas. En los *Analíticos posteriores* (libro II, cap. 2) habla de una rotación de las causas, mas no de una causa recíproca.

4) Las categorías de *modalidad* poseen una gran ventaja sobre todas las demás, pues aquello que se expresa mediante cada una de ellas corresponde realmente a la forma del juicio de la cual se ha deducido, siendo esto algo que casi nunca se da en otras categorías, donde por lo general se deducen de las formas del juicio con la violencia más arbitraria.

Así pues, es verdad que los conceptos de lo posible, de lo real y de lo necesario dan lugar respectivamente a las formas problemática, asertórica y apodíctica del juicio. Mas no es verdad que esos conceptos sean formas cognoscitivas especiales, originarias e indeducibles del entendimiento. Antes bien se derivan de la única forma originaria del conocer y de la que somos conscientes a priori, del principio de razón, del que proviene directamente el conocimiento de la *necesidad;* en cambio, sólo cuando se aplica a ésta la reflexión, surgen los conceptos de contingencia, posibilidad, imposibilidad y realidad. Todos estos no emanan por ello de *una* fuerza espiritual, el entendimiento, sino que surgen merced al conflicto del conocer abstracto con el intuitivo, como se verá de inmediato.

Yo afirmo que «el ser necesario» y «el ser consecuencia de un fundamento dado» son conceptos intercambiables y plenamente idénticos. Jamás podemos conocer, ni tan siquiera pensar, algo como necesario, salvo considerándolo como consecuencia de un fundamento dado, y el concepto de necesidad no contiene absolutamente nada más que esta dependencia, este ser puesto por algo otro y ser indefectiblemente consecuencia suya. El concepto de necesidad consiste única y exclusivamente en la aplicación del principio de razón. De ahí que, con arreglo a las distintas formas de este principio haya una necesidad física (del efecto a partir de la causa), una necesidad lógica (merced al fundamento cognoscitivo, en los juicios analíticos, silogismos, etc.), una necesidad matemática (según la razón de ser en el espacio y el tiempo) y finalmente una necesidad práctica, con la cual no queremos designar algo así como el verse determinado por un presunto imperativo categórico, | sino la acción que tiene lugar necesariamente en un carácter empírico dado conforme a los motivos en liza. Mas todo lo necesario sólo es relativamente tal, bajo el presupuesto de la razón de la cual se sigue: por eso una necesidad absoluta es una contradicción. Me remito aquí al § 49 del tratado *Sobre el principio de razón*.

Lo contradictoriamente opuesto, esto es, la negación de la necesidad, es la *contingencia*. El contenido de este concepto es por ello negativo y no es más que la falta del enlace expresado por el principio de razón. Por consiguiente, también lo contingente sólo es relativamente tal, siéndolo con respecto a algo que *no* es su fundamento. Cualquier objeto, del tipo que sea, v.g., cualquier suceso en el mundo real, es siempre al mismo tiempo necesario y contingente; *necesario* con respecto a lo que es su causa; *contingente* con respecto al resto. Pues su contacto en el espacio y el tiempo con todo el resto es una mera coincidencia sin conexión necesaria: de ahí las palabras *contingencia,* συμπτωμα, c*ontingens* [en latín]. Al igual que no es pensable una necesidad absoluta, tampoco lo es una contingencia absoluta. Pues esto último sería un objeto que no guardara con ningún otro la relación de la consecuencia respecto al fundamento. El contenido del principio de razón expresa negativamente que algo así es inconcebible, ya que habría de anularse dicho principio para pensar una contingencia absoluta, mas entonces ésta habría perdido también todo significado, pues el concepto de contingente sólo tiene significado con respecto a ese principio y significa que dos objetos no guardan entre sí una relación de fundamento y consecuencia.

En la naturaleza, en cuanto es representación intuitiva, todo cuanto sucede lo hace necesariamente, ya que todo proviene de su causa. Pero al considerar algo singular con respecto a lo demás que no es causa suya, entonces lo conocemos como contingente; mas esto ya es una reflexión abstracta. Si en un objeto de la naturaleza hacemos plena abstracción de su relación causal para con lo demás, o sea, de su necesidad y contingencia, entonces este tipo de conocimiento capta el concepto de lo *real,* en el que sólo se considera el *efecto* sin atender a la causa con respecto a la cual habría de llamarse *necesario,* siendo *contingente* con respecto a todo lo demás. Todo esto descansa finalmente en que la modalidad del juicio no es tanto la índole objetiva de la cosa como la relación de nuestro entendimiento para con ella. Sin embargo, como en la naturaleza todo proviene de una causa, todo lo *real* es también *necesario,* si bien sólo con respecto a *este tiempo* y en *este lugar,* pues únicamente hasta allí se extiende la determinación por la ley de causalidad. Pero si abandonamos la naturaleza intuitiva y pasamos al pensar abstracto, entonces en la reflexión podemos representarnos todas las leyes naturales, que nos son conocidas en parte a priori y en parte a posteriori, y esta representación abstracta contiene todo lo que está en la naturaleza con respecto a *algún* tiempo y *algún* lugar, mas con abstracción de todo lugar y tiempo determinados: y con ello, por medio de tal reflexión, nos adentramos en el vasto reino de la *posibilidad*. Aquello que aquí no encuentra lugar alguno es lo *imposible*. Es obvio que la posibilidad e imposibilidad sólo existen para la reflexión, para el conocimiento abstracto de la razón, no para el conocimiento intuitivo, aunque son las formas puras de éste lo que suministra a la razón las determinaciones de lo posible. Según conozcamos a priori o a posteriori las leyes naturales de las que partimos al pensar lo posible, la posibilidad o imposibilidad será metafísica o sólo física.

Esta exposición, que no requiere demostración alguna porque se apoya inmediatamente sobre el conocimiento del principio de razón y el desarrollo de los conceptos de lo necesario, lo real y lo posible, muestra suficientemente cuán infundada es la aceptación kantiana de tres funciones especiales del entendimiento para esos tres conceptos y que al ejecutar su simetría arquitectónica Kant no se dejó perturbar por meditación alguna.

Pero a esto hay que añadir todavía el enorme error de confundir entre sí los conceptos de necesidad y contingencia, en la estela de la filosofía precedente. | Esa filosofía 552 abusó en esto de la abstracción. Era obvio que lo puesto se sigue indefectiblemente de su fundamento, esto es, que no puede no ser, o sea, que es necesario. Mas dicha filosofía se atuvo únicamente a esta última determinación y dijo: necesario es lo que no puede ser de otra manera o su contrario es imposible. Sin embargo, al desatender el fundamento y la raíz de tal necesidad, se pasó por alto la relatividad de toda necesidad que resulta de ahí y se forjó la impensable ficción de una *necesidad absoluta,* esto es, de algo cuya existencia sería tan indefectible como la consecuencia a partir del fundamento, pero que no sería consecuencia de fundamento alguno y por ello no dependería de nada; aposición que es una petición absurda porque contradice al principio de razón. Partiendo de esta ficción diametralmente opuesta a la verdad se explicó todo lo que está puesto por un fundamento como algo contingente, al comparar lo relativo de su necesidad con esa necesidad *absoluta* tomada del aire y cuyo concepto resulta contradictorio*. Esta determinación radicalmente opuesta de lo contingente también la mantiene Kant y la da como definición en su *Crítica de la razón pura* (A 289-291; A 243 / B 301; A 419,

---

* Cfr. los *Pensamientos racionales de Dios, el mundo y el alma [así como de todas las cosas en general,* Frankfurt, 1740] de Christian Wolff (§§ 577-599). Es extraño que Wolff sólo declare como contingente cuanto es necesario según el principio de razón del devenir, esto es, lo que sucede a partir de causas, mientras que por el contrario reconoce como necesario a cuanto es tal según las restantes formas del principio de razón, v.g., lo que se sigue a partir de la esencia (definición), o sea, los juicios analíticos, además de las verdades matemáticas. La razón alegada para ello es que sólo la ley de causalidad brinda series infinitas, mientras que otros tipos de fundamentos sólo brindan series finitas. Sin embargo, no es éste el caso en las formas del principio de razón dentro del espacio y el tiempo puros, sino que sólo vale con respecto al fundamento lógico del conocimiento, al que Wolff atribuye una necesidad matemática. Cfr. el § 50 de un tratado *Sobre el principio de razón.*

A 458, A 40; B 447, B 486, B 488). Incluso incurre en la más evidente contradicción consigo mismo cuando dice: «Todo lo contingente tiene una causa», y añade: «Es contingente aquello cuyo no ser es posible» (A 301). Sin embargo, lo que tiene un causa, cuyo | no ser es por ello imposible, es necesario. Por lo demás, el origen de esta falsa explicación de lo necesario y lo contingente se puede encontrar ya en Aristóteles, concretamente en *Sobre la generación y la corrupción* (libro II, caps. 9 y 11), donde se explica lo necesario como aquello cuyo no ser es imposible, frente a lo cual aquello cuyo ser es imposible, hallándose entre ambos está lo que puede ser y también no ser, o sea, lo que nace y desaparece, y esto sería lo contingente. Con arreglo a lo dicho es claro que esta explicación, como tantas de Aristóteles, surge de su detenerse en los conceptos abstractos, sin retrotraerse a lo concreto e intuitivo, en donde sin embargo subyace la fuente de todos los conceptos abstractos, por medio de lo cual éstos han de verse continuamente controlados. «Algo cuyo no ser es imposible», se deja pensar en abstracto, pero si pasamos con ello a lo concreto, real e intuitivo, entonces no encontramos nada que acredite este pensamiento, ni siquiera como un pensamiento posible, salvo la mencionada consecuencia de un fundamento dado, cuya necesidad pese a todo es relativa y condicionada.

Aprovecharé la ocasión para añadir algunas observaciones sobre esos conceptos de modalidad. Como toda necesidad descansa en el principio de razón y justamente por eso es relativa, entonces todos los juicios *apodícticos* son originariamente y conforme a su significado último *hipotéticos*. Sólo se convierten en *categóricos* por la intervención de una premisa menor, o sea, en el silogismo. Si esta premisa menor está todavía irresuelta y se expresa esta irresolución, entonces esto da pie al juicio *problemático*.

Lo que en general (como regla) es apodíctico (una ley natural) resulta siempre problemático respecto a un caso singular, porque primero ha de verificarse la condición que coloca el caso bajo la regla. Y a la inversa, lo que es necesario (apodíctico) como caso singular en cuanto tal resulta a su vez problemático expresado universalmente (todo cambio singular es necesario por su causa), porque la causa que interviene sólo concierne al caso singular y el juicio apodíctico, siempre hipotético, sólo enuncia leyes universales, no casos inmediatamente singulares. Todo esto tiene su fundamento | en que la posibilidad sólo existe en el ámbito de la reflexión y para la razón, mientras lo real sólo existe en el ámbito de la intuición y para el entendimiento: lo necesario existe para ambos. Estrictamente la diferencia entre necesario, real y posible sólo se presenta en abstracto y según el concepto; en cambio, en el mundo real los tres se compendian en uno. Pues todo lo que acontece ocurre *necesariamente,* ya que sucede a partir de causas y estas mismas tienen a su vez causas; de suerte que la marcha global del mundo, tanto en lo grande como en lo pequeño, es una rigurosa concatenación de intervenciones necesarias. De acuerdo con ello todo lo real es al mismo tiempo algo necesario, no habiendo en verdad ninguna diferencia entre realidad y necesidad, ni tampoco entre realidad y posibilidad, pues lo que no ha sucedido, es decir, lo que no se ha hecho real, tampoco era posible; porque las causas sin las cuales no podía tener lugar lo posible no han tenido lugar ellas mismas, ni tampoco podían intervenir en la gran concatenación de las causas, por lo cual era imposible. Ese proceso es necesario o posible. Mas todo esto sólo vale para el mundo empíricamente real, esto es, para el conjunto de las cosas singulares, o sea, para todo lo individual como tal. En cambio, al considerar las cosas universalmente por medio de la razón, captándolas en abstracto, necesidad, realidad y posi-

554

bilidad se disocian entre sí: entonces reconocemos como posible en general todo lo que resulta conforme a las leyes a priori propias de nuestro entendimiento; aquello que corresponde a las leyes naturales empíricas lo reconocemos como posible en este mundo, aun cuando nunca se vuelva real, diferenciando claramente lo posible de lo real. Ciertamente, lo real siempre es en sí mismo también algo necesario, mas sólo es captado como tal por quien conoce su causa: sin tener en cuenta esto, es y se llama contingente. Esta consideración nos da también la clave para esa disputa sobre lo posible entre el megárico Diodoro y Crisipo el estoico, que Cicerón recoge en su libro *Sobre el destino*. Diodoro dice: «Sólo se vuelve real lo que ha sido posible y todo lo real es también necesario». En cambio Crisipo dice: «Mucho de lo posible no se vuelve nunca real, pues sólo se vuelve real lo necesario. Nosotros podemos aclarar esto así. La realidad es la conclusión | de un silogismo al que la posibilidad proporciona las premisas. Mas para esto no se requiere únicamente la premisa mayor, sino también la menor: sólo ambas suministran la plena posibilidad. La premisa mayor aporta una posibilidad simplemente teórica, una posibilidad universal en abstracto, pero ésta de suyo no hace todavía nada posible, es decir, susceptible de volverse real. Para esto hace falta todavía la premisa menor, como aquella que suministra la posibilidad para el caso individual, al llevar a éste bajo la regla. Con lo cual esto se convierte de inmediato en realidad. Por ejemplo.

Premisa mayor: «Todas las casas (por consiguiente también la mía) pueden ser destruidas por un incendio».

Premisa menor: «Mi casa se incendia».

Conclusión: «Mi casa es destruida por un incendio».

Pues toda proposición universal, toda premisa mayor, determina las cosas con respecto a la realidad sólo siempre bajo un supuesto, o sea, hipotéticamente; por ejemplo, el que algo pueda ser destruido por un incendio tiene como supuesto el incendiarse. Este supuesto es aportado en la premisa menor. La premisa mayor carga siempre el cañón, pero sólo cuando la premisa menor añade la mecha, se produce el disparo, la conclusión. Esto siempre resulta válido en la relación de la posibilidad con la realidad. Como la conclusión que enuncia la realidad resulta siempre *necesariamente,* se deduce de ahí que todo cuanto es real también es necesario, lo cual evidencia también que ser necesario sólo significa ser consecuencia de un fundamento dado; dicho fundamento es en lo real una causa, luego todo lo real es necesario. Conforme a ello vemos que aquí coinciden los conceptos de lo real, lo posible y lo necesario, y que no sólo los últimos presuponen a los primeros, sino también a la inversa. Lo que los distingue es la limitación de nuestro entendimiento por la forma del tiempo, pues el tiempo es la mediación entre posibilidad y realidad. La necesidad del acontecimiento singular se deja comprender perfectamente por el conocimiento del conjunto de sus causas, pero la concurrencia de este conjunto de causas distintas e independientes las unas de las otras aparece para nosotros como *contingente* y su mutua independencia es justamente el concepto de contingencia. Sin embargo, como cada una de ellas era la consecuencia necesaria de *su* causa, cuya cadena no tiene comienzo, se muestra entonces que la contingencia es un mero fenómeno subjetivo, que surge de la limitación del horizonte de nuestro entendimiento y es tan subjetivo como el horizonte óptico donde el cielo toca la tierra.

Como la necesidad equivale a ser consecuencia de un fundamento dado, en cada forma del principio de razón ha de aparecer como una necesidad especial y tener su contrario en la posibilidad e imposibilidad, contrario que siempre surge aplicando al objeto la consideración abstracta de la razón. Por eso a los cuatro tipos de necesidad antes mencionados se contraponen otros tantos tipos de imposibilidad, a saber: física, lógica, matemática y práctica. A este respecto cabe observar todavía que, cuando se mantiene por entero dentro del ámbito de los conceptos abstractos, la posibilidad siempre depende del concepto más universal y la necesidad del concepto más estricto; v.g.: «Un animal *puede* ser un pájaro, un pez, un anfibio, etc.», «un ruiseñor *tiene que* ser un pájaro, éste un animal, éste un organismo, éste un cuerpo». Propiamente porque la necesidad lógica, cuya expresión es el silogismo, va de lo universal a lo particular y nunca a la inversa. En cambio, en la naturaleza intuitiva (las representaciones de la primera clase) todo es estrictamente necesario por la ley de causalidad: sólo la reflexión adicional puede captarlo al mismo tiempo como contingente, comparándolo con lo que no es su causa, al igual que lo puede considerar como algo puramente real haciendo abstracción de todo enlace causal; sólo en esta clase de representaciones tiene lugar propiamente el concepto de lo *real,* tal como muestra ya la derivación de la palabra desde el «concepto de causalidad». En la tercera clase de representaciones, las de la intuición matemática pura, sólo hay una acendrada necesidad cuando uno se mantiene dentro de tal clase; la posibilidad sólo surge también aquí mediante la referencia a los conceptos de la reflexión; v.g.: «Un triángulo *puede* ser rectángulo, obtusángulo e isógono; *tiene que* tener tres ángulos cuya suma sea igual a la de dos ángulos rectos». Así pues, aquí sólo se llega a lo *posible* transitando de lo intuitivo hacia lo abstracto.

Tras esta exposición, que presupone recordar lo dicho tanto en el tratado *Sobre el principio de razón* como en | el primer libro del presente escrito, cabe esperar que no quede ninguna duda sobre el verdadero y heterogéneo origen de esas formas de los juicios que nos presenta la tabla, al igual que tampoco sobre la inadmisibilidad de la totalmente infundamentada admisión de doce funciones especiales del entendimiento para explicarlas. Esto último queda también indicado por algunas observaciones particulares muy fáciles de hacer. Así por ejemplo, hay que tener un gran amor por la simetría y mucha confianza en el hilo conductor tomado de ella, para admitir que un juicio afirmativo, uno categórico y uno asertórico sean tres cosas tan radicalmente diferentes como para justificar el aceptar una función totalmente peculiar del entendimiento para cada una de ellas.

Kant mismo delata ser consciente de la insostenibilidad de su doctrina categorial al suprimir en la segunda edición largos pasajes de la primera (a saber A 241, A 242, A 244-246 y A 248-253) en el tercer capítulo de la *Analítica de los principios (fenómenos y noúmenos),* que evidenciaban sin rodeos la debilidad de esa teoría. Así por ejemplo, en A 241 dice que no ha definido las categorías individualmente, porque no podía definirlas, aunque hubiese querido hacerlo, al no ser susceptibles de ninguna definición; aquí había olvidado que en A 82 de la misma primera edición había dicho: «Omito adrede la definición de las categorías, aunque pudiera estar en posesión de tal definición». Así que esto era viento –con perdón de la expresión–. Sin embargo, este último pasaje lo mantuvo. Todos esos pasajes sabiamente suprimidos después delatan que Kant no pensaba nada claro con respecto a las categorías y que toda esta doctrina se sustenta sobre pies muy endebles.

Ahora bien, esta tabla de las categorías debe ser el hilo conductor al cual ha de acomodarse toda consideración metafísica e incluso científica *(Prolegómenos,* § 39). Y de hecho no sólo es la base de toda la filosofía kantiana y del prototipo según el cual se remata por doquier su simetría, como he mostrado antes, sino que también se convirtió en el lecho de Procrusto donde Kant encaja toda posible consideración con una violencia | que ahora examinaré más de cerca. ¡Qué no habrían de hacer con una oportunidad semejante la servil chusma de plagiarios! Ya se ha visto. Esa violencia se ha ejercitado dejando a un lado y olvidándose el significado de las expresiones que designan los títulos «formas de los juicios» y «categorías», ateniéndose únicamente a esas expresiones mismas. En parte éstas tienen su origen en la *Analítica anterior* de Aristóteles (I, 23: sobre la cualidad y la cantidad de los términos del silogismo), pero son elegidas arbitrariamente, pues el contorno de los conceptos se hubiera podido designar muy bien con otra palabra que la de *cantidad,* aunque justamente ésta se ajuste mejor a su objeto que los restantes títulos de las categorías. Ya la palabra *cualidad* se ha elegido obviamente por la costumbre de contraponer la cualidad a la cantidad, pues para la afirmación y la negación el nombre de «cualidad» es manejado de manera bastante arbitraria. Pero Kant, a cada consideración que hace, inscribe la cantidad en el tiempo y el espacio, y toda posible cualidad de las cosas (física, moral, etcétera) la coloca bajo ese título categorial, aunque entre estas cosas y esos títulos de las formas del juicio y del pensar no haya lo más mínimo en común, salvo una denominación casual y arbitraria. Uno ha de allegar toda la alta estima que Kant merece por lo demás, para no manifestar con duras expresiones su indignación sobre este proceder. El siguiente ejemplo nos lo proporciona la tabla puramente fisiológica de los principios universales de la ciencia natural. ¿Qué tiene que ver la cantidad de los juicios con que cada intuición tenga una magnitud extensiva? ¿Qué tiene que ver la cualidad de los juicios con que cada sensación tenga un grado? Lo primero estriba más bien en que el espacio sea la forma de nuestra intuición externa, mientras lo segundo no es más que una percepción empírica y enteramente subjetiva, sacada del examen de la índole de nuestros órganos sensoriales. Además, en la tabla que sirve como fundamento a la psicología racional *(Crítica de la razón pura,* A 344 / B 402) se cita bajo la cualidad la *simplicidad* | del alma, pero ésta es una propiedad cuantitativa, sin relación alguna con la afirmación o negación en el juicio. Ahora bien, la cantidad debería verse colmada por la *unidad* del alma, que sin embargo ya está comprendida en la simplicidad. Luego la modalidad es embutida de un modo ridículo, colocando al alma en relación con los objetos *posibles;* pero esta correspondencia pertenece a la relación, si bien ésta ya está ocupada por la sustancia. Después las cuatro ideas cosmológicas, que son el material de las antinomias, son retrotraídas a los títulos de las categorías; sobre esto nos detendremos luego al examinar las antinomias. Otros ejemplos más llamativos si cabe los procura la tabla de las *categorías de la libertad* en la *Crítica de la razón práctica;* asimismo el primer libro de la *Crítica del discernimiento,* que examina el juicio del gusto según los cuatro títulos de las categorías; por último, los *Principios metafísicos de la ciencia natural,* que están cortados por el patrón de la tabla de las categorías, lo que quizá propicie principalmente cuanto de falso hay entremezclado con lo verdadero y eximio de esta importante obra. Sólo al final del primer apartado se ve cómo la unidad, la pluralidad y la totalidad de las direcciones de las líneas deben corresponder a las categorías denominadas así según la cantidad de los juicios.

*

El principio de *permanencia* de la sustancia se deduce de la categoría de subsistencia e inherencia. Sin embargo, nosotros sólo conocemos esta categoría a partir de la forma de los juicios categóricos, esto es, a partir del enlace de dos conceptos como sujeto y predicado. ¡Cuán violentamente se ha hecho depender de esta sencilla forma puramente lógica aquel gran principio metafísico! Ahora bien, esto también ocurre sólo en pro del formalismo y la simetría. La demostración dada aquí para este principio pone totalmente de lado su presunto origen a partir del entendimiento y de las categorías, al verificarse a partir de la intuición pura del tiempo. Mas también esta demostración es totalmente incorrecta. Es falso que en el tiempo se dé una *simultaneidad* y una *duración:* estas representaciones | se producen por la unión del *espacio* con el tiempo, tal como he mostrado en el § 18 del tratado *Sobre el principio de razón* y en el § 4 del presente escrito; doy por supuestas estas dos aclaraciones para comprender lo que sigue. Es falso que en otro cambio el tiempo *permanezca* idéntico: antes bien, es justamente el tiempo mismo lo que fluye y un tiempo permanente es una contradicción. La demostración de Kant es insostenible, por mucho que la apuntale con sofismas e incurra con ellos en la más palmaria contradicción. Tras haber establecido falsamente la *simultaneidad* como un modo del tiempo (A 177 / B 219), dice correctamente: «La *simultaneidad* no es un modo del tiempo, dado que ninguna de sus partes es simultánea y todas son sucesivas» (A 183 / B 226). En realidad, en la simultaneidad el espacio se ve tan implicado como el tiempo. Pues dos cosas simultáneas que no sean una sola quedan diferenciadas por el espacio; ya sea dos estados simultáneos de *una sola* cosa (v.g., el resplandor y el calentamiento del hierro), o dos efectos sincrónicos de *una* cosa, presuponen la materia y ésta presupone al espacio. Estrictamente la coexistencia es una determinación negativa, la cual sólo entraña que dos cosas o dos estados no se diferencian por el tiempo y hay que buscar su diferencia de otro modo. Aunque nuestro conocimiento de la permanencia de la sustancia, esto es, de la materia, tiene que descansar sobre una noción a priori, dado que se halla por encima de toda duda y por ello no emana de la experiencia. Yo la infiero de que el principio del devenir y del perecer, la ley de causalidad, de la que somos conscientes a priori, atañe esencialmente sólo a los *cambios,* es decir, a los sucesivos *estados* de la materia, y se circunscribe a la forma, pero deja intacta a la *materia,* la cual se presenta por ello a nuestra consciencia como lo que no se halla sometido a devenir ni perecer algunos, o sea, como el principio de todas las cosas que siempre ha sido y permanecerá siempre. Una fundamentación más profunda de la permanencia de la sustancia, a partir del análisis de nuestra representación intuitiva del mundo empírico, se encuentra en el § 4 de nuestro primer libro, donde se ha mostrado que la esencia de la materia consiste en la entera *unión de | espacio y tiempo,* unión que sólo es posible mediante la representación de la causalidad, por consiguiente, sólo para el entendimiento, el cual no es nada más que el correlato subjetivo de la causalidad y por ello la materia nunca es conocida sino como algo que actúa, esto es, como causalidad; ser y realizar son en ella una sola cosa, tal como indica ya la palabra *realidad.* La íntima unión de espacio y tiempo –causalidad, materia y realidad– es una sola cosa, y el correlato objetivo de tal unidad es el entendimiento. La materia ha de llevar en sí las contradictorias propiedades de los dos factores de los cuales proviene y la representación de la causalidad suprime lo contradictorio de ambos, haciendo asequible su coexistencia a ese entendimiento por y para el cual existe únicamente la materia, dado que la capacidad global del entendimiento consiste en el conocimiento de la causa y del efecto: para el entendimiento se reúne en la materia el inestable flujo del tiempo, que aparece como cambio de los accidentes, con la rígida inmovilidad del espacio, que se presenta como la permanencia de la sustancia. Pues si también la sustancia desapareciera como los accidentes, entonces el fenómeno se emanciparía por completo del espacio y sólo pertenecería al tiempo: el mundo de la experiencia se disolvería por la negación o aniquilación de la materia. Así pues, es a partir de la participación que el *espacio* tiene en la materia, o sea, en todos los fenómenos de la realidad (en tanto que el espacio es lo opuesto y la contrapartida del tiempo, sin conocer cambio alguno en sí y al margen de la unión con el tiempo) desde donde hay que deducir y explicar ese principio de permanencia de la sustancia que cada cual reconoce a priori, y no a partir del tiempo, al que Kant con este fin imputa absurdamente una *permanencia*.

La inexactitud de la consiguiente demostración relativa a la apriondad y necesidad de la ley de causalidad, a partir de la mera sucesión temporal de los acontecimientos, la he expuesto con detalle en el § 23 del tratado *Sobre el principio de razón* y a ese parágrafo me remito aquí[19]. Esto mismo vale | para la prueba sobre la acción recíproca, cuyo concepto hube de presentar como nulo. Asimismo, se ha dicho ya lo necesario sobre la modalidad, cuyos principios son analizados por Kant a renglón seguido.

Todavía tendría que rebatir algunos detalles en el curso ulterior de la Analítica transcendental, pero temo cansar la paciencia del lector y por eso los dejo a su propia meditación. Sin embargo, siempre volvemos a encontrarnos de nuevo en la *Crítica de la razón pura* con ese error primordial que he criticado pormenorizadamente antes, el no distinguir entre el conocimiento discursivo o abstracto y el conocimiento intuitivo. Esta indistinción esparce una continua

---

19. Con esa refutación mía de dicha demostración kantiana pueden compararse discrecionalmente los ataques anteriores a la misma de [J. G. H.] Feder, *Sobre tiempo, espacio y causalidad* [*como examen de la filosofía kantiana,* Göttingen, 1787], § 28, y de G. E. Schulz, *Crítica de la filosofía teórica,* vol. II, pp. 422-442.

oscuridad sobre toda la teoría kantiana de la capacidad cognoscitiva e impide al lector saber de qué se está hablando propiamente en cada momento, de suerte que, en lugar de comprender, el lector sólo puede hacer conjeturas e intenta comprender a cada vez lo dicho alternativamente acerca del pensar y del intuir, sin saber a qué atenerse. Esa increíble falta de reflexión sobre la esencia de la representación intuitiva y abstracta conduce, como a continuación analizaré, a esa monstruosa afirmación kantiana –contenida en el capítulo «Sobre la distinción de todos los objetos en fenómenos y noúmenos»– de que «sin pensar, o sea, sin conceptos abstractos, no hay ningún conocimiento de objeto alguno y que la intuición, al no tener nada que ver con el pensar, no supone conocer alguno y no es nada más que una mera afección de la sensibilidad, ¡mera sensación! Aún más, que la intuición sin concepto es totalmente vana, pero el concepto sin intuición siempre es algo todavía» (A 253 / B 309). Esto es justamente lo contrario de la verdad: pues los conceptos reciben precisamente todo significado, todo contenido, únicamente a partir de su referencia a las representaciones intuitivas de las cuales son abstraídos, es decir, formados mediante el abandono de todo lo inesencial; de ahí que, cuando se les quita la base de la intuición, son vacíos y nulos. En cambio, las intuiciones tienen en sí mismas un significado inmediato y muy grande (en ellas se objetiva la | voluntad, la cosa en sí); se sustentan a sí mismas, se expresan por sí mismas, no tienen un contenido simplemente prestado, como los conceptos. Pues sobre ellas impera el principio de razón sólo como ley de causalidad, con lo cual determina en cuanto tal su lugar en el espacio y el tiempo, mas no condiciona su contenido y su significación, como es el caso entre los conceptos, donde dicho principio lo es de la razón del conocer. Por lo demás, parece como si Kant quisiese justo aquí comenzar a distinguir la representación intuitiva y la abstracta: reprocha a Leibniz el haber convertido todo en representaciones abstractas y a Locke el haber convertido todo en representaciones intuitivas. Pero, sin embargo, él no llega a ninguna distinción y, aun cuando Leibniz y Locke cometieron realmente ese error, Kant mismo incurrió en un tercero: el haber entremezclado lo intuitivo y lo abstracto de tal modo que surgió un monstruoso híbrido de ambos, un absurdo del que no es posible ninguna representación clara y que por ello sólo había de confundir, aturdir y hacer disputar a los discípulos.

Desde luego, el citado capítulo «Sobre la distinción de todos los objetos en fenómenos y noúmenos» diferencia más que ninguna otra parte el pensar y el intuir, si bien el tipo de esta distinción es radicalmente falso. Se dice: «Si elimino de un conocimiento empírico todo pensar (mediante categorías), entonces no queda conocimiento de objeto alguno, pues con la mera intuición no se piensa nada en absoluto y el que esta afección de la sensibilidad esté en mí no constituye ninguna referencia de semejante representación a algún objeto» (A 253 / B 309). Este aserto entraña en cierto modo el germen de todos los errores kantianos, al poner de manifiesto que él ha captado falsamente la relación entre sensación, intuición y pensar, identificando la intuición, cuya forma debe estar en el tiempo con arreglo a sus tres dimensiones, con la mera sensación subjetiva en los órganos sensoriales, con lo cual el conocer de un objeto sólo viene dado por el pensar distinto de la intuición. En cambio, yo digo que los objetos son ante todo objetos de la intuición, no del pensar, y todo conocimiento de *objetos* es originariamente | y en sí mismo intuición, pero ésta no es en modo alguno mera sensación, sino que ya en ella se muestra activo el entendimiento. El *pensar* que sobreviene únicamente entre los hombres, no entre los animales, es mera abstracción de la intuición y no brinda un conocimiento radicalmente nuevo ni establece objetos que antes no existieran, sino que simplemente modifica la forma del conocimiento ya ganado mediante la intuición, haciendo de él un conocimiento abstracto en conceptos, con lo cual pierde la intuitividad, pero a cambio se posibilita la combinación de conceptos que amplía inmensamente su aplicabilidad. No obstante, el *material* de nuestro pensar no es otra cosa que nuestra intuición misma y no algo que, al no hallarse contenido en la intuición, sea aportado por el pensar: por eso el material de todo cuanto se halla en nuestro pensar tiene que constatarse en nuestra intuición, pues de lo contrario sería un pensar vacío. Aun cuando este material sea elaborado y remodelado de diversas maneras por el pensar, ha de poder verse restituido y poderse retrotraer el pensar a dicho material, al igual que un trozo de oro se presenta finalmente puro y sin merma tras haberlo reducido mediante disoluciones, oxidaciones, sublimaciones y amalgamas. Esto no podría ser así, si el pensar mismo tuviera que añadir al objeto algo fundamental.

Todo el capítulo siguiente, sobre la anfibología, es una crítica a la filosofía leibniziana y como tal es correcta en su conjunto, si bien toda su hechura obedece al amor por la simetría arquitectónica que también suministra aquí el hilo conductor. Por analogía con el *Organon* aristotélico se establece una tópica transcendental, la cual consiste en que cada concepto debe examinarse según cuatro considerandos antes de resolver a qué capacidad cognoscitiva pertenece. Pero cada uno de esos cuatro considerandos son aceptados caprichosamente y con igual derecho se dejarían añadir otros diez: son cuatro porque se corresponden con los títulos de las categorías y por eso distribuye a su antojo bajo ellas las principales doctrinas de Leibniz. Merced a esta crítica se califica como «errores naturales de la razón» | lo que fueron falsas abstracciones de Leibniz, quien, en lugar de aprender de sus grandes coetáneos filosóficos, Spinoza y Locke, prefirió poner sobre la mesa sus propias y extrañas invenciones. En el capítulo sobre la anfibología de la reflexión se dice finalmente que acaso pudiera haber un tipo de intuición completamente distinto del nuestro al que, sin embargo, fueran aplicables nuestras categorías; de ahí que los objetos de esa supuesta intuición serían los *noúmenos,* cosas que se dejan simplemente *pensar* por nosotros, pero que son enteramente problemáticas al faltar la intuición que dotaría de significado a ese pensar, con lo cual el objeto de tal pensar sería una posibilidad totalmente indeterminada. Mediante los pasajes antes citados yo he mostrado que Kant incurre en la mayor contradicción consigo mismo al establecer las categorías unas veces como condición de la representación intuitiva y otras como función del mero pensar abstracto. Aquí aparecen exclusivamente con este último significado y se diría que él quisiera atribuirlas por entero al pensar discursivo. Pero si ésta fuera realmente su opinión, antes de haber especificado tan prolijamente las distintas funciones del pensar, al comienzo de la *Lógica transcendental* debería haber caracterizado necesariamente el pensar en general distinguiéndolo del intuir, a fin de mostrar qué conocimiento suministra la mera intuición y qué nuevo conocimiento se agrega en el pensar. Entonces se habría sabido de lo que habla propiamente o más bien habría hablado de muy otra manera, a saber, primero del intuir y luego del pensar, en lugar de referirse diempre a un híbrido de ambos que es un absurdo. Entonces tampoco existiría esa gran laguna entre la *Estética transcendental* y la *Lógica transcendental,* donde Kant, tras exponer la mera forma de la intuición, despacha su contenido, la percepción empírica global, con el «está *dada»,* sin cuestionar cómo tiene lugar, *si con o sin el entendimiento;* bien al contrario, pasa de un salto al pensar abstracto y no al pensar en general, sino a ciertas formas del pensar, sin decir una palabra sobre lo que sea el pensar, lo que es el concepto o cuál es la relación de lo abstracto y discursivo con lo concreto e intuitivo, ni sobre cuál es la diferencia entre el | conocimiento del hombre y el del animal o qué es la razón.

Justamente esa diferencia entre conocimiento abstracto e intuitivo que Kant obvia por completo fue, sin embargo, lo que los antiguos filósofos designaron como *fenómenos* y *noúmenos* en griego*, cuya oposición e inconmensurabilidad resultaron tan productivas en los filosofemas de los eleatas, en la doctrina platónica de las ideas, en la dialéctica de los megáricos y luego en los escolásticos, en la disputa entre nominalismo y realismo, cuyo germen estaba ya contenido en las contrapuestas tendencias espirituales de Platón y Aristóteles. Sin embargo, Kant desatendió irresponsablemente el asunto para cuya designación fueron adoptadas las palabras griegas de *fenómeno* y *noúmeno,* apropiándose de ellas como si todavía no tuvieran dueño, para designar su cosa en sí y sus fenómenos.

*

Tras haber tenido que desechar la doctrina kantiana de las categorías, tal como Kant mismo desechó la de Aristóteles, quiero indicar tentativamente una tercera vía para alcanzar la meta propuesta. Lo que ambos buscaron bajo el nombre de categorías eran los conceptos más universales bajo los cuales han de subsumirse tan distintas cosas, para pensar merced a ellos todo cuanto existe. Justamente por ello Kant las concibió como las *formas* de todo pensar.

---

* Cfr. Sexto Empírico, *Hipotiposis pirronianas,* libro I, cap. 13: «Anaxágoras contrapuso lo pensado a lo aparente».

La gramática es a la lógica lo que el vestido al cuerpo. De ahí que estos conceptos supremos, este bajo continuo de la razón, que es la base de todo pensar específico y sin cuya aplicación no puede haber pensar alguno, no debieran consistir a la postre en conceptos que, a causa de su excesiva universalidad (transcendentalidad), no se expresan en palabras singulares, sino en clases de palabras, en tanto que cada palabra, | sea cual fuere, es ya una palabra copensada por ellos; con arreglo a ello, ¿acaso no habría que buscar su designación en la gramática y no en el léxico? ¿No deberían consistir a la postre en esas diferencias de conceptos merced a las cuales la palabra que los expresa es o bien un sustantivo, o un adjetivo, un verbo, o un adverbio, un pronombre, una proposición, o cualquier partícula; en suma, las partes de la oración? Pues indiscutiblemente éstas designan las formas que todo pensar adopta en primer lugar y en las que se mueve de inmediato; por ello son justamente las formas esenciales del lenguaje, los elementos fundamentales de todo lenguaje, y no podemos pensar lenguaje alguno que no conste cuando menos de sustantivos, adjetivos y verbos. A estas formas fundamentales se subordinarían luego aquellas formas del pensar expresadas por las inflexiones de tales formas lingüísticas esenciales, o sea, por la declinación y la conjugación, donde es irrelevante si para su designación se recurre al artículo o al pronombre. Con todo, queremos examinar el asunto más de cerca y plantear de nuevo la cuestión: ¿cuáles son las formas del pensar?

1) El pensar se compone siempre de juicios: los juicios son los hilos de todo su tejido. Pues sin el uso de un verbo nuestro pensar no se mueve del sitio y, en cuanto utilizamos un verbo, juzgamos.

2) Todo juicio consiste en conocer la relación entre sujeto y predicado, que el juicio separa o une con ciertas restricciones. El juicio une sujeto y predicado: al conocer la

identidad efectiva de ambos, que sólo puede tener lugar en conceptos intercambiables; al conocer que el uno es siempre copensado en el otro, aunque no al revés –en la proposición afirmativa universal–; al conocer que el uno a veces es copensado en el otro– en la proposición afirmativa particular–. Las proposiciones negativas siguen el curso inverso. Por consiguiente, en todo juicio ha de haber sujeto, predicado y cópula, ya sea esta última afirmativa o negativa, aun cuando cada uno de ellos no esté designado por una palabra propia, como así suele ocurrir. A menudo *una* palabra designa el predicado y la cópula, v.g.: «Cayo envejece»; a veces *una* palabra designa los tres términos, como el caso de la expresión latina *concurritur,* que quiere decir: «Los ejércitos luchan cuerpo a cuerpo». De aquí se infiere que no hay que buscar las formas del pensar directa e inmediatamente en las palabras, ni tan siquiera en las partes de la oración, dado que el mismo juicio puede verse expresado en diferentes lenguajes e incluso dentro del mismo idioma mediante distintas palabras o mediante distintas partes de la oración, pese a lo cual el pensamiento sigue siendo el mismo y por consiguiente su forma también sigue siendo la misma, pues el pensamiento no podría ser el mismo en una forma distinta del mismo pensar. Sin embargo, la forma gramatical puede ser distinta para un mismo pensamiento y una misma forma, pues dicha forma gramatical sólo es el revestimiento externo de lo pensado, que por contra es inseparable de *su* propia forma. Así pues, la gramática aclara sólo el revestimiento de las formas del pensar. Por eso las partes de la oración se dejan deducir de las formas originarias del pensar mismo, las cuales son independientes de todo lenguaje: expresar éstas con todas sus modificaciones constituye la misión de aquéllas. Las partes de la oración son el instrumento de las formas del pensar, su ropaje, el cual ha de ajustarse exactamente a la estructura del pensar, de suerte que ésta sea reconocible con ese ropaje.

3) Estas formas reales, inalterables y originarias del pensar son las de la *tabla lógica de los juicios* de Kant; sólo que en dicha tabla hay que quitar algunas ventanas ciegas colocadas en pro de la simetría y la tabla de las categorías, cuya ordenación es asimismo falsa. Por tanto, quedaría más o menos así:

a) Cualidad: afirmación o negación, esto es, unión o separación de los conceptos; dos formas, en función de la cópula.

b) Cantidad: el concepto de sujeto se toma íntegramente o en parte; totalidad o pluralidad. A la primera pertenecen también los sujetos individuales; Sócrates quiere decir «todo Sócrates». Así pues, sólo hay dos formas, en función del sujeto.

c) Modalidad: tiene realmente tres formas. Determina la cualidad como necesaria, real o contingente. Por consiguiente siempre está en función de la cópula.

Estas tres formas del pensar emanan de las leyes de contradicción e identidad. Mas del principio de razón y del tercio excluso nace la:

d) Relación: ésta sólo tiene lugar cuando se juzga sobre juicios ya formulados y sólo puede consistir en que, o bien indica la dependencia de un juicio respecto de otro (también | de ambos en la pluralidad), con lo cual los une, en el juicio *hipotético,* o bien indica que los juicios se excluyen entre sí, con lo cual los separa, en el juicio *disyuntivo*. Todo ello en función de la cópula que aquí une o separa los juicios ya formulados.

Las *partes de la oración* y las formas gramaticales son modos de expresar los tres elementos fundamentales del juicio, o sea, el sujeto, el predicado y la cópula, al igual que también las posibles relaciones de éstos, o sea, las enumeradas formas del pensar, junto a las determinaciones y modificaciones de dichas formas. Sustantivo, adjetivo y verbo son elementos esenciales del lenguaje en general, razón por la cual han de encontrarse en todos los lenguajes. Cabría decir provisionalmente que para expresar el *sujeto* están destinados: el sustantivo, el artículo y el pronombre; para expresar el *predicado:* el adjetivo, el adverbio y la preposición; para expresar la *cópula:* el verbo, que, con la excepción del verbo «ser», contiene ya el predicado. El mecanismo exacto para expresar las formas del pensar tiene que enseñarlo la gramática filosófica, al igual que la lógica enseña las operaciones con las formas del pensar.

Nota. Para evitar una digresión y aclarar lo precedente, me limitaré a mencionar la obra de S. Sterne, *Fundamentos provisionales para una filosofía del lenguaje* (1835), como un intento completamente fallido de construir las categorías a partir de las formas gramaticales. Sterne ha confundido por completo el pensar con el intuir y por eso pretende deducir de las formas gramaticales, en lugar de las categorías del pensar, las presuntas categorías del intuir, colocando las formas gramaticales en relación directa con la *intuición*. Comete el grave error de creer que el *lenguaje* se refiere inmediatamente a la *intuición,* cuando en realidad sólo se refiere inmediatamente al *pensar* como tal, o sea, a los *conceptos abstractos,* y sólo por medio de éstos a la intuición, con la cual los conceptos mantienen una relación que conlleva un cambio total de la forma. Lo que existe en la intuición, incluidas también las relaciones que surgen del espacio y el tiempo, se vuelve siempre un objeto del pensar; por tanto, también ha de haber formas lingüísticas para expresarlo, aunque siempre lo hagan en abstracto, como conceptos. El material más próximo del pensar siempre son conceptos y sólo a ellos se refieren las formas de la lógica, nunca *directamente* a la intuición. Ésta determina sólo la verdad material de las proposiciones, nunca su verdad formal, la cual únicamente se rige según las reglas lógicas.

*

Retorno a la filosofía kantiana y paso a la *Dialéctica transcendental.* Kant comienza por definir la *razón,* capacidad que debe jugar el papel principal en la dialéctica, dado que hasta ahora sólo estaban en el escenario la sensibilidad y el entendimiento. Ya me he referido antes, entre sus distintas definiciones de «razón», también a la que se ofrece aquí como «capacidad de los principios». Aquí se enseña que todos los conocimientos a priori considerados hasta el momento, los cuales hacen posible la matemática pura y la ciencia natural pura, dan meras *reglas,* mas no *principios,* ya que proceden de intuiciones y formas del conocimiento, pero no de meros *conceptos,* como se requiere para denominarse «principio». Un principio debe ser un conocimiento *a partir de meros conceptos* y pese a ello *sintético.* Mas esto es absolutamente imposible. A partir de meros conceptos nunca pueden originarse otras proposiciones que las *analíticas.* Si los conceptos han de vincularse sintéticamente y pese a ello a priori, esta unión ha de verse necesariamente mediada por un tercer término, por la intuición pura de la posibilidad formal de la experiencia, al igual que en los juicios sintéticos a posteriori interviene como mediación la intuición empírica; por consiguiente un juicio sintético a priori no puede provenir nunca de meros conceptos. Pero en general nosotros sólo conocemos a priori el principio de razón en sus diversas formas y por ello no son posibles otros juicios sintéticos a priori que los que proceden de aquello que da contenido a ese principio.

Entretanto Kant se presenta con un presunto principio de la razón acorde a su exigencia, si bien es un *único* principio del que luego fluyen otros principios consecutivos. Se trata del principio que Christian Wolff establece y explica en su *Cosmología* (I, cap. 2, § 93) y en su | *Ontología* (§ 378). Al igual que antes, en el capítulo de la «Anfibología», Kant había tomado los filosofemas leibnizianos por extravíos naturales y necesarios de la razón, criticándolos como tales, exactamente lo mismo ocurre aquí con el filosofema de Wolff. Kant expone este principio de la razón en una penumbra crepuscular, con vaguedad e imprecisión (A 307 / B 364 y A 322 / B 379), pero diciendo claramente lo siguiente: «Si se da lo condicionado, entonces también ha de darse la totalidad de sus condiciones, o sea, lo *incondicionado,* lo único merced a lo cual queda completa esa totalidad». Cualquiera interiorizará con la mayor viveza esta aparente verdad, si se representa las condiciones y lo condicionado como los eslabones de una cadena colgada desde lo alto cuyo extremo superior no es visible, por lo cual podría proseguir hasta el infinito; como la cadena no cae, sino que cuelga, ha de haber *un* primer eslabón y estar sujeta en alguna parte. O más brevemente: a la razón le gustaría tener un punto de partida para la cadena causal que se remonta hasta el infinito; eso le resultaría cómodo. Mas nosotros no queremos examinar el principio en imágenes, sino en sí mismo. Desde luego, es sintético, pues analíticamente del concepto de lo condicionado no se sigue nada más que la condición. Pero dicho principio no contiene ninguna verdad a priori, ni tampoco a posteriori, sino que se procura su apariencia de verdad de un modo muy sutil que ahora voy a revelar. Inmediatamente y a priori tenemos los conocimientos que el principio de razón expresa en sus cuatro formas. Todas las expresiones abstractas del principio de razón están ya tomadas de estos conocimientos inmediatos y son por lo tanto mediatos, tanto más sus principios derivados. Ya he explicado antes cómo el conocimiento *abstrac-*

571

to a menudo reúne múltiples conocimientos *intuitivos* en *una* forma o *un* concepto, de suerte que dejan de distinguirse: por eso el conocimiento abstracto se comporta con el intuitivo como la sombra con los objetos reales, cuya enorme multiplicidad reproduce mediante *una* silueta que los abarca a todos. El presunto principio de la razón utiliza esta sombra. Para inferir lo incondicionado a partir del principio de razón, al que contradice directamente, | abandona astutamente el contenido intuitivo e inmediato del contenido del principio de razón en sus formas singulares y atiende sólo a los conceptos abstractos extraídos de tal conocimiento, conceptos que sólo tienen valor y significado gracias a él, para introducir de contrabando su incondicionado en el amplio perímetro de esos conceptos. Su proceder se vuelve más claro merced a su ropaje dialéctico; v.g.: «Si existe lo condicionado, ha de darse también su condición, y ello íntegramente, o sea, ha de darse la totalidad de sus condiciones; por consiguiente, si constituyen una serie, ha de darse toda la serie y, por lo tanto, también el primer comienzo de tal serie, o sea, lo incondicionado». Por de pronto es falso que las condiciones de un condicionado puedan constituir como tales una *serie*. Antes bien, para cada condicionado la totalidad de sus condiciones ha de estar contenida en su razón *más próxima,* de la que procede inmediatamente y por ello es razón *suficiente.* Así por ejemplo, las distintas determinaciones del estado que es causa, todas las cuales han de concurrir antes de que tenga lugar el efecto. Pero la serie, v.g., la cadena de causas, sólo surge cuando ahora consideramos como condicionado aquello que antes era la condición, pero entonces comienza de inmediato toda la operación desde un principio y el principio de razón se impone nuevamente con su exigencia. Mas nunca puede darse para un condicionado una auténtica *serie* sucesiva de condiciones, que existieran simplemente como tales y a causa del último condicionado finito, sino que se trata siempre de una serie alternativa de condicionados y condiciones: pero cada vez que se deja atrás un eslabón se rompe la cadena y se anula la exigencia del principio de razón; la cadena comienza de nuevo en tanto que la condición se vuelve condicionado. Así pues, el principio de razón *suficiente* exige siempre tan sólo la totalidad de la *condición más próxima,* nunca la totalidad de una *serie.* Pero este concepto de totalidad de la condición deja sin determinar si debe ser una totalidad simultánea o una totalidad sucesiva y, al elegirse lo último, surge la exigencia de una *serie* completa de condiciones que se suceden unas a otras. Sólo merced a una abstracción arbitraria se considera una serie de causas | efectos como una serie de causas puras, que existirían simplemente por mor del último efecto y serían requeridas como su razón *suficiente*. En una consideración más cercana y reflexiva, que pase de la universalidad indeterminada de la abstracción a lo real determinado singularmente, se descubre por el contrario que la exigencia de una razón *suficiente* atañe simplemente a la totalidad de las condiciones de la causa *más próxima,* no a la totalidad de una serie. La exigencia del principio de razón se extingue por completo en cada razón suficiente dada. Pero comienza de nuevo en cuanto esta razón es considerada como consecuencia: mas nunca exige inmediatamente una serie de razones. En cambio, cuando, en lugar de pasar a la cuestión misma, uno se mantiene dentro de los conceptos abstractos, esas diferencias desaparecen: entonces una cadena de causas y efectos alternativos, o de razones y consecuencias lógicas alternativas, se hace pasar por una cadena de causas o razones puras de un efecto último, y la *totalidad de las condiciones,* por la que una razón se vuelve suficiente, aparece como una totalidad de esa supuesta serie de razones puras que sólo existirían por mor de la última consecuencia. Entonces aparece con mucha

573

arrogancia el abstracto principio de la razón con su exigencia de lo incondicionado. Mas para reconocer su invalidez no se requiere ninguna crítica de la razón hecha de antinomias y sus soluciones a éstas, sino sólo una crítica de la razón tal como yo la entiendo, a saber, una indagación de las relaciones del conocimiento abstracto con el conocimiento inmediato e intuitivo, que pase de la indeterminada universalidad de aquél a la firme precisión de éste. De tal indagación se infiere aquí que la esencia de la razón no consiste de ningún modo en exigir lo incondicionado, pues tan pronto como proceda con plena reflexión, ha de descubrir por sí misma que lo incondicionado es directamente un absurdo. La razón, en cuanto capacidad cognoscitiva, sólo ha de tratar con objetos, mas todo cuanto es objeto para un sujeto está necesaria e irrevocablemente sometido y relegado al principio de razón tanto antes como después. La validez del principio de razón radica en la forma de la consciencia, de suerte que no puede representarse objetivamente nada en absoluto | de lo cual no cupiera exigir luego un *porqué,* o sea, que no cabe representarse un Absoluto absoluto como una tabla donde reposar la cabeza. El que a éste o a aquél su comodidad les haga detenerse en alguna parte y asumir de buen grado tal absoluto no puede hacer nada contra esa irrefutable certeza a priori, por muy solemnes ademanes que uno haga para ello. De hecho, todo el discurso relativo al absoluto, casi el único tema de las filosofías ensayadas desde Kant, no es otra cosa que la prueba cosmológica de incógnito. Dicha prueba, privada de todos los derechos y proscrita a consecuencia del proceso iniciado por Kant, no podía seguir mostrándose bajo su verdadera forma y por eso aparece bajo toda suerte de disfraces, bien con elegantes ropajes, encubierta por la intuición intelectual del pensar puro, bien como un sospechoso vagabundo, que medio mendiga y medio arrebata lo que reclama con filosofemas más modestos. Si los señores quieren absolutamente tener un absoluto, les proporcionaré uno que satisface todas las exigencias de tal absoluto mucho mejor que sus nebulosas configuraciones: la materia. Ella no tiene origen y es imperecedera, por tanto es realmente independiente, «lo que es por sí y se concibe por sí»[20]; de su seno procede todo y todo retorna a él: ¿qué más se puede pedir a un absoluto? Pero más bien debería gritarse esto a quienes hacen oídos sordos a toda crítica de la razón: «¿Acaso no sois como las mujeres, que continuamente retornan a su primera palabra, una vez que la razón les ha hablado durante horas?[21].

Que el remontarse a una causa incondicionada, a un primer comienzo, no se fundamenta de ningún modo en la esencia de la razón lo demuestra también fácticamente el que las religiones primigenias de nuestra especie, que todavía hoy tienen el mayor número de adeptos sobre la tierra, o sea, el brahmanismo y el budismo, no conocen ni admiten semejante supuesto, sino que prolongan hasta el infinito la serie de los fenómenos mutuamente condicionados. Sobre este particular remito a la nota que pongo más abajo, en la crítica de la primera antinomia; también puede consultarse la *Doctrina del budismo* de Upham[22] (p. 9) y en general cualquier informe verídico sobre las religiones de Asia. No se debe identificar judaísmo y razón.

Kant, quien en modo alguno pretende afirmar su presunto principio de la razón como objetivamente válido, sino sólo como subjetivamente necesario, lo deduce como tal sólo mediante un banal sofisma (A 307 / B 364). Como nosotros intentamos subsumir cada verdad que nos es co-

---

20. Cfr. Spinoza, *Ética* I, definición 3.
21. Cfr. Schiller, *La muerte de Wallenstein,* II, 3.
22. Cfr. Edward Upham, *Historia y doctrina del budismo, popularmente ilustrada,* Londres, 1829.

nocida bajo una verdad más universal, mientras eso da de sí, eso no debe ser sino la persecución del incondicionado que presuponemos. Pero en realidad por medio de tal intento no hacemos más que aplicar la razón (esto es, esa capacidad abstracta de conocimiento universal, que distingue al hombre reflexivo, capaz de hablar y de pensar, del animal esclavo del presente) y utilizarla convenientemente para simplificar nuestro conocimiento mediante la sinopsis panorámica. Pues el uso de la razón consiste justamente en que nosotros conocemos lo particular por lo general, el caso por la regla, de suerte que buscamos el punto de vista más universal; mediante tal sinopsis panorámica nuestro conocimiento se facilita y perfecciona tanto que de ello surge la gran diferencia entre el curso vital del hombre y del animal o entre la vida del hombre cultivado y el hombre tosco. Sin embargo, la serie de *razones del conocimiento,* que sólo existe en el dominio de lo abstracto, o sea, de la razón, encuentra siempre un final en lo indemostrable, esto es, en una representación que no está ulteriormente condicionada según esta forma del principio de razón, es decir, en el fundamento inmediato e intuitivo, ya sea a priori o a posteriori, del principio supremo de la cadena deductiva. En el § 50 de mi tratado *Sobre el principio de razón* ya he mostrado que aquí la serie de los fundamentos cognoscitivos se convierte en la serie de las razones del devenir o del ser. Pero pretender hacer valer esta circunstancia, para constatar un incondicionado según la ley de causalidad, aunque sea sólo como demanda, es algo que sólo puede hacerse cuando no se ha distinguido las formas del principio de razón, sino que se mezclan todas ellas al atenerse a la expresión abstracta. Kant intenta fundamentar esta mezcolanza mediante un mero juego de palabras con | «universalidad» y «totalidad» (A 322 / B 379). Por tanto, es radicalmente falso que nuestra búsqueda de los más altos fundamentos cognoscitivos, de las verdades universales, nazca del presupuesto de un objeto incondicionado conforme a su existencia o tenga algo en común con ello. Cómo debiera ser consustancial a la razón el presuponer algo que ha de reconocer como un absurdo en cuanto reflexiones. Antes bien, el origen de ese concepto relativo a lo incondicionado nunca puede acreditarse en otra cosa que no sea la pereza del individuo, quien pretende con ello desembarazarse de todas las cuestiones ulteriores ajenas y propias, aunque sin justificación alguna.

Ciertamente, el propio Kant niega validez objetiva a este presunto principio de la razón, pero sí lo considera como un presupuesto subjetivamente necesario e introduce así en nuestro conocimiento una discrepancia irresoluble que pronto sobresaldrá con más claridad. A tal efecto, sigue desarrollando ese principio racional según el amado método de la simetría arquitectónica. De las tres categorías de relación surgen tres tipos de silogismos, cada uno de los cuales aporta el hilo conductor para la búsqueda de un incondicionado particular, de los que a su vez ofrece tres: alma, mundo (como objeto en sí y totalidad cerrada) y Dios. Aquí cabe observar de inmediato una grave contradicción de la que, sin embargo, Kant no toma nota, porque sería muy peligrosa para su simetría: dos de estos condicionados están a su vez condicionados por el tercero, a saber, el alma y el mundo por Dios, que es su causa productora: así pues, aquéllos no tienen en común con éste el predicado de la incondicionalidad, sobre lo que aquí se trata, sino sólo el de haber sido deducidos según principios de la experiencia allende su ámbito de posibilidad.

Dejando esto a un lado, en los tres incondicionados a los que –según Kant– ha de llegar toda razón siguiendo sus leyes esenciales, encontramos de nuevo los tres objetos principales en torno a los cuales ha girado toda la filosofía que se halla bajo el influjo del cristianismo, desde los escolásticos hasta Christian Wolff. Por muy asequibles y familiares que se hayan vuelto para la simple razón esos conceptos merced a todos esos filósofos, tal circunstancia no resuelve en modo alguno | que, al margen de la revelación, dichos conceptos hayan de derivarse del desarrollo de toda razón, como un producto idiosincrásico de su esencia. Para dedicir esto habría que recurrir a la investigación histórica e indagar si los pueblos antiguos y los no europeos, particularmente los indostánicos, y muchos de los más antiguos filósofos griegos, también llegaron realmente a esos conceptos, o si simplemente se los atribuimos bonachonamente, al igual que los griegos encontraban sus dioses por doquier, cuando nosotros traducimos falsamente el *Brahma*[23] de los hindúes y el *Tien*[24] de los chinos con la palabra «Dios»; habría que investigar si más bien el auténtico teísmo no se encuentra únicamente en el judaísmo y las dos religiones derivadas de él, cuyos devotos aúnan a los partidarios de todas las otras religiones sobre la tierra bajo el nombre de «paganos», una expresión, dicho sea de paso, sumamente simple y tosca, que cuando menos debía verse desterrada de los escritos de los eruditos, ya que identifica y mete en un mismo saco a los brahamanistas, budistas, egipcios, griegos, romanos, germanos, galos, iroqueses, patagonios, caribeños, tahitianos, australianos y tantos otros. Tal expresión va bien para los curas, pero ha de ser expulsada del mundo letrado, puede viajar a Oxford e instalarse allí. Que el budismo, la religión más mayoritariamente se-

---

23. Como ya sabemos, *Brahma* es el primer dios de la tríada hindú, el creador del universo. El vocablo sánscrito *Brahman* (a no confundir con los brahmanes, que constituyen la más alta de las cuatro castas) denota el absoluto eterno e inmutable, una conciencia inaccesible al pensamiento conceptual.
24. Dentro del taoísmo el término *Tien* significa más bien «cielo», mientras que *Ti* significa tanto «Dios» como «señor» y «emperador».

cundada sobre la tierra, no alberga ningún teísmo e incluso lo detesta es una cuestión bien probada. Por lo que concierne a Platón, entiendo que sus esporádicos accesos de teísmo se los debe a los judíos. Por eso Numenio[25] (según Clemente de Alejandría, *Miscelánea,* I, 22; Eusebio, *Preparación evangélica,* XIII, 12; y la *Suda*[26]) calificó a Platón como el Moisés que habla griego: «Pues qué es Platón sino un Moisés que habla en ático»; de hecho, Numenio reprocha a Platón el haber robado de los escritos mosaicos sus doctrinas sobre Dios y la creación. Clemente de Alejandría reitera con insistencia que Platón conoció y utilizó a Moisés (v.g.: *Miscelánea,* I, 25, y V, 14, §§ 90 y ss.; *Pedagogo,* II, 10, y III, 11); en el capítulo 6 de su *Exhortación a los gentiles,* tras haber reprendido y escarnecido al modo capuchino a todos los filósofos griegos en el capítulo anterior | por no haber sido judíos, elogia exclusivamente a Platón y estalla de júbilo por el hecho de que Platón, al igual que aprendió su geometría de los egipcios, su astronomía de los babilonios, magia de los tracios y mucho de los asirios, también aprendió su teísmo de los judíos: «Conozco a tus maestros, aunque quieras ocultarlos... tu doctrina sobre Dios te viene de los hebreos» [§ 70]. Una conmovedora escena de reconocimiento. Pero yo detecto una confirmación de la cuestión en lo siguiente. Según Plutarco (en *Mario),* y mejor aún según Lactancio (I, 3, 19)[27], Platón agradeció a la naturaleza el haber nacido hombre y no animal, hombre y no mujer, griego y no bárbaro. Pero en las *Oraciones de los judíos* de Isaac Euchel (en la segunda edición de 1799, p. 7) se recoge una oración matutina donde se alaba a Dios, agradeciéndole el

578

---

25. Numenio de Apamea (Siria), pensador del siglo II que unos consideran como neopitagórico y otros como padre del neoplatonismo.
26. *Suda* es el nombre de un léxico griego o enciclopedia literaria compilada a finales del siglo X.
27. Seguramente se refiere a las *Instituciones divinas* de Lactancio.

haber nacido judío y no pagano, libre y no esclavo, hombre y no mujer. Tal investigación histórica habría dispensado a Kant del delicado apuro en que ahora se halla, al hacer surgir necesariamente esos tres conceptos de la naturaleza de la razón y afirmar, pese a ello, que son insostenibles y no pueden fundamentarse por la razón, convirtiendo en sofista a la razón misma: «Son sofisticaciones, no de los hombres, sino de la propia razón pura, de las que no puede librarse ni el más sabio, y acaso tras muchos esfuerzos pueda evitar el error, mas nunca puede zafarse de la ilusión que incesantemente le veja y le hace burla» (A 339 / B 397). Con arreglo a ello, estas «ideas de la razón» kantianas serían comparables al foco en donde los rayos convergentes reflejados por un espejo cóncavo confluyen a algunas pulgadas de su superficie, a consecuencia de lo cual y por un inevitable proceso del entendimiento se nos presenta ahí mismo un objeto que es una cosa sin realidad.

Para estas tres producciones presuntamente necesarias de la razón resulta muy desafortunado elegir el nombre de *ideas* y arrebatárselo a Platón, quien designaba con ello a las formas imperecederas que, multiplicadas por el tiempo y el espacio, se vuelven imperfectamente visibles en las innumerables e individuales cosas perecederas. Las ideas de Platón son conforme a ello enteramente intuitivas, como señala con tanta precisión la palabra que él eligió, que sólo podría traducirse como «evidencias» o «visualizaciones» intuitivas. Mas Kant se la apropió para designar aquello tan distante a toda posible intuición que incluso el pensamiento abstracto sólo puede alcanzar a medias. La palabra «idea», que Platón fue el primero en introducir, ha conservado siempre desde entonces, a través de veintidós siglos, el mismo significado en que Platón la utilizó, pues no sólo todos los filósofos de la Antigüedad, sino también todos los escolásticos, los padres de la iglesia y los teólogos del Medievo únicamente la utilizaron en ese significado platónico, o sea, en el sentido de la voz latina *exemplar* [prototipo], tal como lo aduce expresamente Suárez *(Disputaciones* XXV, 1). El hecho de que luego los ingleses y franceses se vieran inducidos por la pobreza de sus lenguajes a abusar del término es bastante penoso, pero carente de importancia. Pero no cabe justificar el uso impropio de la palabra *idea* por parte de Kant, mediante la suplantación de un nuevo significado enhebrado con el delgado hilo de no ser objeto de la experiencia, lo cual tiene algo en común con las ideas de Platón, mas también con toda posible quimera. Como el uso impropio de pocos años no cuenta frente a la autoridad de muchos siglos, yo he utilizado siempre la palabra en su antiguo y originario significado platónico.

*

La refutación de la *psicología racional* es mucho más detallada y sólida en la primera edición de la *Crítica de la razón pura* que en la segunda: por eso hay que servirse aquí sin más de la primera. En conjunto esta refutación tiene un gran mérito y contiene mucha verdad. Sin embargo, en mi opinión, sólo el amor a su simetría hace que Kant deduzca como necesario el concepto de alma a partir de aquel paralogismo aplicando la exigencia de lo incondicionado | al concepto de *sustancia,* que es la primera categoría de relación, y afirme que de este modo nacería en toda razón especulativa el concepto de un alma. Si dicho concepto tuviera realmente su origen en la suposición de un sujeto último de todos los predicados de una cosa, entonces no se habría supuesto un alma únicamente en el hombre, sino también con igual necesidad en cada cosa inerte, dado que también ésta reclama un sujeto último de todos sus predicados. Pero en general Kant se sirve de una expresión enteramente inadmisible, cuando habla de un algo que sólo pueda existir como sujeto y no como predicado (v.g.: *Crítica de la razón pura,* A 323 / B 412; *Prolegómenos,* §§ 4 y 47), si bien ya en la *Metafísica* (IV, cap. 8) de Aristóteles cabe encontrar un precedente para ello. No hay nada en absoluto que exista como sujeto y predicado, pues estas expresiones pertenecen exclusivamente a la lógica y designan la relación de conceptos abstractos entre sí. En el mundo intuitivo su correlato o representante deben ser la sustancia y el accidente. Mas entonces no necesitamos seguir buscando lo que sólo persiste como sustancia y nunca como accidente, sino que lo tenemos inmediatamente en la materia. Ella es la sustancia de todas las propiedades de las cosas, que son sus accidentes. La materia es realmente, por conservar la citada expresión kantiana, el sujeto último de todos los predicados de cada cosa dada empíricamente, o sea, aquello que todavía queda tras restar todos sus propiedades de cualquier tipo: y esto vale tanto para el hombre como para los animales, las plantas o la piedra, y es tan evidente que, para no verlo, se requiere una resuelta voluntad de no ver. Muy pronto mostraré que la materia es realmente el prototipo del concepto de sustancia. Antes bien, el sujeto y el predicado son a la sustancia y el accidente lo que es el principio de razón suficiente en la lógica a la ley de causalidad en la naturaleza, y es tan inadmisible confundir o identificar éstos como hacer lo propio con aquellos dos. Pero esta última confusión e identificación la lleva Kant hasta su máxima cota en el § 46 de los *Prolegómenos,* para hacer surgir el concepto de alma a partir del concepto de sujeto último de todos los predicados y a partir de la forma del silogismo categórico. Para descubrir la | sofistificación de este parágrafo basta caer en la cuenta de que sujeto y predicado son puras determinaciones lógicas, que atañen únicamente a conceptos abstractos según su relación en el juicio: por contra, sustancia y accidente pertenecen al mundo intuitivo y a su aprehensión en el entendimiento, pero sólo se encuentran allí como idénticos con la materia y la forma o cualidad; en seguida volveré sobre ello.

La oposición que ha dado pie a admitir dos sustancias radicalmente distintas, alma y cuerpo, es en realidad la de lo objetivo y lo subjetivo. Cuando el hombre se concibe objetivamente en la intuición externa, se encuentra un ser espacialmente extenso y en general corpóreo; en cambio, cuando se concibe en la mera autoconsciencia, de un modo puramente subjetivo, se encuentra un ser volente y con representaciones, libre de todas las formas de la intuición, sin las propiedades inherentes a los cuerpos. Entonces se forja el concepto de alma, al igual que todos los conceptos transcendentes llamados por Kant «ideas», al aplicar el principio de razón, la forma de todo objeto, a lo que no es objeto, y aquí al sujeto del conocer y el querer. Considera el conocer, el pensar y el querer como efectos, cuya causa busca sin poder admitir para ello al cuerpo, por lo que establece una causa suya completamente distinta del cuerpo. De este modo demuestran todos los dogmáticos, desde el primero hasta el último, la existencia del alma; ya Platón en el *Fedro* y también Wolff: a partir de considerar el pensar y el querer como efectos que llevan a esa causa. Sólo después de que, mediante la hipóstasis de una causa correspondiente al efecto, se hubo forjado el concepto de un ser inmaterial, simple e indestructible, la escolástica lo desarrolló y demostró a partir del concepto de *sustancia*. Pero este mismo concepto de sustancia lo había forjado previamente a tal efecto, por medio del siguiente artificio verdaderamente notable.

Con la primera clase de representaciones, esto es, el mundo real e intuitivo, se da también la representación de la materia, pues la ley de causalidad que impera en dicho mundo determina el cambio de estados, siendo estos mismos los que presuponen algo permanente respecto de lo cual haya cambios. Al tratar antes el principio de permanencia de | la sustancia he mostrado, invocando pasajes anteriores, que esta representación de la materia se origina cuando en el entendimiento, sólo para el cual existe la materia, se fusionan íntimamente el tiempo y el espacio por medio de la ley de causalidad (la única forma cognoscitiva del entendimiento), presentándose la participación del espacio en este producto como permanencia de la *materia* y la participación del tiempo como el cambio de sus *estados*. De suyo la materia pura sólo puede ser pensada en abstracto, mas no intuida, ya que siempre aparece a la intuición con forma y cualidad. A su vez la *sustancia* es una abstracción de este concepto de *materia,* por consiguiente un género superior, y por ello surge cuando del concepto de materia se mantiene sólo el predicado de permanencia, pero se abstraen todas sus restantes propiedades esenciales: extensión, impenetrabilidad, divisibilidad, etc. Como cualquier género superior el concepto de *sustancia* contiene *menos en sí* que el concepto de *materia,* mas no por ello contiene *más bajo sí,* como sucede siempre en el género superior, al no abarcar más géneros inferiores junto al de materia; bien al contrario, la materia es la única subespecie del concepto de sustancia, lo único demostrable merced a lo cual cobra realidad su contenido y recibe una confirmación. Así pues, aquí no se verifica en absoluto el fin por el que la razón suele producir mediante abstracción un concepto superior, para pensar al mismo tiempo en él varias subespecies distintas mediante determinaciones secundarias; por consiguiente, o bien esa abstracción efectuada es inútil y ociosa, o bien tiene un secreto propósito adicional. Éste sale a la luz cuando bajo el concepto de sustancia se coordina con su genuina subespecie, la materia, una segunda subespecie, a saber, la sustancia inmaterial, simple e indestructible, el alma. Pero la subrepción de este concepto tuvo ya lugar al proceder fraudulenta e ilógicamente en la formación del concepto superior de *sustancia*. En su curso regular la razón siempre forma un concepto genérico superior agrupando varios conceptos específicos, procediendo comparativa y discursivamente, mediante la eliminación de sus diferencias y la retención de sus coincidencias, para obtener el concepto genérico que abarca todos esos conceptos, pero tiene menor contenido; de donde se sigue que los conceptos específicos siempre | han de preceder al concepto genérico. Sin embargo, en el presente caso es al revés. Sólo el concepto de materia existía previamente al concepto genérico de *sustancia,* el cual fue ociosamente formado a partir del de materia sin motivo ni legitimidad algunos, mediante la caprichosa eliminación de todas sus determinaciones salvo una. Sólo después fue colocada de rondón junto al concepto de materia la segunda subespecie ficticia. Para formar ésta no se requería más que negar expresamente lo que ya antes se había omitido tácitamente en el concepto genérico superior, a saber, la extensión, la impenetrabilidad y la indivisibilidad. Así pues, el concepto de *sustancia* se formó simplemente para ser el vehículo de la subrepción del concepto de la sustancia inmaterial. Por consiguiente, dista mucho de poder valer como una categoría o función necesaria del entendimiento: más bien es un concepto sumamente prescindible, porque su único contenido verdadero está ya en el concepto de materia, junto al cual sólo contiene un enorme vacío que sólo puede llenarse por medio de la subrepticia subespecie de *sustancia inmaterial,* para formar el cual sólo cabe conjeturarlo: por eso en rigor hay que rechazarlo enteramente y poner en su lugar por doquier el concepto de materia.

*

Las categorías eran un lecho de Procrusto para cualquier cosa posible, pero los tres tipos de silogismo lo son tan sólo para las tres así llamadas «ideas». La idea de alma fue forzada a encontrar su origen en la forma del silogismo categórico. Ahora le toca el turno a las representaciones dogmáticas sobre el conjunto del mundo, en cuanto éste es pensado, como objeto en sí, entre dos límites, el de lo más pequeño (átomo) y el de lo más grande (los límites del mundo en el tiempo y el espacio). Éstos tendrían que provenir de la forma del silogismo hipotético. Aquí no se precisa una especial violencia. Pues el juicio hipotético obtiene su forma del principio de razón, y es de la irreflexiva e incondicionada aplicación de este principio, dejado luego de lado caprichosamente, de donde de hecho nacen todas esas llamadas «ideas», no únicamente la cosmológica; conforme a ese principio siempre se busca sólo la dependencia de un objeto respecto de otro, hasta que finalmente el cansancio de la imaginación procura una meta para ese viaje: con ello se pierde de vista que todo objeto e incluso la serie total de los mismos y el propio principio de razón se hallan en una dependencia mucho más próxima y mayor respecto del sujeto cognoscente, para cuyos objetos, esto es, las representaciones, tiene validez exclusiva ese principio, en cuanto a través suyo se determina su lugar en el espacio y el tiempo. Como la forma cognoscitiva de la que aquí se infieren las ideas cosmológicas, o sea, el principio de razón, es el origen de todas las hipóstasis del raciocinio, esta vez no se requiere ningún sofisma; pero éste se hace tanto más necesario para clasificar esas ideas según los cuatro títulos de las categorías.

1) Las ideas cosmológicas relativas al espacio y el tiempo, es decir, acerca de los límites del mundo en ambos, se consideran audazmente determinadas por la categoría de la *cantidad,* con la que obviamente no tienen nada en común,

salvo que en la lógica se designa casualmente el contorno del concepto de sujeto en el juicio mediante la palabra *cantidad,* una expresión figurada en cuyo lugar podría haberse escogido alguna otra. Pero el amor de Kant por la simetría le basta para utilizar el afortunado azar de esta denominación y vincular con ello los dogmas transcendentes acerca de la extensión del mundo.

2) Más temerariamente aún vincula Kant a la *cualidad,* esto es, a la afirmación o negación en un juicio, las ideas transcendentes sobre la materia, lo cual no se fundamenta ni siquiera en una casual sinonimia: pues justamente a la cantidad y no a la *cualidad* de la materia se refiere su divisibilidad mecánica (no química). Pero, lo que es más, esta idea global de la divisibilidad no se inscribe en absoluto bajo las consecuencias conformes al principio de razón, del cual deben fluir todas las ideas cosmológicas, como el contenido de la forma hipotética. Pues la afirmación sobre la cual se basa Kant aquí de que la relación de las partes con el todo es la de la condición con lo condicionado, o sea, una relación conforme al principio de razón, es un sofisma ciertamente sutil, pero infundado. | Esa relación se 585 apoya más bien sobre el principio de contradicción. Pues el todo no lo es por las partes ni éstas por aquél sino que ambos son conjuntamente necesarios, porque son uno y su separación sólo es un acto arbitrario. En eso estriba que, según el principio de contradicción, cuando se eliminan las partes, también se elimina el todo, y viceversa; pero en modo alguno eso quiere decir que las partes como *fundamento* condicionen al todo como *consecuencia,* ni que por ello quedemos necesariamente instados, según el principio de razón, a buscar las últimas partes, para comprender a partir de ellas el todo como fundamento suyo. Así de grandes son las dificultades que vence aquí el amor por la simetría.

3) Bajo el título de *relación* se inscribiría propiamente la idea de la causa primera del mundo. Pero Kant ha de reservar ésta para el cuarto título, el de la modalidad, para el que de lo contrario no quedaría nada y bajo el cual introduce forzadamente esa idea, haciendo que lo contingente (esto es, según su explicación diametralmente opuesta a la verdad, toda consecuencia a partir de su fundamento) se convierta en necesario merced a la causa primera. En aras del gusto por la simetría, aquí aparece como tercera idea el concepto de *libertad,* con lo cual sólo se alude propiamente a lo único que encaja aquí: la idea de la causa del mundo, tal como explicita claramente la observación a la tesis de la tercera antinomia. Por lo tanto, la tercera y cuarta antinomias son en el fondo tautológicas.

Pero, al margen de todo esto, entiendo y afirmo que toda la antinomia es una mera fantasmagoría, un pseudoconflicto. Sólo las afirmaciones de la *antítesis* descansan realmente sobre las formas de nuestra capacidad cognoscitiva o, en términos objetivos, sobre las leyes naturales necesarias y más universales que son conocidas a priori. De ahí que sólo su demostración se guíe por razones objetivas. En cambio, las afirmaciones y demostraciones de las *tesis* no tienen otro fundamento que el subjetivo, pues descansan única e íntegramente sobre la debilidad del individuo que sutiliza, cuya imaginación se cansa en una regresión infinita y por eso le pone un fin mediante suposiciones arbitrarias que intenta cohonestar del mejor modo, y cuyo discernimiento queda paralizado al respecto por prejuicios | inculcados tan temprana como firmemente. Por esta causa la demostración de la tesis en las cuatro antinomias sólo es un sofisma, mientras que la demostración de la antítesis es una consecuencia inevitable de la razón a partir de las leyes del mundo como representación que nos son conocidas a priori. Sólo con muchos esfuerzos y artificio pudo Kant mantener en pie la tesis, para simular aparentes ataques contra un adversario dotado con una fuerza originaria. Su ardid consiste en no resaltar el nervio de la argumentación, ni mostrarlo tan aislada, desnuda y claramente como sea posible, según suele hacerse cuando uno es consciente de la verdad de su afirmación, sino que más bien reparte ésta entre los dos bandos, encubriéndola y entremezclándola bajo un diluvio de frases superfluas y prolijas.

Las tesis y antítesis que se presentan aquí en conflicto recuerdan al discurso dialéctico sobre lo justo e injusto que Sócrates sostiene en las *Nubes* [V, 889, 1104] de Aristófanes. Sin embargo, esta semejanza sólo atañe a la forma, pero no al contenido, como gustan de afirmar quienes atribuyen un influjo sobre la moralidad a esta cuestión, la más especulativa de todas las cuestiones de la filosofía teórica, tomando a la tesis por lo justo y a la antítesis por lo injusto. Lejos de prestar atención aquí a estos espíritus limitados y trastornados, no les honraré a ellos, sino a la verdad, descubriendo como sofismas las demostraciones hechas por Kant de las tesis, mientras que las de las antítesis son realizadas leal y correctamente a partir de fundamentos objetivos. Doy por sentado que durante este examen el lector tendrá siempre ante sí la antinomia kantiana.

Si se hiciera valer la prueba de la tesis en la primera antinomia, se probaría en exceso, en cuanto sería aplicable al tiempo mismo y al cambio en él, de suerte que el propio tiempo habría de tener un comienzo, lo cual es absurdo. Por lo demás, el sofisma consiste en que la ausencia de un comienzo en la serie de los estados, de lo que se habla en primer lugar, es suplantada repentinamente por la ausencia de un final (infinitud) en dicha serie y se demuestra lo que nadie duda, que | esta ausencia de final contradice lógicamente una serie completa, pese a que cada presente es el final del pasado. Sin embargo, el final de una serie sin co-

Apéndice

mienzo se deja siempre *pensar* sin perjudicar su ausencia de comienzo, al igual que a la inversa también cabe *pensar* el comienzo de un serie sin final. Mas nada se aduce contra el argumento realmente correcto de la antítesis respecto a que los cambios del mundo presuponen necesariamente una serie infinita de cambios *hacia atrás*. Nosotros podemos pensar la posibilidad de que la serie causal finalice alguna vez en un reposo absoluto, pero en modo alguno podemos pensar la posibilidad de un comienzo absoluto*.

Con respecto a los límites espaciales del mundo se demuestra que, si éste debe significar una *totalidad dada,* ha de tener necesariamente límites: la consecuencia es correcta, si bien era justamente su miembro anterior lo que había de demostrarse y queda indemostrado. La totalidad presupone límites, y los límites presuponen totalidad, pero aquí se presuponen arbitrariamente ambas cosas. La antítesis no suministra para este segundo punto una prueba tan satisfactoria como para el primero, porque | la ley de causalidad

---

* Que la conjetura de unos límites del mundo en el tiempo no es en modo alguno un pensamiento necesario de la razón es algo que cabe constatar incluso históricamente, toda vez que los hindúes no enseñan tal cosa siquiera en la religión popular ni mucho menos en los *Vedas*; bien al contrario, ellos intentan expresar mitológicamente la infinitud de este mundo aparente, de este inconsistente e insustancial velo de Maya, mediante una cronología monstruosa, recalcando al mismo tiempo lo relativo de todos los lapsos temporales en el ingenioso mito que sigue (Polier, *Mitología de los hindúes* [París, 1809], vol. II, p. 585). Las cuatro eras, en la última de las cuales vivimos nosotros, abarcan un total de 4.320.000 años. Cada día del Brahma creador tiene 1.000 períodos de cuatro eras y su noche otros 1.000. Su año tiene 365 días y otras tantas noches. Brahma vive, siempre creando, 100 de sus años, y, cuando muere, nace de inmediato un nuevo Brahma, y así de eternidad en eternidad. La propia relatividad del tiempo también la expresa el mito especial que relata Porlier (vol. II, p. 594) a partir de los *Puranas,* donde un rajá, tras visitar por breves instantes a Visnú en su cielo, al retornar a la tierra se encuentra con que han transcurrido varios millones de años y ha sobrevenido una nueva era, dado que cada día de Visnú equivale a 100 repeticiones de las cuatro eras.

sólo aporta determinaciones necesarias con respecto al tiempo, no con respecto al espacio, y nos otorga a priori la certeza de que ningún tiempo lleno puede lindar con uno vacío anterior, así como que ningún cambio puede ser el primero, mas no confiere la certeza de que un espacio lleno no pueda tener junto a sí uno vacío. Por ello no sería posible una resolución a priori sobre esto último. Sin embargo, la dificultad de pensar el mundo como limitado en el espacio radica en que el espacio mismo es necesariamente infinito, y de ahí que un mundo finito limitado, por grande que sea, tenga un tamaño infinitamente pequeño; desproporción en la que la imaginación encuentra un escollo insalvable y conforme a ello sólo le queda la opción de pensar el mundo, o bien como infinitamente grande, o bien como infinitamente pequeño. Esto lo comprendieron ya los filósofos antiguos: «Metrodoro, el maestro de Epicuro, considera absurdo que un gran campo sólo produzca una espiga y en el espacio infinito sólo haya un mundo» (Estobeo, *Extractos* I, 23). Por eso muchos de ellos enseñaron que hay infinitos mundos en el espacio infinito. Éste es también el sentido del argumento kantiano en pro de la antítesis; sólo que lo desfigura mediante una altisonante exposición escolástica. El mismo argumento podría utilizarse también contra los límites del mundo en el tiempo, si no se tuviera ya uno mucho mejor con el hilo conductor de la causalidad. Además, si se admite un mundo limitado en el espacio, surge la incontestable pregunta de cuál sería entonces el privilegio de la parte llena del espacio ante la infinita que permanece vacía. En el quinto diálogo de su libro *Sobre el infinito, el universo y el mundo,* Giordano Bruno ofrece una detallada y muy digna de leer exposición de los argumentos en pro y en contra de la finitud del mundo. Por lo demás, el propio Kant afirma con seriedad y en base a razones objetivas la infinitud del mundo en el espacio, en su *Historia de la natura-*

leza y teoría del cielo [1755] (parte II, cap. 7). A favor de esto mismo se confiesa también Aristóteles en su *Física* III, cap. 4, mereciendo la pena leer dicho capítulo y el siguiente con respecto a esta antinomia.

En la segunda antinomia la tesis incurre de inmediato en una petición de principio nada sutil: «*Toda* sustancia *compuesta* se compone de partes simples». A partir de la composición asumida aquí arbitrariamente se demuestran luego con suma facilidad las partes simples. Pero justamente la afirmación de que «toda materia es compuesta», de la cual depende, queda indemostrada, porque es una conjetura infundada. A lo simple no se opone lo compuesto, sino lo extenso, lo que tiene partes, lo divisible. Sin embargo, aquí se asume tácitamente que antes de todo existirían y se recopilarían las partes, merced a lo cual surgiría el todo, pues eso es lo que significa la palabra «compuesto». Mas cabe afirmar esto en tan escasa medida como lo contrario. La divisibilidad significa simplemente la posibilidad de descomponer el todo en partes, pero en modo alguno que esté compuesto de partes y haya surgido merced a ello. La divisibilidad sólo afirma las partes con posterioridad, mientras la composición las afirma con anterioridad. Pues entre las partes y el todo no hay esencialmente ninguna relación temporal, sino que más bien se condicionan mutuamente y son simultáneos, pues sólo en tanto que existen ambos se da la extensión espacial. Por eso lo que dice Kant en la observación a la tesis: «El espacio no debería llamarse *compuesto,* sino un *todo*», vale también enteramente de la materia, la cual sólo es el espacio percibible. Por contra, la divisibilidad infinita de la materia, que afirma la antítesis, se sigue irrevocablemente a priori de la divisibilidad del tiempo que ella llena. Nada hay contra este aserto: por eso también Kant la presenta como una verdad objetiva en A 513 (B 541), donde él habla seriamente y a título personal, no como portavoz de la causa injusta; asimismo en los *Principios metafísicos de la ciencia natural* (A 108) el aserto de que «la materia es divisible hasta el infinito» se presenta como una verdad asentada al culminar la demostración del primer principio de la mecánica, tras haber sido probada en la dinámica como cuarto principio. Pero aquí Kant arruina la demostración en pro de la antítesis merced al gran embrollo de la exposición y una superflua verbosidad, con el taimado propósito de que la evidencia de la antítesis no haga demasiada sombra a los sofismas de la tesis. Los átomos no son un pensamiento necesario de la razón, sino simplemente una hipótesis para explicar la diversidad del peso específico de los cuerpos. Pero que esto puede explicarse de otro modo e incluso mejor y más simplemente que mediante el atomismo, lo ha mostrado el propio Kant en la dinámica de sus *Principios metafísicos de la ciencia natural,* si bien antes de él lo mostró Priestley *(Sobre la materia y el espíritu*[28], sección I). E incluso ya en Aristóteles *(Física* IV, 9) se encuentra el pensamiento fundamental de ello.

El argumento en favor de la tercera tesis es un sofisma harto sutil y propiamente el presunto principio kantiano de la razón pura, sin mezcla ni cambio algunos. Merced a ello pretende demostrar la finitud de la serie de las causas, de suerte que una causa, para ser *suficiente,* ha de contener la suma completa de las condiciones, de las que deriva el estado siguiente, el efecto. A esta totalidad de las determinaciones presentes *al mismo tiempo* en el estado que es causa, se sustituye ahora por el argumento de la totalidad de la *serie* de causas merced a las cuales ese estado mismo ha cobrado realidad: y como la totalidad presupone un cierre y

---

28. El título completo es *Disquisiciones relativas a la materia y el espíritu. A lo que se añade la historia de la doctrina filosófica concerniente al origen del alma y a la naturaleza de la materia,* Birmingham, 1782.

éste finitud, el argumento infiere de aquí una causa primera e incondicionada que cierra la serie. Pero el juego de manos es manifiesto. Para concebir el estado *A* como causa suficiente del estado *B,* presumo que contiene la totalidad de las determinaciones exigibles para ello y por cuya concurrencia se sigue inexorablemente el estado *B*. Con ello queda plenamente satisfecho mi requisito para que sea causa suficiente, sin que éste tenga ninguna conexión inmediata con la cuestión sobre cómo el estado *A* mismo ha cobrado realidad; antes bien, esta cuestión pertenece a muy otra consideración, en la que yo no considero ya al estado *A* como causa, sino como efecto, con lo cual algún otro estado ha de proceder con él justamente igual que él mismo procedió con *B*. La suposición de la finitud de la serie de causas y efectos, y de un primer comienzo conforme a ello, no aparece en parte alguna como necesaria, al igual que el presente del instante actual no presupone un comienzo del tiempo mismo, sino que aquellas suposición | sólo es añadida por la pereza del individuo especulativo. Que esa suposición subyazca a la conjetura de una causa como *razón suficiente* es, por lo tanto, algo tan subrepticio como falso, según he mostrado pormenorizadamente antes al examinar el principio kantiano de la razón coincidente con esta tesis. Para explicar la afirmación de esta falsa tesis Kant no se avergüenza de alegar, en la observación a dicha tesis, su levantarse de la silla como ejemplo de un comienzo incondicionado: como si no le fuera tan imposible levantarse sin motivo como a la bola rodar sin causa. La inconsistencia de su apelación a los filósofos de la Antigüedad, inducida por un sentimiento de debilidad, me absuelve de citar a Ocelo Lucano, a los eleatas, etc., por no hablar de los hindúes. Contra la demostración de la antítesis no hay nada que objetar, al igual que en las dos antinomias anteriores.

Como ya he observado, la cuarta antinomia es propiamente tautológica con respecto a la tercera. También la prueba de la tesis es esencialmente la misma que la de la anterior. Su afirmación de que todo condicionado presupone una *serie* de condiciones completa y que por ello acaba en lo incondicionado es una petición de principio que hay que negar directamente. Cada condicionado no presupone nada más que su condición: el que éste se halle condicionado a su vez inicia una nueva consideración que no está inmediatamente contenida en la primera.

No hay que negarle cierta virtualidad a la antinomia, pero es curioso que ninguna parte de la filosofía kantiana haya sufrido tan escasa contradicción e incluso haya encontrado tanto reconocimiento como esta doctrina sumamente paradójica. Casi todas las facciones y manuales filosóficos la han validado, repetido y hasta elaborado, mientras que casi todas las otras doctrinas de Kant se han visto impugnadas y nunca han faltado mentes obtusas que han rechazado incluso la Estética transcendental. La aprobación unánime que, por el contrario, ha encontrado la antinomia puede obedecer en último término al hecho de que cierta gente contempla con íntima satisfacción el punto donde el entendimiento debe detenerse, en cuanto se topa con algo que es y no es al mismo tiempo, | teniendo aquí realmente ante sí el sexto prodigio de Filadelfia en el anuncio de Lichtenberg[29].

La *solución crítica* de la antinomia cosmológica que Kant da a continuación no es, si se indaga su auténtico sentido, lo que brinda para ello, a saber, la disolución del conflicto declarando que ambas partes, al partir de suposiciones falsas, están equivocadas en el primer y segundo conflictos, pero llevan razón en el tercero y el cuarto, sino que dicha solu-

---

29. Cfr. Lichtenberg, *Escritos misceláneos,* Göttingen, 1844, vol. III, p. 187.

ción es de hecho la confirmación de la antítesis al dilucidar sus enunciados.

En esta solución Kant comienza por afirmar, equivocándose manifiestamente, que ambas partes parten, como premisa mayor, del supuesto de que con lo condicionado se da también la *serie* completa (o sea, cerrada) de sus condiciones. Sólo la *tesis* coloca como fundamento de sus afirmaciones este aserto, el principio kantiano de la razón pura, mientras en cambio la antítesis lo niega expresamente por doquier y afirma lo contrario. Además, Kant lastra ambas partes con el supuesto de que el mundo existe en sí mismo, esto es, independientemente del llegar a ser conocido y de las formas del conocimiento, pero también este supuesto es adoptado únicamente por la tesis; en cambio, este supuesto es tan ajeno a las afirmaciones de la antítesis, que incluso es incompatible con ellas. Pues al concepto de una serie infinita lo contradice directamente el que ésta sea dada por completo; por eso le es esencial que la serie exista siempre sólo con respecto a su recorrido, mas no independientemente de él. Por contra, en la suposición de límites determinados radica también la de un todo consistente de suyo e independientemente de que se consume su medición. Así pues, sólo la tesis hace la falsa suposición de una totalidad del mundo consistente de suyo, esto es, dada antes de todo conocimiento, totalidad a la cual el conocimiento simplemente se añadiría. La antítesis polemiza desde un principio con este supuesto, pues la infinitud de las series, que ella afirmaba aleccionada tan sólo por el principio de razón, sólo puede existir en tanto que se consume el regreso, no independientemente de éste. Al igual que el objeto en general presupone el sujeto, también el objeto definido como una cadena *infinita* de condiciones | presupone necesariamente en el sujeto el modo de conocimiento que le corresponde, a saber, la *continua prosecución* de los miembros de esa cadena.

Pero esto es justamente lo que Kant oferta como disolución del conflicto y repite con tanta frecuencia: «La infinitud de la magnitud del mundo sólo es tal merced al regreso, no *antes* del mismo». Por lo tanto, esta disolución suya de la antinomia sólo es propiamente una resolución en favor de la antítesis, en cuya afirmación ya subyacía esta verdad, la cual es totalmente incompatible con las afirmaciones de la tesis. Si la antítesis hubiese afirmado que el mundo consta de series infinitas de fundamentos y consecuencias, independientemente de la representación y de su serie regresiva, o sea, que existe en sí y por ello constituye una totalidad dada, entonces no sólo habría contradicho a la tesis, sino también a sí misma: pues un infinito nunca puede ser dado *totalmente,* ni una serie *sin fin* puede existir salvo en tanto que sea recorrida sin fin, ni algo sin límites puede constituir un todo. Así pues, sólo a la tesis le incumbe esa suposición que, según afirma Kant, habría llevado al error a ambas partes.

Ya Aristóteles sostuvo la doctrina de que un infinito nunca puede ser dado en acto, es decir, realmente, sino sólo en potencia: «El infinito no puede ser en acto; lo que existe en realidad no puede ser infinito» *(Metafísica* X [1066b 11,18]); «Pues no hay ningún infinito en acto, sino en potencia con respecto a la división» *(Sobre la generación y la corrupción* I, 3 [318a 20]). Esto lo desarrolla con detalle en la *Física* (III, 5 y 6), donde en cierto modo brinda la solución enteramente correcta a todas las oposiciones antinómicas. Expone con brevedad las antinomias y dice: «Se requiere un término medio», tras lo cual ofrece la solución de que lo infinito, tanto del mundo en el espacio como del tiempo en la división, nunca se da *antes* del regreso o el progreso, sino *en* él. Luego esta verdad se encuentra ya en el concepto de lo infinito correctamente comprendido. Esto se interpreta mal, cuando se pretende pensar lo infinito, del tipo que sea, como algo objetivamente existente y terminado, independientemente del regreso. |

Si, procediendo a la inversa, se toma como punto de partida aquello que Kant brinda como la disolución de la antinomia, entonces de ello resulta justamente la afirmación de la antítesis. A saber: el mundo no es un todo incondicionado y no existe en sí, sino sólo en la representación, y sus series de fundamentos y consecuencias no existen *antes* del regreso de las representaciones, sino sólo *a través* de este regreso; entonces el mundo no puede contener series determinadas y finitas, porque su determinación y limitación habrían de ser independientes de la representación meramente añadida, sino que todas sus series han de ser infinitas, esto es, que no pueden quedar agotadas por ninguna representación.

En A 506 / B 534 Kant pretende probar la idealidad transcendental del fenómeno a partir de la equivocación de ambas partes y dice lo siguiente: «Si el mundo es un todo existente en sí, entonces es, o bien finito, o bien infinito». Pero esto es falso: un todo existente en sí no puede ser infinito. Más bien cabe concluir esa idealidad a partir de la infinitud de las series en el tiempo del siguiente modo: si las series de razones y consecuencias en el mundo no tienen fin, entonces el mundo no puede ser un todo dado al margen de las representaciones, pues tal todo presupone siempre límites determinados, al igual que por el contrario las seres infinitas presuponen un regreso infinito. De ahí que la supuesta infinitud de las series haya de verse determinada por la forma de fundamento y consecuencia, y ésta por el modo de conocimiento del sujeto, luego el mundo tal como es conocido sólo puede existir en la representación del sujeto.

No soy capaz de decidir si Kant mismo era o no consciente de que su solución crítica del conflicto es propiamente una sentencia favorable a la antítesis. Pues ello depende de si aquello que Schelling llamó muy certeramente en algún lugar «el sistema de acomodación kantiano» se extiende hasta tan lejos, o si el espíritu de Kant sucumbió aquí a una acomodación inconsciente al influjo de su época y de su entorno. |

*

La solución de la tercera antinomia, cuyo objeto era la idea de libertad, merece una consideración aparte, al resultarnos muy curioso que Kant se vea obligado a hablar con detenimiento de la *cosa en sí,* que hasta ahora sólo se había vislumbrado en el transfondo, justamente aquí, con ocasión de la idea de *libertad*. Esto se nos hace muy explicable tras haber reconocido la cosa en sí como *voluntad*. Aquí se halla el punto donde la filosofía de Kant conduce a la mía, o donde ésta procede de aquélla como tronco suyo. De ello se convencerá uno al leer con atención las páginas A 536-537 (B 564-565) en la *Crítica de la razón pura,* cotejando estos pasajes con las páginas XVIII y XIX de la *Crítica del discernimiento,* donde viene a decir: «El concepto de libertad puede hacer representable en su objeto (que es la voluntad) una cosa en sí, mas no en la intuición; en cambio, el concepto de naturaleza puede hacer representable su objeto en la intuición, pero no como cosa en sí». Pero léase especialmente el § 53 de los *Prolegómenos* sobre la disolución de la antinomia y respóndase entonces sinceramente a la pregunta de si todo lo dicho allí no suena como un enigma del que mi doctrina es la clave. Kant no llevó hasta el final su pensamiento: yo simplemente he proseguido su labor. Con arreglo a ello, yo he trasladado lo que Kant dice únicamente del fenómeno humano a todos los fenómenos en general, el cual sólo es distinto de aquél en lo tocante al grado, a saber, que su ser en sí es algo absolutamente libre, o sea, una voluntad. De mi obra se infiere cuán fecunda es esta visión aliada con la doctrina de Kant sobre la idealidad del espacio, del tiempo y de la causalidad.

Kant nunca tomó la cosa en sí como objeto de un análisis especial o de una deducción clara. Bien al contrario, tan a menudo como la necesita, la saca de inmediato a colación mediante el razonamiento de que el fenómeno, o sea, el mundo visible, ha de tener un fundamento, una causa inteligible que no sea fenómeno y por ello no pertenezca a ninguna experiencia posible. Esto lo hace tras insistir sin cesar en que las categorías, o sea, también la de causalidad, sólo tendrían un | uso limitado a la experiencia posible, al ser las meras formas del entendimiento que servían para deletrear los fenómenos del mundo sensible, más allá del cual no tendrían significado alguno, etc., por lo que prohíbe con el mayor rigor su aplicación a las cosas allende la experiencia y explica con razón todo el dogmatismo anterior a partir de la violación de esta ley, al mismo tiempo que lo derriba. La increíble inconsecuencia que Kant comete aquí fue pronto advertida por sus primeros adversarios y fue utilizada para unos ataques a los que su filosofía no podía ofrecer ninguna resistencia. Pues nosotros aplicamos plenamente a priori y antes de toda experiencia la ley de causalidad a los cambios sentidos en nuestros órganos sensoriales, pero justamente por ello dicha ley es de origen tan subjetivo como la sensación misma y no conduce a la cosa en sí. La verdad es que por el camino de la representación nunca puede sobrepasarse la representación: ésta es un todo cerrado y no tiene en sus propios medios ningún hilo que conduzca al ser totalmente distinto de la cosa en sí. Si fuéramos únicamente seres capaces de tener representaciones, el camino hacia la cosa en sí nos estaría totalmente vedado. Sólo el otro flanco de nuestro propio ser puede informarnos sobre la otra cara del ser en sí de las cosas. Yo he roturado este camino. La inferencia kantiana de la cosa en sí, prohibida por él mismo, queda algo paliada por lo siguiente. Él no coloca, como demanda la verdad, simplemente y sin más el objeto como condicionado por el sujeto, y viceversa, sino sólo el modo y manera del fenómeno del objeto como condicionado por las formas cognoscitivas del sujeto, que por ello también advienen a la consciencia a priori. Mas lo que, en oposición a esto, es conocido meramente a posteriori es ya para él un efecto inmediato de la cosa en sí, la cual sólo se convierte en fenómeno al atravesar esas formas dadas a priori. Desde esta perspectiva resulta explicable en cierta medida cómo pudo obviar que el ser objeto en general ya pertenece a la forma del fenómeno y está tan condicionado por el ser sujeto en general como el modo fenoménico del objeto por las formas cognoscitivas del sujeto y que, por lo tanto, si ha de admitirse una cosa en sí, ésta | no puede ser objeto, aun cuando él siempre lo presuponga como tal, sino que tal cosa en sí ha de hallarse en un dominio totalmente distinto del de la representación (el conocer y ser conocido), ni tampoco podrá ser explorado al menos según las leyes de la conexión de los objetos entre sí. 597

Con la constatación de la cosa en sí a Kant le ocurre lo mismo que con la aprioridad de la ley de causalidad: ambas doctrinas son correctas, pero su demostración es falsa; son conclusiones correctas a partir de falsas premisas. Yo he conservado ambas doctrinas, pero las he fundamentado con seguridad de muy otro modo.

Yo no he descubierto ni obtenido subrepticiamente la cosa en sí según leyes que la excluyen al pertenecer ya a su fenómeno; tampoco he llegado a ella mediante rodeos: antes bien, la he constatado inmediatamente allí donde se halla inmediatamente, en la voluntad, que se revela inmediatamente a cada cual como el «en-sí» de su propio fenómeno.

Y este conocimiento inmediato de la propia voluntad es también de donde procede en la consciencia humana el concepto de *libertad;* porque la voluntad en cuanto creadora del mundo, como cosa en sí, está libre del principio de razón y con ello de toda necesidad, siendo por lo tanto perfectamente independiente, libre e incluso omnipotente. Pero, en honor a la verdad, esto sólo vale de la voluntad en sí, no de sus fenómenos, los individuos, que ya están inalterablemente determinados por ella misma, como fenómenos suyos en el tiempo. Sin embargo, en la consciencia común, no depurada por la filosofía, la voluntad se confunde de inmediato con su fenómeno y se atribuye a éste lo que sólo le incumbe a ella: merced a ello nace la ilusión de la libertad incondicionada del individuo. Justamente por eso dice Spinoza con razón que también la piedra arrojada, si tuviera consciencia, creería estar volando libremente. Pues también el «en-sí» de la piedra es la voluntad única y libre, si bien, al igual que en todos sus fenómenos, también aquí, donde ella aparece como pueda, ya está plenamente determinada. Pero de todo esto he hablado ya suficientemente en la parte principal de este escrito.

Kant, al desconocer y obviar este surgimiento inmediato del concepto | de libertad en toda consciencia humana, sitúa (A 533 / B 561) en una especulación harto sutil, por la cual lo incondicionado, del que siempre debe partir la razón, da pie a la hipóstasis del concepto de libertad, y sobre esta idea transcendente de libertad debe fundamentarse también el concepto práctico de la misma. Sin embargo, en la *Crítica de la razón práctica* (§ 6, A 185) deduce este último concepto de muy otro modo, a partir de que el imperativo categórico lo presupone: al efecto de esta suposición aquella idea especulativa sólo es el primer origen del concepto de libertad, siendo aquí donde obtiene auténtico significado y aplicación. Mas ninguna de las dos cosas es cierta. Pues la ilusión de una perfecta libertad del individuo en sus acciones singulares se halla con la mayor viveza en la convicción del hombre más tosco que nunca ha meditado y, por tanto, no se funda sobre especulación alguna, aunque a menudo se embarque en ella. Libres de tal ilusión están, en cambio, los filósofos y ciertamente los más profundos de entre ellos, al igual que también lo están los escritores eclesiásticos más reflexivos e inspirados.

Con arreglo a todo lo dicho, el auténtico origen del concepto de libertad no es esencialmente en modo alguno una conclusión a partir de la idea especulativa de una causa incondicionada, ni tampoco lo presupone el imperativo categórico; sino que nace inmediatamente de la consciencia, en donde cada cual se conoce a sí mismo sin más como la *voluntad,* esto es, como aquello que en cuanto cosa en sí no tiene por forma al principio de razón y no depende de nada, puesto que más bien todo depende de ella; mas al mismo tiempo no se distingue uno a sí mismo, como un fenómeno ya determinado de esta voluntad e inmerso en el tiempo –podría decirse como un acto de la voluntad–, de aquella voluntad de vivir y, por eso, en lugar de conocer toda su existencia como un acto de su libertad, más bien busca ésta en sus acciones individuales. A este respecto me remito a mi ensayo *Sobre la libertad de la voluntad*.

Si Kant, como pretende aquí y aparentemente hizo en ocasiones anteriores, hubiera deducido la cosa en sí, con gran inconsecuencia, de un razonamiento | condenado por él mismo, ¡qué raro azar sería entonces el que aquí, donde aborda por vez primera la cosa en sí, reconociera de inmediato en ella a la *voluntad,* a la voluntad libre que sólo se manifiesta en el mundo mediante los fenómenos temporales! Por eso, aunque no quepa demostrarlos, presumo que Kant, al hablar de la cosa en sí, en la más oscura profundidad de su espíritu pensaba ya vagamente en la voluntad. Un testimonio de ello lo dan las páginas XXVII y XXVIII del prólogo a la segunda edición de la *Crítica de la razón pura*.

Por lo demás, esta proyectada disolución de la presunta tercera antinomia es lo que justamente da ocasión a Kant para expresar muy bellamente los más profundos pensamientos de toda su filosofía. Así en toda la «sexta sección de la antinomia de la razón pura» (A 490-497 / B 518-525), pero sobre todo en el análisis de la oposición entre carácter empírico e inteligible (A 534-550 / B 562-578), que yo cuento entre lo más eximio dicho nunca por los hombres (como aclaración complementaria de este pasaje hay que considerar uno paralelo suyo en la *Crítica de la razón práctica,* A 169-179). Sin embargo, esto hace más lamentable que tal pasaje no esté aquí en su lugar adecuado, pues en parte no se ha descubierto por el camino que indica la exposición, por lo que hubiese cabido deducir otra cosa, y en parte tampoco cumple el fin para el cual se establece, a saber, la disolución de la presunta antinomia. Del fenómeno se concluye su razón inteligible, la cosa en sí, mediante el ya suficientemente mencionado uso inconsecuente de la categoría de causalidad allende todo fenómeno. Como esta cosa en sí se establece para este caso la voluntad humana (a la que Kant de modo totalmente inadmisible, violando imperdonablemente todo uso lingüístico, califica de «razón»), invocando un deber-ser incondicionado, el imperativo categórico, que se postula sin más.

En lugar de todo esto el proceder correcto hubiera sido partir inmediatamente de la voluntad, ratificarla como el «en-sí», conocido sin mediación alguna, de nuestro propio fenómeno, para ofrecer entonces esa exposición del carácter empírico e inteligible y evidenciar cómo todas las acciones, aunque condicionadas necesariamente por los motivos, son empero atribuidas necesaria y absolutamente, tanto por su autor como por el censor ajeno, tan sólo al propio autor, como algo que depende exclusivamente de él, al cual se le reconoce la culpa o el mérito conforme a ellas. Sólo éste era el camino directo para conocer aquello que no es fenómeno y que, por consiguiente, no se descubre según las leyes del fenómeno, en cuanto es lo que se revela, se vuelve cognoscible y se objetiva a través del fenómeno: la voluntad de vivir. Después, por simple analogía, esto tendría que haberse presentado como el «en-sí» de ese fenómeno. Mas entonces no habría podido decirse (A 546 / B 574) que en la naturaleza inerte e incluso en la naturaleza animal no cabe pensar ninguna capacidad salvo como condicionada sensiblemente, con lo cual en términos kantianos se dice propiamente que la explicación según la ley de causalidad agota asimismo la esencia más íntima de esos fenómenos, en los que muy inconsecuentemente queda eliminada la cosa en sí. Merced al lugar inadecuado y la deducción acorde a él, que ha recibido en Kant la exposición de la cosa en sí, se ha falseado también el concepto global de la misma. Pues, descubierta en la indagación de una causa incondicionada, la voluntad, o la cosa en sí, queda con el fenómeno en la relación de causa y efecto. Pero esta relación sólo encuentra lugar dentro del fenómeno, de ahí que presuponga éste y no pueda vincularse con el fenómeno ella misma, que radica fuera de él y es algo totalmente distinto de dicho fenómeno.

Además, no se consigue en absoluto el fin propuesto, la disolución de la tercera antinomia, mediante la resolución de que ambas partes tienen razón, cada cual en un sentido distinto. Pues tanto la tesis como la antítesis no hablan en modo alguno de la cosa en sí, sino siempre del fenómeno, del mundo objetivo, del mundo como representación. Es de éste y de nada más del que la tesis pretende evidenciar, mediante el sofisma exhibido, que entraña causas incondicionadas y también es éste del que la tesis niega dicha causa con toda razón. Por eso lo dado aquí para justificar la tesis, toda la exposición de la libertad transcendental de la libertad, en tanto que es cosa en sí, por muy eximia que sea de suyo, constituye un «paso ilegítimo a otro género»[30]. Pues esta libertad transcendental de la voluntad no es en modo alguno la causalidad incondicionada de una causa, como afirma la tesis, toda vez que una causa ha de ser esencialmente fenómeno, no algo totalmente distinto que radica más allá de todo fenómeno.

Cuando se habla de causa y efecto jamás cabe traer sacar a colación la relación de la voluntad con su fenómeno (o del carácter inteligible con el empírico), como sucede aquí: pues dicha relación es completamente distinta de la relación causal. Entretanto, en esta disolución de la antinomia también se dice algo conforme a la verdad, a saber, que el carácter empírico del hombre, al igual que cualquier otra causa en la naturaleza, está invariablemente determinado y que las acciones emanan necesariamente de él en consonancia con los influjos externos; de ahí también que, al margen de toda libertad transcendental (esto es, la independencia de la voluntad en sí respecto de las leyes de conexión de su fenómeno), ningún hombre tiene capacidad para iniciar por sí mismo una serie de acciones, lo cual es afirmado en cambio por la tesis. Así pues, la libertad tampoco tiene causalidad alguna: pues sólo es libre la voluntad, que radica fuera de la naturaleza o el fenómeno, que sólo es objetivación de la voluntad, mas no se halla con ella en una relación de causalidad, la cual sólo se encuentra dentro del fenómeno y lo presupone sin incluirlo ella misma ni poder vincularlo con aquello que explícitamente no es fenómeno. El mundo mismo sólo es explicable a partir de la voluntad (ya

---

30. Cfr. Aristóteles, *Del cielo* I, 3; 318 a 20.

que dicho fenómeno es esta voluntad misma en cuanto se manifiesta) y no mediante la causalidad. Pero *en el mundo* la causalidad es el único principio de explicación y todo sucede exclusivamente según leyes de la naturaleza. Así pues, la razón está por completo del lado de la antítesis, que se atiene a aquello de lo cual se trata y utiliza el principio explicativo que vale para ello, por lo que no precisa de ninguna apología; en cambio, la tesis debe ser sacada del asunto mediante una apología, la cual salta a algo completamente distinto de lo que era la cuestión | y adopta entonces un principio explicativo que no es aplicable al asunto en cuestión. 602

La cuarta antinomia es, como ya se ha dicho, tautológica con la tercera según su sentido más intrínseco. En su disolución Kant desarrolla aún más la insostenibilidad de la tesis: en cambio, no aduce ninguna razón en pro de su verdad y su presunta compatibilidad con la antítesis, al igual que a la inversa tampoco es capaz de contraponer ninguna razón a la antítesis. Se limita a introducir solícitamente la conjetura de la tesis, si bien él mismo la llama una hipótesis arbitraria (A 562 B 590), cuyo objeto podría ser imposible de suyo, y sólo muestra un esfuerzo impotente por procurarle en alguna parte un sitio seguro frente al enérgico poder de la antítesis, sólo para no revelar la futilidad de su querida pretensión de que hay necesariamente antinomias en la razón humana.

*

Sigue a continuación el capítulo relativo al ideal transcendental, que nos hace evocar la rígida escolástica del Medievo. Uno cree oír al propio Anselmo de Canterbury. ¡Comparece el ente realísimo, el compendio de todas las realidades, el contenido de todas las proposiciones afirmativas, y ciertamente se presenta con la demanda de ser un pensamiento necesario de la razón! Por mi parte yo he de confesar que tal pensamiento es imposible para mi razón y que no soy capaz de pensar nada definido con las palabras que lo designan.

Por lo demás, no dudo que Kant se viera obligado a escribir este capítulo, tan extraño e indigno de él, en aras de su afición por la simetría arquitectónica. Los tres objetos principales de la filosofía escolástica (que, entendida en un sentido lato, como ya se dijo, puede hacérsela llegar hasta Kant), el alma, el mundo y Dios, deberían deducirse a partir de las tres posibles premisas mayores del silogismo; si bien es obvio que únicamente han surgido y podían surgir merced a la aplicación incondicionada del principio de razón. Tras haber constreñido al alma en el juicio categórico | y haberse aplicado el juicio hipotético al mundo, no quedaba para la tercera idea más que la premisa mayor disyuntiva. Felizmente, se encontró en este sentido un trabajo preliminar, a saber, el ente realísimo de los escolásticos, junto a la prueba ontológica de la existencia de Dios, rudimentariamente establecida por Anselmo de Canterbury y luego perfeccionada por Descartes. Esto fue utilizado alegremente por Kant, con alguna reminiscencia de un trabajo juvenil escrito en latín. No obstante, el sacrificio que hace Kant merced a este capítulo en aras de su amor por la simetría arquitectónica es extremadamente grande. A despecho de la verdad, se constituye en un pensamiento esencial y necesario de la razón a la representación –a la que se ha de calificar como grotesca– de un compendio de todas las realidades posibles. Para deducir esto, Kant se aferra a la falsa pretensión de que nuestro conocimiento de las cosas particulares surge mediante una delimitación progresiva de los conceptos universales, por consiguiente, también de un concepto universalísimo que contendría *en sí* toda la realidad. Aquí entra en contradicción tanto con su propia doctrina como con la verdad; pues justamente a la inversa nuestro conocimiento, partiendo de lo particular, se extiende hacia lo universal y todos los conceptos universales surgen mediante la abstracción de las cosas reales, individuales y conocidas intuitivamente, abstracción que puede proseguir hasta el concepto más universal, el cual concibe todo bajo sí, pero casi nada *en sí*. Por lo tanto, Kant ha puesto aquí justamente del revés el proceder de nuestra capacidad cognoscitiva y por ello se le podría culpar de haber dado pie a una charlatanería filosófica que ha devenido célebre en nuestros días, la cual, en lugar de conocer los conceptos como pensamientos abstraídos de las cosas, pone a la inversa los conceptos como lo primero y ve en las cosas sólo conceptos concretos, llevando de este modo al mercado ese mundo trastocado, como una bufonada filosófica, que naturalmente ha de cosechar un enorme aplauso.

Incluso si aceptamos que toda razón habría de llegar, o cuando menos podría hacerlo, al concepto de Dios también sin revelación, es obvio que esto sólo es posible con el hilo conductor de la causalidad: lo cual es tan evidente que no requiere demostración alguna. Por eso dice también Christian Wolff: | «Consecuentemente, en la teología natural demostraremos la existencia del ser supremo a partir de principios cosmológicos. La contingencia del universo y del orden natural, al tiempo que la imposibilidad de un azar puro, son los niveles sobre los cuales se asciende desde este mundo visible hacia Dios» *(Cosmología general,* prefacio, p. 1). Y antes que él dijo ya Leibniz: «Sin este gran principio nunca podríamos probar la existencia de Dios» *(Teodicea,* § 44 [ed. Erdmann, p. 516a]). E igualmente dice en su controversia con Clarke (§ 126): «Me atrevo a decir que sin ese gran principio no se sabría llegar a la prueba sobre la existencia de Dios»[31]. Por el contrario, el pensamiento introducido en este capítulo dista tanto de ser un pensamiento esencial y necesario a la razón que más bien se ha de considerar como una muestra del monstruoso engendro de una época que, por extravagantes circunstancias, cayó en los más raros extravíos e inversiones, como fue la época de la escolástica, un período sin par en la historia universal que no puede retornar. Esta escolástica, cuando alcanzó su mayor florecimiento, desarrolló la principal prueba de la existencia de Dios a partir del concepto de ente realísimo y utilizó las otras pruebas sólo como accesorias: pero esto es un simple método pedagógico y no demuestra nada sobre el origen de la teología en el espíritu humano. Kant ha tomado aquí el proceder de la escolástica por el de la razón, siendo esto algo en lo que incurre muy a menudo. Si fuera verdad que, según las leyes esenciales de la razón, la idea de Dios proviniera del silogismo disyuntivo, bajo la forma de una idea acerca del ser más real entre todos, entonces también se habría encontrado esta idea en los filósofos de la Antigüedad; sin embargo, no hay ninguna huella del ente realísimo en los antiguos filósofos, si bien algunos de ellos enseñan un creador del mundo, mas sólo como un *demiurgo*[32] que da forma a la materia existente sin él, demiurgo que infieren única y exclusivamente según la ley de la causalidad. Ciertamente, Sexto Empírico (*Contra los matemáticos* IX, § 88) alude a una argumentación de Cleantes[33],

---

31. Cfr. la *Correspondencia entre Leibniz y Clarke,* § 126; ed. Erdmann, p. 778a.
32. Platón en el *Timeo* (28 a-31 a) habla de un «demiurgo», un artífice u obrero del universo que da forma al mundo teniendo los ojos puestos en el modelo de lo eterno.
33. Es el sucesor de Zenón al frente del estoicismo. Su *Himno a Zeus,* donde le presenta como el espíritu que impregna y gobierna el universo, expresa la creencia estoica de que los acontecimientos son voluntad de un dios perfecto y que la aceptación de este hecho proporciona una paz espiritual.

que algunos toman por la prueba ontológica. Mas no es tal, sino una mera inferencia por analogía: como la experiencia enseña que sobre la tierra *un* ser siempre es más excelente que otro y el hombre, | como el más eximio, cierra la serie, pese a que tiene muchos defectos, entonces ha de haber un ser aún más excelente y a la postre uno que sea el más eximio de todos (*cratiston, ariston,* en griego), y éste sería Dios.

605

*

Sobre la prolija refutación de la teología especulativa que sigue a continuación, sólo he de observar brevemente que ella es en cierto modo, al igual que toda la crítica de las tres así llamadas «ideas» de la razón, o sea, toda la dialéctica de la razón pura, el objetivo y la meta de toda la obra, aun cuando esta parte polémica no tiene propiamente un interés universal, permanente y puramente filosófico, como sí lo tenía la parte doctrinal que le precede, esto es, la Estética y la Analítica, sino que más bien sólo tiene un interés temporal y local, al estar en una particular relación los momentos capitales de la filosofía dominante en Europa hasta Kant, cuyo total derrocamiento merced a esa polémica confiere a Kant un mérito inmortal. Kant ha eliminado el teísmo de la filosofía, porque en ésta, como una ciencia y no doctrina de fe, sólo puede encontrar un lugar aquello que, o bien sea dado empíricamente, o bien sea verificado mediante sólidas pruebas. Naturalmente, aquí me refiero tan sólo a la filosofía real, entendida en serio, orientada hacia la verdad y a ninguna otra cosa, en modo alguno a la filosofía guasona de las universidades, en la que, al igual que antes, la teología especulativa juega un papel principal, al igual que también el alma comparece sin cumplidos como una persona conocida. Pues ésta es la filosofía equipada con sueldos y honorarios e incluso con títulos de consejero áulico, una filosofía que desde su orgullosa altivez mira desdeñosamente y, después de cuarenta años, sigue sin divisar a gente como yo y hasta le gustaría desembarazarse del viejo Kant con sus *Críticas,* para brindar cordialmente por Leibniz. Además, cabe observar aquí que, tal como Kant confiesa que su doctrina sobre la aprioridad del concepto de causalidad fue ocasionada por el escepticismo de Hume respecto a ese concepto, acaso la crítica kantiana de toda teología especulativa fuera ocasionada por la crítica de Hume de toda teología popular, que éste había | expuesto en dos obras suyas tan dignas de leerse, *Historia natural de la religión* y los *Diálogos sobre religión natural,* e incluso puede que Kant quisiera completarlas en cierto modo. Pues el primero de estos escritos de Hume es propiamente una crítica de la religión popular, cuya miseria pretende mostrar, mientras alude respetuosamente a la teología racional o especulativa como la genuina. Sin embargo, Kant pone al descubierto lo infundado de la teología especulativa, mientras deja intacta la teología popular y hasta la ennoblece presentándola como una fe sustentada sobre un sentimiento moral. Esta fe la tergiversaron luego los filosofastros, al convertirla en percepciones de la razón, consciencias de Dios o intuiciones intelectuales de lo suprasensible, de la divinidad y otras cosas por el estilo; mientras que Kant, cuando derribó los viejos y venerables errores, al conocer la peligrosidad del asunto, sólo quiso introducir mediante la teología moral un par de débiles puntales, para que el derrumbamiento no le pillase a él y le diera tiempo a quitarse de en medio.

Por lo que atañe a la ejecución, para refutar la prueba ontológica de la existencia de Dios no era necesaria una crítica de la razón, pues incluso sin presuponer la Estética y la Analítica es muy fácil hacer patente que esa prueba ontológica sólo es un sofístico juego conceptual sin fuerza de convicción alguna. Ya en el *Organon* de Aristóteles hay un capítulo que basta para refutar la prueba ontológica tan perfectamente como si hubiese sido escrito ex profeso para ello: se trata del séptimo capítulo de los *Analíticos posteriores* [II, 7]. Entre otras cosas se dice allí que: «La existencia no pertenece a la esencia de la cosa».

La refutación de la prueba *cosmológica* es una aplicación a un caso dado de la doctrina crítica expuesta, y no hay nada que recordar en su contra. La prueba *fisicoteológica* es una mera amplificación de la cosmológica, a la que presupone, y no encuentra su refutación detallada sino en la *Crítica del discernimiento*. A este respecto mis lectores pueden consultar mi escrito *Sobre la voluntad en la naturaleza*.

Como he dicho, en la crítica de esta prueba, Kant se ha limitado a la teología especulativa y a la escuela. Si por el contrario hubiese tenido a la vista también la vida y la teología popular, entonces tendría que añadir a las tres pruebas una cuarta, que es la única realmente eficaz para la muchedumbre y en el lenguaje artificial de Kant le cuadraría muy bien llamarse *ceraunológica*[34]: aquella que se basa en el sentimiento de desvalimiento, impotencia y dependencia del hombre frente a los poderes de la naturaleza, infinitamente superiores, insondables y la mayor parte de las veces irremediables; con ello se asocia la propensión natural del hombre a personificarlo todo y finalmente la esperanza de conseguir algo por medio de ruegos, lisonjas y obsequios. En toda empresa humana hay algo que no está en nuestro poder y no entra en nuestros cálculos: el deseo de conquistar esto es el origen de los dioses. «El miedo es lo primero que creó dioses sobre la tierra», reza un proverbio de Pe-

---

34. La palabra viene del vocablo griego que significa «rayo» y Schopenhauer quiere referirse al miedo ante las fuerzas de la naturaleza.

tronio [*Fragmentos* 27, 1] tan antiguo como cierto. Esta prueba la criticó principalmente Hume, que en los escritos antes mencionados aparece como precursor de Kant. Pero a quienes Kant ha puesto en continuos apuros mediante su crítica de la teología especulativa es a los profesores de filosofía: pagados por gobiernos cristianos, no pueden dejar en la estacada a los principales artículos de fe*. ¿Cómo se las arreglan los señores? Afirman justamente que la existencia de Dios se comprende por sí misma. ¡Vaya! Después de que el mundo antiguo, por cuenta de su conciencia moral, ha hecho maravillas para demostrarla y el mundo moderno, por cuenta de su entendimiento, ha puesto en campaña a las pruebas ontológica, cosmológica y fisicoteológica, la existencia de Dios es algo que se comprende por sí mismo según estos señores. Y a partir de este Dios que se comprende por sí mismo explican luego el mundo: tal es su filosofía.

Hasta Kant se sostuvo un auténtico dilema entre materialismo y teísmo, esto es, entre la conjetura de que el mundo lo había establecido un ciego azar o una inteligencia que lo ordenaba desde fuera según fines y conceptos; no había lugar para un tercer supuesto. Por eso el ateísmo y el materialismo eran lo mismo: de ahí la duda sobre si podía haber

---

* Kant dejó escrito que: «Es absurdo aguardar ilustración por parte de la razón y prescribirle de antemano hacia qué lado ha de caer necesariamente» (*Crítica de la razón pura,* A 747 / B 775). En cambio, la siguiente ingenuidad ha sido dictada por un profesor de filosofía de nuestro tiempo: «Una filosofía que niegue las ideas fundamentales del cristianismo es falsa o, *aun cuando sea verdadera, es inservible*» –sin duda, para los profesores de filosofía–. El difunto profesor Bachmann ha sido quien, en la *Gaceta literaria de Jena* (julio 1840, núm. 126), ha divulgado tan indiscretamente la máxima de todos sus colegas. Ella viene a caracterizar la filosofía universitaria, donde la verdad es expulsada sin miramientos, cuando no quiere plegarse a sus conveniencias: «¡Fuera de aquí, Verdad! Puesto que no podemos *utilizarte.* ¿Acaso te adeudamos algo? ¿Acaso nos pagas tú? Entonces, ¡vete!».

algún ateo, esto es, un hombre que realmente pudiese confiar el desbordante ordenamiento teleológico de la naturaleza, particularmente de la orgánica, al ciego azar; véase v.g. los *Ensayos* de Bacon *(Sermones a los fieles)* y concretamente el número 16 *Sobre el ateísmo*. En opinión de la muchedumbre y de los ingleses, que en tales cosas pertenecen totalmente a la muchedumbre, esto se mantiene incluso en sus más afamados eruditos; basta ver el prefacio (pp. 11 y 12) la *Osteología comparada* de R. Owen, de 1855, donde se mantiene todavía el antiguo dilema entre Demócrito y Epicuro, por una parte, y por la otra, «una inteligencia en la que el conocimiento de un ser como el hombre hizo su aparición». De una *inteligencia* ha de proceder cualquier finalidad: ni en sueños se le ocurre dudar de tal cosa. Sin embargo, en la conferencia impartida por Owen el 5 de septiembre de 1853 en la Academia [francesa] de las ciencias dice con pueril ingenuidad que: «La teleología o la teleología científica» ¡son una y la misma cosa! *(Cuentas rendidas,* septiembre de 1853). Hay algo teleológico en la naturaleza, luego es obra del propósito, de la reflexión, de la inteligencia. ¿Qué le importan a este inglés o a la Academia [francesa] de las ciencias la *Crítica del discernimiento* o mi libro *Sobre la voluntad en la naturaleza?* Estos ilustes cofrades desprecian la metafísica y la filosofía alemana; se atienen a la filosofía de rueca. La validez de esa premisa mayor | disyuntiva, de ese dilema entre materialismo y teísmo, descansa empero sobre el supuesto de que el mundo presente es el de las cosas en sí y que, por consiguiente, no hay ningún otro orden de cosas, como el empírico. Pero después de que, gracias a Kant, el mundo y su ordenamiento se han convertido en meros fenómenos, cuyas leyes descansan principalmente sobre las formas de nuestro intelecto, la existencia y esencia de las cosas y del mundo no necesitan seguir explicándose por analogía con los cambios percibidos o producidos por nosotros en el mundo, ni tampoco necesita surgir a resultas de tal conocimiento aquello que captamos como medio y fin. Mediante su importante distinción entre femómeno y cosa en sí, Kant retiró su fundamento al teísmo y, por otra parte, abrió el camino a una explicación totalmente distinta y mucho más profunda de la existencia.

En el capítulo sobre los propósitos finales de la dialéctica natural de la razón se pretende que las tres ideas tengan valor como principios regulativos para el progreso del conocimiento de la naturaleza. Pero difícilmente puede haber hecho Kant esa afirmación en serio. Al menos para cualquier naturalista estará fuera de duda su contrario, a saber, que esas suposiciones resultan inhibidoras y mortíferas para toda investigación de la naturaleza. Para comprobar esto en un ejemplo, medítese si el supuesto de un alma como sustancia inmaterial, simple y pensante, hubiera sido provechosa o sumamente contraproducente para las verdades que tan hermosamente ha expuesto Cabanis[35] o para los descubrimientos de Marshall Hall[36] y Charles Bell[37]. Incluso Kant dice *(Prolegómenos,* § 44) «que las ideas de la razón se contraponen y estorban las máximas del conocimiento racional de la naturaleza».

Desde luego, no es uno de los menores méritos de Federico el Grande el que bajo su gobierno pudiera desenvolverse Kant y publicar la *Crítica de la razón pura*. Difícilmente un profesor asalariado se hubiese atrevido a algo así bajo

---

35. Cfr. Pierre Jean Georges Cabanis, *Informes de lo físico y lo moral del hombre,* París, 1805.
36. *Sobre las enfermedades y trastornos del sistema nervioso, en sus formas primarias y en sus modificaciones por edad, sexo, constitución, predisposición hereditaria, excesos, desorden general y trastornos orgánicos,* Londres, 1841.
37. Autor de una *Fisiología del sistema nervioso*.

cualquier otro gobierno. Ya al sucesor del gran rey hubo Kant de prometerle que dejaría de escribir. |

*

Podría considerarme dispensado aquí de la crítica de la parte ética de la filosofía kantiana, en tanto que 22 años después suministré en *Los dos problemas fundamentales de la ética* una crítica más detallada y fundamentada que la recogida a continuación. No obstante, lo conservado aquí de la primera edición, que no cabía suprimir para mantener su integridad, puede servir como oportuno ejercicio preliminar a esa crítica posterior y mucho más sólida, a la que remito al lector en lo principal.

Conforme al amor por la simetría arquitectónica, la razón teórica tenía que tener también una pareja. El intelecto práctico de la escolástica, que a su vez procede del νοῦς πρακτικός de Aristóteles *(Del alma* III, 10, y *Política,* VII, 14): «Pues la razón es por un lado práctica y por otro teórica». Con todo, aquí se designa con ello algo totalmente distinto, no como allí a la razón orientada hacia la técnica; bien al contrario, la razón práctica aparece aquí como fuente y origen de la innegable significación ética de las acciones humanas, al igual que también como fuente originaria de toda virtud, toda nobleza y todo grado alcanzable de santidad. Todo esto procedería de la mera *razón* y no requeriría nada salvo ella. Obrar racionalmente y obrar virtuosa, noble y santamente serían una y la misma cosa; obrar egoísta, malvada y viciosamente sería tan sólo obrar irracionalmente. Entretanto, todas las épocas, todos los pueblos y todas las lenguas siempre han distinguido sobremanera ambas cosas y las han tenido por algo completamente diferente, al igual que hasta el día de hoy lo hacen quienes nada saben del lenguaje de las nuevas escuelas, esto es, el mundo entero con la excepción de un pequeño puñado de doctos alemanes: todos aquellos comprenden siempre bajo un comportamiento virtuoso y una vida racional dos cosas totalmente distintas. Decir que el sublime autor de la religión cristiana, cuya vida se nos presenta como el modelo de todas las virtudes, haya sido el hombre *más racional entre todos* sonaría como algo muy indigno e incluso como una blasfemia y casi sería lo mismo si se dijera que sus prescripciones sólo contenían la mejor indicación para una *vida plenamente racional*. Además, todo el mundo venera con razón al que, conforme a estos preceptos, | en lugar de pensar de antemano en sí mismo y en sus propias necesidades futuras, auxilia la indigencia actual del otro sin miras ulteriores e incluso regala todos sus enseres a los pobres, para luego, desprovisto de todo recurso, seguir predicando a los demás la virtud que practica él mismo; mas, ¿quién se atreve a ensalzar eso como la cumbre de la *racionalidad?* Y, por último, ¿quién alaba como un acto extremadamente *racional* que Arnold von Winkelried, con desbordante generosidad, ensartara su propio cuerpo a las lanzas enemigas, para lograr la victoria y la salvación de sus compatriotas? En cambio, si vemos a un hombre que desde la juventud ha pensado con una premeditación infrecuente procurarse los medios para saber arreglárselas sin preocupaciones, para mantener mujer e hijos, para hacerse un buen nombre entre la gente, para conseguir honores y distinciones, sin dejarse arrastrar por el estímulo de los goces del momento o el prurito de altivez de los poderosos, ni por el deseo de vengar ofensas sufridas o una humillación inmerecida, ni por el atractivo de una ocupación estética o filosófica, ni por los viajes a parajes dignos de ser visitados; alguien que no se deja engañar ni desencaminar por todo eso ni nada parecido, y que nunca pierde de vista su objetivo, sino que con gran consecuencia únicamente se afana por conseguirlo: ¿quién se atreve a negar que semejante filisteo es extraordinariamente *racional?*, incluso si se hubiera permitido algunos medios poco loables pero sin riesgo. Es más: si un malvado con premeditada picardía, según un plan bien estudiado, se procura riquezas, honores e incluso tronos y coronas, seduce luego con sutil argucia a los Estados vecinos, los somete y se convierte en conquistador del mundo, sin dejarse desencaminar por ninguna consideración hacia la justicia o la humanidad, sino que con enérgica consecuencia pisotea y aplasta todo lo que se opone a su plan, sin compasión hace caer en la desdicha de todo tipo a millones, haciendo correr su sangre y entregándolos a la muerte, mientras que recompensa espléndidamente a sus partidarios y colaboradores, a los que apoya siempre, sin olvidar nunca nada, y entonces alcanza su objetivo, | ¿quién no comprende que alguien así ha de obrar de un modo extremadamente racional y que, así como para diseñar los planes requería un portentoso entendimiento, para su ejecución requiere un perfecto dominio de la *razón* y propiamente de la *razón práctica?* ¿O acaso son también *irracionales* las prescripciones que el astuto y consecuente, reflexivo y perspicaz Maquiavelo da al príncipe?*. 612

Al igual que la maldad casa muy bien con la razón y sólo en esa unión resulta verdaderamente temible, a la inversa la

---

* Dicho sea de paso, el problema de Maquiavelo era la solución a la pregunta de cómo el príncipe puede mantenerse *incondicionadamente* sobre el trono, pese a los enemigos internos y externos. Así pues, su problema no era en modo alguno el problema ético de si un príncipe debía querer eso como hombre, sino puramente el problema político de cómo puede lograrlo, *si así lo quiere*. Él ofrece la solución para ello, al igual que quien escribe unas instrucciones para jugar al ajedrez, y sería necio echar de menos la contestación a la pregunta de si eso es moralmente aconsejable. Reprochar a Maquiavelo la inmoralidad de su escrito sería tanto como censurar a un maestro de esgrima que sus enseñanzas no se inauguren con una lección moral contra el asesinato y el golpe de gracia.

nobleza se halla muchas veces vinculada con la sinrazón. Aquí se puede contabilizar en caso de Coriolano[38] que, tras haber empleado durante años todas sus fuerzas a procurarse venganza sobre los romanos, cuando llegó el momento, se dejó enternecer por la súplica del senado, así como por las lágrimas de su madre y su esposa, renunció a la venganza preparada durante largo tiempo con tanto esfuerzo, se granjeó con ello la justa cólera de los volscos y murió por aquellos romanos, cuya ingratitud conocía y a los que había querido castigar con tanto empeño. Finalmente, por mor de la exhaustividad, digamos que la razón puede asociarse muy bien con la falta de entendimiento. Tal es el caso cuando se escoge una máxima estúpida, pero ésta es ejecutada con consecuencia. Un ejemplo de este tipo lo dio la princesa Isabel, hija de Felipe II, que se comprometió a no cambiarse de camisa mientras no se conquistara Ostende y mantuvo su palabra durante tres años. A esta clase pertenecen en general todos los votos cuyo origen es la falta de una | comprensión acorde con el principio de causalidad, esto es, con la falta de entendimiento: no menos razonable es cumplir con dichos votos, una vez que uno se ha comprometido a ellos por un entendimiento tan limitado.

En correspondencia con lo dicho, también vemos que los escritores anteriores a Kant colocan la conciencia moral, en cuanto sede de las emociones morales, en oposición con la razón. Así lo hace Rousseau en el cuarto libro del *Emilio:*

---

38. Cneo Marcio Coriolano es uno de los héroes legendarios de Roma y debe su nombre a la captura de Corioli, una ciudad de los volscos, en el año 493 a. C. Desterrado por su arrogancia contra el pueblo romano durante un racionamiento de trigo, se refugió entre sus antiguos enemigos y los acaudilló en una marcha contra Roma. Sin embargo, conmovido por las súplicas de su familia, desistió de su venganza y en represalia los volscos le condenaron a muerte. Su historia es contada por Tito Livio y Shakespeare escribió su *Coriolano* basándose en Plutarco, cuya fuente fue Dionisio de Halicarnaso.

«La *razón* nos engaña, pero la *conciencia* no nos engaña jamás»; y algo más adelante dice: «Es imposible explicar por las consecuencias de nuestra naturaleza el principio inmediato de la *conciencia* independientemente de la *razón* misma»; luego añade: «Mis sentimientos naturales hablaban en pro del interés común, mientras mi *razón* lo refería todo a mí. Por mucho que se quiera establecer la virtud exclusivamente por la *razón*, ¿cuál es la base sólida que cabe dar para ello?». En el capítulo cuarto de *Ensoñaciones del paseante* escribe Rousseau: «En todas las cuestiones difíciles de moral siempre me he encontrado a gusto resolviéndolas por el dictamen de la *conciencia*, antes que por las luces de la *razón*». Ya Aristóteles dice expresamente que las virtudes tienen su sede «en la parte irracional del alma» (*Ética magna* I, 5 [1185 b]). De acuerdo con ello, dice Estobeo, hablando de los peripatéticos: «Creen que la virtud ética concierne a la parte irracional del alma, pues suponen que el alma consta de dos partes, una racional y otra irracional; en la parte racional del alma colocan la lealtad, la prudencia, la perspicacia, la sabiduría, la docilidad, la memoria y otras cosas por el estilo; en la parte carente de razón colocan la sobriedad, la justicia, la bravura y las demás virtudes llamadas éticas» (*Extractos* II, 7). Y Cicerón analiza prolijamente que la razón es medio e instrumento necesario de cualquier crimen (*Sobre la naturaleza de los dioses*, | III, 26-31).   614

Yo he definido la *razón* como la *capacidad de los conceptos*. Es toda esa clase de representaciones universales y no intuitivas, simbolizada y fijada por medio de palabras, que diferencia a los hombres de los animales y le otorga el dominio sobre la tierra. Si el animal es esclavo del presente, no conoce otros motivos que los inmediatamente sensibles y por eso, cuando se le presentan, queda tan necesariamente atraído por ellos como el hierro por el imán; por contra, en el hombre aparece la reflexión por el don de la razón. Ésta le permite, mirando retrospectiva y prospectivamente, abarcar fácilmente su vida y el curso del mundo en bloque, le independiza del presente, le deja obrar reflexiva, planificada y prudentemente, tanto para bien como para mal. Mas lo que hace, lo hace con plena autoconsciencia: el hombre sabe exactamente cómo se decide su voluntad, lo que elige siempre y cuál otra opción era posible en esa cuestión, y a partir de ese querer autoconsciente aprende a conocerse a sí mismo al reflejarse en sus actos. En todas estas referencias al obrar del hombre a la razón hay que llamarla *práctica:* la razón sólo es teórica en tanto que los objetos con los cuales se ocupa no tienen relación alguna con el obrar de quien piensa, sino que tienen exclusivamente un interés teórico, del que muy pocos hombres son capaces. Lo que en este sentido se llama *razón práctica* queda bastante bien designado por la palabra latina *prudentia* [prudencia], que según *Cicerón (Sobre la naturaleza de los dioses* II, 22) es la *providencia* constreñida; en cambio, la palabra latina *ratio* [razón], cuando se usa para designar una capacidad espiritual, significa la mayor parte de las veces razón teórica en sentido estricto, aun cuando los antiguos no observaron rigurosamente la diferencia. En casi todos los hombres la razón tiene una orientación casi exclusivamente práctica, y, cuando se abandona ésta, el pensar pierde el dominio sobre el obrar, en cuyo caso se dice: «Conozco lo mejor, lo apruebo y secundo lo peor»[39] o también: «Por la mañana hago proyectos y por la tarde hago tonterías»[40]; así pues, si el hombre no deja que su obrar se guíe por su pensar, sino por la impresión del | presente, casi a la manera del animal, en-

---

39. Cfr. Ovidio, *Metamorfosis* VII, 20.
40. «Equivocarnos en nuestras empresas es a lo que estamos sujetos; por la mañana hago proyectos y el resto del día tonterías»; Voltaire, *Cuarteto moral que sirve de advertencia al cuento titulado Memnón.*

tonces se le llama *irracional* (sin reprocharle por ello una ruindad moral), aunque propiamente no adolece de razón, sino de su aplicación al obrar, y en cierta medida podría decirse que su razón es exclusivamente teórica, mas no práctica. Con ello puede ser cabalmente un buen hombre, como muchos que no pueden ver a ningún desdichado sin auxiliarle con algún sacrificio por su parte y, en cambio, no pagan sus deudas. Este carácter irracional no es susceptible de perpetrar grandes crímenes, porque le resulta imposible la planificación, el disimulo y el autodominio que se necesita para ello. Pero también será muy difícil que alcance un grado muy alto de virtud, ya que, aun cuando por naturaleza se halle muy inclinado hacia el bien, no pueden faltar los arrebatos puntuales de vicio y maldad a los que cualquier hombre está sometido y que han de convertirse en actos allí donde la razón, mostrándose práctica, no les contraponga máximas inalterables y firmes propósitos.

Por último, la *razón* se muestra propiamente como *práctica* por entero en los caracteres harto racionales, a los que por ello se denomina en la vida común «filósofos prácticos» y que se distinguen por una inusual ecuanimidad tanto en los acontecimientos desagradables como en los halagüeños, así como por un ánimo equilibrado y un firme apego a las resoluciones adoptadas. De hecho, es la prevalencia de la razón en ellos, esto es, el conocimiento más abstracto que intuitivo y la consiguiente perspectiva universal, panorámica y amplia de la vida por medio de conceptos, lo que les ha hecho familiarizarse de una vez por todas con el engaño de la impresión momentánea, con la inconstancia de todas las cosas, con la futilidad de los goces, con el cambio de la fortuna y con los caprichos tanto grandes como pequeños del azar. Por eso nada les coge de improviso y lo que saben en abstracto no les sorprende ni les desconcierta cuando se les presenta realmente en concreto, como es el caso entre los caracteres no tan racionales, sobre los que el presente, lo intuitivo, lo real ejerce tal poder que los conceptos fríos e incoloros quedan totalmente relegados al transfondo de la consciencia y ellos, olvidando propósitos y | máximas, quedan a merced de los afectos y pasiones de todo tipo. Al final del primer libro expuse que, según mi parecer, la ética estoica no fue originariamente más que una indicación para una vida propiamente racional en este sentido. Algo así ensalza también reiteradamente Horacio en muchos pasajes. A ello pertenece su «no admirarse de nada»[41] e igualmente el proverbio délfico de «nada en exceso»[42]. Traducir el *Nil admirari* de Horacio por «no asombrarse de nada» es totalmente falso. Esta sentencia de Horacio no atañe tanto a lo teórico como a lo práctico y quiere decir propiamente: «No valores incondicionalmente ningún objeto, no te prendes de nada, no creas que la posesión de una cosa pueda otorgar felicidad; cualquier apetencia desmedida de un objeto sólo es una desazonante quimera de la que uno puede librarse igualmente, pero es mucho más fácil hacerlo mediante un conocimiento esclarecido que merced a la posesión alcanzada». En este sentido utiliza Cicerón el «admirarse» en *Sobre la adivinación* (II, 2). Lo que Horacio tiene en mente es, por tanto, la «intrepidez», la «impasibilidad» y el «no extasiarse» que ya Demócrito ensalzó como el supremo bien (véase Clemente de Alejandría, *Miscelánea* II, 21, y compárese con Estrabón, I, 98 y 105). En esa racionalidad del obrar no se trata propiamente de la virtud y el vicio, pero este uso práctico de la razón hace valer el auténtico privilegio que el hombre tiene ante el animal y sólo bajo este respecto tiene un sentido y resulta admisible hablar de una dignidad de los hombres.

41. *Nil admirari;* cfr. Horacio, *Epístolas* I, 6, 1.
42. Cfr. Platón, *Cármides* 165 a.

En todos los casos citados y en todos los imaginables la diferencia entre obrar racional e irracional se reduce a si los motivos son conceptos abstractos o representaciones intuitivas. Por eso la definición de razón que yo he dado viene a coincidir exactamente con el uso lingüístico de todas las épocas y de todos los pueblos, uso al que no se tendrá por algo casual o caprichoso, sino que subyace a esa diferenciación entre distintas capacidades espirituales de la cual es consciente cada hombre y a la que cualquiera se refiere según consciencia, aun cuando no la eleve a la claridad de una definición abstracta. Nuestros ancestros no forjaron las palabras sin otorgarles un sentido preciso, | acaso para legarlas a los filósofos que vendrían siglos después y quisieran determinar lo que ha de pensarse con ellas, sino que designaron con ellas conceptos totalmente definidos. Así pues, las palabras no carecen de dueño, y atribuirles un sentido completamente distinto al que han tenido hasta la fecha significa abusar de ellas, tomarse una licencia según la cual cada uno puede utilizar cualquier palabra en el sentido que se le antoje, con lo cual se suscitaría un desconcierto sin límites. Ya Locke señaló que la mayoría de los desacuerdos en filosofía se deben a un mal uso de las palabras. Para ilustrar esto basta con echar una mirada al infame abuso que hoy día filosofastros estériles hacen de las palabras «sustancia», «consciencia», «verdad», etc. Asimismo, las expresiones y definiciones sobre la razón de todos los filósofos y de todas las épocas, a excepción de la más reciente, tampoco concuerdan con mi explicación menos que los conceptos relativos a ese privilegio del hombre imperantes entre todos los pueblos. Véase lo que Platón, en el cuarto libro de la *República* y en innumerables pasajes esparcidos, llama «la parte racional del alma»[43], lo que dice

---

43. Cfr. Platón, *República* IV, 440 c.

Apéndice

Cicerón en *Sobre la naturaleza de los dioses* (III, 26-31) o lo que dicen al respecto Leibniz y Locke en los pasajes ya citados en en primer libro. Aquí las citas serían interminables, si se quisiera mostrar cómo todos los filósofos anteriores a Kant han hablado de la razón en el mismo sentido que yo, aun cuando no supieron explicar con perfecta precisión y claridad su esencia, al reducirse a un solo punto. Lo que se entendía por «razón» poco antes de aparecer Kant, lo muestran dos tratados de Sulzer recogidos en el primer tomo de su *Miscelánea de escritos filosóficos,* titulados «Análisis del concepto de razón» y «Sobre el influjo recíproco de razón y lenguaje». En cambio, cuando se lee cómo se habla de la razón merced al influjo del error kantiano, que luego creció como una avalancha, uno se ve forzado a suponer que todos los sabios de la Antigüedad, al igual que todos los filósofos anteriores a Kant, han carecido absolutamente de razón: pues las percepciones inmediatas, intuiciones, audiciones y presentimientos de la razón ahora descubiertos les fueron a ellos tan extraños como ajeno es para nosotros el sexto sentido de los murciélagos. Desde luego, por lo que a mí respecta, he de confesar que esa razón presta a intuir intelectualmente, a percibir o escuchar inmediatamente lo suprasensible, lo absoluto, junto a las largas historias que ello conlleva, sólo puedo intentar captarla o hacerla representable dentro de mis limitaciones precisamente como el sexto sentido de los murciélagos. Sin embargo, de la invención o el descubrimiento de una razón que percibe inmediatamente al instante todo lo que le viene en gana hay que decir que es un expediente incomparable para escurrir el bulto y sacar a colación sus ideas favoritas de la manera más sencilla del mundo, mal que les pese a todos los Kant y sus críticas de la razón. Tal invención y la acogida que se le ha dispensado hace honor a los tiempos.

Si lo esencial de la *razón (logikon* o *fronesis* en griego, *ratio* en latín, *raison* en francés, *reason* en inglés) de todos los filósofos y todas las épocas fue correctamente conocido en líneas generales, aunque no suficientemente precisado, al focalizarse sobre un punto, por contra lo que es el entendimiento *(nous* o *dianoia* en griego, *intellectus* en latín, *esprit* o *intellect* en francés, *understanding* en inglés) no les resultó tan claro; de ahí que a menudo lo confundan con la razón y por ello tampoco lograron una definición cabal, nítida y simple de la esencia de la razón. Entre los filósofos cristianos el concepto de razón recibe un extraño significado adicional en oposición a la razón y a partir de ahí muchos afirman, justamente, que el conocimiento de la obligación con la virtud también es posible a partir de la mera razón, es decir, sin revelación. A buen seguro esta consideración ejerció algún influjo en la exposición y el uso terminológico de Kant. Sin embargo, esa oposición tiene un significado positivo, histórico, y por eso es un elemento del cual ha de mantenerse libre la filosofía.

Hubiera cabido esperar que Kant, en sus críticas de la razón teórica y de la razón práctica, hubiese comenzado por exponer la esencia de la razón en general y, tras haber determinado su *género,* | hubiese pasado a explicar las dos *especies,* comprobando cómo una y la misma razón se expresa de dos modos tan diferentes y, sin embargo, se muestra como la misma gracias al mantenimiento de su carácter principal. Ya he constatado cuán insuficientes, vacilantes y disonantes son las explicaciones que, a propósito de las capacidades que critica, Kant da incidentalmente por aquí y por allá en la *Crítica de la razón pura.* La razón *práctica* aparece ya sin ser anunciada en la *Crítica de la razón pura* y luego en la crítica que se le consagra propiamente aparece como cosa hecha, sin más justificación y sin que puedan alzar su voz el pisoteado uso lingüístico de todas las épocas y todos los pueblos o las precisiones conceptuales de todos los filósofos anteriores. A partir de ciertos pasajes cabe constatar que la opinión de Kant es ésta: conocer por principios a priori es el cáracter esencial de la razón y, como el significado ético del obrar no tiene origen empírico, también es un principio a priori y emana de la razón que entonces es *práctica*. Ya he dicho bastante sobre la incorrección de esa explicación de la razón. Al margen de cuán superficial e infundado resulta utilizar aquí el único rasgo de la independencia de la experiencia, para unificar las cosas más heterogéneas. Pues aun suponiendo, aunque no admitiendo, que el conocimiento del significado ético del obrar emane de un imperativo inserto en nosotros de un *debo* incondicionado, cuán radicalmente distinto sería tal cosa de esas universales *formas del conocimiento* de las que somos conscientes a priori, según prueba Kant en la *Crítica de la razón pura,* y en virtud de lo cual podemos expresar de antemano un *tengo que* incondicionado, válido para toda experiencia posible. Mas la diferencia entre este *tengo que,* esta forma del objeto ya determinada necesariamente en el objeto, y ese *debo* de la moralidad, es tan inmensa y obvia que la coincidencia de ambas en el rasgo de no ser empíricamente cognoscibles puede hacerse valer como una semejanza jocosa, mas no como una | justificación filosófica del origen de ambos.

Por lo demás, la cuna de este hijo de la razón práctica, del *deber absoluto* o imperativo categórico, no está en la *Crítica de la razón práctica,* sino ya en la *Crítica de la razón pura* (A 802 / B 830). El nacimiento es violento y tiene lugar mediante los fórceps de un *por lo tanto* que, osada, temeraria e incluso cabría decir que impertinentemente, se coloca entre dos frases absolutamente ajenas y que no tienen conexión alguna, para unirlas como fundamento y consecuencia. La tesis de la cual parte Kant es que no sólo nos determinan motivos intuitivos, sino también abstractos y lo expresa como sigue: «El arbitrio humano no se ve determinado tan sólo por lo que estimula, esto es, por lo que afecta inmediatamente a los sentidos, sino que también tenemos una capacidad para superar las impresiones sobre nuestra capacidad desiderativa sensible, mediante representaciones de lo que es provechoso o perjudicial de manera más remota. Estas reflexiones sobre lo que resulta deseable, o sea, bueno y útil, con respecto a nuestro estado global, descansan en la razón». (Totalmente correcto: ojalá Kant hablase siempre tan razonablemente de la razón.) «Ésta, *¡por lo tanto!,* da también leyes que son imperativos, esto es, leyes objetivas de la libertad, y dicen lo que *debe* suceder, aunque quizá nunca suceda.» Así, sin ulteriores refrendos, salta al mundo el imperativo categórico para dirigir el regimiento con su *debo incondicionado* –un cetro de hierro hecho con madera–. Pues en el concepto *deber* está siempre implícita esencialmente, como condición necesaria, la amenaza del castigo o la promesa de una recompensa y no se le puede separar de ello sin suprimirlo a él mismo ni despojarle de todo su significado: de ahí que un *debo incondicionado* es una *contradicción manifiesta.* Tenía que criticarse este error, por muy emparentado que esté con el gran mérito de Kant en la ética, el cual consiste en haber liberado a la ética de todos los principios del mundo empírico, particularmente de toda doctrina directa o indirectamente basada en la felicidad, y haber mostrado estrictamente que el reino de la virtud no es de este mundo. Este mérito es tanto mayor cuanto ya todos los filósofos antiguos, con la única excepción de Platón, a saber, los peripatéticos, los estoicos y los epicúreos, a través de muy diversos artificios, tan pronto hacían depender mutuamente a la virtud y a la felicidad según el principio de razón como tan pronto pretendían identificarlas conforme al principio de contradicción. El mismo reproche no atañe menos a todos los filósofos de la época moderna, hasta Kant. De ahí que su mérito sobre el particular sea enorme: pero la justicia exige recordar también que, por una parte, su exposición y ejecución no se corresponden a menudo con la tendencia y el espíritu de su ética, tal como veremos en seguida, y que, por otra parte, tampoco fue el primero en depurar la virtud de todos los principios relativos a la felicidad. Pues ya Platón, sobre todo en la *República,* cuya tendencia principal es justamente ésa, enseña expresamente que hay que elegir la virtud únicamente a causa de sí misma, aun cuando la desdicha y el oprobio estuviesen faltamente vinculadas con ella. Pero el cristianismo predica con mayor intensidad aún una virtud plenamente desinteresada que tampoco es practicada a causa de la recompensa en una vida posterior a la muerte, sino sin retribución alguna, en tanto que no justifica las obras, sino únicamente la fe, a la que la virtud acompaña como mero síntoma suyo por decirlo así; de ahí que tenga lugar gratuitamente y por sí misma. Léase *Sobre la libertad cristiana* de Lutero. No quiero tomar en cuenta a los hindúes, en cuyos libros sagrados la esperanza de una recompensa por sus obras se describe como el camino hacia las tinieblas, que nunca puede conducir a la santidad. Esta pureza no la encontramos en la doctrina kantiana de la virtud o más bien la exposición queda tan atrás respecto de su espíritu que resulta inconsecuente. En su posterior disertación sobre el *supremo bien* encontramos a la virtud casada con la felicidad. El debe, tan incondicionado en principio, postula luego una condición, para librarse de la contradicción interna con que no puede vivir. En el supremo bien la felicidad no deber ser el motivo de la virtud, pero ahí está, como un artículo secreto cuya presencia convierte todo lo demás en un mero pseudocontrato: no es propiamente la recompensa de la verdad, pero sí un donativo voluntario hacia el que la virtud tiende furtivamente la mano tras haber aguantado el trabajo. Uno se convence de ello | merced a la *Crítica de la razón práctica* (A 223-266). La misma tendencia tiene toda su teología moral: mediante ella la moral se niega propiamente a sí misma. Pues, lo repito, toda virtud practicada a causa de alguna recompensa descansa sobre un egoísmo prudente, metódico y previsor.

El contenido del «debes» absoluto, la ley fundamental de la razón práctica, es el tan enaltecido: «Obra de tal modo que la máxima de tu voluntad siempre pueda valer al mismo tiempo como principio de una legislación universal» [A 54]. Este principio impone a quien reclama un principio regulativo para su propia voluntad la tarea de buscar un principio para la voluntad de todos. Entonces se pregunta cómo encontrar un principio tal. Obviamente, para descubrir la regla de mi proceder, no debo tomarme en cuenta sólo a mí mismo, sino también a la totalidad de los individuos. Entonces mi fin será, en lugar de mi propio bienestar, el bienestar de todos sin distinción. Pero este fin sigue siendo el bienestar. Luego descubro que todos sólo pueden sentirse igualmente bien, si cada cual pone límites a su egoísmo. De aquí se sigue que no debo perjudicar a nadie, ya que, al adoptarse este principio como universal, *yo* tampoco resultaré perjudicado, lo cual es empero la única razón por la cual yo, sin estar todavía en posesión de un principio moral, sino estando aún en su búsqueda, puedo desear éste como ley universal. Sin embargo, es manifiesto que de esta manera el deseo de bienestar, o sea, el egoísmo, sigue siendo la fuente de este principio ético. Esto sería excelente como base de la política, mas no sirve como base de la ética. Pues quien busca el establecimiento de un principio regulativo para la voluntad de todos, encomendado por ese principio moral, requiere necesariamente a su vez un principio regulativo para sí mismo, ya que de lo contrario todo le sería in-

622

diferente. Mas este principio regulativo sólo puede ser el propio egoísmo, ya que sólo sobre éste influye el comportamiento de los demás, por lo que sólo mediante él y en consideración al mismo puede cada cual tener una voluntad relativa al obrar ajeno sin que éste no le sea indiferente. Kant viene a reconocer esto mismo de manera muy ingenua en la página A 123 de la *Crítica de la razón práctica,* donde él presenta la búsqueda de la máxima para la voluntad: «Si cada cual contemplara los apuros ajenos con una total indiferencia y *tú te vieses involucrado* en semejante orden de cosas, ¿cuán de acuerdo estarías en pertenecer al mismo?». «¡Cuán ligeramente sancionamos como injusta la ley que tememos se vuelva contra nosotros!»[44]: éste sería el principio regulativo del cuestionado asentimiento. Asimismo en la página A 56 de la *Fundamentación para una metafísica de las costumbres* [1785]: «Una voluntad que decidiera no socorrer a nadie en apuros se contradiría a sí misma, al poder darse algunos casos *donde ella precisase amor o compasión por parte de otros*»[45]. Este principio de la ética que, bien mi-

---

44. Cfr. Horacio, *Sátiras* I, 3, 67.
45. El contexto de esta cita es el siguiente: «Todavía piensa un *cuarto,* a quien le va bien pero ve que otros (a los cuales él bien podría ayudar) han de luchar con ímprobas dificultades: "¿qué me importa? ¡Que cada cual sea tan dichoso como el cielo quiera o pueda hacerse a sí mismo, que yo no le quitaré nada ni tan siquiera le envidiaré, sólo que no me apetece contribuir en algo a su bienestar o a su auxilio en la indigencia!". Desde luego, si semejante modo de pensar se convirtiera en una ley universal de la naturaleza, el género humano podría subsistir y, sin duda, mejor todavía que cuando todo el mundo habla mucho de compasión y benevolencia, apresurándose a ejercitarlas ocasionalmente, pero en cambio miente allí donde puede, trafica con el derecho de los hombres o lo quebranta de algún otro modo. Sin embargo, aun cuando es posible que según aquella máxima pudiera sostenerse una ley universal de la naturaleza, es con todo imposible *querer* que un principio semejante valga por doquier como una ley natural. Pues una voluntad que decidiera eso se contradiría a sí misma, al poder darse algunos casos en que precise amor o compasión por parte de otros y en los que, merced a una ley natural emanada [A 57] de su

rado, no es más que una expresión indirecta y disimulada del antiguo y sencillo principio «no hagas a los demás lo que no quisieras que te hicieran a ti»[46], se refiere ante todo e inmediatamente a lo pasivo, al padecer, y sólo a través de éste al hacer; como ya se ha dicho, esto sería muy útil como hilo conductor para erigir el *Estado,* el cual está orientado a prevenir el *padecimiento de la injusticia,* así como a procurar para todos y cada uno la mayor suma de bienestar, mas no en la ética, donde el objeto de la indagación es el *obrar en cuanto tal* y en su significado inmediato para el *agente,* pero no su consecuencia, el sufrimiento, o su relación con los demás, no resultando admisible esta consideración por cuanto en el fondo aboca en un principio de felicidad y, por lo tanto, en el egoísmo.

Por eso tampoco podemos compartir el alborozo de Kant sobre que su principio ético no es material, es decir, un principio que coloca un objeto como motivo, sino meramente formal, merced a lo cual se corresponde simétricamente con las leyes formales que nos ha hecho conocer la *Crítica de la razón pura.* Sin duda, más que una ley, es una fórmula para descubrir ésta; sin embargo, en parte ya tenía-

---

propia voluntad, se arrebataría la esperanza de auxilio que desea para sí» (*Fundamentación para una metafísica de las costumbres,* A 56-57, Ak. IV 423; Alianza Editorial, Madrid, 2002, pp. 107-108).

46. Kant se defendió *avant la lettre* de esta asimilación con la llamada «regla de oro» en una conocida nota de su *Fundamentación:* «Desde luego, no pienso que pueda servir aquí como pauta o principio el trivial: "No hagas a los demás...". Pues éste sólo se deriva de aquél, aunque con distintas restricciones; y no puede ser una ley universal, al no contener el fundamento de los deberes para con uno mismo, ni el de los deberes caritativos hacia los otros (pues más de uno aceptaría gustosamente que los demás no debieran hacerle bien alguno, con tal de quedar dispensado de prodigárselo a ellos), ni a la postre el de los deberes obligatorios para con los demás; pues con tal fundamento el criminal argumentaría contra el juez que le castiga, etc.» (cfr. A 68n, A 430 n.; Alianza Editorial, Madrid, 2002, p. 117 n.).

mos esa fórmula enunciada más clara y brevemente en el «no hagas a los demás lo que no quisieras que te hicieran a ti» y, en parte, el análisis de esta fórmula muestra que su contenido lo brinda única y exclusivamente la consideración de la propia felicidad, por lo que sólo puede servir al egoísmo racional, al que debe su origen toda constitución política.

Otro defecto que, al chocar con el sentimiento de cada cual, | es criticado con frecuencia y fue parodiado por Schiller en un epigrama[47] es el pedante precepto de que una acción, para ser verdaderamente buena y meritoria, tiene que llevarse a cabo única y exclusivamente por el respeto a la ley reconocida y al concepto del deber, y conforme a una máxima de la razón conocida en abstracto, mas nunca por inclinación ni por una benevolencia sentida hacia los demás, ni tampoco por una tierna compasión o un arrebato del corazón que (según proclama la *Crítica de la razón práctica,* A 213[48]) es incluso una carga para las personas biempensantes, al confundir sus meditadas máximas; bien al contrario,

---

47. «Al ayudar con gusto a los amigos, lo hago por desgracia con inclinación. Y entonces me suele corroer la idea de que no soy virtuoso. Así las cosas, no queda otro remedio, has de intentar odiarlos. Y hacerlo entonces con aversión, tal como te demanda el deber» (Schiller, *Werke Nationalausgabe,* Weimar, 1943, vol. XX, p. 357).
48. He aquí el pasaje de Kant al que alude Schopenhauer: «Pues en una máxima moral todo tiene que apuntar a la representación de la ley como fundamento determinante, si la acción debe entrañar no *simple legalidad,* sino también *moralidad*. La inclinación es ciega y servil, sea o no de buena índole, y la razón, dentro del ámbito moral, no tiene que oficiar como un simple tutor suyo, sino más bien ignorarla y velar únicamente por su propio interés en cuanto razón pura práctica. Incluso el sentimiento de la compasión y la simpatía llena de ternura, cuando antecede a la reflexión sobre qué sea el deber y se vuelve fundamento de determinación, resulta oneroso para los biempensantes, sume en la confusión a sus meditadas máximas y suscita el deseo de verse libre de tal cosa, para someterse únicamente a la razón legisladora» (*Crítica de la razón práctica,* A 213, Ak. V 118; Alianza Editorial, Madrid, 2000, p. 232).

la acción ha de acontecer a disgusto y violentándose uno mismo. Recuérdese que aquí no debe influir la esperanza de la recompensa y calíbrese lo enormemente absurda que resulta esta exigencia. Pero lo peor es que esto se opone directamente al auténtico espíritu de la virtud: no es la acción, sino el hacerla con gusto, el amor del que procede y sin el cual es una obra muerta, lo que constituye su carácter meritorio. De ahí que el cristianismo también enseñe, con razón, que todas las obras externas carecen de valor si no proceden de una intención genuina, la cual consiste en la verdadera grata benevolencia y el amor puro, así como que no son las obras ejecutadas, sino la fe, la auténtica intención que sólo el espíritu santo concede, mas no esa voluntad libre y reflexiva que sólo tiene la ley ante los ojos, lo que redime y santifica. Esta exigencia kantiana de que todo obrar virtuoso debe acontecer por puro respeto reflexivo a la ley y según sus máximas abstractas, fríamente y sin ninguna inclinación e incluso contra todas ellas, es tanto como si afirmara que la auténtica obra de arte hubiera de surgir mediante la meditada aplicación de las reglas estéticas. Lo uno es tan erróneo como lo otro. La pregunta, planteada ya por Platón y Séneca, de si cabe enseñar la virtud, ha de responderse negativamente. Finalmente, se dictaminará aquello que dio origen a la doctrina cristiana sobre la predestinación: que conforme a lo principal e intrínseco la virtud es en cierto modo tan innata como el genio y que, tal como todos los profesores de estética, aún uniendo sus fuerzas, no pueden capacitar a nadie para las | producciones geniales, esto es, para poder aportar auténticas obras de arte, tampoco todos los profesores de ética y los predicadores de la virtud pueden transformar un carácter innoble en uno virtuoso o noble, siendo esto algo cuya imposibilidad es mucho más obvia que la de permutar el plomo en oro; la búsqueda de una ética y de un principio supremo suyo que tuvieran influjo práctico, merced al cual el género humano quedará realmente transformado y mejorado, equivale a buscar la piedra filosofal. Al final de nuestro cuarto libro se ha tratado con detalle la posibilidad de una plena conversión del hombre (renacimiento), no por medio del conocimiento abstracto (ética), sino por medio del conocimiento intuitivo (efecto de la gracia); el contenido de dicho libro me dispensa de demorarme aquí por más tiempo.

El que Kant no ha penetrado en modo alguno dentro del significado propio de las acciones, lo viene a demostrar asimismo su doctrina del bien supremo como la necesaria reunión de virtud y felicidad, de tal modo que la primera sería la dignidad de la segunda. A esto le atañe la reprobación lógica de que el concepto de dignidad, que aquí hace las veces de medida, presupone una ética como medida suya y por lo tanto no cabe partir de dicho concepto. En nuestro cuarto libro se ha evidenciado que toda virtud genuina, tras haber alcanzado su grado supremo, conduce finalmente a una plena renuncia donde todo querer encuentra un final: en cambio, la felicidad es un querer satisfecho, y ambas cosas son radicalmente incompatibles. Aquel a quien le parezca convincente mi exposición no precisa de ningún análisis ulterior sobre el completo absurdo de este parecer kantiano relativo al bien supremo. Por ello no tengo que ofrecer ninguna exposición negativa al margen de mi exposición positiva.

El amor de Kant hacia la simetría arquitectónica también nos sale al paso en la *Crítica de la razón práctica,* al ofrecerla a la hechura de la *Crítica de la razón pura,* presentando de nuevo los mismos títulos y formas, con una manifiesta arbitrariedad que se hace particularmente obvia en la tabla de las categorías de la libertad. |

*

La *doctrina del derecho* es una de las obras más tardías de Kant y es una obra tan débil que, si bien yo la desapruebo por completo, me parece superfluo polemizar con ella, dado que ha de morir de muerte natural por su propia debilidad, como si fuera el fruto de un simple mortal y no la obra de este gran hombre. Así pues, desisto de proceder negativamente contra la doctrina del derecho y me refiero a lo positivo, o sea, a esos pocos rasgos fundamentales de ella que se han expuesto en nuestro cuarto libro. Aquí me limitaré a hacer un par de observaciones generales sobre la doctrina kantiana del derecho. Los defectos que al examinar la *Crítica de la razón pura* he censurado como inherentes por doquier a Kant se encuentran en la doctrina del derecho con tal exceso que a menudo cabe leer una parodia del estilo de Kant o cuando menos uno cree oír a un kantiano. Hay dos defectos primordiales. Kant pretende (y muchos lo han pretendido desde entonces) separar rigurosamente la doctrina del derecho de la ética, pero sin hacer depender a la primera de una legislación positiva, esto es, de la coacción arbitraria, sino dejando subsistir de suyo al concepto del derecho puramente y a priori. Sólo que esto no es posible; porque el obrar, al margen de su significación ética y al margen de la referencia física a los otros y por ende a la coacción externa, no admite una tercera perspectiva ni siquiera como posible. Por consiguiente, cuando Kant dice: «El deber jurídico es aquel que *puede* imponerse por coacción», este *puede,* o bien hay que comprenderlo físicamente, con lo que entonces todo derecho es positivo y arbitrario, y a su vez todo lo arbitrario que quepa imponer es derecho, o bien tal *puedo* hay que comprenderlo éticamente, y nos hallamos de nuevo en el ámbito de la ética. Para Kant el concepto de derecho está suspendido entre el cielo y la tierra, sin tener suelo alguno sobre el que poder hacer pie; para mí pertenece a la ética. En segundo lugar su definición del concepto de derecho es enteramente negativa y por ello insuficiente*. «Derecho es lo que se aviene con la coexistencia de las libertades de los individuos conforme a una ley universal.» Libertad (aquí la empírica, esto es, la física, no la libertad moral | de la voluntad) quiere decir no verse estorbado y es, por lo tanto, una simple negación; ese mismo sentido tiene a su vez la coexistencia, con lo que permanecemos en puras negaciones y no obtenemos ningún concepto positivo, ni tan siquiera entendemos de lo que se habla propiamente, si no lo sabemos ya por otro lado. Luego a lo largo de la exposición se desarrollan opiniones absurdas, como la de que en el estado de naturaleza, es decir, al margen del Estado, no hay ningún derecho de propiedad, lo cual significa propiamente que todo derecho es positivo y el derecho natural se sustenta sobre el derecho positivo, en lugar de ser al revés; además están ahí: la adquisición por usurpación, la obligación a erigir una constitución civil, el fundamento del derecho penal, etc., todo lo cual, como he dicho, no considero merecedor de una refutación específica. Sin embargo, estos errores kantianos acreditaron tener un influjo muy perjudicial, volviendo a oscurecer y hacer confusas verdades conocidas y formuladas desde hace largo tiempo, a la par que propiciaba extrañas teorías en muchos escritos y polémicas. Sin duda, esto no puede perdurar, y ya vemos cómo la verdad y la sana razón vuelven a encarrilarse, según testimonia, en oposición a tantas teorías extravagantes, particularmente el *Derecho natural* de J. C. F. Meister[49], si bien yo tampoco lo tenga por una muestra de perfección consumada.

*

---

* Aun cuando el concepto de derecho es propiamente negativo, en oposición al de injusticia, que es el punto de partida positivo; mas no por ello la explicación de este concepto tiene que ser negativa sin excepción.
49. Cfr. su *Manual de derecho natural,* Frankfurt, 1809.

Tras todo lo anterior, también seré muy breve sobre la *Crítica del discernimiento*. Es asombroso cómo Kant, a quien el arte siempre le resultó muy ajeno y que, según todas las apariencias, tuvo poca sensibilidad para lo bello y probablemente nunca tuvo ocasión de ver una obra artística relevante, ni tampoco tuvo noticia de Goethe, el único coloso que cabe poner a su lado tanto en el siglo como en la nación, es asombroso –decía– cómo con todo esto Kant pudo granjearse un mérito tan grande y permanente por la consideración filosófica del arte y de lo bello. Este mérito radica en que, por muchas consideraciones que se hubieran hecho sobre lo bello y el arte, siempre se había considerado propiamente la cuestión | desde el punto de vista empírico y, 628 apoyándose sobre los hechos, se indagaba qué propiedad diferenciaba el objeto de cualquier tipo llamado *bello* de los otros objetos de ese mismo tipo. Por este camino se llegaba primero a principios enteramente especiales y luego a los más universales. Se intentaba separar lo auténticamente bello del arte de lo inauténtico y descubrir los rasgos de esa autenticidad que luego pueden servir a su vez como reglas. Qué agrada como bello y lo que no, qué ha de tomarse por modelo, a qué había de aspirarse y qué debía evitarse, qué reglas tenían que fijarse cuando menos negativamente, en suma, cuál es el medio para alcanzar la complacencia estética, o sea, cuáles son las condiciones subyacentes para ello en el *objeto,* esto era casi exclusivamente el tema de todas las consideraciones sobre el arte. Este camino lo había tomado ya Aristóteles, y sobre el mismo encontramos en los tiempos modernos a Hume, Burke, Winckelmann, Lessing, Herder y otros. Sin duda, la universalidad de los principios estéticos descubiertos se remitía finalmente al sujeto y se observó que, si el efecto en el sujeto fuera convenientemente conocido, entonces también se podría determinar a priori la causa del mismo que reside en el objeto, con lo que esta consideración podría hacerse con la seguridad de una ciencia. Esto alentó ocasionalmente ciertas controversias psicológicas, pero sobre esto Alexander Baumgarten establece una *Estética* general de lo bello[50], en donde él parte del concepto de perfección de lo sensible, o sea, del conocimiento intuitivo. Con el establecimiento de este concepto Baumgarten despacha en seguida la parte subjetiva, para pasar a la objetiva y a la praxis relacionada con ella. También aquí le estaba reservado a Kant el mérito de indagar rigurosa y profundamente la *incitación misma* a consecuencia de la cual denominamos *bello* al objeto que la ocasiona, para descubrir en nuestro ánimo, hasta donde ello sea posible, sus elementos y condiciones. Por eso la indagación kantiana adoptó una orientación enteramente subjetiva. Este camino era manifiestamente el correcto: porque para explicar un fenómeno dado en sus efectos, primero ha de conocerse exactamente el fenómeno mismo, antes de precisar con fundamento la índole de la causa. Sin embargo, el mérito de Kant aquí no va mucho más alla de haber mostrado el camino correcto y haber proporcionado mediante un ensayo provisional un ejemplo sobre cómo hay que recorrer más o menos ese camino. Pues lo que brindó no | puede considerarse como verdad objetiva y ganancia real. Kant suministró el método de esta investigación, la encarriló, pero erró la meta.

Con respecto a la crítica del discernimiento estético, se impone observar ante todo que Kant conservó el método propio de toda su filosofía y que he examinado antes con detenimiento: me refiero a partir del conocimiento abstracto para fundamentar el intuitivo, de suerte que el primero le

---

50. Schopenhauer tomó en préstamo de la biblioteca pública de Dresde durante cinco meses (del 14 de abril al 3 de septiembre de 1818) esta obra de Baumgaten: *Estética,* Frankfurt, 1750.

sirve como una cámara oscura para captar y abarcar al segundo. Al igual que en la *Crítica de la razón pura* las formas de los juicios debían informarle sobre el conocimiento de todo nuestro mundo intuitivo, en esta crítica del discernimiento estético tampoco parte de lo bello mismo, de lo bello intuitivo e inmediato, sino del *juicio* sobre lo bello, al que se denomina espantosamente juicio del gusto. He ahí su problema. Sobre todo suscita su atención la circunstancia de que tal juicio es manifiestamente el enunciado de un proceso en el sujeto, si bien vale tan universalmente como si fuera concerniente a una propiedad del objeto. Esto es lo que le sorprende, no lo bello mismo. Kant parte siempre sólo de enunciados ajenos, del juicio sobre lo bello, no de lo bello mismo. Es como si sólo conociera siempre de oídas, no inmediatamente. De igual modo, un ciego sumamente inteligente, a partir de los enunciados precisos que oyera sobre los colores, casi podría combinar una teoría de los mismos. Nosotros podemos considerar realmente los filosofemas de Kant sobre lo bello en una relación similar a la del ciego con los colores. Entonces descubriremos que su teoría es muy ingeniosa e incluso a veces se vierten observaciones generales verdaderas, pero su solución del problema es harto inadmisible, tan por debajo de la dignidad del objeto que no se nos puede ocurrir tenerla por una verdad objetiva; por eso me veo dispensado de una refutación de la misma y remito también aquí a la parte positiva de mi escrito.

Con respecto a la forma de todo su libro, advirtamos que ésta surge de la ocurrencia de hallar en el concepto de *finalidad* la clave para el problema de lo bello. La ocurrencia se deduce, lo que no es muy difícil, tal como | hemos aprendido de los sucesores de Kant. Así surge la barroca unión del conocimiento de lo bello con la finalidad de los cuerpos naturales en *una* capacidad cognoscitiva llamada *discernimiento* y el tratamiento de estos dos objeto heterogéneos en

630

un libro. Con estas tres capacidades cognoscitivas, razón, discernimiento y entendimiento, se emprenden luego diversos divertimientos simétrico-arquitectónicos, mostrándose la afición hacia los mismos en el forzado acoplamiento del conjunto a la hechura de la *Crítica de la razón pura,* pero especialmente en la antinomia del discernimiento estético, tan traída aquí por los pelos. También podría calificarse como una gran inconsecuencia el hecho de que, tras haber repetido sin cesar en la *Crítica de la razón pura* que el entendimiento es la capacidad de juzgar y haber convertido las formas de sus juicios en la piedra angular de toda filosofía, ahora aparece un discernimiento enteramente peculiar y totalmente distinto del entendimiento. Por lo demás, aquello a lo que yo llamo discernimiento, a saber, la aptitud para transferir el conocimiento intuitivo al abstracto y aplicar éste correctamente a aquél, es desarrollado en la parte positiva de mi escrito.

La teoría de lo sublime es con mucho lo más sobresaliente en la crítica del discernimiento estético: la teoría de lo sublime está incomparablemente mejor lograda que la teoría sobre lo bello y no se limita a proporcionar como éste el método universal de la indagación, sino también un tramo del camino, hasta el punto de que, si bien no da la auténtica solución del problema, sí que roza ésta.

Acaso sea en la crítica del discernimiento *teleológico* donde, a causa de la sencillez del material, pueda reconocerse mejor que en ninguna otra parte el raro talento de Kant para darle vueltas a un pensamiento y expresarlo de múltiples maneras hasta convertirlo en un libro. Todo el libro se reduce a esto: aun cuando los cuerpos organizados nos aparecen necesariamente como si estuvieran compuestos conforme a un concepto de fin previo, sin embargo, esto no nos autoriza a admitirlo objetivamente así. Pues nuestro intelecto, al que las cosas le son dadas desde fuera y mediatamente, nunca conoce el interior de las mismas, merced a lo cual surgen y subsisten, sino que sólo conoce su cara exterior y no puede | captar la peculiar índole de los productos naturales orgánicos salvo por analogía, en tanto que los compara con las obras elaboradas intencionalmente por los hombres, cuya constitución está determinada por un fin y el concepto de éste. Esta analogía es suficiente para hacernos concebible la coincidencia de todas sus partes para con el todo e incluso para proporcionarnos el hilo conductor de su estudio, pero en modo alguno cabe convertirla en el fundamento explicativo real del origen y la existencia de tales cuerpos. Pues la necesidad de concebirlos así es de origen subjetivo. Así resumiría yo la doctrina de Kant a este respecto. Lo principal había sido expuesto en la *Crítica de la razón pura* (A 292-702 / B 720-730). Pero también aquí encontramos a David Hume como glorioso precursor de Kant, pues también él había impugnado vigorosamente ese supuesto en los *Diálogos sobre la religión natural*. La diferencia entre la crítica humana y la crítica kantiana de este supuesto estriba sobre todo en que Hume la criticaba como un supuesto sustentado sobre la experiencia, mientras que Kant lo critica como un supuesto apriórico. Ambos llevan razón y sus análisis se complementan mutuamente. Es más, lo esencial de la doctrina kantiana a este respecto lo encontramos expresado ya en el comentario de Simplicio a la *Física* de Aristóteles: «Pero el error en ellos (Demócrito y Epicuro), el error consistía en creer que todo cuanto sucede por un fin puede verse respaldado por un designio y una deliberación, pese a observar que los productos naturales no se producían de ese modo» *(Comentario a la «Física» de Aristóteles,* 84r, 372, 11). Kant lleva toda la razón en esta cuestión, aunque también hubiera sido necesario que, tras mostrar que el concepto de efecto y causa no es aplicable al conjunto de la naturaleza conforme a su existencia, hubiera mostrado asimismo que según su índole no puede pensarse como efecto de una causa guiada por motivos (conceptos finales). Si se tiene en cuenta la gran virtualidad de la prueba fisicoteológica, que incluso Voltaire tuvo por irrefutable, era de la mayor importancia mostrar que la parte subjetiva en nuestra comprensión, para la que Kant reivindicó espacio, tiempo y casualidad, se extiende también a nuestro enjuiciamiento de los cuerpos naturales y, conforme a ello, la necesidad | que sentimos de pensarlos como originados con premeditación según conceptos finales, o sea, por un camino *donde su representación precedería a su existencia,* tiene un origen tan subjetivo como la intuición del espacio que se presenta tan objetivamente, con lo cual no cabe hacerla valer como una verdad objetiva. El análisis kantiano de la cuestión es excelente, al margen de la fatigosa prolijidad y reiteración. Afirma con razón que nunca conseguiremos explicar la índole de los cuerpos orgánicos a partir de meras causas mecánicas, bajo las cuales entiende los efectos inintencionales y regulares de todas las fuerzas universales de la naturaleza. Pero aquí hallo todavía una laguna. Él niega la posibilidad de tal explicación simplemente con respecto a la finalidad y aparente intencionalidad de los cuerpos *orgánicos.* Ahora bien, descubrimos que también allí donde esto no tiene lugar, los fundamentos explicativos no pueden trasladarse desde *un* ámbito de la naturaleza a otro, sino que nos abandonan en cuanto pisamos un nuevo ámbito y su lugar lo ocupan nuevas leyes fundamentales, cuya explicación no cabe esperar a partir de las leyes del ámbito anterior. Así en el ámbito propio de la mecánica imperan las leyes de la gravedad, la cohesión, la rigidez, la fluidez y la elasticidad, que en sí (al margen de mi explicación de todas las fuerzas naturales como niveles inferiores de la objetivación de la voluntad) se presentan como expresiones de fuerzas sin explicación ulterior, si bien constituyen los principios de toda explicación adicional, que consiste en la reducción a las mismas. Si abandonamos este ámbito y pasamos al de los fenómenos del quimismo, de la electricidad, del magnetismo, de la cristalización, entonces no se pueden seguir utilizando esos principios ni siguen valiendo esas leyes, aquellas fuerzas son sometidas por otras y los fenómenos entran en directa contradicción con ellas conforme a nuevas leyes fundamentales, que son tan originarias e inexplicables como las primeras, es decir, son irreductibles a otras más universales. Así v.g., según esas leyes propias del mecanismo, nunca se lograría explicar tan siquiera la disolución de una sal en el agua y mucho menos los complicados fenómenos de la química. Todo esto se ha expuesto pormenorizadamente en el segundo libro del presente escrito. A mi modo de ver, una dilucidación de este tipo hubiera sido de mucha utilidad en la crítica | del discernimiento teleológico y hubiese arrojado mucha luz sobre lo dicho allí. Hubiera sido particularmente oportuna para su eminente indicación de que un conocimiento más profundo del ser en sí, cuyos fenómenos son las cosas naturales, volvería a encontrar uno y el mismo principio último tanto en el operar mecánico (regular) como en el operar aparentemente intencional de la naturaleza, principio que podría servir como fundamento explicativo común a ambos modos de operar. Yo espero haber dado tal principio al establecer la voluntad como la cosa en sí propiamente dicha, con arreglo a lo cual acaso se haya vuelto más clara y profunda la comprensión de la esencia intrínseca de la aparente finalidad, así como de la armonía y concordancia de toda la naturaleza, en nuestro segundo libro, y sus complementos, a la par que en mi escrito *Sobre la voluntad en la naturaleza*. De ahí que no tenga nada más que decir al respecto.

  El lector al que le interese esta crítica de la filosofía kantiana no dejará de leer el complemento de la misma que brindo en el segundo tratado del primer volumen de mis *Parerga y Paralipómena* bajo el rótulo de «Algunas aclaraciones adicionales a la filosofía kantiana». Pues hay que tener en cuenta que mis escritos, por pocos que sean, no se han redactado todos al mismo tiempo, sino sucesivamente, en el transcurso de una larga vida y con amplios intervalos de tiempo; por eso no cabe aguardar que todo cuanto he dicho sobre un objeto esté también al alimón en un solo sitio.

Obras de Arthur Schopenhauer
en Alianza Editorial

El arte de conocerse a sí mismo
El arte de envejecer
El arte de hacerse respetar
El arte de insultar
El arte de tener razón
El arte de tratar con las mujeres
El mundo como voluntad y representación, 1
El mundo como voluntad y representación, 2
Sobre la libertad de la voluntad
Sobre la voluntad en la naturaleza